# 吴小如纪念文集（上编）

刘凤桥　程立　主编

时代出版传媒股份有限公司
安徽文艺出版社

图书在版编目（CIP）数据

吴小如纪念文集/刘凤桥，程立主编.--合肥：安徽文艺出版社，2021.5
ISBN 978-7-5396-6803-1

Ⅰ．①吴… Ⅱ．①刘… ②程… Ⅲ．①吴小如（1922-2014）—纪念文集 Ⅳ．①K825.46-53

中国版本图书馆CIP数据核字（2019）第235244号

吴小如纪念文集
WU XIAORU JINIAN WENJI

出 版 人：段晓静
责任编辑：胡 莉 卢嘉洋 封面设计：熙宇文化

出版发行：时代出版传媒股份有限公司 www.press-mart.com
安徽文艺出版社 www.awpub.com
地 址：合肥市翡翠路1118号 邮政编码：230071
营 销 部：（0551）63533889
印 制：安徽新华印刷股份有限公司 （0551）65859551

开本：880×1230 1/32 印张：34.75 字数：778千字
版次：2021年5月第1版
印次：2021年5月第1次印刷
定价：198.00元（精装）（上下册）

（如发现印装质量问题，影响阅读，请与出版社联系调换）

吴小如

# 吴小如简介

吴小如（1922 年 9 月 8 日—2014 年 5 月 11 日），原名吴同宝，号莎斋，祖籍安徽泾县茂林，是著名的古典文学专家、戏曲评论家、书法家、诗人、教育家。

吴小如先后就读于燕京大学、清华大学，1949 年毕业于北京大学中文系。曾受业于朱经畲、金岳霖、吴晗、朱自清、陈寅恪、沈从文、废名、魏建功、顾随、游国恩、周祖谟、林庚等著名学者，是俞平伯先生的入室弟子，跟随俞平伯四十五年。为人与治学，颇得章士钊、林宰平、梁漱溟等学术大师的器重。毕生从事教育事业，先后在津沽大学、燕京大学任教，1952 年开始执教北京大学，1953 年加入九三学社。历任北大中文系、历史系、中国中古史研究中心教授，1992 年被聘为中央文史研究馆馆员。

吴小如在中国古典文学、古典文献学、俗文学、戏曲学、书法艺术等方面都有很高的成就和造诣，被称为“多面统一的大家”“乾嘉学派的最后守望者”“治古典文学的顶尖学者”，与朱家溍、刘曾复同列为京剧评论界的“三驾马车”。著有《古文精读举隅》《读书丛札》《古典小说漫稿》《古典诗文述略》《诗词札丛》《莎斋笔记》《中国文史工具资料书举要》《皓首学术随笔·吴小如卷》《当代学者自选文库·吴小如卷》《莎斋诗剩》《三老吟草·吴小如卷》《吴小如讲〈孟子〉》《吴小如讲杜诗》《常谈一束：吴小如学术随笔自选集》《霞绮随笔》《今昔文存》《读书拊掌录》《心影萍踪》《京剧老生流派综说》《吴小如戏曲文录》《吴小如戏曲随笔集》《吴小如手录宋词》《吴小如录书斋联语》《吴小如书法选》《莎斋日课：吴小如临帖十种》等，译著有《巴尔扎克传》。

吴小如（海德堡留影）

吴小如（右二）与夏承焘、王瑶、邓广铭先生等

吴小如（左三）与袁鸿寿、梁漱溟先生等

吴小如（右）与俞振飞先生

# 92岁国学大家吴小如逝世

**本报讯（记者陈梦溪）**北京大学教授吴小如昨晚7时许逝世，享年92岁。沪上资深媒体人翁思再昨晚发微博"吴小如先生于今天傍晚，亲自打电话给儿子吴煜，说'我可能不行了'，吴煜马上乘飞机赴京。"但吴煜最终未能见到父亲的最后一面。不少身边亲友都感叹吴小如先生走得"太过突然"。

吴小如是著名的古典文学专家、戏曲评论家、历史学家。吴小如出生于1922年9月8日，原名吴同宝，号莎斋，是著名书法家、诗人吴玉如先生的长子，传承自父亲，吴小如的书法造诣也颇深。学生时期，吴小如先后就读于燕京大学、清华大学，并于1949年从北京大学中文系毕业。他曾受业于朱经畬、朱自清、沈从文、废名、游国恩、周祖谟、林庚等著名学者，是俞平伯的入室弟子，跟随俞平伯45年。

吴小如在中国文学史、古文献学、俗文学、戏曲学、书法艺术等方面都有很高的成就和造诣，被称为"多面统一的大家"。他一生著述颇丰，著有《古典小说漫稿》、《京剧老生流派综说》、《吴小如戏曲文录》等，直到晚年仍笔耕不辍。

吴小如任教北大中文系和历史系的时间长达40年之久。他文史兼通，被视为"从《诗经》一直到梁启超，能全部贯通讲授"，此外还能教授中国小说史、中国戏曲史、中国诗歌史及古典诗词、散文等课程。

同时，吴小如也是一位京剧评论家、戏剧史家，与刘曾复、朱家溍并称京剧评论界"三贤"。有学者认为，吴教授的离去，彻底结束了"梨园朱（朱家溍）、刘（刘曾复）、吴（吴小如）三足鼎立的时代"。

吴小如最近一次出现在公众活动是在今年3月初，《诗刊》社在北京揭晓2013年度"子曰"诗人奖和年度诗歌奖，吴小如凭借《吴小如诗词选》获得了"子曰"诗人奖。颁奖当天，吴小如因为身体原因没有出席，他在视频中致了自己的颁奖词："我只是一个教书匠，不是诗人。当我听说获得2013年'子曰'年度诗人奖时，我在高兴的同时，更多的是感到惭愧。也许是评委先生们考虑到我年纪大了，权当给我个安慰奖吧。"

# 他忠实记录了戏曲黄金时代

## 国学名家吴小如昨晚在京逝世，享年92岁

图为吴小如先生。

又一位国学名家驾鹤仙去。北京大学教授吴小如昨晚7时许逝世，享年92岁。

吴小如先生是俞平伯的入室弟子，著名的古典文学专家、戏曲评论家、历史学家、教育家。在北大中文系、历史系，吴先生任教时间长达40年之久。有学者认为，吴教授的离去，彻底结束了"梨园朱（朱家溍）、刘（刘曾复）、吴（吴小如）三足鼎立的时代"。

### "我只是一个教书匠，不是诗人"

吴小如出生于1922年9月8日，原名吴同宝，号莎斋。他是著名书法家、诗人吴玉如先生的长子。

学生时期，吴小如先后就读于燕京大学、

游国恩、周祖谟、林庚等著名学者，是俞平伯先生的入室弟子，跟随俞平伯45年。在中国文学史、古文献学、俗文学、戏曲学、书法艺术等方面，吴小如都有很高的成就和造诣，被认为是"多面统一的大家"。他一生著述颇丰，著有《古典小说漫稿》、《京剧老生流派综说》、《吴小如戏曲文录》等，直到晚年还笔耕不辍。

吴小如的离去，在很多他身边的人看来"实在太突然"。

北京大学中文系教授张鸣昨晚10点多在接受本报记者采访时称，吴先生逝世的消息让他感到难以置信，因为"前天，我还给吴先生送去了他托我买的电话机。临走，他还好好地坐在那儿吃午餐。第二天上午，我还特地给他打了电话"。

沪上资深媒体人翁思再昨晚在微博上透露，"吴小如先生于今天傍晚，亲自打电话给儿子吴煜，说'我可能不行了'，吴煜马上乘飞机赴京。"但吴煜最终未能见到父亲的最后一面。

实际上，吴小如最近一次走进公众视线，就在两个月前。3月初，《诗刊》社在北京揭晓2013年度"子曰"诗人奖和年度诗歌奖，吴小如凭借《吴小如诗词选》获得了"子曰"诗人奖。但颁奖当天，吴小如因为身体原因没有出席，只有一段他的视频在颁奖礼上播放。他十分谦虚地说："我只是一个教书匠，不是诗人。当我听说获得2013年'子曰'年度诗人奖时，我在高兴的同时，更多的是感到惭愧……也许是评委先生们考虑到我年纪大了，权当给我个安慰奖吧。"

### 文史兼通，虽不是博导但"门人"众多

家，特别是文学史，被学生们视为"从《诗经》一直到梁启超，能全部贯通讲授"，此外还能旁及中国小说史、中国戏曲史、中国诗歌史及古典诗词、散文等课程。

同时，吴小如也是一位京剧评论家、戏剧史家，与刘曾复、朱家溍并称京剧评论界"三贤"。书法上，吴小如继承了其父吴玉如的传统，有很大成就。然而，非常可惜的是，自上世纪80年代从北大中文系转到历史系之后，因为没有评博导，所以吴小如没有自己的直系博士生。

不过，身为师者的吴小如对学生非常热情，许多上过他的课甚至只是对他研究领域感兴趣的学生，都会被他收作"门人"，因而吴小如广义上的弟子甚多，同时他对弟子的学术训练也是出名的严格。

教授中国古典文学，吴小如要求学生懂繁体字、懂草书，懂古文字，讲"治文学宜略通小学"，不仅如此，还要过一道槛：读完"诗四观"。这其实是清朝的一句话，诗是《唐诗三百首》，四是"四书"，观是《古文观止》。在他看来，只有把这3本书从头到尾都看过、都背过，国学基础才算是上乘的。了解了中华传统文化，修养也会提高。他还提出分析作品的四条原则：通训诂、明典故、查背景、考身世。虽语不惊人，却至今依然是做学问的"醒世恒言"。

而京剧研究家刘曾复的一位学生昨天在接受本报记者采访时说，在京剧评论上，吴小如"忠实地用自己的言传身教记录了戏曲的黄金时代，也代表了那个时代一个学人的风骨"。吴小如经常谦虚地说京剧评论是"小学"，但在研究上，他却毫不放松。京剧作为非物质文化

如曾说："以前有疑问，还能向刘、朱两位老先生请教，如今，不知该问谁了。"

### "平生情性褊急易怒"，不在乎被称"学术警察"

而在学界，更多人谈到吴小如，会情不自禁地联想到他的另一个别称："学术警察"。

对于学术本身，吴小如严谨得有些苛刻，对于学术界一切不良现象，他直抒胸臆提出批评意见，从古籍校点中的错误，到学者教授的信口胡说，再到学术界的抄袭……当然，批评的声音过于尖锐，有时也会"牵连"到批评者。但吴小如说："有机会我还是会说。有人称我'学术警察'，我不在乎。要我说，现在不是'学术警察'太多，而是太少。电视、电台、报纸都是反映文化的窗口，人家看你国家的文化好坏都看这些窗口，结果这些窗口漏洞百出、乱七八糟。"

吴小如曾在一篇文章中评价自己："惟我平生情性褊急易怒，且每以直言贾祸，不能认真做到动心忍性、以仁厚之心对待横逆之来侵。"提到吴小如的"不留情面"，学生沈玉成也曾写文章说："连我这老学生都受不了，所以吴先生到处受挤兑碰钉子，一生坎坷。"

事实上，更多学人知道，吴小如治学对事不对人，好就好，不好就不好，"即便见到批评对象本人，也能很直率地提出自己的意见，许多人都曾从中受益"。

一位北大教员昨天告诉记者，吴小如先生最后一次登上京剧舞台票戏，是2008年在绝版赏析周年庆晚会上演唱《蟠桃会》西皮原板一段，"天堂远在瑶池上，瑶池以上福

京华时报 2014年5月13日 星期二 责编 谢 语 图编 徐晓帆 美编 戴

ENTERTA

# 多面大家吴小如去世

## 京剧理论研究领域著述颇丰

吴小如先生。

**京华时报讯**（记者田超）5月11日晚，在中国古典文学、京剧理论研究等多个领域都著述颇丰的北大学者吴小如先生去世，享年92岁。他著有《吴小如讲<孟子>》《中国文史工具资料书举要》《古典小说漫稿》等学术著作，而《京剧老生流派综说》等京剧理论书籍更是影响广泛。

5月11日晚，京剧评论人翁思再在微博上发布了吴小如先生去世的消息，"吴小如先生于今天傍晚，亲自打电话给儿子吴煜，说'我可能不行了'，吴煜马上乘飞机，离沪赴京。惜乎，现在吴煜还在路上，而哲人已驾鹤去矣。"该微博得到吴小如先生所在单位北京大学官微的证实，随后陈村、章诒和、王珮瑜等各界人士也表达了惋惜之情。

在京剧研究领域，吴小如先生不但看过的好戏多，看过的名角儿多，而且自己也能唱，他的《吴小如唱腔选》在戏迷中广泛流传。同时，他还编写了《京剧老生流派综说》《吴小如戏曲文录》《吴小如戏曲随笔集》《看戏一得：吴小如戏曲随笔》《鸟瞰富连成》等京剧理论、京剧史著作。吴小如的去世结束了京剧评论界"朱（朱家溍）、刘（刘曾复）、吴（吴小如）三足鼎立的时代"。

吴小如先生去世后的部分新闻报道

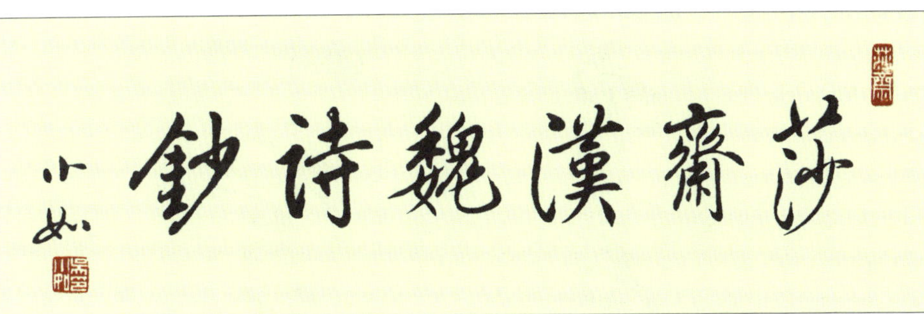


吴小如手书横披

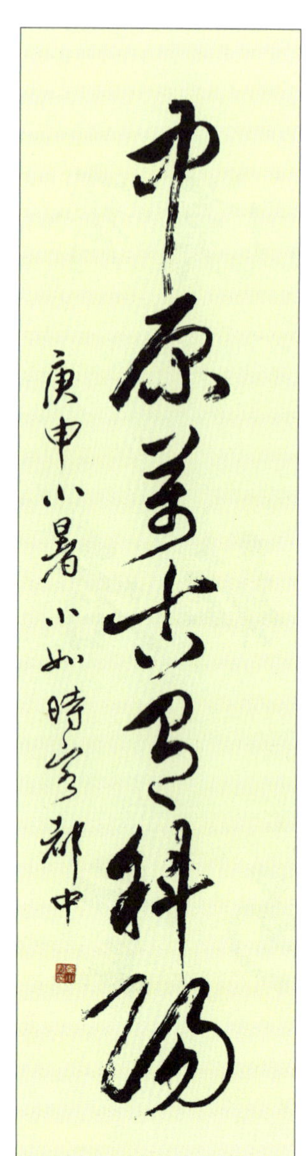
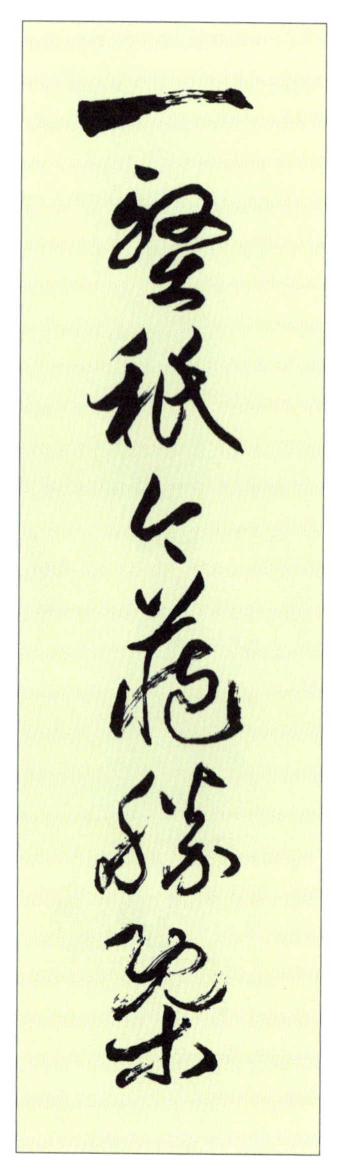

吴小如手书对联

# 目　　录

（本书所收文章以作者姓氏拼音为序）

## 下编

代序一

# 先生更合以诗传

## ——追思吴小如先生

程毅中

5月11日，我在苏州接到白化文学长的电话，告诉我吴小如先生去世了，我深感哀痛，但并不太意外，因为他近年的确日益衰弱，屡次跟我说身体不行，什么也干不了了。我遗憾的是，中央文史研究馆委托电视台为老年馆员录制的音像资料，没有优先为吴先生抢拍一些片断。尽管我向摄制组多次提了建议，他们总想要设置一个隆重正式的场景再拍，那是先生不会同意的。不知道除了像《绝版赏析》那些谈京戏的音像资料，还有没有吴先生讲课的录像视频留下来，我认为他的讲课也是可以作为《绝版赏析》的。

我在校时听过吴先生讲的鲁迅杂文和明清小说的课，大家都知道他博学多能，能从先秦讲到现代的文学作品，而且讲课也和唱戏一样，声情并茂，响遏行云。这些特点，学兄学弟们在前两年编集的《学者吴小如》一书里也都谈到了。我听的课很少，没什么可补充的。5月13日我自苏州回京之后，受燕大中文系部分校友之托联名写了一副挽联："匡鼎说诗，解颐每使诸生喜；燕园受业，回首竟无一老存。”下联说的是原燕大中文系的老师，吴先生是最后一位离世的了。

上联说到吴先生的说诗，其实我自己并没有机会听他讲诗词的课，只读过几篇他讲诗词的文章。前年天津古籍出版社出版了《吴小如讲杜诗》一书，我读后才领会到吴先生对诗的研读，真是深入细致，博采众长而又有自己的独见卓识。他强调的读诗要“明训诂、通典故、考身世、察背景”四条基本法则，更是不刊之论。可惜的是，他在北大中文系时没有机会专题讲诗词，直到2009年才为几位学生开了十五次杜诗专题讲座。也幸而由刘宁、谷曙光等听课者仔细整理了听课笔记，公之于众，才使更多的人受到教益。我也是受益者之一。因而天津古籍出版社的同行委派我为此书写一份推荐书时，我也义不容辞地遵命了，既不因为自己无知而退让，也不因为我是他学生而避嫌。我真希望有更多的人来读这本书，来推荐这本书。吴先生讲了十五讲杜诗后不久，不幸因脑溢血后遗症行动多有不便，再也不能这样连续讲课了。值得庆幸的是，这本讲杜诗的专著却成了他病前定稿的一部力作。

令人欣慰的还有早两年的手书诗五十页，这是肖跃华先生策划的项目，鼓动吴先生自书自选的诗卷，也是幸而抢在他病前完成的一大工程，已由中华书局在2013年出版。我们不仅看到了他的书法，而且读到了他自选的诗篇。我特别感谢肖跃华先生的抢救工作，如果再晚两年，就看不到这份诗卷了。值得庆幸的还有，《诗刊》编辑部给吴先生评了2013年度“子曰”诗人奖，也是一件大事。《诗刊》只发了十几首诗和六条诗词赘语，当然不足以显示诗人的全貌，但已可以体现出吴先生诗学的特色。特别是诗词赘语里的几条忠告，可谓提纲挈领，要言不烦，确是写诗实践的经验之谈。我从中得到了不少新的启发。我得知了评奖的消息之后,打电话向他表示祝贺,吴先生淡然处之,说这是评委们对老年人的一种安慰,还过度地谦虚,竟对我说:“我的诗还没有你写得好呢。”吓得我惶惑无地,本来想写一首诗表示祝贺之意,但想到吴先生“三不”的告诫,就想自己改改再说吧,不想这首诗竟没有机会送他评改了。现在附在这里聊表追念:

清词一字值千金,大奖殊荣岂动心。
聊为诗人伸意气,世间毕竟有知音。

正因为评了一个奖,陈斐先生编集的《莎斋诗剩》才有了问世的机会。一则有《诗刊》编辑部和主办方的支持,一则终于得到了吴先生的同意。诗集而称作“剩”,当然只是现在能找到的一部分诗稿。出版后,吴先生立即托中华书局的胡友鸣兄带了一本给我,可惜我还没来得及通读全书,就回苏州探亲去了,直到回京之后才通读了《莎斋诗剩》的全书,不禁感慨万千,悲喜交集。

对于当代人的诗词,自有各种不同的评价。《诗刊》编辑部请了多位熟悉而热爱传统诗词的老诗人评出的首届“子曰”诗人奖,至少代表了一部分倡今而知古的作者和读者的评价。我作为吴先生的一个老门生,不敢妄加评论,只能说他的《学诗小札》是更值得我们好好学习的。他对古典诗词有深入的研究,又有多年的诗词创作实践,他的诗学以前几乎被戏曲学和书法掩盖了,直到晚年才得到了更多人的认知。对于我们中文系的校友来说,诗学是更应看重的一课。吴先生自己说:“我一生有三种业余爱好,即学唱京戏、学写毛笔字和学作旧体诗。”这三种业余爱好都是吴先生的专长，实在是他真正的专业。但他写的诗保存的不多，发表的更少。我感谢《吴小如讲杜诗》《吴小如先生自书诗》和《莎斋诗剩》的所有编者，他们在吴先生生前赶出了定稿，让我们对吴先生的第三种爱好有了较切实的理解。他的诗和论诗的著作，一定可以传世而给人以一种新的启发。吴先生应该可以含笑仙去了。

重金大奬國門懸不愧青錢萬
選篇說杜新書多創意先生更
合以詩傳
追思小如先生　庚子秋日重錄　程毅中

程毅中题诗

最后，我还要献上一首拙诗聊表追思：

重金大奖国门悬，不愧青钱万选篇。
说杜新书多创意，先生更合以诗传。

2014 年 7 月 26 日初稿

（作者单位：中华书局）

代序二

# 吴小如先生的人文性格

## ——吴小如先生辞世六周年感言

陈复兴

孟子说："颂其诗，读其书，不知其人，可乎？是以论其世也。"（《孟子·万章下》）司马迁说："余读《离骚》《天问》《招魂》《哀郢》，悲其志。适长沙，过屈原所自沉渊，未尝不垂涕，想见其为人。"孟子所论在交谊尚友之道，既要诵其诗、读其书，还要了解著书作诗之古善士所处的社会环境与其置身此环境中的德行表现。而司马迁读屈原《离骚》诸篇，又进而适长沙真切感受屈原以身沉渊之迹，故悲其志而垂泪，完整地体悟到屈原的人格风范。

先哲此两段言辞，可为吾辈颂吴小如先生之诗，读其独具个人风格之书的至高途辙。读吴先生的著作，吾辈深悟吴先生一生在读书研究与社会实践中养成的人文性格。此人文性格集中表征于：尊德亲师之路，订讹传信之志，汲取新知之趣，传道授业之诚，根柢经史之本。五者即先生终生固执不渝的人生信念。

兹尝试述之。

# 一

吴先生出身于充满中华传统文化氛围的家庭。其父玉如公是20世纪享誉士林的学者、诗人与书法家，精于考订与辞章之学。20世纪30年代初受聘于南开大学，任国文系教授，深得大教育家张伯苓校长信重。小如先生自童少时期即从其父诵习杜诗、韩文，而《论语》《孟子》《大学》《中庸》四子之书，皆所洛诵不辍。至晚年先生著《听父亲讲〈孟子〉》《听父亲讲唐诗》，以及一系列脍炙人口的回忆尊亲之作，其辞雅正，其义精微，内蕴幽深的人文情怀。如此的家庭环境，自然为吴先生人文性格的胚胎之基。

吴先生在当代可谓尊德笃孝亲师好学的典范。他青年时代投拜其门并获益终生者，主要有三大家，即林宰平、俞平伯、沈从文。

吾侪当知，林宰老是20世纪前半叶清华大学国学研究所导师之一，与王国维、陈寅恪、梁启超、赵元任等同事，是哲学家、教育家、诗人，并精于章草体的书法家。其与梁任公交谊甚笃。任公临终弥留之际，特委托宰老负责整理编纂《饮冰室全集》。宰老爱才若渴，奖掖时俊。沈从文先生五四时期进京，以撰文投稿为生。宰老在报刊上读其文而赏其才，辗转寻找到从文先生寓居之所，并曾给予诸多援助。沈先生在文学上取得成功之后，每念及宰老的慷慨情谊，总不禁潸然泪下。吴先生20世纪四十年代初拜识宰老，并从宰老学习写诗，学习章草书法，在其指导下研读清人舒铁云、郑子尹之诗。宰老的提携青年、善于引导、严于律己、宽以待人的德风，为吴先生立身处世终生楷范。俞平伯先生生于晚清朴学大师之家。其曾祖俞樾曲园先生,曾被陈寅恪先生誉为“一代儒林宗硕,湛思而通识之人”(《俞曲园先生病中呓语跋》),清季曾于杭州创立诂经精舍,解经评史、传道解惑,门多贤达,影响及于后代。民主革命家、国学大师章炳麟太炎先生即出其门下。其父俞陛云先生同为精研经史诗文大家,并亲授平伯老诗文。故平老家学渊源极坚实深厚,在经史诗词、小说戏曲诸多方面造诣极深。其治学途辙,即从文字、音韵、训诂入手,而通达义理之学。此即清代朴学大师运用纯熟之实事求是的科学方法。吴先生在1941年即登阶拜谒平老为师,追随平老四十五年之久。吴先生所撰几种札记笔记之作,多呈平老斧正而后刊出。

吴先生结识沈从文先生并拜谒为师,则是1946年于宰老府上。时吴先生就读于清华国文系,为追随从文先生特转学北京大学。沈从文先生之对待吴先生,一如当年林宰老之对沈先生,可谓极尽培养、提携、鼓励之诚。吴先生撰写的第一篇书评《废名的文章》,为早期全面论述冯文炳先生文学创作的批评文字,就是经沈先生字斟句酌、精心斧正过的佳作。为推荐吴先生的论作,沈先生不辞辛苦地奔走于京津各大报刊。沈先生并把自己成功的创作经验传授给吴先生。吴先生一生所作脍炙人口的文章,每自称“小文”,其平实、精炼、清新、典雅的风格,实可谓“从文体”。20世纪50年代初,沈先生辞却北大讲台,到故宫博物院从事文物研究工作。其时吴先生讲授中国文学史,每向沈先生请教相关的学术问题,沈先生总是以秉承林宰老书法神髓的章草体写作长信予以解答。每一函件,连边页及天地头,皆写得满满的。实物不只足具浓重的学术价值,也是章草小楷的书法创作,透显出师生之间的纯厚情谊。

林宰老、俞平老以及从文先生皆为20世纪中华文化标志性的人物。其德行操守、出处进退、学养文章，皆富士君子之风，足称天下之善士。吴先生自师从三贤之日，直至其先后辞世之时，交往切磋皆历二十年或四十五六年之久。师生之间，亲亲敦诚，不异父子。吴先生那一系列哀悼追念先师的至文（收于《红楼梦影:吴小如师友回忆录》中）皆为传统哀祭体的经典之作。如果认同时代风气造就英才这一历史定律，即足确信，正是以林、俞、沈三贤为代表的20世纪文化风气造就了当世醇儒吴小如的人文性格。

## 二

吴小如先生终生以订讹传信为个人治学著文之宗旨，并坚持终生。吴先生确立此治学著文宗旨，大约始于1947年所撰而刊布于翌年天津某报副刊的《古书今读说》，其见解也是在俞平老的鼓励之下执笔成文的。文章主旨是批评其时某些学人对于古典著作的粗率轻忽学风。其一例是某教授对《史记·高祖本纪》中高祖对其二哥称谓“仲力”所做的有悖常识的译释。另一例也是某高校教授对陶渊明《挽歌》诗“春醪生浮蚁，何时更能尝”中“浮蚁”所做望文生义的谬解。著名史学家郭沫若在其《青铜时代》一书《述吴起》文中对司马迁《史记·吴起列传》的本事也曾经产生过悖于史实的误读。此为第三例。针对此三例，吴先生在其《古书今读说》中皆做出严谨准确的订正。2012年出版的先生早年书评集《旧时月色》收入此文时，先生曾特意加撰了按语，其中说：

遗憾的是，一个世纪过去了，这类文章，似乎仍未失去时效。而且近十多年来，我竟一直在写这类文章，因此也就得罪了不少人。作为一名老教书匠，我不忍对这种文化滑坡现象和对读古书持如此不负责任的态度而缄默不言。然而人微言轻，自己尽管做了吃力不讨好的事，却于事并无多少裨益。现在把旧文章拿来重新发表，一则说明这种滑坡现象由来已久，二则也是对先师平伯先生的一点纪念。一息尚存，为了学术上的订讹传信，这类文章我还将继续写下去，功过得失，均非所计也。

对于订讹传信之旨的忠贞不渝，先生在编选《皓首学术随笔·吴小如卷》中，特录驳正某作者对《诗经》的一系列误读而著的《关于〈诗经〉训释的几个问题》一文。该文在《附记》中同样明确地重申过。为了验证先生的治学精神，不避烦冗，摘引其文末《附记》于下：

平生治学，虽近于杂，然旨在订讹传信，则终身寝馈以之，所谓“至死不变”者也。故四十余年前撰写文字，即以订讹为旨，传信为宗。虽开罪于权威人士，亦所不计。附入此文，正以见半个世纪以来初衷未改耳。

上引两段按语，足见吴先生一生治学著文一以贯之的主旨所在。其用力最殷的《读书丛札》《读书拊掌录》《莎斋笔记》及《古典诗词札丛》，可为显证。先生所订之讹，既有现当代人对古籍中典故辞章的误读谬解，也包括先贤以讹传讹流于后世的成说惯例。其所传之信,或本于往古贤哲的正解卓见,尤其是有清朴学大师,若马瑞辰、方玉润、姚际恒等的《诗经》学说;或本于现代学者,若闻一多先生《古典新义》对先秦典籍的考辨成果,以及其追随终生的恩师俞平伯老对《论语》《孟子》章句、杜诗义理的超拔说解。然尤多出自先生本人的精思博辨而得的发明。

正如反复申明其治学宗旨一样,先生也曾精确地总结出自己的治学原则与方法。即:"至于我本人,无论在课堂上分析作品或写赏析文章,一直给自己立下几条规矩。一曰通训诂,二曰明典故,三曰察背景,四曰考身世。最后归结到揆情度理这一总的原则,由它来统摄以上四点。"(《古典诗词札丛·代序·我是怎样讲析古典诗词的》)此五条规矩或原则,实即先生一贯主张"治文学宜略通小学"的细则化、完善化。其意义不仅在文学,也是研治传统文化具有普遍作用的基本途径。20世纪初,章太炎先生即倡导治国学须从文字、音韵、训诂之学入手。(见其《国学概论》及《国学讲义》)正如前文已经略及者,先生的此种研究规矩与方法,最初当然是得自于家学,尤其是得自于俞平老的传授。

吴先生治文学并精于小学,且谨守此五条研究规矩,所以其对古人及今人所做出的订讹传信,皆可谓臻于坚实无以驳难的境界。晚年先生编选《皓首学术随笔·吴小如卷》皆据那四种札记体的著作,足证对自己所订之讹、所传之信的精确性、科学性的坚信无疑。如上文所说,吾侪当须体认,先生所谓传信,大多为自己依循此五条规矩得出的正解胜义。兹据《吴小如讲杜诗》略举数例:

《月夜》是杜诗中最具创新性的一首五言律,为后世多种选本所录,作于公元756年安史之乱后,杜甫被叛军扣留长安,妻儿寄居于鄜州，夫妻异地思念。首联写思念妻子，却先说妻子独自望月思念自己，颔联写儿女幼小并不理解母亲瞩望长安的感情，以凸显妻子的孤独凄苦。颈联写夫妻异地相共凝望月中嫦娥的美好形象。“香雾云鬟”“清辉玉臂”正是描写月中的嫦娥。“湿”“寒”正是夫妻凝望之久之深而产生对嫦娥的直感。尾联写诗人向往中夫妻团聚的悲喜交集之情。“双照”与首联“独看”先后照应，正是月中嫦娥光照两人的直接承续。此即吴先生的创新之解。

但是，自有清直至现当代说杜诗诸家，皆把关键之颈联“香雾云鬟湿”“清辉玉臂寒”解作是杜甫描写妻子的美貌。喻守贞先生在《唐诗三百首详析》中说：“是想象妻子看月忆己时的光景，这一联风光旖旎，杜集中不大多见。”傅庚生先生20世纪50年代的著作《杜甫诗论》甚至批评此联写得太香艳。浦江清先生所著《杜甫诗选》中，也说“香雾二句，想象他的妻在鄜州望月的情景”。此诸家通说，就字面说虽顺理成章，然皆不如吴先生指广寒宫嫦娥之解深得诗境神髓。

此说最初是吴先生20世纪40年代末听俞平老所讲，平老并曾引元人高则诚《琵琶记·赏秋》唱词为证：“香雾云鬟，清辉玉臂，广寒仙子堪并。”并按断说：“后例虽不足以明前，但我想高则诚的看法是对的。他说‘广寒仙子堪并’，要比指杜夫人之说高明得多。”吴先生则始终坚信平老之解为胜，并且征引晚唐及宋人若李商隐、苏东坡等描写婵娟素娥美好形象的诗词补证发挥之。尤其是北宋末的宰相李纲《江南六咏》之三：“江南月，依然照吾伤离别，故人千里共清光，玉臂云鬟香未歇。”吴先生惊喜地说：“这诗太有说服力了，其中‘玉臂云鬟’肯定是描写月亮。”此足证吴先生所做“订讹传信”,着实铁定,无以驳难。

《佳人》是杜诗之中最有创新性、不可重复性的篇章之一。仇兆鳌《杜诗详注》以为纯为写实之作,可能安史之乱中诗人亲遇过这样一位高贵的上流社会的女性。而陈沆《诗比兴笺》则以为别有寄托,以之比才德高尚而被朝廷疏离的贤臣。吴先生则以现代文艺学观点评论之,虽没有从辞章上细腻地鉴赏其艺术特点,却是高屋建瓴从整体形象上评论了杜甫所创造的典型环境中的典型性格。先生把恩格斯19世纪初评论英国女作家哈克奈斯小说时提出的著名论点,创造性地运用到观察中国古典文学成就上,尤其是运用到评论杜诗《佳人》的艺术成就、地位及其意义上,确然是前无古人之论。

恩格斯的理论原则向来被运用于小说评论。吴先生则突破此一界限,而推之于中国古典骈俪文及诗歌创作方面。先生把南北朝时期孔稚珪的著名骈文《北山移文》与杜诗《佳人》联类而观。以为前者以现实人物为基础并加以作者的虚构想象塑造出一个千余年前一直存在的伪隐士、伪君子的典型形象,其讽刺意义不逊于《儒林外史》。这就是现实主义与浪漫主义手法相结合的成功例证。《佳人》则是杜甫以同样创作方法塑造出的唐代处于安史之乱时期贵族女性的正面典型。她形貌素雅善美,德行高贵贞洁,虽家道败落,夫婿背离,而品格志节则不染尘滓。

佳人的形象寄托着杜甫本人的理想,是杜甫人格追求的具体化、艺术化。在中国文学史上,汉乐府《陌上桑》的罗敷、《羽林郎》的胡姬,都没有佳人这样的高贵与节操。(作者附言:后世的戏曲小说,若《西厢记》的崔莺莺、《牡丹亭》的杜丽娘,或《李娃传》的李娃、《杜十娘怒沉百宝箱》的杜十娘,尤不可与杜甫创造的佳人伦比。)吴先生将佳人的形象置于世界文学的背景下观照,法国近代批判现实主义作家笔下那些贵夫人都是德行卑污的反面人物。俄国托尔斯泰笔下的安娜·卡列尼娜(《安娜·卡列尼娜》)及玛丝洛娃(《复活》)品格失贞或地位卑下,同样与佳人不可伦比。只有杜甫创造的佳人形象,是超越时空,其精神境界、道德与艺术价值是永恒的。吴先生认为,恩格斯提出典型环境中的典型性格的现实主义创作理论是在19世纪,而中国文学的《北山移文》与《佳人》则在此前一千年前即在创作实践上体现了这个文学创作的最高原则。

钱锺书先生在那篇深具文学史与文学理论意义的《宋诗选注·序》中,曾论及文学艺术与历史考据的区别与各自的特殊性,说:"……诗里写的事情在当时并没有发生而且也许不会发生。……使我们愈加明白文学创作的真实不等于历史考订的事实,因此不能机械地把考据来测验文学作品的真实,恰像不能天真地靠文学作品来供给历史的事实。历史考据只扣住表面的迹象,这正是它的克己的美德,要不然它就丧失了谨严,算不得考据,或者变成不安本分、遇事生风的考据,所谓穿凿附会;而文学创作可以深挖事物的隐藏的本质,曲传人物的未吐露的心理,否则它就没有尽它的艺术的责任,抛弃了它的创造的职权。考订只断定已然,而艺术可以想象当然和测度所以然。在这个意义上,我们不妨说诗歌、小说、戏剧比史书来得高明。"

钱默老这一段极富启迪性的理论观点,毋宁说是综合中国文学至于世界文学的实践经验抽绎而得的认识。在中国文学史发展进程中,最早最完美地体现出此种"比史书来得高明"的,首先是一千三百年前的诗人杜甫,而在杜甫的诗中最具典范性的作品之一则是那篇《洗兵马》。故历来杜诗研究学者所做评论,或失于片面武断,或语焉不详,或未及体味。唯吴小如先生深得此作神髓所在。《吴小如讲杜诗》之第九、第十两讲,皆以此作结束句"安得壮士挽天河,净洗甲兵长不用"做通题,两讲以《洗兵马》开卷,以《佳人》压轴,中间包蕴《三吏》《三别》,此种讲述安排,必有先生独得之用心,吾辈不当疏忽而过。

吴先生之讲析《洗兵马》描写事件之已然,也明确地指出诗中所想象的历史之当然,及其所测度的事件之所以然。就是说,《洗兵马》第一章("中兴诸将"句至"万国兵前"句)颂扬郭子仪所代表的中兴诸将收山东的无限功,同时也揭示出此大功的深层本质,即其依靠的不是唐军自身,而是借用回纥兵的力量。所谓"京师皆骑汗血马,回纥馁肉蒲萄宫",展示回纥兵十足一副占领者的傲慢贪婪相。为了补证诗中论述的深层本质,先生并恰如其分又饶有兴味地引用陈寅恪先生为其女儿讲析《哀王孙》"朔方健儿好身手,昔何勇锐今何愚"句"以诗证史""以史证诗"所考证出的历史真实,有力地显示出此"无限功"本质的一个方面,另一个方面则是安史叛军的内讧而导致其自身的溃败,从而成就了中兴诸将的胜利。此是吴先生讲析深得《洗兵马》深层神髓之一。

吴先生讲析,指出杜甫既真诚地颂扬中兴诸将光复唐朝的喜人局面,又以其诗人特有的深邃性、洞察力测度出三大社会危机。此三大危机在代宗继位前几乎无人认识到,认识到这些潜在危机的只有杜甫。吴先生以精湛的语言评论说:"此诗歌颂了唐朝,歌颂了立功的战将,也提出预见。一是皇帝被外戚、近臣包围了,肃宗宠信李辅国、张良娣,'攀龙附凤势莫当'就说的是这个情况。二是唐代宗以前很少有人看到藩镇割据的危险,杜甫是第一个看到了，'天下尽化为侯王'。杜甫虽说自己'乾坤一腐儒'（《江汉》），其实他可一点儿也不腐。第三是借用外来的兵力平叛，要小心事平之后不肯撤回，尾大不掉，安禄山就是前车之鉴。杜甫这三个担心，皇帝的亲信、外戚擅权、藩镇割据、少数民族的入侵，后来全都应验了，不幸而言中。"此段引文充分显示出杜诗《洗兵马》之中所浓缩的大唐由盛转衰的已然，以及杜甫作为高明的文学家所测度出该事发展之当然或所以然。而其中浓缩的深邃而丰富的内涵，则是吴小如先生第一次在讲述杜诗一书中要约明畅地阐发出来的。在这里，作者惊喜地发现，钱锺书先生在《宋诗选注·序》中阐发的关于文学特殊功能的理论原则，与吴小如先生讲析《洗兵马》以及其他名篇中的鉴赏实践达到了冥契无间的一致。

因此，可以肯定地说，《吴小如讲杜诗》是先生一生治学宗旨的集中体现。全书正文十五讲，讲析杜诗名篇六十首。即此六十首，除引述其先父玉如公、先师俞平老的睿见卓识之外，每一篇皆凝结着先生的订讹传信之智，即使讲析若《丹青引》那样的篇章，旁及批评时下书法界的滑坡现象，仍然未离订讹传信的宗旨。至于讲析杜诗过程中，联类引发而及关于中国诗歌史与诗歌理论中所谓豪放派与婉约派的真谛，唐诗与宋诗的关联及宋诗的特点，沉郁顿挫的精义、杜诗各篇的创新性与不可重复性，以及杜甫与李白、李贺、李商隐等在艺术风格上的迥异之点，吴先生皆有独得之见，令人一新耳目，皆为此前杜甫研究家所从未涉笔过。

## 三

吴先生倡导治文学须通小学的研究途径。他本人精通文字、音韵以及版本目录之学，因而其辞章、考据方面的功底皆坚实而运用纯熟。这自然是秉承其家学及长期追随俞平老的实绩，但是通过辞章、考据最终表征为义理的深度与精度，则获益于其对马克思主义哲学与美学的自觉认真研习。19 世纪末叶俄罗斯卓越的理论家格·普列哈诺夫曾强调说：任何民族接受马克思主义皆必须以其本土文化为基础。普氏之论帮助吾侪体认到吴先生学术成果的完美、纯粹之所在。

吴先生在中华传统文化诸多领域的全面修养与造诣，为其深谙历史辩证法并灵活运用提供了极优越的条件。因此，吴先生的学术研究并不仅限于传统方法的所谓旧格局，尤非所谓新时代的旧人。而恰恰相反，他极善于汲取近现代世界人文科学的崭新成就，若上文论及的运用恩格斯的典型理论观照杜诗《佳人》与孔稚珪《北山移文》所做出的鉴赏，凡具文学嗅觉者读之，无不感到畅快于心而拍案赞叹。此即马克思主义美学理论的力量，足证吴先生对于近代人文科学的理解与虔诚，绝不比任何人稍逊分毫，他只是厌恶某些自诩“金棍子”“银棍子”一辈批判家借势伤人而已。他善于以自己的语言易而简地阐发历史辩证法，灵活而适切地运用于学术研究及社会批评实践。

吴先生说：“其实照我这读书不多、一知半解的人的认识，只要站得住脚、未被历史长河所淘汰的古今传统名家名著，不论从思想内容还是看问题的视角来观察，都或多或少符合或包含着辩证法。如《周易》《道德经》《孙子兵法》等书不必说了，即先秦诸子与历代有眼光、有远见的史学著作，如‘前四史’和《资治通鉴》等，亦莫不如是。我认为，辩证法的发展乃是与人类社会发展同步的，我们不能轻易说古人不懂科学，更不能说他们的著作中没有辩证法。”(《吴小如讲〈孟子〉·自序》)

在此段论述中，吴先生表明在中华传统文化中(包括经史子集四部)都内蕴着历史辩证法的科学元素，或符合或包含此种先进的思想认识。此深具学术勇气的创见，是对传统文化深邃修养与马克思主义历史哲学潜心研习的表征。而如何将其运用于中华文化遗产的认同、辨析与评价实践中呢？先生则说：但历史唯物主义者告诉我们，研究古人的思想学术成就，不能过高地要求他达到今人所能达到的认识水平；只要他已超越了前人的认识水平，并高出于他同时代人所达到的水平，便足够说明他在思想学术的历史长河中可以占有一席之地。(檀作文《〈朱熹诗经学研究〉·序》) 而且，在吴先生的思想中，历史辩证法不仅仅是从事学术研究的先进观点与方法，而且是指导自身的认识与行为的宇宙观、世界观。这是不能不认同的客观事实。在为北京大学百周年校庆而作的那篇精湛的论文《北大学风与我的治学》之中，他感念北大培养的突出之处，即：“半个世纪以来，在不断学习中多少懂得一点历史唯物主义和辩证唯物主义的道理，特别是唯物辩证法，在执教和治学中确使我获益良多。……我相信辩证法这个足以攻克学术堡垒的武器乃是与人类俱生并且与人类共存的，是人类社会向前发展不可须臾离开的一把钥匙。”

在另一篇与上文写于同一时期并且同样精湛的论文《从“儒道互补”说谈起》之中，他又一次申明：“……我认为，尽管人们把辩证法分为唯心的与唯物的，但作为一种法则，辩证法却是与人类社会同时俱生的，且成为推进人类社会向前发展的一种动力，所谓一个社会是在螺旋形的轨迹上向上发展的，亦即根据辩证法的法则在不断进步。只要人类社会在宇宙间存在一天，就一天离不开辩证法，直到永久。”（上引两文皆收于其自选集《常谈一束》。）

以上不忌烦冗之嫌，称引了吴先生自述之辞，宗旨在证明：先生愈至迟暮之年，愈益坚定对马克思主义唯物辩证法的信念，并以为学术研究的锐器。正因为如此，他以坚实的小学功底而通达之义理，必每出新意而独具信服力。兹就吴小如讲《孟子·滕文公》一篇略举数例，以证先生对历史唯物主义运用的实迹。

《滕文公》篇是《孟子》七篇中最核心的篇章。其中一系列名章表述孟子的仁政理想，皆包含着历史辩证法因素。

例如，《有为神农之言者许行》章，孟子驳斥许行主君臣并耕而反社会分工之说，提出“或劳心，或劳力；劳心者治人，劳力者治于人；治于人者食人，治人者食于人，天下之通义也。”这样一种社会分工理论。兹无须繁引《孟子》此章全文，而必须摘引吴先生千字有余的讲析。

为论述孔孟向主社会发展观，吴先生首先引述其先师俞平老关于《论语·樊迟请学稼》章的评论：孔子讥笑樊迟请学稼，曰“小人哉，樊迟也”，而在《宪问》章则称赞南宫适禹、稷耕稼而有天下之言，曰“君子哉若人，尚德哉若人”。因为樊迟学稼实倾向神农家言，主君臣并耕之说，而南宫适称赏禹、稷耕稼及其爱民保民之功，则在其为君主之前，时为远古，即使为君长不躬耕则也无以得食，实质南宫适与樊迟的思想倾向截然不同。孟子讥斥许行之神农家言，则直承孔子的主张，强调天下有大人之事，有小人之事，意即有劳心者与劳力者的社会分工。而此社会分工，即人类社会发展由蒙昧迈入文明的重大标志，是历史前进的必然结果。故吴先生说："至于许行之说，则主后世之为君者必躬稼而后可，且不得积粟与货于仓廪府库，是欲废社会分工而强合劳心劳力两者为一，其与后世小农平均主义思想一脉相承，则无异使社会倒退至原始时代，故孟子得而讥斥之。"

吴先生善于将《论语》《孟子》贯通而论，并善于将《孟子》七篇诸章联类而观。论者或承认孟子劳心劳力之言显示出社会分工的必然性，以为"有一定积极意义"，但是强调孟子"把劳心与统治人民混为一谈，视为'天下之通义'，为统治阶级提供了剥削人民的理论依据"。吴先生则将孟子此一最为契合历史辩证法的著名论点，做出完整而准确的说解："劳心劳力之分，历千载而犹存；今之所以不同于古者，劳心者不得为特权享有者，以凌驾于劳力者之上耳。孟子所谓'治于人者食人，治人者食于人'宜以平等观相对视之，不得高踞于上。故孟子又以民为贵君为轻补充强调言之（《孟子·尽心下》，作者注），读者正不可断章取义也。"这样全面说解孟子的劳心劳力说，就作者寓目所及的几种哲学史与思想史言，当属吴先生的独得之见。

孟子是儒家道统的纯正继承者并发扬者，也是先秦诸子中最富批判精神之典范人物。其文雄辩滔滔，逻辑严密，义理辞章精警善美，为上古论说文之极致，后世大家皆所取法。或亦时有纵横家之诡谲，并其时势风气使然。其著作自然存在历史辩证法的因素，同时也难免有其历史的局限性。《滕文公下》之《万章问曰宋小国也》章，孟子不厌辞费地引述《周书》颂扬商汤伐葛、周武伐纣的文字则即属儒家对古圣王难符史实的夸饰之辞,《文心雕龙·夸饰》篇,即以《周书》此章作为有悖于信史的夸饰之例证。吴先生则以充分的历史唯物主义观点做出评论。说:

> 儒家之理想社会,一曰尧舜禅让,一曰汤武革命。然禅让为原始社会之部落酋长更代制,而汤武革命则新统治者以武力征服旧统治者,未必果行仁政而得天下也。孔孟诚有民本思想,然于尧舜汤武,皆不免以心目中之理想统治者而予以美化之,如《诗》《书》所载,即孟子亦坦言"尽信《书》则不如无《书》"也。后世之具卓识远见者已于此有所察觉,其贤者则直言"薄汤武而非周孔",不贤者则含蓄而言"舜禹之事吾知之矣"。然历史之演变,必有因果关系,如孔子所谓"殷因于夏礼,所损益可知也",此中即有辩证法在。夫汤武之所以得天下,在于桀纣之先失民心。武力征服为外因,失民心则内因也。民心之外,以文字为鼓吹亦大有关系。今所谓宣传作用,即舆论导向是也。后世之具卓识远见者于此亦有所察觉,其贤者竟坦言古今史籍皆非实录;而治史者必具直笔,乃可昭忠信于后世也。仆于古今史籍虽持怀疑态度,然深信历史真相,终必有大白于天下之一日。此不必待董狐再世,而司马昭之心,终有路人皆知之时。此历史唯物辩证法之规律,不以个人意志为转移者也。

吴先生评论孟子称引古史颂扬汤武革命,则直接对儒家理想中的英雄人物施行仁义之道提出质疑,表现出彻底的历史唯物主义信念。故随即征引《孟子·尽心下》"尽信《书》则不如无《书》"

之论,以证历史真相。孟子谓“尽信《书》则不如无《书》。吾于《武成》,取二三策而已矣。仁人无敌于天下,以至仁伐至不仁,而何其血之流杵也?”,意谓周武伐殷纣杀人竟如此众多,可见周武亦非至仁者也。孟子于《尽心下》质疑《周书》颂扬汤武革命,主旨在讥斥梁惠王之不仁;《滕文公下》之颂扬汤武,主旨在《万章问曰宋小国也》章,强调只要行仁政,国虽小亦可以独立于天下。

而吴先生之讲评以历史发展客观规律,尖锐指出所谓尧舜禅让实即原始社会部落酋长更代制,汤武革命实即新旧统治者武力相争之胜负结局,凸显出以历史唯物主义观察历史现实的科学力量。

中国思想史或儒学史,论及孟子学说的历史作用与影响,大致不出司马迁的《史记·孟轲列传》所谓称尧舜道性善,推行仁义之道力反攻伐之政。而吴小如先生讲析《滕文公下·余岂好辩》章,则独能敏锐地指出孟子学说对政治的先导意义:孟子此章最大特点,在于阐释并强调学术与政治之关系及学术对政治之作用。孟子为孔子仁义学说张目,不只启韩非李斯之说为秦统一推行专制暴行提供理论基础,抑且为汉武帝罢黜百家独尊儒术形成舆论导向。所不同者,先秦学者大抵主张学术影响政治,而后世统治者则坚持政治须干涉学术而已。今人每主张学术宜与政治脱钩,不知使二者挂钩者亦有儒家重要传人孟轲与荀况在内也。唯秦之焚书坑儒为极端,汉之独尊儒术则较温和耳。战国时之百家争鸣,实今日主张学术民主自由之先河;而“百花齐放”云者,实主张文化艺术自由开放之号召。然争鸣与齐放,亦须遵守规范与符合其本身之发展规律,今俗所谓“游戏规则”是也。且学术与艺术,皆应具有高品位与高水平,乃于人类社会有所裨益。

孟子之学，由其游说梁齐，至其指导滕文公在其小侯国内力行仁政，本身即是学术影响政治的实例。吴先生独具悟性地发明而得者，在孟子学说对秦汉两大统一帝国在政治上的影响作用。汉之罢黜百家独尊儒术，导源于大儒董仲舒之《贤良三策》，是学术影响政治的直接表现，而秦王焚书坑儒则出于法家李斯的建议，实即孟子学术影响政治的间接表现。没有秦博士及其他儒生于朝野内外以先王之道讥斥秦法，也不会引起那场残酷的镇压暴行，而此暴行的首恶嬴政与李斯君臣也当是认识到学术对政治的不容小觑的作用。因此，吴先生《余岂好辩》章讲析中所强调指出的章旨，可以毫无夸张地说，在中国思想史上极具启发意义。至于其联系现实文化艺术状况，而提出的振聋发聩的警世之论，皆展现出一个彻底历史唯物主义者的识见与胆力。

## 四

吴小如先生平生最大的快乐，即在有人能够承传自己坚守不渝的学术文化，他曾经引述《孟子·尽心》篇之言云“得天下英才而教育之”为至乐也。其时常称许之英才性人物，可标举三家为例：

杨天石先生是当代有影响的民国史研究家并近代文学尤其是近代诗歌研究学者。其在六十年前大学在读时期即曾投入选注《近代诗选》的工作中。其书在20世纪60年代，与费振刚教授于北大在读期间主编的红皮《中国文学史》，曾经风靡一时。杨天石撰著之《近代诗选》(选注)确然可称填补中国文学史研究空白之作。然此书之成，则得到吴小如先生悉心具体的指导与帮助，书中选目包括龚自珍、魏源、康有为、梁启超直至南社柳亚子等等，可谓局度恢宏、规模巨大。为如此一辈大家作评注，对于尚本科在读的青年，实无异于征人跨越悬崖，难度是极大的。时北大中文系古典文学研究家各有专长，可谓或握隋侯之珠，或怀楚山之璧；但是对于龚自珍这样的大人物及其影响广泛的诗作却没有哪位下过真功夫。于是，天石先生有幸寻求到吴小如先生，把累积起来的许许多多的难题统统摆在桌面，吴先生则慨然应允，帮助解决。吴先生凭借自己深厚的解诗经验，及其坚实的文献学修养，虽其考释某一事典往往经时两三个月，但是这一系列难题皆完满地获得解决。这对于进取心切的天石先生及其合作者的感动，决然是刻骨铭心的。即使在七十年后谈起这段往事，仍然令人感念不已。而以得天下英才而教育之为至乐的吴先生则生平每多称许自己这位高足，其赞赏推许之情亦自在言表。近悉数年前天石先生又有南社史三种大著刊布，可以推想其中亦必葆有吴先生学风之遗绪无疑也。

吴先生一生研习《诗经》从无稍辍，一如其熟精杜甫。从"毛传""郑笺""孔疏"、朱子《诗集传》至有清朴学大师之缜密成果，先生皆一一有序地下过"笨功夫"。收于《读书丛札》卷首之《诗三百臆札》足为显证。而以朱熹诗经学为研究课题的檀作文博士，经费振刚教授推介，恰逢其时地幸获吴先生直接指导学位论文的撰写。当檀作文博士向导师汇报自己学位论文的写作提要时，吴先生发现其与自己拟向作文博士提出的论文撰写建议，竟然基本一致。吴先生提出的建议，总起来说，即是做朱熹诗经学论作，首先须通贯地掌握汉唐人的诗学成果，即上述吴先生数十年所曾精研过的诸种著作，比较朱熹与汉人学说之异同；还须总览宋人说诗的成就，若欧阳修、苏辙相关专著的论点，检出朱熹《诗集传》从其中汲取的精华；最后的关键还在于在此基础上对《诗集传》做全面细致的考察，并做出实事求是的判断与评价，进而揭示出朱熹超越前贤并影响后世的崭新见解与贡献。吴先生的建议与对檀作文博士撰写论文的要求，其实即是其本身治学向所遵循的历史辩证法。

而檀作文博士的学位论文构思早已成竹在胸，而且其掌握的学术资源已经扩及全部中国文化史的宏观范围，且与吴先生的治学观点竟然具有冥然符契的一致性。《朱熹诗经学研究》可以说是吴、檀师生间灵犀相应而产生的当代学术之精品杰构。成书之后檀作文博士谈及自己的心得说："先生的话，我牢记在心，论文撰写过程中也尽可能地逐条落到实处。随着阅历的增长，近年来更加懂得先生治学的旨趣原是既要'专'，又要'通'。'专'在发明义例，'通'在知其流变。其'专'，乃乾嘉考据功夫；其'通'，乃章实斋《文史通义》之所倡。"檀作文博士对导师终生治学旨趣的能动的深具隅反精神的体认，不只表征在《朱熹诗经学研究》一书的撰著上，而且锐敏地追索而得先生治学的普遍性原则。因此，他在《吴先生教我读〈诗经〉》那篇深具学术水准的宏文中，对于《先秦文学史参考资料》中七十二首《诗三百》的注释和《读书丛札》中《诗经臆札》的解读，做得那样严谨、精赅而富有启迪性，绝非随意即兴而得，实基于择善固执之之功。

而且师生之间在治学态度与方法上，也多自来通契之点，最基本的是下笨功夫、苦功夫，通过硬本领提出自己的见解。例如吴先生备课中考证《木兰诗》中"问女何所思，问女何所忆。女亦无所思，女亦无所忆。"之"思"与"忆"的具体含义，就系统地把

《毛传·国风》及《汉魏乐府民歌》中运用过的“思”与“忆”两字,加以分类排队,进行比较鉴别,发现两字各有广义狭义之分。而《木兰诗》中之“思”与“忆”两字则属于狭义用法,即指男女情爱而言。朱熹《诗集传》对赋、比、兴之“兴”谈得比较复杂,与《毛传》所讲尤有殊异。檀作文博士在论文中对《诗集传》“兴”的内涵用法全部加以清理,如治理棼丝,将其运用上的微妙差别梳理得一清二楚。要知道,此种某一用词,即使长期研读《诗集传》的读者,实亦多所轻忽而过。此足证檀作文博士对自己研究课题的功夫之深、耕耘之细。此种学风与吴先生考释《木兰诗》之“思”与“忆”两字所用的笨功夫、硬功夫,彼此相应,若钟磬和鸣。

因此,先生虽然没有专题式地为其讲过《诗集传》,多是侍坐过程中先生随兴而谈,学生也只是随兴聆听,却深味先生“咳唾皆成珠玉,知识掌故层出不穷;听先生言,如对宝山,奇光异彩,应接不暇,往往忘了还要提问”。檀作文博士妙手偶得地用一个“忘”字概括出其时听先生言的真实感悟,说明师生之间论学述道过程中皆不期然而然地迈进了一种哲学与美学境界,让我这老读者于耽溺大作中也不期然而然地想到庄周所云“泉涸,鱼相与处于陆,相呴以湿,相濡以沫,不如相忘于江湖”,可见吴、檀师生之间讲授与承学皆是一种境界,吴先生尽享得天下英才而教育之之乐,檀博士幸得明哲点拨之心灵净朗、学问真醇之美。

故如檀作文博士这样为学态度、方法与吴先生达到如此地默契相谐,而且可以在学术的江湖中同游相忘,先生必视之为自己的得意传人。此以那首馈赠檀作文博士诗为证:

雒诵诗三百,潜心到考亭。

世风争蔑古，经义独垂青。
昼晦非关雨，山巍岂必灵。
平生疾虚妄，愿子德长馨。

吴先生曾有两句评檀作文博士治学之精粹言论，曰："檀君学有本源，勤奋用心。"恰可做解读本诗之钥。故知前四句为赞美檀作文博士研习《诗经》的纯正追求及探讨朱子诗经学义例与旨归的坚韧不拔精神。雒诵，谓反复诵读不辍。考亭，指南宋时朱子曾经讲学的福建建阳县西南的考亭书院。当世习尚竞相轻视民族传统文化，君则反其道而行，独能敬畏而向往民族优秀文化所蕴藏的精华与真理。后四句吴先生以个人的存在感受与治学宗旨勖勉檀作文博士，谓社会上一时间掀起的政治风雨，终竟改变不了历史发展的客观规律，一如阵雨骤降，不可能逆转日夜交替一样。那一世威权如山之重的势力，亦终竟不可能如神灵般决定社会发展的客观行程。仆终生治学宗旨即坚持传统的朴实学风，决不凿空妄论。愿君将此文德发扬光大于后世，如鲜花之芳香永不衰败。诗中"昼晦非关雨，山巍岂必灵"两句，最为耐读，经此阅历者，莫不感叹共鸣也。

吴先生又有两篇赠诗，为赐赠其高足张鸣教授而作，足称运用传统形式创作的当代经典。其诗让我们认识到先生幸遇的另一位天下英才：

晚岁逢君大有缘，醇如涧底酌清泉。
时贤谁会溪山美，莫羡人间造孽钱。

**燕尘重踏知何日，朝野风光异昔时。**

**子拥书城堪遣兴，春暄无忽岁寒姿。**

诗创作于2003年3月，时吴先生偕夫人暂住于上海其子吴煜家里。他虽原籍属安徽泾县，然个人则出生于哈尔滨，成长于京津一带，尤其长期执教于北京大学，深谙北大的学风文德，以及前辈师长的治学风范。居住上海，他自然会以诗人的敏锐嗅觉与洞察力感触到其时其地的文化氛围及其特征。窃以为此即吴先生创作赠张鸣诗的动因。

第一首四句赞美张鸣教授品德与治学态度的醇正不杂。醇，即毫无渣滓的醴酒，极言张鸣教授其人其学超脱现实的名利污染。当今学界谁能领悟到学术研究中那种如山涧清溪般的静美境界，而不艳羡人间贪求的造孽钱呢？商场以假冒次劣产品欺骗大众获取暴利是造孽钱，学界以抄袭剽窃粗制滥造的著述盗取名利，同样是造孽钱。

第二首诗人自述内心的感慨及对张鸣教授的殷切勖勉。“燕尘重踏”，用玉如公诗《旧京》典，其原诗有“燕尘重踏旧纷华，住近红墙识帝家”句。吴先生引用则附加新义，当指20世纪前半叶北京学界之醇正氛围，诗人反诘曰此种学风文德何时还能恢复旧观呢？继而回应云“朝野风光异昔时”，整个社会风气都与往昔迥然不同了，文化学术岂能独立于世外而不变？然唯君独能坚守民族文化典籍，在潜心探求中排遣自我内心的情思。今日社会政治环境相对宽松，恰若春风送暖，花木百果皆得发荣滋长，学术文化亦必当昌盛有成，历经政治风霜的老一辈学人及其表征的醇正传统同样有望得到尊重，其景象若绽放新葩的岁寒梅枝。典出金元好问诗:“涧底孤松二千尺,殷勤留看岁寒枝。”

上述三例,以证吴先生平生至乐所在。其赠檀、张二英才诗,本文解读,容或与定解正解不无距离,然亦力循吴先生首创的讲述古典诗文五条规矩,即通训诂,明典故,察背景,考身世,终以揆情度理。窃以为赠檀作文诗,宜与吴先生之《〈朱熹诗经学研究〉序》并列读之,赠张鸣诗则与《吴小如讲〈孟子〉》中《滕文公下·余岂好辩哉章》那篇极精辟独到、极具穿透力的讲评并列读之,同时细参檀、张二先生手撰吴先生纪念文章(并收《学者吴小如》一书),反复玩索而得。此即吾侪对两首赠诗据以揆情度理之基础,亦可谓心解也。

## 五

吴小如先生自青年时代始即不满足于某种专门之学,而立志成为中国文化的“通才”。其同事与好友赵齐平教授曾经屡屡敦促时为其硕士研究生的张鸣先生要认真研读吴小如先生的著作,说:“吴先生的学问,就古代文史之学涉猎的深广和文学史研究领域的全面而言,中文系教师无出其右者。”(张鸣:《吴小如先生和我的师生缘》)此实为知言知人之论。吴先生关于中国文化诸多领域的著述,兹略而不赘。关键还在其著作无一篇泛泛而谈非独出己见者。他研究与教学的重点虽在辞章即所谓文学方面,但是其在考据即所谓史学、义理即所谓经学皆具备精深的修养。即使辞章之学,他也是从考据而通达鉴赏及义理而终结。还有一个不可忽略的方面,即曾文正公所谓的经济,也即先生关于现实生活与文学艺术领域所作的评论文章,虽常自谦称为“小文”,其深度广度及穿透力实则同类宏文巨论而难以比肩。

而上言诸多领域之创造，其根柢皆在经史，先生终其一生而洛诵不辍者，首在经史之学，尤在四子之书。先生童少时期，即已在父师指导督课之下熟读《论语》《孟子》，中年研究教学课目中皆有《论语》《孟子》排列其中，至暮年手撰的辞世之作之一即《吴小如讲〈孟子〉》，著文自述其最常读之书，除现代几位前辈学者的精粹之作外，就是一部《论语》。

吴先生自认在接受马克思主义思想以前，影响自己最深的经典就是《论语》，而且在十年浩劫期间，先生照旧细读《论语》不辍，而且愈发坚定地确信孔夫子及其《论语》是不可能批倒的。《吴小如讲〈孟子〉》末篇末章《由尧舜至于汤》章之讲析及全书尾跋，可谓近百年来读《论语》《孟子》之绝唱。其中有言曰："今人乃谓孔孟之徒以思用世而不得，于是有失落感，此未免以小人之心度君子矣。设想世无孔孟，并其语录文本亦无之，则后世之文化学术当如何，益不可问矣。"

历史上纯正的人文学者及诗文巨擘莫不以经史为根柢。明末大思想家顾炎武说："唐宋以下，何文人之多也！固有不识经术，不通古今，而自命为文人者矣。韩文公《符读书城南》诗曰：'文章岂不贵，经训乃菑畬。潢潦无根源，朝满夕已除。人不通古今，马牛而襟裾。行身陷不义，况望多名誉。'而宋刘挚之训子孙每曰：'士当以器识为先，一号为文人，无足观矣。'然则以文人名于世，焉足重哉。"(《日知录》卷十九《文人之多》)。近代著名诗评家陈衍石遗老亦曾说："为学总须根柢经史，否则道听途说，东涂西抹，必有露马脚狐尾之日。"(钱锺书《石语》)直至现代钱穆先生犹强调说："然中国之一切诗辞文章之作者，果其于经、史、子三者无深造，斯其为诗文亦无足观。所谓一为文人，便无足道是也。”(《晚学盲言》下)从顾至钱，其用意绝非轻视文人，而是主张为人为文为学皆应该以经史为根柢，通过经史的研习，以提高自己的器识和品德修养，以及纯正其辞气文风。

吴先生至迟暮之年撰著《吴小如讲〈孟子〉》一书，其用心，正是继承并且创造性地发展了历来中华文化代表人物对于经史学的尊崇思想。吴先生明确提出：“总之，我并非无条件地反对或否定读经，相反，我倒认为，应该在成年人、文化人，特别是作为人民公仆并居于领导地位的中上层官员这样的群体中提倡‘读经’。因为这些年来，在我亲自接触到以至于看到、听到的成年人特别是文化人和官员们中间，曾做过一番调查，发现大多数人是既不读马恩之经，更不读孔孟之经的。因此，与其提倡让中小学生读经，还不如先号召孩子们的祖父母辈、父母辈认真读一读马恩之经和孔孟之经，那可能对于建设祖国、改革开放和实现四个现代化更有好处。”(《吴小如讲〈孟子〉自序》)以此可见，吴先生的读经观具有全新的历史时代内涵，强调文化人尤其是国家中上层领导者急需读经。而应读之经，则包括马恩之经和孔孟之经，具备孔孟之经的根基，始可能正确理解马恩之经的真理价值并将其中国化、民族化、实践化，也即将马克思主义的普遍真理和中国革命与建设实践有效结合。

此即吴小如先生于历史新时期首倡的新读经观。此新读经观是向文化人及国家中上层领导者提出的殷切希望，尤其是先生个人寝馈以之并履践数十年而总结出的切身体悟与经验，并其进德修业、辞章立诚的根柢。

若其人文性格构成之五种侧面，即尊德亲师、订讹传信、汲取新知、得天下英才而教育之、根柢经史，其本源则尽在四子之书，无须拘泥于以四子之书具体章句与先生性格某一侧面做类比，而本质上都足可以认定四子书的思想精义神髓皆蕴蓄于先生的人文性格之中，恰如盐之融解于水。而进一步亦可以认定，朱子几乎以毕生精力撰成之《四书章句集注》之义例，亦直接为先生独力撰著之《先秦文学史参考资料》及《两汉文学史参考资料》两书注释学上之启导。

作为新儒学的两宋道学或理学，以周（敦颐）、邵（雍）、张（载）、程（颢、颐）之学而逐渐完善之，至朱熹则集其大成，典范地表征于一部影响中华民族千有余年的《四书章句集注》。其义例即先辨音（以反切之法），次正字（指出古今字、通假字、异体字之类），次则释词，次则疏通句义。而释词疏义或直出己见，或引前辈诸儒言。末加简评，多引先师程子言，尤往往加“愚按”以补证之。特为要约明畅，一字不可移易也。

而此征引诸家说及所做“愚按”，则凝结儒学史及中华文化史精义实多实富而厚矣。若《论语·学而》篇第三章《曾子曰吾日三省吾身》章引“尹氏曰”及“谢氏曰”，《论语·为政》篇末《殷因于夏礼》章引“马氏曰”及后之“愚按”，又《孟子·尽心下》篇末《由孔子而来》章引“林氏曰”及后之“愚按”，皆为显例（兹不赘引），非优悠涵泳日就月将之而不可得也。故朱子《集注》非仅止于疏解词句而已。吴先生既尊孔孟，则必然深会朱子学之大体，而力驳长期以来曲解诋毁朱子学说之谰言。若《吴小如讲〈孟子〉》一书中《孟子·梁惠王上》末章之讲析即透辟精湛地阐释朱子天理人欲之论，曰：

……唐宋以降，至宋儒乃有“存天理，灭人欲”之说。其实“天理”与“人欲”二词，皆本之《庄子》。如《养生主》谈庖丁解牛，即有“依乎天理”之言。宋儒不过藉庄生用语以阐其说，戴震于《孟子字义疏证》中已详言之矣。至天理与人欲之关系，朱熹言之甚详明，如“人欲中自有天理”，如“天理人欲几微之间”，又如“饮食者，天理也；要求美味，人欲也”云云，皆见《朱子语类》卷十三“力行”篇。近人竟有斥之为邪教之说者，亦不读书之谰言也。

因此不难理解，吴先生先秦、两汉《文学史参考资料》之注释，则大致循朱子《四书章句集注》之义例，而又有所创新发展，若《诗三百》及《论语》《孟子》选篇注释则广征清朴学大师之说，而充实朱子旧说之不足。同时令吾侪眼界大开者，则是正文疏解后的《附录》。吴先生两书的注释足可以刘勰之言称许之，即：“综学在博，取事贵约，校练务精，捃理须核，众美辐辏，表里发挥。”（《文心雕龙·事类》）

以吴先生的《〈论语〉丛札》《吴小如讲〈孟子〉》《先秦文学史参考资料》所选《论语》《孟子》各五篇名章注释以及《关于〈礼记·大学篇〉》《重读〈礼记·大学篇〉》，至《读经新议》后附之《中庸正名》等著作综合而观，则不难窥见吴先生关于四书学的一个大致轮廓。在此大致轮廓中吴先生之论皆具苦心孤诣之功、独到超拔之美。若对《大学》八条目“齐家”的“家”字内涵的解释，对“中庸”长期被误读的驳正，皆深有历史辩证法的科学价值。而《〈论语〉丛札》的《前言》《附记》则足为吴先生终生的《论语》阅读史，也足为吾侪研读四子书之最佳导读，其学术价值与《〈诗三百篇〉臆札》恰同。

至于吴先生的文章，其辞气风格即上文所谓“从文体”。然此“从文体”则非仅止学习沈从文先生作品的体格作风而得。吴先生在《吴小如讲杜诗》中曾论及先师俞平老的文风渊源，谓从《昭明文选》《六朝文絜》、吴均山水小品文、《水经注》一路研读熟诵下来，而功夫既到自然成熟者，并非学周作人及其所倡晚明小品而已。(见《吴小如讲杜诗》，其实此论也同为吴先生学文的经历。)

吴先生的文章一如其魅力无尽的书法，是数十年临写历代百家的碑拓名帖而归宗二王的成就，先生修文曾经学过以《世说新语》为重心的魏晋体，如熟精杜诗一样畅诵韩文，学过方、姚的桐城古文，似也学过“周作人体”，最后归宗于“从文体”，并独得个人风格的“小文”。而在本质上，窃以为，纯乎根柢于经史，尤其是《论语》《孟子》二家。《论语》雅正清新，平实精粹，由七十子后学追记编辑而成，必经过反复修订锤炼，《鲁论》《齐论》及出自孔壁的《古论》，篇幅稍异而辞章义理总体无差，现代坊间通行本则定稿于汉儒郑玄(康成)之手，实足为我中华民族之圣经。《孟子》罄折以膺儒，理懿而辞雅，当出于孟轲本人及其弟子万章、公孙丑之徒之手，其文向以雄辩滔滔、逻辑严密著称，故曾文正公巨编《经史百家杂钞·论著》选录《孟子》八大名章，仅列《书经·洪范》之下，良有以也。其倡导的“不淫、不屈、不移”之大丈夫精神，天地浩然正气的涵养功夫，实则陶冶了历代士君子阶层的心性德行与操守。吴先生从少小至晚岁洛诵、研究、教授四子之书，其人文性格与其包蕴的五种人生原则并表征为诗文，即根柢于此。

综合言之，吴小如先生在当代知识界是最富人文性格之人，其一生为人处世、立论著文无不以其中所包蕴的五种信条为依归。孟子说:"充实之谓美,充实而有光辉之谓大,大而化之谓圣,圣而不可知之之谓神。"(《孟子·尽心下》)此可谓儒道两家共同追求的境界。吴先生之德业足当充实大美光辉之誉。至于"圣"则孔子亦不敢居也。然先生在20世纪下半叶的现实遭际,呜呼,鄙夫无可言也。

故在先生辞世六周年之际,特引中古大思想家刘勰为古今士君子的喟然之叹而敬奠之:

嗟夫,身与时舛,志共道申;标心于万古之上,而送怀于千载之下;金石靡矣,声其销乎!

二〇二〇年十月末初稿,十一月初定稿。

作者附记:公历今年5月14日,为吴小如先生辞世整六周年。先生生前屡赞为贤友的刘君凤桥先生及吴门贤弟子此间曾举办过数次纪念、追思其人并研讨其学与其书艺的会议,鄙夫即曾荣幸地应邀参与三次,获益良多,铭怀不忘。

遥想两千数百年前,孔子卒,门弟子若曾子、子夏、子张、子游等即依礼服心丧三年,终而整装将归,入见子贡,相对而哭。送别而后,子贡又筑庐于孔墓侧,独守三年,先后六年始归。

吴先生的弟子们数年前曾编纂《学者吴小如》一书刊布于世,影响颇广,鄙夫即曾细读之。今凤桥先生又在此著基础上扩编为上下两厚册,或追忆先生德业,或精研先生学术,总题曰《吴小如纪念文集》。距今一百年前俄罗斯文学之父普希金直面沙皇专制暴政而自作颂扬自由与革命的诗作《纪念碑》,开头曰:"我为自己竖立了一座非人工的纪念碑，在人们走向那儿的路径上，青草不再生长，它抬起那颗不肯屈服的头颅，高耸在亚历山大的纪念石柱之上。”（见戈宝权先生译《普希金文集》）凤桥先生主编之《吴小如纪念文集》付梓刊布于世，同样是为吴小如先生德业著述塑造一座非人工的纪念碑，俾其必传无疑也。

又此编之刊布面世，以纪念吴小如先生辞世六周年，恰与尼父曾赞许谓“赐也，始可与言《诗》已矣！告诸往而知来者”（《论语·学而》）的贤弟子子贡，为至圣先师守墓六载而归，何其古今相映乃尔。故此吾侪之钦服刘君凤桥先生之忠信仁厚，不以当世士君子视之不可也。拙文成稿，既出于对吴先生人格著述的仰慕之情，亦为动心于凤桥先生尚德亲仁之诚，而一吐为快也。

庚子冬月谨记。

（作者单位：吉林省社会科学院）

# 上编

# 敬悼吾师吴小如先生

白化文

吾师小如先生逝世，我十分悲痛。

1950 年初春，我方在南开大学中文系一年级就读。业师孟志孙先生对我颇加青目。一日，派人到宿舍传我到孟府。我到时，见一位青年人已在，孟先生介绍，说是吴小如先生。那时，吴先生刚从北大中文系毕业，在吴玉如先生任文学院院长的“津沽学院”（此校在院系调整后屡经变化）教课。那时，小如先生发表文章已达数百篇，遍及京津沪各种大小报刊，并协助沈从文先生等编辑大报副刊，名震一时。我极表敬慕之情，吴先生只是叫我好好地跟着孟先生学。

及至再见到并受业于吴先生，已是北大 1954 年秋季始业之时，吴先生已是讲师，作为浦江清先生的“助手”（非“助教”），为我们中文系 51 级讲授“中国文学史・宋元明清”部分，俗称“第三段”者是也。浦先生身体欠佳，吴先生帮助讲一些课，如“话本”就是吴先生主讲。学长程毅中与我任课代表，得以经常谒见，获益独多。六十年来，又因多种事由，如楹联评比等事，为老师前驱，师生关系益发亲切。先慈供职北京的中学图书馆，参加进修班，亦蒙吴先生亲授“工具书使用法”。两代人同受熏陶。

现在，仅就个人对老师的了解略述，借以抒哀。

一点是，吴先生是中文系这一行当的全才。即以文学史而论，从先秦到现代，无有不能。从屈原一直讲到鲁迅。特别要提到的是，“第三段”即宋元明清一段，国内名家自吴瞿安（梅）先生在北大、中大开课，均限制在“拍曲”即昆曲范围，对“乱弹”即京剧认为不登大雅。吴先生却是“文武昆乱不挡”，与梨园界关系密切，是超级“票友”，而不以票友身份示人。他是以实践带动研究。环顾海内外中文系，如大名家先辈赵景深先生、王季思先生，均未雅俗兼顾。吴先生堪称独步。最可惜的是，改革开放后，吴先生未能开设此种专题课。

我在校时，几乎没有适用的古代文学与文献选注本。系里与中华书局协商，按文学史分段出大型选本，游泽承（国恩）先生总其成。干活儿的主力是吴先生。游先生审查了几篇，认为很好，也就放手了。后来，中华书局出版了先秦两汉、魏晋南北朝等部分。五六十年代我承乏教席时，得力于这部大型选本极多。

新中国成立后，周燕孙（祖谟）先生于 1951 年首开“工具书使用法”课，我受益匪浅。继而，吴先生在中文系和校外连续开此课，并出版专书。其津逮学人，非一代也。附言：吴先生英文极好，有译著。

另一点是，吴玉如老先生是近当代著名书法家，弟子极多。小如先生传其法乳，据在下浅见，书法当今超一流，但声名反不及某些专一书法名家者，更谈不到招收书法学博士等事。这是怎么回事呢？

这就要谈到第三点，即吴先生的性格。吴先生一辈子忠于爱情，伉俪情深，对爱人百依百顺，从无间言。我爱人李鼎霞在燕京大学读一年级时受教于吴先生，较我为早。那时，她与同班女生往承泽园（当时尚为张伯驹先生私产，不久售与燕大），谒见吴先生，见师母拿跳棋棋子儿哄小孩儿，吴先生正洗一大盆衣服呢！吴先生善待家人，而区别对待学界人士。他对自己的老师，如游先生、林静希（庚）先生，包括系主任杨慧修（晦）先生，都极其尊敬。对一些老同僚，如林焘先生，也关心备至。但对于系里一些新一代人学术上的错儿，吴先生毫不手软，一抓一个准。有人说吴先生是学术界的“宪兵”。我以为，诚乃“深潭照水犀”也！

基于此，吴先生曾说不想在中文系待了，要上中华书局。袁行霈学长和我以为，此乃下策。于是，一起造府祈求。最后，只能以研究学术问题缓冲。不久，邓广铭先生出来打圆场，把吴先生接到历史系去了。历史系只能是吴先生钓游之地，安能展其长材！好在，吴先生有凌云健笔，不断写文章、出著作。要认识晚年的吴先生，当于著作中求之。

有的人，犹如陈酒、陈墨，愈久愈香，愈使人想，令人看重。浅见以为，吴先生的价值，包括学术上的、书法上的种种价值，随着时代的洗礼，当会越来越高。伤心的是，“千古文章未尽才”，学术界的中国学术梦风正一帆扬，更需要老一辈指导与扛起大旗。闻鼙鼓而思中原将帅，何处更得先生！

（作者单位：北京大学）

# 吴小如先生二三事

曹志刚

今年是著名学者吴小如先生逝世五周年,《吴小如纪念文集》的编者向我约稿。我只是一名普通的企业员工,哪里有资格写文章纪念吴先生,然编者一再邀请,只得诚惶诚恐写点文字,贻笑大方了。

我是安徽泾县人,一直在中国宣纸股份有限公司(原泾县宣纸厂)工作,2000 年左右,我们泾县茂林镇政府建造“三吴”(吴玉如、吴组缃、吴作人三位大家都是泾县人)纪念馆,建成开馆的时候政府邀请了吴玉如先生的长子吴小如先生过来,当时我们公司参与了接待工作,那时候吴先生好像已经有七十多岁,吴先生还为重修吴氏大宗祠题了匾额。

这事过后不久,我们接到吴先生写来的一封信,说是想购买一刀“净皮”三尺单红星宣纸。老先生很认真,他把家里的地址和电话都写在信上,并且说不要我们公司送他纸。然后过了几天,他又寄来一张邮局汇款单,注明购纸款多退少补。我当时很纳

公元二千零三年重修

吴氏大宗祠

茂林吴小如敬题

吴小如题“吴氏大宗祠”匾额

闷，这么大一个学者，北大的教授，怎么就买那么小的三尺宣，为什么不买那些大一点的纸呢？然后我们就按那地址把宣纸给他邮寄过去了。吴先生用纸量还不小，接着也陆陆续续给他寄了好多回。有一次电话里他和我说：“你们寄来的纸质量很好，我以前一直在北京荣宝斋买，也是你们家的，现在能找到你们厂里，一来质量能放心，二来也可以便宜点。”他还说如果我去北京欢迎上他家里坐坐，顺便给他带点纸过去。我那时候正好在销售部工作，平时经常到全国各地的销售点送货跑业务，北京是个大市场，我跑得也比较多。后来我把吴先生买纸的事情向公司领导做了汇报，领导说吴先生要宣纸就给他送点过去吧，不要收钱了。

有一次我往北京送货，就顺便给吴先生带了两刀三尺宣。我们去北京一般就住在琉璃厂附近的小宾馆，那边客户聚集得比较多，办事方便。我给吴先生打了电话，他说，好！你到啦？那你明天下午来我家。我说明天下午有事，去不了，上午去行不行？他说，那你十点钟以后来，我说可以。我心想老先生还挺忙的。第二天上午，我扛了两刀纸就过去了。到了楼下，我给吴先生打了个电话，他说你上来吧。因为这是第一次见吴先生，我印象特别深刻。进了家门，是水泥地面，墙面的涂料已经发灰，几乎没有装修过的样子。我想这么一个大教授，家里怎么这么简陋。我对吴先生说，我们领导吩咐过，这纸是送给您的。他说不行，这钱我付给你。当时这种纸好像七十几块钱一刀，也不便宜。我们聊了会，说了说泾县的一些事情，然后他说，你是第一次来家里，我送一幅字给你，昨天晚上就替你写好了，也不知你喜不喜欢。不过那宣纸钱我还是要给你，两码事。他说，我喜欢写字，但我写字不卖钱，都是送给朋友玩玩。我只好把钱收了下来。打那以后，我每次去北京都要到他家里坐坐，聊聊天。

我问吴先生，为什么每次都买三尺宣？他说，三尺和四尺的纸大小相差无几，但是价格悬殊很大，所以我认为还是买三尺的合算，我都是自己掏钱的。虽然说我是北大教授，但经济上也并不十分宽裕。再说，你看看我的办公桌，就那么一点点大，买大纸也施展不开，这么大小正合适，我书写也方便，不过你要保证这纸的质量。我说要不您可以买点“棉料”或者“特净”，他说“棉料”下笔易破，“特净”又太贵，用着有点浪费，我还是习惯“净皮”，拉力正好。

吴先生和我说过自打退休以后，平时就不怎么出门，基本上就是在家看看书写写字。所以有一次去，我也就和往常一样直接奔家里头了。不料那天他正好不在，保姆说先生被人接去办事了。第二天我想想还是顺便给吴先生带刀纸去吧，这几年来，老先生前前后后给我写了好几幅字，虽然这次他没说要买纸，就权当是我送给他老人家的。见了面我和他说昨天我来了您不在，他说，政府打算邀请台湾国民党主席连战来大陆，需要递送一份传统的请柬，国务院昨天派人接我过去写了。

还有一回，我和吴先生聊天结束离开时，他说，我白天还得干些家务杂事，一般只能在晚上 9 点过后才有时间空下来写写字，今天晚上我给你写幅字，辛苦你明天早上再跑一趟。

记得最后一次去吴先生家，保姆恰好不在，他让我先在书房坐一会儿，大约过了好半天，他才从隔壁房间过来。他说："不好意思，今天怠慢了你，我刚给内人擦拭完身子。我也很累啊，我也很苦啊！"我知道老太太已经生病卧床多年，老先生一直在照顾着她，他说着那话，我不由得一阵心酸。看着老先生那么辛苦，老夫妻俩之间有着那么深厚的感情，真真让我非常感动。

2009 年，吴先生不幸中风，再也无法挥毫畅笔，也不再说要买纸了。我也由于工作岗位的变动，不往外地跑业务，但是我得空的时候还是会和老先生通个电话，聊聊泾县的一些事情、一些变化。

后来，听说吴先生去世了，我很难受。每次看到他送给我的那些书法作品，便会想起和他交往的点点滴滴，便会深深怀念这位让人尊敬的老先生。

（作者单位：中国宣纸股份有限公司）

# 与三老的最后一面

柴俊为

吴小如先生暮年一直抱恙,行动不便,可是当得知他去世的消息,我仍然十分意外。那几年,每次去看他,临走我总说:“下次来北京再来看您!”他好几次都接一句:“希望你下次来我还活着!”我常答:“您一定会活过一百岁!”这是我的真实感觉。因为每次去,吴老除了没以前那么声音洪亮、慷慨激昂之外,他的谈兴之浓、记忆之强、精神之足,一点没变。

一夜之间,他突然走了!我们《绝版赏析》栏目四个学者顾问王元化、朱家溍、刘曾复、吴小如全都离我们而去,真有“此地空余黄鹤楼”的意思。

2001 年 10 月,上海重新整合了戏剧频道,让我做《绝版赏析》栏目制片人。领导后来说,这是为我量身定做的,我想大概是知道我喜欢弄老戏、老唱片的缘故。我们给这个栏目定了句广告语:“开启尘封的声音,钩沉百年京剧的历史”。我向恩师王元化先生说了这个构想,希望他给我们当总顾问。王先生晚年对电视文化的现状大不以为然，一再拒绝上电视，拒绝给电视节目挂名。可能我们的想法还比较合他的意思，也可能是他对京戏有特殊的感情，他竟然爽快地同意了，且第一句话就说："你去找朱家溍、刘曾复、吴小如他们来讲。"我们自然遵命，请三老做了我们最早的艺术顾问。

说起来，三老的"本工"都不是戏曲，朱老是故宫博物院的研究员，专长是明清史和文物鉴定；刘老是首都医科大学的教授，是我国第一代生理学家；吴老是北京大学历史系教授，他的专业是文史。但是，他们有一个共同的特点就是嗜戏终生，甚至到了生命的最后时刻也离不开京戏。

朱老从青少年时期就痴迷杨小楼的艺术。他学杨小楼的唱念几可乱真，多次登台示范杨派名剧。《绝版赏析》请朱老讲杨小楼，朱老开始就自豪地说："我从记事起就看杨小楼的戏，直到他1938年去世为止。不是说，他的戏我都看过，而是在这个时期内，他一出戏演过多少次，我就看过多少次！"杨小楼有一张扮关平的剧照，梅兰芳评价它是武生身段边式、漂亮的典范。朱先生自己照了一张仿杨小楼的照片挂在客厅。我们做节目时，把两张照片放在一起，朱先生看了大为高兴。名武生奚中路去看他，朱老特地放给他看，并且说，"你看看，我的照片能和杨小楼放在一起！"欣喜之情溢于言表。我想这是我们这些没有见过真佛的晚辈所不能理解的一种感情。

不幸的是，我们的节目开播当年，朱老就查出癌症。不过，朱老的女儿朱传荣老师对如何尽孝有自己的理解，她认为应当让老人在生命的最后时刻，做他自己喜欢的事情。想来朱老也是认可我们把音、图等各种文献整合起来解析京剧艺术的创意的，因此

2002年10月份，他抱病还来给我们讲了陈德霖的《虹霓关》《彩楼配》以及杨小楼的《骆马湖》。我们回沪不久，朱老还给我打电话，建议给李连仲、王长林的《五人义》唱片配像，由他来讲解，还仔细地给我讲了怎么弄服装。可惜，因为一时找不到合适的演员，这个节目终于还是没做成。

最后一次见朱老，他已将到生命的最后时刻了。我给传荣老师打电话，说是想问问《骆马湖》配像的事，其实我们是想再去看看朱老。传荣老师说："来吧！想问什么赶紧问！"我们赶过去大约要一小时，这点时间里朱老又睡着了！传荣老师说："他现在隔一会就要'充充电'。"我们在客厅等了一会，朱老醒了。我见他被病魔折磨得形销骨立，心中很不好受。可是朱老一听说"杨小楼""骆马湖"，立刻来了精神头，连唱带比画，把杨小楼的《骆马湖》从头到尾拉了一遍！

刘老与朱老同庚，曾经是梅兰芳、余叔岩创办的"国剧学会"最年轻的学员之一，他的脸谱艺术得到过梅兰芳的高度评价。刘老是老生名票，留下的说戏录音有100多出，同时，刘老也是杨小楼艺术的崇拜者。2002年，我们请刘老到上海录节目后，一起去拜访王元化先生。闲谈中，刘老说起在电视里看了奚中路的《铁笼山》。刘老对我说："中路不是外人，你转告他，他这个跟杨派有很大距离。"元化师是急性子，说："你现在给他打电话问问有没有空，请他过来啊！"奚中路的好学是出名的。王先生那时住在衡山宾馆，离他住处不远，他接了电话骑车就过来了。刘先生当场就给他说了这出杨派《铁笼山》。

刘老高寿九十八，最后十年在《绝版赏析》留下了大量的口述资料,每年都要录好几回,可是没想到,最后一次的一个意外,真使我不知如何面对刘先生的在天之灵。

刘老曾说“朱家溍、吴小如他们都严肃,我是随便”。这意思用现在的时髦话来说,就是“会不会聊天”。以我的体会,三老中,朱老不太能聊天。也可能是我们开始做节目时,朱老身体已出现状况,精力不济。与朱老聊天,有时会有要找话题的感觉。不过,朱老说话倒是快人快语。有一次录完节目到饭点了,我对朱老说,请您一起吃饭吧?朱老一笑,说:“请我吃饭,想让我高兴是吧?那就赶紧把我送回去,我要休息了!”

吴老是能聊天。曾经与伟品兄一起陪吴老坐火车,从傍晚上车起,直到半夜12点,我在他们聊天的声音中慢慢睡去,第二天六点多,我又在吴老的聊天中醒来了……但是,吴老好像不太会聊天。2002至2003年,吴老一家曾迁居上海。我们近水楼台,抓住吴老做了很多节目。每次在上视大厦录完像,就去青海路上的一家饭馆吃便饭。饭店附庸风雅,每块屏风上都印着唐诗宋词之类。有一回我们的位置对着“那人正在灯火阑珊处”的屏风,吴老见了大不以为然,吩咐叫经理来,问他,你知道什么叫“灯火阑珊”吗?这灯火阑珊就是灯都快灭了,你这生意还火得了吗?经理唯唯诺诺,连说“我们换掉,我们换掉”。下周又来,不巧又坐那位置,“灯火阑珊”依旧!吴老生气,连唤“酒保酒保!”,经理无奈,赶紧把我们换到“君不见,黄河之水天上来”的屏风下。

刘老是能聊天,又会聊天。能聊不用说了,每个见过刘老的人都有体会。关键还会聊!我有时在网上跟一些小朋友说“粉戏”玩,不知哪个坏种到刘老那儿去学舌,说我喜欢打听“粉戏”。最后一段日子,每次去,刘老就会主动跟我聊“粉戏”,特别跟我说过杨小楼与余玉琴在《画春园》里的色情表演。直到最后一次，由于我的粗疏，刘老心里一定很不愉快，可还是跟我聊了田桂凤。平时，我去预约做节目，不好意思直奔主题，总是先聊聊闲篇。可是不用我多寒暄，刘老就会主动问。他习惯是说："有什么好消息？"他管做新节目叫"好消息"，或者干脆"有什么任务"，这样十年下来，几乎成了一种习惯"暗语"，可最后一次，他的"有什么任务"，我却没有接好！

2011 年冬天，我们要做《前后四大须生》专题，我照例跟刘老电话预约，把采访提纲事先特快专递过去。到了北京，我一打电话，家属告诉我，刘老身体不好，不能再工作了。我当时很纳闷，就给我比较熟悉的刘老的三女儿打电话，她说："你知道他得的什么病吗？是食道癌！"我听了脑袋"嗡"的一下，不知怎么应答。愣了好一会儿，我才回过神来，再打过去说，我要去看看刘老。

为了模糊掉采访的事，我特意约了传荣老师和李舒女史一起去看刘老。没寒暄几句，刘老就来了那句著名的"你有什么任务"，我只能说，没任务，就是来看看您。我明显觉得他脸上有一丝不快。聊了几句当年在后台，钱金福让他去看田桂凤的事，刘老再次问我："这回有什么任务？"我还说没任务。刘老不高兴地说："我好好的，没病没灾！"连说两遍。我知道，刘老这时候仍然不想别人把他当个病人看，说戏谈戏依旧是他最大的兴趣。可是，他毕竟年届97，又得了如此重病，我还坚持"任务"，未免太不近人情了！看着刘老的神情，我觉得，我一辈子都没经历过这么难堪的场面，趁着另外有人来看他，我们就匆匆告辞了。

转过年来，听说刘老住院了，我跟领导请了假，专程去看他。那天下午，他正要做一个埋管的小手术。我和王文芳大姐进门时，他女儿和护工正扶着他穿衣服。见了我们,他开口就是戏:“唉!这回真不行了!这都《独木关》了!”(按:《独木关》演的是薛仁贵带病枪挑安殿宝,出场时,由两个老军搀扶着,恰似刘老当时的造型。)

三老中,吴老最年轻。吴老的戏评戏论是我学习戏曲的教科书,《台下人语》《京剧老生流派综说》等,我都曾反复研读。我相信我们这辈喜爱京戏研究评论的人,很多都受到吴老著作的启迪和教益。吴老年轻时,曾向谭、余两派的名家夏山楼主、王端璞、张伯驹等请益。1961 年,夏山楼主录制《李陵碑》《鱼肠剑》等唱片,吴先生不仅是策划人,还在剧中配唱杨延昭、姬光等“里子活”。2002 年,我们举办《绝版赏析》周年庆晚会,吴老兴致勃勃唱了一段《蟠桃会》。先期录音时,吴老说:“让我听一遍!”听完他笑着自嘲:“整个儿一里子味!”

三老中,吴先生在《绝版赏析》中讲述最多,一来是他曾一度迁居上海,给了我们极大的方便,二来是吴先生自幼酷爱京剧唱片,对讲述唱片中的人和艺特别有兴趣。2009 年,他患病后,行动不便,我们不敢再劳动他,每次去北京录像就去看看他,聊聊天。2010 年,我们要做《小生三虎:姜妙香、俞振飞、叶盛兰》专题,吴老主动请缨要讲。因为,他跟“三虎”都有交往,尤其和叶盛兰有很深的交谊。录像那天,吴老的学生贯涌老师、朱传荣老师、梅兰芳先生的外孙范梅强兄等都来了现场。

开了头以后,吴老在病中又坚持参与了《“新青年”遭遇旧戏曲》《〈四郎探母〉的禁与演》两个专题的讲述。可惜的是,后来吴老在家中不慎摔倒骨折,几乎难以下楼,就再也不能来录像了。

近两年,我们的节目由周播改为季播,去北京的次数少了。

但每次去，我们总要去看看吴老，听他聊聊戏。2011 年底，我和姜鹏兄一起在央视录《百家讲坛》，我们几次都把回程定在晚上，录像一结束就直奔中关新园，记得有几次我们西装革履的行头都没来得及换就进了吴府。见了吴老，聊得最多的还是戏。

最后一次见吴老，是去年陪山东文艺出版社《老唱片》丛书的主编、副主编和责任编辑去拜访吴老，请吴老做顾问。当着一屋子的人，聊着聊着，吴老又聊到戏上去了，说起王珮瑜，我说珮瑜现在有意识地寻找余叔岩“十八张半”以外的东西，这一年向上海的余派研究家李锡祥先生学了《朱砂痣》《秦琼卖马》《南阳关》和《芦花河》四出戏。吴老听到《朱砂痣》，大感兴趣，问是什么路子。我说，李先生跟您一样也是跟夏山楼主学的，是陈彦衡的路子。我说，本来李先生要教我《取帅印》，我觉得先生同时教两出太累，所以我也先学了《朱砂痣》。李先生说，他以夏山楼主所传的《朱砂痣》为主干，也吸取了其他老先生的好腔，譬如“一家人四散奔逃”这句腔就是得自同为陈彦衡弟子的任恕盦先生。于是，吴老就跟我对起这段二黄原板的腔来。后来察觉晾了一屋子人有点不好意思，他关照我：“下次你一个人来，全部给我唱一遍，我跟我学的对一对。”不料，我今年还没机会到北京，吴老却故去了……

在我的记忆中，与三老的最后一面，没有一个是离开戏的。而他们对于戏的意义价值，又不仅仅止于个人爱好。

三老的艺术造诣，他们的成就，都有各自的著作在，我不够资格去评价。我只想说，他们这样的业余研究者是京剧历史上的一种特殊现象。这一现象是京剧沿袭了昆曲曲友曲家的传统，也是其他剧种不具备的一种优势。现在都讲京剧是一种传统艺术，实际上，历史上京剧的成分十分复杂。京剧讲究传统，但是这种依赖口传心授的传统又特别容易流失。一方面是“艺不轻传”，当红的名角不能教戏，也没工夫教戏，能教的又怕“教会徒弟，饿死师傅”。另一方面是市场的“喜新厌旧”，京剧界喜欢讲“台上的东西”，台上的东西也是最势利的东西。卖座了，流行了，就传得广，学的人多；不卖座，不流行了，传人也会转向，很快就会湮灭。“无腔不学谭”的年代，老三派就很少人问津了；四大名旦崛起后，老谭渐渐就成了一个虚名……旧时代伶人从艺，大多不会对艺术有理性的分析选择，一般都是跟着时尚走，更不可能沉下心来去挖掘传统，因为快速赚钱、养家糊口是迫在眉睫的。尽管时尚并不都是好玩意儿，老古董里有好东西，但再好的东西在戏园子里不卖座就是没用。然而，京剧界有一批特殊的人，他们就是票友，业余研究者。他们向名伶学戏时，角儿不怕他们抢饭碗；他们恪守传统，整理传播“古董”，又不怕市场“不买账”。像陈彦衡的传播发扬谭派，李适可的传播发扬余派……以至于余叔岩、言菊朋、孟小冬、于世文这样的名伶要反过来向他们这些票友拜师学艺。至于在文献记录、评论研究方面，业余研究者的贡献就更大了。京剧界在20世纪30年代就有了“保存国剧”的概念，出版了众多的专业杂志，京剧的老唱片记录了大批当时舞台上已经不走红的风格唱段，这些都是票友、业余研究者在发挥积极的作用。这种优势，在其他剧种中很难见到，也没有这么大的力量。

朱、刘、吴三老是这方面在当下的杰出代表，他们的成就深深地影响了许多年轻的京剧研究者、爱好者。我们相信，京戏的这个优良传统不会因为他们的离开而完全断绝。

（作者单位：上海东方卫视公益媒体中心）

# 先生腹笥渊如海　双楫弄舟自在行

## ——吴小如先生的诗词人生

陈斐

八十余年前，吴小如先生就读中学，始学为诗，尝以“七绝”数首呈椿庭乙览，未料遭其严责，至有“非诗材”之谴。因先生习作平仄不调，甚或一诗押三部之韵。此时，恐怕无人能够逆料，若干年后，小如先生会成为卓有成就之国学名家，在北大讲坛上因把古诗词讲解得切理厌心、大解人颐受到校内外学子之追捧，并荣获《诗刊》2013 年度“子曰”诗人奖。

### 昆山玉复桂林枝，少若才华大类之

小如先生 1922 年生于哈尔滨，其父是 20 世纪著名的国学教授、书法家、诗人吴玉如老先生。上小学三四年级时，父亲曾聘请裘仁山先生给他授课，讲授的内容中即有《毛诗》。后来，每天清晨洗漱间隙，父亲口授唐诗绝句一首，命他熟读成诵。这培养了他对古典诗词的最初兴趣。初次学诗，虽然受到父亲的严斥，但他并不气馁，而是暗暗总结平仄规律，熟诵“平水韵”韵部。同时，因旁听父亲为卞僧慧诸人开设的讲解旧诗作法的课程，他对诗词格律等明白了许多。

真正促使先生下决心学诗，是 1943 年在中学教国文时的事。一学期下来，先生发现，如果没有创作经验，讲解古人作品难免如雾里看花、隔靴搔痒。从此，他认真学习诗词创作。次年初恋失败，曾吟诗遣怀道：“落花微雨梦中身，燕迹空悲梁上尘。吟到当时明月在，平生不负负心人。”此诗文笔稚嫩，模仿晏几道《临江仙》的痕迹较浓，但已透露出灵敏的艺术感悟力，彰显出崇高阔大的人品格局。耿直善良，宁可人负我，不可我负人，正是先生终生奉行的做人准则。

抗战胜利后，先生先后负笈燕京、清华、北大三所著名学府求学，在朱自清、废名、林宰平林庚父子、俞平伯、顾随、游国恩等诗学名家的指导、鼓励下，他学诗、写诗的兴致日益增长。《无题》一首，忠实记录了他悠游求学的青春时光：“向晚坐花阴，拟书成独吟。言情平伯细，讲义废名深。碧落空无际，昏鸦乱入林。俄看月东上，香意涤烦襟。”后来，他把此诗抄给平伯老看，平伯老说：“以鄙名与废名作偶，甚可喜。”又说：“你说废公那个‘深’字很恰当。”从此，先生拜列俞门受教。1954 年平伯老受到批判，北大中文系开完批判大会后，先生探知次日将有更大规模的举动，于是不顾一切地致电恩师，一来表示慰问，二来提醒恩师要有心理准备。“文革”期间，当不少子女和父母纷纷划清界限时，先生依然冒险探望恩师，足见师生之间情深义重！为此，平伯老晚年曾对家人说，只有吴小如还算得上是他的学生。1986 年，社科院召开大会庆贺平伯老从事学术活动六十五周年，纠正了当年“左”的偏向，充分肯定了平伯老的学术成就。小如先生感到由衷的高兴，深情地赋诗曰：“绛帐依依四十年，几番风雨复尧天。蛾眉自古轻谣诼，屈宋文章奕世传。”

先生和顾随老的交谊则始于抗战胜利前后的“偷听”。当时，除本校外，他常去辅仁大学和中国大学等学校“偷听”诸多名教授的课程，顾随老的古典诗词课是他最感兴趣的课程。后来经刘叶秋先生绍介，而识荆州，从此直到1949年先生大学毕业赴天津教书为止，他经常是顾随老的座上客，被视为忘年小友。1948年，先生作有《敬和顾羡季先生长句四首》，末章云：“十载王师复二京，废池乔木忍言兵。新安道裹风尘役，建业城坚带砺盟。郊垒不胜埋骨怨，国门徒羡挂冠情。大江有恨流终古，赢得鳏生白发生。”对硝烟又起的时局充满了担忧。1951年秋，先生重赴北京燕京大学任教，未几院系调整转入北大，顾随老则受聘于天津的河北大学，从此暌离两地。1952年，顾随老曾作诗六首赠先生，诗前题云：“久未见少若、正刚二君，连日得小诗数首，不复铨次，即写奉焉。”少若即先生。诗作对先生的才华大加奖掖：“昆山玉复桂林枝，少若才华大类之。”“委地珠玑散不收，两君才调信无俦。”当时不知何故，先生并未看到此诗。直到半个世纪后，先生才收到从周汝昌先生处辗转寄来的手迹复印件，捧读之下，他由衷地感动，曾撰文说：“五十年前，尽管我没有趋谒羡老，长者竟时时想着我这个后生小子。这种知遇的深恩厚谊，简直无法用言语来表达描述。……至于诗中对我种种溢美之词，当以提携后进之语视之。时至今日，读之犹惭汗不已。年逾八十，一事无成，深负长者之期望多矣。”

## 说诗解颐诸生喜，岁积篇章足自怡

从 1952 年起，先生一直在北大从事教学、科研工作。他“精通文字、音韵、训诂、考据，淹贯诗歌、散文、戏曲、小说，文史并重，兼工行草楷书”（彭庆生先生语）。仅就文学史而言，“从《诗经》一直到梁启超，能全部贯通讲授”（沈玉成先生语）。先生讲课，绝不照本宣科、人云亦云，而是经过充分的资料准备，善于钻研，由点及面，纵横贯通，讲出自己的心得见解。（他的不少学术论文即是在讲稿基础上加工而成的。）因此，他的课非常叫座。特别是诗词赏析，因为他本身就是诗人，有着冷暖自知的创作经验，并且经过了“通训诂，明典故，察背景，考身世，最后归结到揆情度理”的“苦赏”（刘宁女士语），所以往往能够发前人所未发，解读得令人神往！张鸣先生回忆，当年听先生讲授“唐宋词研究”，可容一百多人的大阶梯教室坐得满满的，每次上课要提前占座。先生讲课，分析精彩，逻辑严密，记录下来就是一篇好文章。同学们私下议论说，吴先生讲课真是“卖力”！

余生也晚，无缘领略先生讲课的风采，但读过不少他的诗词赏析文章。这些文章，没有深奥艰涩的理论术语，然言必有据、富有新见，让中学生能够读懂，令大学教授也足以获得某种启示。比如，关于晚唐词坛的“双星”温庭筠、韦庄，一般认为温浓韦淡、温密韦疏、温艳丽韦清新。先生通过全面深入的作品细读指出，温词在以香软绮靡、浓丽浮艳为基调的同时，还有清新疏淡的一面。就温、韦比较而言，韦词虽然不及温词浓丽浮艳，却有着若干比较明显的色情词句，温词则一句也没有。这说明被称为“艳科”

之祖的温庭筠对所描写的对象(作品中的女性抒情主人公)充满了尊重和同情。而且,即使温词中那些被称为“艳科”的作品,在表现手法和艺术风格方面也是多种多样的,不能一概否定。后来,他将这种看法写成一首《论词绝句》:“时贤尚质罪花间,我道温韦未易攀。曲写闺情无亵笔,建章宫阙米家山。”由此可窥先生授业、著述之一斑。

在繁忙的教学科研之余,先生积极地从事诗词创作。到20世纪60年代,已吟咏了大量诗作。但遗憾的是,这些作品在先生1965年“四清”归来之际,为怕惹麻烦被他付之一炬。“文革”结束后,先生虽也偶尔染翰操觚,但他不注意保存底稿。今年年初,我协助他整理诗稿,虽经多方搜集,也只找到了一百余首。因为斋号叫“莎斋”,所以先生谦虚地将诗集命名为《莎斋诗剩》。仅就“劫余”之作而言,亦达到高超的艺术境界。昔牧斋论诗,标举“性情、世运、学养”。先生的诗作,其优胜也大致表现在这些方面。

## 一往情深余寂寞,几回肠热妄周章

汉代扬雄曰:“言,心声也;书,心画也。声画形,君子小人见矣。”清人沈德潜云:“有第一等襟抱,第一等学识,斯有第一等真诗。”先生的人格操守为学界所共仰,是当代罕见的有士人风骨的硕学鸿儒。故其发言为诗、落笔成书,皆能摆落习气,迥越流俗。如其《题范洛森藏吾皖画家黄叶村遗作》:“卞和刖两足,痛哭求知音。画家耽笔墨,抵死不媚今。今人多逐利,买画犹蓄金。惜哉黄叶村,虽死孰同心?”“人求真赏难,世博虚名易。我慕黄叶村,途穷甘殉艺。宁为路饿殍，不坠平生志。遗绘留人间，浩然存正气。”一任神行，自然入妙。对乡贤黄叶村画格、人品的赞美，不也是先生襟抱操守的夫子自道？再如《咏兰》：“屈子佩秋兰，陶公惜衰柳。兰比素心人，严霜柳易朽。荣悴各有时，何必卜休咎。惟期方寸间，固持在操守。”娓娓而言，平淡而山高水深，颇有陶诗遗风。

先生乃性情中人，耿直善良。不论是亲人、师长、朋友、学生，还是素不相识的求教者、仰慕者，先生皆以诚相待。虽有时难免招怨受骗，适足以鉴照出所接之人的美丑善恶，无损先生人格之光辉峻洁。正如其《忆津门故人》诗所云：“一往情深余寂寞，几回肠热妄周章。”先生的诗，是他内心真性情的自然流露，也是其光明磊落人生经历的如实写照。自抒胸臆者自不用说，即便承载着交际功能的交往诗，先生也写得饶有情趣、真挚动人，因为在他笔下没有“为文造情”的应景之作，而是情动于中才形诸言的感人文字。

先生的夫人杨玉珍女士，是他教中学时的学生，后来因情投意合结为连理。初婚不久，先生赴京求学，和杨女士睽离京津两地。夫妻之间相互惦记、牵挂的思念之情从现存数首“寄内”诗亦可感知一二，如《燕园寄内》：“书来屑琐情何限，婉转叮咛岂未知？未必秋山无恋处，怕题红叶惹相思。”《鹧鸪天·丁亥燕南园作》一阕：“风定花慵澹夕阳，春山偏爱暮云妆。一庭芳树愁难歇，半幅红笺写未长。人寂寂，夜茫茫，几回携手度横塘。无端却被春禽恼，细剪相思入画梁。”应该也是寄内之作，写春日相思之情，十分真切。进入80年代后，杨女士患上糖尿病和帕金森症，而且越来越严重。对此，先生颇为担忧，曾吟诗道：“世路谁厘浊与清，暂安衣食便承平。山妻病久徒增虑,文债缘悭懒速成。”(《丁亥中秋前七日偶成》)从此,他除了承担买菜、跑医院、上药铺、串百货商店、逛自由市场、做饭、洗衣等无分巨细的家务外,还担负起照料病人的重任。先生对夫人的照顾,可谓无微不至。每次外出吃饭,总忘不了给杨女士打包几个菜。2008 年,杨女士跌伤入院,一度思维有点混乱,谁也不认识。年近九旬的先生握住她的手,带着她反复摸自己的鼻子和脸颊,杨女士竟因此认出了他,开口又唤“小如”。2010 年,杨女士因病辞世,享年八十二岁。熟人都明白,如果没有先生的悉心照料,长年重病缠身的她很难享此高寿。今年 2 月中旬,我最后一次拜见先生,他惆怅地谈道:“我现在最大的精神负担,就是想我的老伴儿。”由此可见,先生伉俪之间的感情有多么深重!

## 一见抵掌如旧雨,人生难得心相知

先生与师长之间的深厚情谊,可从上文所述他和平伯老、顾随老的交往尝脔知鼎。下面略述他和友人通过诗词彼此嗟赏、彼此抚慰的知己之情。先生和著名红学家、诗人周汝昌先生是交往多年的诗友。周早年所填词有句云“秋气溽琴潮,身与良桐一例焦”,深得先生尊公玉如公激赏。先生曾和周自题新著《红楼梦真故事》云:“千古才情一脉亲,风行水上自多纹。红楼佳丽原非梦,春草池塘孰与芸?人换世,笔销魂,仙家警幻事疑真。漫嗟尘海知音少,满纸荒唐脂共芹。”(《鹧鸪天·和周敏庵汝昌》)高度评价了周的红学成就。先生《贺何满子先生钻石婚》曰:“闻道文章伯,欣逢钻石婚。平生多轗轲,晚岁足温馨。世路夷中险,秋阳昼欲昏。坡翁真达者,春梦竟无痕。”不落贺诗俗套,用诙谐幽默的语调抒写对老友平生遭际、成就、境遇、心态的感慨和赞叹,饱含无限深情!

先生和著名经济学家厉以宁先生的相识,始于1967年,地点在北大监改大院。当时两人皆受批斗,先生向厉口诵七律一首以为鼓励,中有“珍重春风啜茗时”之句。两年后,二人同时下放江西鲤鱼洲农场,先生又赠厉《鹧鸪天》一阕:“聚散萍踪事可思,当年魇梦画楼西。百年驹影惊回首,一纸家书慰展眉。新旧雨,短长堤,平生幽素几心知。相看两鬓随缘老,莫待吟成已是诗。”回忆往事,感慨今日,共勉以随缘超脱的心态。厉当即步原韵回赠,词中既有“萍踪难得两心知”的身世之感、知己之情,也包含着“笑待来年绿满枝”的期待。两人可谓那个年代里相濡以沫的涸辙之鲋。

先生从小雅好京戏,经常撰写戏评。他的戏曲文录,被启功先生誉为具凿破鸿蒙之力,真千秋之作。因为戏评,他和不少表演艺术家结下了深笃的友情,被视为知音诤友。1934年,先生十三岁,常去中华戏校看戏,非常欣赏十六岁的王金璐先生文武兼擅的才华。四十年后,两人始得相识,“一见抵掌如旧雨,人生难得心相知”。从此,他们彼此视为伯牙、子期般的知音,常在一起切磋论艺。先生曾赠王诗曰:“谬托知音四十年,款倾衷曲各皤然。英姿不减当时健,杨派宗风仰子传。”对王评价、期望甚高。1980年,王欣逢周甲,先生赠诗有句云“神凝韵溢双眸炯,舞健身拟一叶轻”,栩栩如生地刻画出了王的舞台风姿。

先生是最早对著名作家邵燕祥先生作品感兴趣并在报刊上予以发表的“伯乐”之一。二人订交于1948年,当时先生代沈从文老编某报副刊，从来稿中发现了邵，于是写信鼓励并登门拜访。此后六七十年间，二人常有诗词唱和。1961 年，邵被戴上右派帽子下放归来，先生安慰道："归帆误泊狂涛里，小跌何妨跻大贤。"邵七十年代在河南干校，写诗寄先生曰："涂鸦枉借春秋笔，求友应从生死场。"颇有生死知己之感！1976 年，"文革"结束，先生赋诗曰："卅年风雨旧盟寒，没骨相思写际难。天幸两间留邵子，新诗犹有一人看。"邵有感于先生人生际遇的坎坷，寄诗道："是非只为曾遵命，得失终缘太认真。"并以"百岁传薪图续火，一生结果证开花"肯定先生的人生价值，以"域中海外多知己，莫向疏林叹日斜"劝慰先生。特别是先生的七律《赠邵燕祥》："太息书生举步难，文章问世亦辛酸。枯鱼入肆江湖寂，落木惊秋风雨寒。愧我无心云出岫，羡君矢志笔回澜。从来天意怜幽草，愿假余霞子细看。"笔力遒健，感慨遥深，蕴含着多少知己间的理解、怜惜、欣赏和鼓励之情啊！

## 晚岁逢君大有缘，醇如涧底酌清泉

先生一生以教书育人为业，把讲课视为唯一的嗜好，将"得天下英才而教育之"看作人生最大的快乐。他和学生以道义相勉，相互之间充满了感情。看到学生的优点和进步，他由衷地喜悦，不遗余力地予以肯定、奖掖，同时又根据各人特点提出更高的期望。有时，他会用赠诗的方式表达对学生的欣赏、鼓励和慰勉之情。这些诗，读起来让人意识不到语言文字的存在，只觉得真挚热烈的情感不断地喷涌而出，而且，往往能够活灵活现地描摹出酬赠对象的风情神韵。

北大中文系博导张鸣老师1980年曾听过先生的课，后来由于种种原因一直没有交往。直到1995年，张老师接到北大《国学》编辑部的电话，说他投稿的论文《从“白体”到“西昆体”》请先生匿名评审，评价很好，但有一些地方需要修改，嘱他拜访先生亲自聆教。由此，张老师和先生再次相识，一见非常投缘，成为无话不谈的“忘年交”。2003年，先生寓居上海小儿子家中，曾赠张老师诗云：“晚岁逢君大有缘，醇如涧底酌清泉。时贤谁会溪山美，莫羡人间造孽钱。”“燕尘重踏知何日，朝野风光异昔时。子拥书城堪遣兴，春暄无忽岁寒姿。”由于专业原因，我对张老师有一定了解，认为他是当下凤毛麟角的淡泊名利、有真才实学、还在坚守“文章千古事”传统价值观的学者。数年前，我曾“偷听”过他的宋诗研究课。时值盛夏，张一袭青衫，从容闲雅地分析王安石、苏轼、黄庭坚等人的诗品、人格，让人忘记了夏日的酷热，仿佛回到人文精神鼎盛的宋朝。窃以为，先生“醇如涧底酌清泉”之句，最能形容出张老师给人留下的印象。酌泉涧底之美、坐拥书城之乐，虽然“时贤”难会，但自有知音！先生何憾！张老师何憾！我辈何憾！

天津书法家韩嘉祥先生曾从先生的尊人玉如公学书。玉如公去世后，又师事先生。先生《莎斋诗剩》中有三首赠韩之诗，其中七古《题韩嘉祥书行草手卷》云：“嘉祥行草与日进，渐得师门法与韵。先君笔落如有神，万卷诗书基早蕴。韵秀其姿气内遒，五岳在胸体自润。嘉祥作字俊有余，点画萧疏劲略逊。倘从篆隶觅根源，益以诗书力乃振。脱俗远避利名场，世路维艰宜谨慎。学书有悟堪自娱，人间毁誉何足训。我生资质拙且愚，但求勤劬补鲁钝。题句与君共勉旃，后来居上惭霜鬓。”言之谆谆，先肯定其成就,又委婉指出需要改进的地方,并予以指导,最后以道义相勉。构思曲折,堪称佳作。先生虽不是博导,但代学生费振刚先生指导过其博士生檀作文的论文《朱熹诗经学研究》。论文提交答辩时,先生赠檀诗曰:“雒诵诗三百,潜心到考亭。世风争蔑古,经义独垂青。昼晦非关雨,山巍岂必灵。平生疾虚妄,愿子德长馨。”赞扬了檀潜心治学的精神,并希望他再接再厉,不要受世俗虚妄风气的浸染。全诗如行云流水,自然成文。

即使对一些求教者、仰慕者,先生也热情地予以奖掖、鼓励。先生曾赠书画评论家陈传席先生诗曰:“旧识陈传席,暌违廿二年。读书心得间,谈艺思如泉。上下交征利,文章不值钱。逢君欣快语,羡子著先鞭。”激赏之情溢于言表!作家尽心求教,先生赠诗云:“嫣红姹紫少年游,欲绾童心愧白头。羡子清才真的砾,启人妙悟即风流。铅华艳夺天姿美,经史源开笔力遒。落落孤芳宜自爱,骞腾好向最高楼。”全诗轻快活泼,奖掖鼓励不遗余力。他如《读张青云近作漫题丁亥》:“老杜功夫在诗外,质文三变最堪师。”《贺郑立水君新居》:“喜君卜新宅,善避软红尘。”《赠刘凤桥》:“涉世争趋走,立身费揣摩。”《赠李生佩红》:“习艺等习字,首重书卷气。先正而后奇,标新勿立异。”《赠古风》:“我勖少年人,刻苦艺乃工。读书与行路,造化力无穷。持之数十年,落笔气如虹。”皆情真意切,诲人不倦。

## 明道不辞兼夜话,忧时常数众鸡鸣

先生虽然一生在高校从事教学科研工作,但他所继承的传统士人以天下家国为己任的责任感和使命感使他时时关注着时代的风云变迁、国家的兴衰治乱和人民的冷暖疾苦，这在其诗词中也有所体现。不过，不管是牧斋论诗标举的“世运”，还是先生诗词对现实的关注，都是活生生的、有血有肉有个性的诗人熟练运用诗歌艺术，表达一己之心灵对所遭际之时代、所濡染之环境的看法，即以一己之“小我”反映时代之“大我”，而非如古代御用文人或有些“时贤”那样，将诗变成圣贤经传、朝廷诏诰、标语口号或报刊社论的押韵化、平仄化，只见道理颂声，不见诗人，更不见诗味。如果后者是所谓“时代潮流”的话，那么先生的诗词，的确像有人批评的那样，没有紧跟“时代”，更“不是引领潮流居于峰巅的代表人物”。相比之下，《诗刊》2013 年度“子曰”诗人奖授奖词的评价较为公允：“他的诗词作品，历尽沧桑而愈见深邃，洞悉世事而愈见旷达，深刻地表现了饱经风雨的知识分子的人生感悟，展示了一位当代文人刚正不阿的风骨和节操。”

正如先生《送王维贤游成都》诗所云：“明道不辞兼夜话，忧时常数众鸡鸣。”他的《莎斋诗剩》中有不少佳作抒发了忧国忧民的情怀。如《赠峄莘大兄》：“宫墙薜荔欺花艳，郛郭兵戈积殣新。”《送王维贤游成都》：“若见君平烦买卜，苍生几世见河清。”《明史》：“君不见四夷眈眈视如虎，吁嗟兮，民到于今虽死不敢怒。”皆作于 1947 年，体现了先生对民生疾苦的同情和对国家民族前途的忧虑。1948 年，先生和顾随老诗云：“钧天乐奏焕龙章，列号真人众所望。始信枢衡专少府，争料道统属庚桑。仙山失路秦棺朽，冶女伤谗郑袖强。太息红尘缠欲界，露华虽重奈骄阳。”主要讽刺伪国大竞选时的丑剧：出乎蒋介石的预料，李宗仁竟然当选为副总统。末句暗示国民党政权不会维持长久。中日甲午海战百年纪念之际，先生赋诗提醒国人：“百年驹影忆蜩螗，畴昔兵戎今巨商。帑库盈虚谁管得,销金窟外利名场。"反讽社会上的奢侈腐败之风。再如,《浣溪沙·丁亥黄金周书所见》:"游客纷呶莽送迎,喧阗车毂任纵横,西山早失旧时青。　大卖场兼零售点,嬉皮士挟女摩登,良辰佳节不堪行。"生动描绘了北大黄金周人流如涌的负面效应。即使是《八十初度友人见贺七律二首,乃以打油体答之,次章步韵》《八十初度岁暮自嘲》《暖冬》《五十余年前旧作,忘其第七句,今卒成之》《卅余年前旧作,忘其后半,因足成之》《己丑春偶作》等自抒胸臆的作品,也往往通过内心的感情波澜映射时代的阴晴风雨。

先生曾因撰文批评文化学术界乱象,被称为"文化学术警察"。他敢于直言、有良知有风骨的"警察"本色也表现在诗词作品中。《题李平安君诗集》:"晚近群贤竞写诗,缘情言志见真知。莫嫌人海喧嚣甚,大浪淘沙会有时。"对文化泡沫化在诗坛的反映——"数量的虚假繁荣掩盖了质量的平庸浅陋"(莫砺锋《人间要好诗》)提出严厉批评。《学戏》:"浊世听歌易,清时顾曲难。名家纷绝响,旧梦碎无端。识小情何益,钩沉迹已残。寂寥千载后,一例鼎彝看。"抒发了面对戏曲艺术日益没落的惆怅心情。《偶感》:"百年显学属红楼,说梦痴人蜂蚁俦。索隐已成今八股,妄言谁肯死前休。"批评了红学界误入歧途的索隐考据之风。《题所临魏碑》:"时贤妄逞臆,自许开新路。下笔令人惭,翻讥我顽固。书道陵夷久,途穷兼日暮。"指斥书坛无视经典的继承与学习,打着"创新"的旗号逞险弄怪的乱象。再如《无题》:"人才域外流无际,生计囊中济有穷。"忧虑人才的外流。《示某画家》:"不从经典求通悟,多少庸才浪得名。"嘲讽画坛炒作之风。《己丑元旦打油抒感》《和周敏庵汝昌〈近读莎斋文,拈时贤佳例,因口占戏呈〉》《丙戌上元戏成五律一首》等讽刺语词滥用、张冠李戴等文化学术滑坡现象。此类诗歌，避免了枯燥的说教，能做到议论带情韵以行，又富有形象性，可视为“杂文诗”。

## 先生腹笥渊如海，双楫弄舟自在行

先生学养之淹博，当代罕有其匹。正如北大中文系卢永璘教授《吴小如教授九秩华诞庆典感言·其一》所云：“文史诗书集一身，菊坛说部数家珍。先生腹笥渊如海，并世通才有几人？”然而，他从不像某些食古不化者那样，在诗词中獭祭典故或卖弄学问。先生的学养，体现在诗词中，主要指他走的是一条研究和创作相辅相成的“艺舟双楫”道路。先生以为，“要想把古代诗文讲出个所以然来，必须掌握写作古诗文的实践经验，否则终不免隔靴搔痒”。同时，他的诗学素养，他研究古诗词的心得体会，甚至他文史兼通的学养，又会指导和支持他更加灵活巧妙、游刃有余、左右逢源地遣词造句、抒发性灵，在诗词创作上达到高超的境地。

任何艺术，包括诗词，都会涉及继承和创新、正与奇的关系。先生曾被人称为“保守主义者”，或被诋为跟不上“时代”。其实，先生并非反对创新，只不过他所期望的创新是在继承传统基础上水到渠成、自然而然，因而也是本固枝茂的创新，而不是抓着头发跳出地球、逞臆妄为、昙花一现的“创新”。正如他《题所临魏碑》所批评的：“时贤妄逞臆，自许开新路。”《论书二首·其一》亦曰：“作字必循法，法弃失仪型。荒诞非创新，妄想岂性灵。”在奇正关系问题上，先生力主“先正而后奇，标新勿立异”（《赠李生佩红》）。余亦以为，每一种诗体，经过千百年的发展演变，都形成了它之所以是它“这一个”的形式规定性(当然还有诗体风格等)。这种规定性是此种诗体存在的生命。比如律诗,必须讲究对仗、平仄、押韵,避免孤平、失粘、三仄尾、三平调等。我们不能以它还未成熟时的一些表现或某些特例否定这种规定性,对于初学者来说尤应如此。况且,即使是“破体”创新,也必须立足于“守体”继承。所以,我们若学习律绝,既不能以李白《夜泊牛渚怀古》为自己的不讲对仗辩护,也不能将王维《送元二使安西》作为自己失粘的口实,更不能用律诗还未成熟时产生的崔颢《黄鹤楼》和杜甫、黄庭坚为了寻求某种特殊的声调效果而创作的“拗体”作为自己不讲平仄、破弃声律的理由。这些看法,本来是艺术史诗歌史一次次验证、诗人诗话一次次强调的公理常识,先生和我不得已复述,不过“老生常谈”罢了,但还是有人批评为“显得偏颇太过了”。

先生著述,没有一得之见绝不轻易落笔。创作诗词,也不过言志抒怀、“岁积篇章足自怡”(《读张青云近作漫题》)罢了。他从不苟作妄作,亦不强迫自己“为文造情”。《莎斋诗剩》存诗一百余首,几乎首首都是精品,涉及散曲以外的大多数诗体。我曾将先生诗词的整体风貌概括为“格调高古,辞气闲雅,以思致见长而又不乏情韵”,得到先生的首肯。分体而言,先生五古《题范洛森藏吾皖画家黄叶村遗作》《咏兰》等直追汉魏,颇有高古之气。再如《题兰石》:“一曲猗兰操,贤士不胜哀。幽傍三生石,自有知己来。”格高境远,置诸汉魏人集中,不复可辨。一些五古和绝大多数七古、律诗近于宋诗,以筋骨思理取胜,但又避免了宋诗的“理障”、枯燥、艰涩、窒塞等毛病,不时润之以情韵。先生《赠谢冕》云:“晚近论诗每偏叵,不以理胜徒张皇。”可见,以思理取胜是他自觉追求的结果。如《无题》:“七十狂吟客,恒河一粒沙。寸心欺夙诺,孤愤瘥浮夸。平世争酬世,无涯倦有涯。穷经谁皓首,白手自成家。”《八十初度岁暮自嘲》:“逼仄羊肠彳亍行,难期无债一身轻。昙花乍现真疑幻,贝叶频传理昧情。道丧珠玑同粪土,丹成鸡犬亦豪英。多歧世路羞回首,爝火微茫近尾声。”对仗工稳,格律精审,寓兀傲于旷达,寄孤愤于豪宕,于拗峭挺拔之中见思理之深折透辟。前首颇受周一良先生激赏,不为无因。再如《赠周万明先生以诗代柬》《赠韩嘉祥》《论书二首》等五古,《戊子岁暮重校先君遗稿,敬题七古一首》《题韩嘉祥书行草手卷》《岁次庚午,金璐吾兄七十华诞,作此祝嘏即希粲正》等七古,看似平易畅达,实则章法曲折、构思巧妙。特别是《己丑春偶作》:“春秋虽代序,今春非昔春。倏尔八十八,往事逐轻尘。浮生一瞥过,忆昨常苦辛。岂无暂欢娱,欲耽迹已陈。人皆存理想,我何甘隐沦。惜哉丁乱世,艰难作驯民。徒负黄鹄志,卒成刍狗身。老聃遗言美,天地本不仁。至今犹苟活,食粟不忧贫。譬乘舟与车,终必抵驿津。一朝梦觉时,更无昏与晨。乃得大自在,庶几全吾真。”用漫然、随意之笔抒沉痛、无奈之情,一任神行却跌宕起伏,达到了很高的艺术水准。

先生绝句以七言为多,或长于情韵,或长于思理,或二者兼而有之。如《丙戌清明题画》:“不到松江七十年,儿时风物旧情牵。今朝喜见鳌花美,画上春光一粲然。”情景逼真,很有言外之致。《嘲新诗》:“时贤攘臂说新诗,无韵无裁最入时。莫笑儿童才学语,象征造化其吾师。”鞭辟入里,颇受林宰平老赞许。《梦中访亡友高庆琳兄故居》:“梦觉寻踪事已非,旧时庭院草依稀。故人身影知何处,独立苍茫想落晖。”整体上以抒情为主,然末句“想落晖”之“想”，又分明是思索安排的结果，耐人寻味。再如《为庆琛作》：“君填一解断肠词，愁茧宁堪缫恨丝。还向天涯觅红豆，好从方寸种相思。”以情韵胜，然末句“种”字应当也是推敲思索而得。

先生词作不多，然皆本色当行，委婉曲折，缠绵深细。如《鹧鸪天》：“心曲依依欲寄难，吟红弄碧怯余寒。销魂古道风中柳，着意春郊雨后山。　　收近绪，忆前欢，年年花月等闲看。无情剩有多情梦，却恨情多梦已阑。”将因相思而百无聊赖的心情刻画得淋漓尽致。尤其是末句“无情剩有多情梦，却恨情多梦已阑”，情思层层递进，一层深似一层。“年年花月等闲看”，故索然“无情”。无情之极，唯梦里贪欢，故曰“剩有多情梦”。然梦又以情多而阑，则相思之苦可知。寓情思悱恻于词句回环之间。北宋诸贤佳作，亦不过如此！

先生诗词，不乏创新。思想内容上的时代性上文已述，下面仅就管见所及，谈谈艺术性方面的新变。概括而言，中国传统诗歌有唐、宋两大范型，唐诗以风神情韵擅长，宋诗以筋骨思理见胜。先生之诗，则在追求以理胜的同时不忘润之以情韵，有时也在整体抒情的同时安排思索一二，这样，就沿着清人张之洞“唐肌宋骨”的路子，为中国诗歌范型的丰富和拓展做出了贡献。就某一题材或类型的诗歌而言，先生亦时有开拓。如《贺何满子先生钻石婚》不落贺诗俗套。再如题画诗，先生往往能够由画面别入外意，将画家的生平、人品、画格和自己的胸襟、阅历、感慨、时事等随意驱遣于笔端，从而创造出一种时空交错、亦真亦幻、即古即今的艺术境界。《题近人画牡丹十首》《题范洛森藏吾皖画家黄叶村遗作》等组诗即是如此。还有，先生对新意象的运用也颇为恰切，几令人浑然不觉。如《寄舒璐》：“舒卷云山浮世绘，灭明人海绣花针。"《酬燕祥岁暮见赠》:"永夜静思惭一笑,蛇神牛鬼竞诗魔。"《八十初度友人见贺七律二首,乃以打油体答之,次章步韵》:"青春有志传薪火,白首终成塑料花。"

## 天堂远在瑶池上,瑶池以上福寿绵长

今年5月11日,久旱的北京下了一天一夜的雨。晚7时40分左右,先生在淅沥的雨声中驾鹤西去,享年九十三岁。次日清晨,我刚睁开眼,内子便告诉我从微信上看到的噩耗。顿时,我的心情十分沉痛!这不仅因为我读过不少先生的著作,且和先生有点拐弯抹角的师承关系——太老师陶尔夫、刘敬圻伉俪皆为先生门人,也不仅因为我在先生最后的时光曾为《传记文学》组稿采访过先生,并协助他编辑整理过《莎斋诗剩》,更主要的是,恍然之间,一种关乎文化传承的危机感笼罩了我。吊唁路上,面对北京罕见的湛蓝的天空、金色的阳光、翠绿的树色,我的意绪甚是低沉,脑中反复萦绕着先生的诗《梅兰芳百年祭》:"繁华菊苑等轻尘,一代名家剩几人?我忆开天都幻梦,红氍毹上孰回春?"

上次所里聚会,和同事喻静老师聊起佛教慈悲观,她说:"佛教发展到禅宗,表面上看似乎不大讲慈悲。其实,禅宗最大的慈悲是如何把'自受用'转化为'他受用'。"对此,我颇为心契。《易》曰:"天下同归而殊途,一致而百虑。"禅宗是这样,先生这样的学人又何尝不是如此?在师长的言传身教下,先生经过刻苦的努力领悟到了书法、戏曲、诗词等中华民族传统艺术的精妙,获得了莫大的精神愉悦。在享受这种愉悦的同时,他也像曾经引导自己的恩师那样,产生了和他人分享并使之传承下去的冲动和愿望。所以，只要一看到同样爱好这些艺术且有才华的晚生后进，先生都像听到空谷足音那样，不遗余力地予以引导、鼓励。正如其《寄孟刚》诗所云："离群宛如居空谷，感君跫然足音长。"然而，现实境遇却好像是，伴随着老成的逐渐凋零，传统价值、古典艺术正在一代代地流失和衰逝……但愿我只是杞人忧天！

诗词、书法之外，先生最大的爱好便是戏曲。他是有名的京剧票友，最后一次登上舞台唱票戏是2002年在"绝版赏析"周年庆晚会上。当时，八十岁的先生演唱了《蟠桃会》西皮原板一段，最后两句云："天堂远在瑶池上，瑶池以上福寿绵长。"声音洪亮，唱腔优美，给在场者留下了深刻的印象。

相信先生去了天堂！

（作者单位：中国艺术研究院）

# 吴小如佚简

陈子善

今年5月,惊悉吴小如先生在京谢世。悲痛之余,想到"匡时"春拍中有一通吴先生通过周作人致新加坡郑子瑜的论学书札,他已不及重见了。

从1957年到1966年,郑子瑜与周作人通信近十年,话题之一是讨论黄遵宪集外诗的搜集整理。周作人作有《论〈人境庐诗草〉》等文,郑子瑜也喜爱黄遵宪,因此与周通信之初就请教黄遵宪诸事,周1957年10月16日复郑信说:"《人境庐诗笺注》等容为代访。"次年1月23日致郑信又说:"旧搜藏其人境庐初稿,有集外诗数十首,惜藏书为国民党劫去,遂不可考矣。"

1958年10月,郑子瑜寄呈周作人《人境庐丛考》求教,周10月18日复信感谢,并告诉郑:"北大有吴小如君亦注意人境庐诗,近有信来,云我旧存四卷已在北大藏书发见(并云已将集外诗辑出),然则不至湮灭了,亦可喜也。"11月25日又对郑说:"吴小如君黄公度佚诗已将辑就,想不久可出板(版),知承念特此奉闻。"吴小如在20世纪50年代初,因代老师俞平伯送信而结识周作人,而后研究黄遵宪的共同兴趣，将他们三位学人联系在了一起。

周作人1960年1月7日复郑信说："谢云声先生文已转给吴小如君，吴君曾有信奉复，今特附呈。"这就是吴小如1959年12月25日致郑子瑜信，照录如下：

子瑜先生左右：

前承惠赠剪报一份，并荷赐以大著一册，拜领，感谢。剪报一份已用讫，仍归周启老保存，藉完先生初衷，并以奉闻。《人境庐集外诗辑》工作已蒇事，除启老旧藏抄本中所得九十余首外，尚自黄遵庚先生处得六十余首，此辑凡得诗二百六十余首，词二首，用北大中文系近代诗研究小组名义出版，俟印成后当以数本寄奉也。据黄遵庚先生函称黄氏集外之作略尽于是。戊戌后作已刻入《诗草》，和邱之作亦在集中。此间邱集并不难得，惟非私人所藏耳。专函复谢，顺候

冬祺

吴小如　敬启

十二月廿五日

此后吴小如与郑子瑜数次通信，均由周作人中转。郑一再询问吴编是书进展，以至周1960年12月25日答复郑："国内因纸张缺乏，许多报刊停止出版，有些不急的书物亦同此命运。"值得庆幸的是，吴辑《人境庐集外诗辑》终于以"北京大学中文系近代诗研究小组"的名义，于1960年12月由中华书局出版。吴小如赠郑子瑜的这本书，由周作人于次年3月在外包装上特别标明"古书新印"寄往新加坡。

（作者单位：华东师范大学）

# 老学生眼中的吴小如

陈丹晨

吴小如先生是我的业师，不只是听过他一年多的课，而且还是我的论文导师，我可算是入室弟子了；但说来惭愧，我不仅未窥吴先生学问的堂奥，甚至连门都没有真正进入。因此平日都不好意思对他人提及。这是怎么一回事呢？

记得那是1957年新学年开始，按教学计划规定，我们三年级学生应完成一篇学年论文。中文系公布了论文题目和指导老师名字，由学生自选。我选的题目是《鲍照》，导师吴小如先生。那时北大经过院系调整，大批著名教授云集，主课如中国文学史的主讲老师就有游国恩教授、林庚教授、浦江清教授、吴组缃教授、季镇淮副教授、王瑶副教授、阎简弼副教授、萧雷南副教授等等，真可谓极一时之盛。文学专业的论文导师也大都是由正副教授担任的，其中却有一位讲师，就是吴小如先生。那时吴先生三十五岁左右，任北大讲师已有五年了。他先当浦江清先生助手，浦先生很赏识他，让他上讲台讲宋元明清文学史。浦先生逝世后，江隆基副校长当面嘱咐吴先生说:“浦先生的课就偏劳你了!”说明学校领导也很重视他。后来他又辅助吴组缃先生,我们就是在这时听吴先生讲“宋元明清”这一段,吴组缃先生只讲其中的明清小说部分。这在当时,至少我没有发现别的讲师有吴先生那样的机会。同样,能担任论文导师的似也不多见。我觉得吴先生已是介乎年轻教师与老教授之间的一位突出的担起相当于副教授重任的老师,是备受老一辈重视的。所以,“文革”结束后,20 世纪 80 年代初中文系第一次恢复评职称时,做了二十八年讲师的吴小如先生和林焘副教授一起最早被评为教授。他是由林庚、吴组缃先生联名推荐,一步到位的。

其实,学生的眼睛也是很“毒”的。平时私下常常会议论老师的资历、名气大小、发表文章多少、水平如何等等。我那时没有选诸如李、杜、《红楼梦》、鲁迅……这类热门题目,似乎失去了一个投师名教授的机会,那是因为自己不想凑热闹,也可说是怕困难,觉得那些题目不易说出新意来。我对魏晋南北朝时期的文学一直很感兴趣,《鲍照》这个题目相对来说似较冷僻些;知道吴先生对此有专门研究,同时对他的学问也很钦羡。因为我们刚刚读完的中国文学史前半段课程中的讲义先秦、两汉《文学史参考资料》,是由游国恩先生主持,亲自选定篇目并审稿;实际从初始的选注到后来的统稿、定稿都是由吴先生承担的。开始时游先生抓得比较紧,后来看他做得不错,就放手说:就照这样做下去吧!

先秦、两汉《文学史参考资料》选材之精确得当,注释之详尽,引述材料之丰富,解说之可信,可说是 20 世纪 50 年代以来不多见的。虽然后来出版了许多古典作家作品选注本,但我孤陋寡闻,也许有点武断地认为,很少能超过这部书的水平。因为这个时期的作品多是古籍经典,一方面深奥难懂,一方面前人已做过各种解说,此书将千百年来有代表性的各家歧异的注疏都钩沉引述于此,甚至近代学者如闻一多到余冠英等等的重要看法也都征引靡遗。这样广征博引并加翔实的考订签注,正显示了游先生门下特别是吴先生的深厚渊博的学术功力。这是正宗的乾嘉学派学风,真正的训诂学,如今已是难得的绝学了。吴先生先后师从游国恩、俞平伯、周祖谟等先生,学养深厚,对自己研究、讲解古代诗文一贯要求通训诂、明典故、察背景、考身世,最后归结到揆情度理,对每首诗每一字都有正确理解。所以,这部书后来高教出版社、中华书局都先后出版过,也为学术界称道推崇。据说美国哥伦比亚大学至今仍将其列为教材。这本资料最初是逐页零星散发给学生用的,作为文学史教研室的集体成果,也没有署个人名字,即使后来正式出版时也只是在说明中提了一下编者名字而已。我自己那份后来装订成册,保存到现在半个世纪了,仍视为珍品。

那时,吴先生已经发表过许多文章,有了一定知名度。他在学校里用的是本名吴同宝。当时《文艺学习》连载完王瑶先生的《中国诗歌讲话》后,王先生就推荐吴先生续写《中国小说讲话》连载,虽是普及性的,但影响很大,人们更熟知吴小如了。但他对先秦、两汉《文学史参考资料》所做的贡献,却只有中文系部分师生知道。因为吴先生的学术功力渊深,又年轻,所以系里常把他当重要劳力使用:他是开课很多的老师之一,不仅讲断代史,还讲几千年的文学通史,也按不同文体开讲各个专题课,还讲工具书使用法等等。他不是泛泛地讲些大路货,而是精细分析,常发他人未发之见,听者如醍醐灌顶,豁然开朗。他的本职工作是在"宋元明清"那段,但"先秦两汉"那段有事也找他,后面的"晚清"那段也找他。20世纪50年代末,我参加了季镇淮先生指导的《近代诗选》编选、注解工作,同事者有孙静、杨天石、孙钦善、陈铁民、刘彦成、李坦然等同学。因是前人尚未做过的,疑难较多,只得求助于各方,其中就常找吴先生。季先生就说:“吴小如有办法,找他找他,他能解决。”特别是龚自珍的诗,典故多而生僻,杨天石常送请他帮助,他总是下功夫查证、考订、解答,做了许多工作。

那时,他讲课之余,还收了同学们的笔记本,检查审阅他讲的二十多万字的“宋元”部分。大学老师一般是不会这样做的,他却看得非常仔细,以至在我的密密麻麻的字缝中,发现了问题:在讲元杂剧起源时,我记着“吴同宝以为今之梨园戏与南戏有渊源关系”,吴先生即加了夹批说:“这并非我的意见,是梨园戏演员公认的。”在笔记本的末尾,他总批:“详细,清楚,有概括力。”我当然很受鼓舞。但在当时,对于这样一位才华出众、勤奋严谨的学者,却有一些“革命派”看不顺眼,我就曾听到过对他的议论,无非是说他“个人主义”“白专道路”“思想落后”“旧意识”等等诸如此类的话。所以,我一直觉得吴先生当时的压力很大。时间长了,吴先生自己平日也很谨慎小心,总是谦和多礼的样子,想是为了避免麻烦。

当我认了论文题目后,照例应去拜见老师。吴先生住在北大中关园宿舍区。那是个名副其实的村落。一排排土灰色的平房,到处是土路泥地,整个大院可说是灰头土脸,偶然有几株细柳垂杨的绿色,给这个灰蒙蒙的村子增添了一点亮色。家家户户门前都圈了一小块地,种了些向日葵、蔬菜之类,进村就能听到“鸡犬相闻”。这好像还是讲师以上的教员和党委领导住的。吴先生的81号寓所是属于小户型的,并不宽敞,客厅很小。他平日对学生就像同辈一样，随和得没大小。谁知这样正经地讲学问、谈论文似乎也就这一遭。因暑假后，反右派斗争又掀起第二波，反得比暑假前更凶、面更广，涉及的人愈来愈多。不久校系通知本年度的论文取消不搞了，集中精力搞运动。这样我的《鲍照》也就烟消云散。再后来，“反右”刚告一段落，接着又掀起一股“双反”运动，实为大规模批判老知识分子，发动学生批老师的所谓“拔白旗，插红旗”。不久进入“大跃进”更是停课闹革命，正常教学活动完全停止了，一直延续到我毕业离校，这就是我一开始说我没有学到吴先生学问的缘由。但是，吴先生对待学问，即使窗外风雨雷电，也从不旁骛，不计毁誉，总是埋首学术，坚持不懈。这种穷根究底、执着地求真求知的治学精神一直感染和影响着我。我虽不能学其万一，后又因工作性质决定，未能实现从事古典文学研究的初衷（毕业前后我在《文学遗产》已发表了三四篇论文），但我仍记着吴先生对我的教诲。

学年论文以及毕业论文都取消了，但我有空闲时还到吴先生那里去走动看望。1958 年暑假，我回家前向吴先生辞行，先生托我到上海取一些旧唱片带回北京，是他请朋友设法搜求购得的。我记得后来还带过一两次，每次约十张。老唱片都很大很重，有梅兰芳、杨小楼等等名家，都是二三十年代或更早些时候出品的，很有些年头了，装在一个大盒里。当时京沪线火车要走 36 个小时，我们学生坐硬座，背到北京也不容易。我心里嘀咕：现在正在批判“厚古薄今”，要“破旧立新”，吴先生怎么还这样迷京剧？这个时候还搜罗这些旧玩意儿！怪不得人家说他“旧”呢！“文革”后，不断看到他写的有关京剧的文章和著作，慢慢地知道他从小就痴爱京剧，十岁时就购置了一台留声机，开始收藏唱片，数十年来未曾间断，迄今收藏了上千张罕见的精品，是国内极少数的私人京剧唱片收藏家之一了。他一生至少看了一千五百场京剧，玩票学了四五十出戏。演出过三次，更重要的是他成了研究京剧历史发展、理论、表演的专家，其学问之深厚、掌握史料掌故之丰富、欣赏表演之慧眼独具，如今可说是独步菊坛了。他的《吴小如戏曲文录》，长达七十万字，就是其中重要的结晶。

“文革”初期，我曾独自到北大看大字报，校园里气氛相当紧张恐怖，我看见在喧嚣杂乱的人群外，吴先生推着自行车，神色仓皇的样子。我们心不在焉地说了两三句话就匆匆离散了。他平日谨慎，我想可能还安全；但那时祸事随时可能降临到每个人头上，谁也不晓得自己的命运会是怎样。果然，后来听说他被造反派列为反动权威，打入黑帮队，被抄家，关牛棚时间也特长，吃了不少苦头。

“文革”结束后，吴先生和大家一样得到了发挥自己才学的机会。他教书，教古代文学史、古代诗词、古代散文、古代小说、古代戏曲等等；他写书写文章，继续他的训诂学，精确讲述解析诗词曲文古籍；他主编的《中国文化史纲要》重印多次，获“北大优秀教材”之誉；他著的《读书丛札》《中国文史工具资料书举要》受到海内外学术界的重视和好评。他的著作甚丰，有近二十种。现在很风行向大众讲解古籍，但有的是天马行空，像他那样严谨做学问的，以后大概不会很多了。有人称他是“国学大师”，我总觉得这些称呼如今已太廉价太滥了，并不能说明什么。如果说吴先生是最后一位训诂学家、乾嘉学派最后一位朴学守望者，大概还是合适的。

使我惊异的是，吴先生的精神状态今昔变化很大。他开始把视野从书斋、校园扩大到社会，譬如对学界某些不良现象颇多批评，即使冒犯某些红得发紫的名人，也在所不顾。他尤其对一些文化圈中人普遍存在的基本语文知识错误、混乱甚为忧心，由此感到国民文化素质严重下降，常常一而再地大声疾呼，并且锲而不舍地做着纠错指谬的工作。吴先生已不只是埋首书斋，而是一位忧国忧民、敢于直言、用自己的学术关注着民族文化健康提升的为人师表的大学者，因而获得了语文教育界的赞赏和尊敬。

20世纪90年代初，有一次本年级老同学聚会，有的校领导、老师也参加了，还讲了话。那时社会上有些人对北大叽叽喳喳、横加指责，正是空气低沉的时候。别人发言都很平和，唯独吴先生很激动地说："我认为我们北大人就是好样儿的！"一言既出，举座皆惊。我几乎不敢相信：这是平日谦和谨慎的吴先生说的！

如果说吴先生老而弥坚，是一点也不虚夸的。我想起鲍照诗中颇多不平之气，他的著名组诗《拟行路难》中，有诗云"心非木石岂无感，吞声踯躅不敢言"。但是现在呢？该是"丈夫生世会几时，安能蹀躞垂羽翼"，真的要向先生这种勇敢面对的精神致以敬意。我这个老学生也一样仍还要恭恭敬敬向先生学习。

（作者单位：文艺报社）

# 冬日拜谒小如师

陈丹晨

冬日晴朗,有一天到中关园吴小如师寓所问候。他正坐在卧室的床边沙发上,挨着南窗很近,金色的阳光洒满他身上,暖暖的,很有神采。床上堆满了新出的或旧有的书,他可以够着随意抽取阅览,数十年来旧习使他病中还是终日与书为伴,手不释卷。因为前年有过脑梗后右腿落下了病,后来又摔了一跤,左腿又不好了,现在只能在家里慢慢地扶着墙稍许有点活动,已是不良于行了。师母长期患病,六次住医院,前年辞世了。前前后后这一切全是小如师亲力亲为照拂侍候以至善后。他的顾家是出了名的,因为家累花去不少时间。很不幸的是,他的长子长女也都先后因病谢世。一家有三口人在几年内相继归去,对老年人来说,真是难以形容的打击和悲伤。小世兄在上海工作生活,鞭长莫及顾不上他,于是就落得他一个人孤寂度日了! 今年 5 月,吴门弟子为他的九十华诞庆生,有一位说:“吴先生一生坎坷,晚景凄凉!”说的与此有关。

我坐在他对面，那床边还剩一小块地，真的只容促膝而谈了！我来过几次都是这样，不由得想起陶渊明的诗："倚南窗以寄傲，审容膝之易安。"像是在描写吴先生的情景似的。五十五年前，我第一次走进他的寓所，拜见我的论文导师吴小如先生，也是在中关园。那时的中关园与普通北方农村无异，全是平房土路，家家门前圈了一小块地种点向日葵或菜蔬，全园灰头土脸，鸡犬相闻。这还是有点级别、身份的人住的。那时小如师还是讲师，住得也很逼仄。后来拆建成楼房，至今也已年久陈旧了。小如师与在北大任教一样，在此园住了六十多年。如今家里一切如旧，水泥地、旧家具、老陈设。他处陋室而谈笑自若，从不提及这事，这仅是我发的感慨而已。

《含英咀华》书影

我原想他可能精神、体力不济，只能稍坐一会就离去。我们谈国事、校事、家事，也谈文学、书法、社会新闻、营养保健……没想到聊天到12点半，我几次说："您该吃饭了！我不耽误您……"他老人家谈兴正浓，似乎刚说开头呢！

5月那次庆生活动，到会的都是他的挚友、学生，共五六十人，有的还是从外地专程赶来的。

气氛非常热烈，大家敬重爱护老师之情洋溢于会场。

感谢陈熙中、齐裕焜、刘凤桥、吴煜、谷曙光等几位师友们热心出力，编辑了近三十万字的文集《学者吴小如》，收有四十八篇吴门弟子写的内容丰富厚实、情真意深的文章。北大出版社不仅慷慨出版了此书，还一次性推出吴小如文选五卷，内容包括《含英咀华——吴小如古典文学丛札》《莎斋闲览——吴小如八十后随笔》《看戏一得——吴小如戏曲随笔》《红楼梦影——吴小如师友回忆录》《旧时月色——吴小如早年书评集》，将近一百五十万字，其中三分之一是近十几年的新作，至于小如师的专著、经典著作的笺注等都不在其内。我想这些都是给小如师最好的最有意义的生日礼物。但仅就这部分著作也已可证明他是一位博古通今、学养渊博深厚的学术大师。他对古典文学的研究、戏曲理论的贡献、书法艺术的成就以及献身于教学的精神和业绩，都足以在现代教育、学术界占有一席重要的历史地位。我曾说小如师是“最后一位训诂学家，乾嘉学派最后一位朴学守望者”，因为这门学问现在可能已经成为绝学了。这句话曾被许多师友广泛认同。恰恰这也正是小如师长期以来坚持的“治（古代）文学，宜略通小学”的理念。他的《古文精读举隅》《古典诗词札丛》《吴小如讲〈孟子〉》《吴小如讲杜诗》等等，以及主要由他笺注、统稿的先秦两汉《文学史参考资料》都是对中国古代文学典籍的精深研究成果，在海内外学术界有深远影响。他的研读阐释经典与现在流行的说评书似的讲坛是完全两回事，他的是学术、学问，那些是快餐、便当，没有可比性。

我想研究学问总是寂寞的事，古人说的青灯黄卷坐冷板凳，现今何尝不需要。小如师常自认只是一个“教书匠”，以课堂教学为乐，正是甘于寂寞的谦辞。说来惭愧，我知小如师的书法精美，却没有想到，10月的一天，到僻远的中关村科技园附近的楼群里参观了“吴小如书法馆”，使我大感意外讶异，看小如师的楷书，惊为天人：妩媚娟秀且又内敛雄劲，雍容端丽而气度不凡，宛若看到二王、唐宋前贤的风流遗韵，在当今书法界是不多见的珍品。但他从不露面张扬，师友弟子求索，他都慨然书赠，此外只是自娱，故不为世人所知。他视为业余的两个嗜好，一是京剧，一是书法，其实都成一大家。他的字里有学问、有文化、有艺术、有气韵、有真性情，读来令人心旷神怡，意味无穷。有刘凤桥君痴爱并悉心搜求，才把小如师的书法墨宝集腋成裘，建成“吴小如书法馆”；正在编辑、并由天津古籍出版社陆续出版的精致典雅的《吴小如艺术丛书》，已出了三种：《吴小如手录宋词》《吴小如录书斋联语》《吴小如书法选》，为人们展示了这些足以传世的艺术墨宝。吴门弟子多数都是穷书生，对凤桥君的努力成绩只能表示无任的感谢了！

于是，我想到现今常听到有人大声疾呼要培养大师，多出大师，也确实常见到大师们呼啸而过，真伪如何就不详了。至于真正的大师，人们反倒视而不见，只因他在“灯火阑珊处”，这对某些热心提倡者来说不免有点悲哀了！

# 我的老师吴小如先生

陈熙中

我1957年入北大中文系，第一学期就有幸听吴小如先生讲授“工具书使用法”。这是吴先生为三个年级同时开的新课，讲课地点在北大第二教室楼里最大的一间可容纳几百人的阶梯教室。半个多世纪过去了，听过这门课的55级、56级以及我们57级的同学，一提起吴先生，就会想起当年上这门课的情景。可以毫不夸张地说，这门课影响了我们一辈子，因为正是通过这门课，我们这些青年学子一下子打开了眼界，初步懂得了治学的方法和门径。

在大学五年学习期间，我与吴先生并没有个人的交往。1962年毕业后我留系工作，但1965年就调至留学生办公室汉语教学组，这几年间只有一次去拜访过吴先生。记得那是1963年，禹克坤学长在电视大学编辑《电大园地》，约我写一篇《常用工具书介绍》，他建议找吴先生题写标题。那时吴先生住在中关园的平房，我带了稿子去找他，先生问明来意后，说：“过两天你来取。”我如期前往,先生将题好的字交给我,说了句鼓励的话:“文字还清通,能看得下去。”

20世纪80年代初我回到中文系,与吴先生的交往渐渐多起来。“文革”中吴先生被迫从中关园搬到中关村26号楼,与另外两家合住一个单元,先生一家挤在一个套间里,两间小屋显得十分逼仄。三家合用厨房和卫生间,更是不便。后来有一家搬走了,空出的一间分给了先生,他总算有了一个小小的书房兼客厅。有个学期先生的课安排在上午第一节(8点开始),地点在第一教室楼。其时我住在南门内26号楼,恰是先生去教室的必经之处。每当有课那天早晨,吴先生总是7点半左右先到我房间来闲谈一会(有时我还没起床呢),然后再去上课。先生说,他平时起得早,所以喜欢上第一节课。一晃三十多年过去了,此情此景,恍如昨日。

1986年我分到中关园一公寓的一套两居室。两年后吴先生也迁回中关园,住进新建不久的43公寓306号,是一套建筑面积70来平方米的三居室(俗称小三间),因为原住户搬走了,先生才好不容易申请到的。我们两楼相距不过几十米,经常你来我往。1994年我搬到西苑北的燕北园,离中关园远了许多。七年之后,我又“乔迁”至北大清华蓝旗营小区,建筑面积要比吴先生家多出三四十平方米。当初我曾力劝吴先生也搬到蓝旗营,先生说,只有那么一点儿积蓄,师母长期生病,又无劳保,若买了房子,如何看病养老?所以他至今仍住在那小三间里,而且始终保持“本色”:地是水泥地,墙是白粉墙,从来没装修过。许多来访的客人见此情景,莫不唏嘘感叹。但先生十分坦然,“倚南窗以寄傲,审容膝之易安”,在这简陋的斗室里写出了一篇篇锦绣文章,一幅幅精妙书法。

所幸中关园与蓝旗营仅隔一条马路（成府路），相距不过两三百米，步行十多分钟即到。我们师生两人又与同住中关园时那样，往来不绝。大约每隔一周至多两周，先生总会来我家一次，有时是师母特意叫他来我这里散散心的。我们两人见面时无所不谈，但说来说去，话题总离不开读什么书写什么文章之类。我乘机向先生求教各种问题，有时先生看出我自己对所问的问题已有把握，便会说："你是不是又来考我了？"可惜2009年秋，先生患了轻度中风，从此不能再来我家做客。

大家都知道吴先生的学问好，可是"文革"前先生的职称一直只是讲师，月薪一百二十几元。先生与师母育有两男两女，师母杨玉珍女士为了抚育子女和操持家务，很早就辞掉了工作，成了没有劳保的家庭妇女，看病都要自费。一家六口，全靠先生的那一点工资维持生计，窘迫之状可以想见。先生告诉我，有时经济实在困难，他不得不忍痛卖掉明代的善本书，还曾向林庚和王瑶等先生借过钱，直到80年代才用所得稿费还清。多亏师母持家有方，特别是在各次政治运动中，与先生同甘苦共患难，使先生能在逆境中依然在教学和学术上做出骄人的成绩。

进入20世纪80年代后，主要靠笔耕不辍，吴先生的经济条件渐有改善。然而这时师母患上了糖尿病和帕金森症，而且越来越严重。于是买菜之类的家务便由先生承担起来。吴先生在1989年写的《买菜》一文中有如下记述："而真正以买菜为日课，与当教师必须上讲台、搞科研必须读书写文章同样成为我本人重要'必修课程'的，乃是近十年妻长期患病之事。尤其是最近五年，不仅买菜，连跑医院、上药铺、串百货商店、逛自由市场，以及打油盐酱醋诸般无分巨细的家务活儿，也都成为我的‘专题课’和‘选修课’了。看来我在教学岗位的工作还有退休的时候，而上述这些日常工作，恐怕要‘生命不息，战斗不止’了。”我没有见过先生买菜，但常常看见他为师母分药。师母要服用的药物种类繁多，每隔几天，先生就要按种类按剂量把药分成一小包一小包，以便师母定时服用。师母于2010年10月逝世，享年八十二岁，也算得上高寿了。但凡熟人心里都明白，如果没有吴先生的悉心照料，长年重病缠身的师母是很难享此高寿的。

三十多年来，吴先生和我师生二人互相做东，有时到外面饭馆小吃一顿，名曰“改善一下”。第一次跟先生在外面吃饭的时间、地点以及吃的什么都忘记了，但有一件事令我终生难忘：吃着吃着，只见先生对喜欢的一两个菜不再下筷子。我正纳闷时，先生说：“这两个菜留下来，给我老伴带回去。”我听后一种莫名的感动涌上心头，差点掉泪。从此每次与先生出去吃饭的时候，都不忘留一点或先多订一两份菜给师母带回去。后见同门胡友鸣兄和张鸣兄请吴先生吃饭时也是如此，可见他们也都知道先生对师母的关爱。

吴先生最爱吃的是烤鸭和松鼠鳜鱼，这两样家里都做不来，所以上馆子“改善”，主要就是奔着这两样去的。先生不讲究饭店的档次，只以价廉物美为标准。附近有一家老牌烤鸭店的分店，他吃了一次觉得不好，就再也不去。有一年夏天，先生的小女儿和外孙女从外地回来，先生打电话约我一起去吃烤鸭。商量去哪一家饭店时，先生想起前些时有位演员（著名京剧表演艺术家王金璐老师的学生）请他在一家饭店吃过烤鸭，觉得非常好，可是饭店的名字和地点没记住。吴先生一时死心眼，非要去那里不可，说:“那天金璐也在座,咱们先去他家,顺便把他也拉上。”谁知到了王老师家一问,回答是:“我哪里记得住啊!”好不容易辗转跟那位演员通上了电话,他也只能说出饭店的名字,至于地点只能说个大致方位。于是我们五人挤上一辆出租车,往那个大致方位奔去,总算找到了那家饭店,记得是在昆仑饭店附近的一条街上。等到烤鸭上来,先生一尝,连声说道:“怎么味道不如上次了?”众皆大笑。这家饭店的名字现在我已想不起来(可见并非名店),这次吃烤鸭的经历却怎么也忘不了了。

在吴先生晚年交往的朋友中,我比较熟悉的就是这位武生泰斗王金璐老师。大概是1979年或1980年,一天下午,吴先生带我进城,说是去看王金璐。当时我根本不知道王金璐是何许人。后来才知道,早在20世纪30年代,吴先生就在吉祥戏院看王老师的演出,王老师长吴先生两岁,那时还是中华戏校的学生。王老师逐渐成了名武生,但不幸在西安演出时受了伤,加上十年“文革”,有二十年赋闲在家。那次见王老师,谈起来方知当时我在北大留学生办公室的同事王天慧就是他的女儿(据别的同事说,天慧家一度贫困到靠糊火柴盒为生)。王老师重返舞台后,以其精湛演艺轰动京城,又因主演电视剧《武生泰斗》而名满天下。被人誉为“当代戏曲评论泰斗”的吴先生,称赞王老师是一位“大武生”:气魄大,台风美,格调高,神韵足,功底深,根基厚。吴先生说:“以我本人这六七十年来看戏的经验和阅历而言,我之所以爱看金璐的戏,正是由于他是一位具有‘王金璐’特色的标准杨派大武生。”

不过在这里我主要想说的是,这两位“泰斗”的交往,其实只是贫贱之交。王老师为人谦和,常常急人之难,助人为乐。对此,吴先生深有体会,他说:“至于对朋友的急公好义,先人后己,我自己就有切身体会。别的不谈,只说我老伴因久病而多次求医,有时也会麻烦到金璐头上。而我们这位老大哥却不论是三九天还是三伏天,只要他力所能及,几乎每一次都全力以赴,甚至到了赔钱财搭时间、废寝忘食的地步。”1992年吴先生七十生日那天,先生和师母在海淀“一洞天”设宴庆贺,只邀了五个客人:除吴先生胞弟同宾先生和夫人外,其他三人之中,有一位就是王金璐老师。由此亦可见吴先生与王老师情谊之深。

吴先生一生从不攀附权贵,所交同辈朋友几乎清一色是一介布衣。先生多次跟我说过,凡朋友受到挫折处于困境之时,他总是要去看望安慰;而有人如果官场春风得意,他就不再上门来往。这种态度当然与现代潮流格格不入,无怪乎2012年,八位吴门弟子出资编成《学者吴小如》,举行出版座谈会为先生九十华诞庆寿时,出席者都是先生的友好和学生,没有一位校、系领导光临。但正如一位记者事后报道所说,“他的学生们就以这种朴素的形式祝贺他的生日”,庆生会“开得真挚感人”。

吴先生是一个坚强的人,甚至有些争强好胜。正是这种性格,使他历经坎坷而不消沉,终于以天赋的才能加上过人的勤奋,成为举世公认的大学者。但吴先生并不是圣人,他也有脆弱的一面。随着年事渐高,他回顾一生,不免多所伤感。2009年我与妻去国外照顾怀孕的女儿,三个月后回来,吴先生即持一幅自书诗见赠。诗曰(标点为笔者所加):

春秋虽代序,今春非昔春。
倏尔八十八,往事逐轻尘。
浮生一瞥过,忆昨常苦辛。

岂无暂欢娱，欲耽迹已陈。
人皆存理想，我何甘隐沦。
惜哉丁乱世，艰难作驯民。
徒负黄鹄志，卒成刍狗身。
老聃遗言美，天地本不仁。
至今犹苟活，食粟不忧贫。
譬乘舟与车，终必抵驿津。
一朝梦觉时，更无昏与晨。
乃得大自在，庶几全吾真。

己丑春偶作录奉
曦钟吾兄粲正
小如时客首都

几个月后，吴先生早晨起来开阳台的门，忽然摔倒，送医院检查，确诊为脑血栓。从此先生手不能写字，足不良于行。但先生毕竟是强者，现在他每天坐在沙发上终日看书，手不释卷。不仅此也，去年国庆日的下午，我去看先生，只见他正在给两位青年教师开讲孙过庭的《书谱》。

这就是我的老师，自称一辈子以讲课为最大“嗜好”的吴小如先生。

（作者单位：北京大学）

# 师生一辈子

陈学勇

进大学那年我十八岁，吴小如先生四十刚刚挨边。他正值壮年，已经是位有建树的知名学者了。吴先生先给我们讲授“古代散文选读”，接着又讲“古代诗歌选读”前半段，后半段由陈贻焮先生接手。我们的老师都很有学问，然而并非人人擅长讲课。陈贻焮先生便不大能讲，虽说喜欢闲聊，聊起来兴味盎然。小如老师则不仅能写，报刊常见到他的文章，而且特别能讲。至今老同学聚会，只要提起吴老师的课，没有不赞不绝口的。一口京腔，解析经典诗文透透彻彻，绘声绘色，时有新识（以后大多化为文章），引人入胜。而我，边听课边分神欣赏板书，点横撇捺，遒劲秀气！有一回我病假，病后补抄笔记，借来先生毛笔行楷书写的讲稿。笔记补完了，不舍得及时归还，拖延好几天，着实慢慢赏了个过瘾。

吴先生的课精彩，但我兴趣在现代文学。当时接近稍多的师长是章廷谦先生，即与鲁迅交厚的著名现代散文家川岛。不意此生后来过从最多的竟还是小如老师，当初实在没有料到的。毕业后我们被打发到外省，原先多去中央文化、学术、媒体部门的分配方案因“文革”成一张废纸。我被发落到江西，北大的“五七干校”就在江西鄱阳湖畔的鲤鱼洲农场。借出差机会我绕道看望老师们，印象深的是闻一多弟子彭兰先生，她蹲在地头，不太熟练地拔草，很亲切地和我聊天。最难忘的当是，男老师们挤在统舱似的大棚宿舍，排练迎接“七一”或“十一”的京剧联唱节目。好几位上身裸露，原先一定是白皙的背脊呈发亮的褐色。吴先生是京剧专家，当然是排练骨干，而没有赤膊。我未便上前，只在门口略微停了停，心里颇不是滋味。匆匆一瞥以后相隔了二十年才得重晤，我回母校，以“访问学者”名义随严家炎先生进修。在一度蜚声中外的校园“三角地”邮亭前，吴先生一眼认出了我。小如师说，我是他“文革”前送走的最后一届毕业生，印象格外深，也为此多了一分感情。

进修的这一年本是近水楼台聆教小如师的大好机会，可是不忍打扰年事已高的老人。加之隔着古代、现代的不同专业方向，以为无多可谈。登门看望小如师仅寥寥几回，叙叙旧，问问校园往事。记得吴老师提及“三荪”，即金龙荪、叶企荪，还有一个什么荪，“三荪”均为单身。我于龙荪（金岳霖）尤感兴趣，进修的题目正是他追求过的林徽因。说到林徽因父亲林长民，吴老师特别纠正“长”字读音，应该读 zhǎng，不是大家常读的 cháng。这个纠正，令我仿佛又重回学生时代，多少年没有受到这么直率、诚恳的指点了。

“访问学者”进修结束我离开学校才明白，小如师原来是京派文学传人。新中国成立前夕沈从文挂名编辑的《华北日报》文学副刊，具体组稿和编辑皆小如师经手。他还写过若干京派评论，可列为沈门入室弟子。汪曾祺辞世时有人说“走掉了最后一个京派作家”。如果作家身份不排除评论作者的话，那么京派作家至今还有一位吴小如健在。可惜我明白得太晚，再千里迢迢地不时请问，总不方便不相宜了。

与老师过从，我必严执弟子礼，即使某位只稍长我几岁。随着我年岁增长，他们越来越客气，师生之情里渐渐多了友情，算是亦师亦友。由此，尽管看到我有不足，却不再相告。小如老师不然，虽说他来信一贯称“兄”，那只是沿袭传统文人做派。当年他送书给某在读学生，书上的题签亦曰某“兄”。20 世纪60 年代，革命气氛甚浓，少有这般称兄道弟的，因此同学中传为笑谈。小如师称“兄”，我却万不敢“道弟”，不仅出于辈分，也因我时常请求答疑，他也仍视我作弟子，见我学识不当，随即施教；我去信请教，更是每问必答。来来往往，积下赐示数十通。我写关于民国侦探小说家孙了红的一篇短文，小如师详尽介绍那时中外侦探小说创作背景：“足下既涉足侦探小说，于‘鲁平’不可不知其来历。福尔摩斯出自柯南道尔之创造，霍桑则假美国《红字》作家之译名而为程小青所创造。然西方尚有一种如兄所谓‘反侦探小说’者，我十岁时但见文言文中译本，故忘西方作者为谁，而中译名则为《亚森罗苹侠盗探案》，亚森罗苹，法国之大盗也，专与福尔摩斯之流为敌。其书亦出版至十余册，每册收故事若干篇，似为上海大东书局印行者。孙（了红）著所谓‘鲁平’，即‘罗苹’之变音也。”诲人不倦若此，我自然要讨教不断了。有位老师的夫人，论进门先后乃我的学妹，书信上如何称呼颇费犹豫。吴老师解疑：“我举二例以明尊询之事。我 1949 年即教大学，班上学生比我小不了几岁。有的比我妻子年龄还大。其中有一位，现已是过了七十的老太太了，她仍称我为师，而与内人又极熟，内人姓杨，名玉珍，她见面或写信，或称杨先生，或称玉珍先生。另外1955年毕业的门人沈玉成君（已故），与我和内人极熟，称内人亦只称杨先生。与沈君同班者皆我之老门人，有的较客气，则称师母，亦有称'您夫人'者。似可供足下参考。"

吴老师一生谨守教师职责，凡错字错句以及讹传虚妄寓目，如沙子不能见容于眼里，公开发表于报刊书籍者尤为老人所激愤，多予正误，有时所指很是发噱。记得他在报上感叹文化滑坡，举一例证是，某人请假回老家修葺老屋，超期不归，写信续假，竟言"房事"多日未毕。如此较真，可想多招人怨恨。然而小如师终无悔意，步入米寿仍不倦在《文汇报》刊出打油诗：

鲁公赤壁负书名，
南宋精英范大成。
山谷欣逢杨万里，
随园诗话属亡明。

小如附注：颜鲁公书苏东坡《赤壁赋》手迹，见晚清某小说。时贤某君，谓南宋有名人范大成，盖误以范成大为范大成也。北宋黄庭坚手书南宋杨万里诗，见《阅微草堂笔记》。某博士毕业论文谓袁枚是明代人。由是观之，关公战秦琼已不足为笑料，此古今"同一概"耳。戊子除夕，爆竹声震耳欲聋，不能成寐；己丑元旦黎明，作小诗贺岁。犹电视贺岁剧，博观众一笑。

高龄至此笔耕不辍，我有懈怠，内人每以小如师的勤奋鞭策：

“你看看吴先生!”

小如师享盛名于外,在家里生活很是艰辛。师母患病多年,只说2007这一年,五次住院,四次抢救。最后一次,住院两个多月勉强出院,她差不多老年痴呆了。小如师感叹:“恐今后麻烦也不少。究竟谁能耗得过谁,真难说。”他自己,八十有余,也时而染恙。子女们都不在身边,奈何远水不救近渴。虽请了保姆,哪里能全部代劳。以高龄、衰病之身,尽心服侍老伴多年,其感人之状非外人所知。前年内人突患重病,我跑医院、陪病床,尤为体会到其间苦楚。身心疲惫时,愈发感到小如师实在不易。想到他护理师母的劳苦,就不觉得自己如何不堪。为文、为夫,小如师都为我做了示范,一在言传,一在身教。言传身教乃为师之道,当下风气是只言传多不身教。其实,管你教与不教,教师的所作所为于学生乃客观存在,他们自觉不自觉地接受了教育,区别无非在“正”教与“反”教耳。

似小如师的认真、博学,在今日教坛不可多得了,他的多才多艺尤为难能。小如师能翻译、能诗词,能书法、能登台,实民国文人遗风所存,不妨说是最后一代“老派”知识分子。可是他蹉跎一生,学养、才华未得尽情贡献社会。他的逼仄陋室是许多安居宽敞楼房的中年知识分子难以想象的。听说,这在年龄八九十的知识分子中不在少数,叫人唏嘘。

# 小学　文学　选学

陈延嘉

## （一）

鲁迅先生说：伟大，是要有人懂的。吴小如先生是我十分尊敬的大学者。很多人早就认识到了吴先生的伟大，而我对他的认识却经历了大半生的时间。这当然与我的具体情况——资质愚钝和学习经历有关。在这里，我首先想谈一谈对吴先生的认识过程，这或许是有些微意义的。因为吴先生的一生多有坎坷，他的被认识也经历了漫长的过程。

1955年，我转入东北师大中文系学习，兴趣在外国文学。当时能够借到的巴尔扎克《人间喜剧》中的译作几乎都看了。后来知道有一部《巴尔扎克传》，赶紧借来阅读。译者高名凯，我知其名，因为他是著名的语言学家。对另一个译者吴小如，不知是何许人。《巴尔扎克传》给我留下了深刻印象。在我的一生中，对我影响最大的外国作品有两部，一部即此书，一部是《约翰·克利斯朵夫》。巴尔扎克有志于创作，苦苦闷头写了两年小说，可是一部也没有出版，家中断掉经济供给，但他不放弃，终于成功了。当时没有看到吴先生的其他文章，后来就忘记了译者是谁。现在想起来，受吴先生膏泽沾溉当从此始。

毕业后，到中学教语文课。读书时，古典文学、古代汉语都不是兴趣所在，没下过功夫，再加上 1957 年反右运动，我们这个年级受到的冲击极大，下乡接受劳动改造，课程完全停顿，名义上是本科，实际只学了两年。还有一点是，东北师大在相当长的一段时间很"左"，表现在教学中是强调人民性、思想性等教条主义的东西，而对基础知识、对小学不重视，对学有成就的教师如逯钦立先生也不重视，所以我们学到的真正有用的东西并不多。主客观原因结合，所以我在教古文时感到有些困难。只是在这时，我才感到小学知识的重要性。除了自我补课外，还从北师大毕业的一位同事那里借来了北大的《先秦文学史参考资料》和《两汉文学史参考资料》。拜读之后，感到非常解渴！太好了！我强烈地认识到其质量之高，强烈地感受到北大学风与东北师大学风之不同。彼时，吴先生只是一个讲师，但以此两书的学术成就而言，比起我学习的中文系的教授毫不逊色。但此书只署"编写组"而未有吴小如之名，故不知撰人是谁。这是我第二次受到吴先生膏泽沾溉。

第三次是参加《昭明文选译注》。此书由吴先生的门生陈宏天担任第一主编；另两位主编赵福海和陈复兴先生既是我的同事又是好友，邀我参加，时间在 1983 年，是我步入《昭明文选》研究之始。译注开始是《昭明文选》赋的部分，《两汉文学史参考资料》成为重要参考书之一。我们这个《昭明文选译注》群体也受益于此书。后来终于知道《先秦文学史参考资料》和《两汉文学史参考资料》是吴先生主撰。和氏为献宝,历经波折苦难,但终成传世之和氏璧。不过,湮没不彰者,古今中外都不少吧!

20 世纪 80 年代,我调到长春师范学院(现改为长春师范大学)中文系古代汉语教研室工作。某一天,在《文史知识》上看到了吴先生谈《诗经·伐檀》的一篇文章,对"彼君子兮,不素餐兮"中的"君子"一词和这一句话重新加以解释,与我从读中学起到教此诗时的解释大相径庭,给我很大震动,阅读再三,认为吴先生说得对!这震动,不在于一词一句的不同理解,而在于思想方法上的启示:对前人的古籍解释要重新审视,不能以阶级斗争为纲去看待一切。吴先生指出,在《诗经》中的全部"君子"一词都是正面意义,在《伐檀》中不能例外。他还特别指出,把这句解释为反语的是胡适。过去一直批判胡适。我经历过 1955 年的肃反运动,也稍知道对胡适唯心主义的批判。忽然知道《伐檀》这句话的解释来源于胡适,大为骇怪。为慎重起见,我把《诗经》查阅一过,"君子"一词的使用与吴先生的看法一致,而且在其他古籍如《韩诗外传》中的用法也是正面的,所以吴先生的说法可信。刘师培说:"历代文章得失,后人评论不及同时人评论之确切。良以汉魏六朝之文,五代后已多散失,传于今者益加残缺。"刘跃进先生引述此言,是就"资料的系统性"说的(见刘跃进《回归中的超越》,凤凰出版社 2011 年,第 121 页),但就此诗的理解而言,也是适用的。所以,既不可以迷信古人,也不可以轻易否定古人。吴先生还从诗中"彼"与"尔"用法之不同,从诗产生的时代背景、作诗者的思想这些方面,证成己论。那时电脑还是稀罕物,即使有索引,也要一句一句地查到，再联系前后文，才能正确理解“君子”一词在《诗经》中的用法。我的查验过程证明，这虽然是短短的一篇札记，但其背后的工作量是很大的，所以它有着沉甸甸的分量，其结论才有不可辩驳的力量。这样说，并非纯出于推测。在《莎斋闲览·檀作文著〈朱熹诗经学研究〉序》中，吴先生说：“早在1950年，我讲过一年的《诗经》选修课；后来在游泽承师指导下，注释《先秦文学史参考资料》时，又大量阅读历代有关《诗经》方面的专著。”正当我衷心佩服吴先生的精辟见解和深厚功力时，受人之托，为小学教师编一部函授语文教材，在确定课文、撰写者之后，我把《伐檀》留给了自己，目的就是把吴先生的观点写进去，以纠正长期以来对此诗的错误理解。遗憾的是，稿子送到出版社，审稿者把我用的吴先生的观点砍掉了，仍然用以前的错误解释，无可奈何也！我详细叙述此事的过程，目的在于说明，吴先生的学术观点和贡献不是一开始就被认识和承认的。

2006年，我从书店买回了一本《皓首学术随笔·吴小如卷》，其中《〈诗三百篇〉臆札》之五即《伐檀》“彼君子兮，不素餐兮”一篇，就像见到了老朋友。于是从头仔细学习，深感吴先生贡献之巨大，于是就《吴小如卷》写了一篇学习心得发表了。吴先生得知后，寄来了《莎斋笔记》，表示“感谢”。感谢，我是不敢当的，这是吴先生谦以下人，但我却第一次得到一位真正大书法家的行草墨宝，不胜欣喜。之后，与刘凤桥先生有了联系，他先后慷慨寄赠吴先生的精美书法作品三部和《含英咀华》等六部著作。我又买了吴先生的《京剧老生流派综说》。这样，吴先生的著作基本上全了。于是潜心阅读，恍如拜在大师门下，亲聆教诲，对大师的贡献和风范有了稍微全面的认识，极大地提升了对他的崇敬、仰慕之情。

拜读吴先生的大作，受益良多，在这里我首先要说的是读《旧时月色》的感受。怎么说呢？意外？惊愕？渊博？平实？行云流水？……好像都是又好像不全是。笔者才疏，难以用一个词语来准确表达感受，所以下面我只能多啰唆几句。过去在读史时，常见到某某几岁或十几岁"善属文"的记述，只留下一个空洞的印象。而读《旧时月色》使我感性认识了一位天才少年的英姿焕发，大有"谈笑间，樯橹灰飞烟灭"，横扫千军如卷席的气势。其眼光之独到、语言之丰富、文笔之犀利，加之中外古今、纵横捭阖，为今日文评所少见。即以其中《读钱锺书〈写在人生边上〉》这篇不足两千五百字的文字而论，涉及现代作家学者二十三人、古代作家三人、外国学者一人，计二十七人。以如此宽广的视野分析概括、比较评价，是当今少见的。笔者寡陋，现在的文评虽然有上万字甚至几万字的，也没有这样的厚重，更不要说笔者自己了。吴先生不是就《边上》评《边上》，而是先从五四运动到今天（指"过去了二十七年"的1946年）的"新文学"中散文创作的两派立论，各举其风格特点和代表人物，把其放在这个大的背景下加以考察，把钱锺书的散文归入"革新"一派——"彻头彻尾的'西方化'"，又指出他与苏东坡、王安石散文的内在联系，既高度肯定其取得的成就，又指出其不妥之处；既指出其散文风格的"浓烈带有西方小品的隽永风趣"，又指出其"文锋似偏激，却含浑不露锋芒，且绵密精致"的"风人之旨"。吴先生的分析论断或容商榷，但我要强调指出的是，此时的吴先生不过是一个大学生！沈从文先生让他来编一个报纸的副刊，良有以也！

## （二）

对吴小如先生的为人和学术贡献，《学者吴小如》一书已从各个方面做了深刻精辟的阐述，特别是刘宁教授的《其学沛然出乎醇正》一文对吴先生的古典文学研究进行了全面而精彩的论述。我只能够狗尾续之，就吴先生关于小学、文学的论述谈谈浅见。

有人说：吴先生是最后一位训诂学家，“乾嘉学派最后一位朴学的守望者”。乾嘉朴学取得的巨大成就及其学术史地位已成学界共识。能够列入乾嘉学派之林，是极高的评价，吴先生当之无愧。但说吴先生仅是“守望者”，即固守乾嘉学派的传统，而且是“最后的”，即在吴先生之后再没有继承乾嘉学派的人了，愚以为，有些不妥。为什么这样说呢？因为前面那种评价高是高了，却只注意了吴先生继承的一面而忽视了吴先生及其前辈师长和同辈学人对乾嘉朴学发展的一面。如果说这发展的一面不是最重要，起码也是与继承的一面同样重要的。

乾嘉朴学的成果要继承，对此没有疑义。乾嘉学派的学风也应该继承，因为它以实事求是为治学根本，这是任何时代都必须遵循的学术原则。遗憾的是，1949 年以后大陆的学术研究在极“左”教条的侵蚀、消解、直到暴风骤雨般“横扫”“批判”之下，实事求是的传统破坏殆尽，不独学术为然。而吴先生能够在这样恶劣的环境中岿然不动，屡受磨难，多经挫折，而依然坚守乾嘉朴学实事求是的传统，不仅精神可贵，而且取得了丰硕的成果，证明了实事求是无限强大的生命力。对现实，这尤其重要。虽然人人都口头上喊着这样的口号，但学风浮躁，胡编乱造，不懂小学，还不重视小学，连古文的词句意义都没有搞懂，就发宏论，所以学术垃圾车载斗量。在这样的环境下，高扬吴先生的朴学精神尤其必要。

但是，我们不要忘记，乾嘉朴学是有缺点和不足的。这一点，这里不能多谈，只举一例以明之。《说文解字注》无疑是一部语言学巨著，段玉裁为增加其分量，请朴学大师王念孙作序，序云："揆诸经义，例以本书，若合符节，而训诂之道大明。训诂、声音明而小学明，小学明而经学明。"戴震亦为大师，为段玉裁《六书音均表》作序云："训诂音声，相为表里。训诂明，六经乃可明。"他们强调"声音明"是对的，但声音明就能"小学明"吗？强调"小学明"也是对的，但小学明就能"经学明"吗？否！对这种过分强调小学作用的现象及其产生的流弊，吴先生早在20世纪40年代写就的《读傅庚生著〈中国文学欣赏举隅〉》中即指出：

> 有清自乾嘉以来……朴学的风气便盛极一时，自六经小学而诸子百家，不是校勘，就是训诂，直至清末，余风犹烈。凡文人欲求有所建树，也大抵先从考据下手，终亦必由考据名家，真有舍此即非学问之概。至于义理辞章，都可撇开不谈。这不能不说是一种弊端吧。……迄于五四，则这种风气不惟没有改变，反如虎生翼般变本加厉起来。……方今考据之风仍遍国中，无论私人著述，公开报刊，社会习尚，大学的专科研究，为师长所以教人，为弟子所以受业，皆舍考据莫属。天天讲科学方法，结果去实学愈远。所谓治"文学"的专家，也只是在饾饤之学上面做工夫，真可谓大相径庭，南辕北辙了。而"惟考据是务"的危害是江河日下的局面，还嫌我们的文学没有成绩、后进程度水准日低，那真是天晓得了！

吴先生还举出沈从文先生在闲谈中谈到的和柳诒徵先生在十几年前就说过的与上述大致相同的看法。吴先生转引傅庚生写在《中国文学欣赏举隅》中的一段话,能使我们更感性地认识朴学的霸道:"自有清一代迄于今(笔者:指 1946 年),世尚朴学,探讨文学者亦几乎以考据为本。若就文以论文,辄必震骇群目,甚至腾笑众口。"就文论文的美的欣赏,竟然引起众口"腾笑",而且"震骇群目"! 如果这些"众"、这些"群"是"一些抱残守缺或投机取巧的'国故专家'"还可以理解,却竟然是"探讨文学者"! 钱锺书先生指出了同样的情况:"价值盲的一种象征是欠缺美感;对于文艺作品,全无欣赏能力。……说来也奇,偏是把文学当作职业的人,文盲的程度似乎愈加厉害。好多文学研究者,对于诗文的美丑高低,竟毫无欣赏和鉴别。"无怪乎钱先生对这种人要进行尖锐的讽刺:"看文学书而不懂欣赏,恰等于帝皇时代,看守后宫,成日价在女人堆里厮混的偏偏是个太监,虽有机会,却无能力!"(以上引文见《钱锺书集·写在人生边上 人生边上的边上 石语》中之《释文盲》,北京三联书店 2002 年)亦无怪乎吴小如先生在《读钱锺书〈写在人生边上〉》中说:"最末两篇曰《释文盲》《论文人》……窃以为现在的文人'盲'者甚多,而'一为文人便无足观'的废料又充斥社会。像这样的文章真嫌作者不多,读者无几。"吴先生几十年前在《〈左传〉丛札》中又说:"训诂通假也要有个限度,比真理往前多走一步就可能成为谬误。唐宋人在学术上有很多见解原是通情入理的,而清代的汉学家却抬出更古的招牌来动辄加以非议,显然是门户之见在作梗……清人讲考据往往徒乱人意,职是故耳。"

但是,现在的情况却相反,一些从事文学研究的人不重视训诂,鄙视吴先生具有创见的文学作品中的训诂研究,认为吴先生的文章是不登大雅之堂的饾饤之作。某些人连文学作品中字词的训诂意义及其在作品中的具体意义都没有搞懂,就大发高论,以致错误百出。正是有鉴于此,吴先生才一再呼吁并有专文《治文学者宜略通小学》。这是吴先生的一篇讲演。我在 2009 年特意去拜访吴先生的时候,他就提到了这个讲演。我极感兴趣,但此演讲稿未出版,不好意思向他索要讲演稿拜读。先生仙逝后,才由天津古籍出版社出版。承刘凤桥先生美意,寄赠《吴小如演讲录》和《莎斋诗剩》。

对吴先生最好的纪念,就是读他的书,发扬他的治学精神。翻开《吴小如演讲录》目录,有《治文学者宜略通小学》,遂抢先拜读。吴先生开宗明义:“治文学应该略通小学,这是我一贯的主张。”“一贯主张”之言不虚,从他的其他文章及自注中,我多次读到他的这个主张。吴先生为什么主张治文学者宜“略通”小学?精通岂不是更好?但现实的问题是有人连“小学”的词义都不懂。吴先生讲了下面一个情况,很有代表性:“好多人跟我讲,‘小学’这个词不通,应该文字学就是文字学,训诂学就是训诂学,什么叫‘小学’呀?”看,是“好多人”而不是很少人。而这“好多人”既能提出上面的问题,起码是本科生,甚至个别教授亦不知“小学”为何物。为什么要“略通”?因为训诂与理解文学作品有十分密切的关系;如果不能正确理解诗文中字词的意义,就不能正确理解诗文的意义,不能正确欣赏文学之美。但是,对治文学者,不能要求他们像训诂学家一样精通。有鉴于此,吴先生才提出“略通”。

虽然“略”,但在自己研究的问题上一定要“通”,所以并不容易。不要说那些不注意训诂的人,就是注意训诂的学者,有时也会出错，所以这是一个不断学习的过程。吴先生现身说法："现在书法家在写上款时都会写某某先生或者某某兄索书。写这个索字的时候必然加上一个'宀'，先前我也不认识这个字，就觉得奇怪，为什么加一个'宀'？"吴先生探讨后告诉我们，现在求索义的索，原字上面要加'宀'，在《说文·宀部》："入家搜也。"引申为求义。而索本义是大绳子，引申为动词搓、绞，"索绹"就是搓成绳子。所以《古诗十九首》的第三首之"洛中何郁郁，冠带自相索"的"索"，今日作求义的索，是上有'宀'字的借义。所以不能把这个"索"字理解为《诗经·豳风·七月》"昼尔于茅，宵而索绹"的"索"，如再进而引申为"绞制"之意，把"冠带自相索"理解为"权贵们自相倾轧，自相绞斗"，就错了。所以吴先生说："'宜略通训诂'，而且还得通得稍微到位一点。"

乾嘉学派过分重视小学，究其原因是思想方法的片面性。钱锺书先生在谈到阐释之循环时指出："乾嘉'朴学'教人，必知字之诂，而后识句之意，识句之意，而后通全篇之意，进而窥全书之指。"但是，这还不够，钱先生接着指出，"虽然，是特一边耳，亦只初桄耳。复须解全篇之义乃至全书之指（'志'），庶得以定某句之义（'词'），解全句之意，庶得定某字之诂（'文'）；或并须晓会作者立言之宗尚、当时流行之文风以及修辞异宜之著述体裁，方概知全篇或全书之指归。积小以明大，而又举大以贯小；推末以至本，而又探本以穷末；交互往复，庶几乎义得圆足而免于偏枯，所谓'阐释之循环'者是矣。"（《管锥编》，中华书局 1986 年第 2 版，第 171 页）上文提到的，吴先生从《诗三百》使用的全部"君子"一词以"作者立言之宗尚"来解读，就是一个范例。

如何阅读、欣赏中国古典诗文，吴先生有自己的一套系统的主张。在《我是怎样讲析古典诗词的》一文中，他做了概括："我本人无论分析作品或写赏析文章，一直给自己立下几条规矩，一曰通训诂，二曰明典故，三曰察背景，四曰考身世，最后归结到揆情度理这一总原则，由它来统摄以上四点。"(《古典诗词札丛·代序》，天津古籍出版社 2002 年)《吴小如演讲录·中国古典诗词的阅读与欣赏》重申了这"几条规矩"，做了详细的阐发，可谓以金针度人。吴先生认为，不能为训诂而训诂，训诂要为欣赏服务。他认为"谈欣赏比考据(笔者：当然包括训诂)要难得多"。不论风云如何变幻，他都坚守欣赏这个阵地。

从以上吴先生自己的理论主张和实际成果来看，吴先生对乾嘉朴学有继承的一面，更有发扬光大的一面，这才是吴先生取得巨大学术成就的主要原因所在。对此，刘宁先生有一段很好的概括："通古今之变的眼光，使吴先生为乾嘉考据学的古老传统，增添了开阔的视野和通达的方法论，这无疑得益于五四以来新的学术格局的影响。他曾说：'我相信辩证法这个足以攻克学术堡垒的武器乃是与人类俱生并且与人类共存的，是人类社会向前发展不可须臾离开的一把钥匙。'在其通达的考据格局里，无疑可以看到辩证法的影响，由此所取得的考据学成果，许多都经受了时间的考验而得到广泛的接受，代表了中国 20 世纪诗文字义考证所达到的高度。"王元化在《回到乾嘉学派》一文中亦指出："前人批评李善注《文选》释事不释义，已经感到不去阐发内容底蕴、只在典章文物名词术语上作工夫是一种偏向。事实上，自清末以来，如王国维、梁启超等，他们一面吸取了前人考据训诂之学，一面也超越了前人的界限，在研究方法上开拓了新境界。"(《思辨随笔》，上海文艺出版社 1994 年，第 162 页)可以作为刘宁先生"五四以来”的补充。而吴先生赏析诗词的几条“规矩”，可以视为“在研究方法上开拓了新境界”的理论总结。

## （三）

吴先生研究方面很广：不仅有中国古代文学和历史著作，还有现代文学精彩评论；不仅有书法理论和作品而卓然成家，而且有对京剧理论的系统阐述和生动的历史记载。下面，仅从其对文选学的研究谈谈浅见。

吴先生对《文选》极熟。远在六十多年前，吴先生在谈及新时期的文学创作要求“新”，必须继承中国古代文学遗产时，就指出五四以来的偏见：“旧的都不好，都须另辟蹊径，‘创造’新的东西！夫凭空创造，谈何容易！但倡之者一呼，从之者百诺，什么‘桐城谬种’‘选学妖孽’‘文言是死文字’等口号，俄顷之间，甚嚣尘上。”（《旧时月色》，北京大学出版社2012年，第45页）表达了对所谓“选学妖孽”提法的强烈不满和坚决反对的明确态度，显示了吴先生的远见卓识。1949年以后，《文选》似乎成了禁书，我在中文系读书的时候，老师从不提《文选》，我们当然不知道文选学为何物。一直到“文革”结束的三十年中，仅有四篇选学论文。20世纪60年代泛起的这个小波纹，为什么会出现？为什么随即归于死寂？希望知情者能破解此谜。

吴先生研究《文选》有一个鲜明特点：以诗文赏析为中心。他的研究涉及面极广，不专门研究《文选》，所以直接赏析《文选》的篇章不多，即以《含英咀华》看，有《长歌行》以下等计十一篇，在其他文章偶有涉及。文章虽不多，但皆有新意，发他人之所未发，值得读《文选》者注意学习，只恨其少也！以下，谈谈我的认识。

第一，吴先生分析《文选》的诗文，与他赏析其他作品一样，总是从训诂出发，以欣赏为依归，《释〈四愁诗〉之翰》是一个显例。这也是一篇被某些人瞧不起的“饾饤”之文，连标点都算上就是个千字文，却解决了一个一千多年没有解决的问题。张衡《四愁诗》不长，为使不熟悉此诗的人更好地认识吴先生的贡献，除第一“愁”全录外，其他节录如下：

> 一思曰：我所思兮在太山，欲往从之梁父艰，侧身东望涕沾翰。美人赠我金错刀，何以报之英琼瑶。路远莫致倚逍遥，何为怀忧心烦劳。二思曰：我所思兮在桂林，欲往从之湘水深，侧身南望涕沾襟。……三思曰：我所思兮在汉阳，欲往从之陇阪长，侧身西望涕沾裳。……四思曰：我所思兮在雁门，欲往从之雪纷纷，侧身北望涕沾巾。……

李善注引韦昭曰：“翰，笔也。”除五臣外，无人怀疑此注之误。如选学研究极盛时期的清代，胡文瑛《昭明文选笺证》、张云璈《选学胶言》、吴淇《六朝选诗定论》、梁章钜《文选旁论》，以及现代黄侃《文学平点》，皆未对李善注提出疑义。在当代，首先对李善注提出疑义者是吴先生。他说：“其下三章各作‘沾襟’‘沾裳’‘沾巾’，皆指衣服而言，不宜首章独言以涕泪沾濡手中所握之笔。心窃疑者久之。”接着说，“近读《汉书·江充传》，有云：‘充衣纱縠单衣，曲裾后垂交输。’如淳注：‘交输，割正幅使一头狭若燕尾，垂之两旁见于后。是《礼·深衣》续衽钩边，贾逵谓之衣圭。’苏林曰：‘交输，如今新妇袍，上挂全幅缯，角割，名曰交输裁也。’”等等，不具引。但"'交输'二字殊费解,然诸家无异说。"吴先生则穷追不舍,查到明人凌稚隆《五车韵瑞》去声十五翰[史·交翰]条引《江充传》:"充衣……曲裾后垂交翰。"并引注云:"交翰,割正幅使一头狭若燕尾,垂之两旁见于后。"又查《佩文韵府》,与上文同。又"质之周燕孙(祖谟)先生",先生曰:"子之说是也。"此文发表后,他的学生白化文先生"更示以一九七二年七月文物出版社印行之《长沙马王堆一号汉墓发掘简报》,其图版第二十四之图片"恰如燕尾",以证吴先生之说为是。至此,吴先生之说遂成不刊之论。

以上我较详细地转引了吴先生考证训诂的过程,除了证明吴先生发他人之未发外,还有一个目的:吴先生学风之严谨、穷追到底之精神。一个"久"字,一个"近"字,证明了吴先生关注此问题时间之长。到底有多"久"?他没说,而这是他一贯的治学态度,可以从其他文章中证之。如在谈对《问刘十九》的理解时,他说:"我儿时读此诗……近来又对这首小诗反复涵咏,竟然发现以前对第二句(笔者:指'红泥小火炉'句)理解得不够正确。"从"儿时"到耄耋之年的"近来",他"反复涵咏"。这样的例证所在多有,下文亦可证。这不是我们赞叹一句"难能可贵"就可以了事的。除了接受他的正确结论外,我们还要学习、继承他的治学精神——多闻阙疑,锲而不舍,穷追到底。

再说说我对此问题的认识过程。在《昭明文选译注》中张平子的这首诗是我注解的。五臣吕延济注曰:"翰,衣襟也。"我理解,吕延济是看到了李善注,认为与前后不协,不同意李善注,故改注为"衣襟"。我同意并用了吕延济注。在看到吴先生的文章后,认识到济注虽然比善注进一步,但不确切,于是在修订出第二版时改为"一种后摆类似于燕尾的衣服(从吴小如说)"。这是吴先生又一次对我的启示和帮助。

第二,上一首是从训诂考据的角度说的,再从对诗意解读的角度谈一谈。《说古诗〈冉冉孤生竹〉和〈回车驾言迈〉》,前一首是《古诗十九首》之八,后一首是之十一。对前一首的抒情主人公有两种意见,一是女,二是男。起初,吴先生同意是女性,是抒写一个怨妇的感情。但他"最近重读这首诗",又查阅隋树森先生的《古诗十九首集释》采辑的清代学者的八种专著,改变了看法,认为是男性,"是贤士有才能而不得志于世,不见用于君,所以借夫妇为比喻,来抒发封建文人怀才不遇的思想感情"。为证成这一见解,有很多论述,不细说。我认为值得注意者有二:一是从古代的时代背景看,不能从今人的认识看。"我们今天总认为夫妇或两性间的关系要比其他社会关系亲密得多"(笔者按:今日有云"朋友如兄弟,女人如衣服"),但"古人却不这么看",吴先生从《诗经》起举了多个例子。这种以古还古的治学方法是研究古文时刻要注意的,是他的"规矩"之一"察背景"的具体表现。二是"从全诗的结构看"。过去主张是女性的人之间也有分歧,一种说此诗是"女子怨婚迟之作",即还没有结婚;另一种说法是"写女子新婚久别的怨情",各有诗句为根据,但皆片面,诗句之间不能统一起来。吴先生说:"如果从贤才求为世所用的角度来领会,则困难迎刃而解。"至于如何"解"的,请看原文,不再转述。

《回车驾言迈》,吴先生的解说也很精彩,只指出以下三点:一、"这是一首说理诗,但通诗却通过形象思维来阐述道理",指出了说理诗之成为诗的艺术特点。这也正合乎昭明太子选入《文选》标准"义归乎翰藻",是把这首说理诗选入的原因之一。二、"这首诗一韵到底,但每两句构成一个层次,并且自然形成转折,后一个层次又紧紧同前一个层次相呼应……这正是诗人运用辩证而统一的艺术技巧所产生的最佳成效”。写诗用辩证法，解读亦该用辩证法，这是吴先生教给我们的，我们当切记。三、指出此诗的影响：“清代诗人黄景仁描写重阳节的景象曾写道：‘有酒有花翻寂寞，不风不雨倍凄凉。’正是从‘东风摇百草’这几句化出，用日新月异的客观世界来反衬自己主观世界的忧伤沉痛。这比直接用肃杀的秋景或凛冽的寒冬来刻画人生的阴郁冷漠显得新鲜而深刻。”“化出”一句看似轻巧，没有深厚的学养绝对办不到，此又是上文“辩证而统一”的佳例。

再举一例与《文选》有关而不直接者。《莎斋笔记·释“潺湲”》从王维《辋川闲居赠裴秀才迪》“寒山转苍翠，秋水日潺湲”的注“潺湲，水流貌”谈起，转入谢灵运《七里濑》“石浅水潺湲”，李善注引《杂字》曰“潺湲，水流貌”，但“究竟是什么样子，遍检坊间选本，都没有具体解释，等于不注”。“近人叶笑雪《谢灵运诗选》注为‘江水缓流的状态’，似乎进了一步，‘但其错误则暴露得十分明显’。吴先生根据《楚辞》王逸注和《汉书》颜师古注“流急疾”“激流”，分析王维诗、谢灵运诗，当作“水流急速”讲。“有的注释更是把此词与‘潺潺’相混，解为水流声或水缓流声”，故写出此文“就正于读者和治诗歌的专家们”。此例显示了吴先生研究古诗文的另一个特点：从前人反复研究的诗文中创发新义。这是很不容易的。下面再举一例。

《说贺知章〈咏柳〉绝句》：“碧玉妆成一树高，万条垂下绿丝绦。不知细叶谁裁出，二月春风似剪刀。”这也是一首被人熟知的诗。吴先生说：“就我们所知，目前至少已有六种诗歌选本选入本诗”，“特别是《赏析》（指《唐诗绝句赏析》）一书，对此诗做了详尽的分析”。吴先生却有与前人不同的“读此诗的体会”。此“体会”别开生面,在欣赏此诗的艺术手法上超越前人,很精彩,只说两点。一、对前两句有不同解释。第一句各选本的解释就不一样。“有的释为柳树绿得像碧玉,有的释为‘柳树碧绿得如一棵玉树’,或者更清楚一点地说:‘眼前那高高的柳树如碧玉雕饰而成的。’”而吴先生“倾向于后者。甚至宁可讲得更死板一点,作者干脆就把活的树看成了无生命的碧玉,说它是有一棵树那样高矮的碧玉‘妆成’的”。既然“死板”,为什么还要如此理解呢?吴先生指出:“这在艺术上恰好起到了一个辩证作用,即作者用的比喻越板滞,‘柳’的形态神情反而越生动。也就是说,作者笔下的这株树,已经被写得如此之活,如此之真,以至于真正看到了像假的一样的程度。顺便说一下,不仅第一句如此,第二句的‘绿丝绦’亦然。”我在多年前与好友马世一先生合写过一个小册子《千家诗选讲》,就没有这样精彩的讲解。二、吴先生指出了贺知章诗的继承和发展。《太平御览》的《汉武故事》有“上(小如按:指汉武帝)起神屋,前庭植玉树”,但“这个出典当然并未指实所植的‘玉树’是模仿柳树的形状(相反,汉魏以来倒有以‘玉树’来比喻槐树的,见《三辅黄图》,那是另一回事)”,“可是到了贺知章手里,就把它发展成专写柳树,说这株树从上到下通体都是用‘碧玉妆成’的。这或许受到西汉扬雄《甘泉赋》里‘翠玉树之青葱兮’的启发和影响”。而杜甫《饮中八仙歌》描写崔宗之,“说崔是‘潇洒美少年’,‘皎如玉树临风前’……说不定杜甫正是受了贺知章这首诗的影响”。上文说,吴先生对《文选》极熟,受到扬雄《甘泉赋》的影响,此是一证。

第三,吴先生对《文选》注的贡献。我要写一本《文选李善注与五臣注比较研究》的书,如把李善注与五臣注全部进行比较,力不胜任,只能选一部分,电话中向吴先生报告了这个想法。他对我说,他有一篇《枚乘〈七发〉李善注订补》,我喜出望外,请他惠赐。此文收入香港出版的《读书丛札》,吴先生复印后寄给我。我在《七发八首》的按语中郑重说明并致谢。此文很长,对李注有很多订补,间有版本校勘,引用以《文选》为专门研究对象的著作就有明张凤翼《文选纂注》、清梁章钜《文选旁证》、民国高步瀛《文选李注义疏》等10部,《订补》是一篇研究《七发》的重要著作。下面,把订、补、校各举一例:

一、订

原文:虽有金石之坚,犹将销铄而挺解也。

善注:高诱《吕氏春秋》曰"挺,犹动也",贾逵《国语注》曰"铄,销也"。

按:以"动"释"挺",非是。(以下吴先生引证之文较长,不具)盖销铄,即熔化;挺解,即涣散。俗谓"瓦解冰消",解是挺解,销是销铄。(笔者:省略之文中有"挺,解也"之释。)

二、补

原文:纵姿于曲房隐间之中。

按:李善于此句无解。曲,隐曲,深曲。《诗·秦风·小戎》:"乱我心曲。"《毛传》:"心曲,心之委曲也。"犹今言心灵深处。《三国志·郤正传》裴注引桓谭《新论》:"高台既已倾,曲池又已平。"曲池,犹深池,与"高台"为对文。此句"曲""隐"为对文,知"曲"亦必为深曲隐奥之义。王延寿《鲁灵光殿赋》:“旋室㛹娟以窈窕,洞房纠䆿而幽邃。”“旋室”,即此所谓“曲房”;“洞房”,即此所谓“隐间”。李善注:“㛹娟,回曲貌。”窈窕,即幽邃之意。盖必回旋曲折而后能窈窕幽深也。“隐间”,胡绍煐释为“隐隔”,“间”读去声,是以“隐间之中”为“曲房”之补足状语,疑未尽确。“间”应是名词,读平声,犹今“房间”之“间”。“隐间”,犹暗室,密室。《鲁灵光殿赋》“三间四表”。杜甫《茅屋为秋风所破歌》“安得广厦千万间”,虽转为量词,实与此同义。

三、校

原文:前似飞鸟。

按:“飞鸟”应作“飞凫”。……《齐民要术》卷六“养牛马驴骡”条内有云:“飞凫见者怒。”原注:“膂后筋也。”又:“双凫欲大而上。”原注:“双凫,胸两边内如凫。”则“飞凫”是骏马特征之一,即以为骏马之称,与下“駏虚”为对文。参阅林茂喜《文选补注》。

在《订补》一文之后,吴先生有两则附记,转录如下:

附记一:曩读高步瀛氏《文选李注义疏》,服其谨严赅博,而惜未尽全功。有志为续书,苦学殖荒落,且无暇及之。1957 年,为北京大学中文系文学史教研室编注《两汉文学史参考资料》,乃于注《七发》之前为长编,因成此稿。虽不无一得之愚,实读书札记类耳,故并厕之于《丛札》,以就正于方家。1962 年 9 月改订后记。

附记二：此文尝略加删削，发表于《文史》第二辑（1963年4月中华书局出版）。承读者李次籛先生于"霍然病已"条纠其谬误，因采其说以订之，并志谢忱。1965年9月重校后记。

从以上的介绍中，我们可以得出以下几点认识：

（一）吴先生有志于选学研究并取得了可观的成果。"有志"为高氏《文选李注义疏》"续书"是其证。高氏《义疏》确实"赅博"，仅《文选》八卷就有《义疏》1351000字。不论对《义疏》如何评价，能为这样的巨著做续书，没有非常的学术修养是办不到的，是所谓"盖有非常之功，必待非常之人"。从《订补》看，吴先生已具有了这个实力。遗憾的是"刚刚开了头，就煞了尾"，"学殖荒落"是谦虚，"无暇及之"是实情。之后，他忙于《两汉文学史参考资料》，所以，其中有关《文选》的内容都属于他的选学研究，再加上前文介绍的诗的赏析，吴先生对选学研究的贡献不菲。如果我们再考虑到20世纪50年代的特殊背景，吴先生理应在当代的选学研究中占一席之地。

（二）吴先生特别注意《文选》作品的思想内涵和艺术审美。王立群先生在早些年就指出，文艺研究是选学研究的弱项。刘志伟先生近来又指出：当代文选学研究的繁荣兴旺及其所取得的成就不容置疑。但它的"研究系统的建构是否合理"？每个人都有自己的兴奋点和研究方向，不可强求一律。但从总体上来观察文选学研究的"系统构建"也是应该的，甚至是必须的，所以刘先生这个问题问得好！他指出："可惜学界过分专注于编者、编纂时间、编纂过程方面的具体研究，致使《文选》的核心价值，几乎湮没不彰。”（刘志伟《比隆周汉 文系天下——论萧统的文化理想及“文选学”系统重构》，《光明日报》2014 年 10 月 8 日）我完全同意刘先生提出的应该“全面拓展、系统研究《文选》所蕴涵的中华民族的核心价值观念、思维模式、思想意义、审美精神与其他属于基础性、多样性文化价值内涵”的看法。要做到这一点，除了刘先生说的“文选学的核心研究对象应该在编选问题”，即“萧统主编《文选》的立意”而外，就是要深入《文选》篇章的内部。为什么在这里我要引述刘先生的这些话呢？目的在于从当前选学研究的现状，反观吴先生的选学研究，就可以清楚地看出，从 20 世纪 50 年代到本世纪，吴先生的研究始终是围绕着作品的内容即“思想意义、审美精神”，也包括“基础性”的内容进行的。进一步说，吴先生虽然没有像刘先生明确地提出这样的看法，但吴先生的研究实践证明他的头脑中已经有了这样的观念。如果再进一步考察吴先生的全部中国文学研究，包括古代和现代的，都是这样做的，就可以证明我的上述看法非溢美之词。吴先生没有提出《文选》蕴涵的中华民族的核心精神价值观的问题，这是刘先生的贡献。我也提出《文选》之根是《五经》的观点。《文选》蕴涵的中华民族的核心价值观是什么，这是一个可以讨论并值得深入研究的问题。时代在发展，研究在深入，对吴先生没有提出这个问题是不应苛求的。我的意思是说，我们不仅要看到吴先生在《文选》研究中的一个一个具体贡献，而且应从大的背景下加以整体思考，才能在选学研究的坐标系中找出、确定吴先生的位置，既不夸大，也不缩小，而现在第一位的任务是重新认识他的贡献。

（三）吴先生研究选学不带偏见，这明显地表现在对《文选》李善注和五臣注的态度上。我没有看到吴先生对两家注的总体评价，这个看法是从他具体运用两家注得出的。传统选学一向褒李贬五，把李善注捧上天，把五臣注踩在脚下，有明显的门户之见。而吴先生没有门户之见，能客观分析两家注的是非，客观使用两家注，对李善注他要“订补”，是在尊重李善注的贡献的前提下进行，同时认为李善注有错误，有不足，《订补》充分证明了这一点。对五臣注，他没有一棍子打死，认为一无可取，在《订补》中他运用五臣注的正确意见，批评五臣注不足，作为自己意见的补充。前文的引述没有提及五臣注，以下补充几例。

1. 原文：卧不得瞑。

> 善注：《素问》：“岐伯曰：不得卧者，是阳明之逆。”
>
> 按：五臣注刘良曰“瞑，寐也”。朱琦以为“瞑”即“眠”之本字，是。

笔者按：善注不释“瞑”字，五臣注补充之，有必要。因为“瞑”的本义是闭眼，读 míng。而在此句中，是“睡义”。《王篇·目部》：“瞑，寐也。”与五臣注同。在此句中的“瞑”读 mián，即“朱琦以为”云。《说文定训定声·鼎部》：“瞑，字亦作眠。”《七发》之后的嵇康《养生论》“内怀殷忧，达旦不瞑”。善注：“瞑，古眠字。”证明此字应注。但李善在《七发》中不注，却到后面才注，是不合适的，也证明五臣注是应该的。如果此句中不注“瞑”字，读时可能误解为“闭眼”。

2. 原文：蚑蟜蝼蚁闻之，拄喙而不能前。

> 善注：《说文》曰“蚑，行也，凡生类之行皆谓之蚑”。

（按：王筠《说文句读》以“生”为“虫”字之误，是。）

按：依善注，则“蚑”为动词或状语，与下三虫不相类。五臣注吕延济曰：“蚑、蟜、蝼、蚁，皆小虫名也。”是。

3.原文：比物属事，离辞连类。

善注（省略）

按：善注未释“离”字。五臣注李周翰曰：“比象其物而属文章，离别辞句以类相次。”殊含混不清。《易·序卦传》：“离者，丽也。”王弼注：“丽犹连也。”此二句，比、属、丽（笔者：此疑当作“离”，或为笔误）、连四字同义，物、事、辞、类四字亦相近。

笔者按：此为批评五臣注。

4.原文：众芳芬郁，乱于五风。

善注：五风，异色也。

按：“五风”，善以为异色，而胡绍煐则谓为五音。上文“众芳芬郁”，明谓草木之香气浓郁，则“风”非指色与声可知。五臣注李周翰曰：“五风，宫商角徵羽之风也。”盖谓来自五方之风，说近是。

笔者按：省略之文，是吴先生引《太平御览》等书，最后说“是五方之风，犹言四时之风矣”，故说李周翰注“近是”。

（四）吴先生是一位既谦虚又“狂傲”的人。他谦虚，既表现在为人,又表现在为学上。在《学者吴小如》中,他的学生和朋友都指出他"褊急",他接受这种善意的批评,也想改,但性格使然,禀性难移。在为学上,他从不隐瞒或文饰自己文章中的错误,不论自己发现或他人指出,都立刻改正,并公开声明,上文"附记"中之"霍然病已"可证,他的文章中还有以"自我批评"为题者,表现了他谦虚和以真理为依归的精神。

"狂傲"是一个贬义十分显著的词,有的人就这样评价吴先生。但我认为具体问题应具体分析,切不可一概而论。他确实有时口无遮拦,率性而为,出语尖刻,否认这一点不符合实际。比如在《莎斋闲览·读〈魏收之史学〉——〈周一良集〉札记之三》中,他在高度评价周一良先生在二十一岁、在燕京大学历史系三年级写的《魏收之史学》时,说:"说句不客气的话,当前在职的博士生导师要能有一良先生七十年前的水平之十一,恐怕已属凤毛麟角了。"现今学风浮躁、"导师"师德的种种问题时时曝诸报端,现今的论文中垃圾确实不少,是事实,是否认不了的。但他的这个打击面真的是太宽了!怎么能视现在博士生导师之多数连周一良先生七十年前的水平之十一都不如呢?这不是事实,当然被人视为"狂傲"。但是,愚以为,这不是吴先生的全部,也不是大部分,而是很小的一个部分,却是最易伤人、最招人忌恨的一部分,他生活中的坎坷当与此有关。但是,吴先生的"狂傲"并不是睥睨一切、自我膨胀的自大狂,而更多的是表现在对其师终生的尊敬和虚心,对学生的关心和提携,对友人的善良和诚信上,也表现在对知识的永不自满,对学术真理的不懈追求和勇于承认自己的错误上。他是"学术警察",更是自己的"学术宪兵"。忘记后者,只记住前者,是片面的。钱锺书先生也被指为"狂傲"。吴先生在《旧

吴公小如赞

德沐春风
才乃轶驾
艺通中外
育桃天下

陈延嘉

2020.9.9

陈延嘉题词

时月色·读钱锺书〈写在人生边上〉》中说:“曾在清华读书的师友每向我谈及,钱锺书很狂傲,非常自大,则知非狂傲固不能有那种磊砢不平的气势,所以我说他像王荆公、龚定庵,也并非无根之谈了。”钱先生在《宋诗选注序》里指出的“具备了明确的理论,变为普遍的空气压力”,虽然指的是宋诗,又何尝不是当时的写照?钱先生有自守,所以他受到批判。吴先生也是这样。所以我们可以把“非狂傲固不能有那种磊砢不平的气势”移来比况吴先生。

综括上论,一句话:吴先生的为人基本面和学术精神都值得学习。

谨以此小文,纪念吴小如先生辞世一周年。

2015 年 4 日 17 日

# 梦忆中关园

程立

5月11日晚，得知吴小如先生于19时40分仙逝，由于工作原因，无法赴京见先生最后一面，心里便一直想着写点儿文字，以寄托对先生的哀思。

读先生文章虽已多年，谒见先生，却只是近几年的事。2008年年初，我着手筹建“天目雅韵”京昆戏曲沙龙，打算请人题名，便想到了仰慕已久的吴小如先生。吴老不仅学识渊博、腹笥充盈，书法亦是家学渊源、独具一格。因当时与先生素昧平生，且先生年事已高，故不敢贸然打扰，于是先去一函，言及所求之事，内心并不抱多大希望。月余后，喜得先生回信及毛笔所书横竖条幅题签各一纸，备我选用，是漂亮的楷书，萧疏淡雅、清空俊秀、饱满圆润、充满张力——先生那年已八十六岁高龄。从那时起，我心中便存下去北京看望先生的念想。

2011年春节，我生平第一次去北京。之前通过时在北京大学读博的常州老乡姜骏兄引见，征得先生同意，约好同去中关园拜望并向先生致谢赐字之情。那是一个阳光明媚的上午，我终于踏进了那座陈旧却向往多年的北大中关园43号楼。

先生家住三楼，面积不是很大，墙面只是简单粉刷，屋里摆放着简陋的木制家具。保姆把我们请进左侧的第一个房间，说："先生在卫生间，一会儿就过来，稍等。"这是间小小的书房，四壁顶天立地全是书，连书橱边的凳子上也都堆满了书。一张老式的办公桌，挤在书房的窗子边沿上，除了笔墨纸砚，上面还散堆着别的杂物。许久，老人才蹒跚着出现在我们面前。未及我们开口问安，先生却意外地勃然大怒："叫你们不要来，不听，偏要来，这会儿满意了吧！我一个废人有什么好看的！"顿时，我们蒙在那里了，不知说什么好。我硬着头皮，上前简要向先生说明来意，先生依然怒气不息。保姆向我们解释："先生今天心情很糟，要不先回，改天再来？"于是只得告辞。

下得楼来，姜骏兄为此向我致歉，但我又怎会生老人的气呢？日后又听姜兄言及，先生那天确实身体不适，便秘，故而肝火旺盛。他随伺先生多年，见此情景亦是首次（2009年夏，先生突发脑梗，右半侧肢体行动不便，更是无法提笔挥毫，痛苦至极；2010年10月，病榻陪伴三十年的老伴去世，打那时起，先生便一直心绪不佳）。

走时留下先生著作数种，烦请姜兄日后便中请先生签名留念。数月后，得姜兄快递，观先生在扉页所题两段文字，不禁潸然："程立先生嘱题/吴小如/辛卯二月""病中情绪太劣，一时失控，多有得罪，乞宥/小如致歉"——多么可敬的老人！次年初春，二次赴京，经先生首肯，得以再次登门，然心中忐忑之情仍在。此时先生因年前不慎摔跤，体内植入钢板，行走困难，只得长坐卧室沙发，以读书看报消遣度日。

先生见我带去新出版的《吴小如书法选》,突然激动起来(又吓我一跳),大声说道:“现在的出版社真是太不负责,这本集子我当时手头事儿多,没再看一遍校样,现在好了,比较原稿,错误百出!”先生让我在新书上对照着他自用的那本(错误之处已经用笔在旁更正),一一予以改过,“不能误人子弟呀”!事毕,先生艰难而又费力地在扉页为我签名。其时先生眼力尚好,不需戴老花镜。

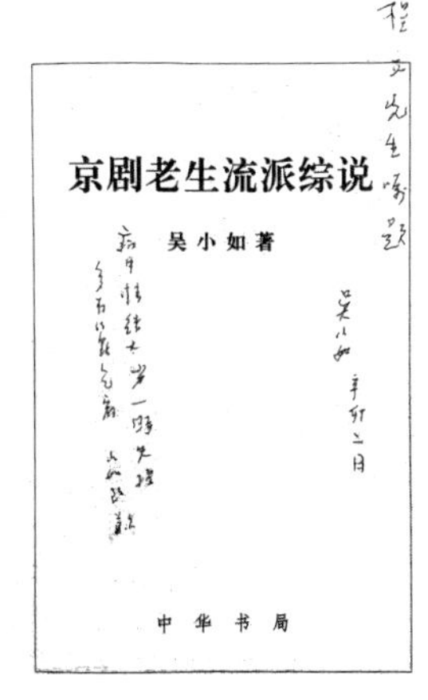
京剧老生流派综说

吴小如著

中华书局

吴小如先生签赠书影

时已近黄昏,然先生心情甚佳,谈兴亦浓。先生自言这辈子有三个嗜好:一是作诗,二是看京戏,三是写字。先生说现在很多作旧诗的人都不懂格律,不按旧章程作,格律不讲究。我们聊到已住院多日的刘曾复先生,还聊了许多习书临帖之事。先生说“功夫在字外”——写字之人应该多读书阅世,这样写出的字才能脱俗,有书卷气。先生向我要了带去的《汪曾祺说戏》一书。临别之时,保姆替我和先生合影,先生嘱咐照片洗出后寄他一张。

两次拜谒,一惊一喜,我感悟到先生率真明礼的人格魅力以及慎微严谨的治学精神,深深为之折服。时过两年,却一直铭记不忘,现在如实写下来,姑且作为缅怀先生的一点心意吧。

“久沐春风高山安仰,深悲绝学薪炬谁传!”(十九年前小如先生挽吴晓铃先生联语)先生一路走好!

(作者单位:溧阳市文联戏剧家协会)

# 明日隔山岳　世事两茫茫

## ——怀念吴小如先生

樊百乐

没想到继2012年刘曾复先生故去后，吴小如先生昨天也离开了我们。舞榭歌台，风流总被雨打风吹去。

先生的书自然是读过，而且是爱读的。《吴小如戏曲文录》买过三本，其中一本被信阳老家的一位老琴票借去，一月后归还时，认认真真包了一个书皮。《京剧老生流派综说》《盛世观光记》《鸟瞰富连成》的许多细节，我都能成诵。这也不光是我，绝大部分读过先生书的人都能不费力地做到这一点，这只能归功于先生文字的移人之力。但说来奇怪，认识先生却是很晚的事情。可能一是因为常常向刘曾复先生请益，工作后每每觉得空闲时间无法措置，再者总也听刘先生提到吴先生的种种事迹和逸闻，光是他二位如何订交、吴先生怎么请教余派《辕门斩子》的事情，刘先生就跟我说了三回，连怎么骑自行车去、吴先生怎么第二天回访都介绍得详细极了，反而让我觉得一直都认识吴先生。还有一点是久闻吴先生耿介率真，作为无知的小辈，想想还是没敢贸然投刺。

后来姜骏兄与吴先生渐渐熟稔，将吴先生珍藏的一百多出刘先生说戏录音及自己的清唱、说戏录音翻成数字格式，实在功德无量。我便也有些跃跃欲试，对刘先生说："我想去认识一下吴先生，但真心有点儿怕，您看能不能帮我引荐一下？"刘先生大笑，说小如不是外人哪，放心吧，我帮你打个电话。正巧2010年夏天，徐芃师姐回国，姜兄陪着去探访吴先生。当时，吴先生由于积劳，刚刚生了一次病，说话和行动都很不方便。我带了两盒毛尖，怯生生地跟过去，坐旁边听几位叙旧。终于，在提到杨小楼的一个话题时，我瞅准机会简短地插了句嘴，吴先生看过来，可能发现我还算有对话的可能性，也没什么寒暄客套，顺着话头儿就聊了一个半小时。聊了贯大元先生教的《盗宗卷》，"看卷"时词句与张伯驹先生版本不同，而且吴先生认为贯版更好，在叙述这段词句时，念了第一句"初起义来在沛丰"后，一时想不起来下面的词儿了（唱戏的人大都这样，一百好几十句唱词一唱到底，但拿普通话念出来，有时怎么也想不出来）。我顺嘴就唱了一句："剑斩白蛇路途中。"他很兴奋，我们俩就一起唱着把这段流水顺下来了。吴先生为养病，临时住在中关园一套新公寓里，虽然新，但没什么家具，显得清冷。聊到五六点钟，越发觉得屋里晦暗孤寂，我们几位便起身告辞，吴先生拉着我说："再坐会儿。"然后不由分说地就开始告诉我们，张伯驹传授给他的余派《战宛城》《审头刺汤》怎么唱。从这一次开始，不知道有多少个畅谈后的傍晚，我起身告辞，他就用一句简单的"再坐会儿"，给我额外半小时的享受。

昨晚得知吴先生辞世的消息，跟远在芝加哥的徐芃师姐通微信，我提到第一次，即2009年跟她去拜访吴先生的情形，她很认真地说："不，是2010年夏天，我记得非常清楚。那天，你和吴先生一起唱。那是我生命中非常美好的时刻之一。”

就这么简单，吴先生和我就算熟人了。很快我有了单独拜访的资格，他那时已经搬回中关园的老楼。门上永远贴一张字条：“上午不接待来访，三点后来访请预约。”想起刘先生永远高朋满座的客厅，觉得老先生有时贴这样挡驾的字条，才让后辈觉得不那么心疼。进门左拐就是吴先生的卧室，一张床之外，就只剩下床边直到门的L形狭窄过道。一般来说，他正在床边的横过道里坐着晒太阳看书，见到我，简单点点头，我就自觉地从门后搬一把折叠椅，在竖过道里小心地摆开坐下，生怕磕到身后柜子的玻璃。我们的对话一般从他手边的书报开始，他会说：“你瞧，最近谁谁谁又要唱什么什么戏了。”或者：“你看，这篇文章居然说谭鑫培经常唱《借东风》，这不胡说八道吗?!”

老先生们是京戏黄金时代的见证。跟各位老先生聊天，无外乎都是杨小楼、余叔岩、王凤卿、梅兰芳、程继先，有的还能兼及钱金福、陈德霖、王瑶卿。吴先生一直遗憾自己平生仅听过一回余叔岩，就是1936年萧振瀛堂会上的《盗宗卷》，但“甭提多好了”。“余先生嗓子不很亮，但腔儿安排得舒服。‘吕后做事太欺心，宗卷不该用火焚。家院掌灯把路引，不觉来到相府门呐。’”吴先生晚年重听，唱出来已经不太搭调，但所幸我学过这段儿，最后三个字也确实顺溜、好听得很，便跟着小声哼唱出来，然后我们俩相视而笑，甚为自得。

吴先生也喜欢王凤卿。说当初尚小云贴《满床笏》，戏报上写明特烦王凤卿先生唱《打金枝》一折，自己特为去听凤二爷“景阳钟三响把王催”的口劲儿。他说，凤二爷那时嗓子和耳音都已经出了状况，很多字眼儿台底下都听不清。但突然有一句或者一个字清楚了,“就好像那汉碑似的,多少字都是残的,突然有个字完整,那简直好极了”。我也恭维他,说这么多年的事儿了,您还记得这么清楚。他丝毫不理会这种恭维,低着头自言自语地说:“这么好的戏,一辈子也忘不了。”

但聊得最多的还是杨小楼,几乎每次话题都迫不及待地转到他,然后就转不出去了。他老说,自己当年跟叶盛兰很熟,曾经有过彻夜长谈。“盛兰是唱小生的,可说到杨小楼,五体投地!当场在屋里,就给我来了一遍《安天会》。杨小楼贴《铁笼山》,梅兰芳、程砚秋都提前扮好了戏,站侧幕那儿听。你说杨小楼没这么好,能有这么多人服他吗?”他还跟我提到,有一回听杨小楼《恶虎村》,黄天霸跟濮天雕、武天虬辩理时,一下蹿到桌子上坐着,鸾带荡起后应声垂到腿前,很俏皮。吴先生听过这出戏多次,记得杨小楼从来没用过这个身段,就告诉了朱家溍先生。朱先生欣喜地说:“您这算赶上了。这是杨小楼早年跟钱金福唱时使的身段,后来嫌累就不用了。”还有一次,吴先生听李万春的《火并王伦》,认为林冲的开打设计得高明,后来征之以刘先生和朱先生,才知道这是化用了杨小楼《野猪林》二本《山神庙》的路子。杨晚年唱《野猪林》已经不带《山神庙》了,所以吴先生未曾见过。说起这件事,吴先生总要说:“两位老先生比我年纪大,见得多。我每次问艺都有所得。”

但凡稍微关心京戏研究界的,大都知道朱先生、刘先生、吴先生是三位专家。他们私交很好,但在研究上,既互相尊重,又不做不虞之誉。2010 年前后,吴先生中风,那时的刘先生虽然已九十六岁,但康健敏捷,谈及吴先生病情,很难过地说:“你要是去看吴先生,告诉他,他是我这辈子少有的几个真正交心的朋友。”后来我见了吴先生，转述了刘先生的话，吴先生听了固然很动容，但也不太客套地推辞，反倒流露出真诚和自信，说："我对刘先生没得说。我从他那儿学了很多东西。"在吴先生病情尚未见缓的初期，吴先生有时也神伤地说："你看刘先生这身体，至少活一百岁不用操心。我这还不知怎么样呢。"不料 2011 年下半年，刘先生就查出食道癌，我去看望病中的刘先生时，还受托带去吴先生的问候，刘先生已经不大能讲话，躺在病床上，半开玩笑地使了个戏台上抱拳行礼的身段。刘先生去世后，我第一次去看望吴先生时，一进门吴先生开门见山地说："刘先生是我的老师。以后我有不明白的，也不知找谁问了。"我惨然一笑，再不知说什么。今天早上，开车时突然想起把许久未听的吴先生说戏录音又翻出来，《江东桥》《战北原》《阳平关》唱完，吴先生还录了一句话："以上三出戏，除《阳平关》是王庾生先生所授外，其余两出均为刘曾复先生传授，望汪沛炘同志指正。"

吴先生对朱先生的学养和为人尤其称赞。因为都是书画世家，所以除了唱戏，二老还有很多别的事情可聊。大抵我第一次去拜访吴先生，他就跟我说，朱先生画名为书名所掩。很多人喜欢朱先生的柳字，但其实朱先生的画也相当好。比如自己当年跟启功先生也熟，但启先生名大事繁，即便近如吴先生，也不太好意思求书求画了。但吴先生独具慧眼，往往找朱先生画一幅小山水，也是极为称意。还有个事情，他就跟我讲过一次，但我觉得太有趣，所以在好几个场合都提过。当年拍《红楼梦》电视剧，菜户营那儿盖了大观园。因为朱先生是电视剧顾问，就请吴先生一起去参观一下。吴先生原话是，"里头所有的楹联书法都俗不可耐"。但游完出门儿，回头一看，正门匾上"大观园"三个字还挺是样儿的。因为是柳体，吴先生以为是朱先生的手书，就说："这三个字儿还不错。"朱先生大笑，说："这当然不错了。这是集的柳公权的字儿。"吴先生说到这，一者也是为了映衬朱先生书法的水平，二来也是对自己眼力的小小自得吧。

吴先生除了对高人服气，也颇有点任侠之风，爱打抱不平。前两年，听了吴先生跟程之先生聊戏的录音，里头对某曾向刘先生求教过的著名老生（也作古多年了）的势利颇为不满，录音里程先生笑着说，其实此人向其先翁程君谋先生学戏时，也大抵如此先恭后倨。吴先生听说后，更为愤慨。老先生有时跟人聊天，对好几十年前的事儿记得牢，对眼前的事儿反而容易忘，所以爱说车轱辘话。他估计有四五次跟我说过："你知道他后来怎么形容跟刘先生的关系？'我们一起交流过艺术。'他也配?！那是刘先生一字一句教给他的，他有什么资格说去'交流'？"每次都是高高地打上六字调，一模一样地义愤填膺。

先生爱读书。我这人爱在公交车上看书，所以老随身带一本儿。头一回跟徐师姐、姜兄去探望吴先生，临走时我收拾好书准备出门，先生问我："这是什么啊？"我赶紧说："这是何炳棣的回忆录《读史阅世六十年》。我觉着挺好的。"吴先生马上说："哦，何炳棣了不得。他还有个哥哥，叫何炳松，也是个史学家。"我顺势说："这本书反正看完了，您留着看吧。"他也不推脱，说："行，你下回来我看完了还给你。"隔了俩礼拜，我去单独拜访先生时，他已经看完，而且跟我聊了很久当年学界的事情。还有一次，我正上着班，吴先生打电话过来，问我最近是不是写了篇书评。我想了一下，突然想起来是为何帆师兄的译作《批评官员的尺度》写了篇评论，还结合了当时所谓的打击网络谣言运动生发了两句牢骚，好像是发表在《中华读书报》上。他说书评写得不错，还问我能不能把这本书借给他看看。我实在没想到，吴先生在望九之年，还对一本美国法律的作品感兴趣，赶紧买了一本送过去。吴先生平时只在下午三点会客，五六点晚饭时，保姆就开始劝人回去了。但那天，他执意挽留我到七点多，破天荒聊了很多时局，认为我书评写得还行，但“对那些帮凶太留情面”。我第一次发现，吴先生对于自由和进步，有着和对杨小楼一样的赤子之心。

刘先生仙逝后，我久久无法释怀，恰巧当时同事极力推荐我读一读赵越胜的《燃灯者——忆周辅成》。这本小册子，也是一个年轻人对将自己带入哲学门墙的忘年交的怀念。我看完触动极大，直接带着这本书就去找吴先生了。他跟周老也有一些渊源，聊了几句旧事，就拿着这本书沉浸地一直读下去。许久抬起头，若有所思地叹了一口气。

《燃灯者——忆周辅成》里提到，周先生虽然生活俭省，但挺喜欢吃。这跟那个时代的很多老先生都一样。朱先生、王世襄先生谈吃的文章，读起来就口内生津。吴先生也是个美食家，而且他对我和姜骏兄都不见外。比如家里灯泡或者空调坏了，姜兄这么大的化学博士后，就麻利地去中关村家乐福帮忙买配件。我那时住东直门，每次去吴先生家，总习惯从东兴楼带两个菜过去，大部分时候都是芙蓉鸡片、糟熘鱼片。有次吴先生挺不好意思，但还是跟我说，上次的炸烹虾段不错，我赶紧又带一份儿去。老先生行动不便，保姆阿姨毕竟不能时时更换菜式，能让他饱饱口福，也算我们几个尽孝之道了。有一次跟朋友闲聊，我有点得意地说，吴先生跟生人一般不讲情面，对我还真不错。她打趣道：“估计在吴先生眼里，你也就算个勤行儿。”老北京话里，餐饮行业被称为“勤行”，朋友这个玩笑，真是又谐谑又精当。

不过对于自己的直率甚至狷狂，吴先生貌似毫不掩饰。有时显得很不给面子，但我想，若是我到了耄耋之年，怕是也没多少精力做这种无谓的应酬。有一回，跟吴先生聊完临走时，他随手递给我一封信和一张画，说：“这是某个外地书友寄过来的信，说是仰慕我的书法，想求一幅字，还给我画了一幅像。你帮我回信，顺便把他原信退回吧。我这个情况，哪还写得了字？”我唯唯诺诺接过，说：“那这幅画像呢？”“也给寄回去吧。画得也不像。”我到了儿也没敢代笔写这封信。

老人到了这个岁数，尤其身染沉疴，难免谈及生死。还是第一次去吴先生处时，临走他觉得要送我这个初来者点儿什么，就从书架上顺手拿了一本《沈玉成文存》，认认真真地用硬笔在扉页上题字，还遵的是老礼：“百乐兄惠存。”让我惶恐不安，他倒是淡定地指着书名对我说：“这是我最好的学生。可惜早就死了。”

去年还是前年，北大的学生们帮吴先生办了个研讨会，出了本纪念文集，叫《学者吴小如》。吴先生还挺珍视，拿着样书送我，还忍不住翻看出神，有时跳出来，对我说这是哪年哪年的文章，然后继续沉默。最后翻到前几页的图片，他指着一张合影说：“这是我，这是我老伴，这是我大儿子，这是我大女儿。现在只有我活着了。”我们相对看了一眼，这一次我和他都没有忍住眼神里的哀伤。

其实他身体这么个状况，虽然让人揪心，但日趋平缓，甚至还有所好转，我们都没有也不敢想象这一天会这么快。昨天微博上突然被网友询问了一下，赶紧打电话给姜兄，获得了证实。足有那么几分钟，是回不过神的震惊，怎么也想不到会如此突然。随即想到本可以前几天多见一面，再买一次“东兴楼”或是“同和居”给他，心里便是无法追悔的悲哀。

钱锺书先生挽陈石遗师有句：“重因风雅惜，匪特痛吾私。”诚然，今天所有的官方新闻稿上，都在吴先生名字前冠以“著名古典文学专家、戏曲评论家、历史学家、教育家”，但对我们这些曾有幸亲沾膏馥的晚辈来讲，这“风雅”好像把“吾私”冷冷地推将出去，成为不足与外人道的、又不知如何排遣的感伤。

今天上午，发了一条短信给朱先生的小女儿朱传荣阿姨，告诉了她这个消息。不料午饭时，传荣阿姨竟打电话过来，先讲了2004年朱先生辞世时，她如何鼓足勇气去告知朱先生世交兼盟兄、著名昆曲研究家邵怀民先生。当时邵先生听到后，眼光里也闪现了一丝难过，但很快释然，说：“没事儿。那边儿再聚吧。”传荣阿姨说，我们好好活着，更用心地多给自己一些爱，更多地回想老先生们童真、爽朗的样子，不要拘泥于回忆与形式，才是用自己的生命去延续他们的生命。

我认为她说得对，便决心从今晚开始，一天一天认真地继续生活。虽然也终于到了无人解惑的两茫茫的境况，虽然他们都在天堂一直注视、护佑我们，永远遥不可及。

2014年5月12日于北京

（作者单位：北京时尚集团）

# 我心目中的吴小如先生

范洛森

2011年6月我接到刘凤桥君的电话，说吴小如先生的学生和同事要为小如先生出版一部纪念文集，并告知吴先生希望我能写一篇文章。接到电话后，我一直有一种受宠若惊的感觉。一来可以回忆与小如先生交往的美好往事，二来可以借此表达一下对吴先生的感激之情和心得，亦可使大家更全面地了解吴先生，倘如此真是我的殊荣。我毕业于安徽师范大学，我的老师孙文光先生研究生毕业于北大。像我这般20世纪50年代末期的一代人，由于受十年“文革”的影响，几乎没有接受过基础教育系统的训练和学习，虽然恢复高考后赶上了末班车，仍然感觉自己在治学方面的基础较差，面对未来的茫茫人生，有点惶惶然。为此我求教于孙文光先生，孙老师告诉我，要治文史，最好的地方是北京大学，最合适的教授应该是吴小如先生。1986年，孙文光先生向小如先生介绍了我，令我没有想到的是，那年的一次拜访成了我一生的骄傲。自此以后，与吴先生的交往伴随着我整个的成长，并受益终生。记得最初交往时就请教过吴先生我是从政还是做学问这个问题，他告诉我，懂得些文史和美学的人从政是件好事，至少能为社会多做一些好事、一些明白事，懂得人文关怀。从那时起，我就在吴先生一路指引、一路鼓励下走到今天。

在治学方面，吴先生告诉我，首先要正本清源，学文史要从先秦诸子开始，一路往下学，这是治学的基础。其次在方法论上要学会辨真伪，路径对了，又学会使用好的方法，才可以治学；在谈及从政方面，记得是20世纪80年代后期，吴先生同我谈到范仲淹“先忧后乐”之说，“然庆历新政卒不可行”，吴先生内心忧国恤民，还专门为我手书一条幅，把自己的观点告诉我。2004年，先生又赠书法作品给我，内容是“治平之道，贵在义利之辨”。1992年，我弃政“下海”，当时，先生也欣然为我手书两幅字，作了一首诗，内容提到“君子爱财取之有道”，如若得财，也应“用之有道”；做人方面，先生示我要保持书生本色、君子之风、公平正义，要讲真话，不说假话。回顾这么多年我所经历的许多往事，吴先生传递给我的人文意识、人本精神，确实使我受益匪浅，今天看来这些恰恰又是当今社会最不可丢失的传统文化遗产。从吴先生身上，我体会到他遵守师道，对学生坚持传道、授业、解惑的敬业态度，真正做到了“学为人师，行为世范”。

记忆中，刚接触先生的时候，他还是有些教学活动的，后来没多久，先生便退休了。此后大部分时间是在撰稿，期间，连续出了几部书。先生在年近九旬的时候，习字、改稿、校稿和伺候老伴，基本上构成了他生活上的所有内容。而这些，让我深深地感到，先生身上满溢着那种学习到老、尽责任到老、耕耘到老的“老黄牛”精神。

先生博学。我在与他交往过程中，请教了诸多问题，有些问题，吴先生脱口就能答出，有的即使是查阅资料，也很快就能翻到出处。先生还善写诗。记得有次写牡丹诗和兰草诗，一个上午写出了十几首，将牡丹和兰花精神挖掘得非常充分，且广征博引，信手拈来，皆成文章，同时结合现实，针砭时弊，妙笔生花。老一辈学者这种诗情表达的能力确实是我们后代要好好学习的。

先生谦恭。吴先生是著名学者，也是长者，对像我这样的后生、后学们，他依然非常谦虚，在他身上看不出“著名”的架子，是纯粹的人与人的交往，绝无居高临下、盛气凌人之感。在交谈中，可以大笑，可以生气，十分率真、透明，而我与先生是真正的忘年交了。先生对他不太熟悉而我们比较熟悉的事物，能非常谦恭地耐心倾听，从不打断别人的说话。从这点上来说，却又是当下一些学者们难以做到的。

先生重情义。我虽是晚辈后学，但先生待我十分友好。我记得先生专门两次请我吃饭。当时我工作在乡下，条件颇为艰苦，一次是请我到全聚德吃烤鸭，一次是在北大附近的郭林饭店吃家常菜。先生还挂念我的成长。由于我性格较耿直，在基层官场命运多舛，几经沉浮。先生几乎每年都会为我书写一两幅字，并选用针对性很强的内容来指导、慰勉我。二十多年来，我们还一直保持书信往来，一般是我只要去信，吴先生必复，经常洋洋洒洒千字，尽可能将问题谈透，毫无敷衍。今天回想起来，对一个年轻人来讲，先生当年给予我的精神支持，几乎成了我全部的精神食粮。这些年来，我之所以能在各个方面取得些成绩，对待未来亦将积极进取、不敢懈怠，全得益于先生的教诲。遇到这样一位好的老师确是我的幸运。我还看到先生对老伴的照料，几十年如一日。虽然先生经济拮据，但对老伴用药绝不含糊，尽可能用些好药。先生的时间是宝贵的，但还是拿出近一半的时间去照顾老伴。在近九十高龄时，谈到老伴身体每况愈下时，竟忧心得老泪纵横。此情此景，让我刻骨铭心。

先生坚守与淡泊。从我见到他的那一天直到现在，先生没有多少改变，始终不渝坚持治学，过着一种纯粹的书生生活。尽管先生所历经的环境、条件不是很好，但他一直在坚守。甚至到八十九岁高龄，他病倒了，他说自己太累了，要伺候老伴，还要为出版社几个书稿校稿。我去看他的时候，在先生的案头，随手翻开的字帖里，还有他临摹王羲之的书法字幅。多年来，先生撰稿、改稿、校稿、习字等等，一直都在坚守，从未改变。先生淡泊而宁静，从不溜须拍马，不图虚荣，始终拒绝庸俗。在我的印象里，先生是没有为名利伤脑筋的人，他始终有他做人和做学问的原则，做自己该做的。比如先生的书法造诣非常好。记得先生八十八岁那年，为我书写一条六尺横幅小行书，几百字一气呵成，气足神完，笔笔坚劲，书卷气十足，满目“二王”气象，没有半点衰气，如此佳制，让人叹为观止。对现在社会上一些所谓的书法作品被炒出了天价，先生不以为然、视而不见，他总认为，那些没有价值的事，犯不着去做，也没有必要为一些俗事伤神费心。先生面对世俗物欲，静如止水，淡泊从容，似乎不沾半点灰埃。在世俗人看来，这似乎是个不食人间烟火、不谙世事的倔老头。在追随吴先生多年后我才明白，并不是吴先生不知道通过某些个人的努力和炒作能改变一下自己的治学条件和经济拮据的状况，只是他内心有他的规则与标准。他在祈求、期待学术标准的建立和对知识分子的尊重，这是事关社会风尚的大事，而通过“炒作”提高身价，在他看来实在是有辱斯文，贻笑大方，万万做不得。哪怕这种期待是一个空想，也不去打破他内心的规则，他就是一个书生，一个君子。从他身上我也明确地感受到了上一代知识分子那种共同的操守。

先生认真负责。无论是我向吴先生当面请教还是和先生书信往来，哪怕是用错了一个字或者是一个词、一句话，先生必然要予以纠正。他曾说过，学问上的事马虎不得。每当看到在电视上或是书本里用错了词或是写错了字，先生都会很在意，要说出来，并耿耿于怀。先生极尽责任，对待做学问的事，从来不马虎。他的一位学生出国，委托他代为指导研究生的课程，尽管当时先生很忙，也满口应承。他说，做学问的事、教书育人的事，再苦再累，对他而言，都是一种责任，不谈价码，无偿地去做。

在与吴先生交往的过程中，我能感觉到他对中国目前的社会风尚，对学术界、教育界以及他个人治学条件和环境，有太多的遗憾，特别是对北大精神的退化，感到很无奈。先生热爱祖国的文化，对当下人们一味热衷物质和权力，忽视文化的传承忧心忡忡。他告诉我，文化的传承、创新和坚守靠的是人，不能用对待物质的方式来对待文化，要尊重和重视人自身的发展，要以人为本。文化关乎人们的价值观和审美观，让人分辨真善美、追求真善美。文化有它的传承性，一旦丢失，是不能靠进口来过日子的。我也曾拜访过吴组缃、启功、周汝昌、蒋维崧等先生，我的感受是，与吴先生同代的学者大都非常相似，与每位先生的交流交往，我始终是个受益者。像吴先生这样的学者风范，我不好用大师来称呼他们，怕辱没了这些先辈，在我看来，这些学者在中国就是一根根洁白的象牙，明明白白地遗失、散落、寂寞在学院深处。在我心目中，于学生而言，他们是值得敬重的师长；于社会来说，他们是严谨治学的学者；于做人来讲，他们是学高身正的君子。他们组成的这个象牙塔是个纯净的世界，是支撑我们社会延续发展的精神宝库和脊梁，是保障我们精神不迷失方向的精神家园，它会造就更多的有识之士去担当民族任重道远的未来，它像一盏明灯指引我们始终明白、清醒自己是谁，应该成为谁。吴先生八十九岁那年，突然病倒，手无握管之力，但先生仍然不失幽默，坦然面对。但是先生终敌不过岁月，真的衰老了，他戏称自己“是不是像个鬼了”。他说自己现在不能看书、不能写字了，我分明看出他内心的痛苦。我在想，假如社会使吴先生这样的学者治学条件更好些，经济上不再如此拮据，假如吴先生有更多的时间专心用于治学，假如吴先生身体更好一些，那么他会为社会留下更多的精神财富。可惜这一切对吴先生已无任何意义了，他已经衰老到什么也做不了了，只能给我们留下太多的遗憾和反思。

并不是因为我认识吴先生，也受业和受益于吴先生，才说吴先生是多么了不起，我只是从吴先生和其他老先生身上，看到了那一代学人的风范，也看到了东方智慧的魅力和传统文化的价值。我更担心，工业化、城市化的今天，中华文化尚有余脉可传承，人们身上还保留了一些传统的勤劳与善良，可是像吴先生身上的这些文化传承一旦在当今社会里丢失，就真的再也找不回来了。那样，我们国家可持续发展的软实力又在哪里呢？中华民族真正意义上的复兴与崛起是文化的复兴和自觉，没有文化的发展只能是低效、不平衡、不规则的发展。而现在，有些人喝的是牛奶，吐出的是草，却把自己当人看；把像吴先生这样吃的是草，挤出的是牛奶的人当牛看。如果这样的人多起来，那么整个社会的价值观就颠倒了。我们不愿意看到像吴先生这样的先辈演绎出来的华丽篇章在被冷落中谢幕，也不愿意看到像吴先生这样的人成为如烟的往事。

2011 年霜降于寒暑斋

（作者单位：安徽省巢湖市政协）

# 最后的先生

## ——忆文字之外的吴小如先生

范洛森

吴小如先生于2014年5月11日晚7时40分去世。这一消息,让我悲痛不已,却又欲哭无泪。2009年岁初,我去拜访吴先生时,他依然精神矍铄,岁月的磨砺反而使他显示出仙风道骨的气象,他还为我写下柳宗元的《永州八记》,洋洋洒洒近千言,笔画坚劲流畅,一气呵成,没有半点衰象。当时,我想,小如先生如此写下去,倘若九十岁后仍有如此笔力,真可谓人间奇迹。同年初夏,吴先生突然中风住院,出院后我去探望,见他已面目全非,尽显风烛残年的衰态,除了他那特有的目光,已不见往日神采,且双手浮肿,无握管之力,步履蹒跚。我明白,他太累了。回到下榻处,我禁不住泪流满面。到了来年的春季,我又去探望先生,他身体稍有恢复,亦开始临帖,但字写得全然没有往日遒劲中和的气象。他笑着说,闲来写上几笔,已不成样子,心里感觉还不错,算作是一种自娱吧。真是乐在其中,不知老之将至。后来先生的身体每况愈下,2012年下半年已不能下地行走,靠轮椅行动,也无法再写字自娱。2013 年几乎处于坐卧状态,但每天依然坚持阅读,手不释卷,还时常接待来访求教者。其间,只有一位保姆服侍他,谈不上任何养生和保健,加之咀嚼吞咽能力下降,只能吃些简单的流质食物维持生命。对此,我不能用晚境凄凉去唐突形容,因为在他身上有一种强大的精神力量,他活在他那特有的精神世界里,他有他的高贵与尊严,一切源自他心灵世界的安宁。他可将一切人生的孤寂与苦痛默默承受而依然祥和且静如止水,每每让我顿生一种不可名状的圣洁感和苦涩感。但我仍时时担心他会突然倒下,撒手人寰。可他依然在那有限的时空条件下,静静地写字,静静地阅读思考,静静地回答着来访者的问题。他终于倒下了,那个被他的学生们尊敬的"小吴先生",被誉为"我们那一代治古典文学的顶尖学者",终于敌不过岁月无情的侵蚀,像一支燃尽的蜡烛,在耗尽后熄灭了,享年九十三岁。屈指算来,我和吴先生交往整整三十年,往事历历,如在眼前。

## 一、初识吴小如先生

1978 年我考入安徽师范大学中文系,老师孙文光是 20 世纪 60 年代初北京大学中文系古代文学专业的研究生。读书期间,有的课程是吴先生讲授,故也是吴先生的弟子。安徽师范大学虽然不是名校,但中文系当时授课老师的阵容很强,有一批很厉害的老师。有人称当时授课老师的阵容在华东可排在前茅,当然受益最多的是我们学生。离开大学后,深感原有治学的底子单薄,未免心怀忐忑,我想继续治学,提高文化研究的能力。当时正值改革开放,我感觉到广阔天地大有作为,中国的现代化和全面振兴仍然需要文化的复兴和启蒙。孙老师知道我的想法后说，那我介绍你去拜见吴小如先生，他最合适不过了。吴先生博古通今，旧学和新学可以贯通起来，而且能与时俱进，思想不僵化。他既有很深的国学根底，又富有创新精神，不落传统窠臼，属于老北大那批饱读诗书、学贯中西的研究型、思想型学者。从研究范围和学术水平划分上讲，他属于一个承前启后的人物，所以当时北大中文系的学生都称他"小吴先生"。我早在做学生时就仰其大名，于是就请孙老师写信介绍我到吴先生那儿去求教。那是 1985 年春天，我当时在安徽省无为县襄安区任副区长。我目的很明确，是想追随吴先生治学，将来从事文化教育工作。

吴先生了解我的想法后说："我倒希望你继续从政，学问可以做，我也可收你这个学生，从政也不影响治学。你现在算是个文化人，想对社会有担当、有责任、有使命，我很赞成。这样的人去从政，假以时日，必有所成。"起初我以为，吴先生这样的大知识分子可能对从政者有什么偏见，甚至反感，故我极力回避，没想到他竟然鼓励我从政。他继续说："文化教育无论多么重要，还是需要政治人物来推动，时下政界更需要大批知识分子，治国之道要讲科学民主，制度性很强，专业性也很强，又要讲究个人的道德修为，白丁外行和心术不正者治理国家是搞不好的。我希望官场多一些像你这样了解文化教育、立志为国家的科学民主而努力奋斗的文化人。"

吴先生还向我提出三条建议：第一要继续读书学习，有些方面的功课要补扎实。一是先秦诸子这一课要补好，尤其是《论语》《孟子》《荀子》要精读，兼顾着读一下《墨子》，墨子的学说，闪光点也很多。中国传统士大夫精神有很多可取之处，从政还是要讲治平之道，当然现在还要赋予很多现代精神进去。二是要熟悉近代史，明史和清史也要有一个基本了解，从它们的兴衰中可了解封建专制制度的荒诞、野蛮属性。尤其是两次鸦片战争和中日甲午战争至民国这一段要熟悉，只有较全面地了解真实的历史，方能以史为鉴。这样你才能知道经验教训到底在哪里，现代化的方向在哪里。用兼容的胸怀看待东西方文化，用开放的眼光看世界，文化是可以互相学习、互相借鉴、互相融合的。世界文明成果也必须加以学习运用，“他山之石，可以攻玉”，这对我们搞现代化有借鉴意义。三是学法律，做事要讲章法，守规矩，公务人员要依法办事。法治在现代文明中起着重要作用，它是维护社会公平正义和个人正当权利的一道屏障。要建设现代社会，少不了对现代法治精神的理解和奉行。四是要读哲学，这事关世界观、价值观，事关人生的方向，也是安身立命之本。西方启蒙运动时期出了很多思想家，有很多思想成果，这些思想的理性高度对我们今天仍有重要的启发和借鉴作用。五是最好能补学一些自然科学和逻辑学，这样可以帮助建立逻辑思维和科学意识，思考判断问题更具独立性、客观性、系统性和逻辑性，做事的纰漏会少些。人无远虑，必有近忧。第二，要培养科学精神，实事求是，说真话办实事，且要干内行事。现在已进入现代社会，要树立科学理念，凡事讲科学、讲知行合一。要建立理性，尊重科学规律，讲究逻辑，不能干拍脑袋瞎指挥的事。第三，要有人本和人权的思想，要有“布衣”情怀，要以民为主，尊重农民意愿，着力培育农民的现代素质。要先忧后乐，悲天悯人。一旦缺乏对人的尊重，一切都无从谈起。官场最忌德不配位、才不配位。

我根本没有想到作为学者的吴先生，一下将治学与从政、做人与从政以及从政的基本价值取向和行为准则讲得如此明白。在他的鼓励和指导下，我后来没有走专门治学这条路，一直在基层行政岗位上工作。

我长期在农村基层工作，从政的历程比较坎坷，过程曲曲折折。但不管我从政过程多坎坷，多沉寂，吴先生一直鼓励，从不怀疑和责怪，始终给我教诲和慰勉，挂念我的成长和思想变化。我当时还信心满满，认为只要苦干实干下去应该会得到提拔重用，但是十几年也没动静。他不断安慰说，你长期蛰居乡间，到现在还没有被委以重任，颇为遗憾，但是你做你的，你做得对就行，有些东西你左右不了，左右不了就不要计较。其间我曾留职停薪"下海"帮助农民搞养殖，吴先生还欣然为我题字予以支持。他一如既往地关心我，非常热情地教导我、鼓励我，不离不弃，以他的方式推助我的成长。在这个过程中，我们之间还形成了一个默契，每一个阶段，遇到一些事，我都会写信向他汇报，吴先生是每信必复，经常是洋洋洒洒数百字，尽量将问题谈透，毫无敷衍。无论我遇到什么问题和矛盾，他都会用不同的方式，帮助我化解心结。这一独特的交流方式贯穿我们交往的全过程。今天回想起来，对一个年轻的乡镇干部而言，先生当年给予我的精神支持和人文关怀，几乎成了我全部的精神食粮，也是我引以为傲的人生佳话。

到了2005年，我赴安徽省庐江县任县委书记。庐江县是个一百多万人的农业大县。上任以后，我做的第一件事就是区划调整，将原二十八个乡镇撤并为十七个，行政村减少五分之三，党政合一，精简编制，大量减少供养人员，事业单位全面推行以钱养事，对乡村事业单位进行全面改革，在全国产生了很大的影响。

第二块就是企业改制，全县一百多家国有和集体所有制企业全部进行改制。第三块是关闭小矿山。我们县地处大别山余脉，矿产丰富，很多小矿造成环境污染。全县一次性关闭了近百家小矿山，有效地保护了环境。第四块是全面制定社会规划，对整个社会经济未来二十年发展围绕定向、定位、定规、定量、定质、定限进行规划，对城市进行新的规划布局，制定城市的功能性规划和经济的区域性规划。在节约土地的基础上，按照规划对整个社会经济建设进行指导。在规划的问题上，我们提出“做规划，打基础，啃骨头”的阶段性工作任务，立足长远战略，杜绝急功近利。第五是提出文化强县。针对庐江县域特色，我们提出了“勤耕好学，爱国爱乡，明礼守信，开明开放”的文化观，营造“正政风，纯民风，盛文风”的环境氛围，并建立文化发展基金。之后又提出民生和慈善的问题，在全国首创信访基金，在全省率先规划建设贫困居民安居工程，把贫困居民从房地产市场化中解脱出来。这些基本的工作思路，大都得到了吴先生的首肯和指导。

我拜识吴先生可谓此生有幸。其一，我们这代人经历了十年“文革”，文化基础差，有机会接触这样的学人，成为他的门外弟子，受其教诲，在文化上补了大课，获益匪浅。其二，在我人生历程中，吴先生的不断慰勉、不断教诲，使我一直比较清醒，在实践当中保持书生本色，看淡仕途沉浮，坚守治平之道，经受住拜权、拜物的考验，执政理念和思路始终较为清晰，自始至终为改革开放尽心尽力，没有虚度年华。其三，受吴先生影响，我看淡功名利禄，只在说实话办实事上用心。在我任县委书记期间，一是重潜绩、轻显绩，谨慎决策，看不懂的事不要做，不给后任留下后遗症；二是从不为各类评比排名费心劳力，一切顺其自然，不唯书不唯上，不搞形式主义；因地制宜，尽力做好打基础管长远的事。三是各类应酬一律安排在机关食堂，杜绝铺张浪费。四是针对现实问题尽可能做些改革创新上的尝试。但由于种种原因，很多思想难以付诸实践。面对这种困局，中途我提出提前退休转做文化方面的研究，吴先生都表示能够理解并积极赞同。

能有幸得到吴先生的亲授，加之一路慰勉，一个年轻人完成了他的成长之路。在这个过程中，我非常感佩吴先生，敬他为师长，一是我自己的文化观得到不断的丰富，我的胸怀不断在开放；二是在他的慰勉指导下，在精神上，我觉得我很富有，尽管一路坎坷，但我一路立身行道，不屈不挠，无怨无悔，始终葆有一份使命感和责任感。他指导我从政的一些过程，可谓用心良苦。他用大量的信件，还有书法作品，给予我很多的教诲和精神上的支持，伴随我无悔地走过了完整的从政之路。

在与吴先生交往的过程中，我们也不是时时刻刻谈论国家大事，有的时候也谈文化之美，吴先生还指导我搞收藏。他说收藏是一个收集、欣赏作品的过程，古往今来历代收藏人创造了特有的中国收藏文化。每一件作品都包含着创作者多方面的文化历史信息和特定时代的精神风范，既可从中感受中国文化之美，又是治学上的一些物证，它是中国文化传承的一种形式。关于收藏，他给我几点建议：一要识货，有辨真伪的眼力，东西无论大小，贵在精致，在内容和审美上要有价值点，不做附庸风雅的事；二要量力而行，把钱用在刀刃上。要有方向感，中国的文化艺术作品范围大，系列多，专题要相对集中，不宜杂乱，要把收藏当学问做，注重系统效果，最终大小要成系列，有价值与审美主题。将来倘收获颇丰，亦可将作品捐赠给一个城市或学校的博物馆，也算是个正果。在吴先生的指导下，结合自己的经济条件等因素，我把收藏定位在近现代历史人物的小件作品方面，每有所获，吴先生常常欣然代为题跋，使我增加了对作品的理解，平添了另一份收获。吴先生还指导我的生活，常与我谈文说艺，讲到了京剧史上很多掌故。他说人如同琴弦，天天绷紧了，就易绷断，要有节奏感。君子之风，指志向、风骨与操守，亦须培养审美情趣：要领略魏晋风骨、唐宋文采的意韵，文学艺术之美可谓别有天地；还要常看看大自然，那里有许多好境界，比如赏月，不同年龄的人心境大不相同；包括喝茶，还专门为我作了一首谈品茗的诗，揭示其间妙趣。他说中国文化艺术里的玩意太多，中国人的生活方式里乐趣也多，中国有中国艺术化的生活方式，这就是中国文化的美。他希望通过这些雅好雅谈来丰富我的生活，给我带来一份恬静与从容，以增强生活的韧性。

与吴先生交往中，我们无意间亦结下笔墨情缘，谈得比较多的还有书法。耳濡目染的长期浸润，使我对吴先生书法有了一些心得。第一，我觉得他的书学观点，文脉正统。受其家学的影响，他讲究传承有序，从魏晋唐宋再到元明清，要老老实实走完这个过程，应该是从前往后走，循序渐进，以期达到以碑化帖之境。第二是作字先做人，要尊君子之道、养君子之风，“见贤思齐焉，见不贤而内自省也”，“志于道、据于德、依于仁、游于艺”，“文质彬彬，然后君子”，立身方可行道，要有自己的道德操守，要做真君子。第三，立“二王”为宗，始终以把“二王”的东西吃透作为主线，再广泛涉猎，最后形成自己的面目。中国书法经历数千年，可谓法度井然。纵观书法史，一代代学人严守法度，很多人从中脱颖而出，最终形成自家面目。这就是中国书法的美妙之处。第四，学养的支撑。吴先生的学术背景深厚，他是文史专家，一代学人，可谓学养精深。他自己曾一再强调，一个人一定要有文化，才能写好字。他给我专门写了一首诗，就讲到书法和学养之间的关系。第五，习字需要长期的训练。他认为毛笔字仅是表情达意的一个工具，讲求自然流露，不可矫揉造作，不能为写字而写字。书法是一个特殊的审美和创作门类，一点一划需要长期的练习，方可得心应手，手到心到，并于细微处见精神。要经过漫长的训练，大量临帖，把各种元素在这个过程中自然地感悟出来，这是一个自然融合提升的过程，没有什么捷径可走，一分耕耘一分收获，这是学习书法必须遵循的基本规律。他一直坚持多书体创作作品，魏碑、章草、隶书、楷书、行书、草书都来，且楷书又分别临写王羲之、欧阳询、褚遂良、赵孟頫、邓石如，他认为这样可更多地学习借鉴。还有一点，他很少写大字。他说他的住所历来局促，没有写大字的条件，缺乏练习，所以索性不写。吴先生童年即在父亲的指导下习字，有童子功，后来由于种种原因断了二十多年，四十岁后继续写字，便终身临池，从未间断。2001 年，我应一友人请托，专程赴京拜访吴先生。那时吴先生中风过后，身体每况愈下，行动已十分不便。我见他案头放着一幅临帖的作品。友人见此想求赐这幅作品。吴先生说这幅字是自己自娱自乐的，不可示人。之后将那幅字毁掉。友人惋惜不已。吴先生说，现在老了，字已写得不成样子，已不能写字送人了，有几本帖，我认为很好，翻出来临一通，只是学习。他后来一直坚持习字，直到他卧床无法写字为止。作为一代学人，他就是这样对待书法的，如他所说，他就是个喜欢写毛笔字的人，用行动践行他对书法的理解和喜好。另外，在他只能坐卧的最后一年里，他还在图书馆借阅了近百本图书用于阅读。这就是他的书生本色，一辈子寻道、传道、尊道、行道，直至生命的最后一刻。在我眼中，他是一位真正的文化学人，也是一位文化的殉道者。

吴先生于书学传承有序，广泛涉猎，临帖师宗“二王”，在碑学上亦下过深功。我还看到他对孙过庭、褚遂良、李邕、赵孟頫，包括清代的邓石如、赵之谦诸家做过专门研究。他确实是涉猎百家，兼收并蓄，转益多师。再就是长期的临帖训练，几十年来临帖达数百种。他说，我不是什么书家，我就是喜欢写毛笔字，把它作为一个基本的工具，基本的修养。他很平淡地看待书法，又把它作为学问待之，一丝不苟，人书合一。他的书法，就我看到的，在五百件左右。他从不写空洞的口号，从不写时尚政治人物的诗。到后来他往往是有针对性地写，把作品当小文章写。如果把吴先生后期晚年将近五百件作品串起来的话，那真是中国书法史上的一个绝创。他的作品非常有特色，正文书写后往往再写一段跋语，引经据典，就事论事，逐步展开，娓娓道来，针砭时弊，左右逢源，皆成文章，涉及时事的方方面面，可谓时代良心的袒露。作品既是精美的书法作品，又是一篇小文章，这可能又是文字之外吴小如在书法上很重要的一个特点。还有，吴先生作文写字的速度很快，一篇跋文或题诗上百字连撰带写往往半个小时左右就完成了，干净利落。另外，吴先生还将严谨的治学态度体现在作品中。我曾向吴先生索书刘禹锡的《陋室铭》，吴先生很快写就，但在跋语中告之《陋室铭》作者尚不能称刘禹锡，在考证上没有确凿证据证明。随后又寄来一条跋语，告之《刘禹锡文集》历史上遗失一卷，很难说《陋室铭》是否名列其中，由于没有证据，此事成了悬案。

社会上目前对吴先生书法的认识不够。他很少给人写字，因为他时间有限，他说他招架不了，不想应酬，故流入社会的作品数量有限。一些应景之作，如参加展览之类，又鲜见精品。社会对他书法全貌的认识或仅局限于学者间一个极小众的范围。我手里现存约六十件，大多为他的精品，横跨近三十年，基本反映了他整个的书法面貌。很早也有人论及吴先生书法，包括孙文光老师也曾提及，认为吴先生字写得很好，北大教授里像他那样专事书法的现在已经没有了，但是他父亲吴玉如先生是书法大家，看来小如先生很难突破。我后来跟孙老师讲，最近吴先生给我寄来了一幅书写王国维的人生“三境”的横卷。这幅字以寸楷书写，纸特别薄，他信中说试用薄纸长锋淡墨书写楷书。那幅字效果特别好，字字遒劲淡雅，笔笔气正中和，如行云流水一气呵成，非人生修为宁静淡泊而至一尘不染者难以为之。他以书法诠释了王国维“三境”之要义。他后期的楷书及小行书，已形成自己的面目。玉如公的书法从时间上划分，四十岁时已达到成熟期，一直到八十岁达到最高峰，以魏碑、楷书、草书、小行书见长，笔力苍劲雄健、气势博大。因身体原因，八十岁后的书法则显得苍劲有余而力道不足，笔力逐渐松软而缺少精气神。小如先生的书法则从八十岁始更臻佳境，水到渠成，人书俱老，直到八十八岁达到最高峰，神形兼备，笔力坚劲，生机盎然。其小楷及小行书则以柔美见长，更具书卷气，形成了自家面目。可惜其书法因八十九岁中风而戛然而止，这种现象在书法史中较为罕见。

吴先生对待书法，恪守了一个传统文化人应有的态度。他批评现在书坛上的一些乱象，认为这是我们文化衰落的一个写照。当下人们对待书法的态度已严重背离了书法的法度准绳，写出来的字，有的都像外国人写的中国字了；弃中国书法点画运笔基本方式及规律于不顾，变成画字，变成杂耍。他说对书法的这种不尊重，是中国文化衰落的一个缩影，包括时下国画界亦是一片乱象。中国书画是中国人特有的精神财富和特有的一种生活表达方式，代代相传，传承有序，不断丰富。近代也是大师辈出，他们创造了一代辉煌，成果卓然，蔚为大观，时下已难觅后续者。在书法上我们曾谈到清末民初及后来接民国余脉的翁同龢、康有为、沈曾植、郑孝胥、李叔同、吴昌硕、沈尹默、吴玉如、启功、赵朴初、林散之、沙孟海、王蘧常、顾廷龙、蒋维崧等，吴先生对他们都各有赞许，认为他们都是尊重书学传统，守常生变，各有心得，各有建树，各具面目，也各自成家。我们还谈到民国一些政治人物如胡汉民、于右任、张静江、戴季陶、谭延闿的书法，吴先生说他们都有童子功，接受过传统训练，也侧面反映了那个时代人物的基本文化素养。他还提到那个时期的学者书家如梁启超、章士钊、柳诒徵、钱振锽、乔大壮、马一浮等，说不胜枚举。而现在的国画界，既无前辈赵之谦、任伯年、虚谷、陈师曾、张大千、吴湖帆、丰子恺、赵望云、黄宾虹、溥儒、钱松喦、李苦禅、刘奎龄、于非厂、陈之佛、潘天寿等具深厚传统者，亦无齐白石、徐悲鸿、傅抱石、关良、李可染、陆俨少、谢稚柳、石鲁、蒋兆和、叶浅予、林风眠、吴冠中等有创新能力者。我曾经将安徽的老画家汪采白、孔小瑜、徐子鹤、黄叶村、童雪鸿、光元鲲、申茂之等人的作品带给吴先生鉴赏，吴先生觉得他们都是受传统书画艺术影响很深的画家，画得都很精彩，可为中国画坛增加几位大家，还欣然为他们的画作题诗题跋。尤其是孔小瑜、徐子鹤、王石岑、童雪鸿四位画家，不仅传统功力深厚，对西方绘画中的形象透视、光影、色彩等元素也大量借鉴吸收，中西合璧，成就卓越。他深深感叹，民国时期书画界产生的有成就的书画家真多，仅安徽就出现了这么多艺术家，堪称中国书画史上的一个黄金时代。吴先生目睹书画界乱象，大呼惨不忍睹，书画界已成为人文精神失序的重灾区，吴先生念兹在兹，难释于怀。

这里还要讲一下吴先生关于书法的一些事。一是吴小如作品从不轻易示人，他注重给谁写，写什么，一旦应允，必认真待之，绝不应付。二是他从不以书法家自居，也不拿自己的作品作为商品。他只将书法作为学问之余的一种自娱，视之为日常生活里的余事。他每年根据情况专门为我写一条字，从未有过润格一说。我的体会是求吴先生写字较难。到了 2005 年左右，老夫人身体每况愈下，吴先生经济情况十分拮据，他才稍稍放宽点条件，但仍坚持一贯原则，给谁写，写什么，需先定下，然后才动笔，润格只需二千元一幅。我当时见他经济拮据，有难以为继之虞，就建议他书写一批作品，我来代为推介，他坚拒不允。书法作品不炒作、不作为商品推销，是他的原则。

吴先生是一个始终恪守操守、保持自己风骨的人，不参加什么协会，不做一些应景的事，绝不追名逐利。就说吴先生的书法，在外边并没有被社会广泛认知，即便是大师泰斗之类的头衔已被滥用到肆无忌惮的程度，这一切依然与吴小如无关。当下文化界，大家都随时风讲究包装炒作，吴先生却跟炒作风马牛不相及。对他来说，那是一件有辱斯文的事，绝对不能接受，宁愿恪守清贫，安贫乐道。他就是那样一个君子，坚持着他的原则和标准，坚守着文明的底线，并视之为生命。“不义而富且贵，于我如浮云。”

吴先生极其惜物，他深知财富的作用。他认为财富是资源，创造财富是一方面,另一方面要珍惜财富,把钱用在刀刃上。他说我国依然是一个欠发达国家,应该将财富用于再创造上,用于增强软实力上,如果大家都大手大脚地浪费,吃大锅饭,糟蹋财富,真是暴殄天物。吴先生在个人生活上特别节约,一次他请我吃烤鸭,餐后剩有一些烤鸭的骨架子和鸭皮,都要带回去。带回去以后,还亲自跟保姆交待,东西分门别类怎么处理,直至将剩菜一一放进冰箱,一点不得浪费。记得他曾跟我说,物质是有限之物,用得着的东西要物尽其用,用不着的东西多了就是负担。尽管他后来经济上越来越拮据,他依然恪守自己的操守,不越雷池半步,把这个看得很重。吴先生对三公消费、大吃大喝、形象工程等一切浪费现象深恶痛绝,一律斥之为没文化、不文明、欠教养之举。他经济困顿,因为他老夫人生病,他想给她吃点好药。另外,他的晚辈们生活也不富裕,个别还要靠他接济,完全靠工资和写作的稿费,是个不折不扣的"月光"族。尽管如此,他不会为了钱而突破底线。为了此事,我们之间还有过一次误会。大概在90年代初,我曾认识一个跟书协有关系的人,他告诉我像吴先生这样有学术背景的大家,写一手漂亮的毛笔字,让他逐步进入书协,稍加包装、炒作,那他的经济条件会迅速改观。我也没去做这方面探讨,就把此人直接带到吴先生家中。那人也不知道吴先生的习性,就把这套观点跟吴先生讲了一通。吴先生听后立即拉下了脸,非常冷淡地把这个事应付过去,之后悄悄嘱咐我,这类人不要再带到家里来。他很少批评我,但为这件事,他算是专门批评我一次。他说这个事绝对不能干,你以后绝对不要碰这样的事。

他是一个固持操守的人。包括在写字过程中,他经常借此诠释其要义,于慎独、仁义、兼爱、悲悯、中庸、无为、节用等皆有心得。在物质较为丰富的今天,名利以物质的方式惠顾到很多人,但吴小如没有得到这一切。他曾同我谈及此事,他说干他这一行,现在就是个不挣钱的行当,稿酬较低,出书还得自己掏钱。二是时间有限,读书、写字、写作、校稿、做家务,还要接待来访者、回答问题,没有精力去做其他事。三是社会上通行的一些做法,他不赞成,也不屑去做。其实他心里明明白白,于他而言,物质财富是有限的,而精神财富是无限的,他宁愿去做一个物质时代的贫困者。在治学为文上,他用尽大智慧,可在为人处世上不屑用半点小聪明。他一辈子潜心书斋,静心治学,知行合一,安贫乐道,淡泊名利,拒绝平庸,一辈子与权力和市场保持距离,不染世俗尘埃;宁愿在名利上吃亏上当,也绝不负人。在我心中,那一代先生们的道德文章和学问之道像一个坐标,蕴含着太多我们社会可持续发展的精神资源。这就是中国文化的力量,它以特有的道义精神和家国情怀构筑了我们的心灵秩序和人格,使更多的人追求价值信仰,尊重社会伦理,主持公平公道,维护世道人心。它还会塑造更多的志士仁人去担当民族的未来。他说我们中国人的传统讲究操守,“宁为玉碎,不为瓦全”“宁可食无肉,不可居无竹”。通过与吴先生的交往,我深解其中要义。

他去世以后,我天天跟凤桥君通电话,随时准备赶到北京来送老人家最后一程。后来他家里决定不搞社会活动,仅作为家庭事务来安排,让他老人家悄悄离开。我反倒有另外一种释然。我怕到北京来,因为我不想接受这个现实,我不希望北京没有吴小如。这么多年,不懂的东西我可以来请教他,他可以给我写字谈艺,可以教导、安抚我,北京在我心中依然那么美好。北京曾经有吴小如,北大曾经有吴小如,他在我心中会永远活着,因为三十年的东西不是一下子就能抹去的,真正深入骨子里的那些东西是永远铭记在心中的。但吴小如先生真的走了,直到他生命的最后一天,他仍在读书,仍在授业传道,仍在表达对现实的关怀。他活得含辛茹苦,光明磊落,干干净净。他深得文化之味,崇尚君子之风,吃的是草,吐出的是奶;即便去世,也是悄然离去,没给这个世界添上一点麻烦。真可谓"春蚕到死丝方尽,蜡炬成灰泪始干","鞠躬尽瘁,死而后已"。

我们今天来说吴小如,并不是说他个人多么伟大,多么有学问,多么崇高,这对他本人已经没有意义。他就是一介书生,一个君子,一个中华文化虔诚的守候者,一个推进祖国文明事业的辛勤园丁。他一生是在忧虑、辛劳、困顿和坚持当中度过的,极其艰难,他的故事可谓时代之镜。从他身上,我看到了老一代学人"致广大尽精微"的学术态度,实事求是的治学风格。他们深悟治平之道和经世致用传统,淡泊宁静,恪守理性,宠辱皆忘,忧国恤民,针砭时弊,企盼科学民主和文化教育的繁荣,于社会爱之愈深责之愈切,他们是中国智慧的传承人;同时坚守"传道、授业、解惑""学为人师,行为世范"的传统,以得天下之英才而教育之为人生最大快乐;在个人修为上,秉承君子之道,反求诸已,而对拜权拜物时风,孑然独立,泾渭分明,绝不越雷池半步。从他们身上,我们看到真正中国文化的力量和智慧。吴先生出生书香名门,师从诸多名师,毕业于名校,一生供职于北大,钟情于文化教育事业,一生以教书育人、传道授业、推进社会文明为已任。今天他已离开了我们,我们向这位中国文化和那个特定时代所孕育、滋生的先生致敬。中华复兴恰恰需要继承先生们的学术之道,造就更多的栋梁之材。

# 吴小如支持《五色土》副刊

凤翔

《北京晚报》《北京日报》先后发消息和文章，报道了北京大学著名教授吴小如先生于 5 月 11 日逝世的消息。一个多月以来，吴先生的音容笑貌常常浮上我的脑海，他亲切的语音似乎常常响在我的耳畔，使我不由得拿起了笔。

吴小如先生是《北京晚报 · 五色土》副刊忠实、热心的支持者之一。

早在 20 世纪 60 年代“文革”前，吴先生就经常给《五色土》副刊写稿。我曾经听老同事刘孟洪讲，一次，吴小如先生来到《五色土》副刊的办公室，谁都不认识他。他爽快地自报家门，说：“我就是经常给你们写稿子的吴小如！”

1980 年 2 月 15 日《北京晚报》复刊以后，由于我一开始就负责《五色土》副刊上《夜读拾零》《诗词臆话》《语文知识》等文史类栏目，后来又主持《五色土》副刊部的工作多年，所以，“文革”后吴小如先生发表在《五色土》副刊上的文章，基本上都是经我的手处理的。

一次聊天中,吴先生谈到,我在南开大学中文系读书时的老师华粹深、马汉麟、宋玉珂、宁宗一等先生,他都非常熟悉,而且和有的人还是朋友。老师的熟人和朋友,当然也是我的老师。所以,多年来,我在吴小如先生面前都是执弟子礼的。

我曾经多次到中关村26号楼吴先生的家中去约稿。每次到他家中,我们都是谈唐诗、谈宋词、谈古文。我常常听到他对一些作品的新鲜见解。聊半天,我离开时,一下子向他约几篇稿子,都是这次聊天中我听到的他的新鲜见解。一次聊天时,谈到了李清照的《如梦令》“昨夜雨疏风骤”一词。他笑着问我:“你说词中的卷帘人是谁?”我依据一些书中的通常解释,说:“是她的使女呀!”吴先生说:“不对。应该是她的丈夫!”接着,他给我讲起了“卷帘人”为什么是她的丈夫的道理。他说,“昨夜雨疏风骤”写的不是自然界的风雨,而是李清照与她丈夫的“夫妻生活”。“浓睡不消残酒”,是说由于晚上“夫妻生活”累了,第二天天亮了,二人尚未起床。李清照问她的丈夫:我还漂亮吗?丈夫回答:你依旧像海棠花那么漂亮。李清照表示不同意,说:知道吗?知道吗?我已经老了,不像原来那么漂亮了。吴小如先生说:早晨两口子在床上躺着睡觉,能让使女进屋吗?

我听了吴先生的讲解,感到挺新鲜,有道理,于是约他写了一篇题目为《“卷帘人”是谁?》的文章,拟在《诗词臆话》栏目中刊发。由于文中涉及“夫妻生活”的内容,领导不同意发表。后来,此文收入吴先生出版的书中。

吴先生除了给《五色土》副刊写了许多文史类的精彩短文之外,还写了一些有关京剧演出的评论文章。吴先生非常懂京剧,他与当今武生泰斗王金璐先生是好朋友。1989年3月，王先生在当时西单十字路口东南角的长安大戏院演出京剧《古城会》。吴先生知道我是个戏迷，约我一起去看演出。那是我第一次看王金璐先生的精彩演出。他把关公都演活了。事后，吴先生写了一篇非常精彩的评论文章。还有一次，叶金援在东安市场北头的吉祥剧院搞争“梅花奖”的演出，王金璐先生亲自到后台为徒弟把场。吴先生又拉我去看戏。那天，既有长靠武生戏，也有短打武生戏《洗浮山》，演得非常精彩。后来，吴先生在给我写的剧评中，有不少笔墨分析叶金援《洗浮山》的演出。那样的文章，我这个戏剧外行是写不出来的。还有一次，吴小如先生介绍江苏省京剧团的一名女演员拜荀令莱为师，举办拜师会。吴先生给我寄来了请柬。在拜师会上，我见到了许多著名京剧表演艺术家。

吴小如先生和王金璐先生

20世纪90年代中后期，每年春节，《五色土》副刊都要举办征春联的活动。征来春联后，还要评出优劣。每次评春联，吴小如、白化文、程毅中、朱家溍、宋韶仁等北京楹联界的名家都参加。吴小如先生非常认真。从他的发言中，我学到了不少东西。

吴先生的心态很年轻。1992年8月，我参加了北京市公安交通管理局的一个活动，后来到海边去玩。大家玩得很尽兴。归来后，我写了一篇题为《老夫聊发少年狂》的散文，刊登在8月31日《北京日报》的文艺副刊上。吴先生看到拙文，给我打来电话，笑着问我："凤翔，你多大岁数了，也称老夫?"我也笑着回答："吴先生，当年苏东坡写《江城子·密州出猎》的时候，刚刚四十来岁，我今年都五十多了，还不能称老夫?"吴先生听了，连忙笑着说："这么说，你可以称老夫了。可以，可以!"我完全理解吴先生给我打电话的意思：我都快七十岁的人了，还没有称老夫，你一个小青年，居然称老夫？这正说明他心态的年轻。

吴小如先生对《五色土》副刊、对我本人，帮助都很大。限于篇幅，谨以此拙文，表达我对他的怀念。

# 吴小如先生教我读杜诗

谷曙光

记得十余年前，读到叶嘉莹先生怀念其师顾随先生的文章，文中特别谈了顾随先生的古典诗歌教学，有一段文字给我留下深刻印象：

> 先生之讲课往往旁征博引，兴会淋漓，触绪发挥，皆具妙义，可以予听者极深之感受与启迪。我自己虽自幼即在家中诵读古典诗歌，然而却从来未曾聆听过像先生这样生动而深入的讲解，因此自上过先生之课以后，恍如一只被困在暗室之内的飞蝇，蓦见门窗之开启，始脱然得睹明朗之天光，辨万物之形态。

真令人无限神往。我三复斯言，一面感慨前辈大师讲课的全任神行，一空依傍；一面又叹息自己没有福分，不得“开悟”，未能赶上这样的好老师。

不过我还是十二分幸运的，后来有机会拜在心仪已久的吴小如先生门下，追随先生研治古典文学（主要是诗歌和戏曲）。很多老一辈的学者教授，著作等身，蜚声学林，却不一定擅长讲课和授徒；而我的老师吴小如先生则是既在学术研究上成就卓著，同时又极善教学的一位两方面兼擅的难得“全才”。我虽早就知道先生的课堂是非常“叫座儿的”，可惜先生早已于 1991 年退休，所以我没有系统听过先生讲课，并一直引为平生憾事。然而，一次偶然的请教，却让我弥补了这个大遗憾。2009 年的春夏，先生为我开了一个学期的小灶，在家里给我讲授杜诗（同时听讲者，还有社科院的刘宁老师等）。

事情的起因是，2009 年的春季学期，学校安排我给学生开杜诗的专题课，这让我非常惶恐，同时对我也是一个挑战。近年来，我在教学和科研上，一遇到问题和困难，首先想到的就是先生；而他老人家每每诲人不倦，给我的启发和教导亦最多最大。记得 2008 年我开《文心雕龙》选修课时，就曾趋庭受教，咨询过先生。后来老人家不放心，又专门打电话指导我，竟在电话里讲了足足一个钟头，直到我的手机没电。这次要讲杜诗，我不由自主地想到先生这个“坚强后盾”，赶紧跑到先生家“求计”，企盼他能金针度人。说明来意后，先生竟慨然说：“我总算对杜诗还有兴趣，你去给学生开杜诗专题课，我还不放心。这样吧，我先给你系统讲一遍，你再去给学生讲，这就保险了，叫作‘现趸现卖’。”我听了欣喜异常，一时都不敢相信自己的耳朵；同时又担心先生的身体，生怕累着老人家。不过，看着先生饶有兴致的样子，再加上自己求教的迫切，还是盼望早日实现这桩好事。

按照先生的指示，我先拉了一份讲授杜诗的篇目。毕竟杜诗有一千余首，只能撮要精讲。先生在我提出的篇目基础上，略加增删，就在2009年农历正月初五那天，正式“开锣”了。每周讲授一次，先后十五次，共计讲杜诗八十余首。听先生讲诗，真是一种艺术享受，謦欬珠玉，启人心智，一个学期下来，我徜徉在杜诗的艺术世界里，时有妙悟，同时也圆满完成了学校的教学任务，诚可谓两全其美的佳事。

吴小如先生的杜诗是得过名家传授的。如同演戏，内行素来讲究“实授”（即指得到有根有据、实实在在的传授，而非向壁虚构、逞能臆造者可比）。太老师玉如公对杜诗就颇有研究，先生秉承家学，对杜诗一直怀有浓厚兴趣。在读大学时，先生系统听过俞平伯先生和废名先生讲授杜诗，可谓渊源有自。我还曾在浦江清先生签名送给先生的《杜甫诗选》里，看到先生用蝇头小楷密密麻麻地抄写了许多前人的评论，足见先生对杜诗所下的功夫很深。在前辈老师的指点下，加上自己几十年濡染浸淫其中，先生之于杜诗，自然有独到的新见和胜解。先生在给我讲授时，屡屡提到，某句诗、某个字玉如公怎么讲，俞平伯先生怎么讲，废名先生又怎么讲；而在师辈的基础上，先生又加以按断，或补充，或引申，或径直提出自己的新见。这既看出先生对老师的尊重与爱戴，同时也显出学术的继承与创新，学术薪火就是这样一代一代传下去的。比如，先生讲《望岳》首句“岱宗夫如何”之“夫”字，先引了清人翁方纲和俞平伯先生的讲法，再加以生发：

在文章中，“夫”是一个开端虚词，诗里很少用。杜甫却用了，但又未用在句首，而是用在中间，这已是有创造性的用法了。它有指代关系，即主语的岱宗，也就是泰山。把“夫”

字用在第一句，不仅可笼罩全篇，有气势，而且起到感叹作用，加重语气作用。当然这要与“如何”连用才有这种作用。但，我们不妨试着改一下，比如说用“其”字，或者用“彼”字，乃至“果”“竟”，都没有这个“夫”字好，不如“夫”自然妥帖，而且顺理成章。这就是杜甫的功夫，杜诗的特点了。

仅一个平常的虚词“夫”，先生就像层层剥笋一般，深入浅出地道出了其中的精妙之处。不是辨析精微、感受敏锐，恐怕是不能如此准确地搔到痒处的。从讲诗即可看出先生治学问和教徒弟的路数，先“照着讲”，再“接着讲”，先生研治杜诗的途径是在转益多师、祖述前人的深厚基础上开花结果的。

据我粗浅的体会，先生讲授杜诗的一大特色，在于贯彻了他一贯的治学理念，即“治文学宜略通小学”。诗词看重感发兴会，但一味跟着感觉走，则难免束书不观、游谈无根之弊病。先生讲诗，首重文献。先生昔年曾给讲诗词立下五个前提条件，即通训诂、明典故、考身世、查背景和揆情度理，我以为这是读诗、谈诗、教诗的不刊之论。不通字句、不知人论世、不以意逆志，则根本无法对诗词有惬心贵当的理解和把握。传统“小学”，看似离诗词很远，实则是深刻解读诗词的津梁和工具。音韵、训诂、校勘，哪一项都会影响我们对诗词精华妙义的探寻和解说。先生在讲《奉赠韦左丞丈二十二韵》时，重点谈了“丈人试静听”之“静”字。按，“静”字《说文》作“审”解，吕忱《字林》作“竫”，是假借字。先生指出，仇注引鲍照诗，非最初者，应引刘伶《酒德颂》“静听不闻雷霆之声”，而诗中之“静听”乃谛听、细听之意。由此生发开去，先生又提到《夜宴左氏庄》里“衣露静琴张”之“静”字，还附带谈了

“静”“靖”“净”诸字的区别和关系，可谓见微知著，举一反三。有时，看似寻常的诗句却大有讲头，不可轻易略过。《春望》的“烽火连三月”向有几种讲法，先生认为“三月”是虚指，而非实指，并引清人汪中《释三九》为证，说明“烽火连三月”是指打仗已经很长时间，其解说最为通脱有理。又如先生释《佳人》“万事随转烛”之“转烛”为走马灯，指世事变幻莫测，也令人信服。

当然，读诗光靠文献学是远远不够的，“小学”之于诗歌，只是坚实基础；对于解诗、讲诗而言，另一个重要方面，在于灵心善感，即要有诗人的敏锐和哲人的妙悟。先生本人恰是个具有古诗人气质的“今之古人”，他本人的旧诗作得极好，更培养了对诗词极敏锐的感悟和极深沉的理解，所以他讲起杜诗来举重若轻，往往能抉出诗里最精髓的内涵，得前后照应、左右逢源之妙。先生讲诗，屡屡提到“文学细胞”一词，而一个人是否具备“文学细胞”，恰在读诗、解诗时最能表现出来。那种不悟诗旨、死于句下的笨伯，最为先生所不取。譬如先生讲《夜宴左氏庄》第一句“林风纤月落”，一定是“林风”，而不能作“风林”。盖“风林”乃刮大风，破坏了整首诗的意境；而“林风”为徐来之轻风，恰与“纤月”搭配熨帖，故而先生说写诗、讲诗里也有辩证法。又如《醉时歌》“灯前细雨簷花落”一句，先生特别强调“灯”“簷”不能互换，并以《醉翁亭记》“酿泉为酒，泉香而酒洌”作类比，说明缺乏文学细胞者不知变通、拘泥于庸常事理的弊病。同理，《哀江头》之“一笑正坠双飞翼”比“一箭”强胜多多；而《春夜喜雨》“花重锦官城”之“重”，绝非沉重之重，实为茂盛、缤纷之意。这些看似细微寻常之处，若无灵思睿智，实难有准确的解说和品赏。

先生讲杜诗，不是照本宣科，一首首、一句句地死讲，而是有详略主次的。先生兼顾杜甫一生的几个阶段,挑选最有代表性、最有艺术感染力的作品加以讲授,把诗讲深讲透。先生还特别注重讲授中点、线、面的结合,不仅就杜论杜,而且以老杜为枢纽轴心,上挂下联,附带谈一些有关诗歌发展嬗变的宏观问题。杜诗虽为唐诗之一家,然而尝鼎一脔,关注老杜的前后左右,则对一部中国诗歌史思过半矣。现在回忆起来,先生以老杜《玉华宫》为例,谈唐宋诗之别,说明杜诗怎样开宋诗门径,是非常精彩的一课。先生认为,宋诗的几个主要特点,诸如描写工细、夹叙夹议、正反面掺杂着写,都从老杜那里承袭而来,而《玉华宫》恰是理解宋诗的一个极佳范本。先生是带着感情来讲这首诗的,诗中的那种今昔之感、沧桑之虑,乃是人人皆可感同身受的普遍情感,故而最能打动人心。先生动情地说,杜甫是一个"过客",其实人人都是"过客",每个人都只看见历史的一部分。人生如旅途,旅途也翻过来像人生,自己在旅途中奔波,恰如鲁迅说的"过客"。面对无穷的宇宙,每个人看到的只是一个短暂的片段,如果一个人只看到他的眼前、名利,就不会有那种"前不见古人,后不见来者,念天地之悠悠,独怆然而涕下"的境界。听罢先生的讲授,我久久沉浸在诗的意境中,回味诗里诗外的滋味,竟也怆然泫涕……

在讲授中,先生以"订讹传信"为重要宗旨,同时注意启发学生,培养学生独立思考的能力,以收教学相长之效。对于杜诗的种种不同说法,先生往往一一罗列,再加按断,摆事实,讲道理。先生从不强人从己,而是揆情度理,以理服人。杜诗名作《月夜》里的"香雾云鬟湿,清辉玉臂寒"一联,很多人解释成描写杜甫的妻子,写其月下容貌之美;而先生坚定地认为此联是写嫦娥,用以指代月亮。先生最早是听俞平伯先生这样讲的,并一直坚持之。

先生认为，李商隐“月中霜里斗婵娟”，苏轼“但愿人长久，千里共婵娟”，周邦彦“耿耿素娥欲下”，都是通过描写嫦娥写月亮。先生还找到北宋末年李纲《江南六咏》之三“江南月，依然照吾伤离别，故人千里共清光，玉臂云鬟香未歇”，说明“玉臂云鬟”是描写月亮。我起初也认为此联是老杜写妻子，但在听了先生的讲授后，极感兴味，有一新耳目之感，于是试着去查找一些与月亮有关的诗词，结果愈发认同先生的说法。我发现南宋张元幹《南歌子》一阕可作为先生之说的有力证据。词云：

凉月今宵满，晴空万里宽。素娥应念老夫闲。特地中秋著意、照人间。

香雾云鬟湿，清辉玉臂寒。休教凝伫向更阑。飘下桂华闻早、大家看。

张元幹把杜诗一字不差地用在词里，径直指月。我高兴极了，把这首词抄给先生看，他也非常高兴，认为很有说服力。

我还想对先生的教学多谈几句。因为自来研究先生学术成就者多，而对先生同样取得卓越成就的教学，则缺乏评述。我笔拙学浅，不能准确概括先生的教学艺术，故引周汝昌先生评价顾随先生教学的话：

我久认为课堂讲授是一门绝大的艺术，先生（指顾随）则是这门艺术的一位特异天才艺术家——凡亲聆他讲课的人，永难忘记那一番精彩与境界。

在周先生眼里，顾随先生的教学是最棒的；余生也晚，在我眼里，吴小如先生的讲课是最精彩的，而且是能带给人艺术享受的。我觉得，先生教学的一个重要特点在于擅长联想和譬喻。就诗讲诗，有时难免“不识庐山真面目，只缘身在此山中”，而活泼的譬喻，机趣的联想，则让人豁然开朗，时有妙悟。先生讲杜诗时，往往“思接千载，视通万里”，杜诗的风格不妨拿来和辛稼轩词做比较，杜诗的境界不妨联想到陶、王、韦、柳的田园山水诗；甚至在先生那里，诗人和唱戏的艺人也发生了奇妙的关联，杜诗《赠卫八处士》的感人之处竟和京剧“四大名旦”之一程砚秋《红拂传》的唱腔有异曲同工之妙。记得先生在讲老杜的名作《自京赴奉先县咏怀五百字》时，重点谈了杜诗的“沉郁顿挫”。先生先从字面解释何谓“沉郁顿挫”，然后生发开去，说程砚秋唱腔的佳处在于有顿挫而无棱角，而杜诗就有转折，一层深似一层，引人入胜，但又不让人看出棱角来。接着，先生把话题进一步荡开，谈宋词，以宋词为例来说明“沉郁顿挫”，诸如宋词豪放与婉约的风格，周邦彦何以被称为“词中老杜”，辛弃疾《摸鱼儿》之沉郁曲折……先生谈起来如玉盘迸珠，如飞花粲齿，令人对杜诗“沉郁顿挫”的理解如拨云见日般豁然开朗，给人的印象极为深刻。又如先生在杜诗里特地讲了一首四平八稳的《登兖州城楼》，而选此诗只为说明杜甫的天生异秉，在讲授时，先生的思路开阔极了，侃侃而谈：

我从年轻时就说，李白不好学，学不好画虎不成。因为天才纵逸，好比天生一条好嗓子的演员，凭天赋，怎么唱怎么有。杜甫其实也是天才，可是他表现的是作诗的法度、规范。天才不够的人，可以有章法可循，像《登兖州城楼》诗就可以摹仿，有一定的款式路数。但这样入门可以，如果一点没有诗才，当然成不了杜甫。谭(鑫培)、余(叔岩)、梅(兰芳)、程(砚秋)就是走杜甫在诗歌创作上的路，这也可以出杨宝森。李贺的诗像海派，好也好极了，就是有点卖弄。如果学言菊朋，弄不好就成了卢仝、贾岛。

这一通大议论，不懂京戏者，可能如堕五里雾中，不得要领；而深谙京戏者，则叹服先生触类旁通的能力和类比的准确恰当。再如《房兵曹胡马》和《画鹰》都是咏物诗，一首写真马，一首写画鹰，先生就把两首作品比照着来讲。《宾至》《客至》亦是如此。先生讲杜诗《兵车行》的"车辚辚，马萧萧"，马上联系到杜诗《出塞》的"马鸣风萧萧"和李白《送友人》的"挥手自兹去，萧萧班马鸣"，还有《易水歌》"风萧萧兮易水寒"，数句皆用"萧萧"，但训诂、气氛乃至意境都有所不同，先生娓娓言来，细细剖析，令人得以领略诗词用语的微妙精细。

先生那一辈人的经历极其坎坷，而先生"能近取譬"，善于以自身的丰富阅历来比附杜诗。在讲《观公孙大娘弟子舞剑器行》时，先生以半个多世纪的看戏经历为例。抗战前，才十几岁的先生就是武生泰斗杨小楼的"粉丝"，对他崇拜得不得了，但杨小楼1938年就故去了，再也看不到他的戏了，实在遗憾。之后国家就陷入长期的战乱，抗日战争，三年内战……解放当然是大好事，但后来一个运动接一个运动，"文化大革命"成为运动高潮。经过多少年动乱，终于拨乱反正。直至1979年末，俞平伯先生主持的昆曲研习社复社，复社专场演出的大轴是《挑滑车》。先生被邀去看戏，结果发现《挑滑车》是杨派传人王金璐所演，中规中矩，典型犹存，遂欣喜异常，感慨万端。试想，从1937年至1979年，这中间经过多少沧桑变幻，几十年如白驹过隙，劫后现在竟在舞台上看到王金璐，演的全是地道杨小楼路子，能不让人激动万分吗？先生一下就联想到杜甫当年看了公孙大娘，又看李十二娘，实实在在就是类似的感情。先生调侃说："这首杜诗甭讲了，就把我看戏时的心情传达给诸位，就知道杜甫是什么心情和感受了。"妙哉斯言。

《吴小如讲杜诗》书影

先生讲杜诗时，已是望九高年，犹能神完气足，真是一个奇迹。先生讲课时就像一个敬业而投入的演员，不惜力，有激情，开始时闲闲引入，渐进佳境，先生讲得酣畅，学生听得痴醉。先生似乎有引导学生随其喜怒哀乐的神异本领，让师生共同沉浸在诗歌的妙境中。我常思听先生讲诗犹如观赏一张巨幅山水，画上有怪石、瀑布、云海、佳树，内涵丰富极了，而在精彩的勾勒点染之中，又有几处奇峰突起的地方，既让观赏者得到整体的宏观美感，又在细微处精雕细摹，给人留下甘美的回味。先生往往一讲两三个钟头，中间从不停顿，有时我们提醒他略停一停，喝口水，休息一下，可是先生表示讲诗不宜“断气儿”，坚持讲完再休息。先生讲时固然神采飞扬，但讲完后，则不免露出疲惫。看着老人家瘫坐在椅子上的样子，我着实心痛。是什么力量让一个望九老人仍然循循善诱地给学生讲课？我觉得是对学术的执着和对学生的爱。先生虽然退休多年，且长期被外人难以想象的烦冗家事所累，身心交瘁，可是他的内心深处仍然深深眷恋着讲坛，并以传道、授业、解惑为人生最大快乐。

古语云：“授人以鱼，三餐之需；授人以渔，终生之用。”先生教我读杜诗，自非授人以鱼，而是授人以渔，让我终生受用不尽。我既得到一次亲承音旨、启迪灵智的绝佳学习机会，同时又经历了一番非常愉快的艺术享受。我永难忘怀先生讲授的精彩和境界，终生感念先生对我的厚爱和教导。

（作者单位：中国人民大学）

# 名教授的冷门收藏

## ——吴小如先生藏老唱片幸存记

谷曙光

艺术品收藏在今日中国是雅事，也极为盛行。收藏的品类，从书画、瓷器，到雕塑、杂项，再到当代的工艺品，种类繁多，各领风骚。旧时的学者教授，也各有收藏嗜好，其中不乏收藏冷门、偏门者。学者教授因职业的关系，以购藏古籍善本者为多，一般人多藏正统的经史子集，而著名学者吴晓铃先生却因研究对象的关系，对《北里志》《青楼集》一类的香艳读物极感兴趣，并藏有颇多珍品。吴先生集腋成裘，香艳读物日后居然成为他的双棔书屋的一大收藏特色。

在当代学者中，有三人曾专注于京剧老唱片的收藏，即华粹深、吴恩裕和先师吴小如。今日视之，这也属于偏冷的收藏门类。其实在民国，购买京剧老唱片是众多戏迷的热衷之举。只是一般戏迷只买自己感兴趣的优伶、流派的唱片，而且多不注重版本和保存。而上述三位先生，则是长期搜求，讲版本，成系统，重保存，且带有研究的目的。因此，爱好与收藏并不是一回事，而成为某一领域的收藏家，就更难了。

戏曲唱片的出现，意义重大。中国戏曲讲究唱念做打、四功五法，以“有声皆歌、无动不舞”为基本的艺术特征。其中，“唱”始终被认为是核心。然而，由于技术的原因，古代以迄清末，优伶的歌唱永远无法复制、再现，任凭多精彩、多美妙的歌声，都瞬间流逝，这或许是古典戏曲艺术的最大遗憾。但是，19世纪末发明的唱片，足以令人类欣喜若狂，因为它首度实现了记录人的声音并反复播放。将唱片应用于中国戏曲，复制优伶的歌唱，就解决了千百年来无法实现的声音再现。这堪称艺术史上一个划时代的重大变革。

吴小如先生在《戏迷闲话》系列文章中，有《搜求唱片》一文，专谈购求搜寻之乐，极富趣味。吴先生年仅三岁就开始接触唱片了，那是因为其弟同宾出生，家人无暇顾及先生，于是让他去摆弄家中的唱机和唱片，就此开启了先生毕生与老唱片的“不解之缘”。1931年，吴先生才虚龄十岁，就花费三十五元现大洋购买了高亭公司的手摇方盒留声机，这属于“欲善事，先利器”。儿童和少年时代，他先后在哈尔滨、北京、天津等地广事搜罗，乐在其中。后来他和华粹深等同好联络，不但到商店、洋行买，到乐器店、旧货市场淘，还直接到摊贩家中选，再发展到托朋友在上海购求。当然，友人之间也经常互通有无。上述搜求渠道虽多，却还赶不上红学家吴恩裕的“绝招”。恩裕先生居然让单位开具介绍信，以“公家”名义，不辞辛劳地去一个个废品站“挖潜”，本地的跑遍，还跑外地，真可谓“树从根掘起，水从源头流”。打个比方，今天一般的古董买家，不过是去北京潘家园买，骨灰级的，半夜挑灯战鬼市，只有“最上游”的，才有渠道从废品站那里淘换。吴恩裕拿到的，就是最上游的“一手货”。其痴迷已有“耽溺”之嫌，超过了粹深和小如，故先师自叹弗如。

在中国戏曲老唱片中，京剧老唱片是数量最多的一宗，也是欣赏和研究价值极大的门类之一。可惜的是，“文革”期间，老唱片损毁严重，存世日稀。“文革”以后，老唱片逐渐成为古董，量既少而价日昂。吴小如先生是海内外庋藏京剧老唱片的大家。尤其难能可贵的是，其收藏竟历经“文革”浩劫而完整保存。2015年末，上海的多家媒体报道了吴先生毕生收藏的近千张京剧老唱片由其子女捐赠上海市文化艺术档案馆的新闻。此后不久，有张晶晶《古韵新生——吴小如975张京剧唱片入藏市文化艺术档案馆》（《上海档案》2015年第12期）、沈鸿鑫《吴小如的京剧老唱片收藏》（《上海戏剧》2016年第2期）等文专述此事。据我所知，根据吴先生的遗嘱，他的老唱片和唱机留给了幼女吴煜。吴煜居香港，而老唱片在吴先生故去之后，仍存于中关园家中。吴煜后来乃委托其兄吴煜办理了老唱片的捐赠手续，将这批老唱片从北京运至上海。

文匯報 www.whb.cn 2015年11月25日 星期三　文化　9

已故北大教授吴小如毕生收藏，涉及谭鑫培梅兰芳等150多位名家410出戏目

**975张京剧老唱片入藏沪上**

《文汇报》报道

吴小如先生的老唱片收藏,始于20世纪30年代初,而止于1966年,持续了三十余年。他毕生收藏的京剧老唱片得以基本保存下来,洵为不易,但也并非没有损失。据吴先生《罗亮生先生遗作〈戏曲唱片史话〉订补》:“1932年全家自东北入关,家中旧藏唱片曾淘汰了一部分。及我1951年自津迁居北京,……而十年动乱,津门所存一批唱片悉在劫难逃,今已荡然无存。”所幸收藏主体保存下来,仅损失了极小一部分。

前文已言,吴先生在文章中屡屡谈到华粹深、吴恩裕二位先生是他当年志同道合的老唱片“藏友”,粹深之收藏精、恩裕之搜采博,似皆不输吴先生。令人痛心的是,粹深之所藏,“文革”中全部被砸烂砸碎,毁于一旦;恩裕之所藏,“文革”中亦损失泰半,虽然还有些劫余,但珍品、精品已全然不见。由此言之,唯独吴先生耗费大量时间、精力辛勤搜集之近千张老唱片得以传世,岂非大幸!然则,吴先生之收藏,何以躲过“文革”浩劫,而基本未受损失?

吴先生之幼子吴煜接受采访时透露:“父亲住在北京大学教职工宿舍楼,‘文革’期间那里是重灾区,几乎无一家能避免抄家,父亲的很多书籍都被抄走了,唱片自然也逃不过‘红小将’的‘法眼’。但是唱片装在唱盘柜里颇有分量,第一批来抄家的‘红小将’们搬起来嫌重,就又放下了,给贴上了封条,后来者看到封条也就作罢。”(见张晶晶文)想不到封条居然意外地成为老唱片的“护身符”,这批老唱片可谓“命不该绝”。

笔者也曾就整宗唱片如何躲过“文革”浩劫,专门询问过吴先生,他为我叙说了更翔实的细节,可对吴煜的叙述做一补充。话说“文革”初起,抄家成为一大斗争形式。北京大学作为“牛鬼蛇神”聚集的地方，抄家更是家常便饭。当日虽仅是讲师的吴先生也在劫难逃。红卫兵几次到吴先生中关园家中，把家里翻得乱七八糟，图书是抄了一些，当看到高亭公司的方盒唱机时，竟不辨何物，大惊小怪，以为是某种秘密武器，用力打砸，必欲彻底摧毁之。经反复解释，幼稚的小将们才将信将疑地放过已“遍体鳞伤”的老唱机。小将们又注意到书桌上的一沓老唱片，粗粗浏览片心，皆帝王将相、才子佳人之唱段，这就是“反动文人”的日常消遣！小将们怒不可遏，“批评教育”了先生几句后欲抄走唱片。其时吴先生呆若木鸡，心虽痛，却不敢有任何抗议。师母亦在场，她那时早已退职，做全职家庭主妇，“劳动人民”的身份反而让她不甚惧怕红卫兵。看到好端端的家被折腾得杂乱无章、乌七八糟，她心有气愤，终于忍不住大声对小将们说：“这算什么，我们家唱片多了去了，你们全部拿走好了！”说着，走到一个专门存放唱片的柜子前，“嚯”的一声打开柜门，露出一柜子插架整齐的老唱片。红卫兵小将看到师母的气势，反倒有点吃惊，再加上柜子里满是唱片，确实多而大而重，不便搬运，于是他们商量了一下，在唱片柜上贴了封条，悻悻而去。试想，图书资料可以随时翻阅，老唱片却尺寸大而厚重，如无唱机，这“劳什子”确实濩落无用。吴先生告诉我，当日若非师母“斗胆发怒”，据理力争，唱片必不能保全，这真是侥幸。记得他还亲口对我说，“文革”初起时的压力大极了，若非师母劝慰疏解，他可能就“自绝于人民”了。由此言之，师母在知识分子遭到残酷迫害的特殊年代，非但对吴先生有照顾、劝慰之劳绩，亦是保全上千张老唱片的有功之臣。笔者把这段亲闻之掌故写出，既是对吴煜描述的一个补充，也算是对吴先生和师母的怀念吧。

吴先生家有多个专门存放唱片的柜子,其中最大的在先生晚年一直放在卧室,看上去质量很好。此柜分上下两层,每层均匀地分成若干格的小木槽,可将唱片按张插入其中,设计整齐精巧。放在其中的,大约多是先生收藏的精品吧。但如果不知道它的特殊用途,只会将其视为普通的柜子。岁月有情,旧物难舍。这个柜子离开了唱片,就失去用途,但如果能连带把柜子一并放到档案馆,倒是“原汁原味”,得其所哉。不知旧唱片柜的命运如何?还有那“受尽折磨”的手摇老唱机,是否还在人世?

吴小如先生的收藏老唱片,出于兴趣爱好,耗费时间既多,花费钱财亦夥,他也曾自谦“玩物丧志”;然而,他之玩物,玩出了水平,玩出了成就,甚至引导和规范了戏曲老唱片的研究路径。比起华粹深、吴恩裕,他无疑是幸运的,他收藏的老唱片“修成正果”,得到了最好归宿。在他之前,老唱片研究谈不上什么“学术性”;在他之后,欲研讨老唱片,则必以其文章为示范和圭臬。这足以说明,吴先生在老唱片研究上,起到了筚路蓝缕、以启山林的奠基性作用。

# 冠盖满京华　斯人独憔悴

韩嘉祥

今年九秩有三高龄的吴小如先生是北京大学著名教授，一生从事中国古典文学的教学和研究。说吴小如先生是古典文学的专家，似乎将吴先生说“小”了。吴小如先生在现代文学、外国文学、旧体诗词的写作、戏曲研究及书法诸方面，也都有很深的造诣和不俗的成就。吴小如先生很年轻的时候就翻译过厚厚的一本《巴尔扎克传》，前两年还再版过。吴先生写的旧体诗词恐怕也超过千首了。因为吴小如先生在古典文学领域成就和成果太大了，所以其他方面的成就反而被其“古典文学研究的专家”的大名掩盖了。20世纪50年代，三十岁出头的吴小如先生协助游国恩教授编纂的《先秦文学史参考资料》《两汉文学史参考资料》，至今还作为大学文科的教材。尽管书中引用的古籍属第二手资料，但读者可放心地作为第一手材料使用。如果说这两部著作奠定了吴小如在古典文学上的基础，之后出版的近五十万字的《读书丛札》牢牢地确立了吴小如在古典文学研究领域上的地位。吴小如先生精小学、通训诂、晓音韵、重考据,《读书丛札》取精用宏,独旁搜而远绍;创见迭出,发前人所未发。所以有人讲"吴小如先生是乾嘉学派最后一位朴学守望者"。吴小如先生古典文学方面著作还有《古文精读举隅》《古典诗词札丛》《古典小说漫稿》《古典诗文述略》《吴小如讲〈孟子〉》《吴小如讲杜诗》《中国文史工具资料书举要》等等,这些著作绝不是人云亦云的平庸之作,而是持之有故,言之成理,有着独特见解和心得的不刊之作。也正如吴小如先生为自己写作定下的一条原则所说的那样,"没有自己的见解,决不下笔"。所以在这些著作中胜义层出,无征不信,翰不虚动,下必有由。有学者建议"凡是学习或研究古典文学者,吴小如这些著作当人手一册"。吴小如先生在七十岁退休之后,落日心犹壮,陆陆续续出版了《书廊信步》《霞绮随笔》《莎斋笔记》《心影萍踪》《读书拊掌录》《常谈一束》《今昔文存》《皓首学术随笔·吴小如卷》等十余部学术随笔。北京大学出版社出版的《学者吴小如》一书对吴小如这些著述亦有专文介绍和定评。北京大学出版社在吴小如先生九十寿诞时,又出版了《含英咀华》《红楼梦影》《莎斋闲览》《旧时月色》《看戏一得》五册随笔。除上述著作之外,戏曲方面著有《京剧老生流派综说》《台下人语》《吴小如戏曲文录》《吴小如戏曲随笔集》《鸟瞰富连城》《盛世观光记》等。我虽喜欢看戏,只不过是看热闹,纯属门外汉,对吴先生这些谈戏曲的著作只当闲书读过,说不出什么门道来。但是,曾看到过启功先生在给吴小如先生的一封信中亦庄亦谐地说:"大著论皮黄流派之文,真千秋之作。盖此事内行不能为,学者不屑为亦不能为。而天地间却有此一桩公案。王静庵之《宋元戏曲史》凿破鸿蒙,其力可服,其识最可惊也,窃于大著亦欲之然。这不算拍马屁吧!""前读鸿文论马连良者，至深佩服，此非一般评戏之作可比，如此公平，如此透彻，虽学术理论之作，亦望尘莫及。如评诺贝尔奖于文学领域中，非兹编其谁属?”从中亦足见吴小如先生这些京剧方面著作的分量。接触过吴小如先生的人都知道，吴先生家庭负担沉重，前两年去世的夫人，卧病床第多年，时时刻刻需要吴先生照料，吴先生又是重情之人，夫妻感情甚笃，其内心的痛苦难以想象。吴先生居住条件也十分简朴，除几架旧书，没有一件像样的家具，一台彩电还是一位学生去年送的。就连吴先生每日写作写字的书桌，也又破又小还堆满杂物，真是很难想象，这些皇皇大作是怎么写出来的！想起杜甫的两句诗“用拙存吾道，幽居近物情”，用在吴小如先生身上也许很合适。

吴小如先生讲课也是有口皆碑，尽管小如先生谦称自己是一名教书匠，但凡是听过吴先生讲课的人无不交口称赞，他是北京大学中文系、历史系最“叫座”的教授。吴先生曾在《教授啊，请上讲台》一文中说：“如果问我有什么嗜好，我唯一的嗜好就是讲课。得天下英才而教育之，是我人生最大的快乐。”举我亲聆吴先生一次讲课，记得是20世纪80年代初，吴先生来南开大学看望华粹深先生，应华粹深先生之邀为中文系讲了四次课。在讲课的头一天，我见到小如先生，并和吴先生讲：前度加拿大的叶嘉莹教授刚刚讲过课，甚受好评，得了个满堂彩，您继叶教授之后来讲准备要充足些。当时吴小如先生胸有成竹地会心笑了笑。吴先生这四次课，第一堂讲《诗经》，第二堂讲唐诗，第三堂讲宋词，第四堂讲戏曲。四次课四种风格，讲《诗经》，多从文字、训诂角度来考订；讲唐诗又从作法来讲授；宋词完全是文学欣赏；讲戏曲又加以表演来分析。讲课地点设在一个小礼堂，当时台下听课的人“满坑满谷”，台上的吴先生“满宫满调”。最后，大家还不依不饶非要求吴先生加唱段京剧不可，记得吴先生唱了一段《打渔杀家》中的萧恩唱段，才鞠躬谢幕。加之吴先生京腔京韵黄钟大吕的声调和一手极漂亮的板书，听吴先生的课，那真是艺术上的享受。台上十分钟，台下十年功。吴先生行云流水、潇洒自如的讲课背后，付出的辛勤也可想而知。

“天分固有，勤奋尤要”，用此八个字概括吴小如先生治学和讲课应该是实际和恰当的。

谈到吴小如先生的书法，首先要说是家学渊源。小如先生的尊翁玉如公是近代硕学鸿儒，也是一位开一代书风的书法大家，追随者甚众，称为“吴门书风”。玉如公有多种书法集问世，其书法作品也为收藏家们争而宝之。小如先生深受家庭熏陶，自幼操觚习字，至九十高龄时，还临池不辍，其兴致未曾少衰。我曾见过小如先生一册临帖记录，所临过的碑帖有三四百种之多，而且是从头至尾地临写，不是节临，每种也不止一二通，有的临写过几十遍。吴先生不主门户，博采众家，无论是北碑南帖、真行草章，无不涉猎而又非浅尝辄止。我所见到整通临写的《元略墓志》《刁遵墓志》《砖塔铭》《李超墓志》以及晋唐人的名帖等等，实令人浩叹。“观千剑而后识器，操千曲而后晓声”，这些有名的、无名的碑帖，大大增强了吴小如书法中的内涵。吴先生用功最勤者，当属“二王”行草和褚遂良的楷书。就其本人而言，是以楷、行见长，而楷胜于行。因为小如先生腹笥充盈万卷撑肠，其书法之中的书卷之气油然而生，即使是书卷气十足的王献之《玉版十三行》、虞世南《夫子庙堂碑》，吴先生的字与之相比也毫不逊色。他在《临〈兰亭序〉跋》中有一段话：“仆摹《兰亭序》传世诸本，已不知几几通，虽略有悟，终似未窥堂奥。所幸能从中渐知学书之正轨，知羲、献用笔精神气骨皆在点画之外。古人作字首重书卷气，然后天才与功力副之。庶几有望于追踪前贤，一存名利之心，便难进步。”吴先生还有一首谈书法诗：“书法贵有道，首重识见明。识从读书来，立身宜德馨。习字虽薄艺，犹期持以恒。一涉利名场，唯务盗虚声。不独欺古人，罪在欺后生。”细品吴先生的这两则文字，真是夫子的告白。吴小如先生不论在私下还是在公众场合，一再声明书法只是业余爱好，不过能写几个字而已，不敢称作是书法家。这虽然有他的自谦，但此话的背后，还有话外音。因为当下许多自称书法家或以书法家标榜的人，急功近利又无真才实学，浑身充满铜臭气。无论对方名气多大，吴小如是看不起这样的人的，更耻于与之为伍。有时讽刺起这样的书法家来还很刻薄，毫不留情面。吴小如先生也有一段告白：“惟我平生褊急易怒，且每以直言嫉恶贾祸，不能认真做到动心忍性，以仁厚之心对待横逆之来侵。”这也是吴先生性情的一面。吴先生心直口快，绝不曲学阿世，加之生性幽默又直言敢说，得罪了不少人。有一次，吴小如和启功先生开玩笑说：“启老您这位书协主席真是了不起，您把全国不会写字的都集中起来了。”当时弄得启功先生也哭笑不得。吴小如这句经典的“台词”，早已成了人们的笑资。吴先生说书法是“业余爱好”，说“爱好”不假，但绝不“业余”。从传统角度上来讲，许多大学者及老派文人，把写字看作是读书人的副业，不足炫耀。小如先生尊翁玉如公尝言：“写几个字算不得什么本领，人生固有其他更大者在。”“对读书人来讲，写字如同一个农民种庄稼收工后回家路上捡些柴火，不能只捡柴火不种地。”这种认识是否偏颇姑且不论，但在吴小如先生思想中根深蒂固。但是小如先生在书法上下的功夫和取得的成果，绝不下于其在古典文学上取得的成绩。近十几年来，吴小如先生的书法名声日隆。经过几十年的积淀，七十岁以后的小如先生思虑通审已臻化境，正如《书谱》中所说：“通会之际，人书俱老。”无论短笺还是长帧，都有一种萧疏淡雅、清空俊秀之气，看似平淡而内涵丰富，纤纤乎似初月之出天涯，落落乎犹众星之列河汉，整饬之中内藏奇俏；又如古刹老僧，静穆淡定，渐入阳光七色终归于白之境界。遗憾的是正当吴小如先生的书法炉火纯青之际，他罹患中风，手颤不灵，不得不中止了一生钟爱的书法创作。

北京收藏家刘凤桥君独具慧眼，情钟吴小如先生，藏有为数不少的吴先生作品。凤桥将自己的藏品化私有为公器，出版了《吴小如手录宋词》《吴小如录书斋联语》《吴小如书法选》，受到学术界、书法界的赞颂。凤桥还筹资开设了“吴小如书法艺术馆”供人们欣赏。京津一带有不少“吴迷”，天津的翟津壮先生书法追摹吴小如多年，也是吴先生的崇拜者，曾以善价求得吴小如一长幅《临褚河南〈枯树赋〉》，展视全幅满纸云烟，不激不厉而风规自

枯樹賦
殷仲文風流儒
雅海内知名代
異時移出為東
陽太守常忽ゝ
不樂顧庭槐而
歎曰此樹婆娑
生意盡矣至如
白鹿貞松青牛
文梓根柢盤魄
山崖表裏桂何
事而銷亡桐何
為而半死昔之
三河徙植九畹

吴小如先生临写《枯树赋》(局部)

远,亦刚亦柔而情调天然,是吴小如先生智巧兼优、神融笔畅之作。津壮先生视之如拱玉,嘱我在卷尾题数字,我为其题写了一首小诗,也借作此文的结束:

小如善写《枯树赋》,
用笔直追唐人路。
笔墨清新骨肉匀,
万卷撑肠金针度。
自书自得自怡悦,
不必乞求伯乐顾。
今人不知亦不羞,
追逐轻狂终不悟。
把笔未稳根未牢,
邯郸归来失故步。
略有贤者能几行,
不过状如算珠布。
能如小如有几人,
百年以来屈指数。
津门津壮得之喜不寐,
如同赐封加朱绂。
或问此帧究竟值几钱,
答曰精品难得价同古文物。

(作者单位:天津师范大学)

# 门外说小如先生

胡双宝

我和小如先生隔行，也有相通之处。今叨说三端。

我不会写字，从小没有受过这方面的训练。平常写的字，歪歪扭扭，不成个儿，20 世纪 60 年代前期室友金开诚先生戏之曰"像打死的蚊子"。有时候也看点书法作品，自有品评标准，但从不跟人谈论书法，不敢，怕露怯。1963 年，为中华书局中国历史小丛书写《汉字史话》，缺少行、草、楷等样品，那时候没有条件复印，于是想到请人现写。完稿以后，我去小如先生家，说明意思，求他写字。吴先生听说是出书，甚为高兴，说"应当效力"，便欣然捫笔，写了草、行、楷三体"祖国万岁"。那时候不能署名。2008 年这本书扩充为二十多万字的专著出版，乃予转录，行文当中明确交代是 1963 年请书法家吴小如先生写的。

1959 年起，我开始看京剧。我们家乡有句话叫作"不会看戏的看红火热闹"。我就属于只会看红火热闹的。小如先生是有名的戏曲行家，于京剧尤为专深。我偶尔也跟别人一起去吴先生家听京剧老唱片。播放前，吴先生稍做介绍，听完，再加解说。程派里头，记得他十分欣赏高华。一次，吴先生说到他看马连良的《南天门》（又名《走雪山》），是夏天大热天看的，那时剧场没有制冷设备，却能够感受到演员表演出的寒冷。他是赞扬马先生的表演，我则暗自佩服吴先生的鉴赏力。他还说过，杨小楼唱《铁笼山》，"老大王再三逼迫，休道姜维无礼了"的"迫"字，真是声如裂帛。他更多谈及的是唱的方面。这些地方，就叫会看。有时吴先生问我最近看了什么戏，我如实回答看了什么，也介绍剧中某人物由谁扮演等，从不敢多说，尤其不敢说及唱工、做工。1963 年春，吴先生开设戏曲研究专题课，当时我临时借调在校外工作，但还是按时赶回来听。小如先生发表的谈论戏曲的文章我只要知道，总要找来拜读。1962 年秋，《人民日报》刊出署名少若、题为《说谭派》的文章，读后觉得有些地方不大明白，实际是基本没有看懂。80 年代《京剧老生流派综说》出版，论及谭、余、言、高、马、麒诸派，每家万字左右，精深而充分。戏曲界尤其是京剧界，十分看重吴先生的评论，几视为定评，学界也极重视。有的已故演员的家人希望甚至要求吴先生为他们家的故人作评。1994 年《吴小如戏曲文录》将要出版，我很愿意担任责编，可以借机学习。吴先生也满意我当责编——不管怎样，我还算知道一些戏曲，不至于出现太多的纰漏。这本书论及戏曲史、地方戏等诸多方面，大量篇幅关乎京剧，剧本、行当、流派、表演、人物、传承、唱片资料以及故实等等，总七十多万字，我称之为京剧艺术百科全书式的著作。《吴小如戏曲文录》出版时，正值北京书市，每天都带若干去，天天售罄。社里当即决定马上重印。

1957 年秋，我从俄语系 56 级转入中文系 57 级。第一学期有一门课叫“工具书使用法”。课程表上写的任课教师是吴同宝，就是小如先生。我当时觉得新鲜，工具书还要开一门课。一般的字典、词典，我知道《辞源》《辞海》《康熙字典》等，吴先生分门别类介绍了好多，不过我和他没有机会实际接触。仅有的一次实习，是由倪其心先生辅导我们查《辞海》和《渊鉴类涵》。上这门课最大的收获是有了工具书意识。吴先生授人以渔，我则受用终生。几十年间学习、研究当中，遇到问题，我立刻想到查工具书，确实解决了许多问题。当了编辑，更是常利用工具书处理书稿里碰到的问题。有时候在图书馆遇到熟人，问：“研究什么？”我的回答大多是“替别人查点资料”。1997 年春，我给汉语专业毕业班讲过几次工具书。有一个学员毕业以后分配在天津工作。不久市里举办青年知识开卷竞赛，领回试卷，可以查书，限期交回。这个学员得了全市第一。他后来告诉我，许多问题都是查工具书解决的。

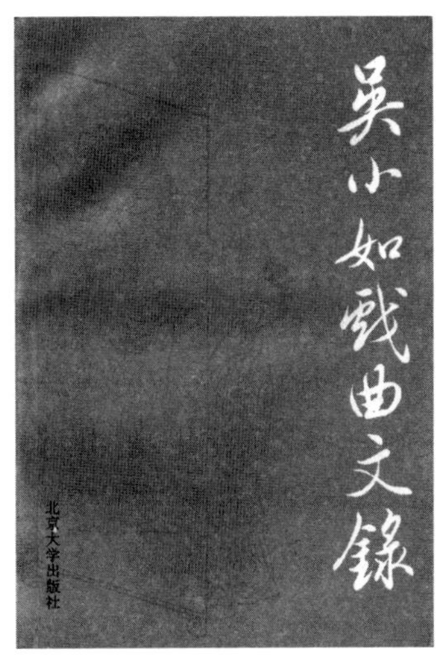

《吴小如戏曲文录》书影

# 中文系里最年轻的“先生”

胡友鸣

上大学时,对老师的称谓是有讲究的,有“先生”和“老师”的区别。那时的“先生”之称不像后来比比皆是,只有资格老、有学问,才称得起。吴小如先生是当时北大中文系最年轻的“先生”。

大概是三年级时,吴小如先生给我们开讲“唐宋词专题研究”选修课,阶梯教室,近二百人的座位满满当当。虽然先生在台上,我在台下,这应当算是初识先生了。我曾当过中学教师,深知讲课很耗费体力,因而课间休息从不去打扰老师,问这问那,要知道那时的大教室还没有麦克风之类的设备,与一般的教室不可同日而语。

由于知识储备不够,个人兴趣似也不在纯文学,那时,我难以对课的内容做出评价,但这门课却给我留下了难以磨灭的印象。先生声音洪亮、抑扬顿挫,纯正的口音含着京腔,态度极其认真,衣装也整整齐齐,一丝不苟。每一个细节都体现出如今人们常说的“敬业”精神——包括对讲述内容的热爱和对学生的尊重。

记得先生在开场白以及讲课过程中提到，这门课是以老师的身份在讲台上的告别“演出”了，先生将要去中华书局《文史》集刊任职。中华书局和《文史》，对当时的同学们来说，是既神圣又有点儿神秘的专业机构和学术集刊，颇有点高深莫测的感觉。对古典文献专业的同学来讲，却又是很有些自豪的。先生尚且如此选择（当然先生后来一直在北京大学任教），这种自豪不觉又增加了几分，因为这个专业乃是1958年为中华书局专门开设的，这恐怕是现如今教育体制改革常提到的以“销”定“产”的最早典范了。

真正与先生相识，是我到《文史知识》以后。

从1982年到1985年，《文史知识》与中央电视台文艺部、北京团市委合作，连续三年春节，都组织了全国性的迎春征联大赛。《文史知识》主要负责聘请评委以及评审的组织工作。记得评委有：朱家溍（时为故宫博物院研究员）、俞明岳（时为中华书局总编室主任）、吴小如、刘叶秋（时为商务印书馆编审）、程毅中（时为中华书局副总编辑）、白化文、张富华（时为中央电视台文艺部副主任）、杨牧之（时为中华书局编辑部主任、《文史知识》的创始人之一）等，我虽非评委，但参与初审的组织联络工作，又全程参加复审——由评委参加的评审讨论，算是没有任命的“秘书”吧。复审是极认真的，又是极热烈的。反复斟酌，来回论辩，体现了评委们对每一个通过初审的作品认真负责的态度。这个讨论过程对刚出校门的我又是一个难得的学习机会：一是增长知识，如对格律的认识，一是畅所欲言的讨论氛围。

“谈笑有鸿儒”，讨论弥漫着清雅的书卷气。朱家溍、俞明岳先生的不苟言笑，小如先生的严格认真，刘叶秋、程毅中先生的儒雅，白化文先生的风趣，都给我留下深刻印象。记得常常有这样的情景：有的联语内容很好，构思也巧妙，只是在平仄对仗上略有不谐，小如先生坚持严格要求，而白化文师这时总是一句“老师，学生向您汇报”，然后谈自己的理由。于是大家一起笑起来，而小如先生也往往随众一笑而已。

记得有一次我打电话向小如先生请教，结束时小如先生提起流行的文言文的白话翻译，往往一经翻译，味道全无，并不能准确细腻地传达原文的本义和韵味。现在有的学者甚至不去读原始资料而竟以译文为据，凡此种种，值得忧虑。因而想写一篇东西，阐明不赞成白话翻译的意见。我跟先生讲，此文不宜写，并谈了自己的理由。其中有一条，古代经典如果翻译成白话，确实无法避免先生所忧虑的情况，因而也赞同韵文不译的主张，但文章的白话翻译，只要有人读有人看，还是有益的。通过这种工作，能够在当今为古代经典多培养一些读者，多发展一些传统文化的爱好者，我们从事的工作不也可多一些“知音”吗？小如先生欣然接受了我的建议，后来撰写了《古书今译也要“信达雅”》（《文史知识》1999 年第 6 期），对古文今译提出了自己的主张和要求。

常常见诸报刊的短札随笔中，能够体现出小如先生为人为学的态度。偶尔有人指出先生著述中的不当之处，先生总是虚心回应，不仅诚恳地接受，还常常撰文公之于众，或在结集出版时以附记的形式说明并感谢，表现了认真、求真的学术精神和品德。就在三年前，复旦汪少华君《古诗文词义训释十四讲》出版，小如先生听说该书扎实，便找来一本浏览，发现其中有对自己关于古书解读的商榷，便立即撰文，对我说：“最近读了一本好书，我写了篇感想。”我说：“您能否给我？”收到后一看，文中对该书颇多褒奖并结合该书谈了学术风气等问题。然而,文章主要部分竟是对该书商榷的肯定。我深受感动,无论文章提出的观点还是小如先生对待商榷的认真和虚心,都极有现实意义,因而把这篇《学术规范应坚持“守正”》安排在 2009 年第 1 期《文史知识》的“特别关注”里。

先生尤其不能容忍的是中文系出身的人,也可以说是他的学生在出头露面时或者在公开出版物上出现硬伤。对于社会上频频出现的对古代典章或成语典故的“误读”“滥用”,先生总要奋而提笔,以正视听。不管这种“误读”“滥用”出自“文化名人”还是“著名学者”,先生总是一针见血,丝毫不留情面和余地。还是一位哲人说得好:世界上怕就怕“认真”二字。

大概是“众人皆醉我独醒”,小如先生待人待物尤其在学问上的认真,往往给人以近乎苛刻的印象,这恐怕是先生有时不见容于人的原因。其实,学问上自不必提,就是在为人尤其是“尊师”上,其中许多人并不具备这样的资格。忝列小如先生的学生逾三十年,小如先生对老师的尊重,我的印象很深。即使是八十高龄了,每到大年初一,小如先生还总是会从中关园步行到燕南园去给林庚先生拜年。无论讲课,还是聊天,小如先生每每提起俞平伯、沈从文、废名、浦江清等老一辈学者来,所表现出的尊敬溢于言表,十分令人感动。最近拜望小如先生,谈话间提起俞平伯先生,已年届九秩的老人含泪十分动情地说:“一日为师,终生为父。我跟俞平老那就是情同父子啊。”听者无不动容。我想起小如先生亲率我们拜访俞平伯先生的情景。那是 1985 年,我们想组一篇俞平伯先生的治学之道的稿件,吴先生热心地帮着联系,又亲自带我们到俞府。谁知独自在家中的俞平伯先生,竟打不开家门。在俞先生的隔窗指点下，我们绕到楼房的另一边，费了很大气力，翻越过厨房外的凉台才得以进屋。小如先生对俞平伯先生毕恭毕敬，礼数十分周到。十多年后，小如先生以《越墙采访俞平老》为题记录了这段“传奇性的采访过程”，刊登在《文汇读书周报》上。

小如先生在治学方面的另一特点就是勤奋。先生的署名频频出现在各类书刊报章上，就是很好的说明，有兴趣的人不妨拿2002年(先生八十大寿)或这前后的某一年为基准，做一个时下流行的“量化”统计。这就是所谓笔耕不辍。后来由于师母身体不好，小如先生需要照料师母，还承担了许多家务琐事，才很少写东西了。但是如果到吴斋，你就会看到，年过八秩的先生，仍然不是在写作，就是在读书或临帖，此情此景，实令我等后生晚辈汗颜。

小如先生的书法，功力深厚，独具一格。早年先生还翻译过《巴尔扎克传》等世界名著，真是博学多才。记得在评对联时，常常看到小如先生在空闲时间与朱家溍、刘叶秋先生一起，窃窃私语，我好奇地凑过去，才知先生们在切磋唱法等“京剧专业”的问题，交换欣赏从老唱片中翻录的京剧录音磁带。我曾有幸听过小如先生的老生唱段，先生音量虽不大，但神情专注，认真把握唱腔的每一个细节，富有沧桑之感、绕梁之韵。遗憾的是那时节的我，只知样板戏，并不能领略其中之妙，跟着大伙捧捧场而已。何戏何段自然早已忘记，结合后来对京剧的一知半解，回想起来，小如先生所唱当属余派。先生对京昆十分热爱，也素有研究，他的《京剧老生流派综述》(中华书局1986年出版)一书，已成经典，成为学习、研究京剧发展史的必备参考。同时这部书可读性很强，娓娓道来，评述客观，完全外行的我当年就是一口气读完的。

记得2003年10月，先生从上海返京，陈熙中、张鸣教授和我为先生接风，席间谈起北昆到北大百年讲堂演出。我说，北昆这次的戏我不久前在政协礼堂看了。先生颇有兴致地问怎么样，我说，怪不得昆曲已成需要保护的非物质文化遗产，节奏实在太慢了，真令人坐不住。大概是“不可雕也”的无奈，先生默然。我接着说，昆曲实在太讲究了，音乐舒缓优美，无论剧情怎么发展，无论何时，舞台上都是十分精美的图画。任何演员，一举手、一投足，那个分寸，都准确得无与伦比，不差分毫。如果摄影，任何一个瞬间，画面都十分优美，根本用不着“抢拍”。先生说：“啊？原来你并不外行呀。”小如先生兴致来了，说，“我给你安排一个戏码，包你坐得住。俞振飞的生，韩世昌的旦，侯玉山的净……”我说：“先生呀，吾生也实在太晚，确确实实无缘‘躬逢其盛’呀。”众皆大乐。

约二十年前的一天，我跟小如先生讲，偶然在电视上看到一段《铡美案》当年的演出实况，并非主角的马连良，光彩照人，浑身都是“戏”，充满魅力。由此真正体会到“角儿”何以为“角儿”。吴先生说，马连良的表演那当然好啦，并问是哪个频道、哪天所播，说这太难得了，应该录下来。我说，看了这段戏，我才理解了戏迷（现在亦称为“粉丝”）对“角儿”的追捧和痴迷，理解了他们对不复再来的艺术大师演出盛况的“九斤老太”式的遐想追忆。吴先生笑了，说确实是盛况不再了，当今的戏剧演员中能够称得上“角儿”的实在太少了。

先生的学问功力，自有公论，我才疏学浅，不敢妄评，只是知道先生努力追求新见，往往能够以常见的资料，发人之所未发，

"语不惊人死不休"。即令是给本科生讲的大课也是如此,如当年在"唐宋词专题研究"课上对温庭筠的"小山"词的讲述,就曾给听者以深刻印象。记得20世纪80年代中期,《文史知识》急需一篇关于《诗经·关雎》的赏析文章,我请先生撰写,可只给了三天时间。先生从"百忙"之中不辞辛劳,可谓一挥而就。古人有"倚马可待"之说,显然并非夸张。可贵之处不止于此,先生鞭辟入里的解说分析,确实独树一帜。

说到这里,就不由得想起先生对《文史知识》的鼎力支持。不完全统计,小如先生在《文史知识》上发表文章竟达六十六篇之多。当年,先生是"消防队"之一,请先生写文章,通常就像这篇《诗经·关雎》一样,时间紧,题目又是涉及许多朝代或文或史多个学科方向的"命题作文",除非真的抽不出时间,先生总是慨然允诺。这也说明先生在国学范围的功力修养。

衷心祝愿小如先生健康长寿。

2011年11月10日

(作者单位:中华书局)

# 门外怀念吴小如先生

江林昌

吴小如先生的大名已在我心中珍藏了三十多年。我不是吴先生的学生，也没见过先生。按常理，我没资格写怀念先生的文章，但我控制不住自己的感情，强烈地希望能用文字表达出来。我相信，像我这样在门外思念先生的学子一定很多。

我现在特别后悔的是，没能在先生生前去拜访他。其实，我是有很多机会的。我可以请北京的学兄们帮我引荐；也可以向北大历史系要先生家的电话，找上门去……但我终究没有这么做，唯一的原因是怕打扰先生。我总认为应该为先生留出更多的时间写文章，让天下更多的学人开目明智。现在看来，完全错了。我还是应该当面告诉先生，我已经在门外虔诚地追随他三十多年了；他的道德与文章启悟了我，滋养了我，我是多么地敬重他、感谢他。我相信，他老人家听了我的倾诉一定会高兴的。然而，这已经是永远不可能的了。

## 诗词欣赏引我走进古典文学殿堂

最早知道吴小如先生的大名,是在 1979 年。那时,我正在读大学中文二年级。班里有许多同学是“文革”前的高中老三届,专业基础好,又有下放锻炼的经历,人生感悟多,所以,他们的兴趣在文艺理论和现当代文学,课余时间都忙着搞创作,发表小说与诗歌。而我刚从山区农村来,还不到二十岁,当时并不知道自己的专业方向在哪里,感到很迷茫,整天烦恼。就在这时,我偶然在图书馆借到了刚上架的《阅读和欣赏(古典文学部分)》,内有吴小如先生的两篇赏析文章。因为自己在中学时就读过王安石的《登飞来峰》,所以就先读了吴先生的《介绍王安石的三首小诗》。没想到,这一读竟决定了我一生的专业奋斗方向。

王安石诗开头两句“飞来峰上千寻塔,闻说鸡鸣见日升”,字面意思就这么平淡。然而,吴先生的文章通过介绍时代背景与作者生平,指出这是王安石“怀着要求变革现实的雄心壮志,希望有一天能施展他治国平天下的才能。所以他一登到山岭塔顶,就联想到鸡鸣日出、光明灿烂的奇景,通过对这种景物的憧憬,表达了对自己前途的展望”。关于这一层深意,我此前当然是认识不到的。吴先生的分析仿佛在我面前打开了一扇新的窗口,使我看到了普通诗句背后那深刻的思想内容与艺术美学,所以,立刻引起了我的兴趣。

接下来,“不畏浮云遮望眼,只缘身在最高层”也是很普通的句子。而吴先生的文章则告知我们,“其实这里是用了典故”。吴先生征引了陆贾《新语・慎微》与李白《登金陵凤凰台》两个典故，指出古人往往用浮云蔽日比喻奸臣蒙蔽君主，而王安石却在这里将典故反过来用：“我不怕浮云遮住远望的视线，那是因为我站得高。这是多么豪迈的声音！”读到这里，我又一次兴奋起来了。吴先生的广博学问与精辟分析，使我真正享受到了求知欲得到满足的精神快乐。

从此以后，我就不断追踪吴先生的文章。1981 年，《文史知识》创刊号就有先生的《说岳飞〈小重山〉》，第 3 期又有先生的文章。为了读先生的文章，我省吃俭用，第二年即用省下的钱专门订购了《文史知识》。果然，1982 年第 5 期，1983 年第 1 期、第 9 期，1984 年第 2 期，1985 年第 8 期、第 11 期，1986 年第 3 期……都有先生的文章。我怀着十分敬重的心情认真研读先生的每一篇文章，且都有惊喜。例如，辛弃疾词《清平乐》：“茅檐低小，溪上青青草。醉里吴音相媚好，白发谁家翁媪？”我初读此词，自然认为这是写酒醉里的白发翁媪相媚好。查胡云翼《宋词选》、俞平伯《唐宋词选释》，也都是这么理解的。而吴小如先生则在《文史知识》1982 年第 5 期《说辛弃疾》的文章中指出，这“醉”指的是作者，并以辛弃疾另一首词《破阵子》中“醉里挑灯看剑”句佐证，又指出下文“最喜小儿无赖”的“最喜”亦指作者，正可上下呼应。这又一下子吸引了我的注意力。吴先生分析说，“茅檐低小，溪上青青草”，是望中所见，镜头稍远；“醉里吴音相媚好，白发谁家翁媪”，是近写，“作者略含醉意，迤逦行来，及至走近村舍茅檐，却听到一阵用吴语对话的声音，使自己感到亲切悦耳（即所谓‘相媚好’）。这才发现……有一对老夫妇……娓娓地叙家常，所以用了一个反问句：这是谁家的老人呢？”吴先生的文章又一次加深了我对古诗词的感悟。

我喜欢吴先生的诗文欣赏文章，读得多了，自然就琢磨起先生的行文风格与方法规律。就在这时，《文史知识》1986 年第 9 期发表了先生的《我是怎样讲析古典诗词的》，真让我喜出望外。先生总结分析了欣赏古诗文的四项原则："一曰通训诂，二曰明典故，三曰察背景，四曰考身世，最后归结到揆情度理。"这正是经验之谈，循循善诱，点拨了我的心智。之后，我在先生文章的影响下，也在大学中文系讲授中国古代文学课程，并开始写作有关古诗文的评价文章，其中也有幸在《文史知识》等报刊发表。现在回忆起来，吴先生是我求学、治学道路上的重要引路人，是我心中永远的导师。

## 《先秦文学史参考资料》为我打下经史基础

吴先生的学问博大精深，诗词欣赏只是他整个学术体系中的一个环节而已。在古代文史研究方面，先生是真正的通才。就纵向看，先生的研究从远古诗歌一直通到明清小说。从横向看，先生的研究在文学方面既有古代诗词如上述者，又有《古典小说漫稿》《吴小如戏曲文录》《京剧老生流派综说》等；同时还涉及经学，如《吴小如讲〈孟子〉》等；子学，如《古文精读举隅》《读书丛札》《读书拊掌录》《莎斋笔记》等；还有文献目录学，如《中国文史工具资料书举要》等。先生八十岁后，在中华书局出版的《皓首学术随笔 · 吴小如卷》自序中谦称自己"只是零敲碎打，写一些札记随笔，集腋而并未成裘"。其实，先生的这些札记，处处是闪光的珍珠。先生的一篇小文，往往胜过他人洋洋宏文；先生的一部"丛札"，往往非他人"几部系统著作"可望项背。

先生还有一套书为我打下了先秦两汉经史的基础,而这套书并没有署以先生的大名。这就是《先秦文学史参考资料》与《两汉文学史参考资料》。这是1957年由北京大学中文系中国文学史教研室以集体名义编选注解的资料书,具体分工是游国恩先生主持编选,吴小如先生(时名吴同宝)与梁启雄、阎简弼先生分工注释,最后由吴小如先生担任全部定稿工作。这套书1962年8月由中华书局出版,1990年后二版并多次印刷,印数已超过十五万册,可见其影响之广。

20世纪70年代末,由当时担任我们古代文学课的洪言認老教授推荐,我从图书馆借旧版阅读了这套书。那时,图书馆借书期限只有一个月,我只能反复续借。20世纪90年代再版时,我自己买了三套:一套放在办公室,一套放在家里,这样可以随时阅读;还有一套为珍藏本。

这套书优点多多。其一,选篇精到。该书将先秦两汉文献的精华全部囊括其中。其二,内容全面丰富,包括了文、史、哲各方面。不仅适合中文系的学生,也适合历史系、哲学系的学生研读。其三,参考资料齐备。凡所收入的文献,即附录其相关源流、作者生平等背景资料。如《尚书》,选原文三十五篇,并附录有"关于《尚书》的源流真伪""关于《尚书》的篇目、体例、名称"等资料;《诗经》则选原文七十二篇,又附录有"采诗""删诗""诗入乐"等资料。这些附录不仅有助于对文献原典的理解,而且还是对原典做进一步研究的第一手资料。其四,最精彩的是解题与注解。其解题提供了众多文献学与历史文化方面的信息,其注解则集文字、音韵、训诂、语法于一体,许多关键词语的注解还提供数说,以便参考选择。

总之,这套书是熔古代文献、古代汉语、古代学术史、古代文学、历史、哲学、文化于一炉的精选本。一书在手,掌握全部。这套书需要细读、精读、反复读。我的有关先秦两汉经史方面的基础知识大多来自于这套书。后来,我的研究方向由文学转向史学,又由史学转向经学,都与这套书分不开。所以特别感恩吴先生的知识馈赠。

## 大学精神的培育需要更多的吴小如教授

读先生论著,一个总体感觉是,他的考证广征博引,但文字很简洁干净。他的剖析深刻透彻,又充满感情。所以,读先生的论著,既是知识的增量,也是心灵的净化,更是情感的升华。

为什么先生的论著具有如此的魅力呢?我想,这可能与先生的为人与个性有关。记得2004年北京大学的钱理群先生在烟台大学做《大学之大》的报告时指出,一个大学需要一批大学者;一个大学者,应该永远保持一颗赤诚之心。我们读吴先生的论著,时时能感受到其赤诚之心。吴先生仙逝后,他的弟子和朋友写怀念文章,几乎都提到先生是一位道德与文章高度统一的人。这应该就是吴先生论著具有永久魅力的主要原因。

(作者单位:烟台大学)

# 吴小如先生教我怎样读书

孔繁敏

## 一

我与吴小如先生相识是在 1982 年底。当时他从北京大学中文系，我从北京大学历史系（研究生刚毕业）同时调到北京大学中国中古史研究中心工作。该中心自 1983 年开始在宋史专家邓广铭先生主持下，接受一项整理标点宋赵汝愚《国朝诸臣奏议》的任务。这部大书现存有二十几部刻本，但皆有不同程度的残缺，而残存部分又与传世的有关宋臣文集的内容有不少文字歧异，点校任务繁重。邓先生要求我们年轻的同志作为一项治史基本功训练，先手抄原文，在抄本上点校，然后请几位资深学者审阅，合格后方能过录到复印件上。我分担点校该书职官、兵制及边防门部分奏议，由吴先生审阅。我们两家居地相近，又有业务关系，因而往来较多。当我将点校稿送审几次后，不仅为先生的学识所折服，而且为其认真负责的态度所感动。我每次送阅几卷，他对重要疑难问题都亲自翻检有关宋人文集检对，修改意见一般在行文上加眉批，有时加以总体说明。他常利用清晨时光审阅，不积压稿件。同时要求“校完多少，盼先交来，随看随即奉还，以便尽快完工”。先生在审阅我校的卷一三三《边防门》奏议后批示：“此卷校勘详细，钞配辛苦，在所阅诸卷中，此卷最见功力。勉之，勉之！”这激励我更加细心工作，力争不出错。后来，我在点校此书的基础上，撰写了《赵汝愚国朝诸臣奏议初探》一文，先生阅改后于 1987 年 5 月向《文献》杂志予以推荐（1989 年 1、2 期发表）。1992 年此论文又得到先生的推荐，获北京市高校第二届哲学社会科学中青年优秀成果奖。

在该中心工作期间，我利用资料之便编写了《包拯年谱》一书，编写期间自然少不了请教。小如先生在为此书所作的《题记》中云：“凡是我提的几点不成熟的意见，他都经过考虑，酌予改订，并在内容上屡有增补。”先生阅稿之细举两个字可见。一是《包拯集》附录引有包拯所作五言诗八句。其中一句说“草尽狐兔愁”。先生阅后指出清人厉鹗《宋诗记事》卷十一引录此诗，其中“狐兔”作“兔狐”，请我考订一下。这两字之倒是很容易忽略的。而作“兔狐”更符合近体诗的平仄格律。又《文物资料丛刊》登载的“文革”中发掘的《孝肃包公墓志铭》，其中说到包拯“声烈表爆天下人之耳目”，先生怀疑“爆”作“襮”（bó）字。我核对发表的文字仍作“爆”字。后来见到墓志铭原件，仔细辨认是作“襮”字，作暴露解。《新唐书・李晟传》中云：“将务持重，岂宜自表襮为敌饵哉？”可惜我在发表时未作改正。

《包拯年谱》于 1986 年出版后，我又断断续续用了十二年时间撰成《包拯研究》一书。此书已跳出单纯的史学思考与研究范畴，由历史人物扩及文学人物、故事人物。我作为历史专业出身又去涉足文学艺术领域，尽管阅读了不少文学资料，但仍有力不从心、“门外谈艺”之感。为此我又去麻烦先生。先生对我所写“包公故事与清官文化”一节书稿修改较多。如我在写包公故事流传的背景中提到：“宋代城市经济及文化繁荣，像北宋开封、南宋杭州这样的大城市，聚集着大批达官贵人以及商人和手工业者等市民阶层。”先生在其后批道：“说唱艺术的听众还有很大一部分人，即《水浒》上所说的‘八十万禁军’。宋代军队集中于京师者人数至多，且闲散无事，多在勾栏瓦舍消遣娱乐，应于‘市民阶层’中补此一项。”我在分析包公故事流传的原因时写到“社会不公加剧”，先生批道：“此语含糊，应说贫富两极分化，社会矛盾加剧。”类此从内容到语句多有改动，在文后又提出总体性意见：

在民间流传的各种艺术品种的包公故事，其主要内容仍在反权豪势要以及贵族阶层的非法行为。从“陈州粜米”到“铡美案”，在反贵族权势这一点上是一脉贯通的。但文末所说的儒家思想，还应深入挖掘。小撇古为老张撇古报仇是“孝”，秦香莲故事则是维护妇女儿童的权益，“仁宗认母”是宣扬孝道。应把它们贯穿起来而不应罗列。有的属于母慈（按，此指“灰阑记”故事），即子孝的前提，文中未说清楚。故事中的鬼神问题还有包公藐视鬼神的一面，也应稍加强调（如“铡判官”）。

此文引述资料丰富，渊源脉络亦清楚，问题还在于末段的分析，即包公故事与人物的文化意蕴问题，包括对儒家思想的吸收与突破，对鬼神的运用与艺术处理等，仍须进一步加工。

这段意见对我认识包公故事的主题思想、文化意蕴等具有重要意义。此外，先生还将他于20世纪80年代初出版的《台下人语》一书借给我，其中有一篇是谈秦香莲故事与《珍珠记》关系的，供我参考补充。他还与我面谈所谓清官的阶级局限问题。这些意见在我后来的修改稿中都吸收进去了。我知道先生繁忙，一般不轻易打扰，但涉及文章修改较大而又吃不准的地方，我仍送呈先生审阅。令我感动的是，先生不仅没有厌烦，反而称赞我“用锲而不舍的顽强的写作态度不惜把自己的文章一改再改”（《题记》中语）。据我了解，先生对文章的认真阅改并非只对个别人，凡向他请教的年轻人的文章，或由他把关的待出版的论著，他皆一丝不苟。先生近来兼任《燕京学报》编委，组织部分文史方面稿件，尤对年轻人的指点十分细致，并争取修改到正式发表的水平。我发表过的二十几篇论文，约有一半经过先生的审阅与推荐。后来我了解到先生自身的经历，在学术道路上也是经过师友的培植一步步成长起来的，先生是“将心比心”，用心血浇灌年轻幼苗。先生曾对自学的青年朋友撰文说：“既要坚持自学，也要主动求师。”“没有老师的教诲提掖，没有朋友的切磋商榷，独学无偶是很难在治学方面找到途径并有所提高的。”这里稍微具体谈了一下先生对文章的阅改，一个重要原因是我了解一些教师对指导学生写学年或毕业论文（这本是教学任务）过于草率敷衍，这里有水平问题，更有责任心问题。实际上学生渴望我们的帮助如同我们渴望他人对自己的帮助一样。

先生长期讲授中国古代文学史，内容涉及诗歌、散文、小说、戏曲几大类。记得 1984 年先生给历史系大二学生及留学生开设此课，我抽时间听了几讲，后因一日本留学生每听此课必录音，请我做辅导，这样，我随录音边学习边辅导。可以说，先生讲课神采飞扬，有声有色；内容深入浅出，有理有据。听课者如同进入角色，身临其境，从而心扉敞开，精神振奋。如我听他讲宋代词人张先《天仙子》“云破月来花弄影”句，苏轼《水调歌头》“明月几时有”句，真是令人叫绝，对诗词的吟读，真是悦耳！每次听后都感到先生讲课太投入了，其学识、其态度令人敬佩。后来我看到先生的著作，他所讲的内容都有研究成果，所以能运用自如。先生曾在 1984 年写过《我爱讲坛》一文，其中说：“我一生已度过六十二个寒暑，除在校读书和当过几天业余编辑外，我只干过教书这一种工作。……1952 年院系调整，我留在北京大学。三十多年来，我讲过各种各样课程，送走了一班又一班同学。我爱本职工作，爱讲堂，爱青年人，对读书、查资料、备课、写讲稿，感到由衷的乐趣。近年来身体差了，还生过一场大病，尽管下了课疲乏得抬不起腿，吃不下饭，但只要走上讲坛，面对着朝气蓬勃的年轻人，把自己一得之愚贡献给他们，立感活力顿增，浑不觉老之已至。”我想，凡聆听过先生课的人，会理解、感受、体贴到这种心境的。

先生为人耿直热情。近些年请他写职称评定、论著评奖材料的单位和个人较多。先生说对此类事一是要成人之美，符合条件的要多说几句好话，争取能上去；二是要实事求是，不能不负责任地随意拔高，写得离谱。对请他写书评、书序的大致也是采取这两条原则。先生很看重邓小平同志“尊重知识，尊重人才”的指示，尤其对有真才实学的青年人大力举荐。

先生与我相识十几年,对我学术及为人处世方面的殷殷指教,使我铭刻难忘。先生曾用草体书录杜句“文章千古事,得失寸心知”赠我,勉励我做好学问,教好书。1997 年,我开始主管学院的教学与学生工作。我与先生谈及此事,他一方面说“官差不好当”,做工作比做学问操心,但现在的领导工作需要有这样一批懂得业务的年轻同志担任,同时希望我尽量兼顾一些学术工作。他认为培养一个学者不比培养一个干部容易,要有长期的功力,而且从长远来说,不能将干部作为终身职业,工作一段时间后最好仍回到业务岗位,继续从事学术工作。当然这里是指学校干部而言的。

我现在虽然工作岗位变了,但我仍希望继续聆听先生的教诲。我每次看望先生,都得到一些启迪,我的学术成长有先生的一份心血,我深为在人生道路上遇到这样的恩师而庆幸。

## 二

吴先生是我国著名的古典文学研究家、戏曲评论家、教授,先后有十几本大作出版,总字数约有三百二十八万。我对此学习领会很肤浅,对其学术价值不敢妄下结论,但有一个基本印象是先生的知识渊博、思想敏锐、求真务实、敢说真话、笔锋犀利。据其自身的回忆文章,先生的读书治学历程受其父亲吴玉如影响与师友帮助甚大。吴玉如先生平生嗜好读书作诗,尤擅长书法,是 20 世纪我国著名的书法家。先生自小耳濡目染,养成读书习惯。上小学时就爱读《三国》《水浒》《说唐》《七侠五义》等,后扩充到神魔小说、谴责小说、武侠小说、侦探小说甚至于新老鸳鸯蝴蝶派的作品。进了初中，开始读鲁迅、茅盾、老舍、冰心等大师五四以来的作品，后又拼命阅读翻译小说以及当代文学作品等。先生认为“做学问诚然必须读书，而读书却不等于做学问”。从做学问的角度看，先生受朱经畲、俞平伯、游国恩三位老师的影响最深。

先生上高中时，开始听朱经畲老师的语文课，内容涉及《诗经》《楚辞》《左传》《战国策》《史记》《汉书》等，知道了康有为、梁启超、胡适、钱玄同、顾颉刚、罗根泽等学者的著作和观点，从而也知道治《诗经》有姚际恒、方玉润，治《左传》要看《新学伪经考》和《刘向歆父子年谱》，读先秦诸子要看《先秦诸子系年考辨》和《古史辨》，以及什么是经学上的今、古文，史学上的“六家”与“二体”等。由此开了眼界，开始向五四以来学术研究的殿堂迈进。1945年时先生拜俞平伯先生为师。俞平伯先生治经、史、诗、词以及研究《红楼梦》，始终是从原始材料出发，经过独立思考，在具体问题上时出新见和胜解。1955 至 1959 年，吴先生参与了游国恩主持的《先秦文学史参考资料》和《两汉文学史参考资料》两书的注释工作。先生体会游老的治学方法和途径是：“首先尽量述而不作，其次以述为作，最后水到渠成，创为新解；而这些新解却是在祖述前人的深厚基础上开花结果的。”“所谓述而不作，就是指研究一个问题、一个作家、一篇作品或一部著作，首先掌握尽可能找到的一切材料，不厌其多，力求其全。这是第一步。但材料到手，并非万事大吉，还要加以抉择鉴别，力求去伪存真，汰粗留精，删繁就简，惬心贵当，对前人的成果进行衡量取舍。这主要是以述为作。如果步前贤之踵武而犹不能达到解决问题的目的，就要根据自己的学识与经验，加以分析研究，最后得出自己的体会。这就成为个人的创见新解。”先生总结游老的治学经验，包含了他自己的体会，认为自己走的也是这条路子，并认为“此势所必至，非力可强而致也”。

家庭影响与师友帮助毕竟是外因，关键还在自身努力，外因要通过内因起作用。作为自身努力的主要要求是读书。先生总结自己的读书经验及治学方法，先后发表了《读书要点、面、线结合》《多读、熟读、细读》《与自学青年朋友自勉》《积累与思考》《读书是求师的桥梁》等文章，其主旨就是刻苦读书，读书要讲究数量与质量，要学与思，知与能，点、面、线结合。先生在文章中特别勉励年轻人要刻苦读书，并深有感慨地说自己：“半个世纪以来，无论是做学问或写文章，主要是靠几位老师的提携和培植。而几位老师之所以能对我一见如故，则由于我在受业以前已遍读他们的著作，初见面便能声入心通，彼此引起思想共鸣。在老师方面觉得这个年轻人算得上知音，而自己则通过读书对老师已有了较全面、较深细的理解。其崇敬景仰之心是由衷而发的，不存在任何功利主义的目的。如果说我同上述这几位老师（按，指林宰平、俞平伯、废名先生等）有缘分，那么，遍读诸家著作乃是先决条件，更是我求师的不可缺少的桥梁。”通过转引先生上面的自述，以及他所写的大量《师友怀想录》等文章，我们还看到他在求师问业的同时，始终抱着一颗尊师重道的心，对提携、培养过他的老师们至今怀着深挚虔诚的敬意。这一点也是值得青年人学习的。

先生历来主张培养通才，青年人要博览群书，将基础“夯实”。“真正在学术坛站上有新见解、新发现乃至新创造发明的人，无疑都是对前人科学成果吸收得最多，吸取得最广，钻研得最深的人。”青年人不仅要知道专家学者、艺术大师的成名之作，也要了解他们所付出的艰辛，如王安石《题张司业》诗所说：“看似寻常最奇崛,成如容易却艰辛。”先生认为读书是艰苦的,但真正钻进去了会是一种享受,会对某些知识发生兴趣,通过逐步积累,反复思考,有所创获。先生倡导学理工的学生学一点文、史、艺术方面的知识,学文史的学生选学一门自然科学,同时指出:“如果要求学理工的或学文史的都兼通文理,未免悬准过高的话,那么,在自己的本行、本专业中应培养通才,有一专多能的过硬本领,总该不算是苛求的了。现在做学问往往分工太细,如治西方文学的不懂本国文学,治文学的不搞语言,治古典文学的不搞现、当代文学,治诗歌的不搞小说戏曲,甚至治先秦一段的连两汉以下的部分都不闻不问,这实在是自己把路给走窄了,看似很专,其实却脱离实际。”这是吴先生在 1985 年 8 月说的话,与今天我们教育界提出的要转变人才培养模式,培养基础扎实、知识面宽、适应能力强、文化素质高的人才正相符合。值得指出的是,有些知识面甚窄的所谓“专家”却瞧不起“通才”,甚至以“杂家”讽之。其实翻翻先生十几本大作,便会感觉其知识之渊博、见解之卓越、文笔之优美,远非某一些所谓“专家”可比。真正的“专家”是由博返约,知识面很宽,专家与通才应是辩证统一关系,鄙视“通才”者实非真正的“专家”。

先生在 1987 年北京大学出版社出版的《读书丛札》一书的《后记》中说道:

我平生读书治学,是从述而不作开始的。后来逐渐进入以述为作阶段,即在前人各种不同意见中选择自己认为正确合理的东西加以肯定。近年来为自己写文章订了两条守则:一是没有自己的一得之见决不下笔,哪怕这看法与前人只相去一间，却毕竟是自己的点滴心得；二是抱着实事求是的态度，决不人云亦云，稗贩前人旧说，更不偷懒用第二手材料。这姑且称之为述中有作吧。

先生曾把自己的读书经历归结为六个字：多读、熟读、细读。读书治学的经验则是十二个字：述而不作、以述为作、述中有作。先生于“述中有作”所遵循的两条守则，在近些年出版的他的大作

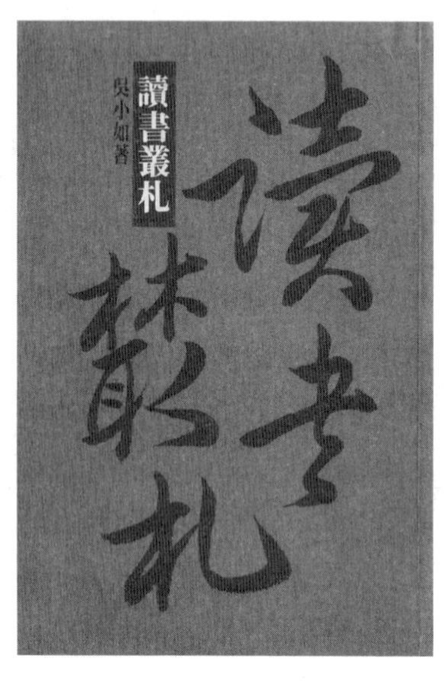


《读书丛札》书影

中得到充分体现，我拜读之后感到还有两个特色：一是与教学内容紧密结合，所作侧重于中国古典文学的诗歌、散文、小说、戏曲方面；二是与现实生活紧密结合，内容涉及现代人和现代文学，师友怀想、读书经验、语言文字及学风、文风等。尤其是对古籍整理、编辑出版、影视宣传、学术道德诸方面存在的学术、学风、文风

及语言文字等问题,皆涉及今人今事。先生敢于秉笔直书,实话实说,而且笔锋犀利,酣畅淋漓,体现一个正直学人的风骨。先生在《读书拊掌录》一书的《自序》中指出:"最近有好几篇文章指出,有人写文章专爱找别人的碴儿,对人吹毛求疵,以显示自己有学问,且认为这是当前文坛的一种不良风气。收在本书里的短文,确有不少是对写别字、读讹音、乱用成语、滥写病句诸般现象挑毛病的。但我对上述意见却不想'对号入座'。我只是本着一个老教书匠的责任和良心,希望祖国的语言文字得以纯洁而健康地发展,不让我们的文化窗口闹出笑话。"实际上指出文化窗口中的问题当今做得还很不够,护短的现象还不少,先生不计个人得失,关心文化事业健康发展的精神是非常值得倡导的。当然,先生在自己所写文章或主编的著作之中也偶有失误之处,但一经发现或别人指出,则本着"知之为知之,不知为不知""闻过则喜,闻善言则拜"的诚挚态度,公开撰文承认失误或承担责任,并向指出者致谢。我所见先生的《就〈人境庐集外诗辑〉答钱锺书先生》《关于〈范仲淹《岳阳楼记》考析〉一文的"校后补记"》两文即是如此。先生认为学无止境,是非愈辩愈明,人无完人,但反对文过饰非。

(作者单位:北京联合大学)

# 一代文史通才吴小如在京逝世

李昶伟

又一位文史通才溘然长逝。5 月 11 日晚 7 时许，北京大学教授吴小如在京逝世，享年九十三岁。南都记者从北京大学历史系了解到，吴先生家属告知，遵从吴小如先生生前遗愿，不会举办任何纪念活动，一切仪式从简。

“吴小如是通人，他的学问是通才之学，现在这种学问几乎已经绝迹。”说起吴小如的去世，北大中文系教授张鸣非常痛惜，“在中文系，他的学问最全面，能从先秦到近代通讲下来，不仅仅是了解而是精通，而且诗、词、散文、戏曲都有著述，除了吴小如先生，中文系找不出第二个。”

## 学者:北大中文系名师

吴小如，1922 年 9 月 8 日生于哈尔滨，原名吴同宝，原籍安徽泾县茂林，著名书法家吴玉如之子。1949 年吴小如毕业于北京大学中国语言文学系。从1951年在燕京大学国文系任助教始，至1991年在北京大学历史系中国古代史研究中心教授一职退休，吴小如在北大中文系、历史系教坛执教达四十年。

吴小如生前一直谦称，我只是一个教书匠。2012年，吴小如九十周岁生日，北京大学出版社出了一本《学者吴小如》。很多上过吴小如课的学生回忆这位“中文系最会讲课”的老师，一口京腔，解析经典诗文不仅透彻，还绘声绘色，时有新识，再加上一手板书飘逸遒劲，实在是享受。

以教育天下英才为最大快乐的吴小如曾慨叹：“年富力强的时候，我想培养青年人，青年人不找我；现在有些人要来找我，可是我年纪老了，又有病，处境不好。”

“吴先生对学问本身有一种虔诚的精神，他是真正做到了恪守学者的节操，这说起来简单，但真正坚定执着的不多。”张鸣说，吴小如先生说过，不出错不可能，但出了错要及时纠正，“见到错字错句以及讹传虚妄，他出于学者的严谨和对文化传承的重视，总是会去纠正，这其实是好事，但有的人面子上过不去，说他是‘学界警察’，他也一笑了之。他自己著作编书有人指出错误漏洞，他都会特别指出致谢，这种虚怀若谷，现在很稀缺。”

## 通才：能文、能诗、能书

从吴小如身上我们能看到上一代知识分子读书做学问的方法，上一代知识分子的遗风。吴小如虽然以治古典文学知名，但能翻译能诗词、能书法能登台，所感兴趣的样样俱通。

吴小如20世纪40年代曾写过短篇小说、散文，写过古体诗，发表文章时担心被父亲认为是不务正业，用的都是“少若”的笔名。老诗人邵燕祥回忆20世纪40年代初识吴小如，那时吴小如代沈从文先生主编一个文学周刊，与邵燕祥写信商量修改，邵燕祥第一次接到吴小如的来信，为他的几行正楷心折。信末署名“编者”，之后见面邵燕祥才知道他就是自己从1946年以来经常在平津两地报章上看到的“少若”，自己曾读过他写的许多书评、随笔、杂文。邵燕祥说，“当时我们两个人的年龄加在一起不过四十一二岁，这就是他（吴小如）后来诗中说的‘初识心惊两少年’吧”。

“吴先生的书法非常精彩，但他自己非常低调，从来不说自己是书法家。”张鸣说吴小如的观点是得在书法史上起一定作用的人，才可以叫书法家。“但他的书法造诣，确实是当得起书法大家的头衔的。”不过自从几年前中风后，吴小如已不能手书书法。

而对于自小就一直喜爱的京剧，吴小如不仅撰写剧评，也亲身实践上台演出，更致力于撰写京剧表演艺术的著作，出版的《台下人语》《吴小如戏曲文录》《吴小如戏曲随笔集补编》等，为戏迷和专业研究者推崇。此前，梨园界有深谙京剧艺术的三老——朱家溍、刘曾复、吴小如，张鸣惋惜，“吴先生的去世，意味着最为精通京剧的一代老人已经故去”。

# 忆恩师

李汉秋

惊悉小如先生仙逝，坐卧不宁，赶到他家设的灵堂，看到已有党和国家领导人送来花篮。我在先生遗像下不忍离去，先生的音容宛在，往事历历在目。

我1955年夏入北大中文系，第二学期开始上主课“中国文学史”，秦一段主讲是游国恩先生，用的教材是先秦、两汉《文学史参考资料》，不仅所选作品精当，而且训诂、典故、背景、作者身世，都详赅而不繁，有的还选列不同注解和评说，以启发鉴别和思考，大家都爱不释手。有老师告诉我们，把这本教材读透了，古典文学基础也就打好了。确实它是我们学习文学史的津梁，随我屡迁，珍藏至今已六十年。此书后来由中华书局正式出版，津逮学界。而编这本教材的主力就是当时的讲师吴同宝先生。我们都很敬佩这位不署名、未见面的老师。直到1957年上学期这门主课上到宋元段了，主讲的就是这位吴小如先生了，我们才亲聆他的讲授。亲炙之下，深切感受到老师学识渊博、功力深厚，而且教学认真，认真到亲自检查学生的课堂笔记。这在当年大面积的本科生教学中实属罕见。我的字本来就不好，加以速记潦草，他竟然能劳神费劲地细阅。我把“塑”字右上角的“月”写成“欠”，他都查出来了并加以批改。他自己治学扎实严谨，也就重视学生的基础训练和基本功培养。嗣后我当大学教师时，就没能这么认真批阅本科生的课堂笔记，但研究生论文中的错别字我倒认真批改了。

1978 年恢复评职称，我被破格越级评为副教授，先生为鼓励自己的学生，撰书楹联赠我：“江汉流终古，春秋集大成。”

1980 年我任安徽省古典文学研究会副会长伊始，就倡议并协同有关单位筹办了于次年召开的纪念吴敬梓 280 周年诞辰学术讨论会，那是纪念吴敬梓的 1954 年大会之后的第一次全国性学术活动。我请吴先生指导。他很快写了《（吴敬梓研究中）两个没有很好解决的问题》寄来。先生有朴学功底，治学重视资料文献等基础性学术工作，注重义理、考据、文章兼备。1984 年拙作《〈儒林外史〉研究资料》《〈儒林外史〉会校会评》出版，他鼓励说：“《儒林外史》的重要版本和资料文献你确实都掌握了，做学问就要这样做。”可见这符合先生的治学思想。1986 年他写下这样的评语：“治红学而重版本材料方面之人，如俞平伯、周汝昌，都是年高德劭、学有成就的专家，李汉秋对《儒林外史》的贡献绝不下于他们之于《红楼梦》。”

先生治学重独立见解，独辟蹊径，决不阿附，决不苟同。1998 年初拙作《〈儒林外史〉里的儒道互补》发表，张岱年先生看后在《人民日报》和《光明日报》上赞扬说：“李汉秋认为《儒林外史》反映了儒道互补的思想潮流，塑造了一些兼具儒士、名士特色的理想人物。我完全同意汉秋的见解。”并说这“是非常深刻的”。小如先生虽也赞许，但有不同见解，仍在《人民政协报》上撰文认为：儒家思想中就包含有道家的因素（大意）。他的学术精神体现了真正学者独立不阿的风骨。

2007年我的部分文章结集，他为我题写书名《李汉秋襄振传统文化实录》。后我又谒府请他改写为“李汉秋弘扬中华文化实录”。其时正有人来电求字，并说要提供“润笔”。他一口婉拒。我在一旁说：“您推掉人家的，却耐心为我题。”他郑重地说：“那不一样，咱们是道义之交。我不以字贾利。”确实，书法行家多谓吴先生书法绝不在那些名家之下，可他却矜慎不传。他不仅广博多艺，而且在相当多领域造诣精深。戏曲又是一例。他在梨园界的威望不在学术界之下。我也略涉戏曲史，拙著《关汉卿名剧赏论》赠他，他很高兴，回赠《京剧老生流派综说》。

2011年纪念吴敬梓310周年诞辰，由中国《儒林外史》学会（筹）与全椒县委、县政府合作举行学术研讨会，老中青三代学者近百位齐聚吴敬梓故里，我们重组了中国《儒林外史》学会。我代表同人造府恭请吴小如先生出任名誉会长。他慷然允诺，并说：“我也是‘安徽吴’呀！”才过三年，2014年是吴敬梓逝世260周年，我们正筹办纪念学术活动，可是再也请不到这位大师了！我们只好在纪念吴敬梓的大会上同时纪念这位一代名师。

（作者单位：中国社会科学院）

# 忆小如师　说书卷气

李敬东

前不久，听到吴小如先生去世的消息，笔者深有感慨。吴小如先生被称为最后一位训诂学家，乾嘉学派最后一位朴学守望者。吴小如生前任职北京大学，教授古典文学，包括诗词、戏曲，能从先秦一直讲到梁任公、鲁迅。如果说吴小如在当今的北大是绝无仅有的通学硕儒，应不为过。

吴小如于书法颇为精通，幼时受家庭影响，从其父吴玉如先生习书，八岁即临经典楷书碑帖，打下扎实的基础。十四岁学习行草，遍览历代名碑佳帖，临池不辍，一直坚持到晚年，其书法隽永温婉，完全从学问之中化出。这表明书法须臾离不开学养和文化的支撑。

过去，我们说某书家的书法有“书卷气”，这是从气韵审美来观照书法艺术。此时，对书写者的评判，绝非从笔法的角度，或间架、结构等基本技能上着眼。可见，“书卷气”是很高级的艺术层次，非深谙书艺者，往往不能望其项背。纵览当代书家，善书法者不可谓不多，但重读书、厚积薄发者寥寥。吴小如先生毕生看重读与学，无读书经历，不足以成学；无学养见识，不足以成书家。故而，吴小如说过一句听起来似乎偏激的话，他说："宁可一辈子不会书法，也不要当一个俗不可耐的写字匠。"现在，重温吴小如先生这句箴言，可谓切中时弊，当为至理卓见。

毋庸讳言，今日之书坛有漠视读书的风气。

书家毕竟不同于街头卖艺者，街头卖艺的人有一整套行规，从打场、吆喝到使出浑身解数表演，再博得众人钱财入囊，会让不知内情的观众看傻了眼。不信，可以仔细瞧瞧当今书法家们的行头，本为男性书家，长发披肩或扎个马尾小辫，穿一身不伦不类的唐装，登台书写表演时，也要连喊带叫，连蹦带跳，执笔的动作颇为怪异，或哗众取宠，简直和杂耍卖艺者同类。更令人遗憾的是，如此拙劣的打扮，却常常被一些媒体所追捧。

另外，有的书家屯了大量的新椠旧籍，用来装点门面。瞧瞧他们的书斋或工作室，明眼人看到貌似复古的茶桌、家具、书柜，未尝翻过的线装书汗牛充栋，便会一目了然。在某种场合大谈玄学，阴阳怪气。言不由衷的背后其实优孟衣冠，他们大都胸无点墨，却要装出当世圣贤的派头。笔者陋见以为，历来用心读书的学人，他们的书斋往往很简陋，包括主人的打扮，都朴素得让你为之惊奇。

由此，笔者私意揣度，吴小如先生终生以书法自娱，不愿掺和到书坛里虚与委蛇，或曲意逢迎。与其说是标榜洁身自好的学者品性，不如说是持守传统文人特立独行的风骨。

# 明日隔山岳　世事两茫茫

## ——吴小如先生忆往

李舒

有一个时期，我真有点怕吴小如先生。

别的老先生，待人接物都很和蔼，小一辈的来了，他都和鲁迅一样，男的给水，女的给糖。我有次参加某首长举办的堂会，座中俱是大腕名流，我只认得刘曾复先生，便惶恐地坐在角落里。刘先生主动走过来拉着我的手，说："今天我们爷俩儿做伴。""我紧张，不知道说什么。""哈哈，我也紧张，所以只会说好。"去给王元化先生读书，他也会请我们吃冰箱里的冰激凌，我一点也不紧张。

唯有去看吴先生，他说话总是不留情面。有次看他，他问我最近学什么戏。我那时新学了《红拂传》的两段，得意扬扬地告诉他。先生沉默两秒，对我说："叫我说啊，你这是走路不会，先跑起来了。把《三击掌》《朱痕记》这种唱好了再碰新戏。"可是之后，他又告诉我，程砚秋唱这出戏需有一个必要条件，便是侯喜瑞演虬髯公，"别人来，这戏就有点无聊"。吴先生是看过程砚秋的《红拂传》的，是 20 世纪 50 年代，在天津，"我主要是想看侯喜瑞，但看程先生最后那场，舞剑唱南梆子，唱完有一句‘此一去再相逢不知何年’，我当时想，这不就是杜甫诗里的‘明日隔山岳，世事两茫茫’吗？当时，我就哭了”。

听先生讲这些，简直像听讲诗，虽然挨了骂，却还是忍不住，想多待一会儿，每次见吴先生，都是这种复杂心情。

先生治学严谨，说戏亦如是，他常说“要有来历”，便是这个意思。有次他给我打电话，问我有没有看过一本“周简段”写的《梨园往事》。电话那头听得先生似乎很生气，那时他刚刚脑梗出院，不宜动怒，我便小心翼翼问来由，原来先生看这本书由梁漱溟、冰心两位作序，以为是本有质量的好书，便托学生买来一看，结果发现里面硬伤百出，比如说出自《拜月记》里的《请医》一折是《三堂会审》里的戏，比如说《哭祖庙》被奚啸伯唱得“苍凄悲怨，如泣如诉”，先生说：“明明这是汪笑侬的戏，这连你都知道，这什么专家？痴人说梦！”于是便查书，发现邓云乡在《文化古城旧事》后记“校后检讨”里说，他在1980年左右开始为香港《华侨日报》专栏《京华感旧录》写稿，几个撰稿人不分别署名，共用一个笔名“周简段”，自言“周简段一多半是我邓云乡”。和先生说及，他说：“邓云乡不至于这么糊涂，恐怕还是别人写的。”先生写文学评论也从不含糊，如评老舍的《面子问题》：“不过作者在思想批判方面只是含而不露地略事点染，也可以说是‘怨诽而不乱’吧。可惜对人物的描绘太穷形尽相，表现在舞台上怕要使观众肉麻，不能算作‘乐而不淫哀而不伤’罢了。”如评巴金先生的《还魂草》：“也许这是作者写给少年读的一部作品，一百多页的文字终难免有铺陈敷衍之嫌，因而叙述上使人感到有点拖泥带水。虽说用书信体作为小说结构在题材的姿态上比较新颖，但其牵强处仍能一望而知，使人感到些许生硬。”评钱锺书的《写在人生边上》，虽然表扬“他有极似苏东坡、徐志摩两人充沛的文章气势”，也老老实实说缺点，“则嫌于西洋文献征引过于繁复，对不懂西文的人来说则近于卖弄，而看过原文的人又难免认为贻笑方家”。

先生看起来金刚怒目，照顾老妻却有一副柔肠。2001 年，清华九十周年校庆，北大送贺联一副：“水木清晖荷馨永播，九旬华诞棣萼同欢”，是先生所作。吴师母非常喜欢，先生便另作一镜心，放在卧室柜上，直到吴师母去世，方才取下。陈熙中教授在《我的老师吴小如先生》中回忆：“第一次跟先生在外面吃饭的时间、地点以及吃的什么都忘记了，但有一件事却令我终生难忘：吃着吃着，只见先生对喜欢的一两个菜不再下筷子。我正纳闷时，先生说：‘这两个菜留下来，给我老伴带回去。’我听后一种莫名的感动涌上心头，差点掉泪。”后来，吴师母因为帕金森病卧病在家，先生照顾，耐心妥帖，从无怨言。有次我去看望他，说李商隐诗，正说到兴奋处，只听得内室一声低低的“小如”，吴先生赶忙温柔地答应着奔过去，那神情，我一辈子也不会忘记。

先生痴迷京剧，但和我聊天，总劝我多读书，少唱戏，有次竟笑着开玩笑：“你看我，唱戏唱傻了，连个博导都没评上。”其实先生爱戏的程度，我们都望尘莫及。20 世纪 60 年代，贯涌向吴先生请教古典文学，吴先生提出要向贯大元先生学戏，贯先生便有求必应。他的好友刘曾复先生早年从王荣山那里得知贯先生的箱底，便向吴先生暗授机宜。久而久之，贯先生警觉地问吴先生：“怎么我的底你全知道啊？”

吴先生说这个段子的时候，是在去年初夏。我和《绝版赏析》制片人柴俊为老师以及为《吴小如京剧唱腔选》编录唱词的姜骏博士一起去看望他。拿到 CD 的吴先生非常高兴，和我们聊了一个多小时，虽然声音不似从前洪亮，却思维清晰，博闻强记，比我们这些后生晚辈都强。我们怕打搅您休息，便要告辞，先生还说："没事你们再坐会儿，我一点都不累。"后来，我因为编写《绝版赏析》的专题电视片《荀慧生日记》，还几次请教先生，先生一一作答，还再三嘱咐我："不要随便相信专家胡咧咧，凡事要有准谱。"没想到，冬日里的那个电话，居然成了和先生交往的最后记忆，悲痛之际，友人告诉我一则故事：朱家溍先生的女公子朱传荣有次陪朱先生去吉祥剧院，听何玉蓉老先生的戏。散戏时，吴先生很想和朱先生聊聊观后感，可自己要赶紧去平安里倒 332 路公交车回家，于是，朱先生慢慢骑着车，吴先生跟着一溜小跑，边跑边说，两位老先生像小孩一样可爱。现在，他们又可以在天堂里，一起看好角儿、听好戏了。

# 怀念吴小如先生

刘梦溪

没想到吴小如先生会在这个时候离开我们。虽然享年九十有三,按古人的说法自是寿考,但在我个人还是感到太过突然。吴先生是我尊敬的师长,大学就读,就曾亲聆咳唾之音,嗣后为学,过从不密,往来不少。我说的“这个时候”,是因为此前的3月31日,南开大学的来新夏先生逝世了,享年九十二岁,两位当代文史大家之逝,仅相差一个月十天又四个小时。

来先生之逝,我本该写点文字的,近十年我主编的《中国文化》杂志,几乎每期都有来公之作,关于他的学术活动也偶有参加,往还书札亦可成帙。他逝前不久还有信给我。为表达追怀之意,今年的《中国文化》春季号,特辟《来新夏先生遗稿》专栏,刊出他的遗作两篇。我在专栏的编者按语中写道:“2014年3月31日下午3时10分,来新夏先生不幸逝世,享年九十二岁。近十年,来先生与本刊往来密切,经常有文献考订和书事随笔交《中国文化》刊载,我们则有文必登。本期的两篇遗稿,即为先生逝世前不久寄来，谦称供‘补白’之用。我们非常怀念来先生的学问风采。他早年得陈援庵、余嘉锡、张星烺等名宿之教，以历史学、方志学、文献学名家，《近三百年人物年谱知见录》《书目答问汇补》《北洋军阀史》《方志学概论》等著述，足可成为沾溉后学的学术遗产。他出生浙省，就读辅仁，执教津门。思想自由，文笔灵活，著述宏富。噫！哲人远去，吾心伤悲，往事依依，不胜追怀哀悼之至。”

两位先生相继离世，都是我不曾想到的。我和来先生的交往属于学术忘年，和小如先生更添一层师生之谊。我非北大出身，但20世纪60年代初读大二的时候，整个一学期的工具书课，都是由吴先生来担任。他对治学工具的掌握，对文史典故的熟悉，让我敬佩无地。原以为所谓工具书，不过是各种字典、词典之类，或者最多再加上几本韵书。谁知在吴先生那里，十三经、二十四史、全唐诗、全唐文、全宋词、六十种曲、《太平广记》，无一不是工具书，而且是治文史之学的更重要的工具书。还从吴先生学得了《全上古三代秦汉三国六朝文》可以简称为“全文”，《全汉三国晋南北朝诗》简称为“全诗”，《汉书·艺文志》简称为“汉志”，《隋书·经籍志》简称为“隋志”。这些个简称，至今我用起来仍无失无忘。特别令我难以忘怀的，是我的一篇研究《红楼梦》的文稿，得到了吴先生的批改指点。文稿为《红楼梦前五回在全书结构上的意义》，有一万五千字之多，一次下课后我交给了他。一周后的课后，他找我退还，很多页有圈点批改，并附有三页稿纸的评语。评语具体写了些什么已不复记得，印象中基本都是鼓励的话。我日后的一度治红学并小成气候，于今思之，和吴先生当年对我的鼓励也许不无一定关系。

因为有此前缘，2001年年初，一次我和吴先生说起四十年前的这一往事，并将我的《红楼梦与百年中国》一书呈请他指正。不料过了一段时间，竟在2001年3月11日的《人民政协报》的《学术家园》版，看到了吴先生的文章《红学：二十世纪小结——读〈红楼梦与百年中国〉》，差不多一个整版，让我惶悚不已。他说“一气读完”此书，“然后更反复披绎”，可见吴先生对红学的情趣之厚。文章自然讲了一些称许的话，但措辞属意极见法度。他看重的是我研《红》的“平常心”，未尝以之为“吃饭之具”。我主编的《中国文化》杂志，每期都送给他，他觉得刊物办得是好的，唯错字没有根除，是为一憾。一次他还请严家炎先生带话给我，说要注意刊物的错字。严先生转达意见，就像做学问一样严谨，批评的语言一字不漏。吴先生对称谓的混乱，尤为恨恨。“兄”之一词，是表示对往还彼方的尊称，对自己则谦称为“弟”，而与年龄的大小无关。但此词使用的禁忌处在于，除非特殊情形，年小者绝不可以对年长者以“兄”呼之。倒是年长位尊者，可以比较自由地称年龄小于己者，甚而对弟子、晚辈，有时亦不妨“兄”之。记得吴先生曾有专门的文章谈及此义。还有写信的一方，可以在落款处留下“敬启”字样，但上款绝不可以写“某某先生敬启”。盖“启”有二义，一曰“开启”的“启”，一曰陈述之意。故写信人落款可以自称“敬启”“拜启”，意为“敬陈”“拜陈”，而对收信人写“大启”“道启”可，却绝不能写“敬启”，他亦有文及此。吴先生对文章义法和属词称谓的讲求，是严格的，至有“学术警察”之目，究其本心，则是为不乱吾国固有文脉，守持语言文化之纯洁。

我的不能忘怀于吴小如先生，是当自己马齿日增、著述多有的情况下，仍不时向吴先生请益而随时得到指点。十数年前，我正在研究陈寅恪的家世遭际，其中涉及陈宝箴、陈三立经略湖南期间和文廷式的关系。文廷式当过珍妃的老师,深为慈禧嫉恨,早在戊戌政变之前即被赶出宫。八月政变后,又严令各地搜捕,并可以就地处决。其时文在长沙,为陈宝箴、陈三立所救免。后来文廷式死,陈三立写有《挽词六首》,第四首开头一句为:“元礼终亡命,邠卿辱大儒。”这“元礼”是谁?我一下蒙住了。于是打电话给吴先生,问其所疑。吴先生连沉吟都没有,立即回说:是李膺,你查查《后汉书》。我一查果然是遭遇东汉党锢之祸的李膺,元礼是其字。这样的师长,对古典如此“脱口而出”的功夫,即使学术长辈中,也不多见。后来《陈宝箴与湖南新政》出版,我特在后记中标明此事并向吴先生致以谢忱。我的感谢吴先生,还由于大学就读之初使我深受教益的两部著作:游国恩先生主编的《先秦文学史参考资料》和《两汉文学史参考资料》。这两部书当时在我心里不啻学问渊薮,它们为我铺平了通往古典之路。这两部书都是由吴小如先生注释定稿,其沾溉文史后学的功德,难以言喻。

2010年,比吴先生小七岁的老伴去世[①],他增加了寂寞。一次通电话,他说了长长的一番话,关于吴玉如先生,关于京剧,关于俞平伯先生,关于对《唐宋文学史参考资料》编写的期待,思路清晰,嗓音清亮。我说:“想不到您能讲这么长时间的话,以后该多打电话给您。”他说也不要多,不要在晚上。然而自今而后,我再也不能打电话给他了,惜哉!

(作者单位:中国艺术研究院)

---

① 吴先生夫人杨玉珍女士当逝世于2010年10月5日。

# 吴小如：走在燕园与梨园

刘敏

3 月份时，学生姜骏去北大办事，顺路到中关园探望吴小如。一开门，发现九十三岁的吴小如又瘦了一圈，姜骏心疼地说：“看您一回，瘦一回。”吴小如的声音已经不似几年前高亢顿挫，多年来做票友的清透底子，已加速含混在衰老的声线中：“夜里睡不好，白天吃不多，还吐。”

姜骏说：“一位在加拿大的戏曲界朋友托我咨询，当年张伯驹给您说戏的时候，《审头刺汤》中是否有一句‘不因渔父引，怎能见波涛’？”

“有。”话音刚落，吴小如立刻肯定，又一字一句慢慢纠正，“不是渔父引，怎能上舟船。”——在北大中文系和历史系研究了一辈子文史的吴小如，跟日渐衰弱的身体不同，头脑像是一本永远打开的辞典，从未放缓过索引的速度。

两个月后的 5 月 11 日，因为偶发肺部感染，吴小如被学生带着去医院打了两瓶点滴，回家小睡后，傍晚时分又习惯性地挪到沙发上，翻看最新的信件。等到保姆发现他喘得厉害，晚辈们闻讯匆匆赶到时，九十三岁的吴小如已经悄悄告别了人世。

亲友们看到，瘦削的老人靠坐在沙发上，在一堆书山围绕之中，依旧保持着每日阅读的姿势。

## 先　生

《文史知识》杂志副主编胡友鸣对当年的"唐宋词专题研究"课记忆犹新："阶梯教室，近二百人的座位满满当当。80年代时候我们也逃课，但吴小如先生的课没人逃。"胡友鸣回忆，吴小如上课声音洪亮，纯正的口音含着京腔，不仅风趣生动，而且对材料有自己的见解。"那时候我们管一般老师就叫老师，管资格老、学问高的叫先生。吴小如是当时北大中文系最年轻的'先生'。"

北大中文系教授陈熙中是吴小如20世纪50年代的学生，他告诉本刊记者："考据或赏析，一般的学者只能精通一面，吴老师最大的特点就是能把二者完美结合。"吴小如在《我是怎样讲析古典诗词的》一文中，也总结过自己当年的教学方式："一曰通训诂，二曰明典故，三曰察背景，四曰考身世，最后归结到揆情度理这一总的原则，由它来统摄以上四点。"

陈熙中介绍，20世纪50年代中期，北大中文系确立了先讲作品、后讲文学史的授课方式。中文系编著的《先秦文学史参考资料》和《两汉文学史参考资料》两本厚厚的参考书，是吴小如知名的学术成果，他分别承担了前者全部和后者五分之四的篇目注释，这两本书数十年来一直为国内大学中文系指定的教材或参考书。

此后20世纪50年代出版的《读人所常见书日札》、20世纪80年代的《读书丛札》，也是古典文献学方面的重要作品。其中《读书丛札》可以看作吴小如在诗文考证、字义训诂方面的代表作，周祖谟、吴组缃、林庚、周一良等先生，都给此书以高度评价，夏志清在《香港文学》创刊号上写过一篇文章，认为凡是搞中文的，都应该读读吴小如的《读书丛札》。

“吴老师从小家学好，《诗经》《左传》这些都是脱口而出，而且有记忆力强的天赋。由于他会得多，同样讲一个时代的文学作品，他能够把前后人连起来，达到融会贯通。”陈熙中介绍，除这种时代上的纵贯之外，吴小如还是个横向的通家。“在北大中文系，他上过文学通史，还开设过中国小说史、中国戏曲史、中国诗歌史、古典诗词、散文、工具书使用方法等课程，精通文字、音韵、训诂、考据与欣赏，无论现在、过去，这样通的老师都再找不出一个。”

多年后，胡友鸣在为《文史知识》组稿时，多次受益于吴小如的这种贯通。相比其他学者，吴小如的文章可以横跨文史。比如做儒学专号时，“文以载道”这个论题看起来简单，却需要从文学史、思想史的角度做比较分析，这种纵横捭阖的题目，找吴小如先生最合适。而一旦哪个作者出了岔子，吴小如也是“消防队”之一。一次《文史知识》急需一篇关于《诗经·关雎》的赏析文章，胡友鸣说，只有三天的工夫组稿，赶紧骑车去北大找吴小如救急。“古人有‘倚马可待’一说，显然并非夸张。”吴小如的文章不仅完成得快（三天内完成），而且“解说分析鞭辟入里，确实独树一帜”。最近，北大出版社刚出了一套从先秦到清末的古文赏析，收取了很多知名学者的研究，其中吴小如所占的比例最大。

最近二三十年,在《文史知识》等报刊上常见到吴小如的文章,然而吴小如与报刊的结缘,早从少年时代就已开始。20 世纪 40 年代,他用“少若”的笔名活跃于京剧剧评、现代小说书评界,于小说、散文、古体诗,无不涉猎。

陈熙中至今记得,年轻时自己曾带过很多同龄人去找吴先生,大家见到吴小如,几乎每人都提到自己从20 世纪50 年代就看他的书。“那时候有一本畅销期刊叫《文艺学习》,讲古今中外的文学作品,在当年的文学青年中影响很大。上面王瑶先生讲中国诗歌,吴小如做《中国小说讲话》连载,多少文学青年学习小说和诗歌都是从这里开始的。”

## 票 友

按照现在的眼光,吴小如是一个标准的世家子弟。1922 年 9 月 8 日,他出生于哈尔滨,原名吴同宝。父亲吴玉如是知名的大书法家,启功赞其“三百年来无此大作手”,曾任津沽大学中文系主任、天津市文史馆馆员等职。童年生活中,在父母带领下,吴小如接受了最完善的学前教育,通读了《诗经》《楚辞》《论语》等国学典籍。

三岁时,弟弟吴同宾出生,母亲没空照顾吴小如,留给他的玩具是一架留声机和一堆百代唱片,这潜移默化地培养了吴小如对京剧的爱好。五岁开始,他就随家人外出看戏,而后迁居天津、北京,更接近当时的知名票房。而第一次听到著名武生盖叫天,是在南京外祖父的家宅里。

在此后一生中,京剧成了吴小如最大的爱好。从十三四岁开始,他就在报纸上学着前人笔法,老气横秋地写剧评。吴小如晚年最爱回忆的一个故事,是1939年跟弟弟吴同宾去中国大戏院看侯喜瑞的《连环套》。两个男孩坐在楼上,发现唱一会儿,楼下的观众走一批,唱一会儿,走一批。“台上唱得挺好的,不应该啊!”直到章遏云接着上台演《金玉奴》,看见水一点点漫进剧院,兄弟俩才意识到发水了。

“还看吗?”“没事儿,咱们在楼上,怕什么?”六十多年后,在京剧纪录片《粉墨春秋》中,吴小如、吴同宾两位老人分别在北京、天津对着镜头回忆这段经历,合成了完整的故事。等到演员一丝不苟地唱完了全场,一楼的水已经进了一尺半,洪水已经把天津市都泡了。兄弟俩花了平日十倍的价钱叫黄包车回家,等到了家门口,“大水马上就没到车座了”。

这样的痴迷经历,日后成了吴小如京剧剧评最深厚的经验积淀。一直到“文革”前,吴小如每周必看京戏,一生看过一千五百多场,玩票学过四五十出戏,向伶票两界名人如韩慎先、王庾生、安寿颐、贯大元、张伯驹等人求教,与奚啸伯、叶盛兰、王金璐、裘盛戎等人交情甚笃。成果则是近百万字的《台下人语》《吴小如戏曲文录》《吴小如戏曲随笔集补编》等作品。在京剧戏曲评论上,与朱家溍、刘曾复名气并称。

八十二岁的中国戏曲学院前副院长钮骠,是吴小如近六十年的学生,从20世纪50年代末开始就跟着吴小如学习古典文学,他说:“吴小如研究京剧,最大的特点,他见过好角,自己也收藏了上千张唱片,不光是鉴赏,而且研究,研究各个流派在发声、吐字上的特点。”

“解放后的京剧剧评总是说优点,或者干脆是介绍剧情。吴先生是对剧目的综合评论，他不光说某个演员的优点，还会指出不足。这也会得罪很多人，还曾经有人上门找过他的麻烦。但吴小如的眼睛是很厉害的，看得多，能洞察是非。”钮骠家中的书柜，有一个格子满满地陈列着吴小如的戏曲评论著作，“他是从资深的京剧鉴赏家，到造诣很高的京剧评论家、京剧研究家”。老先生抽出来新旧两个版本的吴小如《京剧老生流派综说》，告诉我们，这是当前京剧界研究老生流派水平最高的作品，想学好老生，绝不可能错过这本书。而启功多年前，也从史论的角度评价过这本书——“内行不能为，学者不屑为，亦不能为”，“真千秋之作”。

钮骠回忆，他当时在学校里排《活捉三郎》，这出戏每一句词都是典故，吴小如帮他把所有的典故都考证出来，拿不准的就去找俞平伯请教。西厢记《佳期》中张生与崔莺莺幽会，红娘听门，旧唱词按现在看有些地方不健康，钮骠和同事们改了，也都去找吴小如帮忙审订。

“在戏曲评论上，吴先生用的也是古典文学的治学态度，没有很深的功底是做不到的。”吴小如把戏曲的要素归纳为音乐歌舞、滑稽诙谐和杂技武打，指出这些要素在古代就已经存在，并旁征博引地梳理各自演变史，指出直到宋元时期，它们相互影响、吸收，有机融合为一门综合的艺术，才成为真正的戏曲。在上文学课时，他又会用程砚秋的唱腔来解释杜甫诗中“沉郁顿挫”的内涵。

陈熙中告诉我们，在戏曲上，现在的中文系老师只讲戏曲文本、文献的分析，但吴小如可以讲史，讲活生生的舞台实践经验。钮骠认为，之所以说吴小如的离去，可以看作一个剧评时代的结束，是因为“吴小如经历过梅兰芳、余叔岩、杨小楼会聚的黄金时代，而且那时候其他的配角也群星熠熠，按我们话说，是‘一棵菜’，是整个京剧艺术整体最勃发的时期”。

吴小如曾在一篇文章中评价自己：“惟我平生情性褊急易怒，且每以直言嫉恶贾祸，不能认真做到动心忍性、以仁厚之心对待横逆之来侵。”在庆祝吴小如九十岁寿辰的文集《学者吴小如》中，吴先生耿介的性格，也是诸多学生回忆中忍不住要着墨的部分。

1949 年从北大中文系毕业后，吴小如曾受业于朱经畲、朱自清、沈从文、废名、游国恩、周祖谟、林庚等学者，是俞平伯的入室弟子，随俞先生四十五年。从来学业功底深厚，又多少带着旧式文人的清高，吴小如最受不了中文专业上的纰漏。

2003 年，一著名作家在其作品中将“宁馨”用作“宁静馨香”，把“致仕”讲成“到达仕途”。吴小如撰文批评，说“宁馨”其本义既无宁静意，又无芳香意，它只是一个所谓联绵词，不应拆开来用，更不允许拆开来讲。“致仕”，两千多年来都指官员辞职归家，作者“知不知道这个出处是他的事，但只凭他一句话就把这个词语改变了讲法，恐怕不符合约定俗成的通例”。

在最近两年的采访中，吴小如依然出语犀利，认为某些电视台的“讲坛”节目，“不能说误人子弟，至少也在误导观众。一些主讲人连基本常识都不过关，原文都讲错了，但是名气很大，又出书，销路还挺广”。

吴小如自己的解释是，“言寡尤，行寡悔”，做人说话要问心无愧，做出来的事情不至于做完后悔。不管别人满意不满意，自己要不说违背良心的话，不做让自己后悔的事情。如果说的话一点儿没错，不做别人不满意的事情，那就变成滑头了。

“文革”后，恢复职称评定时，吴小如因人事上一向的固执性格，晋升并不顺利，当时愤而要求出走北大，去中华书局做编辑。

最后是北大历史系的周一良、邓广铭三顾茅庐,好说歹说把他劝到了历史系。在《周一良自传》中,周一良也把此事看作自己任内最得意的两件工作之一。

只可惜,在历史系,吴小如的主要工作是为宋代的《国朝诸臣奏议》做点校的定稿人,同时为历史系学生上一些工具性的基础科目。晚年吴小如自己也认为,“到了历史系后,也没发挥我的长处,变成边缘人物”。

因为专业并不相符,已经成为教授的吴小如却无法正常收研究生。吴小如一辈子多次“救火”,临时接替其他老师指导学生,成为日后这些博士生导师的导师,但基本没有自己专属的研究生,不得不说是个遗憾。

## 长忆未名湖

2001 年,清华大学九十华诞,北京大学想送副贺联,吴小如师从父亲吴玉如,书法“冲灵和醇,神韵两绝”,是拟定贺联的不二人选。“水木清晖,荷馨永播;九旬华诞,棣萼同欢。”在贺联中,吴小如嵌入“清华”二字,把北大、清华比作兄弟关系,也将朱自清、季羡林提到的水木清华、荷塘月色融进对联。

对联送走,吴小如重新写了一副——卧床的老伴喜欢这幅字,就专门挂在她的床头。“吴老师对待师母,都是这么体贴入微。”崔志光是吴小如的上门弟子,十几年交往中,见证过很多类似的细节。

吴师母从三十年前开始,身体变差,糖尿病、帕金森、高血压等症依次袭来。20 世纪 80 年代初,吴小如曾带师母去宣武医院治疗帕金森，当年一起住院的人，早就都陆续过世了，吴小如一直把老伴照顾得妥妥帖帖，买进口药，雇两个保姆轮番伺候。六十岁退休后，往往是学者的第二黄金期，吴小如却因为照顾老伴一直分身乏术，在京的学术会议，七八十岁的老爷子总是迟到早退，中午一定要回家与老伴吃饭，外地的则完全没办法参与。

退休后，吴小如在中关园80年代的老房子一直没换过，他大老伴七岁，一直担心熬不过她，自己也想换街对面蓝旗营的房子，又怕钱都买了房子，之后的生活难以为继。崔志光曾经带朋友拜会吴小如，朋友一进门，忍不住惊呼："您怎么住这么小的房子啊!"站在只有简单粉刷、简陋木质家具的斗室里，吴小如开了句玩笑："我这是'二间半(二尖瓣)狭窄'!"

很多学生都回忆，晚年的吴小如，依旧笔耕不辍，每天固定时间写大字儿、读书、看报。为了给老伴治病，收录宋词结集出版，并义务为已故老师整理书稿，三十万字的文稿堆成厚厚一摞，里面录入的错别字全都被一丝不苟地挑了出来。他最大的爱好，一个是写字，另一个就是谈戏。钮骠去探望时，吴先生总要滔滔不绝地与他聊过去的戏码，说到最后还要留住"再谈一会儿"！姜骏是北大化学系博士后，也因为戏曲与吴老师成为忘年交。他还记得，有一天傍晚7点多，自己骑车从吴先生家楼下经过，从先生卧室窗口传出京剧老唱片的声音，悠悠扬扬的。那一刻，阴沉的空气也仿佛明快了许多，真想大喊一声"好"。

年轻京剧票友樊百乐几年前通过姜骏认识了吴小如，他说："吴老师的卧室很小，床跟窗户之间就一条L形的小过道，床一边堆满了书，他每天看什么都有计划。每次去，他总是坐在那个过道里，一边看书，一边晒太阳。"晚年的吴小如还保持着巨大的阅读量，一次樊百乐带了一本赵越胜的《燃灯者——忆周辅成》，听说记录的是北大教授周辅成与学生的忘年交，吴小如拿过来，当着樊百乐的面就开始翻看起来。

“这是吴老师很天真的一面，读起书来就一下子忘了，把你晾在那了。”吴小如看了有二十分钟，突然指着书页对樊百乐说：“你瞧，周辅成也在探讨陶渊明是道家思想还是儒家思想的问题，我曾经也写过一篇文章。”樊百乐回忆，那时候吴先生说话已经不像过去那样，是高亢的六字调，但依然掷地有声：“陶渊明，是真——儒。”

2010 年，三十年的病榻陪伴后，吴小如的老伴去世，那副“水木清华”的对联被吴小如取下。一个下雨的黄昏，姜骏来拜访吴小如，只见老人灯也不开，自己在房间里枯坐着。看见他，吴小如黯然说了一句：“天儿这么不好，你师母一个人孤零零地在那边，我不能陪她，心里真难受。”

2009 年，吴小如第一次中风，右半侧身子开始不听使唤。吴小如多次说，年老最痛苦的是不能写字了，“实在太难看”。陈熙中家还有一幅吴先生的手书，墨迹涣散、大小不一：“李文碑最不易写，亦不易得，今竟藏三种，亦云幸矣，惜手不听指挥何。”此后，吴小如试图慢慢恢复手书，中间也历经几次反复。

2013 年下半年，陈熙中所在的北大中文系 1957 级同学正在书写回忆录，这是吴小如亲自带过，关系也最为亲密的一届学生。吴小如听说后，主动要求“我已久不写字，让我练一练，给你们题个书名吧”。

几天后，陈熙中去取吴小如的墨宝，这是他最后一次看见老师写字，宣纸上是寥寥五个字：“长忆未名湖”。

# 也说吴小如名气不大

刘凤桥

写完《吴小如为何爱纠错》小文,有关吴小如先生的一个个问号都蹦了出来,下面想说说吴小如名气大小的问题。记得几年前,我在编"吴小如艺术丛书"时,一位领导疑惑地问我:"你们都说吴小如是大家,我问了几个人,怎么都不知道他?"

当时我无言以对。说实话,也不想对这位领导解释什么。但这在我脑袋里扎了根儿,并且一直勾引着我去想想。

平心而论,吴小如在社会上的俗名确实不大,知道他的人多数在文学文史领域,再就是戏曲界,远不如一些所谓的"大师"要得开、名气大。究其原因,可能有这么几点。一是吴先生的社会活动少。七十岁以后基本谢绝所有的社会应酬,老老实实在家读书、写作和照顾老伴,过的基本上是隐居式的生活。不抛头露面,怎么能扩大影响呢?二是没有写出所谓有轰动效应的作品。吴先生的书基本都是常销书,就是三年五年、十年二十年甚至一百年以后,也会有人买、有人看的书。不是通俗读物,又不标新立异、哗众取宠，很难引起多大的社会反响。他写的书都很专业，受众面比较窄，一般人不喜欢看，也看不懂。偶尔写些针砭时弊的文章，又多数是招人烦的，不像有的作家一书惊人，马上蹿红而天下皆知了。可惜吴先生一辈子都没有这样的能耐和福分。最让我们感到还算欣慰的是他去世的那一年，诗刊社搞了一次诗歌奖，他“莫名其妙”(吴老语)地被选中了，成了唯一一位获得终身成就大奖的诗人，算是“风光”了一把。但先生没有参加颁奖典礼，只是在提交的书面感言中说了几句非常低调的话：“这个奖给我，不是因为我的诗写得有多好，而是看我老了，给我一点安慰……”

吴先生名气不大，还有一点原因，就是他不善于(准确地说是不屑于)炒作自己。曾经有人认识到吴先生是个“宝贝”，策划拍他的宣传片，在主流媒体广泛宣传。吴先生怕给“当猴耍”，硬是拒绝了，又失去了一次“爆红”的机会。吴先生的书法写得好，纯净娟雅，有人提议给他张罗一场大的书法展(包括出书法集)，他也拒绝了。理由是他不是什么书法家，只是爱写毛笔字。吴先生对书法家的标准要求很高，在他的心中，只有像他父亲吴玉如那样开宗立派的人物，才有资格称为书法家。所以，吴先生从没有加入什么“书协”一类的组织。他常说，他父亲的书法写得比他好多了，生前也没有办过什么书展之类，他有什么资格和脸面去凑这个热闹？吴先生生前也搞过一次小型书法展览，那是在他勉强同意的情况下，我和几个朋友去吉林省博物馆小小地展示了一下。吴先生也没有到场。这次展览，吴先生没有反对的理由是，“东西是你的(我收藏了一些先生的书法)，你怎么处理，我无权干涉”。后来，我又把京郊的房子腾出来，布置成吴老的书法馆，开馆时请了吴老的一些门生故旧来参观，吴老也没有参加，并且直到他老人家去世，也没有到馆里看一看。先生对这些事情，确实是不怎么看重的。我编“吴小如艺术丛书”(一共三本，分别是《吴小如手录宋词》《吴小如录书斋联语》《吴小如书法选》)，他开始也是不同意的。后来我想了一个办法，请他写宋词，并且对所选宋词做简要点评，这才把他对古典诗词研究的兴趣调动起来，勉强应了。如果单纯是书法，恐怕老人家是不会答应的。包括后来策划出版《吴小如录书斋联语》，开始我想请先生写大对联，先生不同意，还是坚持以研究学问为主，最后搞成了那样一种形式。也正是因为我剑走偏锋，才让老人的书法得以以较多的面貌留存于世。很多朋友称我做了一件抢救性的工作，善莫大焉！我也认为这是一件有意义的事情，尽管要了点小聪明，但能把先生的书法艺术呈现给世人，也算功过相抵了。知我罪我，任凭先生吧。

吴先生名气不大的第四个原因，可能也是最主要的原因，就是不善于结交官场，不愿意与“达官贵人”往来。吴先生交往的多是爱做点学问的穷朋友。所以，他在“上流社会”的名气远没有在民间大。在这个社会，要想成名，没有一些大力者推助，是很难奏效的。吴先生在这方面不仅不内行，反而相当排斥。他的朋友中，官儿当大的，并且一直保有来往的，只有上海的王元化和北京的周南，王当过上海市委的宣传部长，周曾经是新华社香港分社社长，都是文化口儿的官，两人本身也都是文化人、学者。周先生和吴先生少年时就交好，又都爱写旧诗，相交弥笃也就不奇怪了。吴先生的学生中当官的也不多(他是很反对学生从政的)，如果哪个学生热衷当官，不专心学问，他就很不高兴，以至渐渐疏远不与之往来了。

吴先生自己更不愿和当官的或者某些名人有牵扯。我写文章时谈到某位当下非常有影响的大师曾经跟吴先生学过戏，跟玉如公学过书法，等等，老人家就是不认这个账，几次都在审稿时将这一段画掉。我当时很不理解，心里暗自嘀咕："有这样的学生不是很好吗？"但没敢说出来，可能先生真的认为不怎么好。季羡林先生去世时，有人想请吴先生写一篇悼念文章，先生说"我对他不太了解"，拒绝了。我筹备吴小如书法馆，有人建议请某位领导题写馆额壮壮门面，也被先生断然否决了。还有一次，一位领导到某高校视察，想找几位老教授座谈座谈，校方给先生发了请柬，吴老将请柬丢在一边说："我就是个教书的，没什么能给领导汇报的。"愣是没听招呼。后来，有人问先生为什么不去谈谈，先生说："去了，说歌功颂德、拍马屁的话，我不会，也说不出口；讲真话，发牢骚，人家不爱听。何必讨人嫌呢？"这回，先生还真要了点儿"滑头"。

总之，吴先生不愿参加社会活动、不愿自我炒作、不喜与达官贵人交往等在我等俗人眼里比较"各色"的性格，影响了他知名度的扩大，致使他虽然学问很大，却"一生坎坷，晚景凄凉"，不像有些"名人"活得那么光鲜闪亮，要风有风，要雨得雨。有人说，凭吴先生的资历学问，只要稍稍"灵活"一些，配合一下，可能境况就大不一样。我也认为这很有可能。但那样的话，吴先生也许就不是今天让我们敬重的、干干净净的吴先生了。不过，吴先生去世后，克强总理等几位中央领导都送来了花圈，并且被工作人员很隆重地摆在了先生简陋的灵堂前（先生去世后，先生的家人只在先生窄小的书房兼客厅里简单地摆设了灵位，没有发讣告，通知的只有先生在北京当地的门生故旧），这倒是吴先生生前所不曾料到的事情。如果先生地下有知，不知又会作何感想。但我们这些俗人心里还是感到了些许的慰藉，并且暗暗地为先生高兴着。

（作者单位：武警宣传文化中心）

# 再说吴小如名气不大

刘凤桥

今年4月27日，我在《北京晚报·知味》副刊发表了一篇谈吴小如先生名气的小文，颇得一些热心读者的好评。前几天，我将拙文呈送给我所敬重的大学者陈复兴先生批评。陈先生看了我的文章后，第二天打电话给我，谈了他对吴先生名气大小的看法，令我茅塞顿开，很受教益。现将陈先生的谈话稍加整理，与广大读者共同学习。

陈先生说，名气有俗名气和雅名气。有的人，比如演艺明星，那是太有名了，可谓家喻户晓，妇孺皆知。刘兰芳讲评书，老太太都忘了舂米了。这是一种名气。另外一种名气，那就是钱锺书、吴小如先生这样的人。这样的人，很多知道“明星”的人未必知道他们，他们的名气当然不大。但这对他们来说并不是什么坏事情，说明我们这个民族水平不够。如果以俗名来比较吴先生的名气没有谁谁谁大，那就错了。吴先生是不会接受那些俗名的。许多东西他都拒绝了，谢绝了。所以，你在文章中说对了，对于吴先生这个名，早就已经确立了，不需要再出来。

陈先生说，精神层次越高的人越难被人理解和认同，甚至遭受嫉恨。历史上很多像吴小如这样的人都曲高和寡，如三国末期的祢衡、孔融和《文心雕龙》的作者刘勰以及当代的钱锺书等等，都是很孤独的，理解他们的人很少。甚至孔子也一度不被当时人理解，认为孔子不如子贡。但子贡理解孔子，他说了一段很美的话赞扬孔子。他说就像一面墙，他这个墙仅能及肩，他家里的活动呀，所谓“室家之好”，人家都看见了；孔子那个墙呢，是不得其门而入啊！人们不了解孔子呀！钱锺书写《管锥编》，用骈体文，旁敲侧击，含而不露，有人看不懂，说糊糊涂涂的，没有体系，不是论文，认为钱先生先天不足，等等。甚至有人说钱先生是中国知识分子的“阳痿”。其实，这是最不了解钱先生的。但他们贬低钱先生不是钱先生的耻辱，正证明钱先生与他们是两个世界的，两个天壤之别层次的人。还有刘勰在当时也不被人理解，所以他只能到定林寺当和尚去。他在《文心雕龙·史传》篇中说了这么几句话：“至于记编同时，时同多诡。虽定、哀微辞，而世情利害，勋荣之家，虽庸夫而尽饰，迍败之士，虽令德而常嗤。理欲擢霜煦露，寒暑笔端……”最后刘勰说，这一切现象呀，真可叹息！这几句话，是刘勰对他的同时代人写同时代史的那种迍败之士，对本人有令德，也被批评，勋荣之家，本是庸夫，也受赞美的现象表示的愤慨和不满。现在不也是如此吗！这就是中国人的劣根性。像吴小如先生这样的人，理解他的人很少。理解他那得在人格、学识上接近于他。什么人接近和理解他呢？游国恩理解他，林庚理解他，邓广铭理解他，沈从文理解他，为什么呢？这些人是真正的学者和文学家，他们的内心很干净，没有韩愈《原毁》那篇文章指出的嫉妒之心。一般的人，对吴小如不只是不理解，甚至还嫉恨他。他越是好越是不承认，越是够水平越是不给他评教授。

陈先生还引用孟子的话说，“充实之谓美，充实而光辉之谓大，大而化之之谓圣，圣而不可知之之谓神”。一般的人能达到“大”和“化”，那就了不起了。吴先生呢，是达到“大化”了。他不求名，你让那些不理解他的人给他鼓掌，他会觉得是种羞辱。谁给他鼓掌他会高兴呢？陈寅恪、俞平伯、沈从文……这样层次的人赞美他，他会觉得受鼓舞。所以，跟吴先生讲名气大和小，应有标准，要分清俗名、雅名。

最后，陈先生还补充说，吴先生接受的是清代朴学精神。朴学精神的根本点之一，就是纠讹传信。清代人由顾炎武的《日知录》、钱大昕的《十驾斋养新录》、赵翼的《陔余丛考》，一直到吴小如的《读书丛札》，等等，这些笔记都是纠讹传信的典范。吴先生始终抱守纠讹传信这一宗旨不放，这是他的人生观、学术观，是他的作风的根本。一般人不了解他，让他改，让他随俗，不要当讨人嫌的“学术警察”，他不改，这是对的！如果让他改了这个，放弃了这个，他就没有灵魂、没有劲头了。

我在《也说吴小如名气不大》一文中，对吴先生名气不大的原因进行了很粗浅的分析。实事求是讲，我在写这篇小文时，内心是有一种不平之气的，很有些为吴先生感到委屈的意思。听了陈复兴老先生的谈话后，我豁然开朗起来，也深感自己的浅薄和幼稚。

“片云天共远，永夜月同孤。”这是杜甫的诗句。吴先生一生喜爱杜诗，精研杜诗，晚年还出版了《吴小如讲杜诗》这部重要的著作。这两句诗不仅是杜甫的内心写照，我想也应该是吴先生的

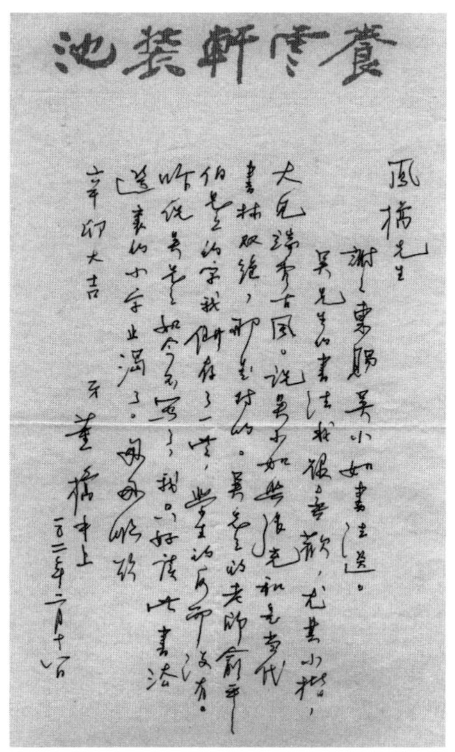

鳳橋先生：

謝謝惠賜吳小如書法選。

吳先生的書法我很喜歡，尤其小楷，大見漢魏古風。說吳小如與張充和是當代書林雙絕，那是對的。吳先生的老師俞平伯先生的字我收存了一些，吳先生的反而沒有。聽說吳先生如今不寫了，我只好讀他書法選裏的小字止渴了。匆匆順頌

辛卯大吉

董橋拜上

董桥致作者信札

现实写照吧。真正做学问的人，都是孤独的。但正因为理解他们的人少，他们的存在才更显得稀有和可贵。如果吴先生变成一个俗名很大、很热闹的人，他也就不会有这么多令人瞩目的成就，也可能就不是我们敬重的吴小如先生了。

写到这，突然想起前段时间很流行的扎西拉姆·多多的诗句：“你见，或者不见我，我就在那里，不悲，不喜……”

# 我所认识的“小吴先生”

刘同维

“小吴先生”——北大的学生都这么称呼吴小如先生，我没有在学校听过吴先生讲的课，但是我心里一直以来都是这么称呼他的。我觉得很亲切，因为我是先生在家里“上课”的“学生”。

前几天在公司翻查资料，看到吴小如先生十几年来写给我的几封信，时间过得真快，转眼间，吴先生已经离开我们五年了。

我的父亲是书法爱好者，曾向晚清重臣刘秉璋的后人（我们是族亲）学过书法，耳濡目染，我自小就对书画感兴趣。2005 年夏天，一个很偶然的机会，在友人范洛森先生的办公室看到墙上挂着两幅书法，一幅是楷书，写得清秀劲美、含蓄儒雅；另一幅是小行书，坚劲流畅，书卷气十足。我说这字写得可真好！老一辈书家如南京的林散之先生，杭州的沙孟海先生，北京的启功先生、赵朴初先生，天津的吴玉如先生都是我很喜欢的大家。但是这两幅作品的书写者“吴小如”，我却没听说过。范先生看出了我的疑惑，他告诉我：“吴小如先生是北大教授，是专治文史的大学者，也是吴玉如先生的长公子。”哦，难怪这字看着这么眼熟，那么有震撼力。我顿时觉得很激动，当时就萌生了收藏吴先生作品的愿望，并向范先生提了出来。

范洛森说，先生和师母都从北大退休了，师母染病在身，每月要开支不菲的医药费，家里还请了两个保姆，老夫妇俩的退休金本来就不高，故而经济相对紧张。当时安徽有一个企业家找到吴先生，打算购藏一批他的书法，结果后来由于种种原因并未将此事付诸到底，搞得很尴尬。于是我和范洛森提出这事就由我来完成吧，多少可以替吴先生分担点经济上的困难。随后，范洛森向吴先生转达了我的想法：我资助吴先生一部分费用，请吴先生在方便的时候替我写一些字，但是不要有压力，不要作为一个交易和任务去做。

第二年春天，范洛森和我一同去了北京吴先生家——北大中关园43号楼，一座让我后十年间魂牵梦萦的“圣地”。叩门而入，范先生和吴先生是老朋友了，彼此间很熟悉，看到心目中的“偶像”，我却显得略微有点紧张。吴先生说他原籍是安徽泾县，我是庐江人，因此也算得上是我的同乡。吴先生说淮军里面他很推崇两个人，而且也都是我们庐江人：吴长庆和刘秉璋。吴先生说他的曾祖父曾经在吴长庆的手底下做过官，这两位不仅仗打得好，学问也做得好，当时皆被人称为“儒将”。他问我知道这两个人不。我说我们家祖上和刘秉璋是族亲，有着血缘关系。吴先生听我这么一说，显得很开心，他说：“咱们祖上有缘分，到现在咱们吴家和刘家人又认识了，我以前认识的几位姓刘的朋友都对我帮助很大，这也是有缘分的，很好很好。”此时已经没有初见面时的陌生感，大家聊得很开心。吴先生说，书法只是他的业余爱好，他算不上一个专业的书法家,所以谈不上卖字。我说我今天不是来买字,我只是想把先生好的书法作品留下来供后人欣赏学习。在我的一再恳求下,吴先生答应了。

当时,吴先生正在给天津古籍出版社撰写《吴小如讲〈孟子〉》一书,他说:“我就用毛笔把这部书稿抄录一遍送给你吧。”完成之后,吴先生还特意给我写了一份授权书,内容大致就是这套作品的所有权都属于我之类的意思,老人家考虑得可真周到。后来,吴先生又陆陆续续地替我写了一些条幅和对联。遗憾的是,2009年,吴先生不幸患脑梗,提笔写字就很困难了。之后几年,我每次回国总要去北京看看吴先生,虽然我们彼此之间相差三十多岁,但已经成了忘年交。

吴先生给我的感觉总是那么的谦虚、淡泊、低调,他告诉我,中央电视台、凤凰卫视等一些新闻媒体曾经多次提出要来采访他,都被一一谢绝了。每次去,吴先生都要和我们谈谈书法,聊聊最近身边发生的一些事,有时候还谈一些陈年往事。吴先生讲:“别人都说我的字比我父亲写得好,我说,我的字不如我父亲,无论是书法还是学问,这一辈子我都超不过我父亲,我父亲才是大家。”

吴先生从幼年起就开始在玉如公的指导下阅读《诗经》《论语》,即便到了晚年,他还是经常卷不离手,不断地在学习、在思考。在学术上,吴先生一直是嫉“错”如仇、“耿耿于怀”、毫不留情。他对当今社会上一些所谓的专业书法家平时不好好读书练字,只顾应酬卖字的现象尤为指责。他说:“能在书法史上起一定作用的人,才可以叫书法家;没有文化学养的书法工作者也不能称为书法家,充其量只能称为‘写字匠’。我宁可一辈子不会书法,也不要当一个俗不可耐的‘写字匠’。”晚年的吴先生虽然生活拮据,但他宁可像他父亲一样过着清贫的生活,也不愿意卖字,就算朋友之间互送一下,他也会觉得很不好意思。

吴先生和我聊天时经常说到启功先生。他俩是好朋友,有着几十年的交情。启功先生对吴先生的人品、学识很推崇,他的《启功楹联墨迹》一书就是请吴先生写的序言。吴先生一丝不苟地用小行书写了,启功先生还特地关照出版社把吴先生的序言手迹原样影印在书前。据说有人找启先生学习书法,启先生却把吴先生推荐给了来人,这也说明吴先生书法艺术的高明。有一次我去吴先生家,他说他每天早上五点半起床,我说:“您那么早起来干吗呢?”他说:“临帖。一方面是自我的放松,另一方面是我学习前人比我更好的东西。”我当时非常感动,已经是一位在书法上卓有建树的八十二岁高龄的老人,还在锲而不舍地努力追求。我想起了第一次见面吴先生说过的话:“书法只是我的一个爱好”,此时此刻,我才真正感到这个爱好在吴先生心目中的分量,是那么的至高无上。这件事是我永远忘不掉的。

吴先生和我聊得较多的另外一个话题就是京剧。吴先生告诉我,他在十六七岁时就陆续跟着韩慎先、张伯驹等名票学戏,二十几岁的时候就开始写戏曲评论,他还喜欢收集唱片,经过半个多世纪的甄选、积累,目前已收藏了近千张京剧老唱片,其中不乏很珍贵的唱片。他还送了我他自己唱京剧的碟片,可惜我是一个“戏盲”,辜负了先生的一番好意。

吴先生是一位很有“个性”的学者,他对当今社会上发生的一些不良现象敢于直言不讳,好比鲁迅先生说的“横眉冷对千夫指”。在为人处世上,他一向坦荡磊落,从不尔虞我诈、两面三刀,把名利看得很淡；他乐于助人、善待朋友、善待学生。我觉得吴先生有这样的品格，和吴玉如老先生从小对他的教育有着很大的关系，他身上体现着那种老派文人的谦虚、守诺的传统美德。

通过和吴先生近十年的交往，我从一个普通的书法爱好者转变为一个热爱并热心于祖国传统文化的传播和推广者。我在南京投资建立了一座小博物馆，展示了我历年来收藏的传统文化器物，其中还单独开辟了一个陈列室，展示的都是吴先生的书法精品，我要让更多的人来欣赏，来学习，这也是我在做企业之外最乐此不疲的一件事。甚至可以说，这就是吴先生对我人生最大的影响。我将永远坚持走下去。

2014 年 5 月 11 日，吴先生终于走完了他九十三年曲折而漫长的人生之路，永远地离开了我们。那时候我正在国外，没能赶来见先生最后一面，这也是我这辈子最大的遗憾。每一次面对吴先生的书法，我仿佛又回到中关园 43 号那座小楼，又听到吴先生对我娓娓而谈，聊书法、聊京剧、聊那些陈年往事……

2019 年 3 月 15 日

（作者单位：南京歧祖堂文化公司）

# 雁去鱼来忆莎翁

## ——怀念吴小如先生

刘新阳

2014年5月11日晚19时，一代文史大家吴小如先生在寓所逝世，悄然地走完了自己九十三年的风雨人生。细细推算，我同吴小如先生的交往前后已有十九年，先生弃世远行，让我一时不知从何忆起。小如先生是当代著名的文史学家，在古典文学、书法、戏曲研究等方面均卓有建树，他在上述方面取得的成就有目共睹，本无须，也不应由我这个后生晚辈来评说议论。悲伤之余，我检出自己保存多年的小如先生回复给我的信札，借助先生的信笺，回忆前尘。

最早读吴先生谈戏的文章是他的《说谭派》和《说余派》，那时我还在读初中。我至今记得当年读这两篇文章时，内心那种如饮琼浆、如醉如痴和酣畅淋漓的激荡感受。基于当时对京剧老生流派知识深入了解的渴望，年少的我，一方面为没有购买《京剧老生流派综说》的渠道而苦恼，另一方面，也从心底产生了与吴先生相识并求教的强烈愿望，尽管那时我连吴先生的工作单位和社会身份还一无所知。

真正与现实中的吴先生取得联系，是北京的杨怡超先生从中热心传书递柬。杨先生通过到吴宅拜访的机会，转交了我写给小如先生的信，这使我在1995年6月下浣如愿以偿地收到了吴先生的第一封亲笔回信。吴先生在6月17日的回信中，一方面自己表示很惭愧，说自己“今年已七十四岁，教了半个世纪的书，1991年退休。想不到给青年人以影响的，倒是我由于业余爱好而写的有关京戏的文章”；另一方面，吴先生也毫不避讳地表示：“当然，爱好京戏在今日青年人中已很难得，可惜的是，现在的京戏一无好演员，二无好剧目，已经‘日薄西山，奄奄一息’了。”因此，吴先生建议我：“还是把心力放在业务上。如学理工，则抽空读点文学书籍，尤其是古典文学；如想学文史，则应很好地掌握外文。将来国家的命运都掌握在你们这一代人身上……眼光应放远些。祖国文化艺术遗产才是真正振兴我们民族的动力。”应该说，那时吴先生信中的话，我还不能真正体会，但至此，我却以一名高中学生和青年戏迷的身份，同吴先生取得联系并开始了长达十九年的交往。

在我中学时代的90年代中期，通讯条件远没有今天发达，在相当长的一段时间里，我向吴先生的请教，多保持在书信交往层面上。那时，只要遇到自己感兴趣或不懂的戏曲乃至文史知识，我都会毫不犹豫地拿起笔给先生写信。那会儿先生虽已退休，但仍忙于编书和家政的内焦外困之中，尽管如此，七十有余的吴先生从来是有信必复。先生的回复一般惯用圆珠笔，且多为竖写，有时虽寥寥数百字，却言简意赅，给予我扼要而又正确的指导。甚至一向被外人视为“孤傲”和难于接近的小如先生，还经常在回信中指出我致函中的错字以及不当的表述方法，并加以纠正。他曾在回信中指出我在致函的落款方面的不当用法，并提出“晚：××敬上或拜上”的规范格式，先生还多次告诫我“写文章不要不断加括号，那有欠洗练”。这些都使我获益匪浅，并受用至今。

直到临近高中毕业，我报考了中国戏曲学院戏文系，并在参加了在京的考前辅导班后，在1996年春节前夕，我在杨怡超先生的带领下，第一次到中关园的莎斋拜谒了吴先生，席间先生还谈到了他在香港票房的见闻。回沈后，我又写信向他汇报我在辅导班的学习情况，并求教一些考学相应的专业知识，这时，我收到了吴先生写于1996年3月19日横书两页信纸的回信。在信中，生性耿介的小如先生在回答我求教“韩愈‘三说’”的篇目时说：“韩愈的集子里从来就没有所谓‘三说’的提法，这纯属杜撰。在韩愈集中，有《杂说》四篇，通常只选一、四两篇，第一篇是说云和龙之间关系的，第四篇即《说马》。二、三篇只在《韩昌黎文集》中才能读到。《师说》是另外一回事。所以‘三说’云云，究竟何指，我学问太小，无可奉告。”时隔多年，我才知道吴先生还为此撰写了《何来韩愈“三说”?》的短文（收录于山西教育出版社《读书拊掌录》），开篇的第一句话就是“一位高中应届毕业生自远方来信”，想来文中“自远方来信”的“高中应届毕业生”指的应该就是我。

但遗憾的是，我并没能如愿考取戏曲学院的戏文系，沮丧的心情可想而知。落榜后，我却没能就此放弃对戏曲的热爱及研究，相反，愈加痴迷地紧追戏曲不放，也一如既往地通过信函等方式向小如先生求教，并梦想在将来成为一名职业的戏曲研究者。那些年，从1996年出版的《吴小如戏曲文录》，到2014年出版的《莎斋诗剩》，凡吴先生出版新著，只要是他认为对我有用的，都会慨然相赠。除先生赠书,我也会留意通过不同渠道购买先生出版的其他著作,以致在寒舍书斋的书架上专门开辟出一块小如先生著作的"专区",迄今涉及先生的著述有二十余种。而我也借此得以从不同角度、不同侧面补习自己在戏曲和文史方面的功课。

当然,仅凭读书不能解决所有问题,这期间自然还有不理解的部分要向先生请教。例如,《木兰诗》是中学课文,涉及此作的戏曲作品又尚不止《木兰从军》一种,然无论在原诗,还是在后世剧作中,关于木兰所处时代背景和国家归属又多语焉不详,以致今日诗中"可汗"和"木兰"仍经常会被人质疑是少数民族进犯中原。再如京剧《钓金龟》和《白金莲》二戏之于《双钉记》究竟是怎样的关系,为此,我也致函向小如先生请教。他则在 2000 年 6 月 10 日的回信中指出:"《木兰诗》写作年代,争论较多,但以它为北周至隋这段时间的作品较为可信。北周的天子可称'可汗'(平声,寒音),所征即今昌平一带的天寿山(黑山头),当是突厥所占土地。而木兰所住地,当在黄河以南中原地带。"吴先生同时在信中说:"《双钉记》据说原有二戏。一是奸杀戏,一是《钓金龟》,后来有人撰《双钉记传奇》,把此二戏合而为一。请参考古代《戏曲百科全书》,我现在书不好找,否则可以抄给你……张义是被其嫂王氏用钉害死,非设毒,故第一次验尸未发现。后来仵作(法医)验出,而仵作本人,即是当初与白氏通奸害死亲夫之人,故曰'双钉'。"吴先生的寥寥数语,便解除了我心中的疑窦。

2003 年第 1 期《中国京剧》上发表了张古愚前辈的文章《〈三岔口〉是有头绪的剧目》,针对我发表在《中国京剧》2002 年第 4 期的拙文《琐议新、老〈三岔口〉》提出了批评。捧读张老文章后,我的心底是有些不服气的,这又让我自然地想到找小如先生评辨，而此时吴先生又同夫人移居沪上，致使鱼沉雁渺。及至2004年春节后，我从刘曾复先生口中闻知，吴先生夫妇已从上海回到北京，便写信附上相关诸文向他求教。吴先生很快寄复了写于2004年4月24日的横书回函："来信及先后两文并张古愚文均读了一遍。……关于你们'笔战'焦点，在于故事起源和《三岔口》改本。京戏起源一个故事说法很多，各执一理，在所难免。……至于此戏故事起源，最早见《元曲选·谢金吾诈拆清风府》，比《杨家府演义》还要早，你可检《古本戏曲剧目提要》(1997年12月文化艺术出版社出版)便知。张老已几十年不进剧场，大约他根本不知《三岔口》的新本，故认为加'大'和'新'都无必要。这更不必计较了。我意你第二篇文章留我处，我准备据你原稿增删改写，然后用你我两人署名发表，这样较妥，想荷同意。"尽管后来小如先生因琐务缠身未能践行撰写论及《三岔口》的文章，但老人在信中肯在我这个晚辈面前，不避故旧、秉公而断的表态，使我备受感动。

年逾而立之时，我考入辽宁省艺术研究所从事戏曲研究工作。近年来，也多次借进京出差、开会的机会到中关园的莎斋拜谒，但我同先生之间始终保持着雁去鱼来的交流方式。直至2009年夏，八十七岁的小如先生因突发脑梗，右手不便写字，才终止了他的"鱼来"，而我的最后一封"雁去"则是在2014年4月3日寄出的。我粗略查算还能找到1996—2009年间小如先生给我的回信四十封之多，保留下来的这些信札，也因时间的推移，记录下了我国外埠平信邮资从20分到50分、80分直至今天120分的变迁，在雁素鱼笺间的故事更是不胜枚举，可以说，每一封信笺的背后都有一个甚至几个故事。吴先生是令我高山仰止的学者，对一个普通的戏曲爱好者、研究者却能做到有信必复，并给予无私的指导，从这一点上说，我非常感念小如先生多年来对我无私的教诲。由此，更能看出吴先生对待后辈诲人不倦、有教无类的真挚与热忱以及对事对人认真负责的态度。值得一提的是，这些年里，我的身份可谓几度沉浮，然小如先生待我却始终如一，他从未因我身份的微贱而轻视慢待。林宰平先生生前曾对小如先生做过“待人以诚”的四字评语，如果允许我从自身和吴先生的接触现身说法，我以为林宰老对小如先生的评价无疑是极为准确的。

2010 年我考取了中国戏曲学院的艺术硕士，在京读书期间，我多次去莎斋看望已老病缠身的小如先生。我感觉先生在脑梗后，夫人杨玉珍女士的离世对他精神打击很大，而 2011 年一次意外的摔伤，又从身体上再度摧残着这位风烛残年的老人。记得一次谈起戏曲剧本创作，吴先生带着质疑的口吻问我：“你看过《大戏考》吗？看过《缀白裘》吗？看过《六十种曲》吗？如果你没认真逐一地看过这些剧本，就不可能知道今天的京戏是怎么来的！拿起笔来就写，怎么可能写出像京剧的本子呢？”先生一连串的反问，令我无言以对，更让我对今天时代背景下的戏曲创作感到任重道远。惭愧的是，时至今日我仍未做到通读《缀白裘》，但先生于传统戏曲那份不与时同的坚守，却始终深深地烙印在我的心底。

如果说，我是从拜读先生《京剧老生流派综说》的章节，而对戏曲研究产生浓厚兴趣的话，那么，后来由兴趣选择专业，再到立志从事戏曲研究，直至最终对口就业，小如先生无疑是为数不多的对我人生选择影响至深的前辈之一。而我从学生时代开始，无论是读小如先生的著作，还是通过鱼雁往来的求教，抑或谒见时的问疑答惑，都使我在“戏曲观”、艺术观乃至价值观的形成过程中，潜移默化地受到了小如先生太多的影响。

小如先生离世后，我因无法告假而没能亲往送先生最后一程。告别仪式前一天，我托在京的姜骏兄代送了挽联和花圈，借此表达我对小如先生的哀思与悼念，联曰：

梨园董狐文章终本色，
菊谭司马信言永存真。

回顾同小如先生的盘桓请益，我感到尽管落笔千言，然所忆点滴仍不免挂一漏万。在过去的十九年里，的确有着太多值得回忆也不应忘记的往事，想来只能“请俟他日有暇再罗列毛举”。因为除了先生的著作，展现在我面前的小如先生还有许许多多鲜为人知的侧面，对这些记忆的梳理，不仅是我个人对小如先生的一份回忆与纪念，更是一份怀念和分享。真心希望在喧嚣与浮躁的今天，小如先生的论戏著作及他在诸多领域中的学术观点，不要随先生的离世而远去，而我将永远怀念坦诚、无私、可敬、可爱的小如先生。

附录：

**七绝　怀吴小如先生**

**（丙申春分）**

春掠红楼几路遥，倾谈吟咏忘萧寥。
轩窗犹记题芸帙，一例烟波寄牧樵。

（作者单位：辽宁省文化艺术研究院）

# 悼念吴小如先生

柳春蕊

私谊或不在云隆，敢向高门哭吴公。
孟子贞存言事举，杜陵诗老病离躬。
义宁都讲朝三请，魏晋风流世与崇。
障眼繁华真硕尽，遥天洒泪负芳丛。

昨天上午到机场送别中文系老师回京。到外大教授公馆后，便在高秀芹博士的微信中得知小如先生于11日晚辞世的消息，心情非常悲痛，整个下午心里空荡荡的。也想做篇文章，但论年齿和师谊，我都没有资格去写关于吴先生的文字。

小如先生最喜欢的是他的讲台。凭我读到的回忆文章，先生通贯讲授的文学史课，最受学生欢迎，并予以崇高的敬意。正义、气节和对学生拳拳的爱，对于一个正直的老师而言，是最易于课堂讲授、言传身教，也最容易影响到学生的内心深处，并使学生受用一辈子的“硬学问”。先生谈话中常常提及他的老师陈寅恪、梁漱溟、顾随、俞平伯、朱经畬、朱自清、废名、沈从文、浦江清、游国恩、周祖谟、林庚等，可以看出，“师生”一伦在吴先生心目中是何其重要！先生常自嘲说，自己只是一个“教书匠”，这不尽是谦辞。在先生眼里，传道解惑的“教员”身份是何其崇高！先生执教数十年，常以孟子语“得天下英才而教育之”为此生的最大快乐。吴组缃先生曾称赞其授课效果之好，“无出其右者”。先生的讲台，自不是大人先生们所谓的演讲，换言之，先生从事的是育人事业，是教育；而大人先生们谓之演讲者，图的是个人声誉。教育是循循善诱，不仅关怀在校时的学生，更要用心于学生日后的成长。鲁迅先生从教时间不长，但他是大教育家，读其《忆韦素园君》《忆刘半农君》《记念刘和珍君》《为了忘却的记念》，那种人间的温暖之情和眷眷的爱，让人顿觉其精神之高大。在当今的教授们那里，想必这已是凋零殆尽的吧。2002 年，卢永璘老师转交吴先生批阅我的习作《秋兴八首》的信函，其中不厌其烦，密密麻麻，还有简札，嘱我可往问学。它们一直保存在我的书柜中。我现在还坚持习作旧体诗文，每当临文之时，脑海里便闪现先生的批语。这过去的十一年里，我再也没有拿过习作与先生批阅了。只是觉得，诗是生命的事业，需要付出一辈子的努力。

小如先生曾在一篇文章中评价自己：“惟我平生情性褊急易怒，且每以直言嫉恶贾祸，不能认真做到动心忍性、以仁厚之心对待横逆之来侵。”先生的“学术警察”“不留情面”，我在先生写给我的书简中能感受到。他的弟子沈玉成先生曾写文章说：“连我这老学生都受不了，所以吴先生到处受挤对碰钉子，一生坎坷。”

先生的书，我读过几本，有的不太懂，有的不感兴趣，像戏曲之类。我是从先生的书里读到了他的正直。凡碰到“正直”的知识分子，敬仰之意油然而生，像已过世的王元化、章培恒二先生，还健在的刘世南先生。永璘师曾负责过中文系学术系列讲座“孑民学术论坛”，先后请过先生三次，我和张敏杰师兄担任助教，接送这位严厉而素怀赤子之心的老夫子。观察先生的一言一行，觉得他是一位言行一致的先生。我曾经三次随永璘师看望吴先生，简陋的房子，长病在身的太太，真是清贫，让我心里倍觉凄凉。清贫，在“正直”的读书人那里，古今之际，通贯一义，也是无须多说。

中国文学史是吴先生最擅长的课程。倘若考察北大中文系文学史的讲授，是能一觇学术之盛衰的。北大中文系从早期的国学门到吴先生讲文学史，西南联大为之一变，五六十年代为之一变，新世纪又为之一变，不过前二者又是联系着的，比如朱自清在文学史和批评史方面的认识多出新知，林庚《中国文学简史》新知贯串旧义，游国恩的《中国文学史》应时而生，而小如先生注重“小学、辞章与义理”的统一的讲法，遵循的是乾嘉考据求是之精神，不过做出来的成绩却是朝着新义方面发展，这个传统是一脉相承的。先生们非常注重创作与理论的结合，朱自清、俞平伯、林庚、吴组缃、吴小如等，往下到陈贻焮、袁行霈等，这个传统也是一脉相承的。南方高校保留这样的传统居多，但北大中文系朝着新时代方向发展，这个特点最为明显。考察五四新文学传统的断裂与承继，我在中文系学习、研究和教学，强烈感受到这一点。在“德先生”和“赛先生”之后，我愿意用“时先生”和“事先生”统贯中文学术研究与教学之“朝着新时代方向”的旧传统。我常常想，倘若没有这两位“先生”，所有的著述和讲授，恐怕只剩旧事的家当，所谓的“风流韵事”，或者秉持陶渊明那样“澹宕”气质的先生们教人想象“桨声灯影里的秦淮河”；至于学着鲁迅先生的金刚怒目，教人的多沦为乱骂一通的轻薄之徒了，更有甚者将课堂视为演讲礼堂，于是“传道”这个神圣的词便变了味，一夜之间，声色不胫而走。若与小如先生相比照，真不知道从何说起。

先生的成就卓著，此世之公认也。我作为晚辈，与先生请益很少，只是常读先生的书。读先生的书，想见先生其人；而知先生者，或莫过于将此“内在精神”发扬光大。去年底，听刘宁老师说，先生讲杜诗的书出版了。以前读过萧涤非的杜诗研究，那是能与杜公千载之下心神相通的人做的研究文字，令人叹服，令人景仰。想来先生也是千载之下能与杜公心神相通的人吧。

昨夜静静地想了很久，后来收看赵悦波君的照片，旧事新知，倍感伤怀，匆匆于其照片题了首小诗：

一树风华春在望，因缘半世独斯人。
诗书与汝多明媚，相慰支离日日新。

在北大授课，只问此心有无愧疚。以前跟学生说，“战士要战死在疆场，教师要战死在讲台”。我深爱着自己的讲台，“得天下英才而教育之”也是我的理想。前有陈寅恪先生、鲁迅先生，后有像小如这样的先生，他们的书，置在案头，与之请益，就像一双双眼睛看着你，目光如炬。他们于学生的古道热肠，于社会的一身正义，与邪恶做不停息斗争的精神，不断地催促我前进，“使我忽又良心发现，而且增加勇气了”，于是“再继续写些为‘正人君子’之流所深恶痛疾的文字”。

正如鲁迅先生所说，“北大是常为新的”。小如先生讲的文学史，自然是“常为新的”一部分。中文系古典研究“朝着新时代方向”，不知是否要成为古董？而一切所谓的研究，是否也将成为新的古董，这就不得而知了。不过，我的两位“先生”“时先生”和“事先生”，常常告诫我，敦促我前进，坚决与黑暗势力做斗争，虽然不免要中许多暗箭、背许多谣言，但“那向上的精神还是始终一贯”。

在这静静的夜里，想到这“一贯”，我猛地打了个寒战。

2014 年 5 月 12 日夜

（作者单位：北京大学）

# 吴小如先生二三事

罗文华

5月11日晚，吴小如先生以九十三岁高寿离我们而去。连日来，我夜不能寐，回忆起三十多年来与吴先生的交往，特别是吴先生对我的教育和帮助，感慨万端。

1983至1987年我在北大上学期间，曾经听过吴小如先生的讲座，并向他请教过学术问题。当时北大中文系教我专业课的老师，很多都是吴先生教过的学生。吴小如先生本来与吴组缃、林庚、王瑶等老先生一样，都是我的太老师辈。但是后来吴小如先生给我写信，都是称我"足下"，他给其他学生写信，也都称"足下"，他在一篇文章中也明确说"老师对学生，每称'足下'"。

我自1987年从北大毕业至今二十多年来，吴小如先生是北大老师中与我联系最多的一位，也是为我所编《天津日报》副刊赐稿最多的一位。师生之谊加上作者与编者之谊，我们的感情自然非比寻常。

今年，《天津日报》副刊《满庭芳》创办整整三十年（其前身为

《文化园地》)。《满庭芳》创办伊始,吴小如先生就应约撰写京剧等方面的专栏文章,此后供稿不断,而且刊发频率很高,直到前几年他手不能书。吴先生的学术随笔和京剧文章,是《满庭芳》的"招牌菜",拥有众多的读者和戏迷。经我责编的吴先生所撰《积极弘扬"猪跑学"》一文,还被选入了大学语文教材。

吴小如先生不仅是《满庭芳》的骨干作者,还以自己崇高的声望和深厚的人脉积极宣传《天津日报》副刊。他曾多次打电话或写信给张中行、启功、王世襄、朱家溍、周汝昌等学术文化大家,请他们支持我的工作。支持我的工作,其实就是支持《天津日报》,就是为《天津日报》副刊写稿,配合《天津日报》记者采访。吴先生做出的努力,通过这些老先生本人和其他渠道反馈到我这里,令我十分感动。

三十年来,《天津日报·满庭芳》在全国报纸副刊界一直保持着很高的品质和声誉,在北京一直拥有一支强大而稳健的名家作者队伍,这与像吴小如先生这样的大师级作者的鼎力支持和热心宣传密不可分。

吴小如先生一生刚直不阿,所交往者几乎是清一色的布衣书生。2012 年,为庆祝吴小如先生九十华诞,北京大学出版社出版了《学者吴小如》一书。书中所收文章有回忆吴先生教书育人者,有评价吴先生学术成就者,有描述吴先生儒者风范者,对于人们全面了解吴小如先生,以及后学应该如何尊师求道,有很大的启发意义。据说吴先生看到样书情绪很好,说:"别人都是死后出一本纪念文集,我活着时看看这些文章,看看大家对我评价怎么样,免得我死后看不见了,等于是追悼会的悼词我提前听见了。"作家肖复兴先生评价道:"读吴小如先生的学生编写的《学者吴小如》

一书，最过目难忘的是小如先生的冰雪精神、赤子之心。特别提及其少作对名家以及他的老师的评点，直言不讳，率真而激扬，真是令人格外感喟。因为面对今日文坛见多不怪的红包派发、商业操作的吹捧文章，这样的文字，几成绝响。”

《学者吴小如》书中文章的作者多为吴先生的友朋和门生，如邵燕祥、何满子、刘绪源、沈玉成、子张、陈熙中、林薇、刘宁、韩嘉祥、刘凤桥、白化文、汪少华、顾农、张鸣、朱则杰、陈丹晨、王水照、周倜、袁良骏、诸天寅、张锦池、陈学勇、胡友鸣等。看看这些名字，就知道吴先生平时交往什么人、喜欢什么人了。该书也收录两篇拙文，名列其中，我引以为荣。

吴小如先生与我无话不谈，除了谈学问，也涉及生活方面。老年的吴先生，身体和精力比一般老先生要好得多，但老伴儿的

《学者吴小如》书影

病却牵扯了他很多精力。吴先生的老伴儿长期患帕金森症和糖尿病,家里虽然请过保姆,但按吴先生自己的话说,“有些事保姆是干不了的”,于是,很多家务,尤其是直接照顾病人的事,便由吴先生承担起来。老伴儿服的药种类繁多,每隔几天,吴先生就要仔细地把各种药按剂量分成一个一个的小包,以便病人定时服用。此外,吴先生也要买菜、做饭。他多次对我说,再到北大就去他家吃饭,说:“你尝尝我炒菜的手艺,我觉得现在练得不错了。”老人家是热诚地邀请,但我听了却感觉有些苦涩,真是一家有一家难念的经。

大约在二十年前,一个休息日的上午,吴先生把电话打到我家,说他到天津来了。我连忙赶到他下榻的宾馆,得知他是被天津的一位老朋友接来,为这位老朋友的公子做证婚人。吴先生特意说,出来一趟真不容易,那位老朋友为让吴先生在外安心,还专门派人到吴先生家照顾他的病老伴儿,直到吴先生回家。吴先生还告诉我,家里的钱都给老伴儿看病花了,手头颇紧,好在前些天一位在香港工作的老朋友请他赴港讲学,他讲了两次课,人家给了一万五千港币的讲课费。那时香港还未回归,这么高的讲课费对于内地学者来说简直是天价。

我从朋友处打听到,吴先生的病老伴儿没有医保,家里确实够窘困的。从那往后,此事一直挂在我心里。20 世纪 90 年代中期,天津学者谭汝为先生欲出版他校注的《人间词话 · 人间词》,他久慕吴小如先生的学问与书法,便托我请吴先生题写书名。吴先生很快写好寄来,为该书增色不少。20 世纪 90 年代后期,一位朋友做生意挣了些钱,便投资文化,买了不少名人字画。他诚心诚意地征求我的意见,我便建议他购藏一些吴小如先生的书法。

这位朋友知道吴小如先生的父亲吴玉如先生的书名，也看过吴小如先生本人的书法作品，马上让我与吴小如先生联系，要买几幅吴先生的书法。我在电话中对吴先生说：“这些年找您求字的人不少，您都是无偿地写，而且无尽无休；眼下这位朋友也特别喜欢您的字，但一定要给您润笔费。”吴先生明白我的好意，他在电话里略有沉吟，还是回答说：“我这不成卖字了吗！我看还是算了吧。人家什么时候到家来，我送给他一幅就是了。”

从北京到天津，很多朋友都知道吴小如先生最给我面子。但为了自己不要钱，吴先生头一次拒绝了我。

到了21世纪初，我听说吴先生老伴儿的病越来越严重，家里经济压力更大，吴先生多年前就想改善一下住房的愿望也无从实现了。吴先生虽然依旧笔耕不辍，但精神状态明显不如从前，时常表现得很悲观。我每次给吴先生打电话，他不拿我当外人，总是唉声叹气，说一句“凑合活着吧”。有一次通电话，吴先生可能是刚跟老太太闹了别扭，觉得自己很委屈，声音哽咽，甚至说出“活着真没意思”这样的话。我与吴先生毕竟不在一座城市，远水解不了近渴，只好在电话里劝慰他，像哄小孩似的哄了他半天，乃至厉声批评他：“您真是老糊涂了，怎么能跟病人较真儿呢！”好说歹说，听到他情绪稍微安定了，才挂了电话。

大概在那前后，那位当初想买吴先生书法的朋友又来找我，说已专门备好了钱，还是想购藏吴先生的书法。我考虑到吴先生最近的情况，就硬着头皮给吴先生打电话，晓之以理。这一次，吴先生竟被我说动了。他还与我商量，定个什么价格合适。于是与吴先生说好，让他先写几幅，过一两周我带那位朋友登门拜访。没想到，隔了一天，我接到了吴先生一封急信。他在信中说，思前想后,都活到这般岁数了,何必让人说自己卖字?信末还让我原谅他的反悔。

这是吴先生唯一一次让我原谅他,还是为了他自己不要钱。

子曰:“君子固穷,小人穷斯滥矣。”我在吴小如先生身上,看到了什么是君子。

吴先生的老伴儿于2010年10月去世,享年八十二岁。如果没有吴先生的悉心照料,长年重病缠身的老太太是很难享此高寿的。本来吴先生从此可以放心做些自己想做的事了,但之后他却不幸患了脑血栓,手不能写字,足不良于行。然而,他还是那么老而弥坚,终日看书,手不释卷,在家里给青年人讲课,为各地的学者审稿,直至生命的最后一息。

在吴小如先生去世前两个月,他以《吴小如诗词选》获得《诗刊》2013年度“子曰”诗人奖。评委会的评价是:“吴小如先生乃国学名家,学问精深,温厚儒雅,声誉卓著。他的诗词作品,历尽沧桑而愈见深邃,洞悉世事而愈见旷达,深刻地表现了饱经风雨的知识分子的人生感悟,展示了一位当代文人刚正不阿的风骨和节操。”我觉得,对于吴小如先生来说,这个奖可能没有任何意义,但这个评价却是非常中肯的。

(作者单位:天津日报社)

# 听吴小如先生谈启元白

孟刚

2015年6月30日是启元白(功)先生逝世十周年的日子，吴小如先生去世也一年多了。近日看到有人撰文，谈吴先生的父亲吴玉如先生与启功先生的交往，我想起曾和吴小如先生多次聊到过启先生，在启先生和吴先生的书中也都曾看到他们彼此的身影，现在就手头的资料和回忆，连缀成文，借以纪念启功先生，也深切缅怀吴小如先生。

启功先生生于1912年，吴小如先生生于1922年，两位相差了十岁，但是他们却有许多共同之处。比如启先生是满族人，而吴先生的母亲也是满族人，姓富察氏，满洲镶红旗人。吴先生的外高祖魁玉曾任江宁将军，《清史稿》有传，外曾祖穆克登布则长期在江宁任候补道。启、吴两位先生还都是九三学社社员、中央文史研究馆馆员，吴先生是1992年2月被聘为馆员的，启功先生则在1999年继萧乾先生之后担任文史馆馆长。吴先生也是中央文史馆《诗书画》杂志的两位主编之一，参与编纂了萧乾先生的纪念文集及其他中央文史馆的各类丛刊。最重要的是,两位先生都是中国古典文学研究的大家,各自长期在北京师范大学和北京大学中文系任教,不仅学术造诣精深,还都擅诗词、楹联,并都极其喜爱碑帖书法,所以共同语言是非常多的。启先生与吴先生谊在师友间,启先生对吴先生始终以挚友相待,吴先生晚年一直称启先生是自己的“良师益友”。

吴先生1981年曾写过短文《启功先生的幽默》,而二十六年后的2007年春,应北京师范大学出版社和启先生内侄章景怀先生之请,吴先生又为启先生楹联展撰写了《启功联语墨迹序》,回忆了两个人半个多世纪的交往。1951年,二十九岁的吴先生到燕京大学中文系当助教,之后不久就认识了启先生,那时两人在课后还一起相约逛隆福寺旧书店,启功先生曾送给吴先生一册黄节著的《蒹葭楼诗》,一直保存至今。“文革”后期,启功先生住西直门内小乘巷,吴先生住海淀北大中关园,吴先生常去启功先生家玩,除了聊天、谈论碑帖书法外,还向启先生借书借碑帖,“谈诗论艺,其乐无穷”。1981年启功先生迁居北师大之后,各种社会事务纷至沓来,两人见面才减少,但启先生和吴先生约定,“或清晨即应召往,或彼此舍午休而快谈”。进入2000年后,启先生眼睛不好,吴先生则要照顾长期生病的夫人,二老竟然都没有再见过面。启先生去世后,吴先生无法亲往吊唁,送了一副挽联:“范世乘三绝,垂晖映千春。”吴先生后来讲,“三绝者,谓先生之诗、书、画并世无两”。吴先生还认为启功先生的绘画和诗词都臻于高妙境界,甚至比启先生的书法造诣有过之而无不及。《序》的最后,吴先生还深情地写道:“仆仰先生盛德,又忝为五十余年前之旧友,不敢辞。然每执笔,辄泫然中辍,以先生之声音笑貌,时时萦回于心目之间,欲诉衷曲而无由也。”

从现在披露的《启功日记》《启功年谱》《启功书信集》等书中,也可以看到两位先生在20世纪七八十年代的交往。如启先生在中华书局标点《二十四史》初期,1971年10月10日日记就载:“上午吴小如来借帖数种。”启先生在北大医院二部住院治疗颈眩晕时,1974年1月27日日记又记:“下午,吴小如、钮隽来,香饵姥姥来,马四来,王锺翰、张政烺来。”刘铁宝先生是齐白石高足刘冰庵先生的侄子,也住在小乘巷,也常来看望启先生,“来谈借碑事”,曾多次在启先生家碰到过吴先生,听到他们二老闲谈神侃,印象很深。

(从左至右)叶嘉莹、杨敏如、郭预衡、启功、吴小如

20世纪70年代,吴先生到启先生处,有时就是去看碑帖、借字帖。启先生也会把自己的复本碑帖相赠,比如1973年,吴小如

跋《馆坛碑》就讲到："此册启元白先生所赠。习之可窥邓完白楷书所自来。欧、颜皆从此出。南碑殊未可忽也。"《许长史旧馆坛碑》传说是南朝梁陶弘景所写，吴先生早年楷书是学过邓石如的，所以他十分重视此碑的价值。启先生起初认为《馆坛碑》"点画神理，自然当非翻刻"，不过后来他发现"仍是翻刻"，因为碑中有些字显然是刻错的。这本帖只有民国时期震亚书局影印过，不易觅得。

1979年，杨伯峻先生请客吃饭，席间有人讲梅兰芳之后传其衣钵者只有张君秋、梅葆玖等人，吴先生以梅兰芳《穆桂英挂帅》为例讲谁也不如梅先生。启功先生则正襟危坐，严肃地说："梅兰芳也不行。"大家都很吃惊，忙问为什么，启先生答："我看梅兰芳比真穆桂英还稍逊一筹。"引发席间诸位学者哈哈大笑。

20世纪80年代初，旅居加拿大的华裔学者叶嘉莹教授回国，收集老师顾随先生的遗著，吴先生作为顾随先生早年的学生，也参加了启先生组织的活动。目前找到的两位先生的合影大约就是这个时期拍的。

1981年8月27日启先生致吴先生信，谈到在厂肆买了一种《元略墓志》拓本拟相赠，"弟于《元略》一志，坦白言之，实无所解，非遇九方皋，焉能见赏于骊黄之外耶？特作瞎扯，以发故人一噱耳！闻台驾不常入城，软尘之外，一角西山，曲径疏篱，卧而阅稿，清福何修而得者耶？弟在校中又营一窟，终日门有剥啄，只得藏头露尾。第一窟门外鹰鹞过多时，遁而速之二窟，二窟亦如之，竟无暇执笔写稿，放眼读书，有限余生，殆将同付蹉跎矣"。

《启功书信集》中还收录一封信，估计时间在前一封之后不久，信中写道："今日屋漏，书帖数事全湿，幸《元略志》未沾水，抖晾间，适奉来书，岂真有所谓有缘者耶！容当托便人呈上。《封龙山碑》敝箧无有，遥想隶法入古，何忽于此粗刻发生兴趣？最近上海选汉简数条，放大影印，颇饶新意，未悉公曾寓目否？拙画已完全抛荒，那堪齿及，且鄙事之能已多成累，不胜再造漏因。猥承厚爱，感荷莫名，披沥下情，深有愧负者矣。弟蒲柳先零，不日即付一炬，其时倘荷赐撰一文，即跋《元略帖》共赏之事，庶托椽笔以不朽，则余生之至幸也。拜读大著，论皮黄流派之文，真千秋之作。盖此事内行不能为，学者不屑为，亦不能为，而天地间却有此一桩公案。王静庵之《宋元戏曲史》凿破鸿蒙，其力可服，其识最可惊也。窃于大著，亦欲云然，这不算拍马屁吧？”

1986年4月18日启功先生日记载：“上(午)吴小如来，为其尊人题展览标识。”4月29日启先生致信吴先生，将题写的“吴玉如先生遗作展”的展标寄出，信中讲：“久违为念，前读鸿文论马连良者，至深佩服，此非一般评戏之作可比，如此公平，如此透彻，虽学术理论之作，亦将望尘莫及，如评诺贝尔奖于文学域中，非兹篇其谁属!”5月27日，启功先生还出席了在中国美术馆举办的“吴玉如先生遗作展”，并在开幕式上讲了话。

1997年春天，吴小如先生还曾陪启功先生一起去金克木先生家，祝贺金先生八十五岁寿辰，金先生一会儿和启先生谈文玩字画与诗词古文，一会儿又和吴先生聊小说戏曲与文坛佳话。金先生的博学，给吴先生留下了很深印象。

我第一次和吴先生聊启功是启功先生去世不久，当时社会各界悼念启功，身后哀荣殊隆。我和吴先生讲，我买到过一册启先生签名的《文物》杂志。那是2004年夏天，我在上海古籍书店三楼的博古斋看到几种启功先生的藏书，除了商承祚、游国恩、周祖谟、柴德赓等先生签名的抽印本以外，还有两件特殊的东西：一件是陈垣先生著述目录的残本一册，再一件就是启先生自存的1961年第8期《文物》杂志。在这本杂志的封面上，有几个毛笔字“郁孤台凤墅帖雁塔题名碑帖中文学史资料”，右下角是钢笔签名“启功”。这册杂志上的字不像大家常见的启先生书体，所以陈列了一段时间也没有被人买去，我直觉判断这些字迹应当是启先生的亲笔。把自己认为重要的文章题目写在杂志封面上，通常是学者自己动手做的索引，为的是将来翻检文章方便。打开杂志一看，《碑帖中文学史资料》果然是启先生自己的文章。为了判断我的看法是否准确，我就给启先生写了一封信，附上《文物》杂志的封面复印件。7月份我就收到了先生的内侄章景怀先生代笔的回信，信上是这样说的：

> 您给启功先生的来信收到，但先生现在视力很差，行动不便，不能亲自回信，请谅解。您信中所述流散上海先生藏书事，因时间久远，先生已回忆不起来了，不知从何渠道流出。您说内有陈垣先生手稿，不知内容是什么？现陈老先生孙子陈智超先生正编陈老全集，不知能否为他提供资料，功德无量。
>
> 附：所寄复印件上字确为启先生手迹。

我马上又去博古斋详细观察这件标为“陈垣先生手稿”的著述目录，这件稿本是八开大小，线装，应该是一套目录中的一本，册内笔迹前后不同，所以标签上标有陈垣先生和另一个人的名字，并不是陈垣先生的著述文稿。后来我把看到的结果又详细写信向启先生做了报告，现在回想起来很后悔，当时应该买下这件东西，帮启功先生完成他回报恩师的心愿。

2004 到 2009 年这段时间，吴先生常托我在上海帮他找一些字帖，或者购买，或者复制，因为和吴先生聊碑帖、书法比较多，也就有机会听到他讲启先生的一些逸闻趣事，现在记起来大体有这样几件。

## 临帖要整通临

2004 年 8 月 22 日上午，周启锐先生带我去看望吴先生，吴先生正在家写字，书桌上还有一叠临欧阳询《九成宫碑》的日课。谈到临帖，吴先生讲到他的父亲吴玉如先生是主张临帖的，而且生前临帖很多，吴先生自己临帖也不下两百种，有的还临过多遍，甚至数十遍。启功先生也是主张临帖的，启先生就曾经告诉吴先生，自己最早临帖也不是整通全临，后来陈垣先生指出临帖就应该整通全临，这样他才开始注意通临全帖。吴先生又讲到临帖前必须要多花时间去读帖，他有一通《圣教序》就是从上海搬回北京后隔了半年才临完的，因为又仔细读了原帖。吴先生讲他自己写北碑写不进去时，父亲当年就曾讲"临碑要批判地写"，这和启功先生讲"透过刀锋看笔锋"是一致的。

## "秋悟寒潭清，春领朝阳沐。"

2006 年的春节，吴先生送了一本吴玉如先生《迂叟自书诗稿》给我，其中有一首是吴玉如先生送给启先生的诗，写于1972年冬天，《寄元白代简》："元白屡索字，愧难以入目。迟迟遂不报，非故诡其躅。儿子昨来书，又陈元白属。写投此便面，聊塞责任恧。元白书自擅，更研六法熟。读书多益谦，侪辈惊不若。闻亦跻六十，岁月驶何速。忆我十二三，读书苦羸弱。书喜苏长公，涂抹未脱俗。弱冠困衣食，何暇事琢磨。惟性之所耽，昼失夜把握。如是年复年，三十乃稍觉。一艺果得之，非徒塑雕酷。能出真精神，天机外人欲。皮毛众可袭，生气不可夺。秋悟寒潭清，春领朝阳沐。倘不能是豁，岑楼空企足。斯理就元白，或宜得笑诺。"我很喜欢这首诗中"秋悟寒潭清，春领朝阳沐"一句，不光谈的是书法，也是一种人生境界，曾想请吴先生写成对联，吴先生则自己续了两句"即生得此境，何用居华屋"，写成了条幅送给我。吴先生告诉我，他父亲当年大概只给启先生写过这一首诗。

## "老吃剩菜，就顿顿剩菜"

2003年吴先生收到一位老学生送的毛笔，笔杆上刻有"五星笔店"，是一套三支的狼毫，吴先生用后觉得极其好用，就托我帮他在市面上再找找看。后来找到这家笔店是黑龙江呼兰镇的五星笔庄，写信去邮购了一套笔，但吴先生用后觉得并不佳，大概笔店早已更换了笔工。当时说起毛笔，吴先生说，启先生曾告诉他，好笔要先用，顺手的、好用的要先用掉，不好的笔就扔掉，这样才行，否则就像吃菜一样，老吃剩菜，就顿顿剩菜。确实如此，好笔在手，可以挥洒自如，现在好笔也是可遇而不可求的。2008年吴先生来上海录制《绝版赏析》栏目，期间由柴俊为先生陪同，去医院探望了病中的王元化先生，吴先生告诉我不忍心看王先生浮肿的样子，没有多待就匆匆退出了。后来又约我陪他去买字帖和毛笔，我陪先生逛了福州路的周虎臣笔庄，吴先生一眼就看中一款叫“笔韵”的毛笔，写寸楷正好。后来回北京后先生还专门汇钱叫我帮他再买一些，告诉我“这个笔写一上午笔都不倒”，而且“愈用愈好”。

## “谁的官大，谁的表准！”

至于谁书法写得好，吴先生和我讲过启先生说过的一个故事：“谁的官大，谁的表准”。20 世纪 80 年代初有次开会，某主持会的领导迟到，开场白讲“我的表正好十点嘛！”，言下之意他没迟到。一次吴先生和启先生及北大一位生物学的教授同车回学校，路上这位生物学教授就问启先生当下谁的字好，和启先生的字比起来又如何。启先生一直不回答，直到快下车，这位教授还追问不已，启先生想起那个开会的典故，回答曰：“谁的官大，谁的表准！”令人忍俊不禁。

## 启功给吴小如的三封信

2008 年 5 月 5 日午饭后，我和吴先生闲谈，先生告诉我他在找父亲的家信时，正好找出启功先生的三封信，都是毛笔写的。他说启先生写给他的信有十几封，都不知道放哪里了。其中一封是讲给“吴玉如书法遗作展”题字，本来是托写“吴玉如遗作展”，写时启先生在“吴玉如”后加上“先生”两字，并将落款写成“启功敬题”。吴先生还说，启先生信中开玩笑说，吴先生写的评戏的文章可以获诺贝尔奖。还有一封是讲吴先生请启先生吃饭，启先生临时出差没有去，回来后专门写信致歉。这些信他都提供给北师大编《启功书信集》用，本想捐赠给北师大，但竟无处接收，只得作罢。我问吴先生有没有启先生的书法，吴先生说他有启先生一副小对联，写得极好，后来一个无锡的老学生想通过吴先生向启先生求字，吴先生觉得不好再麻烦启先生了，就把自己这副对联转赠。直到前几年北师大要编《启功全集》来征集作品，吴先生联系这个老学生才知道，对联放在无锡家中阁楼上，居然被小偷偷掉了。讲这事的时候，吴先生言语中不无惋惜。我当时也没问问这副对联是什么内容，现在想来有些遗憾。吴先生还讲到湖州王一品笔庄的费在山先生藏有沈尹默、吴玉如和启功三位书法家写的毛泽东诗词，20 世纪 80 年代，这些书出版时还出现过一些波折。

## 启功先生赠《李文墓志》

2008 年暑假，吴先生打电话托我帮忙找件《李文墓志》，后来我在《中国国家图书馆碑帖精华》中找到一种剪裱本，复印好寄去。吴先生 8 月 30 日回信说：“启功先生所赠李文碑拓片终于找到，惜纸太薄，纸又残破，无法寄上，俟足下到京可一观之。较北图所藏为时贤所跋者优甚。又检查得拙书复印件二纸，俟加印寄奉，先以奉告。”吴先生实在太忙，那段时间还正在抄录宋词二百首，所以即使我 2009 年春天去看望他时，也没好意思再提出看看启先生送的那张《李文墓志》拓片。吴先生去世以后，有记者在吴先生老学生处看到吴先生写的一张字条，内容就是关于《李文墓志》，上面写：“李文碑最不易写，亦不易得，今竟藏三种，亦云幸矣，惜手不听指挥。”吴先生喜欢这件《李文墓志》主要是因为此志字体是褚遂良体一路的，而且字很有骨力。启功先生 1976 年曾给黄永年先生跋《李文墓志》，对此志评价很高，他写道：“《李文墓志》不著撰人书人名氏，其书笔法秀美而骨力开张，是所谓褚派者，与明人刻唐写《西升经》绝相似，乃知登善之独擅其名者，特以官大耳。”

吴先生还曾托我找褚遂良《同州圣教序》的印本，我在《文物》杂志上找到一张照片，放大了寄去，后来先生临过一整通，还写了长跋，重点讲到《同州圣教序》虽然不是褚遂良真迹，但也是唐人碑志中的上乘之作，吴玉如先生曾命他临写过，当时大概写过数通。2006 年吴先生曾经写过一篇文章《马连良与褚遂良》，说“仆极爱褚书，而临摹之际，唯力求取精华、弃糟粕，不愿初习书者效之”；“褚书学有本源，宗法二王，自成馨逸。武则天主政时，褚书影响甚巨。薛稷、薛曜昆仲，于褚亦步亦趋。即民间经生写经刻石，虽体貌殊相，而笔姿胎息，无不沾褚膏馥。仆于太原晋祠碑廊，曾亲得验证。下逮玄宗开元之初，褚之风流遗韵，犹具波澜。如魏栖梧《善才寺碑》，即褚书之的脉。然学之不善，则未能免俗耳”。吴先生曾经当面告诉我，他听说有人评价他临帖都一个样，而且写字软。吴先生说，他还要多临帖，尤其是魏碑、唐碑，来强其骨，希望能有所进步。所以对于《李文墓志》这种褚遂良一路的各种碑帖，晚年的吴先生很重视，精心临习，希望自己能写出些新的面貌来。

## 《启功联语墨迹》与《吴小如录书斋联语》

吴小如先生是中国楹联学会的顾问，启功先生也是撰写旧体诗和作对联的高手。对于启先生的对联书法，吴先生认为，“先生手书之楹联，则诗与书之余也”，“先生联语之工，书法之美，有手迹在，无凡武器觇缕”。

2008 年秋冬间，吴小如先生应《人民武警报》刘凤桥先生之邀，为其手抄古今书斋联语两百副，其中录自《启功联语墨迹》的就有七副，还对其中有些对联进行了点评。比如抄录“一生大自

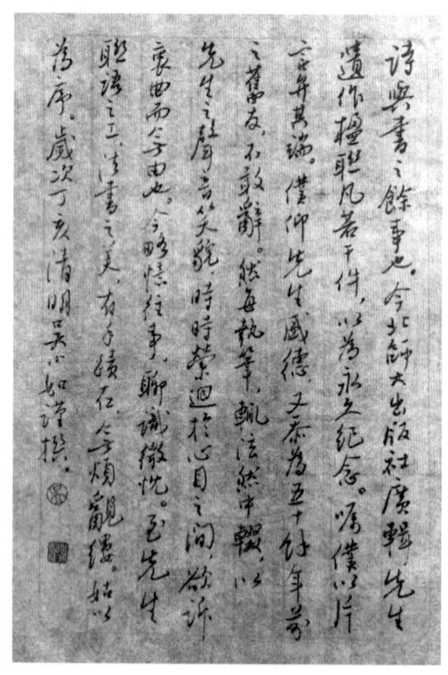

詩與書之餘事也。今北師大出版社廣輯先生遺作楹聯凡若干件，以為永久紀念。嘱僕以片言弁其端。僕仰先生盛德，又忝為五十餘年前之舊友，不敢辭。然每執筆，輒泫然中輟，以先生之聲音笑貌，時時縈迴於心目之間，欲訴衷曲而無由也。今略憶往事，聊識微忱。至先生聯語之工，書法之美，有手蹟在，無煩覼縷。姑以為序。歲次丁亥清明吳小如謹撰。

吴小如《启功联语墨迹·序言》手迹

在，万事将无同”时写道：“此启元白先生自撰联，足为平生写照。上联用佛家语，见《法华经》，下联出《世说新语》。人能视世事为将无同，则自可得大自在。”在抄录“霁月光风境，民胞物与心”一联后，吴先生点出此联的出处，“上句出《宋史·周敦颐传》，‘光风霁月’所以称濂溪也，下句见张横渠《西铭》‘民吾同胞，物吾与也’，已成名句”。在抄录“绿绮凤凰梧桐庭院，青春鹦鹉杨柳楼台”联后夸赞道：“此联色泽极美，隽语可人，故亟录之。”在抄录“静则生明养心有主，温而能断临事无疑”后，吴先生深情地写道：“此启元白先生手书自撰联，已收入《联语墨迹》。元白先生与仆交逾半世纪，《联语墨迹》付梓，元白先生令亲章景怀先生及北师大出版社坚嘱仆为《联语》撰序，因得附骥。所谓一死一生乃见交情也。”另外吴先生还抄录了“简易无威廉靖乐道，汗漫翰墨浮沉里闾”“地负海涵渊渟岳峙，桃花渌水秋月春风”和“若能杯水如名淡，应信村茶比酒香”三副对联，可见对启先生写的这些对联的喜爱。我就曾在吴先生的书房里见到刚刚出版的《启功书信选》和《启功韵语集》，两书都放在最方便拿到的地方。

## 关于碑帖

我还想谈一谈吴先生和启先生关于碑帖的交流，有些观点不够成熟，冒昧写出，敬请方家指教。

我个人感觉，两位先生行草书都是学“二王”一路是没有问题的，而且两位都很少写篆隶作品，都喜欢比较规整的楷书。启功先生喜欢唐楷多一些，受唐人写经、智永《千字文》和柳公权书法的影响很深，而吴先生则更喜欢魏碑、隋碑和唐代褚遂良一路的楷书,这就使得两位先生在碑帖的评鉴和书法的审美上产生了各自不同的取法。根据目前知道的资料,启先生早年"喜欢行书,探索墨迹",非常不喜欢欧阳询《皇甫诞碑》和柳公权《玄秘塔碑》。但五十岁以后买到一种明初拓本的柳公权《玄秘塔碑》,他才开始勤于临习此碑,直到20世纪90年代八十三岁高龄了,他还戴着眼镜通临《玄秘塔碑》全文。目前留下的启先生临《玄秘塔碑》墨迹不下十几种。另外启先生也爱临智永楷书《千字文》,也都是整通临习过十数遍以上。在这些临本中可以看出,启先生在临写中不是完全忠于《千字文》原帖的字形和写法,而是不断在自家面貌和原帖之间出入,展现出高超的书写技巧和驾驭唐楷的能力。启先生还认为黄山谷的书法"只是用柳法略加疏散,其所谓字中有笔亦柳法也"。可见启先生在博览、精研和临习的基础上,对唐人的楷书及其对后世影响的见解是超迈别人的。

20世纪七八十年代,吴先生去启先生家看碑帖和书法资料类图书的次数比较多,有时也会把碑帖借回家临习,启先生也会送启先生碑帖拓本或印本,甚至还在书店特意给吴先生买碑帖,比如《元略墓志》拓本就是这样买来的。吴先生在启先生家翻阅过日本出版的《书道全集》,前些年还曾托我找其中的《皇甫诞墓志》。他在启先生处多次翻阅过柳公权的《金刚经》印本,还写信向启先生借阅《封龙山颂》。启先生送过吴先生的碑帖拓本或印本,据我知道的就有《元略墓志》拓本、《旧馆坛碑》印本、《虞恭公碑》印本、《李文墓志》拓本,等等,有的碑帖封面就是启先生自己题写。

另外吴先生也曾向启先生求过字画,启先生也主动送过他书法作品。启先生也通过吴小如先生向吴玉如先生求字,20世纪

70年代启先生精心送了吴玉如先生一件扇面，一面是自作诗，一面是画的松树。吴玉如先生给启先生写过诗。爱好书法的人之间的翰墨之交大抵如此。

这里可以展开谈一下两位先生在柳公权书法、《黄叶和尚碑》真伪和唐人墨迹三方面的一些交流。

启先生非常喜欢柳公权体，吴先生也喜欢柳体，但是吴先生更偏向父亲吴玉如先生的观点，不太喜欢柳体中的“鼓力十足”。吴先生跋印本柳公权书《大唐回元观钟楼铭》时就写道：“先君生前授人书法，每诫初学者勿摹颜、柳二家楷书。盖病其易于鼓努为力，习之未当，则流于粗犷鄙俗。仆以为颜、柳楷书非初学所宜，然作榜书作颜、柳体，则磅礴浑浩，亦有足多。”而启先生则多次讲过，他临习柳公权《玄秘塔碑》是“为强其骨”。吴先生跋印本柳书《金刚经》又写道：“70年代初，仆还自江苏鲤鱼洲干校。未几随在校工农兵学员到密云农村开门办学，集体撰写农民英雄人物事迹。一年中往返城郊，风尘仆仆。每于途径厂肆，以节衣缩食之余，访求旧印本碑帖。彼时碑帖价极廉，市肆门可罗雀。罗振玉影印敦煌石刻拓本，中有柳公权书《金刚经》全文，仅售人民币五元。然阮囊羞涩，即此戋戋之数亦无力偿付。每过启元白先生寓所，假其所藏斯帙而披览之，意拳拳不能释于怀。至1994年，北京出版社有印本柳书《金刚经》行世，始获入藏。尝谓柳书虽以骨胜，如临摹力求其似，非失之滞拙即伤于恶俗。习书者宜从右军小楷入手，然后取柳之《钟楼铭》或《金刚经》而摹之，自然挺秀廉厉而具风姿。启元白先生论书，不薄柳之楷笔，良有以也。”这说明吴先生后来对柳书的看法有些变化。2008年底，吴先生又曾叫我帮忙找印刷更清楚的《大唐回元观钟楼铭》新印本，收到我寄去的《柳公权书法全集》后,他电话里就告诉我,“柳公权《金刚经》是柳字,而且是上乘之字,这本《全集》中不少柳字极好,以前没有注意到”。

吴小如先生对唐初欧阳询的书法也非常喜爱,《九成宫碑》《皇甫诞碑》《虞恭公碑》《化度寺碑》都临习多遍,晚年还一再临习《九成宫碑》和《皇甫诞碑》。吴先生告诉我,他有一本启功先生送的《虞恭公碑》,瓷青封面,上面有启先生用毛笔题写的帖名,他最近又临习一通,送给孙女保存,但启先生送的这本帖还没舍得送给孙女。

吴先生的碑帖跋语中提到一件欧书和启功先生相关,就是《黄叶和尚碑》是不是欧阳询的字。启先生认为此碑为伪志,吴先生从吴玉如先生旧藏的一本拓本看,认为此碑未必是伪。吴先生跋《九成宫醴泉铭》写道:“欧书之佳作,首推《黄叶和尚碑》(小如按:《黄叶碑》,启元白先生谓为伪志。然世有两拓本,其一失真,谓为赝品固宜;予藏有初拓本,乃家大人于卅年前偶得自北京东安市场者。大人有跋云:‘碑字之美如此,墨迹当如何?吾所见无如此本之可爱者。在吾手边,已过三十年矣。临池者其宝诸。丙午小寒。’于以知其必非伪也。)。而《九成宫》《皇甫君碑》世尤有名。予早岁习《皇甫诞碑》,格格不能入。自今年始学摹信本书,殊未入门,然已悟率更书之功力矣。作字自与所书内容有关。《黄叶和尚碑》及《化度寺》,书有仙气;《皇甫诞碑》则廉悍峭劲,皆与碑中人秉性行事相称。此铭端肃齐庄,盖与颂君德、扬王休之义为近。于以知作书贵能表性,不独书家自具风格,亦须付于所书文字内容也。欧书传世者多,予所见甚少,唯据所见言之耳。”

吴小如先生后来还为《黄叶和尚碑》作跋:“此拓光绪间为丹

阳周氏所藏，卷尾有跋语云是率更早年所书。殊谬。据张怀瓘《书断》，欧阳询生于陈代，卒于贞观中，年逾八十。以公元推之，生年在557年。此碑记和尚葬于武德三年，则书碑之年当更在后。是时询已六十许人，乌得谓为早年也！唯跋云此碑书法为钟、王的脉，则信然。且以清秀许之，实不独清秀而已也。”

根据目前的研究，《黄叶和尚碑》很可能不是欧阳询所写，但是字又确实是写得很好，这就引发书法史上一个重要问题，伪的碑志或书法作品，由于写得好而被后人一再临习，被吸收进后世的书法创作中，最终成为书法宝库中不可或缺的部分。所以对于这些历史上的书法资料伪迹，书法学习者绝不能因为是伪而忽视其书法价值。

关于唐人写经问题，启先生曾经对吴先生讲过：“唐人的写经书法极精，却因书家无名气而被埋没；欧、褚诸家当然是书法大师，但如果他们没有做大官，只怕也不会享盛誉、成大名。”启先生还认为有些经生的书法比当时有名的书法家们写得更好。启先生自己就收藏有隋唐写经真迹，时常临习。吴小如先生也非常重视写经墨迹，跋日本印《魏晋唐小楷续册及新疆与甘肃出土之写经》时写道：“此册于津门小河道冷摊得之，荏苒二十余年矣。细玩所收欧、褚、颜诸家石刻，皆有足多；经生沈弘书尤具功力，非宋元以后专以侧媚取姿之士大夫书比也。己酉初夏日莎斋漫记。（小如按：沈弘书，启元白先生亦入藏，甚许之。予尝与元白论唐经生墨迹，以为多贤于当时之达官显宦所书也。）”

有人讲吴先生的楷书是学习父亲吴玉如先生的，我觉得吴先生自己的楷书除了有继承父亲的一面，还有他写出自己面貌的一面，这样认识才完整。吴先生的哲嗣吴煜先生送吴先生临《佛遗教经》印本给我时，还特地提到吴先生的楷书和吴玉如先生不同，其中来源于魏碑的成分更多，这点常被人忽视。吴先生 1963 年恢复练字以后，对于魏碑、隋碑，唐初欧阳询、虞世南、褚遂良诸家等都花了很大精力研习，比如隋《龙藏寺碑》就临习过三十多遍。2003 年以后，吴先生曾多次托我在上海买新出土魏碑字帖。这里可以列一个书单，看看吴先生晚年对碑帖的选择的倾向。2008 年 5 月初，先生在上海古籍书店选了十三本字帖，汉碑选了《汉尹宙碑》《韩仁铭》，行草书选了赵孟頫的《致民瞻十札》和《故总管张公墓志铭》，剩下的大都是魏碑和隋唐墓志，比如《北魏李瞻东魏吕盛墓志》《魏樊可憘元宁造像》《北魏墓志选粹》《司马氏墓志四种》《高贞碑》《墓志书法百品》《隋墓志选粹》和《鸳鸯七志斋藏石》，最后还选了一种《王羲之王献之小楷》。这些碑帖吴先生带回北京后，有的曾认真临习过，后来我就看到过吴先生整通临写的北魏《高贞碑》和《隋墓志选粹》中的《隋姜宫人墓志》。

我个人感觉，书法的技法和书写的内容同样重要，书法作品形式上要神采四溢，但是内容又必须体现出书写者比较高的素养与内涵，两者都不可偏废。比如吴玉如先生、启功先生的书法我都看到过真迹，那真是光彩照人、熠熠生辉。我没敢问吴先生，他的字和启先生比谁更好，不过吴先生一再和我讲过，他不是书法家，只是爱写毛笔字，他父亲才是书法家。对于某些当代书法名家的字，吴先生和我谈过他的观点，我们的看法倒是不谋而合，还记得两人哈哈大笑的场景。

2009 年夏天，吴小如先生的新书《吴小如手录宋词》出版，吴先生电话里告诉我，等我去京时再送书给我。暑假里我在青岛陪侍病中的祖父母，没有去北京。在青岛书店里看到新出版的张祖翼藏碑帖的唐碑系列中有《李文墓志》,就邮寄了一套此帖给吴先生,但是一直没有收到回音。直到9月份开学不久,才知道吴老8月初突患脑梗,住院治疗了,直到9月份才出院,后来赁居在中关新园,独居养病。因为是右手中风,已经不能写字了。知道这个消息后,我有一两周时间心情非常沉重,很后悔8月没有去探望,回想几年来受到先生的教导和恩惠,心里很难过,同时也很担心先生的身体。大概有一年多时间我们没有通过电话,偶尔从周启锐先生处了解到吴先生治疗和休养情况。2010年10月底,得知吴先生夫人10月初病逝了,我写信给吴先生,提出想去看看他,吴先生请周启锐先生转告我,欢迎我来。那一次见到吴先生,感觉他比之前要衰老多了,走路需要人扶,讲话也不像以前铿锵有力。吴先生见面第一句话就是:"我以前给你写字太少了,现在不能写字了!"那天我们聊了很长时间,吴先生送我一册《吴小如录书斋联语》,逐页给我讲里面的内容,直到午饭时才准我离开。2012年秋天,先生九十岁生日,我5月份提前去探望了先生,他已经是坐在卧室的沙发上,行动非常困难。我转告了王水照先生对他的问候并转交了给他的礼物,把他自己也无存的《人境庐集外诗辑》送给他留作纪念。那次看望之后,我不忍心再打扰吴先生,我知道先生需要我帮忙时会直接找我的。后来吴先生也打过电话给我,比如叫我向姜鹏转达他的读后意见,询问拍卖会上卖的是他的什么作品,还给我寄《学者吴小如》和《莎斋诗剩》等书,托我转交给本校的裘锡圭先生、王水照先生和汪少华先生等等。

启先生去世一周年时,我写过一篇小文表达怀念之情。吴先生去世后,我因家人当天手术无法赶去北京参加告别式,特别请许全胜先生代拟了一副挽联,赶在告别式前寄达灵前,为吴先生送行:“青白其眼,金玉其音,谈艺宗南雅,早有鸿文惊菊部;泰山已颓,哲人已萎,传经厄北监,再难嘉会聚兰亭。”听说追悼会上有人讲此联是知先生的,为先生鸣不平。其实吴先生去世前一个月,我刚去看望过他,先生虽然瘦得很厉害,但是神情自若,听我讲话很认真,自己说话也底气很足。我祝贺他获得“子曰”年度诗人大奖,他则谢谢我给《莎斋诗剩》编者提供他的未刊诗稿。那天我们还聊了一些家事,他详细询问了我父亲生病去世的情况,还嘱咐我赡养好母亲,照顾好妻子,更要好好工作和生活。那天先生还破天荒和我谈了他对周一良先生人生遭遇的看法。当时我并未感觉到先生即将远行。刚刚得知吴先生去世的消息时,我脑海中闪过一个句子:“一卷‘枯树’曾达天听,今有‘同州’可再问谁?”心中怅怅然。吴先生担心“书道陵夷”,不再有人规规矩矩地临帖,他自己又常常庆幸作为后死者,能看到前人没有看到过的新出土碑志。即便2009年夏天脑梗后不能再写毛笔字,他还一直顽强地练习,希望能恢复写字,很可惜这个愿望没有能够实现。晚年他对有人称他是学术上的“乾嘉守望者”是高兴的,但是他心中更多怀有的是对中国文化与学术发展的忧心,时时告诫人们要警惕“泡沫下面是沙漠”,文化和学术建设是长期的事业,真诚希望有志于学者能勤奋严谨,发奋自强。

绛帐依依十一春,回首望去都是无限的温暖,我也相信,这种温暖还会被继续传递下去。两位先生的书法和学术贡献还会被后人记得,从这种意义上来说,启先生、吴先生都可谓是“不朽”了!

2015年夏末

(作者单位:复旦大学)

# 哭吾师小如先生

钮骠

今年，北京的天气冷热失常，立夏季节，郊区竟然下起了大雪，寒气袭来，令人颇感意外。而情感上的悲恸也兀地袭来，甚于寒凉，更感意外——吾师吴小如先生猝然离开了我们！噩耗突至，顿时使我木然无语，热泪淋漓，难以抑止。

我与先生结识五十余载，受其教泽，片言难尽。由于家兄钮隽于20世纪50年代初，曾就学于北京大学中文系，常常提起，系里中年一辈教师中，小如先生的课讲得最棒，正如吴组缃先生所称赞的，他的授课效果“无出其右者”。学生们都爱上他的课，“上座率”最高。那时，他还常在报刊上读到先生谈文论戏的文章，钦敬之至，溢于言表。我心想，若有缘得教于这样的老师，当幸运无憾矣。

甚巧，1958年我考上了红旗夜大学中文专业，任教的老师都是聘自北大中文系的，其中的主教老师正有吴同宝先生，使我的夙愿得偿。最近检阅了当年的听课笔记，从唐宋诗词、散文至元明清杂剧、小说、传奇，这些古典文学的基础课都是受业于吴师的，收获丰盈。夜大学结业后，一度又去做了吴课的旁听生，随后更与贯涌学弟“立雪”吴门，专攻古文，吃“小灶儿饭”，耳提面命，受教更丰。平素每有文学上的疑难，随时请益，先生总是有求必应，有问必答。自此，先生慨然认可我为其门人，常在文中提及，让我默感欣幸。

我在中国戏曲学校实验剧团初习编写剧本，如《洪母骂畴》《武则天》等，每写成后都呈吴师审阅、修润，得到先生不厌其烦、字字句句、巨细无遗的批改，并当面指拨，受益尤多。1963 年，萧老的文集《萧长华戏曲谈丛》辑成付梓前，书中部分篇章，也请吴师作了修润。

20 世纪 80 年代，内子沈世华在中国戏曲学院，向学生教授昆曲《水浒记 · 活捉》一剧，剧词深奥难懂，阎惜娇、张文远的唱词，几乎每句中都有典故，是应当给学生解释清楚的。旧时，老演员演这出戏，及至传授给学生时，仅知其大意，若深究典故的来源出处及其用意，往往不能说得清楚。昆剧有谚云：“身段是车唱是辙。”不解词中意，焉能演好戏？老师教学生切不可囫囵吞枣，不求甚解，必须交代明白。我们很想做些考释，然而力所难及。于是便登门求教吴老师，请予指授。老师在备课、教课、撰文的百忙之中，不惮辛劳，认认真真、谨严不苟地逐条逐句加以稽考解析，给我们讲述了两个半天，偶有拿不准的地方，便亲自趋往俞府面询平伯老先生，终于理出了一份较为周全详尽的考释资料，为今后演唱、传授此剧的后人们开启了“解惑”之门。幸好，我们将先生的讲述作了录音，保留至今，洵足珍贵。

教授《南西厢记 · 佳期》时，戏里红娘的主要唱段【十二红】曲子中，有些词句不太符合人物的年龄和身份，且有些不够健康的描述，不宜教授学生，而这折戏中保留着许多值得继承下来的表演技艺，任其失传，着实可惜。我们试着将唱词作了些变动。而昆曲文词格律严谨，岂能率尔操觚，轻心为之？于是，我们又去请教吴师，经他审订，修正了不妥之处，使这段唱词平仄合律，便于上口，内容净化，未见穿凿之弊，成为适合教学的可用教材，并得到了俞振飞老师的首肯。

吴小如老师对学生切切实实地尽到了“传道、授业、解惑”之责。他不仅是一位桃李盈枝、诲人谆谆的名师，更是一位学养精深、使人昭昭的明师——明白、明达之师。

吴师在剧学上，对我的惠泽和引领，也是述之不尽的。我从青年时期起，就将他谈文论艺的撰述当作教科书一般地研读。自与先生识荆后，每有登场演剧，都请先生莅临指谬，聆听他的点评并牢记于心。先生看戏素以严格以求出名，绝不轻易挺人，然而对于吾辈后学，则是以鼓励、鞭策为主，同时不客气地指出瑕疵，告诫努力方向，热诚中肯，教人心服。1985 年看了世华演的《孽海记·思凡》后，著文推介，予以了充分肯定，并提出要克服不足之处，在于能有经常的演出机会。特别是 1983 年底看了世华演的《牡丹亭·游园》，欣然赋诗一首，以资鼓励：“喜看北苑秀南枝，人到中年大有为；一曲《游园》真善美，端庄平正见神奇。”并书成条幅惠赠，还在评论专文中指出了不足之处。

对于看我演的戏，如陪同诸位前辈演出的《群英会》《连升店》《独木关》《长坂坡》《潞安州》《八蜡庙》《贵妃醉酒》等，先生都有记述。尤其使我难忘的一回，大约是 1981 年，高盛麟老师和王正屏先生合演《连环套》，由我饰演《盗钩》一折中为窦寨主备酒的厨子。先生特意专程从中关园来到戏校排演场看戏，待厨子的戏下场后，先生便打道回家了。他打趣地说："今天就是专门看厨子来的。"这般真情实意，叫我感激得不知说什么才好。

1984 年，我和萧润德师弟拍成电视片的《连升店》，请先生看后，写来专函，赐予点拨：

捷之兄：

久违了！

足下串演《连升店》录像，日昨始克寓目。颇有萧老遗响，至慰至快。唯字幕错字不少，未免白璧微瑕。如"报禄"均作"报录"，似太欠讲究。润德规矩有余，筋道不足，是叶派而非姜派。彼尚欠我画一幅也。兄演此戏，唯一不足处，即兄为人太善，心眼太实诚，演此势利小人，略感性格不谐调。然手眼身步，皆得真传，口齿亦佳。自盛武谢世，萱翁年高，此戏非兄莫属矣。余俟面话，不一。匆祝

双安！

弟　莎顿首

七月廿二日

（按：叶派指叶盛兰派，姜派指姜妙香派，盛武、萱翁即孙盛武、萧盛萱二位先生。）

先生出于培护之心，臧否分明，语语中的，蔼然仁者之风，教我心悦诚服，永铭于怀。

平素去拜望先生，交谈内容，总离不开论剧说戏。先生嗜戏若渴，时刻关注着传统好戏的传播、新出人才的成长。我犹如一名考生面对考官口试，每每说出自己的所闻所感，谈些在报章上、场合上不便言说的话语，讲给先生听，常常得到先生的认同。先

生在言谈话语中，总是流露出对戏的“爱之深”“欲其兴”而“不忍其衰”的情怀，故而每次都谈得十分融洽，不愿我辞去。

积几十年的感受，我从吴师身上深深领会到“看戏”也是一门学问，需有深厚的功力。从看戏、爱戏，到懂戏、学戏，进而评戏、论戏，理解台上人的匠心，着眼于演戏人在台上驱遣的技艺、拿捏的火候、营造的意境、展现的神韵，和台下看戏人审美需求的满足、艺术享受的愉悦，相互契合，协调一致。积年累月，久久为功，才能得到准确的顾曲标尺，臧否有度，优劣分明，绝非浮光掠影、浅尝辄止、跟风趋时、隔靴搔痒所能奏效。

先生是把研究传统文学的治学方法与研究传统戏剧学的鉴赏方法融为一体、互为作用而后生成真知灼见的。愚以为，这也是吴师与曾复、家溍二公研究戏曲各有千秋的一面，值得现今吾辈评戏者加以研索。

旧日，研读先生的撰述，偶见略有欠妥之处，每以刍荛之言奉告，先生都有中肯的回馈，在著文中认我为“诤友”，甚至说“做他的老师绰绰有余”，这真折煞晚生之辈了。每次读到这些谦辞，都心神不安，愧疚难当，实在不敢承受！学生就是学生，尊师重道的学生。这只能说明先生的谦和大度、虚怀若谷、师德昭昭，让人愈加钦敬。我愿借此，申明此衷。

吴小如先生作为当代的十全儒者、绛帐明师和顾曲大家，其文品、人品，非我这浅陋的学生所能妄加月旦的。想说的、该说的话很多很多。今谨以此小文聊表叩谢受业之恩而已。

甲午(2014)夏日于望巢楼晚晴书房

（作者单位：中国戏曲学院）

# 难窥夫子墙

## ——敬贺小如师九秩华诞

彭庆生

小如师精通文字、音韵、训诂、考据，淹贯诗歌、散文、戏曲、小说，文史并重，兼工行草楷书，笔意遒劲秀逸。先生治学，擅长由训诂而通辞章，重考据以明义理，探赜索隐，钩深致远，洵为乾嘉学派之鲁殿灵光，旷世难求之通才。

小如师是性情中人，耿直狷介，特立独行，从不俯仰取容，然极重情谊。对师长，感恩图报；对朋友，肝胆相照；对门生后进，眷顾奖掖，不遗余力。凡此种种，有口皆碑。

子贡曰："夫子之墙数仞，不得其门而入，不见宗庙之美，百官之富。得其门者或寡矣。"(《论语 · 子张》)余忝为吴门弟子，受业五十余年，虽始终不得其门而入，难窥夫子之墙，但先生的教诲和奖掖，恩深似海，没齿难忘。

## 一、终身受益的基础课

20 世纪五六十年代，是北大中文系的黄金时代，名师云萃，而且几乎所有的名师都开基础课。1956 年我考入北大中文系时，尚未满十八岁，实在不懂事，由着性子胡来，对系里给我们安排的课程，有兴趣的就认真听，使劲记；没兴趣的就逃，或坐在后排看自己想看的书。后来工作了，自己也教书了，才明白当初中文系安排的各种课程，没有一门是无用的。这才硬着头皮，自己补课，然而，毕竟已事倍功半了。

在大学本科的五年中，我学得最认真的只有三门课：一是游国恩、萧雷南、林庚、冯钟芸、二吴（组缃师与小如师）、季镇淮、王瑶、章廷谦等多位名师分段讲授的中国文学史（含专题讲座）；二是杨伯峻先生讲授的古代汉语；三是小如师新开的工具书使用法。这样算起来，小如师既给我们讲授了文学史中的元明清戏曲，又独自开了一门新课，还开过几次京剧讲座，应该是为我们授课较多的名师之一了。

在众多的名师中，小如师的职称最低，直到我研究生毕业时，他仍是个讲师。但那时北大的学生是有眼光的，不重头衔，只认学问。小如师从小就爱看戏，对京剧与昆曲极为娴熟，并与梨园名角过从甚密；最难能可贵的是，小如师还曾师从京剧名家，认真学戏，仅“真正从师问业一板一眼学到手的戏”，就有六十多出。而其学戏的目的，“不为登台，不为出名，只是想通过实践来钻研戏理”（见《学戏与临帖》，后收入《心影萍踪》）。因此，先生讲起中国戏曲来，就绝不限于文字记载，而是富有自己看戏、唱戏的实践经验,对中国戏曲的历史与理论,均能穷源竟委,阐幽发微,又穿插一些先生耳闻目睹的梨园掌故,自然格外生动,深受学生欢迎。

1958年始,中文系’56级文学专业的同学也大搞集体科研。在小如师的影响下,我们四班的同学集中“兵力”,撰写《中国戏曲史》。毕竟学殖浅薄,未能完成这个我们原本就力不胜任的大项目,但这件事却写进了学生档案。因此,大学毕业后,一些同学都因档案中有此记载,而被分配到有关戏曲的单位去工作了。如韩蔼丽分在北方昆曲院,后来还写过昆曲现代戏的剧本;张仁健分在山西文化局戏曲工作室,后来写过《近代晋剧旷世硕果——丁果仙艺术生涯评传》;张继顺分在四川文化局戏曲工作室,为著名清音表演艺术家刘时燕改编创作过不少清音脚本,二人因此而喜结连理。

我虽未从事戏曲工作,但在小如师的熏陶下,也成了半个戏迷。记得昆曲泰斗俞振飞先生在北大礼堂演出《太白醉写》时,我们班的同学早早地就去抢占了座位。后来,因韩蔼丽在北昆工作,我可以去蹭戏看,因而有幸欣赏过侯少奎先生的《单刀会》、李淑君的《昭君出塞》等名家名剧。侯先生的唱腔慷慨苍凉,念白铿锵顿挫,“(白)这也不是江水。(唱)二十年流不尽的英雄血!”这两句,迄今犹不时在我耳边萦绕。李淑君的扮相美极了,使观众大饱眼福。看京剧就不容易了,必须自己进城买票,却又没那么多时间,只好去等退票。我的运气好极了,竟接连五次都等到了退票:三次在长安戏院门外,买到退票,欣赏了马连良先生的《淮河营》,高盛麟的《挑滑车》,马连良、谭富英、裘盛戎、赵燕侠联袂主演的《四进士》;一次在中山公园音乐堂外等到退票,欣赏了谭富英的《大保国》;一次在护国寺人民剧院外等到退票,看了杨秋玲主演的《雏凤凌空》。至于杨秋玲主演、后拍成电影的《穆桂英挂帅》,我至少看了六遍。最难忘的是:1961 年夏,袁良俊打听到梅兰芳先生即将在五道口工人俱乐部演出《穆桂英挂帅》,但很难买到票。他找我商量,一拍即合,决定两人接力,通宵排队。我是夜猫子,不怕熬夜,就由我值夜班,从头天夜里排到天亮;良俊排早班,从早六点排到购票。我下午六点半就赶到了剧场,排了个第六号,心里便踏实了。那年头,社会风气好,没人加塞儿,更没有票贩子。而且,按惯例,先到的三个人中,总会有一位"积极分子",事先在家里裁好了若干张小纸片,写上号码,排队时按先来后到的顺序发号。领到了号,就吃了定心丸,但不能远离剧场。因为,每隔一小时,那几个"积极分子"就点一次名,凡叫到号而人缺席者,那个号就作废,后头的就都递升一名。这样,大家都在剧场附近找地方休息,每隔一小时去应一次卯。凌晨六点,袁良俊依约而至,我便回校吃饭睡觉了。其时,梅先生的表演艺术已登峰造极。我们虽然付出了一个通宵再加大半个上午的辛劳,但能看到梅先生精彩绝伦的表演,深感荣幸。那年 8 月 8 日,梅先生就驾鹤西归了。因此,五道口的那次表演,很可能就是梅先生的最后一场公开演出了。人生一世,能看到一位空前绝后的京剧艺术大师的告别演出,幸如之何?

我絮絮叨叨地写了这么些琐事,无非是想说明:小如师授课半年,沾溉后生,其泽远矣!

1993 年初,燕山出版社社长陈文良宴请一新师(姓陈,讳贻焮),由师兄陈铁民和我作陪。我们心里都清楚:宴无好宴,陈文良肯定"别有用心"。果然,开宴不久,他就请一新师出任《增订注释全唐诗》主编。一新师为人豪爽,两杯啤酒下肚,就站起身来,举杯说道:“如此,我就‘黄袍加身’了。”然后,又对铁民师兄和我说,“你们两位就当常务副主编吧!”铁民兄与我面面相觑,心中叫苦不迭。此前,陈文良已找过一新师,谈过这件事;一新师也征求过我们的意见,早已说定:决不接受这个大项目。谁知一新师一激动,就欣然应允了。铁民兄和我深知这个大工程之艰巨,极不情愿,但老师既已应允,学生岂能拆台?只好勉为其难了。1996年此书交稿后,我便着手撰写《初唐诗歌系年考》,整整十年,创获甚微。到2007年,我已年近古稀,自知来日无多,决心以此生余力,完成《陈子昂集校注》。要之,近二十年来,我一直沉浸在校勘、注释、考证之中,终日矻矻,却也乐在其中。在这些科研工作中,我受益最大的,是静希师传授的唐诗、伯峻师讲授的古代汉语和小如师讲授的工具书使用法,正是我大学本科阶段学得最认真的三门课。

1986年始,《汉语大词典》与《汉语大字典》陆续出版,为古籍整理工作提供了极大的便利,省却了许多獭祭之劳。然而,古籍浩如烟海,古人所用词语、典故及其涉及的名物、史实、职官、人名、地名、典章制度等等,实在是任何词典或字典都不可能囊括无遗的,这就必须查古书了。查书而不明门路,势必事倍功半,甚或徒劳无功。因此,我常常为自己聆听过小如师讲授的工具书使用法而感到庆幸。随便举两个例证吧!

陈子昂《感遇》其十九云:“鬼工尚未可,人力安能存?”又《大周受命颂》云:“臣闻大人升阶,神物绍至,必有非人力所能存者。”这里的两个“存”字都不大好解释。《汉语大字典》中“存”字有十三个义项,《汉语大词典》中“存”字有十四个义项,但都不适合。

于是,我想起了小如师的教诲:训诂资料最丰富的,莫过于《经籍纂诂》。应该感谢上海古籍出版社,该社 1989 年影印的《经籍纂诂》,既便宜(特价 45 元),又附有四角号码索引,一翻即得。果然,我从该书卷十三"十三元"查到:"存:至也。《荀子 · 议兵》'所存者神'注。"再查原书,《荀子 · 议兵》云:"所存者神,所为者化。"杨倞注:"存,至也。言所至之处,畏之如神;凡所施为,民皆从化也。"释"存"为"至",子昂诗文中的那几句便迎刃而解。《感遇》那两句的意思是:鬼神尚且干不了,人力又怎能办得到呢?《大周受命颂》那三句的意思是:臣闻圣人登基,祥瑞的神灵之物相继而来,绝非人力所能至也。

又如前几天我注到陈子昂的《赤雀章》,其中有一句:"在昔甲子,降祚于昌。"既是祥瑞,我便先查《宋书 · 符瑞志》,果然有"赤雀者,周文王时衔丹书来至",周文王姓姬名昌,这算是对上了,然未言"甲子"。周代的甲子日,最著名的自是武王甲子日伐纣。一查《史记 · 周本纪》,果然有"二月甲子昧爽,武王朝至于商郊牧野,乃誓"。但这天没有"赤雀",而在此前两年的盟津观兵时,"有火自上复于下,至于王屋,流为乌,其色赤,其声魄云"。我以为是陈子昂记混了,把三件不同的事捏在一起了。其时夜已深,人已倦,只好睡觉了。第二天上午起来一看,不对头呀!陈子昂再糊涂,也不会把父子二人混为一谈,何况,"赤乌"毕竟还不是"赤雀"。此时,我又想起了小如师传授的"秘方":凡经书正史中查不到的典故,便查类书。我从《北堂书钞》查起,再查《艺文类聚》与《初学记》,终于在《太平御览》卷八四查到:"《尚书帝命验》曰:'季秋之月甲子,赤雀衔丹书入酆,止昌户。拜稽首。'"并从《御览》得知:此典最早见于《墨子》。再查哈佛燕京学社编印的

《墨子引得》,知其出自《墨子·非攻下》。引了《墨子》与纬书,这条注就比较可信了。

这样的事例,不胜枚举。每当我解决一个校释考证中的难题时,都会在心中默默地念叨:小如师,谢谢您!

## 二、两次例外

1961年秋,我大学本科毕业,留校当研究生,拜入静希师门下,有幸亲聆先生的教诲长达四年之久。后来工作了,但仍常回燕园62号,一则问候先生与师母,二则向先生请教。先生一如既往,继续给我上课。直到先生九十五岁高龄时,我才不敢再劳累先生,但请安是从不间断的。

拜入林门伊始,师生就形成了一个程式:我入门后先进内室,向师母请安;然后到客厅坐定,问候先生的饮食起居;接着便是我请教,先生授业。只是在1990年2月21日师母仙逝后,我进门后先向师母的遗像行鞠躬礼。四十多年,一仍旧贯,连拜年亦循此程式。然而,也有两次例外,这都是因小如师而起。

第一次例外在1979年春节,我照例去给先生和师母拜年。刚在客厅坐下,还不等我开口,先生就气呼呼地问道:"彭庆生(先生历来只呼名,唯独这次加上了姓)!为什么吴先生的职称至今还解决不了?早在'文革'前,我就和游先生(讳国恩)联名保荐他破格直升教授。去年游先生去世,我又和吴组缃先生联名保荐他直升教授。为什么拖到现在还不解决?"我很犯难:一则我离开北大已久,不太了解情况;二则虽然也道听途说地知道一点内情,但又怕说出来使先生更加生气。但先生一直盯着我,不回答是不行的，便只好含含糊糊地嗫嚅道："据说是由于人际关系。"先生似乎若有所悟，但仍然愤愤不平。幸亏我深知先生有个特点：不论在什么情况下，只要提起唐诗、新诗格律、楚辞、《西游记》和篮球这五个话题中的任何一个，先生便会立即兴奋起来，侃侃而谈，神采飞扬。于是，我便请教："您说过：唐诗最大的特点是新鲜，如旦晚间始脱笔砚；又说唐诗最高的成就是深入、浅出的统一。到底是哪个重要呢？"先生不假思索，脱口而出："当然是深入浅出！正因为是深入之后的浅出，是深入、浅出的统一，才能永远新鲜。"接着又详尽地讲解了"深入"和"浅出"的关系。我心中大喜，一来深受教益，再也不敢在先生面前提如此愚蠢的问题了；二来也得以从窘境中解脱出来。

其实，我和许多同学一样，一直为小如师的职称问题耿耿于怀，在我们的心目中，小如师早就是教授了，而且，中文系的老先生亦作如是观。游国恩先生主编的《先秦文学史参考资料》和《两汉文学史参考资料》，这两本书影响深远，一直是许多大学中文系教师的重要参考书，多次重印，发行量以十万计。小如师注释了其中的先秦神话、《国语》、两汉辞赋的全部和《尚书》《诗经》《左传》《楚辞》中的部分作品，更重要的是，这两本书的全部定稿工作，都是由小如师承担的。书稿杀青时，小如师尚未满三十五岁，非家学渊源，功底深厚，焉能至此？游老素以渊博严谨享誉学林，而这两部重要著作的定稿工作，全部交给了小如师，可见其器重之深，倚重之切，则其与静希师联名保荐，亦良有以矣！

静希师对我说过："遇到史料、训诂、考证方面的问题，你就去问吴先生。"组缃师说得更妙："吴先生对古书熟极了。他查书，从不翻目录，一扒拉就找着了。"我是湖南人，家乡话中没有"扒拉"

这个词儿,因而觉得很新鲜,也很生动,记得很牢。在我的印象中,组缃师素来是比较严肃的,不苟言笑,但他老人家竟然也如此推重小如师,则其继游老之后,与静希师再次联名保荐,自亦顺理成章了。

不仅中文系的师生都很尊重小如师,而且,在我看来,系领导虽不给小如师提职称,却一直把他当教授使用。上述《先秦文学史参考资料》与《两汉文学史参考资料》的定稿工作,便是确证。须知当年极"左"思潮泛滥,反对"个人名利",两书的署名,都是"北京大学中国语言文学系中国文学史教研室选注"。而参与选注的先生,有的已是副教授了,却由一位"讲师"来定稿,岂不发人深省?

1961 年秋,北大中文系五六级文学专业留了四个研究生:李文初的导师是游老,齐裕焜的导师是小如师,黄侯兴的导师是王瑶先生,我拜入静希门下。这四位导师中,游、林、王三位都是名扬海内外的大家,唯独小如师还是讲师。但我们一点都不惊诧,都觉得小如师带研究生是理所当然的。我和裕焜同班且同寝室长达九年,毕业后也一直保持联系。我深知,数十年来,裕焜始终执弟子礼甚恭,每当谈起小如师,他总是充满敬仰与感激之情。他也很争气,很用功,深得小如师之真传。他撰写的《中国古代小说演变史》,荣获教育部社科著作二等奖,为师门争了光。

小如师不仅带出了出色的研究生,而且还创造了讲师指导讲师的奇迹。大概是 1962 年前后,河南某大学的一位讲师来北大中文系进修,系里指定的指导教师就是小如师。当年北大的研究生与进修教师,都住在二十九斋,因此,我和裕焜能不时见到这位进修教师。每当谈起小如师,他总是说:"吴先生的学问真好!"

第二次例外在1980年春,小如师刚从中文系调到历史系不久。我去拜谒静希师,照例先去内室向师母请安,然后来到客厅,还没坐稳,静希师就问道:"吴先生去历史系,怎么样了?"正好我前几天去拜望过小如师,便毫不迟疑地答道:"挺好的!"先生又问:"他开什么课呢?"我答:"吴先生讲《中国文学史》,还有一门《历史文献选读》,准备先讲《陆宣公奏议》。"先生说:"好!这《陆宣公奏议》,如今也只有吴先生能讲了。"

静希师的话,我听清了,但没有听懂,回家就查书,才理解此中的深意。陆宣公名贽,唐德宗时历任翰林学士、中书舍人、谏议大夫,官至宰相,谥曰宣。他是唐代最卓越的政论家,权德舆称其"榷古扬今,雄文藻思,敷之为文诰,伸之为典谟"(《翰苑集序》),《四库全书总目提要》亦云:"其文虽多出于一时匡救规切之语,而于古今政治得失之故,无不深切著明,有足为万世龟鉴者,故历代宝重焉。"《资治通鉴》采录陆贽的奏议,竟多达三十九篇,在这部长达六百万字的史学巨著中,实属罕见。因此,静希师听说吴先生开了这门课,便赞道:"好!"

然而,陆宣公侍奉的唐德宗,却是一位刚愎自用而又饰非文过的昏君。为了使皇帝能听从规诫,接受谏诤,陆宣公不得不在奏议中大量援引经典,多用故实,如《奉天请数对群臣兼许令论事状》云:"臣闻《春秋传》曰:'人谁无过,过而能改,善莫大焉。'《易》曰:'日新之谓盛德。'《礼记》曰:'德日新,日日新,又日新。'《商书》仲虺述成汤之德曰:'用人惟己,改过不吝。'《周诗》吉甫美宣王之功曰:'衮职有阙,惟仲山甫补之。'夫《礼》《易》《春秋》,百代不刊之典也,皆不以无过为美,而谓大善盛德在于改过日新。"这一百〇七个字中,接连用了《左传·宣公二年》《礼记·大学》《周易·系辞》《尚书·仲虺之诰》和《诗经·大雅·烝民》的名句,其意无非都是规劝唐德宗不吝改过。更难解的是,奏议中的许多语句,往往化用经史,几乎不露痕迹,如果不熟悉古籍,不明其出处,很容易望文生义或不得要领。因此,陆贽的文章固然富有典雅弘赡之美,却也有文辞艰深之弊,要讲授《陆宣公奏议》,殊非易事。静希师说"如今也只有吴先生能讲了",其深意大概就在于此。

这两次例外,使我更深切地体会到了静希师对小如师的关顾和推许。

## 三、从"三狗同桌"说起

我自幼顽劣,不怕鬼,还专拣闹鬼的地方去睡觉;不信神,故乡的土地公公,多次被我偷偷地埋在水田里,竟然也没遭报应。然而,年过古稀之后,我却开始信命了。我觉得,我能考上北大,拜入林门,受业于小如师,并受到众多名师的耳提面命,这都是我的福气;而我的两位太先生林宰老(讳志钧,字宰平)和玉如公,两位恩师静希师和小如师的深厚交谊,则是一种可遇而不可求的缘分。

2006 年春,小如师命我写一篇介绍静希师的学术成就的文章。虽然我力不胜任,但我知道,这是恩师对我的奖掖,不能推辞。文章写成后,即呈小如师审阅。在交谈中,我首次获悉:小如师是先结识宰老,后听静希师的课,从而成为两代林门的入室弟子。最有意思的是,小如师给我讲了一个掌故:1952 年秋,小如师陪静希师到天津参观工业生产展览会,由于林吴两家是世交,林宰老与玉如公有诗唱和,故静希师就住在吴家。小如师的妹妹见家里来了客人,十分高兴,便向兄长问起林先生的年龄。小如师告诉她:林先生属狗,生于1910年庚戌岁。这个妹妹很聪明,马上联想到:爸爸也属狗,比林先生大一轮(玉如公生于1898年戊戌岁);哥哥也属狗,比林先生小一轮(小如师生于1922年壬戌岁)。按当年书香门第的家规,小孩子是不能上桌陪客的,因此,吃饭时,妹妹就在一旁说:“你们是三狗同桌啊!”虽说是童言无忌,却正好点明了这非常难得的缘分。

早在20世纪40年代初,小如师尚在弱冠之年,便已深得宰老垂青,授以书道。后来,小如师在《影印〈林宰平先生帖考及书画集〉跋》中写道:“我曾从宰老学习写章草,屡承老人当面点拨指导,不但使我对习字的道理有所领悟,且因写字而涉及做人,宰老往往也以为人处世之道见诲。”

1947年秋,小如师从清华大学转入北大,在宰老寓中初识静希师。翌年,静希师在燕京大学任教授,同时在北大兼课。小如师选修了静希师讲授的《中国文学批评史》,“从此便成为静希师名副其实的学生”(《坚贞执著的林庚先生》语)。1951年秋,小如师应陆志韦、高名凯二位先生之邀,自天津重回燕大任教,一度当过静希师的助手。次年院系调整,静希师和小如师都留在北大中文系,直至2006年10月4日静希师仙逝,我这两位恩师的交谊,几及六十年,又小如师蒙林宰老青睐近二十年。这样的缘分,人间能有几许?

静希师与游老、组缃师一样器重并倚重小如师,只是由于宰老和玉如公的关系,更增添了一分关爱;而个性的某些相近,便使之相知相亲。因此,我一直认为:这两位恩师的交谊,本在师友之间。

小如师在《影印〈林宰平先生帖考及书画集〉跋》中回顾了他与林门两代的交谊后写道:“两代深恩,没齿难忘。”拳拳之忱,溢于言表。但在弟子看来,这话似乎只说了一半,还有一半,便是小如师的涌泉相报。

太先生玉如公是书法大家,素有“南沈(尹默)北吴”之誉。小如师自幼从尊翁习字,家学渊源深厚;加之宰老亲授章草和书道,故小如师在书学上的造诣,举世罕见。静希师也工书,但对书学的研究,似稍逊于小如师。因此,1997 年,当上海教育出版社决定影印宰老的遗著《帖考》和遗作《书画集》时,静希师就请小如师来整理。小如师不负重托,认真拜读,精心整理,并加以编次。凡有所献替,静希师都欣然采纳。此书出版前夕,静希师又请小如师作跋。这跋写得情深意切,我反复诵读,浮想联翩。余生也晚,未及亲聆太先生教诲,只匆匆见过一面。那是 1959 年冬,中文系文学史教研室教师与我们五六级四班同学合编《陶渊明研究资料汇编》与《陶渊明诗文汇评》。其时,静希师任教研室主任,我是学生中的编委。我去向静希师汇报工作,正好太先生经过客厅,静希师悄声说道:“我父亲回来了。”客厅的光线本来就不太好,又碰上个阴天,我没看得很清楚,只依稀觉得:老人似乎有些落寞。没想到,第二年三月,太先生就仙逝了。但那有些落寞的身影,却深深刻在我脑海中。这几天,重新拜读小如师的《影印〈林宰平先生帖考及书画集〉跋》,眼前又不断浮现出太先生与静希师的身影。

十年浩劫中,静希师与小如师都遭到抄家之厄,并被打入牛棚。1966 年夏,我去北大看大字报,从 19 楼与 20 楼之间穿过,曾目睹静希师、游老、组缃师等几位老先生，手里都拿着扫帚或拖把，显然是在打扫厕所与楼道之后，稍事休息，这真可谓“斯文扫地”了。但静希师很达观，竟然还跟我打招呼。我心中十分悲苦，想去接过先生手中的扫帚，便向先生走去，先生看出了我的用意，连忙说道：“扫完了，扫完了！”我无言以对，只说了四个字：“先生保重！”便匆匆走了，那大字报，自然也没兴趣看了。

然而，“文革”结束后，却有人诋毁静希师。林门弟子多矣，大抵人微言轻，只是在同学与朋友中澄清事实，唯独小如师挺身而出，写了《坚贞执著的林庚先生》一文，例举事实，称颂静希师“在‘四人帮’当权时期所表现的铮铮傲骨，充分体现出一位坚贞而执著的老知识分子的正义感和威武不能屈的高尚品德”，并说“静老这种坚贞而执著的表现真足以使某些人咋舌愧死”。作为林门弟子，我深深地感激小如师；作为吴门弟子，我为自己有人品如此高洁、敢于仗义执言的恩师而深感庆幸。

在中国士人的传统中，历来倡导“道德文章”，而“道德”是位在“文章”之上的。小如师的文章固可传世，而其道德更是门生后进学习的典范。

也许是爱屋及乌的缘故吧，由于小如师和林门两代的深交，因而他对我这个静希师的研究生，总是有些偏爱，更多眷顾，着力提携。

遥远的往事姑且不提，就说近几年罢。2004年冬，我去拜望小如师。蒙先生垂询，我汇报了《初唐诗歌系年考》的进展情况。先生命我将已完稿的《贞观诗歌系年考》送审。没想到，文章送呈后不久，就接到先生的电话，命我去家中面谈。原来，他老人家已向静希师汇报了审读的意见，得静希师俯允，并和《燕京学报》另一编委程毅中先生商定,决定向该刊推荐拙文。我不胜惶恐,《燕京学报》品位甚高,在该刊发表论文的多是学界耆宿,我辈岂能高攀?我深恐自己有损三位先生的清誉,便说出了自己的顾虑。小如先生勉励道:“庆生,你也不要妄自菲薄!”接着又说,“你们五六级和五七级,虽然运动太多,下乡下矿的时间也太长,但给你们上课的,大多是老先生。你们的底子还是不错的。”这对我是极大的鼓舞。

2005 年 5 月,《燕京学报》新十八期果然刊登了拙作《贞观诗歌系年考》。2006 年 11 月,该刊新二十一期又刊登了拙作《追寻那一切的开始之开始——林庚先生学术业绩浅述》。2008 年 5 月,该刊新二十四期又刊登了拙作《唐中宗朝诗歌系年考》。这三篇文章的发表,都体现了小如师和老学长毅中先生对门生后进的眷渥与激励。

2008 年初,经袁行霈师推荐,北大出版社愿出版拙著《初唐诗歌系年考》。我获悉这一喜讯,便兴冲冲地跑到小如师家,求先生赐序。一进门,才察觉先生正在病中,但我还是厚着脸皮,说明来意。先生自然为弟子能出书而高兴,但也流露出为难之意。我很失望,便小声说道:“太遗憾了!”没想到先生竟听清了,慨然道:“我不愿意让你遗憾!这序,我来写。”几天后,我又奉命去先生家,先生当面赐序。这序,写在一张八开的竖行稿纸上,蝇头行书,遒劲俊爽,清雅秀逸。我视若拱璧,爱不释手。序文尾署“公元二〇〇八年三月病中写讫”,这使我联想起陈曦钟、吴书荫、张明高三位学友校注的《喻世明言》《警世通言》《醒世恒言》,小如师亦为之作序,题为《新注本“三言”题记》,尾署“1993 年 8 月,小如病中作于北京”。为了奖掖门生,先生两度扶病操觚,确实是不遗余力了。

在《〈初唐诗歌系年考〉序》中，先生对我奖勉有加，同时也流露出老一辈学者对当今学界的不良风气的不满与忧虑："今人治学，或浅尝辄止，或游谈无根。"我以为，这是切中时弊的。同时，先生期望"北大学风，用兹不坠"。我想，继承北大学风，这是恩师对弟子们的鞭策，也是已仙逝的恩师们在天之灵的共同心愿。

玉如公属狗，鹤龄八秩晋五。

静希师属狗，后来居上，椿灵九秩晋七。

小如师也属狗，自当更上层楼，必能寿登期颐。

如是，吴门弟子幸甚！学林艺苑幸甚！

（作者单位：北京语言大学）

# 山高水长师生情

齐裕焜

从入大学起就听吴小如先生的课,而作为吴先生研究生算起来也整整五十年了。吴先生的高尚品德、渊博学识、治学经验,深深影响着我;他对我无私的帮助、热心的扶植,永远铭记我心。

我1956年入学,在1957年就修过吴先生的工具书使用法课。1959年他给我们上宋元明清诗文、戏曲。我还听过他开的讲座。当时虽然非常爱听他的课,但没有经常请教。1961年我们大学毕业时,正值三年困难时期,分配困难。小平同志指示多留研究生储备干部。我们年级120人,留了22人。不久又传来周扬同志指示,“研究生宁缺毋滥”。又进行精简,22人中有的人留校当教师,有的分配到其他单位,最终语言班(30人)留5人,文学班(90人)留4人。因此正式入学推迟到了1961年底。系研究生秘书徐通锵先生(后来成为著名语言学家,不幸已去世)征求我的意见去学哪一段文学史,他建议去游国恩先生那里,学习先秦文学。我自觉古文基础差,不敢去,而要求跟吴组缃先生从事小说研究。

他说吴先生已有5个研究生,不能再多带。后来系领导研究,还是尊重我的兴趣和要求,做了一个特殊的决定,由吴组缃、季镇淮和吴小如三位先生组成一个指导小组共同指导,而由吴小如先生当我的导师。系领导说,吴小如先生虽然还是讲师,但他的学术水平是完全够格的。从此吴先生就成为我研究生导师了,50年来一直爱护我、帮助我,我们结下了深厚的师生情谊。

## 一

我正式到吴先生那里做研究生已是1962年2月了。头两年国家经济困难,党中央调整政策,比较平静,没有政治运动,我们老老实实地读了两年书。可惜好景不长,国家经济情况好转,又开始折腾了。1963年11月我们下乡宣传所谓社教"前十条",1964年10月北大800人的工作团到湖北江陵搞社教,我和吴先生都去了(我们在一个公社,但不是一个大队,没有见面的机会)。到1965年5月我们回校,毕业论文也不要求做了,集体写了批判《三家巷》和《早春二月》的文章就算毕业,我的研究生生活也就随之结束了。虽然我在吴先生直接指导下读研究生只有两年,但对我一生却有重大影响,他引领我走上学术研究之路。

吴先生对我的教育、影响首先是他治学的指导思想。他说:

> 在我的思想中,却认为一个本科生既然进了中文系,就必须兼通"文""语"这两大部分。……一定要全面掌握,不能偏废。从治学方法来说,清儒所说的"义理""考据""辞章"三者必兼而有之,我以为还是正确的。我自己一生是朝

> 这个方向努力的，我也愿意我教的学生能较全面地掌握。这是我在教学和科研方面一个最基本的，也是最主要的指导思想。
>
> 其次，我以为要教好中国文学史这门课，必须“通古今之变”，即从上古的神话传说直到近、现代文学范畴的作家作品，都应有自己的认识和理解，并逐渐形成一个有系统的观点，即所谓“成一家之言”……
>
> 第三个指导思想是，必须做到博然后约，先厚积而后薄发。盖一部完整的中国文学史，若按作品的体裁划分，大体可分诗歌、散文、小说、戏曲四大“块”。一个人毕生精力有限，在进行科学研究时自不能面面俱到，样样兼顾。但既要教文学史，就必须对每一“块”的内容都有发言权。……尽量做到点、面、线的结合。①

我虽然准备主要研究小说，但遵照吴先生的教导，头两年花了大量时间读宋代诗词文和元明戏曲；到北京图书馆看《水浒传》郑振铎藏本、《水浒》的繁本和简本，做简繁本的比较。毕业后，我还是遵照先生的教导努力打好基础，拓宽学术视野，如注意古代小说的作家生平、故事源流、版本等问题；对中国小说的研究不局限在古代，也研究现当代小说，我写的《中国讽刺小说史》《中国历史小说通史》都延伸到现当代小说；我还指导博士生做小说与戏曲关系的研究。但由于主客观的原因，离吴先生提出的要求还差

---

① 吴小如《我和中国文学史》，《常谈一束》8 ~ 9 页，福建教育出版社 2000 年版。

得很远。

吴先生的治学身体力行，给我们树立了榜样。他广泛涉猎，在小说、诗歌、戏曲、散文等各方面都有建树，他能在这些领域中敏锐地发现问题，提出精辟的见解。《古典小说漫稿》《读书丛札》《吴小如戏曲文录》等著作蜚声海内外。他又是著名的书法家，还翻译了茨威格的《巴尔扎克传》。我实在难以想象他怎么能有那么多的时间和精力。不说别的，就我专门研究的小说来说，他涉及的古代，特别是现当代的小说我有一半没看过。我佩服他，也想多读一点书，但实在是望尘莫及，只能望洋兴叹了。

他在平时交谈中和大量学术随笔类的文章中，对学界不正之风、不良现象提出尖锐批评，尤其是对文化圈中一些人普遍存在的语文基本知识错误甚感忧虑，对缺乏最基本的古代文化修养而又大胆妄为地标点、注释古书的人毫不留情地揭露批判，为民族文化的健康提升大声疾呼。这对我来说也有警示意义。记得有一次，我的读书笔记把“光芒”写成“光茫”了。他指出后，我吓出一身冷汗，这么普通的字都写错了！从此，我给自己约法三章：不注释古书；不写没有把握、没有自己见解的文章；上课时不要写错板书、念错字。

吴先生为我做出榜样、指明路径、敲起警钟，使我在学术的道路上少走许多弯路。

## 二

研究生毕业后再见到吴先生是十四年后的事了。我妻子郑汀 1960 年从中国人民大学财政系毕业，分配到中央财政金融学院工作,1961 年中央机关下放干部,把她下放到宁夏回族自治区财政厅。于是我研究生毕业就要求到宁夏大学工作,教育部说研究生要去重点大学,我就到了兰州大学。1979 年 9 月我邀请吴先生到兰州大学讲学。我和宁希元(他 1957 年到北大进修,吴先生是他的指导老师)到机场接他。那时机场人不多,但飞机到了,客人都出来了,我们竟然没见到他,他也没看到我们,我想让机场广播了,这才看到他。在我印象中那么年轻(我离开北大时他 43 岁)的吴先生,竟然满头白发了;他大概也因看到秃顶的我而不敢相认。经过"文革"十年的磨难,我们朝夕相处的师生几乎相见不相识了。

吴先生在兰州讲学近两个月,给兰州大学和甘肃师大(即现在的西北师大)中文系学生讲课。当时刚刚开始改革开放,经过十年的禁锢,学术园地也像一片荒漠,吴先生精彩的学术报告,对渴求知识的大学生和青年教师来说,无疑是及时的甘露。他讲课时不但座无虚席,连大教室过道、窗外都站满了听众。至今王人恩教授(当时是甘肃师大的学生,现为集美大学教授)还完整保留着吴先生讲课的笔记。

那时候条件很差,兰州大学没有宾馆,只好在教工宿舍腾出一间房子作临时住处,在食堂吃饭。他讲了近两个月的课,也没有分文的报酬。说来荒唐好笑,吴先生这样一个著名学者,这时还是讲师(当了 28 年讲师,1980 年才直接评为教授),我们出海报,只能含糊其词称为"北大中文系吴先生"。虽然接待很简朴,但先生的心情是舒畅的,从"反右",到 1958 年的"学术批判",再到"文化大革命"的折磨,紧绷的神经才得以松弛。吴先生不但游览了张掖、嘉峪关、敦煌莫高窟,更重要的是巧遇了阔别 30 年的老朋友常风先生,“促膝谈心,动辄深夜忘倦”①。也同宁希元和我这些老学生在一起,开怀畅谈。我记得他在我家吃饭时,还唱了几段京戏,录了音(在海外的亲友刚给我一台小录音机,那时还是个稀奇的东西)。这是我头一回听他唱京剧,虽然我早知道先生会唱,当过票友,登台表演过。

1983年我调回家乡,到福建师大任教后,经常写信向他请教,1984年还请他推荐我到洛阳参加了第二届《三国演义》学术研讨会,从此,我开始走进《三国演义》的学术圈子。我也多次请他到福州讲学,但因为师母身体不好,他走不开。2003年,我到上海师大开古代小说研讨会,而吴先生和师母住上海吴煜处。师母有儿子儿媳照顾,于是我就请他到福建讲学。当时刘敬圻师姐也陪吴先生来,但她坚决不让我们出路费,她说50年前的老学生能多陪陪老师,是人生幸事。

吴先生在福建期间,我陪他参观福州的名胜古迹,到厦门、集美、武夷山等地游览,他对摩崖石刻和寺庙楹联的书法特别关注,或赞赏,或批评,我也增加了一点欣赏书法的知识。当然,最主要的活动还是讲学。他讲课非常精彩,和在兰州一样,受到热烈欢迎和很高的评价。

我一直在思考:为什么吴先生讲课能那么精彩?除了学问渊博和讲课艺术高超这些基本条件外,还有一个重要原因,就是他对作品,特别是诗词作品的研究能将考据和欣赏结合,具有独特的体会,这当然非大学问家是做不到的。他说:“近来我于听平伯

① 吴小如《我与常风先生的过从》,《心影萍踪》34页,上海教育出版社1998年版。

师讲课时乃悟到考据究竟是重要的。盖如考据得不到家,欣赏的路也就容易阻梗,考据得愈精,欣赏时始愈知古人遣词设意之工巧之难。《读词偶得》便是代表此一趋向的最大证明。于是我戏名之曰'考据的欣赏',而以刘西渭先生的《咀华集》为'欣赏的考据'。盖必'欣赏的考据'才不致使人头痛,亦唯有'考据的欣赏'才能是真正刻画入微的欣赏,如《读词偶得》所收的效果然。"①

他讲的诗词都是最常见、大学生们耳熟能详的作品。如《木兰词》"唧唧复唧唧,木兰当户织。不闻机杼声,唯闻女叹息"。余冠英《乐府诗选》注"唧唧,叹息声",吴先生认为不对。他指出:

> 第一,在汉语表叹息声之词汇,如呜呼、噫嘻之类,皆长言而非促语,皆阴平而非入声,以入声字与叹息言本不相类。其二,促织之得名,以其鸣声似织机之鸣也。机鸣或言"札札""轧轧",或言"唧唧",皆入声重叠字所构成之象声词,以织机之声短促迫切,连续不断也。《木兰诗》首句一本作"促织何唧唧",足证虫鸣与机鸣之声相似,初闻以为促织之鸣,继乃知为女子名木兰者当户而织也。三、自文义言之,始闻机鸣,继乃知为木兰当户而织,再继而则不闻机杼之声,唯闻木兰叹声矣,于境地之描述与诗意之次第,皆相合而相导。如解"唧唧"为叹声,则首句已言叹息复叹息,而三四两句复言"不闻机杼声,唯闻女叹息",这是叠床架屋,怎么成为千古不朽之作呢?所以,我认为"唧唧"不是叹声。

① 参看吴小如《读书拊掌录》25～26 页,山西教育出版社 1998 年版。

对于"问女何所思,问女何所忆?女亦无所思,女亦无所忆",吴先生如此解读:

> 此数语多为人所忽略。木兰自昨夜已见军帖,则心事重重,不言而喻,其所以停梭止织,正缘有所虑、有所忧也。何言无所思忆乎?证以《折杨柳枝歌》,知此处之"思"与"忆",乃狭义而非泛言也。《折杨柳枝歌》云:"问女何所思,问女何所忆?阿婆许嫁女,今年无消息。"是其所思所忆,乃男女情爱之事,所思所忆之人,乃意中之情侣恋人,非泛指一切其他人与事也。予尝考十五国风,用"思"字者凡二十二篇,其不涉男女情爱相思义者仅七八篇耳(其中尚有是否指相思之意而不能肯定者,姑亦除外,皆在此七八篇之内)。而汉乐府及《古诗十九首》之言"所思"(如"有所思""所思在远道")"长相思""思君令人老"云云,皆指男女或夫妇之思;而《饮马长城窟行》之"上言加餐饭,下言长相忆",《西洲曲》之"忆梅下西洲",则"所忆"亦有广狭二义也。此诗盖言木兰之所叹息,乃忧其父之年老与弟之年幼,无以充兵役,非缘己情有所钟,以婚嫁之事为念也。夫然后乃知此诗造意遣词之妙,虽本于《折杨柳枝歌》,青胜于蓝矣。①

又如《诗经·伐檀》中"彼君子兮,不素餐兮",五四以来胡

---

① 吴小如《莎斋笔记》40页,陕西人民出版社2008年版。

适、刘大白、魏建功等权威的解释都是讽刺君子“不劳而食”。吴先生对《诗经》中“君子”一词究竟有无讽刺含义，就有意识地进行过调查研究。而调查研究的结果，不仅《诗经》中所有用“君子”的地方，这个词不含贬义；甚至在先秦古籍，其中所有用“君子”的地方也无含贬义。这样他就自然而然得出一条结论：《诗·伐檀》中的“彼君子兮，不素餐兮”两句，一定不是诗人在讽刺统治者（或剥削者），而是在他理想中希望有个不素餐的统治者，“君子”在诗中还属“正面人物”。①

再如，因为洪迈《容斋续笔》里的一条记载，说王安石《绝句》云“京口瓜洲一水间，钟山只隔数重山。春风又绿江南岸，明月何时照我还？”经过多次斟酌修改，才定为“又绿”，这成为古代作家在炼字上辛苦推敲、反复斟酌的著名故事，于是这首诗也就不胫而走，成为家喻户晓的作品了。钱锺书、周振甫等名家亦持此说。但吴先生从版本入手，说现在传世最早的宋版《王文公文集》卷七十，流行最普遍的根据明嘉靖刻本影印的四部丛刊本《临川先生文集》卷二十九，以及距王安石时代较近的南宋人李壁辑撰的《王荆文公诗笺注》卷四十三，所载此诗第三句都作“自绿”，没有一个本子是作“又绿”的。在版本的基础上，他结合诗歌的欣赏，认为用“自绿”似更好一些。这个“自”是自然而然的意思。也就是说，春风明月，原属良辰美景，在作者心目中，认为它们应该是有情的，而它们偏偏无情。一到春天，和风自管吹绿了江南的岸草，明月自管照射出皎洁的光辉，可是却不管诗人思归不得的惆怅情

① 参看吴小如《读书丛札》10页，北京大学出版社1987年版。

怀。作者正是受到无情的美景的感触而引起自己欲归不得的愁思。这同李白的“春风不相识,何事入罗帷”“举头望山月,低头思故乡”,温庭筠的“山月不知心里事,水风空落眼前花”等诗词中名句都是用的同一手法,唯意境各有不同。如果只说“又绿”,不过形容时光易逝,“又是一年春草绿”,显得意境稍浅,而用笔亦不免平直,远不如“自绿”的耐人寻味。①

吴先生这些对诗词的解读,一反过去的权威解说,又很有说服力,对读者听众来说真是振聋发聩。

## 三

吴先生对学生总是无私帮助、热情扶植。1963 年春,北大中文系 58 级学生姜志雄发现何大伦的《重刻增补燕居笔记》里有《杜丽娘慕色还魂》话本全文,这是汤显祖《牡丹亭》创作的蓝本。对于这个重要发现,吴先生很高兴,也和我们几个研究生说过,但他又是非常慎重的。为了搞清这篇话本是否就是嘉靖进士晁瑮《宝文堂书目》著录的《杜丽娘记》,或者是否晚于汤显祖,他遍览了《重刻增补燕居笔记》全书,稽考其他篇章中每一件史料的发生时间和每一篇文字的大致写作时间,这样得出《重刻增补燕居笔记》里没有一篇涉及嘉靖十九年以后的作品,从而使《杜丽娘慕色还魂》是《牡丹亭》的蓝本之一的结论建立在非常可靠的基础上。吴先生为此付出的心血,可想而知了。姜志雄的论文发表在《北

---

① 参看吴小如《读书丛札》240 ~ 242 页。

大学报》1963年第6期上，这个结论已成学界的共识。①

宁希元教授也常和我谈起吴先生对他的帮助和支持。他花了几年工夫，完成了《元刊杂剧三十种新校》，这是一本难度很大、学术价值很高的著作。他的初稿完成后，吴先生审读了书稿，提出不少修改意见。后来书出版遇到一些麻烦。出版社先出版了后交稿的徐沁君先生校本，希元希望尽快看到徐校本，吴先生很快给他寄去了。希元对书稿又一次进行修改，吸收徐校本的优点和扬弃其缺陷，使书稿更完善。在这次修改的过程中，吴先生又审读了部分书稿，提出一些中肯的意见，并为该书写了《题记》，充分肯定了它的成就和价值。②

吴先生对我的关心、扶植，更令我难以忘怀。1987年我开始酝酿写一部中国古代小说史，就此请教吴先生。我考虑改变过去小说史、文学史按朝代分期叙述的办法，以小说的类型分类叙述，使读者能够看出时间上的发展顺序，落实"演变"的前因后果。过去小说史多只是评论名著，我们这个写法把过去小说史和小说论著中很少提到的作品都放在演变的过程中加以考察，如《五虎平南》《五虎平西》等，就在论述杨家将题材小说中介绍。但这样写遇到两个难题。一是有些小说是各种题材的综合体，不容易给它找到恰当的归属；二是文言小说和白话小说是不同的两大系统，文言小说不好混在白话长篇小说中去分类论述，怎么处理？吴先

---

① 参看《吴小如戏曲文录》429～432页，北京大学出版社1995年版。

② 参看宁希元《〈元刊杂剧三十种新校〉题记》，载《常谈一束》，福建教育出版社2000年版。

生赞同我的总体设想，同时帮助我确定了几部小说的归属问题，如《镜花缘》《绿野仙踪》等；他建议专设一章《志怪传奇小说》，这样就解决了文言小说问题，也和全书以小说类型分类的原则一致。他还提醒我，在把较多篇幅给次要小说的同时，在名著上还要下功夫，写出新意，做到点、面、线的结合。初稿完成后，他通审了全书，提出了许多重要的修改意见，使我们避免了不少观点、材料和文字上的错误，对书稿的质量作了重要的把关。1990 年书稿出版时，他又写了热情洋溢的序言，充分肯定“这确是一次大胆而有新意的尝试”。

吴先生曾经批评现在做学问的人分工太细，路越走越窄，“治古典文学的不搞现当代文学”，所以，我和陈惠琴合写《中国讽刺小说史》时，就想古今贯通，从古代写到现代。吴先生又一次指导我们，提出的几点意见对我们启发很大。首先，他帮助我们厘清中国讽刺文学的传统、讽刺小说的范围和发展线索。根据他的意见，我们确定了讽刺小说的界说和范围；提出讽刺的语气有两种：温和婉曲和严厉直斥；讽刺的形态有机智、滑稽、荒诞、幽默四种；讽刺小说有写实性和寓言式的两种类型。这样，全书论述的范围明确，架构比较合理。其次，他提出中国讽刺小说有三座里程碑式的作品，即吴敬梓的《儒林外史》、鲁迅的《阿 Q 正传》、钱锺书的《围城》。他认为“作为一位讽刺小说作家，要想写出具有时代典型意义和艺术水平高的作品来，不仅要有无美不备的创作天才，还必须有识透世相的人生阅历，而更重要的乃是具有博大精深的文化历史素养。三者集于一身，再加上要求创作讽刺小说的时代紧迫感，才能使其伟大作品从十月怀胎而一朝分娩。抓住这三部巨著，再向深细处爬梳剔抉，则撰写一部有特色的《中国讽刺小说史》,庶几乎可以不妄作矣”。这对讽刺小说的创作和研究都是很有指导意义的。第三,鲁迅对讽刺小说的要求特别严苛,认为晚清《官场现形记》等小说不够格,别称为“谴责小说”。吴先生认为晚清这些小说之所以嬉笑怒骂,无情揭露和大胆谴责是时代大风气使然,“我治中国小说史,对于讽刺小说和谴责小说两者的关系,既看到其异同与相通之处,也保持着‘不薄今人爱古人’的态度”。我们很赞成吴先生的看法,把“谴责小说”称为“近代讽刺小说”,给予恰当的评价。

吴先生审读了《中国讽刺小说史》大部分书稿,正式出版时他写了序言,题写了书名,他那风流儒雅的字为书的封面增添了光彩。

吴先生是一位忧国忧民、敢于直言的知识分子,是一位为人师表、用自己的学术关注着民族文化健康提升的大学者,他那高尚秉直的道德品质、诚实严谨的学术人格和广博精深的文化造诣永远值得我们学习。蓦然回首,我有幸师从先生已然半个世纪。五十年来,吴先生引导我探寻学问的真谛,老师的教诲之恩使我终生难忘,我们师生之间的情谊山高水长。

(作者单位:福建师范大学)

# 悼吴小如

邵燕祥

人间四月芳菲尽，乔木频遭寒雨摧。

生死衰荣缘何事？百年草芥有余悲。

(小如老友,缔交六十六载,赋此送别。)

## 乔木频遭寒雨摧

### 吴小如先生去世

**本报讯** 5月11日夜，著名古典文学专家、戏曲评论家、历史学家、教育家吴小如先生在京逝世，享年九十二岁。

吴小如先生一生著述颇丰，著有《古典小说漫稿》《京剧老生流派综说》《吴小如戏曲文录》等，直到晚年还笔耕不辍。有学者认为，吴小如先生的离去，彻底结束了“梨园朱(朱家溍)、刘(刘曾复)、吴(吴小如)三足鼎立的时代”。

人间四月芳菲尽，
乔木频遭寒雨摧。
生死衰荣缘底事？
百年草芥有馀悲。

小如老友，缔交六十六载，赋此送别。

燕祥

《文汇读书周报》报道

(作者单位:诗刊杂志社)

# 用心良苦育南枝

沈世华

2014年5月11日夜里,学生来电话告知:吴老走了。钮骠和我闻此噩耗,彻夜未眠,久久不能接受这个现实。今年元宵节,我们一家三代五口人还去中关园给小如老师拜年;3月1日,他还得了《诗刊》年度诗人大奖,精神健旺地发表获奖感言;虽然他11日上午感到不适去了医院,可是下午就已经接受完治疗安然回家,怎会如此突然就走了呢?

在我六十余年的昆剧生涯中,假如要提起最幸运的事,莫过于接受过众多前辈大家的亲炙:在表演艺术方面,得过周传瑛、朱传茗、王传淞等十几位"传"字辈老师的亲传;更为难得的是,在文化修养方面,我先后受过俞振飞、张宗祥和吴小如三位先生的指点,其中又以小如老师的指授最为广泛、深刻。悲痛之余,四十多年来受小如老师指教的一幕幕情景渐次涌上心头。

早在20世纪50年代末,小如老师与钮骠师生名分即定。20世纪70年代末,应史若虚院长征召,钮骠从杭州调回中国戏曲学院，我也随之调往北方昆曲剧院工作，自此，也就常可得小如老师教诲。由于历史的原因，我调京后演出机会屈指可数，可就是那么少数的两三次演出，小如老师每场不落，并且每次看完都在报刊上作专文评论。一方面评论演出的优缺点，对我进行鼓励和指正；另一方面，也是希望通过媒体对我进行推介，以增加我与观众见面的机会。兹录数语：

> 沈世华的《思凡》得朱传茗亲传，这次演出，佳处有三。一是台风好。所谓台风，包括扮相、神采、气质和艺术火候，即演员在台上所体现的形与神。好演员一出台就能把观众吸引住，全靠台风起作用。我们说演员在台上有无“光彩”，能否“容光照人”，其实就是指台风。……二是刻画人物，分寸恰到好处。《思凡》的女主角色空，只有十五六岁，由于宗教和礼法的束缚，萌发于其内心的青春活力被迫形成一种要求冲破樊笼的动力。但她所向往的尘世爱情生活，毕竟有些朦胧而带几分神秘感，如果演成荡妇或新孀，那就文不对题了。世华的表演妙在有一定觉醒却又带几分稚气，渴望追求幸福但只是一种不着边际的憧憬，不温不火，很有分寸。三是表演细腻，尤以回廊下看罗汉一段，眉眼身手全是戏，亦喜亦嗔，如怨如慕，相当感人。
>
> ——《从〈思凡〉谈到沈世华》，《今晚报》1985 年 12 月 29 日

与此同时，小如老师也从不讳言我演出中存在的问题：

惜世华久不登台，嗓音气力略嫌单弱，而发声吐字不免有京、昆之音相混淆处。

——《喜看北苑秀南枝》，《戏剧电影报》1984 年第 4 期

说到不足，我以为也有三点。一是曲子节奏愈来愈快，有很多戏被曲子催得演不出来了。二是最后逃下山来一段，世华演得太拘谨，动作幅度小，撑不满台，面部表情也少变化。不像当年韩世昌以一人之力挥洒于全台，动作极快却层次鲜明，内心每一小小变化都能从身上脸上瞬息间体现出来。三是由于久不演出，未免生疏，有时不够圆融浑成。

——《从〈思凡〉谈到沈世华》，《今晚报》1985 年 12 月 29 日

小如老师的剧评，从少年时起就以见解内行、独到，文笔清新优美著称，上述文字中三点肯定评价，是对我的鼓励，也表达了他对传统戏剧表演艺术水准的鉴赏高标：台风、人物刻画、表演——要在舞台上完美演绎经典作品中的经典人物形象，三者缺一不可。

《水浒记·活捉》一剧，是当年国风苏昆剧团看家的“两捉三记”（即《活捉三郎》《活捉王魁》《还魂记》《贩马记》《西厢记》）之一，在江浙沪一带演出时很受群众欢迎。我在少年时期即向朱传茗先生习得，之后的二十几年中，此剧作为极左思想压制下的“禁戏”，没有演出的机会。这一折文词含义艰深，每句都有典故，我虽明白大致意思，但具体到每个典故，就是“传”字辈老师也多不甚了了。20 世纪 80 年代中期，我正式调入中国戏曲学院表演系

任教,向学生传授《活捉》一剧,第一步工作就要解释文词含义。教学必须准确、规范,来不得半点“大概其”,为求甚解,钮骠和我专程登门向小如老师求助。老师当时尚未退休,是家中“里里外外一把手”,可谓于百忙之中抽出时间查索各类典籍,遍及《诗经》《异苑》《说苑》《拾遗记》《汉武外传》《世说新语》《搜神记》《晋书》《新唐书》《太平广记》等。当时尚无电脑技术,全凭年过花甲的小如老师“手工劳动”。有几处他自己精研后依然无把握的,还亲自去向俞平伯先生请教,终于完成了《活捉》全剧唱词的典故考释。他专门抽出时间向我们夫妇做了条分缕析的讲解,无异于一堂精彩的戏曲艺术讲座。

(左起)钮骠、吴小如、黄宗江、刘曾复、王金璐、沈世华

我在浙江昆剧团工作期间,本工为五旦(闺门旦),周传瑛、朱传茗、姚传芗老师都认为,我同时应学一点六旦戏,丰富自己的表

现能力。于是那时我就向传艺老师学了《西厢记·佳期》一折，饰演红娘。其中唱到【十二红】这支曲子时，总觉得唱词内容不可避免地含有色情性质的描摹，与我们所理解红娘聪明伶俐、乐于助人的人物性格不甚相符，表演分寸掌握稍有不准，就容易陷入低俗媚世之弊。但《佳期》的唱腔抑扬顿挫，载歌载舞，身段繁复、优美，如对唱词做大幅删削，则与之配合的优秀表演程式也将有池鱼之殃，这些表演技艺经过历代昆剧前辈千锤百炼地创造打磨，假如因为几句有伤风化的唱词而失传，是非常可惜的。为了利于教学，我们想出了一个折中的办法，即按照红娘的年龄、身份，变动唱词内容，表演程式在尊重传统的基础上，又根据新词进行了丰富，努力使之更为含蓄、生动。昆曲的曲词不同于花部乱弹，不仅文辞典雅，而且格律严谨，更改经典剧目的曲词，谈何容易。我们小心翼翼地做出初稿后，又专程请小如老师审订，修正其中的讹误，最后由小如老师送呈俞平伯先生，获得俞老的首肯。近三十年来，不少学生经我指导演出这个版本，在各类昆剧展演中获得过许多好评，还得到过俞振飞老师的赞许。

近年来小如老师年高体衰，为免打扰老人静养，钮骠和我仅在逢年过节时过府探望，所谈话题，总是离不开戏曲艺术。每次起身告辞时，总要被老人坚持再留坐一会儿。据学生张一帆说，他每次去看望老人时，小如老师除了让他向钮骠代为问候外，还一定会关照“别忘了还要给沈世华带好儿”。今年初，我的艺术自传《昆坛求艺六十年》初稿草成，已不能提笔写字的小如老师通读全文并加指谬，还欣然口述短序，再次对我加以鞭策与砥砺。

小如老师故去之后的“五七”祭日，中国人民大学国剧研究中心召开了“吴小如先生剧学成就研讨会”。会上，钮骠和我的老友，也是小如老师的学生、北京语言大学吴书荫教授提到一件往事：1986年，文化部、中国剧协、中国艺术研究院、江西省文化厅联合举办“纪念明代伟大戏剧家汤显祖逝世370周年活动周”，书荫教授被组委会抽调去参与筹备组织工作。小如老师得知活动期间有各剧种演出汤公剧作的安排后，特别关照书荫教授设法安排我参与演出。书荫教授展示了1986年10月24日小如老师给他写的亲笔信，信中写道“沈世华同志的演出一定要争取实现为好”……此事因故未能实现，小如老师也就从未向我夫妇提起过。看到小如老师熟悉的笔迹，我不禁再度悲从中来：小如老师对我能多上台演出、以免业务生疏的期待，不仅仅在报端公开发表，而且还不失任何时机、不遗余力地为我创造机会，师心如此良苦，至今我竟已无从答报……

小如老师以九十三岁高龄仙逝，去世当天还在阅读、修订文稿。今后的日子里，我唯以继承小如老师固守传统文化艺术本体之遗志，唯以准确、规范、不以时移地传承平生所学，来作为对老师最好的纪念。

（作者单位：中国戏曲学院）

# 吴小如临《虞恭公碑》

沈莹莹

1999 年冬的一个周末，时读大二的我偶尔走进了北京大学理科教学楼的一间阶梯教室，室内人头攒动，喜气盈盈，讲台上一位八旬老人正在用悦耳的京韵讲解《醉翁亭记》中的“蔚然而深秀”的意趣，说者娓娓道来，出神入化，闻者如沐春风，耳目为之一新。演讲者就是吴小如先生。

2005 年，经朋友介绍有幸登门拜访小如先生，在两间半仄室里，与两位相濡以沫的老人交谈，由此结下一段师生缘。由于吴夫人行动不便，需要寻医问药，我便荣幸地担任了一部分的跑腿工作。自己才疏学浅，一开口就露怯，先生不以我为朽木，经常告之以读书为人之道。有时上门领差，适逢先生在临帖，我就轻轻踱到书桌边，先生冲我微微颔首，又进入了自己的书法世界。

先生提携后进更是不遗余力，曾有半年时间，每当我取药回来，先生就在书房为我讲授《古文观止》美文一篇，在半讲课半聊天中先生将一生治学心得倾囊相授，粗粗算来不下四十篇。先生对他人的小小帮忙，总是“涌泉”相报，为我讲解《古文观止》，便是希望以此弥补我时间上的耽误，更希望我能学有所成。2006 年某日，周一良先生的公子启瑞先生来串门，小如先生指着自己写好的那叠厚厚的宣纸作品说：“这通《虞恭公碑》终于快临完了。”扭头指着我说，“等我这通字写完了，就给她。”初以为听错了，之后一阵欣喜。得到先生的得意之作后，我又发愁了，自己是一个穷学生，怎么保存这份深情厚爱呢？装裱还不敢奢望，暂且用一个防潮袋子装着。夜深人静时，打开看看，如乞人于暗室中欣获无价明珠。2009 年我恢复了之前由于休产假而中断的跑腿差事，尽管自己的生活也很忙碌艰辛，但能为先生“跑腿”确是人生中最荣幸的美事，其他的困难都可以克服。偶尔带着儿子串门，夫人就嚷着要阿姨拿出冰箱中珍藏的远方子女寄来的外国巧克力，夫人自己都舍不得吃。先生会郑重其事地对“小友”说：“只要你乖，好吃的都给你。”每到春节，先生就给我一个大红包，说是孩子的压岁钱。有人带着点心水果来看先生时，先生不等别人下楼，就打电话催我去拿了，说是给“小家伙”的，生怕放久了不好吃。中秋前的一个下午，我上门送药，恰好钮骠先生及夫人来看望先生，吴先生指着桌边的一大盒月饼对钮先生说：“你们给的月饼我给小沈了。小沈，你拿走吧！”这一年，先生患脑梗，右手颤抖，写不了字，先生写下：“手不能执笔，毋宁死。”幸先生眼力、脑力极佳，读书不辍，从当代小说至古人文集，无不博览。看着这位“书已读完”的老人，我深深地感佩先生在苦闷与孤独中展现出的顽强生命力。

2012 年，先生九十寿诞，老弟子们出资为老师出版纪念文集《学者吴小如》，先生不无调侃地说：“没想到能活着看到别人对自己的夸赞。”我忝为责编，而这本书也是我工作以来的第一件成果，欢喜之余，欣慰自己能为先生做点正经事了。我向先生提出要编辑出版他的作品,先生竟应允了。一连两周,先生坐在书房椅子上,让我坐小板凳上,将角落里一包一包落满灰尘的档案袋打开,让我一篇一篇地整理,已出版过的放一边,未出版的另放一边。这时,先生似乎又回到了当时写文章的情境中,忍不住拿起文稿一字一句地看了起来,脸上是温润饱满的微笑,像一位辛勤的老农面对满眼的收成。这个时候,我不忍打扰先生,甚至希望时间就此凝固。有时我也问自己,先生的这些文章马上可以付梓并传之久远了,而先生“旷日持久”临完的《虞恭公碑》何时才能面诸世人呢?

2014 年 5 月 11 日,先生溘然长逝。年底,先生次子吴煜来京,我将出版先生所临《虞恭公碑》的想法说了,吴老师非常支持,愿意将先生的一部分稿费拿出作为启动资金。春节后,琉璃厂的一位朋友很用心地帮我用最好的材质装裱,《虞恭公碑》终于穿上了一身雅致的服装,就像先生当年对自己的着装要求那般端庄。天津古籍出版社的赵娜女士,编辑过先生的诸多著作,义不容辞地承担起此书的编辑工作。书前序文有幸请到了吴小如先生弟子、北大教授陈熙中先生和吴玉如先生弟子韩嘉祥先生执笔,嘉祥先生还主动提出为本书题签。还有众多师友们的帮助,都令我铭感难忘。

曾看到徽派古屋上有这样一副对联:“白璧无瑕成大器,青松固守葆长荣。”我觉得以此联形容先生之为人为学,也是恰当不过。但愿《吴小如临虞恭公温彦博碑》的出版,在帮助后学了解吴先生书法的同时,也能将先生的“白璧无瑕”“青松固守”灌注到更多人的生命中去。

(作者单位:北京大学)

# 我所了解的吴小如先生

沈玉成

1954 年，我在北京大学中文系上四年级，给我们开宋元明清文学史的老师是浦江清和吴小如先生。当时我对京剧喜欢得入迷，听说吴小如先生就是著名的剧评家“少若”，于是除了在班上旅进旅退的关系以外，还曾几次闯到他家里听他谈京剧。毕业以后，我留校当了三年研究生、助教，帮助游国恩先生工作，每天上午都在游先生家里上班。由于工作需要，吴先生其时被调去协助游先生主持《先秦文学史参考资料》的编注工作，每星期必上游宅。吴先生也是游先生的学生，每次提问请益或者讨论，对我这个“旁听生”来说都是极好的学习机会。也由此，我和吴先生就由一般的关系而逐渐变成了很熟悉。

岁月不居，吴先生已经被号称为“吴老”，学术上则早已脱颖而出，出版和即将出版的书，包括著、译、编，恐怕要超过十五种，其水平成就，有白纸黑字在，无须我多加饶舌。我想要介绍的，是吴小如先生这个“人”的某几个侧面。因为作为“老门生”，我对他的理解究竟要比别人多一点，细一点。

认真、坦率和热情是吴小如先生为人处世的鲜明特点。这首先表现在治学上。他少年时代就在父亲——著名的书法家、诗人吴家琭（玉如）教授的熏陶下跨进了中国古典文学的迷人王国，打下了厚实的根基。由于经济和其他原因，他前后读过三所名牌大学，即燕京、清华、北大，受业于朱自清、俞平伯、游国恩、沈从文等著名学者，转益多师，使他懂得了“操千曲而后晓声”（《文心雕龙·知音》）的道理，而且认真执着地按照这一道理去实践，博览精思，但并不急于求成，更不标奇立异。在中年以前，他一直致力于古典文学基础工程的构筑。北京大学这所最高学府，学者如林，然而从《诗经》一直到梁启超，能全部贯通讲授如吴小如先生的，并不多见。可能就因为“面”的宽泛而被忽视了“点”的精深，他曾经招来过“杂家”这一兼寓褒贬的评价。这当然是不公允的。他的大量著述，完成多在中年和老年以后，除去十年浩劫，平均两年出版一部书，如果不是“厚积”，就不可能如此“多发”。再说质量，如《读书丛札》，在大量资料中引出结论，取精用宏，无征不信，新解胜义层见叠出；又如《古典小说漫稿》《古文精读举隅》《古典诗文述略》，从书名上看，好像是 ABC 式的概论，但内行人却可以在浅出中看到深入，平易中看到扎实。不弄玄虚，更不卖假药，给予读者的是可靠的知识和有益的启发，这正是作者认真和诚实的地方。近来有一些时髦的著作，其“新”其“怪”，往往使人想起安徒生的《皇帝的新衣》，两两相较，其得失不言自明。同时，吴小如先生的认真还表现在有的学者所不屑一顾的小问题上。有些晚报上的文章、广播中的讲话，错误百出，读者和听者往往付之一笑，但是他却常常要郑重其事地加以指出。以 1987 年第 10 期

《红专》发表的那篇《向屏幕的老师请教》为例，一位教员在电视台讲诗念错了字，他就如骨鲠在喉，非要写文章，还非要发表不可。如果有人以为这种做法的目的是拿稿费，说得轻一点是“门缝里瞧人”，说得重一点，则是忽视了一位学者所具有的责任心和正义感。

过分的坦率有时候会给人带来麻烦。在吴小如先生的人生道路上，曾经有过不少坎坷崎岖，这多少和他的锋芒过露有关。再加上人无完人，自己掌握了广博知识就难免对人有所指摘，而语言的不留余地又每使被批评者无地自容。以我亲身经历的一件小事为例。1978 年，我由于穷极无聊，有时写几篇小文章换点稿费，文章中偶尔涉及京剧评论。一次他问起我最近干了点什么，我如实相告。他摇摇头，说：“京剧的文章你最好别写。”我连忙解释，文章只分析剧本、人物，不谈表演，他这才点点头，说：“这还可以。”老师深知学生对京剧的理解不足半瓶子醋，当面提出忠告，这本来是关心爱护，但当时我确实有点下不了台。相知多年的师生之间尚且如此，比这更尖锐的批评施之于他人，其后果不是显而易见吗？

过去的学术界有一种陋习，就是不肯把真本事教给学生。其原因，有人是出于秘方不肯外传，有人则是懒得多说。但吴小如先生对学生却极为热情负责。学生和年轻助教向他提问，他从来是知无不言，言无不尽；有时没有把握，也会老老实实告诉提问者：“等我查查书再答复。”为了一个极细小的问题，他可以专门骑车上图书馆泡上半天，一旦有了结果，又会兴冲冲跑到提问者的宿舍一五一十地详细做出答复。有一次一位女同学提了一个问题，吴先生在《后汉书》里找到了答案，刚吃过午饭就跑到学生宿舍去找那位学生。由于正值午休,只能把材料写下来贴在那位女生的房门上,他这才心安理得地回家休息。

教师向学生传道、授业的基地还是讲坛。从中学教师、大学助教到教授,吴小如先生的课一直是十分叫座的。嗓音洪亮(大约和会唱京戏有关)、语言生动、板书漂亮,这些都可以算有利条件,但最根本的原因是对自己工作的理解。1984 年 7 月 9 日的《北京晚报》,发表了题为《教授啊,请上讲台》的专访,其中引用了吴先生自己的话:“如果说我有什么嗜好,我唯一的嗜好就是讲课。”“得天下英才而教育之,实在是人生最大的快乐。”据我三十多年来和吴先生的接触,这确实是他的肺腑之言,在我当学生的时候是这样,今天仍然是这样。他上堂以前备课充分,讲授内容经过严格的选择,表达则严密而明快。要达到这样的教学效果并不容易,如同一位好演员,舞台上一个亮相、一句唱腔,观众仅知其边式动听,满场喝彩,却很难体会其台下付出的汗水。吴小如先生多年来在工作中极为辛勤,他的夫人长期病休在家,他以一人之力挑起全家六口的生活,读书、备课、著述都是硬挤时间做的。一堂课下来常常力尽精疲,但在讲台上则始终神完气足。也由于这样,他刚过五十头发就全白了,然而进取的意志毫不衰退,诲人不倦和提携后进仍一如既往。几年以前,有两位外省的中学教师为了试讲一篇古文,远道前来请教,他详细答复了所有的问题,而且把自己的讲稿主动出借。对集体科研项目中“名、利”的问题,只要涉及后辈,有的学生请他看论文,他做了大幅度的改写,除了和知交偶发表一些感慨外,也从来讳莫如深。吴先生也常常主动谦让。最近他还计划和两个学生合出一本论文集,俾使年轻人的成就得以和读者见面。

学者和文人是两股道上跑的车，不过对古典文学研究者来说，理想的状态还应该是合二而一。启功先生算是这方面的代表，但由于在诗书画方面的名声太大，学术上的成就在同行以外反鲜为人知。吴小如先生的气质也有这种“合一”的趋向，不过他的“副业”除京剧研究以外，一般人了解得并不多，其实他的旧诗写得相当好，但发表得较少，仅在《红专》和《诗刊》上登过几首。他写旧诗，一方面用以述志抒情，另一方面也是为自己的教学和研究服务。他不止一次和我谈起，研究文学的人如果自己不能动手写一点，则极难体会作家的得失甘苦，所论就难免有隔靴搔痒之处。林庚先生讲诗，吴组缃先生讲小说，之所以能精彩纷呈、鞭辟入里，很重要的一个原因就是他们本身就是诗人、小说家。

和写旧诗同样可以列入文人习气中的是书法。吴小如先生从北碑入手，近年来的境界已逼近乃翁而遒劲稍逊。吴玉如先生的书法是北方之强，从学者极多，但真能得神髓者却绝无仅有。吴小如先生在书法上没有多花时间而自然酷肖，很像孟小冬之于余叔岩。吴先生是京剧专家，这样的比方或者不以为忤吧！

吴先生早年经济上比较困难，近年来功成名就，子女也都已独立，生活上总算进入温饱型了。遗憾的是子女都不在身边，老伴体弱多病，夫妇相依为命，一切都需吴先生亲自照料。六十岁以后是学者的第二黄金时代，而吴先生的景况则不能不严重地影响他在研究和教学中的潜心专志。随手记下作为这篇小文的结语，多少也可以反映知识分子政策距离落实还相差得很远，很远！

（作者单位：中国社会科学院）

# 交无早晚在相知

## ——小如先生三周年祭

书同

小如先生曾自撰一联，曰："天有风云终可测，交无早晚在相知。"收在《吴小如录书斋联语》中。小如先生自注云："此莎斋自撰联。昔人每言天有不测风云，今科学昌明，天时可预报，故得上句。下句用宋人诗，虽初交亦能一见如故也。"小如先生号莎斋，我不甚解其意，但所引宋人诗，却深得我心。可惜，当时没有向先生求这一联。一眨眼，小如先生逝世都快三年了，每一忆及，感慨万端。

我与小如先生交往十年，他从八十二到九十二，我从四十到五十。他九十岁的时候，我去看他，他问我："您今年多大啦？"我回说："四十八。"他几乎不相信地说："啊，您都四十八啦！"

记得第一次登门拜访时，他到门口相迎，打趣地说："您大老远地来，我要是不接待，那不成'拒人于千里之外'了？"就这一句话，顿然把我的胆怯、顾虑全打消了。他严肃而不失风趣。就在那天，他在电话里朝人发火。接完电话，他说："您瞧，竟有这样的主持人，邀请人家一个大学教授去访谈，竟问人家会不会说普通话！您说像话吗？”他说的是当时一个正大红大紫的女主持人。他说，他才不爱参加什么访谈节目。

对我，大概一开始也有点儿戒备，不是戒备我做什么坏事，而是怕徒耗他的时间。但第一次交谈感觉即不坏，后来时间长了，他竟称我为“父母官”，而自称“小民”。这我哪儿敢当啊。我于是写了一篇小文，题目叫《小民与小吏》，指望逗他一乐。结果，他读了还真乐了。于是便几乎无话不谈，寂寞的时候，还会在电话里说：“哪天您来，咱们好好聊聊。”

小如先生对我的爱重，我是陆续感觉到的。我第一次拜见他的时候，是2004年春天。那时，北京的风沙正起，但同时桃花红了，柳叶儿绿了，一派春机盎然的景象。他抄了东坡《浣溪沙》小令给我，但不是当面送的，而是我回家之后，他写了寄来的。“细风斜雨作晓寒，淡烟疏柳媚晴滩。入淮清洛渐漫漫。雪沫乳花浮午盏，蓼茸蒿笋试春盘。人间有味是清欢。”估计他抄录此词，也许是触景生情，也许是表达对我这晚辈的欢喜？但我没那么自信，不敢确定。

細雨斜風作小寒淡烟疎柳媚晴灘入淮清洛漸漫漫　雪沫乳花浮午琖蓼茸蒿笋試春盤人間有味是清歡東坡小令奉艾平補壁

甲申閏二月小如

吴小如先生赠作者书法

这幅字一直珍藏在我的书斋里。小如先生逝世后，我屡次拿出来展读，对于“人间有味是清欢”，尤生感叹。

小如先生对我直接的关爱，就是赠书。他自嘲为“秀才人情”。可在我看来，这人情的确不薄，且十分珍贵。从第一次见面就赠我五种书，到后来陆续赠送，十年中，给我的赠书不下数十种。他给我题名也逐渐变化。最初写我全名还加上“同志”；稍后，省去姓，直呼名字加“同志”；再后来，竟称我为“兄”，叫我不知怎么表达感激才好。

他有好几次说，爱吃我们家乡的大红袍板栗、小香菇。我一直当他真喜欢，每次寄些给他。后来，他老伴儿不在了，就再也不让寄了。直到去世前一年，他才告诉我一个“秘密”，原来不是他自己爱吃，而是老伴儿喜欢吃。

另有一件事，既让我感动，也让我遗憾。为了庆贺小如先生九秩大寿，在京的几位弟子（有的并未及门）拟发起编撰一本文集，将历年来先生友朋弟子所写的文章，辑成一书。小如先生对我说：“您的那个记录可以收进去。但我不便推荐，不然，那不成了自我吹捧了。”他说的“那个记录”，是我编订的《与小如先生交往录》，里面记载了和他历次的谈话，包括当面拜访和电话里的交谈。我认为这是一份颇有价值的记录，许多都是“不足与外人言”的“体己话”。我整理好之后，曾发他一阅。他阅后即打来电话，说：“呵呵，您寄的稿子看了，有的地方做了修正。”我在电话里分明听出了他的笑意。他说我过奖了，但还是很高兴，说：“毕竟被人夸奖总比被人骂好啊。”我将稿子发给了责编之一刘凤桥先生，但此稿并未被收入。2012 年 5 月，我又一次去拜访他的时候，见他身体已明显不如从前，胳膊、腿枯瘦如柴，脑梗后遗症加重，手发抖,字也不写了。他斜倚在乳白色的单人沙发上,说北大为他做了一件好事,将《学者吴小如》出版了,5 月 18 日,系里还要组织座谈会,要他出席。这就是他所说的那个文集。看得出来,他挺高兴的。他顺手从墙角边的纸包里拿出一本,说,可能受篇幅所限,或者文章体例不合,他们没有把我的“记录”收进去。说着,颤颤巍巍地给我题名留念。

我很喜欢小如先生的“少作”,那是文学才子的笔调。他对自己的少作,似乎也很满意。听说有人建议他将此类文章单独整理出版,我就一直期待着。2013 年春,我再去小如先生府上,见他咳嗽得厉害,嗓子里痰多,很替他着急。他说:“晚上睡不好,一会儿要咳嗽,一咳嗽就要坐起来。”白天他就斜倚在沙发上,身边放着一个塑料篓子,里面都是咳痰用的纸。那天,他断断续续地跟我说了许多。他说,北大编辑的《吴小如文集》已出版,他的文章都收这儿了,少作也辑成了一辑,取名《旧时月色》。他让我到墙角边去拿书,一共五本,分别是:《含英咀华》《旧时月色》《看戏一得》《红楼梦影》《莎斋闲览》。他的身体越加苍白瘦弱,说话也有气无力,我忍不住为他感到难过。他说:“不能给您签名了,手抖得厉害。”说着,“喀喀喀”地又咳起来。

这是我和他最后的见面。

现在我只能在记忆中,回味他待我的温暖。

在和小如先生的交往中,书是最重要的媒介。除了他赠送给我书,我也不断四处搜罗他的著作,经过几年努力,他 2000 年前后新出和老版的图书,差不多已收齐。所搜的新版计有:《鸟瞰富连成》《盛世观光记》《莎斋笔记》《书廊信步》《京剧老生流派综说》《吴小如讲〈孟子〉》《吴小如讲杜诗》等;旧版的著作则有:《中国小说讲话及其它》《读人所常见书日札》《台下人语》《读书丛札》及《巴尔扎克传》(与高明凯合译)等。我特别喜欢《读人所常见书日札》,封面上的书法,实在太漂亮了。小如先生对我说:“那书已没什么价值了,除了我父亲的题字。”

因为小如先生的介绍,我和人民武警报社的刘凤桥先生有了联系。尽管迄今缘悭一面,但几年来,刘社长给我的恩惠已经多多。他不仅给我寄赠过《吴小如手录宋词》《吴小如录书斋联语》以及《莎斋诗剩》,还给我讲述过小如先生一些不为人知的生活细节。在有一次通话时,他还说,觉得小如先生对我比较信任,建议我到北京住几个月,由他们安排我的食宿,为小如先生作一口述传记。可是,当我把这建议跟小如先生说的时候,他说:“谢谢!我要说的话,都写在文章里了,不用作传记。”后来想起这事,除了对小如先生尤加敬重外,对自己的冒失大胆,也着实捏了一把汗。

温厚儒雅,学人风范;文章锦绣,金针度人。小如先生虽已作古成仙,但他留下的一本本著作,却足以让其不朽;他待人的诚恳、真挚,一定会久久烙印在友朋弟子的记忆中。

2017 年 4 月旧写,4 月 22 日刊《文汇报·笔会》

(作者单位:宣城市文联)

# 望之俨然，即之也温

书同

因为遵从所谓“晚上不宜看病人”的风俗，我失去了与小如先生的最后相见。

5 月 11 日下午四时许，当乘车经过中关园，看见熟悉的红楼，便打电话给眉睫兄，相约明天去拜访吴老。不料眉睫说：“我陪董宁文先生刚去了吴老家。他刚从医院回来，看起来精神还好，但说话困难。我们待了一会儿就离开了。”我略感遗憾，没能和他们一起去看先生。心下决定：晚上就去看他，把他爱喝的“小球球”（涌溪火青）送去。

晚饭后，从入住的清华园宾馆沿着成府路，一路向北大走去。边走边留意马路对面的中关园，并向同事介绍住在那里的吴小如先生。同事说：“晚上去看病人不太好吧？还是明天早上去好些。”我听从了同事的建议，越过中关园，径直走入了“一塌糊涂”的未名园，在幽暗的灯光里、树丛中转悠了半个多小时。

5 月 12 日晨打开手机，两条短信报告着同一个消息：吴老去世了。

这消息令我吃惊，感到遗憾、寂寞乃至哀痛。

匆匆洗漱，立即拦了出租车往红楼奔去。

屋子保持着原样：整洁的大床，靠床的沙发，窗边墙角堆着的书，矮橱上放着的药、手机，这些都与去年所见相同。但唯一而根本不同的是，吴老已经走了，已“移榻”到一个叫“北大太平间”的地方。

人之有死，生来命定。我只愿先生在另一个叫作“天堂”的地方，能够过得舒心。

屈指算来，我与小如先生的交往已越十年。我不是他的弟子。这不是说不想做他的弟子，而是没资格做他的弟子。但愿可以算他一个忘年交吧。小如先生给我的印象，浓缩成两个字，那就是“君子”，一个“望之俨然，即之也温”的仁人君子。

犹记2004年4月9日与先生的首次相见。老实说，那一次见面，从先生所得，只是一个“望之俨然”，尚未体会“即之也温”。我说：“从网上查过先生的著作目录，觉得您的学问领域很宽，简直可称‘杂家’。”这话要放在今天，打死我也不会说啊。可那时真是不知天高地厚，竟说了那么不成体统的话。当时先生正色道：“‘杂家’这个词是贬义词。”羞愧之中，我一时无语。

同样受窘的还有同去的叶老师。我和先生谈话，他在旁边拍照。因为屋子忒小，照相机发出的快门声显得特别响。先生停下正谈着的话题，说：“您别老在那咔嚓咔嚓，让人没法说话。”

四天后的4月13日，收到小如先生寄来的三幅字，分别是给我、叶老师和另一个索求者的。给他们二人的分别是李白、孟浩然的诗，给我的却是一首东坡小令：“细雨斜风作晓寒，淡烟疏柳媚晴滩。入淮清洛渐漫漫。雪沫乳花浮午盏,蓼茸蒿笋试春盘。人间有味是清欢。”

字如其人,一笔一画规矩工整,与时下种种流行的书法家作品大异其趣。收到先生墨宝,我喜出望外,遂把见面时的尴尬,一下子抛到九霄云外去了。

此后每隔几日或几月,我都与先生电话交谈,有好几次都谈到保姆喊他吃饭,才停下来。十年中,我也十数次去先生家,有时陪着领导,有时带着朋友,有时带着家人。谈到激愤时,先生的情绪当得上“愤青”二字;而高兴时,先生也会来一点小幽默。自然,先生对我也渐渐由“同志”而直呼其名。在信件或赠书的题签上,往往还以“兄”字相称。

2012 年 5 月 6 日上午 8 点半,我同眉睫兄一起去访先生。那时的先生精神尚好,但遭了脑梗及摔跤的折磨后,人已瘦削不堪,尤其两条腿已细如麻秆,让人看了觉得可怜。但他依旧手不释卷,床上堆了好几摞书,主要是一些小说、散文作品,自称“消闲”。眉睫是初来,将所著《现代文学史料探微》一书送给他,并请教关于废名的种种问题。

小如先生说:“我是废名先生的学生,您是他的同乡,您下功夫搜集废名先生的文献,我对您另眼相看。”接着说起一段往事。他说:“废名先生待我很好。我听他的课时,已成家,有了孩子,家里经常有事要办。一天,我从天津赶回学校,那天讲宋诗。他问我怎么不来听课。我说,家里有事。他要我下课后到他宿舍去一下。我想,他肯定要狠狠地批评我了。不料,去了之后,他说,我来为你讲这一课。我很感动,废名先生待我太好了。我那时年轻,写过批评他的文章。在我没听他课的时候,他就认识了我。”

说着眼圈红了,声音也哽咽起来。

那天先生谈了很多,从废名谈到周作人,又由周作人谈到沈启无、俞平伯。还谈了他由中文系调入历史系,谈到与邓广铭、王瑶的友谊和疏远。他说:“我进北大中古史研究中心的时候,是邓广铭先生要去的。但他做了领导,我与他反而走得远了。王瑶也是这样。在他还没红的时候,我与他走得近。‘文革’中他两次要自杀,都是我劝回来的。他有糖尿病,被批的时候,经常小便没处去。我就让他到我家里解小便。他由大房子搬小房子,书没地方搁,我腾出家里地方给他存书。可是后来,他红了,我反而不怎么与他来往了。我就是这臭脾气,就是个别扭人。”

因为谈了许多现代文人,我遂问:“您 1947 至 1949 年在北大读书,您见过胡适吗?”答曰:“见过一回,是在去校长室的过道里。他个子不高,比我稍高点,喜怒不形于色。他是领导,平时也不怎么来校,校长室经常是他的秘书邓广铭坐着。我没跟他说话,我是学生,他是校长,我向来不愿与达官贵人套近乎。”又言犹未尽地说,“胡适极左。他反对文言文,把文言文说得一无是处。可他写的《文学改良刍议》不还是用文言文写的吗?他又说骈文是死文字,可他的‘大胆地假设,小心地求证’,‘大胆’对‘小心’,‘假’对‘求’,‘设’对‘证’,这不就是骈文吗?”

或因谈得高兴,或觉得应该讲一点人情,临别时,他叫保姆:“小景,把那书(出版不久的《学者吴小如》)再拿一本来。(转向眉睫)这书不多,本不打算送您。念在您是废名先生的同乡,又努力地搜集他的文献,我送一本给您。”说完,缓慢而艰难地题写了“眉睫同志惠存”几个字。而在给我的那本上,他写着“艾平(注:作者本名)兄惠存”。临行又说:“我很寂寞,你们来和我聊聊天,我很高兴。同你们年轻人聊天,我也变得年轻些。”转而问眉睫年龄。眉睫说:“二十八。”他说:“您翻三番比我还小六岁。”

行文至此,不禁潸然。回忆起十年来与先生的种种交谈,益觉得先生的可贵、可敬与可亲。中年以后,先生屡被家累,仍在艰难中著书不辍,成洋洋大观。八十五岁后,又屡经丧痛,先后送走胞弟、爱女和老伴。岁月对于他,似乎越来越薄情,但他依旧抱着一颗忧国忧民的心,感恩地、坚强地活着。去年5月26日下午去看望先生,他激动地谈起物价问题。他说:“我现在每月工资不够花。幸亏还有点老本。像我这样,怎么也能算个中产阶级,可那些比我收入少的人,那些苦人,他们怎么办?”又说,北大出版社帮他出了一套选集,给了一些版税,够他补贴生活一阵子。“可是万一我活到一百二十岁,那可就成问题了。”

先生在任何时候都保持着异常的清醒,即使到临终。据其次子吴煜先生说,在弥留前,也即5月11日傍晚,老爷子还亲自打电话给他,说:“我可能不行了。”可谁敢信,晚上7时40分许,竟仙逝了。

人生天地间,忽如远行客。小如先生做客去了。祈愿先生一路走好!

写于吴小如先生“头七”之日5月17日

# 小民与小吏

书同

在拜访吴小如先生之前，我早对他一本书感到兴味盎然。这书的名字叫《鸟瞰富连成》。我其实并不知道什么“富连成”“穷连成”，只是因为看过黄磊演的电视剧《风雪夜归人》，而那时正强烈地崇拜着这位斯文儒雅、阳光帅气的演员，才又读了吴祖光的剧本《风雪夜归人》。不读不碍事儿，一读却又读出个风流倜傥家来。祖光先生的风流潇洒，尤其那一篇《广和楼的捧角家》，出自一个十七岁少年之手，直叫我佩服得五体投地。不光捧角，还常因争风吃醋大打出手，这可真叫人神往啊！

他们有事没事跑到广和楼去，都捧的是谁？富连成，刘盛莲。

刘盛莲，富连成，富连成，刘盛莲，因为这，我对《鸟瞰富连成》，对吴小如，开始刮目相看了。

据小如先生介绍，他从读小学到上中学，也同祖光先生一样，是富连成科班的长期忠实观众，对刘盛莲的表演艺术特别欣赏。可是也许没有祖光先生那么痴迷，也许没有那么大胆，最终捧角也没捧到家，追随了好几年，竟没认识到刘盛莲，结果是，写不出一本《风雪夜归人》，只好从高空俯视，写一本《鸟瞰富连成》。

闲话休提。且说2004年春，正是北京风沙落定、桃红柳绿的好时节，我有幸去到莎斋，拜访了神往已久的小如先生。

约定上午9点钟见面，可是大概因为激动的缘故，我7点多就跑到中关园附近守候，在那许多红楼之间逡巡了好几回。看看时间还早，就又跑到未名湖畔，看看新开的柳叶、新放的桃花和早读的北大学子。刚过9点，就准时站在了小如先生的门前。

门开了，他双手抱拳那么一拱，差点叫我激动得晕了过去。这种古礼，我可是长这么大从未领教过，益且又是小如先生这样的名人。我一时不知如何是好，就干脆学一个双手抱拳，还他一个古礼，虽然式样也许笨拙得难看，但几秒钟之内就学到那样，我在心里也原谅自己了。

被引进屋子里最靠近门边的那间，就是他的书房，两把小椅子排在书架下面，专为招待来客使用。“前两年周一良先生来，就坐这儿，就坐我这位置，您坐的就是当时我坐的位置。”这是他一开头说的话。脸上呈不大高兴、不太耐烦的样子。本来我电话联系他的时候，他就一再说年纪大了，身体又不好，屋子又小，这些年已经闭门谢客。但怎奈我好说歹说，他才没了脾气，只好说：“家乡来人，我总得见见嘛，要不也太不近人情了。”在和我谈话前，还“移动电话”了一番，他一边走动一边接听电话，弄得很不耐烦的样子。接着才说：“你说现在的主持人怎么了，前两天中央电视台约我做一个读书的访谈节目，我没答应，推荐了别人。可好，又一个主持人打来电话，问人家会不会说普通话。你听，这叫什么话？”

那天的谈话就这么开始，用一句“细水长流吧，多联系”结束，总共大概花费了他一个半小时的时间，这已经超出了他原先允诺的二倍，我虽然意犹未尽，却已觉得很满足了。送到门口，他依然双拳一抱，就像古典电视剧里友人分别一模一样。

吴小如先生与本文作者交谈

小如先生跟我谈到了读书，谈了治学，谈了书法，却不局限于学术本身，对世道人心多所微词，给我的印象，虽然年逾古稀，可内心还同一般“愤青”一样，充满了对现实、对人生的感慨，一腔书生情怀。他说，李白、苏轼，他们的诗词都九百多年一千多年了，可还能够广为流传，是为“不朽之作”。话锋一转：“且看当今出版界，每年出书十万种，有几种能这样？别说九百年，就是九年还有人看，也不能算速朽。”

给我的感觉，小如先生愤世嫉俗，性格欠通融，不圆滑。这种性格，当乱世或可成就大事业，在治世则不免惹出种种麻烦。估计他一生中也吃了不少性格的亏。在回顾半生走过的道路时，他说："忝为读书人，毕生仅以教书为业。于德称不起修身齐家，于功更谈不到治国平天下，既皓首而未穷经，徒食人民之粟却无大裨益于国家社会。"用京剧的一句戏文说，就是"一事无成两鬓斑"。话自然不免有谦辞，但在一个以古仁人君子自许的人，却也多少说了一部分实情，流露了深藏胸中的一些痛楚。

小如先生原名吴同宝，这大概是按照辈分排行取的名字，后来，估计因为乃父玉如公名字中有个"如"字，才改叫"小如"。他日常习字，喜用三尺生宣，理由是，如今人的房子狭小，又没个像样的厅堂，长幅挂起来不方便。不过依我看，也许未必是别人房子小，倒是他自己的房子不够大：一间小小的书房，四壁顶天立地全是书，连书橱边上的小凳上也都堆满了书；一张老式的办公桌，挤在书房的窗子边沿上，除了笔墨纸砚，上面还堆着些别的杂物，四尺的纸也许都没法摊开，要是更大的纸，可就没法伺候了。

从年龄上说，小如先生是我爷爷辈的人物，可是每次电话或通信，总称我"先生"，这我哪儿敢当啊。最有趣的是，他爱吃一点皖南山区的土产如香菇、板栗，每次必先寄钱来才让购买。这不，前两天又寄来百元，托购板栗。我跟他说，这些土产值不了几个钱，千万别再寄钱了。他以难得的笑的口气对我说："我屡次打扰您这个地方官，心里也过意不去啊！"听了他说"地方官"，我猛一惊："我是地方官？"然后粲然一笑，"这是哪儿跟哪儿啊，我充其量只是一个小吏。"他听了也立刻笑了："好，你是小吏，我是小民，这下可以两结了。"

不以大学者自居，不作大部头文章，有平常心，待人平等，这样的先生实在叫我敬佩。

# 那条叫吴小如的鱼游远了

舒晋瑜

5 月 11 日 19 时 40 分，吴小如先生走完了他九十三年的坎坷之旅。

与吴小如先生有近七十年交往的作家邵燕祥，曾以“两条小鱼”形容他和吴小如先生在非常年代里“相濡以沫”的友情。“那条叫吴小如的鱼，还曾经尽量以乐观的口吻，给创伤待复的另一条鱼以安慰和鼓励……”他曾经有感于吴小如先生的坎坷际遇，“是非只为曾遵命，得失终缘太认真”，叹惋吴先生“可怜芸草书生气，谁惜秋风老病身”。而吴先生的作答却充满豪气：“又是秋风吹病骨，夕阳何惧近黄昏。”

如今，那条叫吴小如的鱼游远了。

这篇文章，是吴小如先生去世前接受的最后一次采访，也是他最后亲自审定的文章。

## 三个嗜好:作诗写字看京戏

今年3月,吴小如先生获得年度“子曰”诗人奖,并出版《莎斋诗剩》,评委会的评价是:他的诗词作品,历尽沧桑而愈见深邃,洞悉世事而愈见旷达,深刻地表现了饱经风雨的知识分子的人生感悟,展示了一位当代文人刚正不阿的风骨和节操。

5月7日,吴小如先生在接受我采访时说,自己一生有三个嗜好,一是作诗,二是看京戏,三是写字。

吴小如先生的诗集出版后,曾托中国人民大学国剧研究中心青年教师张一帆送我。我随即打电话向先生表示祝贺。他说:“无所谓。”但是有一点值得欣慰的是,此前已有书法爱好者收集了他的很多书法作品,因为缺乏资金,未能来得及出版。现在这部书法集可以顺利出版了。还有一点令吴小如先生欣慰的,是自己曾经被父亲认为“不是写诗的材料”,可后来不但父亲认可他的诗作,而且得到了社会上的广泛认可。

1944年开始作诗时,吴小如先生把诗交给父亲吴玉如先生,向他请教。父亲见吴小如写的古诗,一首中就用了三个韵脚,便说,这不是诗,连顺口溜都够不上。年轻气盛的吴小如不服气,当时就下决心:我非作好不可!

吴玉如先生晚年的时候,再看吴小如作的诗,问他:“你看你的诗像谁?”吴小如说:“谁也不像。”父亲说:“不对,你的诗像我。”

“我作诗也好,写字也好,父亲认为我都不够材料。我努力写字,努力作诗,父亲什么也不说。但是后来有人找父亲写字,父亲应付不过来，就把我找他批改的字送人，说：‘这是我儿子写的字，你们拿去看吧！’”吴小如说，自己临帖从不临父亲的字，因为父亲的字功夫太深。可是父亲最后认为吴小如的字最像他。

在吴小如的印象中，父亲一生桃李满天下，但真正给自己的孩子一字一句讲授古书的机会并不多。父亲早起上班，吴小如上小学，每天早晨同在盥洗间内洗漱，父亲会口授他唐诗绝句一首，集腋成裘，吴小如到晚年还能背得出不少诗歌。

写了近七十年诗歌，吴小如最深的体会有三条：一要有真实的感情，有实际的生活，诗写出来才有分量。二是不能抄袭古人的东西。中国的旧诗太多了，难免有重复。三是现在作旧诗的人很多不懂格律，不按旧章程作，格律不讲究，认为七个字就是七言诗，五个字就是五言诗。吴小如先生说，第二条自己也没做到。写诗的人太多了，难免就有跟古人“撞车”的时候。

吴小如先生还酷爱京剧，先后出版《京剧老生流派综说》《吴小如戏曲文录》等。他的离去，彻底结束了“梨园朱（朱家溍）、刘（刘曾复）、吴（吴小如）三足鼎立的时代”。京剧史专家钮骠先生与小如先生有六十多年的师生情谊，听到先生去世的消息，钮骠大哭一场，“他年轻时就爱看戏，看的戏都能原原本本地叙述，他爱学戏、能唱戏，这是研究理论不能缺少的。他是唱片收藏家，认真研究过前辈的唱片，用今天的话说是明辨笃实，吴先生年轻时就做到了”。

## 唯一一次作假是对父亲

吴小如先生曾在文章中评价自己：“惟我平生情性褊急易怒，

且每以直言嫉恶贾祸，不能认真做到动心忍性、以仁厚之心对待横逆之来侵。”他待人真诚、刚正不阿，虽然饱受委屈，却一生坦荡，光明磊落，两袖清风。

吴小如先生认同古人所说“吉人词寡”。可他一有机会还是爱说。他说，自己最大的毛病是总看到文化领域中别人身上或文章里出现的缺点，而缺乏认真反思的自省功夫。

就在不久前，吴先生还打电话给某报，指出里面张伯驹和丁至云有《四郎探母》剧中《坐宫》一折的剧照，写成了《打渔杀家》。他打电话给该报负责人，负责人反问：怎么办？吴先生说：更正一下。此后却再无下文。

吴小如先生被称为“学术警察”是有原因的。他对学界不良现象毫不留情：校点古籍书谬误百出，某些编辑师心自用地乱改文稿，知名学者缺乏常识信口胡说，学界抄袭成风……更关键的是，他的批评方式也并非所有人都能接受的。吴先生有一个叫沈玉成的学生，就写文章说吴先生对自己不留情面。沈玉成在文章中说，连他这老学生都受不了，所以吴先生到处受挤对碰钉子，一生坎坷。

可是，吴小如先生并不后悔。他说：“我这人，一向就是主张表里如一，而且我做的事情都是光明磊落的，我对名利看得很淡，名利对我来说根本是身外之物。当我年富力强，我想培养青年人，青年人不找我；现在有些人要来找我，可是我年纪老了，又有病，处境不好。”

“言寡尤，行寡悔”，是说做人说话要问心无愧，做出来的事情不至于事后后悔。但是吴先生也知道，人不可能一辈子不说错话不做错事。所以，他的主张是，不管别人满意不满意，首先自己不说违背良心的话,不做让自己后悔的事情。

吴小如先生说,他一生说过的唯一一次假话,是对父亲。吴玉如先生壮年时,双臂有力,可将幼时的同宝(小如)、同宾(少如)兄弟抱在手中同时抛向空中后再稳稳接住,小兄弟俩对此不以为惧,反而特别高兴,因而小如先生与其父掰手腕一辈子没有赢过。父亲临终时,年过花甲的小如先生为了博老人一笑,再次提出掰腕子,其时老先生手腕早已无力,小如先生装作再次输给老先生,意思是:您还是那么有劲。小如先生后来说:那是我平生第一次作假。

他批评别人,对别人的意见也虚心接受。钮骠就曾多次给他指出文章中的不妥,吴小如先生一一改过,并写在文章中称钮骠为“诤友”。

## 活着绝不树碑立传

有人劝吴小如先生写回忆录,他不写。因为写回忆录等于给自己树碑立传。他认同邓广铭先生生前的一句话:活着时绝不给自己树碑立传。

20世纪50年代起,吴小如先生专治中国古典文学,由游国恩主持,吴小如担任大部分注释和定稿的《先秦文学史参考资料》和《两汉文学史参考资料》,数十年来一直为国内大学中文系指定教材或参考书。

从中学教师、大学助教到教授,吴小如先生的课一直十分“叫座”。因为他“嗓音洪亮、语言生动、板书漂亮”(沈玉成《我所了解的吴小如先生》)。现在的吴先生,说话显然有些费力。

然而，吴小如先生的晚景如此凄凉。1994年，他曾写文章《老年人的悲哀》感慨："我是多么希望有个子女在身边替替我，使我稍苏喘息；更希望有一位有共同语言的中青年学生，来协助我整理旧作，完成我未遂的心愿啊！"然而，那时候的吴先生，因为夫人患病，他本人也曾因脑病猝发而靠药物维持，面对的现实仍是每天买菜、跑医院、办杂务和担负那位每天上门工作两小时的小保姆所不能胜任的琐事。原来的读书、写书以及准备在退休后认真钻研一两个学术课题的梦想一概放弃，他感觉自己"逐步在垂死挣扎，形神交惫而力不从心"。

如今，二十年的岁月又已悄然流逝。

我笑着冲他摆手，转身却涌出泪来。

（作者单位：中华读书报社）

# 最后的采访

舒晋瑜

采访手记：九十三岁的吴小如先生今年3月获得“子曰”2013年度诗人奖。此次获奖的诗词刊发于《诗刊》的《子曰》增刊，评委会给这组作品的评价是：吴小如先生乃国学名家，学问精深，温厚儒雅，声誉卓著。他的诗词作品，历尽沧桑而愈见深邃，洞悉世事而愈见旷达，深刻地表现了饱经风雨的知识分子的人生感悟，展示了一位当代文人刚正不阿的风骨和节操。

吴先生获奖不久，他的作品《莎斋诗剩》由作家出版社出版，吴先生托学生送我，同时捎来话，说报纸某处有个失误。我的心中涌出无限温暖和感动，立即心生再访吴先生的念头。

5月7日，王瑶百年诞辰纪念会上，王瑶先生的几位学生回忆老师的片断，让我的脑中不断联想到吴小如先生。比如赵园回忆和王瑶先生的师生情，说当年那种“干净”的感情越来越稀有了。比如钱理群说，王瑶先生概括当代知识分子有两句话很精辟，一是某些知识分子看起来很博学，其实是二道贩子;二是有些学者开始时做学问,之后成为社会活动家,学术不再是学术,先前的研究成为资本。王瑶先生还有一句话:"不说白不说,说了也白说,白说也要说。"这句话把中国体制下的知识分子的尴尬表达得淋漓尽致。

那一代人何其相似!吴小如先生认同古人所说"吉人词寡",可他说:"有机会我还是要说。""我最大的毛病是总爱看到文化领域中别人身上或文章里出现的缺点,而缺乏认真反思的自省功夫。"吴小如也因此被称为"学术警察",对学界不良现象毫不留情:校点古籍书谬误百出,某些编辑师心自用地乱改文稿,知名学者缺乏常识信口胡说,学界抄袭成风……就在不久前,吴先生还打电话给《人民政协报》,指出里面张伯驹和丁至云有《四郎探母》剧中《坐宫》一折的剧照,写成了《打渔杀家》。他打电话给报纸编辑希望更正一下。此后却再无下文。

现在吴先生还有力量去做"学术警察"吗?

先生正坐在沙发上看书,见我进来,合上书页,我看见正是刚出版的《王蒙八十自述》。他觉得和《组织部来了个年轻人》相比,作家功力有些减弱。这种不客套、不虚伪、纯粹干净的批评,如赵园所说,在当下已成稀缺。

"早上7点起床,晚上9点睡觉。一日三餐,可是吃得很苦。"先生说,因为咽不下去,喝水又总是吐,总是有痰,吃饭成了难题。本来右腿和右手就不灵便,前两年摔了一跤,左腿骨折,至今腿里还有钢筋。如果保姆不在身边,他连电话都无法接听。

从中学教师、大学助教到教授,吴小如先生的课一直十分“叫座”。因为他“嗓音洪亮、语言生动、板书漂亮。”(沈玉成《我所了解的吴小如先生》)。现在的吴先生,说话显然有些费力。

即便如此,我提出拜访先生的要求,他毫不犹豫地答应了,因为我们之前见过,已是“老朋友”。我清楚地记得,上次见面,吴先生送我《吴小如手录宋词》时,用有些不听使唤的右手为我亲笔签名,并说:“认识了,就是有缘。”这种缘分,不掺杂任何功利的世俗,唯有真诚朴素的情感。

采访结束时,我提出想看看他的某本旧书。保姆和我一起扶起先生,搀到书房。他的身体真轻,似乎用一只手的力量就可以轻轻托起,可是他移步如此艰难,像是用尽了全身力气。

他在书橱前站定,先找椅子坐下来,让我打开橱门,挨摞书找寻。第四摞搬出来,他伸手一指,说:“在这儿。”拿出来一看,果然是。他亲自翻到我需要的那一部分,指给我看——先生眼力尚好,不需要戴老花镜。

我们谈了两个小时。担心先生受累,我向他告辞。他伸出手来,轻轻握别,目送我离开。

吴小如先生曾在文章中评价自己:“惟我平生情性褊急易怒,且每以直言嫉恶贾祸,不能认真做到动心忍性、以仁厚之心对待横逆之来侵。”他待人真诚、刚正不阿,虽然饱受委屈,却一生坦荡,光明磊落,两袖清风。他以及像他这样的学人的存在,是对“稀缺”最大的补白。

又记:12日上午,接到中国人民大学国剧研究中心青年教师张一帆电话,告知吴先生11日晚19时40分辞世。张一帆说,他10日接到吴先生电话,得知先生已看完我的文章,其中有些错误需请一帆帮忙修改。11日上午,张一帆赶到吴先生家里,才知道先生感觉不舒服,要去医院看看。先生把文章中需要修改之处和张一帆交代之后,取了病历、钱包等,由学生送往医院。那是张一帆见吴先生的最后一面。

11日下午,吴先生从医院返回时,还想告诉在上海的小儿子吴煜,不必到北京来看他。到了傍晚支撑不住,还是给吴煜打了电话,说:"这次我怕是好不了了。"

"这篇文章,是吴先生去世前接受的最后一次采访,也是他最后亲自审定的文章。"张一帆说,遗憾的是,吴先生没来得及再看一遍,更没等到这篇文章见报。

12日,我再次赶到北大中关园,通往43号楼短短的几十米路,走得沉重而缓慢;陆续遇见前来送别的亲朋好友,脸上写满悲伤。"不设灵堂,不举行遗体告别仪式。"吴煜说,这是父亲生前的交代。

在接待我的那间卧室,先生常坐的沙发上堆放着整齐叠放的衣物。

读书报:您是从什么时候开始写诗的?

吴小如:从1944年开始写。我作诗,父亲说我不是写诗的材料,一首诗用了三个韵脚,说这不是诗,连顺口溜都够不上。我一气,心想非做好不可。

可是到了晚年,父亲看见我作的诗,说:"你看你的诗像谁?"我说谁也不像。父亲说:"不对,你的诗像我。"可见我受父亲的影响很大,并不自觉。我作诗也好,写字也好,父亲认为我都不够材料,我努力写字,努力作诗,父亲什么也不说。但是后来有人找父亲写字,父亲应付不过来,就把我找他批改的字送人,说:“这是我儿子写的字,你们拿去看吧!”

我临帖从不临父亲的字。他的字功夫太深,临不好。可是我父亲最后认为我的字最像他。这说明还是受到父亲的影响。

读书报:从“不够材料”,到得到父亲的认可,这中间经历了什么?

吴小如:主要还是我努力,不是父亲强加于我的。从20世纪50年代起,父亲就不管我了。愿意怎么写就怎么写,愿意写什么就写什么。我一辈子有三个嗜好,一是作诗,二是看京戏,三是写字。这三个嗜好都受家庭影响。父母也喜欢看戏,看得很多,但他们不研究。我看得多,能唱,还研究,懂京戏的道理。

读书报:是不是比别人付出得更多?

吴小如:对。我在北大读书时,老师讲课写一大堆参考书,我都翻一遍。我听过俞平伯、废名、游国恩的课,他们讲诗时涉及的作家作品,我私下都看了,积累了很多材料。

读书报:为什么会对诗歌有这么大的兴趣?

吴小如:说不清。我父亲一生桃李满天下,但真正给自己的孩子一字一句讲授古书的机会并不多。记得我10岁左右,父亲早起上班,我早晨上小学,每天同在盥洗间内一面洗漱,一面由父亲口授唐诗绝句一首,集腋成裘,至今有不少诗还能背得出来。有兴趣就爱钻研,什么事都有成功的那一天。如果没有兴趣,打你骂你都不解决问题。我九十岁时,上海电视台做了一个光盘,录了我吊嗓子的一段。很多人听了,认为我唱得不错,够得上字帖的水平了。其实我就是规规矩矩跟人学,学了以后自己唱着玩儿。天津的王端璞、韩慎先、王庾生,北京的张伯驹、贯大元、刘曾复,我主要是跟这几个人学。我的堂叔是票友,我也跟他学。

读书报:您写了近七十年诗歌,有什么体会?

吴小如:有三条。一要有真实的感情,有实际的生活,诗写出来才有分量;二是不要老抄袭古人的东西。中国的旧诗太多了,难免有重复;三是现在作旧诗的人很多不懂格律,不按旧章程做,格律不讲究,认为七个字就是七言诗,五个字就是五言诗。第二条我也没做到。写诗的人太多了,难免就有跟古人撞车的时候。

我举一个例子,苏东坡有一首五律:"马上续残梦"。后人就说,抄了唐朝诗人刘驾的诗,刘驾是不出名的,苏东坡也未必看得见刘驾的诗,我相信苏东坡不会在作诗的时候忽然间用了刘驾的诗,我想这不可能。

读书报:唐诗宋词的高峰后人很难超越,在诗词创作上,是否就没有出路了?

吴小如:晚明和晚清那一段时间,都出了不少诗人,比不了唐诗宋词,还是有希望的,不能说没有出路。清末民初就有四大词人:况周颐、王鹏运、朱祖谋、郑文焯。

读书报:这次获得《诗刊》年度"子曰"诗人奖,您有什么感受?

吴小如:纯属意外。连我自己都莫名其妙。我不参加任何团体、集会,不喜欢掺和任何诗词协会、剧协、书法家协会。我不喜欢凑热闹。

读书报:在这之前,您好像很少得奖?

吴小如:我没得什么奖。《吴小如戏曲文录》七十万字,获得"北京大学文化奖",得了一万块钱奖金,全部买了书送人。这次得的奖金,一部分存起来,另外打算出版我的书法作品集。因为有喜爱的人已经搜集了，想要出版，因为没有资金，没印出来。一些出版社把赚钱放在第一位。

读书报：除了旧诗，您写新诗吗？

吴小如：我不排斥新诗，穆旦的诗我就很喜欢，邵燕祥的诗我也看，看是看，我不写。我认为新诗比旧诗还难作。旧诗有框框，新诗没框框。可是从五四以来到现在，好像没出过什么好的新诗，没有能够让人背诵的诗。

吴小如主编的《中国文化史纲要》重印多次，获“北大优秀教材”之誉。但是他却感到惭愧，因为萧伯纳有言：“能者干，不能者教。”他之所以从梦想当作家而变成“摇唇鼓舌”的教书匠，“正说明我是一个无能之辈”。

读书报：您是从什么时候开始读书的？

吴小如：从上学时就爱读《三国》《水浒》《说唐》《七侠五义》，后来读神魔小说、谴责小说、武侠小说、侦探小说、新老鸳鸯蝴蝶派的作品，进了初中，读鲁迅、茅盾、老舍、冰心等作家的作品，后来读翻译小说。

读书报：这些阅读对您后来做学问有怎样的影响？您是从什么时候开始钻研学术的？

吴小如：做学问诚然必须读书，而读书却不等于做学问。从做学问的角度看，受朱经畬、俞平伯、游国恩三位老师影响最深。1938 年我入高中，开始听朱经畬老师讲语文课，这才算沾上“学术”的边儿。朱老师从《诗经》《楚辞》讲起，然后是先秦诸子，《左传》《国策》《史记》《汉书》。我在课堂上知道了治《左传》要看《新学伪经考》和《刘向歆父子年谱》，读先秦诸子要看《先秦诸子系年考辨》和《古史辨》。1939 年天津大水，我侍先祖母避居北京,每天钻进北京图书馆手抄了大量有关《诗经》的材料。到20世纪40年代,又因读程树德的《论语集释》而勤搜有关“四书”的著作。考入北大中文系后,先后从俞平伯师受杜诗、周邦彦词,从游国恩师受《楚辞》,从废名师受陶诗、庾子山赋,从周祖谟师受《尔雅》,从吴晓铃师受戏曲史。每听一门课,便涉猎某一类专书。这使我扩大了学术视野。

他一生钟爱讲坛。吴小如说,梅兰芳、程砚秋、马连良、杨宝森,都是在停止呼吸前不久才离开舞台的。他一生爱看戏,对这些艺术大师十分倾倒。从本心来说,只要自己干得动,绝不轻易离开讲坛。但事实上,他离开了,离开得有些不舍,有些无奈,有些凄凉。

读书报:您是怎么到的北京大学?

吴小如:当时燕京大学校长陆志韦先生和国文系主任高名凯先生跟我没有私交,1951年,他们把我从天津调到燕京大学,待了一年。1952年院系调整,我留在了北京大学中文系。好多事情,都是破例,讲师没有带研究生的,我就带过一个研究生。那时候我做讲师,我编的教材,印了几十万本,被美国好几个大学拿来做古汉语教材。夏志清在香港文学创刊号上写了一篇文章,说凡是搞中文的,都应该读读吴小如的《读书丛札》。

读书报:后来为什么离开中文系?您在中文系待了那么久,走的时候是不是也有些不舍?

吴小如:我当了28年讲师,1980年中文系第一次恢复评职称时,我直接从讲师当了教授,工资加了23块钱。“文革”结束,中文系党委开会,我的学生里有好几个是党员,他们透露说:“内定了你是‘秋后算账派’,对你不利。”在中文系,主要是人事问题。

从1952到1980年我在中文系,我的课最受欢迎,结果,学生告诉我,提升谁都可以,就是不能提吴小如。

中文系对我太不公平,没什么可留恋的。但是校领导不错,亲自登门道歉,所以我也不好意思说非走不可。

读书报:离开后是不是还特别关注北大中文系?

吴小如:我关注北大有什么用?北大不关注我。但是遇到难题北大找我了。有一次台湾各个大学的研究生到北大来交流,他们找到我,给台湾学生介绍的时候,说我是北大中文系、历史系教授吴小如。

读书报:最近北大正举行纪念王瑶百年诞辰活动,您的文章中也写过王瑶。

吴小如:我和王瑶在"文革"中是患难之交。"文革"时我也是挨批的对象。他从大房子搬出来换小房子,大书柜没地方搁,存在我家,落实政策才搬走。中关园的房子过去中间有广场,广场上有个乒乓球台,批斗时就站在乒乓球台斗王瑶。他有糖尿病,老得上厕所。我家离广场近,他就老来我家上厕所。他有两次受不了要自杀,都是我劝住了。

轻生的念头,不光他有,连我都有——无缘无故被批成反党反社会主义。我之所以没死,是上有老下有小。一死罪过更大,说你畏罪自杀。我劝王瑶,运动早晚有结束的一天,总会真相大白,不能死,死了怪冤的。还有一次,他要轻生,我劝他,你可别死,没人替你喊冤,非得靠自己。我们俩是好朋友。后来他爱人碰到我,好几次向我表示感谢。平反后,多少次他替我抱不平,而且我写的文章他都爱看,也同意我的观点。

读书报:王瑶先生"文革"中经历的事情,您都知道?

吴小如：他很倒霉。保姆把一张报纸压在痰桶底下，正好上面有毛主席的像。保姆反咬一口说是王瑶干的。就为这一句话，王瑶的经历惨不忍睹。“文革”中有一段时间我生病，从劳改大院出来保外就医，在家里写文章。一个礼拜天，王瑶从劳改大院出来，推开门一看我写文章，就说，你还在写文章，你看我！他把裤腿往上一撸，两腿全是伤。他告诉我，他是被人用铁丝在脖上挂个牌子，牌子上写着“我是王瑶，我该死！”，见人挨个儿说。半夜三更他被叫起来打，怕他喊，往他嘴里塞上东西，捆在椅子上打他。

王瑶故去后，北大出了一本怀念王瑶的集子，没找我。我有些不高兴，就自己写了一篇，发在香港的《明报月刊》上。正由于我那篇文章，国外才知道出了王瑶纪念文集。

“文革”后王瑶收了不少研究生，做了不少贡献。但是他身后的评价不是太明显。“文革”后我和周一良先生来往很多，周先生去世前一天晚上，让儿子给他念的文章，就是我写的。

与周一良先生

# 一次心灵的邂逅

宿万盛

古语云:“白头如新,倾盖如故。”人的一生总能够遇到许多的人、许多的事,而其中许多都如过眼烟云,转身挥手之间,也就烟消云散了。但有时虽是短暂的相逢,却可以让人铭记一生,甚至影响到自己的思想、命运。这就是人们所说的缘分吧!

十年前,我有幸在友人的引见下,拜访了我国当代著名学者、京剧史学家、评论家、诗人、书法家吴小如先生。与朋友一行来到中关园北京大学家属院43号楼吴小如先生的家,八十多岁的吴小如先生亲自开门。老先生身材挺拔、精神矍铄,他热情地把我们领到了一个约十二平方米的小屋里,室内四壁皆书,这是吴先生的书房莎斋。仔细打量,书房并不是我想象中那般宽敞明亮,站上几个人后就很难再找到下脚的位置。墙壁粉刷简单,并不洁白,说是陋室也不为过。惊诧之余,我想知道莎斋的来历。先生浅笑吟吟,言道:“所谓莎者,古之所谓布衣者也,宋代杨朴有《绝句》云:‘紫袍不识莎衣客,曾对君王十二旒。’”听过吴先生的解释，我虽然不是很懂，却不禁再一次打量起先生的莎斋。太阳透过阳台的铁栏和窗棂，在室内洒下一缕微光。地上摞满了书，一张略呈锈色的写字台式的书案，笔架上挂着刚刚洗过的毛笔，书案上堆满了一册册不同时期的书籍和文稿书信。书架上叠放着宣纸，三组简陋的木制书柜装满了书，有线装古籍，也有一些旧书，连书柜的上边也垛着很多的书，用透明的塑料布盖着，生怕灰尘落上。两个木把手的简易旧式沙发，紧靠着书柜的门，两个沙发的中间摆着小茶桌，小茶桌上也放着一些书。正如宋代朱熹诗云："半亩方塘一鉴开，天光云影共徘徊。问渠哪得清如许，为有源头活水来。"另一个屋里，是吴先生多年卧病在床的夫人。吴先生的书房也是会客的地方。

这时，我的脑海中浮现了20世纪80年代初的一个场景，那时我还是一个初涉画坛的青年，朋友带我拜访游寿先生，游教授颤颤巍巍，身形瘦小，亲自打开屋门，我看到的是和吴先生几乎一样的房间。我也想起了我的书法老师范培鉴先生那不足十平方米的陋室。我突然感受到了这个小天地所特有的安宁与祥和，面积虽然不大，却能让人浮躁的心慢慢平静下来，正如一杯佳茗，要细细品尝，才更有味道。大隐隐于市。不管外面有多热闹、多喧嚣、多繁华，吴先生都不为所动，对学问孜孜以求。那一声声的浅吟低唱，如潺潺流水，从心底流出；又如急管繁弦，一次次叩击着人的心灵。正如陆机《文赋》所云："课虚无以责有，叩寂寞而求音。"生平多阅历，胸中有丘壑，自然斗室乾坤大，寸心天地宽。朋友向吴先生介绍了我的学画经历，并表达了我对先生的仰慕之情。我把画集递给了吴先生，并向吴先生坦陈，自己少年学画至今，知识浅薄，对于画理还是缺少领悟，始终坚信经师易遇，人师难求，相信白石老人的“功夫在画外”，请吴先生不吝赐教。友人说：“今天来的目的是让吴先生给把把关。”吴先生笑着对我说：“我可不会画画。”边说边接过画册，然后专注地翻看起来。过了好一会儿，吴先生指着一幅画说：“宿万盛啊，你题字斩卷了，你看你画得挺不错的啊，你写的两个字难看，就斩卷了。”他面色温和地继续说道，“前阶段我有一个学生给人家题画，我一看，字没写好，好端端的一幅画让他给题坏掉了。”我自知字写得不好，所以在画作上题字极少，担心露怯，试图藏拙，不料，今天还是被先生看到、提到了。听了先生的话，我惭愿难言。吴先生说：“画画得好，字写得也要好。”吴先生说话吐字清晰，声音悦耳动听，很有穿透力，亲和中透着严厉。我当时觉得吴先生就好像孔子一样，“温而厉”，令人敬畏。先生讲述了一段中国绘画的历史，又看了看我的画集，轻轻地摇头：“你画得很不错呀，你看你有的字题在画上，与你的画极不相配，回去要找碑帖多看、多练。”先生说，学习书法要下功夫，小时候他学习毛笔字让父亲批评，年轻教书时有很长一段时间自己没有认真练习书法，是别人的提醒让他每日临帖不辍。不仅要练习书法，还要读书阅世，写出的字画出的画才能脱俗，才有书卷气。接着，先生又告诉我应怎样临帖：“世之摹字者多为笔势牵掣，失其旧迹，须当横摹之，泛然不问其点画，唯旧迹是循，然后尽其妙也。”吴先生兴致勃发，向我们讲起了碑学书法。他记忆力惊人，谈古论今，总是见解独到，使我深受启迪。先生说：“清代阮元有所谓北碑南帖之说，其实这有他的历史局限性，实际则是南北碑帖兼容，北方书家不仅写碑，也写帖，南方书家不仅写帖，也写碑，这可从出土文物中得到证明。”吴先生话锋一转说，“还是先看看你的画吧。”兴奋之余，我有些紧张，怕我画得不好。我把带去的几幅画缓缓展开，吴先生慢慢地、一幅一幅地看着，先生认真的神态，让我惴惴不安、七上八下。当看到一幅没有题跋落款的鳌花鱼画作，先生目光停了下来，一句话也不说，目光许久也没有离开画面。抬起头又看看我，像要说什么却又止住，目光又回到画面上。见先生没有说话，我心里想，先生是看到了画中的问题，还是对我画的不满意？怎么不说话？我说："吴先生，您尽管批评，这是我画的松花江特产鳌花鱼，江南称为鳜鱼。"吴先生抬起头看了看我，笑着说："我呀，小时候就是在哈尔滨松花江边长大的，离开哈尔滨七十多年了。"朋友说："吴先生您最有发言权了，您看他画的鳜鱼怎么样？"吴先生说："画得挺好的，很不错，生动有精神。"朋友说："吴先生，您看看还有哪些地方需要改改？"吴先生说："我不懂画，画得真的不错，我改不了。"我说："吴先生，您看能在画上作首诗吗？"吴先生说："我哪能临时作得了诗呀。"室内一时无声，我不知说什么好。

吴先生又似乎在喃喃自语："哈尔滨，松花江，鳌花鱼……"吴先生从沙发上慢慢站了起来，走到靠窗口的写字台边，在桌子上挪出了一块地方，拿起桌案宣纸上叠放的小毡子，铺在桌案上，看着地上的画沉思片刻说："我临时作两句诗。"说着，吴先生拿起了桌子上的一块三十二开大小的小纸头，将罐头瓶里的墨汁倒在砚台里，很自然地用毛笔写下："不到松江七十年，儿时风物旧情牵。今日喜见鳌花美，画上春光一展然。"我站在先生的身边，心里在想，诗作得真好。然后吴先生又把我画的鳜鱼作品拿起来展开铺在小画毡上，又照着小纸头，把诗题在我的画上。我心里别提多高兴了，看着画，感觉到吴先生的书法文气，能看出吴先生对小时候生活过的哈尔滨的情感，对童年的追忆。

先生题完了画，我道："吴先生的诗好，字也好，不知吴先生可否把那个小纸头留给我做个纪念呢？"吴先生顺手拿起桌案上卷着的一块宣纸说："我给你写个大的，这块小的就我自己留着吧！"先生虽已近望九之年，可手一点也不颤巍，铺好了纸，笔在纸上行走是那样潇洒从容。落款"为万盛题画"写好，又站起来郑重地递到我手里："画好，字也要好。"然后把那个小纸头夹在了一个小本本里。

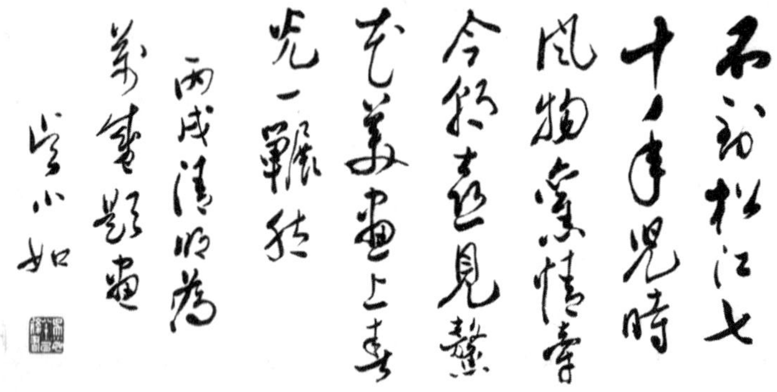

吴小如先生题画诗

吴先生是训诂学家，被学术界称为乾嘉朴学最后的守望者。他博古通今，学识渊博，造诣精深，而自己却始终谦称"断不敢以书法家自命"。吴先生又在我的另一幅鳜鱼画作品上题写了："世皆以为江南有鳜，不知松花江上亦有之，万盛画此正松花江风物，感而有题。丙戌清明吴小如。"并在题跋的下面盖上了自己的一方名章。先生盖章的动作显得小心翼翼，非常认真，好像生怕把纸弄脏了似的。吴先生说："有几方名章是乔宇刻的，非常喜欢。"吴先生盖完了章，又回身坐在沙发上，显得非常兴奋。

吴先生看到了我画的松花江鳌花鱼，回忆起了童年在哈尔滨时生活的一些情景，长谈中都是那些久远的往事。松花江旧有“三花五罗十八子七十二杂鱼”之说，吴先生兴致勃勃地讲述着他与哈尔滨的渊源。原来吴先生的父亲是我国当代书法大家吴玉如先生，启功赞其“三百年来无此大手笔”。吴玉如先生20世纪初曾任黑龙江中东铁路交涉局总办马忠骏的秘书。马忠骏厌倦仕途、弃官退隐后，吴玉如先生任中东铁路局监事会秘书，后受马忠骏邀请辞去了秘书之职，成为马忠骏的家庭教师。

我记得吴玉如先生曾有书论云：“习字、作诗、为学皆须胸中一尘不滓，天分固有，学养尤要。”在哈尔滨时期，正是吴玉如先生在学术与书艺上突飞猛进的时期，而对于吴小如先生来说，这是他童年最快乐的一段时光。抽冰尜、看冰景、堆雪人、打雪仗，成为他珍贵而美好的回忆。吴小如先生出身书香门第，童年时期在家庭的熏陶下，接受了系统的传统文化教育，通读《诗经》《楚辞》《论语》等国学典籍。吴小如先生的书法，秀润灵动、清气盎然、高雅不俗，学术贡献卓越，为学界所公认。他的《吴小如戏曲文录》《莎斋笔记》等著作见功力、见真醇、见风骨，是难得的经典佳作。先生的写作风格鲜明，不虚美、不隐恶，实事求是。评戏、评人、评文章，从不曲意奉承，于字里行间所流露出来的风骨，更令我敬服。

先生逸事种种，如孔子有句云：“知者乐水，仁者乐山。”其中，“乐”字应发类似“要”的音，也就是所说的古音。而有些人经常将其中的“乐”字读作“乐(lè)”，先生对此一再予以纠正。这本是平常的一件事，吴先生却对此看得很重，认为字音误读不利于传统文化经典的赏读乃至传承。我拜见先生后，感受到了先生对于成语解读、音字辨解、研判典籍的研究态度是非常严谨的。很多人都喜欢先生的字，然而先生却从不卖字，且认为这只是读书之余事，心里最为看重的，还是道德、文章、学问。

吴先生引《梦溪笔谈》语，与我说画理：

> 书画之妙，当以神会，难可以形器求也。世之观画者，多能指摘其形象、位置、彩色瑕疵而已，至于奥理冥造者，罕见其人。如彦远画评言：王维画物，多不问四时。如画花往往以桃、杏、芙蓉、莲花同画一景。余家所藏摩诘《袁安卧雪图》，有雪中芭蕉，此乃得心应手，意到便成，故其理入神，迥得天意，此难可与俗人论也。谢赫云："卫协之画，虽不该备形妙，而有气韵，凌跨群雄，旷代绝笔。"又欧文忠《盘车图》诗云："古画画意不画形，梅诗咏物无隐情。忘形得意知者寡，不若见诗如见画。"此真为识画也。

《吴小如戏曲文录》是先生1996年出版的重要著作，书中谈及京戏历史、表演艺术、重要流派，掌故资料极为丰富，对人对事，直言不讳，典论清晰，评论公道。京剧界名家都对此书极为推崇，认为此书是一部了解京剧艺术的必备工具书。该书也是我最喜爱和仰慕的一本书。以画为媒，相谈甚欢，先生与我们合影留念。临别之际，我拿出《吴小如戏曲文录》请吴先生签名留作纪念。先生很高兴地在书上用毛笔写了"百丈竿头，更进一步"，还题上了我的名字，并盖了印。他多次叮嘱"一定要勤写字，多看书"，这是对我这个后生的鼓励与期许。分别时吴先生送我们出家门口并不停地挥手。就在那一瞬间，我突然觉得自己像是一个要离家的成年儿女,背负着长辈的期盼。

走近吴先生这样的大家,才发觉自己离真正的艺术殿堂还很遥远,需要加倍努力。我与吴先生的邂逅是一次心灵的邂逅,使我的心离艺术更近了,也离美更近了,使我懂得了“美与真”才是艺术永恒的主题与追求。拜见先生的时候,正是我初涉名利场渐失本真的迷惘之时,是我在艺术道路上的瓶颈期,也是“冰塞川,雪满山,心茫然”的成长时期。幸而遇到了吴先生,真是“经师易遇,人师难求”。先生于我,传道授业,有拨云见日之恩泽。先生拂去了渐渐滋生在我心头的尘世江湖中的灰尘,让我在繁杂的世事当中始终保持一颗艺术本真的心。于此我重读经典,潜心修为,满怀对艺术的敬畏、对人生的敬畏,修艺、修身、修心,心无旁骛,不计得失。先生题书“万盛园”,我始终高悬于心。每每懈怠之时、迷茫之际,温暖和力量重回我心。正是吴先生的赐教,使我对国学有了更深刻的认识,对中国写意画有了新的理解。“观于沧海者难为水,游于圣人之门者难为言”。与长者交,与圣者游,对于自身的影响是潜移默化的,正如春风化雨,润物无声。

在灿烂的阳光下,一朵鲜活的艺术之花正粲然怒放。

(作者单位:黑龙江省政府文史研究馆)

# 吴小如先生

宿万盛

2014 年 5 月 11 日，吴小如先生在北京家中安然辞世。

一代国学大家陨落，音容犹在，诗书尚存。

吴小如先生幼承家学，尊翁吴玉如先生是当代著名学者，是我国当代书坛不可多得的艺术家。启功评其“三百年来无此大手笔”“自董其昌后无第二”。吴小如先生不仅在学书历程上深受其父影响，书法技巧和书法思想也颇得其父书法艺术的精髓。先生的书法秀逸脱俗，清新洒落。世间宝之爱之者甚众，但是先生“断不敢以书法家自命”，别人向他请教书法的秘诀，他只是一再强调，要多临帖、多读书。书法，顾名思义，写字是要讲求法度和传统的。先生在其《已老莫谈艺》一文中有言：“当年我学习写毛笔字，根据父师辈的教导，首先要求的不是写字，而是文化素养，即要求写字的人多读书阅世，写出字来能脱俗，有‘书卷气’。然后从横平竖直入手，讲究基本功，必须临帖，不许胡来。也就是说，既要学‘书’，就得有‘法’。用朱家溍先生的说法，不论你字写得好坏，让人一看，首先能看出此人是否认真练过，即下过基本功。而今天，对书卷气的要求已很不严格，俗与不俗，本无一定标准，只要能用毛笔写字就可以称为书法家。至于有'法'无'法'，似乎并不重要，甚至以'无法'为上乘。"

先生乃国学名家，学问精深，温厚儒雅。"他的诗词作品，历尽沧桑而愈见深邃，洞悉世事而愈见旷达，深刻地表现了饱经风雨的知识分子的人生感悟，展示了一位当代文人刚正不阿的风骨和节操。"在常人看来，他是一个"有点意思的怪老头"，而在熟悉他的人看来，先生又是一个"可以为一点鸡毛蒜皮的小事较起真来没完没了的老先生"。他曾经为了一个看似小小的学术问题在图书馆门口等人等到太阳落山，那人始终没来，而他却痴心不改。有一位读者致信给他说："'郁垒'的'垒'在这里应读'律'，先生

吴小如先生为作者题画

发音有误。”吴先生就赶紧查书，当发现自己把字音读错了，立刻改正，“乃急回信向那位读者表示由衷谢意”，说“可见学无止境，不能丝毫疏忽。一字之师，理当致敬”。

先生师从俞平伯先生，俞平伯先生的学术个性也深深影响了他。吴小如先生在京津学术界素有“啄木鸟”之称，他可以为一些字词的读音问题，以史料为依据，与多名专家交手，展开激烈辩论，翔实论述。在他看来，这不是一个字、一个词的小问题，而是一个关系到治学态度、治学理念的大问题，再进一步而言，就是关系到学风是否端正的问题。

先生更像是一个隐士，一如他书房的名号“莎斋”，含有避居尘世的意思。虽然外面车马喧嚣，可室内却宁静安和，深居陋室，四壁图书，丝毫不为外界纷繁所扰。或许正如其父吴玉如先生所言：“学书、作诗，皆须胸中一尘不滓，清气盎然，天分固有，学养尤要。”

先生为人温和敦厚，从不轻易评价某人某事，论定是非。曾几何时，各界知名人士访求先生墨宝，趋之若鹜，纷纷让先生开价，但先生只颔首微笑不为所动。曾有人问先生为何如此，先生坦言：“我知道我的字可以卖上价钱，这固然是好事，但我怕沾上流俗习气，再也脱不掉了。”

清代刘熙载在《书概》中有言：“书者，如也。如其志、如其才、如其学，总曰如其人可也。”其言甚是。这或许就是吴小如先生的真实写照。

# 写字的兴趣

## ——吴小如学书自述

唐吟方

2010年初秋，我给北京大学的吴小如先生写信，向他了解青少年时的学书经历。早先我读到一些老文化人有关幼时接受书法教育的回忆文字，比如晚年以书法闻名的张充和女士，其父给她请的塾师是精研说文的朱谟钦，张充和的习字从识字和临摹开始；史学家周一良先生讲到其父周叔弢1922年为他开过一个单子，列有详细习字内容：汉碑额十字（每日写），说文五十字（每周一、三、五写），须有先生略为讲音训；《黄庭经》（每周二、四、六）先用油纸影写二月。这份课表中的习字内容，可以看成20世纪士绅家庭书法教育的一个缩影。大致的情形是"识字"和"习字"并行，习字又分勾摹和对临。我感兴趣的是那个时候士绅阶层用于少儿书法教育的方法，对今天是不是还有用？

我跟吴先生求教的另一个原因，是他长期在高校任教，又勤于临池，是当代学人中的善书者，又出生在一个书法名家之家，他父亲吴玉如以写帖学一路有盛名，让吴先生谈谈学书过程和体会，可能对今天的书法学习有借鉴作用。

我的信9月15日发出，当月22日就接到他的复函。移录如下（原信是口述打印的）：

吟方先生：

来示敬悉，因去年患脑梗右手不能写字，故口述作答，尚祈原谅。

我幼时父亲曾命我写欧体和魏碑，但总写不好。父亲认为我“不是写字的材料”，我自己也没有信心。到上中学时，偶然取孙过庭《书谱》边认字边临摹，父亲认为“还可以一试”，接着又写《兰亭序》，照猫画虎而已。到高中毕业，偶然见到邓石如、赵之谦的楷书，加以临摹，居然钻进去了。可是从二十岁以后到四十岁以前，因为养家糊口，荒废了近二十年没有拿毛笔。在北大中文系有一位比我小一岁的调干学生，喜欢写字，常来找我闲谈，他说：“我自问天赋和功底没有先生好，但我始终没有放弃每天习字。先生二十年不动笔，太可惜了！我劝先生还是坚持练字。如果您这二十年不荒废，至少写出来的字，比今天要好。”我听了以后很受感动，是这位同学鼓励我再树信心，于是重新写毛笔字，直到去年生病为止。这就是我学习书法的过程。我认为，由家长订“课程表”不一定能练好字，主要还靠自愿和有无信心。我今天写出来的字是我四十以后始终不间断的成果。受父亲的影响所谓“耳濡目染”，以及写字的技法和知识，当然比别人“近水楼台”，但自己的兴趣和决心是首位的。

承不弃，故以实相告，每每自悔如果那二十年也像后来那样用功，成就必更可观。现因右手不能握管，看来我的书法也就到此为止了。这是不以个人的意志为转移的，后悔也没有用。

专此敬覆，即颂

节日快乐！

吴小如　庚寅中秋

吴先生回复我的信，大出我的意料。

他明确说志学之年，没有按照通常的路子走。举例说曾衔父命临摹过欧体和魏体，效果不理想。到上中学，偶然拿孙过庭《书谱》来临摹，一发而中，也得到书家父亲的认可。接下来又写《兰亭序》。须知这两种是行草书，从行草书获得写字的兴味已非常规途径。再后才回过来临写楷书，临摹的对象不是魏晋唐碑，却是晚近的邓石如、赵之谦，也出乎人意料。但吴先生自述的学书过程就是这样的。他在信的末尾着重谈到“兴趣”和“信心”，认为这是书功以外最重要的因素，而他自己一生两个阶段的学书历程就是以兴趣作为引领的。

事实上，吴小如对书法下过极深的功夫。天津古籍出版社2011年出版的《吴小如书法选》，最后一部分收录吴先生历年写的碑拓题记。从题记文字可知，其对碑帖的涉猎极广。汉碑中《乙瑛碑》《曹全碑》《华山碑》《史晨碑》《礼器碑》《石门铭》等等，皆曾临习且有卓见。章草则临过《月仪帖》《出师颂》。又特别倾心魏、晋、唐碑，如对《司马景和志》《高湛志》《苏孝慈志》《张黑女志》《伊阙佛龛碑》《雁塔圣教序》《信行禅师碑》《孟法师碑》《房梁公碑》《云麾将军碑》《陶忠志》《启法寺碑》《九成宫醴泉铭》等碑志用力特多，做过深入的研讨，故对诸家都有体验。行草则专力于《兰亭序》与《书谱》，吴先生认为这是他找到书法入门兴趣的二帖，成年后依然不时临习。对于宋以来的名家手迹也颇多留心，如对文徵明、王铎等名家手札的揣摩。他对邓石如、赵之谦二家还有些偏爱，两家的某些用笔特征伴随其一生的书写。

吴小如先生书法

对于临摹，吴小如也有自己的看法。他在跋《临明文徵明书〈赤壁赋〉》卷提出："临摹古人书，有三不可：浑不似古人，一不可也；无临摹者己之风貌，二不可也；所临摹之书，不能去粗取精，并古人之病痛亦一一仿而肖之，三不可也。己之所书，不能无病，以己书之病益以古人之病而不自知，反以为己书已超越古人，于是书道绝矣。"

吴小如在这封信里没有涉及习字与"识字""知文"的问题，却在所写为数不多的与书法有关的文章里反复提到。如给齐冲天《书法论》写的序言，强调"倘无文字，即无书法，更无所谓书法艺术"；"夫文字本依附于语言。语言为人类交际之工具，自然有其涵义"。这些话说得再明白不过了，遗憾的是今天的书法教育在"习字"与"识字""知文"上是脱节的。故在 1990 年，吴小如就对汉字形式化书写予以抨击："目前竟有人主张写字可不论上下文义,甚至只作点画而不求其成字形,是真数典忘祖,将末作本者矣。”

这几年,“做中国人,写一手好字”成为热议的话题,这些话题也延伸到国民的书法教育。只是人们提出的诸多推广书法教育的方案不在体制之内,还有就是目前的语文教育与书法教育在“识字”上不配套。具体到细节上,即使将书法作为通识教育的一环,入门范本的指定和选择在设置上是不是预留了兴趣的空间,也是值得思量的问题。吴小如先生这封自述学书经历的信,对今后书法教育的设计者、参与者和关注者是有启发的。

(作者单位:收藏家杂志社)

# 怀念吴小如先生

汪少华

2013 年 6 月底，我与东南大学王华宝教授登门拜访小如先生，先生思维清晰，情绪较好。华宝头次登门，先生拿出大作和京剧唱腔选 CD 赠给华宝，说话间我用手机给两位拍照，但见镜头内外先生身形枯瘦，顿时忧生于心。2014 年 3 月中旬，收到本校同事孟刚君转达先生的《莎斋诗剩》，暗自祝愿先生健康长寿。5 月 12 日，接到《文史知识》胡友鸣主编电话，告知小如先生昨日去世——先生以九十三高龄并无痛苦离去，我的心情还是久久难以平静。

小如先生对我教学和治学的影响，始于 20 世纪 80 年代。1982 年初，我于江西大学（今南昌大学）中文系七七级本科毕业并留校，1985 年起开始教古代汉语课，讲授中深感“文选”比“通论”难。一是选文从先秦到明清，时间跨度大，而语言以及用语言形式表现的名物、典章、文化、风习等等都在其诠释范围之内，涉及面广；二是教材有注释，不能照本宣科，因而要讲清楚“某，某也”之所以然，大非易事。小如先生担任定稿的《先秦文学史参考资料》注释详尽清楚，是我备课的重要参考书（至今向学生推荐古代文选优秀注本，我还会首先列出这一本）。由于喜好《先秦文学史参考资料》，我又去读小如先生的《读书丛札》。其中《〈诗三百篇〉臆札》《〈左传〉丛札》《〈论语〉丛札》《〈曲礼〉〈檀弓〉丛札》等论文探究深入，不仅对我的讲课有具体帮助，而且有方法的指导。例如《论语·学而》“学而时习之”之“时”，教材一般都解释为名词状语，“以时，按时”。小如先生《〈论语〉丛札》认为焦循《论语补疏》释义最善：“当其可之谓时。……不愤不启，不悱不发，时也；中人以上可以语上，中人以下不可以语上，时也；求也退，故进，由也兼人，故退，时也。”指出“‘时’就是在一定条件下的某一适当时机”。又如“人不知而不愠”之“愠”，何晏作“怒”解，陆德明引郑玄说“怨也”，朱熹解释为“含怒意”。小如先生指出：“这样讲并不算错，只是不够细致贴切。《朱子语类》说得就更深入些：‘心中略有不平之意便是愠。’用今天的话说，或谓之‘心里别扭’，或谓之‘闹情绪’，而非形于颜色的勃然大怒。味孔子之意，乃谓一个读书人在不被人了解时，能连一点小别扭都没有，才称得起是真正的‘君子’。”又追究道：“检朱骏声《说文通训定声》‘屯’部第十五，凡从‘昷’得声之字大抵皆有涵隐内藏之义……因知‘愠’字之义，盖指蓄积于内之情绪而言，故知训闷、训郁之为得其义。”堪称字字落实，细致贴切。张舜徽先生《清人笔记条辨》对“怨与怒相因”的揭示，与小如先生说互为补充：“愠之言蕴也，蕴积在心未得泄也。凡心有不平，蕴于内则为怨，发于外则为怒，怨与怒实相因，故经传愠字或释为怒，或释为怨，实一事耳。音转为‘奥’，亦犹‘媪’从‘昷’声读若‘奥’也。俗所通行之‘懊’字，实即由‘愠’音变而后起之体耳。愠与闷、懑实即一语。古声喉、唇通转，盖在喉为愠，在唇则为闷为懑也。”再如《齐桓公伐楚》“唯是风马牛不相及也”，小如先生《说“风马牛”》梳理了前人各家解释，抽丝剥茧，阐述透彻，令人信服。虽然如《读书丛札》后记所说，这是“在前人各种不同意见中选择自己认为正确合理的东西加以肯定”，但这“抉择”二字谈何容易，要花费多少时间和精力去梳理、去衡量取舍、去揆情度理，才能最终达到“惬心贵当”的境地。从《读书丛札》，我领悟到把文选讲好的方法，由衷佩服，努力践行，力求字字落实，讲清楚所以然，因而讲课成效逐渐显现。

久闻小如先生讲课深受学生欢迎，可是早已退休，不再登坛；且因夫人患病而生活无法完全自理，需要时时照料，不超过半天先生就一定要回家。2002 年 10 月，我进京时拜访《文史知识》胡友鸣先生，胡先生告诉我，小如先生和夫人如今住在上海儿子家，不再像在北京那样不得出远门。其时我已执教于杭州师范学院（今杭州师范大学）人文学院，近在咫尺，机会难得，且从 20 世纪 90 年代以来与小如先生已有书信联系，于是向胡先生索取地址，给小如先生寄去来杭讲课及游览的邀请函。小如先生回信：

> 10 月 15 日来示敬悉……行年八十，尚未一到杭州。沪杭近在咫尺，颇思一开眼界。仆在杭亦有熟人，浙大中文系朱则杰君，在北大曾听过仆讲课，甚相谂。足下如先与联络，然后来申面商，则可望成行也……浙大中文系（原杭大）王维贤教授与仆同学且同庚，为丰子恺先生子婿，40 年代在燕郊且有同室之雅。仆在杭唯王先生为旧友。又先师严孟群先生之三公子及次女公子，亦在杭州。1984 年本拟过杭，唯在

沪抱病，旋即返京，而先师 1985 年即病逝，从此天人永隔。鄙意赴杭须有人伴行，故拟请足下来沪，然后偕行。同时兼到浙大与朱君一晤，及访维贤先生也。仆体力尚可，今年 5 月到沪，6 月初即到南京，在东南大学讲课两次，唯未游览。今后来杭机会较多，当随时聆教也。

并写下详细地址和寓址电话，嘱咐“如来沪请先与孙女箫旸联系，彼手机为……”。我先联络尊敬而认识的王维贤先生、知名却未谋面的朱则杰教授，再于 11 月 3 日乘火车到上海南站，换出租车前往上海南郊莘松路绿洲长岛花园，登门拜访并接先生来杭州。先生 4 日晚在杭州师范学院文一路校区讲学，5 日晚在浙江大学玉泉校区讲学（朱则杰君主持）。连续两场，虽是八十高龄，依然中气十足，炯炯有神。近距离享受小如先生讲课，两校青年学子仰慕不已；“通训诂、明典故、察背景、考身世”的古典诗词阅读欣赏方法，给大家留下深刻印象，反响极好。安排先生下榻玉古路灵峰山庄，就在浙江大学玉泉校区门口，离西湖很近，也在此会晤了王维贤先生，相见甚欢。每次用餐的签单，先生都是一笔不苟地署名署日期，朱则杰君舍不得，全部收藏下来。回沪不到三天，小如先生写苏轼《饮湖上初晴后雨二首》寄出，“在杭备承热情款待，感谢之至。写字一幅，博粲而已。秀才人情，薄纸一张耳。书子瞻诗，亦识西湖之游不能忘也。他日有机缘，当再聆教，且当以训诂之学求正于大方之家，想不我遐弃也。则杰兄如晤及，乞代致谢（或代我电话致谢亦可），廿载师生，所谓‘契阔谈讌，心念旧恩’，真可浮一大白”。亲笔写的苏诗小楷清秀俊逸，漂亮极了。我从未开口求字，是为了不劳累他，收到这份礼物真是喜出望外。

讲课对先生也是一种满足,他对我说"我讲课有瘾"。住在上海绿洲长岛花园的那几年,小如先生行动较以往自由,他热爱教学的"瘾"时有满足。12 月下旬,先生寄来明信片:"示悉,照片收到,多谢。杭游至快。他日重来,再图畅叙。11 月下旬至 12 月初与齐裕焜兄到福州、厦门'卖唱'计三次,且游武夷山。所摄照片远不及在杭所拍,不善取景故也。"2003 年春,我邀请先生再来杭州,先生 4 月下旬明信片回复:"非典型肺炎甚嚣尘上,复旦与华师大邀讲课,均谢绝。杭游只宜暂缓,多谢盛情。"

教学相长,《〈诗三百篇〉臆札》《〈左传〉丛札》《〈论语〉丛札》《〈曲礼〉〈檀弓〉丛札》等论文,是小如先生完成《先秦文学史参考资料》这一教学任务中的研究成果。他在《读书丛札》后记中说:"我生平读书治学,是从述而不作开始的。后来逐渐进入以述为作阶段,即在前人各种不同意见中选择自己认为正确合理的东西加以肯定。近年来为自己写文章定了两条守则:一是没有自己的一得之见绝不下笔,哪怕这一看法与前人只相去一间,却毕竟是自己的点滴心得;二是抱着实事求是的态度,绝不人云亦云,稗贩前人旧说,更不偷懒用第二手材料,这姑且称之为述中有作吧。"这是深受游国恩先生的影响。游先生的治学方法与途径,小如先生在《怀念游国恩先生》文中概括为:"首先尽量述而不作,其次以述为作,最后水到渠成,创为新解,而这些新解却是在祖述前人的深厚基础上开花结果的。因此,本固根深,枝荣叶茂,既不会风一吹就倒,更不是昙花一现,昨是今非。所谓述而不作,就是指研究一个问题、一个作家、一篇作品或一部著作,首先掌握尽可能找到的一切材料,不厌其多,力求齐全。这是第一步。但材料到手,并非万事大吉,还要加以抉择鉴别,力求去伪存真,汰粗留精,删繁就简，惬心贵当，对前人的成果进行衡量取舍。这就是以述为作。如果步前贤之踵武而又不能达到解决问题的目的，就要根据自己的学识与经验，加以分析研究，最后得出自己的结论，这就成为个人的创见新解。”读了《读书丛札》以及《古文精读举隅》《古典诗词札丛》等著作，可知这治学方法与途径已为小如先生所继承、光大。

要做好文选的教学，求得字字落实，弄明白并讲清楚所以然，势必遵循“述而不作—以述为作—创为新解”的过程。我对古代汉语教学中的疑点难点，做了许多探讨。探讨过程中，我做到了小如先生《多读·熟读·细读》所主张的“反复钻研”，也就是“博采众长和独立思考”。这是备课的必然结果，既是教学也是治学，继承的还是包括《读书丛札》在内的老一辈学者的传统。解释古书词语的意义，就是训诂。在古代汉语课的基础上，我给研究生开设“训诂方法与实践”课程。小如先生《“文献”、“文献学”及其它》认为“古今学人著书立说，其目的无非要做到‘订讹’与‘传信’”，《“似是而非”是治学大忌》告诫“立一新说或考证一新事物，就更需加倍慎重。但凭主观臆想就率尔操觚、信笔写去，显然不是严肃认真的治学态度，实为学人之大忌”，我以为十分正确。有鉴于当今训诂实践中出现的偏差和问题，我本着实事求是的初衷，商榷质疑涉及数十篇（部）论文、论著或辞书，汇为“训诂方法与实践十四讲”，作为培养对研究生训诂能力的训练。十四讲贯彻的是“守正”原则：首先，不轻易否定旧注成说，而应当探究其所以然；其次，旧注成说有歧解时梳理考辨，审断从善；第三，纠正现代辞书与今人新解的偏误，并阐述致误的原因。显而易见，所谓“守正”与“订讹、传信”如出一辙。

2008年9月，“训诂方法与实践十四讲”以《古诗文词义训释十四讲》为书名由上海书店出版社出版。10月我进京时送了一册给小如先生。交谈中先生曾说写书评说好话就如同看戏喝声彩，没什么意思。没想到先生当月就读完拙作，撰写书评《学术规范应坚持“守正”》投寄《文史知识》（发表于2009年第1期）。看了书评，才知道他是借此公开自我批评：“我作为一个老教书匠，首先从这本书中获益的是必须老老实实承认错误，虚心接受作者对自己的批评。”“仅就本书所指出的，我在课堂的讲义中所犯的错误至少有四条。现逐一列出，除向作者致谢外，还要向听过我的课和看过我的书的‘上帝’们致以诚挚的歉意。”其实前三条（《召公谏厉王止谤》“其与能几何”，《勾践灭吴》“生三人”“生二人”，《触龙说赵太后》“持其踵”）拙说未必能定论，且与小如先生通信讨论中他已致意（2002年他回信说“‘持踵’谓‘着屦’于古有据。‘生三人’‘生二人’则误解者亦有仆在内。盖《先秦文学史参考资料》定稿即由仆完成也。谨致诚挚谢意”），第四条并非书评所检讨的“穿凿性的理解”——《孟子》首章梁惠王问孟子“不远千里而来，亦将有以利吾国乎”，孟子答话“亦有仁义而已矣”，两“亦”字，小如先生《听父亲讲〈孟子〉》（《文汇读书周报》1992年7月25日）回忆父亲的讲解：“当时纵横捭阖之士，前往游说梁惠王的人很多，所言无非‘利’者。及梁惠王见到孟轲，以为此人也同其他游说之士一样，来建议‘利’国之策，故用一‘亦’字。……孟子回答梁惠王的话里说了一句‘亦有仁义而已矣’，也有个‘亦’字。意思是这仁义二字并非孟子独创，而是从孔夫子那里传下来的。这话俨然以传孔子之道者自居，只是话说得比较含蓄罢了。”拙作以为“此说与金圣叹不谋而合，可谓把古书的神理讲得透彻明白”，与拙说——问之“亦”是表示疑问语气的语气副词（是不是），答之“亦”是表示限止的范围副词（只不过）——并不排斥或矛盾，而是“互足”“互备”。书评披露小如先生“一条自省的准则”：“应以诚恳的态度‘服善’。只有真正服善，才能使自己进步，并在今后尽量不再犯类似的错误。”小如先生虚怀若谷的人格，由此可见一斑；其从善如流的君子之风，令人感动和敬仰。

十二年前，小如先生在杭州虽不足四天，却是愉快而难忘的时光。那是疏朗清秋的一个下午，我和朱则杰君陪小如先生游览西湖。虽说游览，先生几乎都在谈古典诗文，我俩听得不亦乐乎，有时发问或讨论。坐在郭庄的湖边，面对西里湖，微风拂面，先生昂着头，朗声论学——这情景，仿佛昨日般清晰。

时光不再，薪尽火传，小如先生对教学的热爱、对治学的严肃认真、对订讹传信的执着、对批评的服善态度，我相信会继续影响一代又一代的青年学人。

（作者单位：复旦大学）

# 记忆的点滴

王小宁

吴小如先生5月11日故去。消息传开后,我很快收到了在本报学术周刊草创伊始便与先生交往的全国政协副秘书长、《人民政协报》原社长卢昌华的短信,他说:“二十多年来,吴先生一直对本报非常关心,不仅为《学术家园》题写刊头,而且多次撰文,为提高本报的质量和影响做出了贡献……”报社刘未鸣总编和李红梅社长嘱我以报社的名义敬献花圈。作为长期接受先生恩惠的本报学术周刊编辑,对于先生的故去,我的心情极其悲痛。

先生今年虚岁九十三,对于自己的离去,可以说,他是早有准备的,尤其是2010年老伴去世后,就我的亲耳所闻,他几次提到自己的身后事。而最能体现先生对身后事的安排的,就是2012年,先生九十大寿,也即执教北大四十周年之际,北大出版社出版了《学者吴小如》一书。

这是一本纪念性质的文集,文章的作者均为先生的友朋和门生,大家或者介绍吴先生如何教书育人,或者评价先生的学术成就，或者绘声绘色地描述先生的学者风范。像这样的文集，按常理，出版应该放在身后，但慧识如先生者，却坚持把这件事情办在生前。记得计划出书的时候，他跟我说过这样一段话："我今年不是九十岁吗？我不愿意等我咽气了闭眼了出一个纪念集，我也看不见。我就跟那几个学生把这个意思说了，说我不愿意死了以后出纪念文集，说好说坏我都看不见。"这就是先生的意思，他的头脑清楚一至于此！

先生的晚年，头脑惊人地清晰，尽管三年前的那场中风，影响了他的口齿，但他的记忆力依然惊人。比如说，《学者吴小如》中，收有袁良骏先生（也是先生的学生）回忆"文革"期间被下放到江西鲤鱼洲与先生惺惺相惜的一篇文章。该文在收入文集前，先期发表在本报的学术周刊。吴先生从报纸上看到后，一次很当回事地告诉我："袁良骏这篇文章中说，我们从鲤鱼洲离开，是最后一批，错了！不是最后一批，是倒数第二批。我们两个人给分到一个帐篷里，可是不是一宿，我们是一个星期！在那个地方，没有其他的人，就我们两个人。黑天白天，看地也没我们什么事，只能聊天。"这就是真实的吴先生，日常的吴先生，较真到可爱的吴先生，多老亦是如此。

先生最近两年，虽然手不能再写文章，但对学术界的一些现象，一样有评论"发表"。《学者吴小如》中，有篇文章是檀作文博士谈吴先生如何教他读《诗经》的。檀博士本来是费振刚先生的学生，费先生出国，把他委托给吴先生照管。檀博士研究朱熹《诗集传》，为了指导他的论文，吴先生把《诗集传》从头到尾重读了一遍。一次闲聊中，先生有感而发，问道："带了他以后，我有个感觉，带研究生是个很累的工作。现在做导师的，听说同时带五个到十个人，我心里想，你不能十个人一个题目，要十个人十个题目，怎么带呢？听说，现在都叫老师为'老板'，老师把学生当苦力？"有人称吴先生为学术界的"警察"，有时我想，这个称号对于眼里容不得沙子的先生来说，倒也颇为形象、贴切。

2012年，与纪念文集的出版同时策划的，还有出版座谈会。这个座谈会先生不找校方而坚持由学生自行组织。他告诉大家："就借出版社的一个地方，或者借学校一间屋子开。北大官方不通知。"为什么不通知呢？先生给出的理由未免"黑色幽默"："有一位和我同岁的赵宝煦先生，学校刚给他过完生日他就故去了……"

以我的观察，先生最后仍念念不忘的，是老伴的生病与故去。一次他说："我爱人是2010年故去的，不是米寿，她要是米寿我高兴死了。"还有一次，他说得较多："我爱人在去世以前，住院抢救了七次，六次在武警总医院，出来是2008年奥运会的时候，多活了两年，直到故去。有人说她是植物人，不对，她是老年痴呆，混横不讲理。我是又心疼她又受不了她老跟我吵架。结果2009年我脑梗，出院后因为要休息，怕吵，就住到中关新园一段儿。老伴没有了，家人也没告诉我，等他们把丧事办完了才告诉我。她是2010年10月5号没有的，我是10月15号回来的。等我回来，家里就剩我一个人了。"每当谈及此事，孤独感伤之情，溢于言表。

近年，由于工作逐渐繁忙，我看先生的次数不像从前那么多。但每次见面，他都能指出上一次见面的大体时间，令人感动。我想，这一半是因为先生的记忆力实在好；另一半，大概是人越到晚年越重情重义的缘故吧。2013年春天他说："你去年的这个时候来过一趟，不是，你去年来得早，还是冬天的时候，是春节前后。

你那次来是‘两会’以前,今天你来是‘两会’以后。你总是‘两会’的时候特别忙。”不久前,我们谈到了《红楼梦》,他告诉我,他的学生陈熙中是搞《红楼梦》的,但陈老师不研究《红楼梦》的艺术和思想,他做《红楼梦》的考证,考证里边的字。我问,《红楼梦》是北方方言吧?先生肯定地说,《红楼梦》里是哪儿的方言都有,不可能成于一个人之手!可惜这个话头我当时没有引导他展开,大概觉得总还会有机会吧,谁知道,这竟然成了吴先生谈“红”而留在我的脑海里的永恒的谜题。

（作者单位:人民政协报社）

# 追思吴小如：江汉思醇儒　秋风心不孤

王勉

2019 年 8 月 20 日下午，《莎斋日课：吴小如临帖十种》新书发布会暨出版研讨会在北京八一美术馆举行。此次活动由安徽出版集团、时代出版传媒股份有限公司主办，黄山书社承办。

吴小如祖籍安徽泾县，是当代著名的学者、诗人、古典文学研究家、戏曲评论家、书法家，曾任北京大学中文系、历史系教授。他的父亲是被启功先生称为“三百年来无此大手笔”的著名书法家吴玉如，吴小如自小耳濡目染，两辈人开启了“吴门书风”。

众多吴小如先生的朋友和学生到场，怀念和追忆先生的高古遗风、丰厚学识和为人品格。

## 学识：“吴先生这本书我现在还舍不得丢”

北京大学中文系教授严家炎、《文艺报》原副主编陈丹晨、中央文史研究馆馆员杨天石都是吴小如的老学生，和吴先生的接触

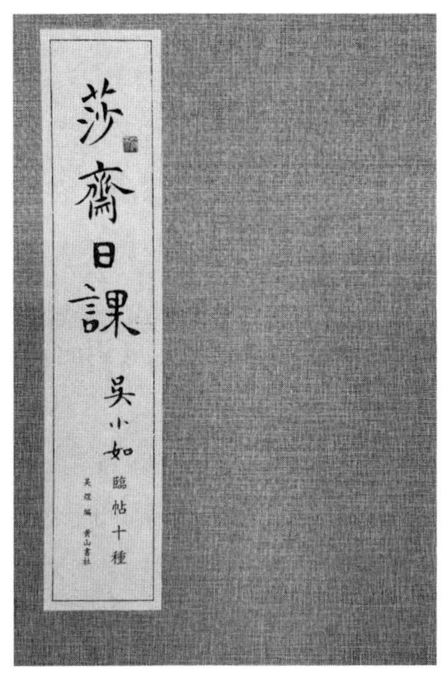


《莎斋日课》书影

都有几十年之久,他们在发言中首先谈及先生主编的《先秦文学史参考资料》。严家炎说:“吴先生的《先秦文学史参考资料》,我认为这一卷出得最好,那是我们刚入学不久就很喜欢的一本书。”

陈丹晨深有感触:“吴先生研究古典文学,《先秦文学史参考资料》和《两汉文学史参考资料》是他的主要学术成就,其中的学术功力是不一般的。后来人民文学出版社出了一套‘中国古典文学丛书’,有很多名家选集,从注释中可以看出功力,《先秦文学史参考资料》注释的全、精以及选材的好,很少有谁能超过。”

杨天石回忆道,《先秦文学史参考资料》是注释先秦的文献,是给学生读的参考资料。他当年上大学读的时候就感觉非常好,解决了很多他在阅读先秦作品中不能解决的问题。他感慨:“我现在不研究文学,研究历史学,吴先生那些材料跟我现在从事的研究没有任何关系了。而且我家搬了两三次,但是吴先生这本书我现在还舍不得丢,因为确实太好了。”

吉林省社科院研究员陈复兴总结,吴小如先生终身的文学宗旨就是四个字:订讹传信。他的学术不跟着潮流走,不跟着风气变,不跟着形势、利益、势力转换。“大概 1956 年前后,正是大批判盛行的时候，吴先生出了影响最大、最能体现中华文化精神和方法的《先秦文学史参考资料》和《两汉文学史参考资料》。一般的资料，比如复旦大学朱东润先生编的《中国历代文学作品选》、人民大学哲学系编的《中国哲学史参考资料》都是简注，吴先生的这两本书却是详注、集注。”

陈复兴介绍，吴小如作注之前会写两万字的文字，之后再加以提炼完成。他注释《诗经》那一部分，全面参考清代人的成就，直到郭沫若、闻一多以及同时代的余冠英先生的成果。“吴先生八九十年代作的那几部丛札，其实也是继承了前人的札记方法，由宋代王应麟的《困学记闻》到明朝顾炎武的《日知录》，后来一切清代人的笔记，其实都是给中国文化订讹传信的典范。吴先生的著作始终本着这个基本精神和脉络，所以他那几部丛札、笔记，也是订讹传信的典范。”

陈复兴还谈到，吴小如最后两部书讲《孟子》，讲杜诗，是他一生优游涵泳、日就月将的真实心得。他讲杜诗，自己和杜甫已经难以分清，“我读他讲解的七律，感觉他一生的激愤在那个讲解之中发泄出来，而且他讲好多诗都不是一般的就诗论诗，都和个人的存在感受合而为一” 。

“他讲《孟子》更是如此。《孟子》是一部实证的著作，他那本书也是对现实提出了很多批评意见。在今天看，经历过五六十年代那个暴风雨时代的人没有不感到共鸣的。所以这两部书是吴先生的告别之作，也是给后人留下的文化遗嘱，和钱穆先生的《晚学盲言》具有同样的性质。”所以在陈复兴看来，吴先生不是一般的文学研究家，他的学问是丰儒之学，他的著作都是人格的结晶，都是一种高贵文化精神的再现。

## 故事:“我要是回来,对不起周一良、邓广铭先生”

吴小如先生的言行,给在北大就读期间的严家炎留下了很深的印象。严家炎现在一想起他,就想起 1957 年在文史楼二层楼墙上看到过的小字报样的东西,不少是批评吴小如的,但吴先生神色尚自如。

这些年来严家炎曾去过吴小如家多次,包括吴先生九十二岁那一年,他回忆:“我到他家去,他身体还不错,最后一次去时还聊了很多话,说了很多问题,他送给我书,我也送给他一些文字的东西。我听到他咳嗽,气有时很急,我建议他去看看病,起码到校医院看一下,我可以陪他。但是他不肯,觉得问题不大。但实际上后来出了事情,大概是过了一个多月。”严家炎说他很后悔,应该无论如何叫车让他去医院看一次的。

严家炎还忆起 1984 年为系主任时,曾请吴小如回中文系。“我请他回来,他不肯,他说我要是回来,对不起周一良、邓广铭先生。”

八十九岁的陈丹晨说吴先生是自己论文的导师,那时候教授、副教授才能带学生、做导师,只有吴小如一个人是讲师做导师。“我们那时候是第一个五年制,教学计划规定到三年级就要每年写一篇学年论文,每位老师出几个题目,学生自选。那时比较热门的题目是像吴组缃先生的《红楼梦》和王瑶先生的鲁迅,吴先生出的题目是魏晋时期的鲍照。我这个人不大喜欢凑热闹,就选了这个冷门的题目,结果那一年反右派,论文最后就不了了之了。”

复旦大学讲师孟刚是 2003 年认识吴小如的,吴先生曾托他买字帖。“有一次他打电话给我,叫我找褚遂良的《同州圣教序》,

我到处找不到，后来在《文物》杂志的封二找到，我复印了放大给他。2008 年底上海下大雪，我突然收到吴老的特快专递，原来是吴老把他临的这一通帖寄送给我，里面还夹了一张他写的花笺跋语。”后来孟刚又买了一个清拓本，很仔细地一个字一个字对比，惊奇地发现，吴先生临写的细节非常准确，“真不知道他老人家如何通过一件复印的本子临出原帖的面貌”。

北京大学中文系教授、书法家卢永璘也是吴小如的学生。他说：“我上大学时小如先生五十岁。那时王瑶、袁行霈、吴组缃、林庚，特别是吴小如先生，两三天就要到宿舍看我们。我是第一届工农兵学员，教员们要围着我们转，因为我们那时上大学的任务是用毛泽东思想改造大学，所以这些老师统统要到我们宿舍里来，围着我们。我们请他们帮忙写大字报，写墙报，所以吴先生动笔写字我真的是看得多了，他的行书用笔慢而沉。他给我写的字中有一个字甩开去了，但是这一笔不像有些人那样飘过去，他慢慢慢慢地拉这一笔。”

卢永璘评价吴小如的行书达到了当代行书的一流水平，但是，他的字不为人所识。“我家里墙上有一本 20 世纪八九十年代的年历，上面有欧阳中石、沈尹默等的字，但没有吴氏父子的。吴先生曾经一页一页看，然后就不说话了。”

## 为人：花两三个月去查找这个典故的出处

历史学家杨天石 1955 年进入北京大学，1960 年毕业离开，在大学最后两年期间，跟吴先生接触比较多。在大学的最后两年，他做了一项工作——选注近代诗选，选录从龚自珍、魏源、康有为、梁启超一直到南社的柳亚子、陈去病这样一些诗人的诗，而且要注释。”杨天石说：“应该说当时我们的学识水平要做注释还不够，毕竟我们才是大学三四年级的学生，所以在注释工作方面，特别是注释龚自珍诗的过程中，碰到许多难题。

“龚自珍的诗以前没有注本，也很少有学者去分析、解释他的诗。”这个过程中，杨天石发现很多问题自己无法解决，北大中文系相当数量的古典文学专家也解释不了，这时有老师介绍，解决这些难题要找吴小如。大概是1959年，杨天石第一次敲开吴小如先生的家门，把难题向吴先生请教。

“我发现我长期解决不了和其他教授也解决不了的问题，吴先生最后都解决了。吴先生也不是说给他提一个问题马上就能回答，他也要查书，有时候为了解决某些问题可能要花两三个月甚至更多的时间，才告诉我找到了这个典故的出处。这不是他自己的科研任务，他完全可以不管。但我求到他了，他也觉得确实是难题，他就可以花两个月到三个月的时间去查找这个典故的出处。”至今回想起来，杨天石仍然记得当时的感动。

画家、美术评论家许宏泉和吴小如是同乡，他说吴小如是他尊敬的乡贤。他认为吴先生是很有个性的人，他连书协会员都不是。“我觉得吴先生不愿意做书法家，他的书法体现出一种职业书法家身上所没有的品格。有一次研讨会上，吴先生跟启功先生说，太佩服你了启先生，你把那么多不会写字的人搞到你那里去了。”许宏泉觉得他是一个非常有意思的人。

## 书法：他的路子是接续晚清文人书家的

与会学者多为吴小如先生旧识，但多不了解吴先生在书法上所下功夫是如此之深。八十七岁的中国戏曲学院教授钮骠与吴小如相识六十多年，但还是第一次见到吴先生的大型书法作品，他直言观看之后非常感动，“吴老师的这些作品都是他六十岁以后、八十岁之前写的，功力真是了不得，这一点越发让我敬重”。

画家、美术评论家许宏泉认为，吴小如的书法面貌很多，他写的手卷、册页都非常耐看。最精彩的是题跋，不仅书法写得随意，文辞读起来也非常亲切，古色古香，随便题一笔，就是一篇美文。

复旦大学讲师孟刚谈到，吴小如先生之子吴煜曾给他看过吴老临帖的两个记录本，一本是旧时账本，一本是普通笔记本，记录得非常详细，各种字帖都有。“吴煜先生统计过，从 1978 年到 2002 年，吴先生一共临了三百三十本帖，其中有的是同一种帖多次临习，2002 年以后近七年间又临了大概一百三十种。吴煜先生感慨，近三十年时间里，父亲除了讲课、写书、做家务、听戏，还通临字帖四百六十本以上，可见父亲的勤奋和对书法的热爱。”孟刚当时看了记录也很吃惊，知道吴先生临帖，但不知道临了这么多，而且品种这么丰富。

2008 年吴先生到上海录《绝版赏析》，打电话给孟刚，说一起去买点字帖，买几只笔。那天他们在福州路的古籍书店待了一个多小时，吴先生买了十三本帖，“这些碑帖吴先生带回京后，有的曾认真临习过，后来我就看到过吴先生通临的北魏《高贞碑》和《隋墓志选粹》中的《隋姜宫人墓志》，还有收入这本《莎斋日课》的《姬夫人墓志》”。

在《中国书法》杂志社社长助理兼现代编辑部主任朱中原看来，吴先生的临帖放在现代书法界看，未必能进入他们的视野，但吴老的书法恰恰是对书法整体的回归，他的路子是接续晚清文人书家的。“吴小如先生的临帖大部分是正书体，今天很多人认为写正书、楷书不是艺术，甚至会把吴老这样的字归到馆阁体里去，因为他写得很老实，是过去文人老老实实写字的状态。今天的很多人认为老老实实写字不叫书法，不叫艺术，其实恰恰错了，你看清代人、民国人写字，你去看看老建筑立面留下的碑刻、牌匾和楹联，那些字追求的是正大气息，不玩各种各样的招式。”

## 父子：不以书家自居，保留古代书家风范

中国艺术研究院李一谈到，吴玉如、吴小如父子是在当代有代表性的书法家，更重要的是两个人都是通才。就书法本身而言，父子俩比较起来还是吴玉如高一些。“他们父子两个还有一个特点，就是都不以书家自居，还保留着古代的书家风范，还是学者。”

李一说，吴小如先生即使临帖，也有自己的特点，比如他把古代的字帖放大。无论是《圣教序》还是北魏的墓志，字都很小，他放大以后有自己的创作。再一个特点是碑帖兼学，中国书法是两大系统，碑学和帖学，吴小如是碑帖兼容，这一点和他父亲一样。

李一特别谈到吴小如做书法日课的启示，他认为这反映了书法与日常生活的关系，反映了书法和学者的关系，“日课就是每天要写，中国的书法是传统文化中重要的组成部分，读书写字是文人的传统文脉，应该说小如先生是继承发扬了这个文脉”。

艺术评论家张瑞田更早知道的是吴玉如，“吴玉如是一个有民国风的书法家，我们80年代上大学的人，改革开放以后了解的第一批现代书法家中就有吴玉如，后来出名的书法家几乎都是这

些老先生不在世时才显露出来”。他们通过吴玉如知道其子吴小如,所以吴小如进入书法界时也是很有名的。

张瑞田评价吴小如书法最重要的一点是有书卷气。“他临帖很安静,用笔很朴实,没有专业书法家的波澜壮阔,那种翻转和墨上的变化。他安安静静地写,写的就是在书斋中读书写文章后的一种生活,他不是为了追求商业,也不是为了追求展览,就是表达自己的趣味。”

这种趣味有家学渊源,同时也有个人文化的需求,是养成了的一种艺术创作习惯。“在今天,他的字肯定是独树一帜的,他有个性,有独到的价值判断标准。他的学术随笔我都买了,特别喜欢,可惜我没有见过他。这次出版的临帖十本,我回去还要认认真真拜读,然后写一篇读后感。”

北京联合大学应用文理学院院长孔繁敏自吴先生从北大中文系调到历史系后,就跟吴先生一起,“他是我的指导老师,同时我们还是邻居”。

孔繁敏谈到,有两位著名学者书法家评论过吴小如。一位是启功先生。“当时我写了一本书,请启功先生给写了书名,谈到是吴小如介绍的,他说吴小如我知道,家学渊源深,功力深,给我讲了两个‘深’。”再就是欧阳中石,吴玉如是欧阳中石的老师。启功和欧阳中石都是名人,都很认可吴小如。

天津的韩嘉祥先生是吴小如父亲吴玉如的学生,因故未能到场,他委托天津吴玉如艺术馆馆长田正宪念了他的书面发言,其中提到吴小如的诗句:“信手涂鸦六十年,痴儿难与父争先。”他说这里有吴小如为人的道理,但吴小如与乃公吴玉如先生都是了不起的,没有先后轩轾之分,只是千秋各异。他和吴小如先生交往了四十多年,师生感情很深,他说了一句掏心窝子的话:吴小如先生的去世结束了一个时代,以后再也不会产生吴小如了。

## 通才:他在学术史上很大程度就是孤独的状态

吴小如先生的学生、《文学遗产》主编陶文鹏忆及老师更多的是佩服之语,“他讲课讲得很好,讲戏剧时能唱,讲唐宋词时能吟,像他这种通才很少,一般是文献学厉害的,文艺学就差一点。他的文艺学很强,诗词内涵精彩,现代文学跟古代文学又打通,他年轻时写了那么多评论现代文学的文章,书评写得真好,又短又好。在古代文学之间他也是通的,从先秦一直拉到明清,真是厉害。给我们讲唐宋诗词的时候,他那个讲义我们都想保留,同学们都喜欢。他不搞书法这行,但书法理论也很厉害,不但研究书法还研究书法理论,不比苏东坡和其他那些人论述得差。另外,一般搞古代文学的自己讲诗就行了,他自己写诗又特别好,这样的通才在当代很可能就他一个”。

中国社科院文学所研究员刘宁想到吴先生,有一个强烈的体会,她觉得这个时代像吴先生这样的学问家越来越少了。“因为吴先生经常给我讲一句话,他说《孟子》上讲‘五谷不熟,则不如稊稗’,学问一定要熟。他经常讲不要东学一点西学一点,你学哪样东西一定要学精学透,让它真正成熟。”刘宁说吴先生的书法和古典文学的研究、戏曲的研究,都达到很深入的程度,从《孟子》的角度来讲都熟了,而且是精熟的程度。

“想一想,他在三个领域都成为自成一家的专家,在这个基础上又能够彼此打通,我觉得在传统的通人之学里面,做到吴先生这个程度的也很难找到。”刘宁认为吴先生的学术不是传统的学术格局，也不是今天所通行的大家对学术专家的格局要求，其实在中国近百年的学术史上他是自成一格、自树一帜。

刘宁说：“我们为什么觉得很多地方对吴先生的东西说不清楚呢？可能是因为我们对学术的理解比较狭隘，有很多地方，要么是通人，要么是专家，我们没有更好地理解五四以后中国学术充分的复杂性。我们头脑应该打破很多对于学术的僵化理解，才可以深刻地理解吴先生。”

刘宁曾经听吴先生讲杜诗，吴先生对杜甫有很深刻的理解，他说一个真正有成就、在历史上有造诣的人，很大程度上在现实人生中是孤独的。“我经常觉得吴先生在学术史上很大程度就是孤独的状态。他没有那么多学生、那么多师门、那么多后辈为他鼓吹，因为他的学术非常独特，这种独特性必然使他不可能呼风唤雨形成很大的潮流。他承受了生前的孤独，但是他成就了自成一格、独树一帜的学术道路，他让后人不断地体会他的创作。”

刘宁每次想到这一点都感觉到，吴先生经常讲到精神的独立和学术的孤独，为了追求那个独立，必须忍受孤独。“忍受孤独对他来讲是有痛苦的一面的，但更多情况下他是把孤独化作不断前进的力量，每一天都不放弃，这最让我感动。”

刘宁和与会者深切感受到，吴先生用一己之力做到了通贯的境界，这个成就会永远留在学术史上，并且会引发后人不断地学习、研究和体会。

# 吴小如：可敬的“学术警察”

温儒敏

从报上得知吴小如先生于5月11日去世，很是悲痛，心里顿时感觉被掏空了似的。北大文科中“20后”或者比“20后”更年长的一代学者，已先后离去，像吴先生这样极少数称得上“大师”的，几乎全都谢幕了。

吴小如先生是“杂家”，专著不多，可是面广，在古典文学、文献学、戏剧学上都有很高造诣。现今学术分工极细，搞先秦的不一定熟悉唐宋，搞小说的也许不懂诗词，可是吴先生教文学史能从《诗经》讲到梁启超，且大都有其心得，学生自然也喜欢他的课。先生还有个“绝活”，就是京剧，八十多岁还登台唱戏，是京城有名的“高级票友”。何谓“高级”？他既有京剧的艺术修养，又精通古典戏剧史，能进能出，常有戏剧评论发表。他的评论不是高头讲章，不见得能登载核心期刊（那时也没有这名堂），却能叫梨园诚服。如此兼通的学者，现在到哪里去找？

说来有些可惜，吴先生在北大是受了委屈的。“文革”结束后北大重新评定职称，当时“积压”的人才多，像吴先生这样年过半百的“老讲师”不少，都等着晋升。据说吴先生虽然是“杂家”，但也还是被看好的，在中文系的评审会上就给他“破格”提升教授了。名单报上去，不料教育部临时减少了北大的名额，校方就把吴先生给卡下来了。因此吴先生愤而离开中文系，要去中华书局。校方出面挽留，把他留在了历史系的中古史研究中心。吴先生在历史系是很寂寞的。每当中文系的老学生回校聚会，都会把吴先生请来，他兴致很高，说起往事来滔滔不绝。先生在历史系没有当上博导，也没有文学史、戏剧史方面的及门弟子，这的确是遗憾的事情。

不过吴先生始终活跃在北大文科。他对于学术是有些苛严的，遇到不良学风，比如古籍校勘出了差错，“明星学者”信口雌黄，或者抄袭剽窃等等，他都会“多管闲事”，不留情面提出批评。在这个日益浮泛的环境中，吴小如直言不讳的批评声音会显得格外“刺耳”。但吴先生对事不对人，我行我素。于是一顶“学术警察”的帽子便落到他头上。吴先生说：“有人称我‘学术警察’，我不在乎。”

也许吴小如先生也意识到自己有些苛严，曾给自己“自画像”这样说：“惟我平生情性褊急易怒，且每以直言嫉恶贾祸，不能认真做到动心忍性、以仁厚之心对待横逆之来侵。”吴先生容易受挤对碰钉子，可能也与此有关吧。但无论如何，“学术警察”还是有益于学术生态的，现在像吴先生这样认真、严格的学者是越来越稀罕了。

2008 年北大中文系纪念吴组缃先生百年诞辰，在勺园召开一个纪念会，来了很多学界名流。我主持会议，把吴小如先生请到主席台。吴先生发言时突然离开会议主旨，痛批中文系的学风，让人有点坐不住了。我知道先生的批评是对的，况且他对中文系也的确“有气”，就由他说个痛快吧。果然说完了，他也就谈笑风生了。

最后一次见到吴先生，是2013年，在校医院。见他老人家微微颤颤，怕打搅他，我在犹疑是否该上前请安，他却几步之外一眼就认出了我，问我：“听说去了山东大学？”老先生九十高龄，病痛缠身，还那样耳聪目明、信息灵通，不时关注着中文系和后辈学生，现在想来，心里还是酸酸的。

（作者单位：北京大学）

# 父亲，安息吧！

吴煜

今天是我们子女和亲友为父亲落葬举行的葬礼。这里的仪式结束后，我们还将护送他的骨灰到炎黄陵园安放。

父亲逝世之后，李克强总理、温家宝同志、朱镕基同志、张高丽副总理、马凯副总理，有的送来花篮，有的表示哀悼，我们全体家人在此表示衷心感谢！

我们也在此深深感谢今天到场的亲朋好友，感谢大家来送父亲最后一程。

我父亲吴同宝，又名吴小如，同许多上一代老知识分子一样，一生经历许多坎坷。但总的来说，我觉得父亲还是非常幸运的。

首先是因为我的母亲。很多人都知道我母亲晚年多病，父亲照顾她很辛苦。但是我们知道，一些老学生也知道，在那个年代无数的政治运动中，在我们小时候的生活窘困中，在一系列的社会矛盾中，没有母亲的支撑，我父亲是走不过来的。应该说，母亲是父亲人生的把关人。

他的幸运还在于遇到一批学界长者,老一辈师长们对他的培养、提携、帮助、信任。正是在那一代老先生们的帮助下,历经努力,才有他现在的成就。父亲对他的师长们一生心存敬畏、心存感激!

他的幸运还在于学生。从他教过的50年代的,现在已近七八十岁的老学生,到目前二三十岁的青年人,有很多人、有几代人、有很多今天到场和没能到场的人,因自认为是他的学生,一直在照顾他和我的母亲,甚至我们子女力所不能及的事情,大家都帮他解决了。这不是一次两次、一天两天、一年两年,而是数十年,这是许多老先生们没有过的幸运!

我父亲的幸运还在于,在他有生之年,亲眼看到了学术界对他的评价、社会对他的认可。两年以前,他还在武警总医院住院期间,一些老学生们就以纪念文章、集资出书、开纪念会的方式为他庆贺九十岁寿辰。《学者吴小如》出版了,连续五本文集也在去年出版了,他的书法集、诗集出版了,《诗刊》评给他2013年度诗人奖,这一切,他在世时都亲眼看到了。这比很多老知识分子、比上一代老先生们都幸运很多了。

今天大家来送父亲最后一程,他在另一个世界又将和母亲团圆了。我特别要说的是:根据父亲几十年的生活方式,根据他的生前意愿,根据他的脾气性格,我和家人没有举行面向社会公众、媒体的追悼会和告别仪式,而只请了他的至亲好友、他的学生和多年来给予他帮助的朋友们,举行一个完全是家人、朋友的安葬仪式,还请各位谅解!

但我还是要代表全体家人感谢中央文史馆对父亲的重视和照顾,感谢武警总医院多年来数次对我父母的全力救治,感谢北大历史系、中文系在我们处理后事过程中的全力帮助！

再次谢谢大家！

父亲，安息吧！

2014 年 5 月 15 日

（作者为吴小如先生次子）

# 平生无愧真君子

吴书荫

5 月 12 日上午,学长彭庆生来电话告诉我,昨天晚上 19 时 40 分,吴小如先生走了,享年九十三岁。记得前几天我刚到曦锺学兄那里,取回吴小如先生赠予的获《诗刊》“子曰”诗人奖的新书《莎斋诗剩》,怎么就猝然长逝?我不禁悲从中来。下午吊唁归来,一直沉浸在往事的回忆里,先生的音容笑貌、谆谆教诲,都历历在目。

1957 年夏,我从安徽一个县中考入梦寐以求的北大中文系。9 月开学后,正好赶上吴同宝(小如)先生开了一门基础课,即“工具书使用法”,这是我们五七、五六、五五三个年级同学必修的公共课。当时先生三十五岁,已是著名的学者。他年富力强,两目炯炯有神,嗓音洪亮有力,一下子就把大家吸引住了。他学养深厚,知识渊博,又擅长讲课,将令人乏味的工具书课讲得生动有趣。一个可容纳二三百人的大阶梯教室,不仅坐得满满当当,而且都在聚精会神地听讲。此情此景我还是第一次感受到。为了让我们学好这门课程，每个年级都配了助教；系里还在文史楼二层辟了专门阅览室，陈列各种文史工具书，如《说文解字》《康熙字典》《联绵字典》《骈字类编》《佩文韵府》《诗词曲语辞汇释》，以及类书《艺文类聚》《太平御览》《通典》和引得等，真是琳琅满目，让人大开眼界。记得第一次布置作业，先由助教倪其心先生辅导我们查工具书，注释谭嗣同的绝笔诗《狱中题壁》，然后再由吴先生讲解这首诗。“工具书使用法”这门课，不仅指示门径，而且津逮来学，使我在学习和工作中获益匪浅。

1964年据周恩来总理的建议，原北京艺术学院的音乐系与北京音乐研究所合并，成立中国音乐学院，而它的表演系并入中央戏剧学院，系主任吴雪（中国青年话剧院院长兼任）想在以梅兰芳为代表的戏曲表演体系基础上，吸收苏联斯坦尼斯拉夫和德国布莱希特戏剧表演优点，走出一条培养新型话剧表演人才的道路。因此，经北京市教委同意，表演系与马连良任校长的北京市戏曲学校合并，成立北京戏剧专科学校，下设中专（戏校）和大学（表演系）两个部。这年四月我调到表演系工作，先教六四级的语文，系领导计划以后开设“中国戏曲史”课程，让我先做一些准备工作。

当时我虽在城里工作，但和留校任教的同窗仍然联系不断。听蒋绍愚学兄说，吴先生为中文系同学新开了一门戏曲研究课，我很想去听课，可是同我的教课时间正好撞车，况且往返也很不方便，只好托他帮我搞来一份吴师草拟的“戏曲研究参考书目”。表演系从北京艺术学院分出来后，先搬到东城区国子监街孔庙，隔壁就是国子监，当时辟为首都图书馆。因为我还未成家，住在大成殿后院的单身宿舍里，这是由通往崇圣祠的廊庑隔成的一间不满九平方米的斗室，既办公又睡觉。授课之暇，我便钻进首图，按照吴先生开的书目看书。孔庙离王府井和隆福寺很近，东安市场和隆福寺街古旧书铺林立，有时我就去那里淘旧书。现在我的插架上，那些纸质发黄的戏曲书籍，如古典戏曲名著、戏曲史论、戏曲史料和目录等，几乎都是那时购置的。吴先生自幼嗜好京剧，一生看过一千五百多场戏，会四十几出戏码，能粉墨登台，是北京著名的票友，又是造诣高深的剧评家和戏曲史研究家，因此，他特别强调，研究戏曲史在掌握文本文献资料外，还要多看戏，关注舞台表演艺术。在他所开书目中，就列有北京市戏曲编导委员会编辑的《京剧汇编》（收录马连良、郝寿臣、李万春等名家所藏的演出本）。

我在校读书时，未赶上吴先生开的戏曲史方面的课，但昆曲传承在北大有悠久历史，早在 1917 年，校长蔡元培就聘请曲学大师吴梅到北大教授昆曲。1922 年，吴梅先生南下到东南大学任教，推荐著名曲家许之衡先生以自代，从此爱好昆曲的风气一直沿袭下来。记得在校时，凡中文系举办的新年联欢会上，都能听到小如先生的京剧清唱，朱德熙先生擪笛、林焘先生唱昆曲，我们陶醉在优美动听的乐曲声里，受到潜移默化。1961 年，中山大学王季思（名起）先生，接高教部通知，借调到北大，参与编撰四卷本的《中国文学史》。中文系领导趁这个难得的机会，请吴梅的高足王先生，为我们五七级文学专业同学讲了元杂剧课。他是浙江瑞安人，用带有浓厚乡音的普通话讲课，兴味盎然，使我萌发对戏曲的喜爱。六二年秋季毕业后，我和同窗涂元济兄常结伴去看演出，欣赏过昆曲大师俞振飞的《太白醉写》，侯永奎和李淑君的《千里送京娘》，白云生的《墙头马上》和《绣襦记》等。也看过京剧泰斗马连良、谭富英与张君秋、裘盛戎等联袂演出的《秦香莲》。在表演系任教时，正赶上华东、华中、华南、西南和西北等大行政区举行戏剧会演，于是一个接一个剧团进京汇报演出。市文化局委托表演系组织同学去剧场服务（为中央、市属和文艺界领导安排座位），同时也和学生的观摩课结合起来，一举两得。常由我和有关表演老师带领学生去剧场。从 1964 年到 1966 年初，在将近两年的时间里，我几乎每一场观摩都去，当时主要看新编古装戏和现代戏，也看传统的京剧和各地地方戏，甚至话剧、歌剧和舞剧也不放过，我也快成戏迷了。有时我还到孔庙大殿前的月台上，观看学生上形体课，由富连成科班“韵”字科的朱韵德老师讲授和训练。我多少懂得一些戏曲舞台表演身段和程式，对理解剧情和人物塑造非常有帮助。

正是遵照了吴先生多读书多看戏的教导，我对戏曲的基本文献和舞台表演艺术有所了解，“文革”后，我才能顺利考取了中国艺术研究院戏曲理论和戏曲史专业的脱产研究生，从师张庚先生研习戏曲史。毕业后，留在戏曲研究所新建立的戏曲文献研究室工作。

我走出北大校门后，很长时间与吴先生没有交往。1973 年，北京语言学院迁到北京矿业学院复课，我和内子先后调到该校工作，家也由城里搬迁过来。因为离北大比较近，我常去看望留校的同窗，有时在曦锺住处见到小如先生，这才有机会亲聆他的教导，并向他请益。

1986 年 11 月，中华人民共和国文化部、中国戏剧家协会、中国艺术研究院、江西省文化厅联合举办“纪念明代伟大戏剧家汤显祖逝世 370 周年活动周”，我被组委会抽调去参与筹备组织工作,主要负责学术讨论。10 月 22 日,我去北大吴小如先生寓所,请他大力支持,他满口应允。于是我便见机行事说,赵朴初老是北京昆曲社主委张允和先生(周有光先生的夫人)的表兄,组委会想请赵老为纪念活动题曲或赋诗,张先生正在联系;著名的京剧史论家许姬传老也表示愿题一首七绝,再写一篇短文。我抬出赵、许二老的用意,是想托先生请俞平伯老出山。因为前两天,我去三里河南沙沟俞府,还未谒见俞老,就遭到他令爱阻拦。先生说平伯师年届米寿,自师母过世后,身体每况愈下,谢绝一切社交活动,就不要勉强了。先生对恩师关爱有加,而话语又是如此恳切坦率,使我感到自己太唐突,考虑欠周到。告辞后,我便骑车直奔北大附中二号楼,去北京曲社副主委楼宇烈先生家。

24 日吴先生来信叮嘱:“我指导的日本留学生细井尚子也已同她打过招呼,她愿意出席,但她更希望不放弃任何一场演出。请柬可由我转。”为了向海外华人宣传这次纪念活动,他让我与周倜学长联系(周倜比我高一级),当时他是《华声报》的总编辑,先生怕我找不到他,给了我两个电话号码;先生还吩咐我,如果周学长到广州出差还未归来,可再找吴某某女士帮助联系。先生向来办事,就像他治学一样,极其严肃认真,即使小事也一丝不苟。这就是老一辈学者所恪守的做人之道,让我肃然起敬。

11 月 20 日上午 9 时,在政协礼堂三楼大厅举行开幕式暨南京制片厂戏曲片《牡丹亭》首映式。由美国专程来京的曲社海外社员张元和(昆曲名伶顾传玠的夫人)、张充和(德国汉学家傅汉思的夫人),在大会上致辞,并与张允和一起敬献花篮。21 日至 23 日上午 9 时,在礼堂东厅举行学术讨论会,下午自由活动。晚上观看演出，有江苏昆剧院的《还魂记》(下集《拾画》《幽媾》《冥誓》《回生》)，北方昆剧院的《牡丹亭》(由《训女延师》演到《回生还魂》)，苏昆、北昆、浙昆(即浙江昆剧团)联合演出的折子戏，如《南柯记·瑶台》《紫钗记·折柳阳关》《牡丹亭·寻梦》以及江西省赣剧团改编的赣剧弋阳腔《邯郸梦记》。首都各大报纸(包括《华声报》)对这次纪念活动都做了报道。

吴先生和日本留学生细井尚子参加了开幕式和第一场学术研讨会。事隔一个月后，在12月30日《华声报》头版“客座论坛”专栏，刊登了他的《汤显祖与迪斯科》。一看标题，我就知道是针对弋阳腔《邯郸梦记》而发的。我印象中这个剧的演出安排在最后一场，上演的当晚，剧场里就有观众窃窃私语，流露出失望和不满；散场回到招待所，外地的与会者当我的面批评。由于我当时的身份，又与赣剧团长兼艺术指导刚见过一两面，碍于情面，不便于表态。吴先生则直言不讳，笔锋犀利，尖锐辛辣地批评此剧：

> 改编本最大的失败之处，乃在于把一部杰出的古典名剧改成了不中不西、不洋不古、完全丧失了民族和地方特色的所谓“赣剧”……赣剧是保留了五百年来高腔系统的古老剧种之一，其最大特点便是在演员歌唱时无伴奏的帮腔。而这次演出，不仅唱段有电子琴及其他西洋乐器伴奏，而且无论男女声，一律用洋嗓子唱洋歌的方式帮腔，这就令人产生了是中国民族传统戏曲还是从西方引进的歌剧变种的怀疑。再加上满台激光飞舞，观众眼花缭乱……
>
> 令人最难忍受的，一是全台演员振臂高呼“万寿无疆”

（这一场面真应送到“文化大革命”博物馆中永远保存），二是满台披着透明纱衣少女与戴发绺、挂髯口的古装老生共同在“蹦嚓嚓”的伴奏下跳着不伦不类的迪斯科。这不是纪念汤显祖而是在出他的洋相。（引自《吴小如戏曲文录》“台下人新语”）

先生虽然未在研讨会上发言，但这篇短小精悍的看戏随笔却振聋发聩，掷地有声，比起长篇大论的会议论文更有分量。我觉得它应当是这次纪念活动周的一大亮点。他对我们筹备组织工作的鼎力支持，我当永远铭记于心。

吴先生一直关注古典戏曲名著的改编，他强调要尊重历史，尊重原创剧本，遵循戏曲的表演艺术规律。1982 年 10 月汤显祖逝世 366 周年，他撰写了《关于〈牡丹亭〉的几件小事》，先刊载于江西省文学艺术研究所编《汤显祖研究论文集》（中国戏剧出版社 1984 年 5 月版），后修订补充，与前稿有所不同，改题为《关于〈牡丹亭〉札记三则》，重新发表于《学林漫录》（中华书局 1985 年 5 月版）。这篇文章的第二节“关于《牡丹亭》改编及其它”，开宗明义就指出，“汤显祖生前一直不同意别人改动他的《牡丹亭》，可是改编者始终层出不穷”。针对当时南北各剧院、剧团改编《牡丹亭》的现状，先生指出改编者不熟悉我国传统戏曲的作法，往往以杂剧之手法来改编传奇剧目，“由于力求删繁就简而不免轻重失调，顾此失彼”。如改编本“凡保留原作面目之处多精彩动人，凡由今人增补或改写之处，则显得逊色，至少是不成龙配套”。因为“今人既要改编，自难免强古人以就我”，吴先生特别忧虑和担心，“如果一面要迁就原作，一面又要迎合时代潮流，终不免新旧杂糅，格格不入，接榫处总要留下斧凿痕迹。其甚者则改变主题，面目全非，徒存躯壳，或以旧瓶盛新酒，或以幽灵着时装，反倒容易产生吃力不讨好的后果”。

未料到数年后，汤显祖的江西后人所改编的赣剧《牡丹亭》被言中。戏曲艺术是中华文化的瑰宝，如果打着冠冕堂皇的“改革”“创新”旗号，照此方式将会越改越离谱，先生心急如焚，借热爱我国传统文化的外国留学生之口批评道：“希望中国古典戏曲不要抛弃优秀传统而沿着这条自取灭亡的所谓‘创新’的道路走下去。”表达了对传统戏曲艺术充满深厚感情的老剧评家和戏曲史研究家强烈的忧患意识。

吴小如先生襟怀坦荡，甘于清贫，他认认真真教书育人，认认真真治学看戏，是对古典文学和传统戏曲具有极高造诣的大学者。他不仅是“乾嘉学术最后的守望者”，也是传统戏曲文化的最后守护人。

（作者单位：北京语言大学）

# 挽吴小如先生

肖复兴

草长莺飞五月中，
落英满地泣吴翁。
讲诗说杜楼前月，
论世裁心酒底风。
犹票戏时成大戏，
不教工处是真工。
为师鹤发蝇头偈，
字字依然墨色浓。

（作者单位：中国作家协会）

# 江山留与后人愁

肖跃华

孙绍振先生的大作《北大中文系，让我把你摇醒》(载《南方周末》2012年9月13日27版)，大有“山河判断在俺笔尖头”的胸襟气度。吴小如先生有这样有学术良知的门生，他在孤独寂寞的晚年也差可自慰了。

可是，蚍蜉撼大树，谈何容易。孙先生写篇把文章生发议论就想把北大中文系“摇醒”，是不是有点太小瞧北大这个坚固堡垒了？

我本行伍出身，也曾异想天开，同样犯过想“摇醒北大”这样的低级错误。

那是2008年冬至，我陪小如先生去清华园拜访何兆武先生，他对何先生抱怨说：“北京大学平时把我忘了，不记得还有这么一号人，更谈不上什么福利。我老伴病了快三十年，蓝旗营的房子也买不起，根本没人管，但碰到有些事情就想起北大还有这么一号人。”

先生举了两例。

其一,周培源先生九十岁寿辰,北京大学想写个颂词,“忽然”想起先生和周先生相识,是最合适人选,特派校办主任登门求助。先生撰词:“道德文章,科学之光;春风化雨,桃李芬芳。”亲自书写在八尺宣纸上,又让人找来大化石篆刻北京大学图章钤印。事后校领导对先生说:“您知道吗,挂在那里一大片东西,就是我们北大的最气派、最显眼、最讨寿星喜欢。”

其二,清华大学成立九十周年,北京大学想送副贺联。撰联条件之一是作者必须跟北大、清华有关系,之二是朱自清、季羡林先生都提到水木清华、荷塘月色,对联里头得有,之三是北大、清华是兄弟院校,这层关系要写上。先生成为不二人选。“水木清晖,荷馨永播;九旬华诞,棣萼同欢。”先生撰完联后,又将内容跟校办主任认真讲述了一遍,生怕校领导发言时出错。

北大校长是我们湖南同乡,虽没谋面,心向往之,我便将录音整理成文(没经先生审定同意),用国家部委“交换件”寄往北大,信尾说:“吴老的‘牢骚怪话’可能与他的耿直狷介、恃才傲物有关,也可能与学校对老教授们的关心爱护、体贴照顾不够有关。小的不知学校这方面的具体情况,仅冲着对吴老的感情、校长的湘情,狗拿耗子——多管闲事,当这么一回‘太平洋警察’。”

信件如泥牛入海。我太幼稚了,普通大兵一信,耄耋教授家事,怎能引起日理万机的北大校长关注?

先生负笈燕京、清华、北大三所名校,受业于俞平伯、朱自清、游国恩、沈从文等著名学者,精通文字、音韵、训诂、考据,淹贯诗歌、散文、戏曲,文史并重,诗书俱妙,深得林宰平、章士钊、陈寅恪、梁漱溟、魏建功、顾随等学术大师器重。“吴小如先生为当代文坛大师”（范敬宜语），“是我们那一代治古典文学的顶尖学者”（邵燕祥语），是“乾嘉学派最后一位朴学守望者”（陈丹晨语），“能诗文，擅书法，久享京师”（来新夏语），“远非时下浪得浮名者所能比拟”（何满子语）。

这么一位学贯东西的学者，却不容于北大，墙内开花墙外香，用邵燕祥先生的诗说，乃“是非只为曾遵命，得失终缘太认真。”

“认真”而加“太”，可见程度之烈。北大某校长发表演说讲错一字，先生散会后追上校长当众纠错，指出应该怎样怎样，弄得领导很没面子。

先生不给校长面子，对其他学人如何认真可想而知。他挑萧乾、钱锺书、周汝昌等先生的错，“君子与君子，以同道为朋”，他们洗耳恭听，谢谢赐教。先生心忧“今日之治学，或浅尝辄止，或游谈无根”，对不良文风、学风不遗余力地批判，诸如某人将李白说成是唐朝的“第一古惑仔”，曰十分荒唐；某人将书名叫《丧家狗》，曰哗众取宠；论及香港某著名学者，曰“好热衷，好虚名”；论及京城某百岁“大师”，曰“此人品德很有问题”，等等。“小人与小人，以同利为朋”，先生不识时务，换来的自然只有受排挤、受打压的份儿，赚来了“学术警察”的“骂名”。

这名北大中文系的“救场英雄”，前前后后、大大小小开了十几门课，却费力不讨好，讲师一干就是 28 年，时间之长北大无人能出其右。前辈学人季镇淮、周祖谟等先生纷纷为其鸣不平。“文化大革命”前，林庚、游国恩先生联名保荐先生破格直升教授。游先生去世后，林庚、吴组缃先生又用“知名海内外”等重语联名推荐先生直升教授，但因“人际关系原因”，中文系没有先生的立足之地，他万般无奈准备出走中华书局。

周一良先生时任北大历史系主任,听说此事后,与邓广铭先生合力挽留了先生。“我们觉得吴先生博闻强记,讲授中国文学史各段均胜任愉快,堪为青年教员的好老师……我们说服校系两级有关负责人而留住了吴先生。”周先生自述在北大干了两件事,其一是留住了吴小如,并引为平生快事。

性格即命运,命运即性格。我曾在京西宾馆拜访过王水照先生,他说先生坚持学术守正,眼睛不掺沙子,直言疾恶贾祸,为此得罪了不少人,到处受挤对碰钉子,不满70岁就被安排退休,北大好多老教授比他干的时间都长。这是学术的不幸还是北大的悲哀?

“木秀于林,风必摧之。行高于人,众必非之。”先生疾恶如仇、羞与哙伍,不迎合当局,不奉承权威,不参加学术水平不高的活动,甘当他父亲吴玉如先生那样的“逸民”。所以,他于中文系是已调往历史系的教授,于历史系是中文系的老人,于北京大学是尘外孤标的另类,大家都可以关心他,却都不去关心他,他晚年就处于这么尴尬的境地。

先生和夫人晚年看病大多在武警总医院,全由武警部队的几名书法和文学爱好者帮忙,千方百计给先生节省开支。记得一次先生住院,其子吴煜在住院单姓名上写的是先生笔名吴小如,出院时北大不给报销医疗费,理由是先生本名吴同宝,身份证和医疗保险都是这个名字,电脑软件上没有吴小如。我协调医院几次,但发票已开不能更改,这笔费用想必是先生自掏腰包。

《吴小如手录宋词》《吴小如录书斋联语》《吴小如书法选》《吴小如先生自书诗》等书籍的出版,也全由民间“吴迷”促成,他们自掏腰包付梓,没有任何条件,不带任何背景,共同为弘扬中华民族的优秀传统文化担一分责、尽一分力、展一份读书人的情怀。

小孤桐轩主人还空出二百多平方米的私宅，专门成立“吴小如书法馆”，供“吴迷”们一饱眼福。这是一件功德无量的事情，周南、邵燕祥等老先生都很支持。上海著名书法家、诗人周退密先生已九十九岁高龄，还欣然题写馆额，他在致小孤桐轩主人的信中说：“我用心写了二条，供君挑选，不要润笔，算是对吴先生的敬意。”

“吴小如教授九秩大庆暨《学者吴小如》出版座谈会”召开前夕，先生心忧饭费不足，限定只办 5 桌。我当面劝慰先生：“来的都是客，谁来都欢迎，经费不够我和凤桥补上。”

《学者吴小如》出版座谈会合影

北大校园聚餐标准也就千来块钱一桌，经济条件稍好的教授谁缺这几个碎银子？可先生居北大中关园五十平方米的蜗居，老伴长年卧病不起，家中常年雇佣两三个保姆，医疗费、生活费、薪饷支出，补贴儿辈、孙辈家用及接济亲朋好友等，全靠他的一支笔。如今先生手残搁笔，微薄薪饷入不敷出。

《学者吴小如》一书由门人赞助出版，剩下几千多元集资，先生新知旧雨想用这些经费搞个“勺园雅集”，好好慰藉慰藉先生。这是一个表面上看起来挺寒酸的集会，中文系和历史系都没有官方代表出席，更不要说校方代表了。但来的都是先生的新老门生，大家不讲排场，畅所欲言，共同表达对恩师的敬仰和感谢之情，其乐也融融。

“北大学风，用兹不坠。”有位教授枯坐座谈会良久一言不发，最后记者递上话筒请他谈谈感受，他实在没办法只说了一句话：“希望北大办得像过去一样好。”过去的北大是什么样子？就是“兼容并包，思想自由”，这是蔡元培先生的办学方针。如今的北大还有几人记得，还有几人身体力行？十分有趣的是，《勺园雅集》册页上留下的来宾题词，倒帮北大回答了这个问题，现略选三四如下：

程毅中先生：“海屋添筹。”

范洛森先生：“最后的盛宴。”

陈熙中先生：“学人风范，教师楷模。”

邵燕祥先生：“小如兄九秩大寿谨以李清照一语相赠，曰‘江山留与后人愁’。”

“千古风流八咏楼，江山留与后人愁。水通南国三千里，气压江城十四州。”李清照登上八咏楼时已历尽磨难，两鬓斑白，人生的酸甜苦辣和世事的变幻无常，不但没使她的笔墨被江南水光雾气所浸染，反而变得更加苍凉沉郁，甚至有些许激愤与悲哀。

邵先生于先生的职称评定、凄凉晚景一直耿耿于怀，引此诗句时想必亦心有戚戚焉！

（作者单位：北京日报社）

# 尘外孤标——吴小如

肖跃华

当代著名古典文学研究家、戏曲评论家、文学批评家、书法家和诗人吴小如先生温文尔雅，不谙世故，尘外孤标，犹滚滚红尘中岿然挺立之鲁殿灵光。

2008 年 8 月，先生"敬贻"余《莎斋笔记》，扉页挥毫数行："仆平生读书治学并无谬巧，唯疾虚妄、实事求是而已。业余爱好为聆歌与写字，亦重实学而轻浮夸。拙著虽皆零星小文，此意庶可体现。"寥寥数语，其治学为文宗旨一目了然。

先生晚年尝自责一直未能写出全须全尾、五脏俱全的整本专题著述，数十年来只是打零星的游击战，写些饾饤小文。然其精通游击战法，每每出手弹无虚发，集小胜为大胜，战果辉煌。

## 负笈三校——名师亲炙

先生幼承庭训，家传有素，令尊玉如公乃 20 世纪著名书法家、诗人，启功先生称之为“三百年来无此大作手”，新中国成立前曾任教于南开大学及津沽大学中文系。先生先后就读燕京、清华、北大三所顶级大学，其求学经历颇具传奇色彩，今人难以复制。

“北大老，师大穷，唯有清华可通融。”当年学生界流传的这句顺口溜，其言外之意是如果物质条件许可，最好上燕京。这里阔气、洋气，可以充分容纳年轻人的骄矜和梦想。可先生从天津工商学院商科二年级考入燕京大学中文系一年级后，觉得这里洋味太浓、官气太重，读了不到一学期坚决要求退学。教育长林嘉通先生再三挽留，然先生去意已定，真的回天津当教书匠去也。

抗战胜利后，清华复校，先生考入中文系三年级插班生。这时先生已结婚有了孩子，上有老下有小，光念书不行，还得搞点“副业”补贴家用。刚好沈从文先生从西南联大返京去看望林宰平先生，适先生在座。林宰老曰：“这个年轻人是你的崇拜者，上课不听讲，专看你的小说散文。”另外介绍了先生的学业和家庭情况。那时北平已很紧张，夜晚城门紧闭，进出很不方便。沈先生十分同情：“你生活这么困难，在清华念书哪也不能去，找副业都没有机会，要是转到北大来，城里就有办法想了。”

“吃亏一年就吃亏一年”。先生听从劝告，读完清华三年级又考入北大三年级插班生。清华中文系主任朱自清先生闻之叹息：“好不容易招了个好学生，可惜转学了。”沈先生十分信任地将《华北日报》文学副刊交给先生经营，先生认真负责，编发了大量脍炙人口的文学作品，将挂名“沈从文主编”的副刊搞得有声有色。十五岁的邵燕祥彼时进入先生视野并得到提携。先生与国民党的总编拍桌子：“这个副刊到底是你编还是我编？”坚决不肯撤换邵为红军张目的整版小说《沙果林记》,终于照发不误。

转益多师。先生负笈三所名校,先后受业于朱经畬、朱自清、俞平伯、沈从文、废名、游国恩等著名学者,又深得林宰平、章士钊、陈寅恪、梁漱溟、魏建功、顾随等学术大师器重。大学毕业不久,即被当年入学考试阅卷老师、燕京大学校长陆志韦先生举荐至中文系任教。院系调整后,先生留在北大,爱讲堂,爱学生,乐“得天下英才而教育之”,一直干到七旬退休没挪窝。

## 传道授业——沁入心脾

先生讲文学史,从《诗经》到梁启超皆持之有故;研究诗文,从先秦贯穿于明清近代皆言之成理,“是我们那一代治古典文学的顶尖学者”(邵燕祥语)。《周一良自传》亦有详细记载。

周先生任北大历史系主任,自称任内“主要做了两件事:一是全力促成考古专业独立成系,二是与邓广铭先生合力挽留了吴小如先生。吴小如先生当时已定从北大中文系调往中华书局。我们觉得吴先生博闻强记,讲授中国文学史各段均胜任、愉快,堪为青年教员的好老师……我们说服校、系两级有关负责人而留住了吴先生”。周论亦证明当年林庚、吴组缃先生联名推荐先生由讲师直升教授为何用“知名海内外”等重语。季镇淮先生指导《近代诗选》编选注解,为何特嘱助手有困难找先生:“吴小如有办法,找他找他,他能解决。”

2007 年早春,我慕名走进莎斋。

“贵姓?”

“免贵姓肖,小月肖。”

“你这个肖不读‘萧’，读 xiao 四声，首批简化字没有列入，后来约定俗成，萧乾老先生从来不认这个账。”先生见面礼虽未及“数典忘祖”，然而我却手足无措。往后，我又陆续听到先生关于义理、考据、辞章必须兼而有之的论述。“不通训诂章句之学，治辞章就成了空话；而欲明义理，不仅要从考据入手，而且靠辞章表达也很重要”，“不会写文言文和作古体诗，上课给学生讲古诗文是搔不到痒处的”，“如今认得几十个繁体字的人，就算知识分子了”，等等。方知先生学问博大精深，乃当代文学史领域通才。

先生文字、声韵、训诂知识精湛，被称为“乾嘉学派最后一位朴学守望者”（陈丹晨语）。治文学史“通古今之变”，擅长循“面”到“点”、“点”中有“线”，洞悉源流，论从己出，每一“块”内容都有发言权，由述而不作渐入以述代作佳境，最后水到渠成，形成一家之言。又先生口才不逊文才，三尺讲台传道、授业、解惑沁入学子心脾，20 世纪 50 年代北大中文系学生中便有“讲课最生动的吴小如”（彭庆生语）之说，故课堂常常人满为患。

先生所著《读书丛札》浓缩了古代文学史精华，先后在香港、北京两地出版，前辈学人周祖谟、吴组缃、林庚等都给予了高度评价，美籍华裔教授夏志清主张此书凡教中文的老师应该人手一册。《古典诗词丛札》《古文精读举隅》《古典小说漫稿》等影响至巨，深获语文教育界的赞誉。先生注释并统稿、定稿的《先秦文学史参考资料》和《两汉文学史参考资料》，选材精确，注释详尽，解说可信，乃20 世纪50 年代以来鲜见的精品力作，至今仍为美国一些大学古汉语必修教材。先生主编的《中国文化史纲要》重印多次，获“北京大学优秀教材”之誉。

“不哗众取宠，不看风使舵，不稗贩前人旧说，不偷懒用第二手材料”,“没有一得之见绝不下笔”。先生在《古典诗文述略》付梓后,本应再写一篇《宋元明清诗歌述略》和一篇《词曲述略》才算有头有尾。但先生“一直未敢动笔,原因是研究不够”,有些问题拿不出较有把握的看法,“作为‘一家之言’,尚且未必站得住脚”,所以,为了避免误人子弟,先生“只有抱着宁缺毋滥的态度,留待将来再说”。这成了遗珠之憾。

## 戏曲评论——凿破鸿蒙

余藏有先生论戏曲题跋签名本三册:“两本随笔集和《京剧老生流派综说》,原收藏在《戏曲文录》中,后来分开重印。我的京剧观点十分保守,不足观也。”

先生“保守”之说,缘于新世纪初接到匿名信,“大肆诅咒我和朱家溍先生是顽固保守分子,京剧‘改革创新’的步伐之所以迈得不大、走得不远,就是我们几个顽固在拖后腿”。然而事实证明,那些甚嚣尘上的妄施斧斤负面影响至巨。

先生潜心典籍,孜孜不倦弘扬我国传统戏曲艺术。近百万字的《吴小如戏曲文录》和《京剧老生流派综说》,是研究中国戏曲的经典著作。前者曾获北京大学“优秀文化著作奖”,被金克木先生称为“绝学”;后者,启功先生称之“内行不能为,学者不屑为,亦不能为”,“真千秋之作”,与王国维《宋元戏曲史》同具“凿破鸿蒙”之力,“如评诺贝尔奖于文学域中,非兹篇其谁属”!冯其庸先生首任中国人民大学国学院院长,论及开设戏曲评论讲座时反复叮嘱:“一定得请吴小如先生讲讲。”先生自称的这些“竹头木屑”,在欧洲、北美、日本和东南亚诸国颇有读者,有的外国朋友还越洋征求先生意见,将书中某些文章译成外文广为传播。

戏曲为先生主要业余爱好。先生自三四岁开始听唱片,五六岁便随家人外出看戏,十岁左右常常独自或偕弟弟同宾跑戏园子,十三四岁曾模仿小报文风老气横秋写剧评,十五六岁起陆续拜韩慎先、王庾生、安寿颐、王端璞、贯大元、刘曾复、阎景平等先生为师学戏,与奚啸伯、马连良、王金璐、裘盛戎、叶盛兰、童芷苓等著名演员友情甚笃。"文革"前,先生几乎每周必看京戏,一生看过一千五百多场,玩票学过四五十出戏,亦曾登台演出三场戏,戏码有《大保国·探皇陵·二进宫》《捉放公堂》《上天台》,先生扮杨波、扮陈宫、扮刘秀,观众席上有张伯驹、华粹深、周铨庵等先生及令尊玉如公。最后一场演出,欧阳中石先生慕名到后台造访,亲自为先生把场,先生与中石相识自此始。

## 文学批评——立论公允

先生二十三四岁时,立志对新旧文学作品进行介绍与批评,并约法两章:一是言必由衷,只说自己的话,不攀附或盲从任何人;二是力求立论公允,即使授业恩师也不一味揄扬赞美,好就说好,不足就径直指出。如评钱锺书先生的《写在人生边上》:"第一,他有极似苏东坡、徐志摩两人充沛的文章气势;第二,他有王安石、龚自珍和培根的老到洗练、挺拔波峭的文采。"至于缺点,"则嫌于西洋文献征引过于繁富,对不懂西文的人来说则近于卖弄,而看过原文的人又难免认为贻笑方家"。如评老舍先生的《面子问题》:"不过作者在思想批判方面只是含而不露地略事点染,也可以说是'怨诽而不乱'吧。可惜对人物的描绘太穷形尽相,表现在舞台上怕要使观众肉麻，不能算作‘乐而不淫、哀而不伤’罢了。”如评巴金先生的《还魂草》：“也许这是作者写给少年读的一部作品，一百多页的文字终难免有铺陈敷衍之嫌，因而叙述上使人感到有点拖泥带水。虽说用书信体作为小说结构在题材的姿态上比较新颖，但其牵强处仍能一望而知，使人感到些许生硬。”

后来书评环境不那么宽松了，可先生仍固执己见。《明小品三百篇》出版后，先生发现仅就注释部分而言就有七八十处硬伤，可一家报纸的图书推荐专栏还赞不绝口。先生四两拨千斤，“举其大端言之，作为当前古籍出版中一个遍体鳞伤的坏书典型”。《一本不值得推荐的书》刊发于《读书》1997 年第一期，赢得了读者界、书评界的广泛喝彩。

余秋雨先生的散文集《文化苦旅》《山居笔记》《霜冷长河》，被金文明先生挑出一百三十余处文史差错。复旦大学资深教授章培恒撰文《恐非正解》，判定是“无端的攻击乃至诬陷”。双方唇枪舌剑，各有学者声援，闹得沸沸扬扬。先生如武林大侠亮剑文坛，《榷疑随笔三则》一个一个以正视听，文尾不忘提醒：“培恒先生乃国际知名学者，发表言论一言九鼎，窃以为不宜予某些不学无术之徒以可乘之机，故略陈鄙见如上。”先生短文刚一刊发，报纸、网站争相转载，“吴迷”们欢呼雀跃。

萧乾老误把“美国胜利唱片公司”写成“法国百代公司”，先生去信《北京晚报》，请代转萧老并希望顺手更正。萧老不想文过饰非，郑重其事回信并想公开发表来信。先生亲登寓所劝萧老收回成命，结果还是刊出，萧老还在报端特表谢意。不打不相识，从此先生和萧乾老成了忘年之交。先生甫退休，时任中央文史馆馆长的萧乾老就立即介绍先生为馆员，成为文坛一段佳话。

先生颇似学术警察，眼见硬伤拔笔便战。有人将李白说成是唐朝的“第一古惑仔”，先生曰十分荒唐；周汝昌先生论文中有皇帝“登基”之说，先生认为名家所撰不宜随俗，应改“登基”为“登极”，特致电挚友建议改正；影视作品中念错字、用错典，先生亦发表文章予以指出。2010 年中秋，我呈上王闿运、萧穆、吴保初、黎锦熙、罗家伦、萧一山、梁寒操、谢国桢等名家诗稿收藏随笔请先生斧正。先生一句“那我就不客气了”，便逐字逐句审读，挑出七处硬伤，提出三条建议，指出五点注意事项，那关心厚爱全体现在咬文嚼字上。

## 法书自乐——天真纯净

余藏有先生墨宝十数件，皓首时贤争相跋之。

周退密先生：“小如先生家学渊源，能文善诗，近年始得见其法书，冲灵和醇，神韵两绝，如不食人间烟火气。”

何满子先生：“右吴小如兄手写其自作诗，诗既清新俊逸，字复刚劲秀拔，洵称两美兼具……远非时下浪得浮名者所能比拟。”

“学书必自二王始，譬犹筑屋奠基址。”先生自童稚之年，历八十春秋，潜心揣摩书道，取魏晋隋唐宋元明清以来诸家碑帖之菁华一一临之，力求取法乎上。写字不逾矩、不妄作，点画分明，不弃横平竖直，循规蹈矩，不以荒诞险怪哗众取宠。故其法书不俗气、不匠气，天真纯净，静如秋水，妍若春花，格调高雅。

“临帖作书，可代体操”。书法为先生乐趣和享受。先生每日临池不辍，却自始至终不参加书法展、不出版书法集（2009 年初小孤桐轩主怂恿至再始假宋词而露庐山面目）。曾有企业家、收藏家、门人等再三动员，想包装炒作先生，如效某大师写封信请国家领导人祝贺祝贺，打通电话请师友们吆喝吆喝，乃举手之劳、名利双收的事情，然先生不屑一顾，笑而不纳。

先生逃名，其实是为了爱名。他逃的是一团糟的名，不愿意酱在那书坛里面。故先生法书养在深闺人未识，多在师友、学者、门人之间流传，先生也乐得与同道中人书来诗往、交流感情。

俞平伯先生和夫人许宝驯的合葬之墓，其碑文由先生所书，此乃古槐书屋主人生前特别关照；启功《联语墨迹》一书，先生欣然担任顾问，手书一序以助其成，因先生与元伯先生乃五十余年故交；茅盾纪念馆落成，先生撰书楹联"一代文章推子夜，毕生心血似春蚕"；张伯驹先生逝世，先生撰书挽联"丛菊遗馨，诗纪红毹真一梦；碧纱笼句，词传彩笔足千秋"；启功先生仙逝，先生撰书挽联"范世称三绝，垂辉映千春"，等等，这些都成为传诵一时的名联。

我藏有曹锟贿选通令遗稿，意欲先生题签，先生笑而不答。盖上有二老题字钤印，先生羞与哙伍也。先生臧否书坛人物，亦"尖酸刻薄"。论及香港某著名学者，曰"好热衷，好虚名"，只字不提其书法；论及京城某百岁"大师"，曰"此人品德很有问题"，只字不提其书法；北京大学某书法家呈上习作请先生赐教，先生曰"还得好好练"；国家部委某书法家呈上作品请先生点评，先生曰"得从头再来"；某上将辗转托人请先生为其诗集作序，先生仅书"古之大将上马杀贼下马草露布，又见于今日矣"，只字不论其诗。盖上述所谓书家、诗家追名逐利，作品不入先生法眼耳。

先生惜名，其实是为了守住做人的底线。

某大校慕名托我求先生墨宝，并自定内容。先生不日来电，说改了两字，“千江有水千江月，万里无云万里天”变成“千江水映千江月，万里云开万里天”。大校固执己见，先生斩钉截铁：“要写就按我改的写，否则就不写。”大校被逼让步。

## 笃于故旧——古貌古心

先生笃于故旧，情深意重，淳朴忠厚，古貌古心。

新中国成立初期，俞平伯先生的《红楼梦研究》受到批判，其他学术研究成果亦受到不公正指责。先生认为学术问题不应有“株连”现象，大胆站出来替恩师鸣不平。“文化大革命”中俞平老被隔离审查，先生亦被打入“牛鬼蛇神”行列受到管制，然先生冒大不韪三进老君堂探望师母，告辞出门时遭小学生扔石块吐唾沫的“警告”而无所畏惧。当得知恩师可能“坐直升飞机”挨斗时，先生立即通风报信，一点也不考虑由此可能产生的严重后果。

王瑶先生“文革”中被“揪”出来“示众”中关园。王有糖尿病，小便极勤，被斗间歇想上厕所，遍尝闭门羹而忍无可忍，唯先生家中厕所随时容王缓解内急。王被从一百平方米住宅赶到两间窄屋，唯先生挤出空间供王安放书柜。王曾两次萌发轻生念头，唯先生苦苦劝阻、相濡以沫，温暖着这颗伤痛的心。

周南先生主事新华社香港分社，曾劝记者写文章要讲求文采，提倡读点古典诗词，被人借题发挥，误为开口“训人”。先生深知其“根本没有官气和官架子”，撰文《外交官 · 诗人 · 鉴赏家———记老友周南》，发表于香港《文汇报》予以驰援，并赋五古一首以宽其心，其后半云：“古今同一辙，谤议何足伤！天地有正气，浩然盈四方。为君赋小诗，篇终接混茫。”

周一良先生因“梁效”问题陷于“韩非囚秦、说难孤愤”之际，先生赠《敬善寺石像铭》临本“雪中送炭”；谢蔚明先生辞世，先生撰《文字因缘四十年》深情怀念；王元化先生病中最后几日，先生专程自京赴沪到医院探望；何满子先生金婚纪念日，先生千里赋诗遥祝；经济学家厉以宁“文革”中，受到迫害，先生赋诗予以安慰；门人谢冕甲子遭到诗坛“围剿”，先生赋诗予以宽怀；“文革”中老友邵燕祥先生所在单位“外调”燕祥情况，先生曰邵某“过去就是最不像我熟悉的党员样子的一个党员”。戊子大雪前半月，先生嘱我提着还燕祥先生的《陈寅恪文集》、赠燕祥先生的《吴小如讲〈孟子〉》及人参、点心等礼品一同前往探望。先生怕哪天一病不起无法自由外出探亲访友。先生戏言不料成为现实。

## 耄耋之年——撑门抵户

2008 年冬至，我陪先生去清华园拜访何兆武先生。先生对何抱怨：“北京大学平时把我忘了，没有这么一号人，更谈不上什么福利。我老伴病了快三十年，蓝旗营的房子也买不起，根本没人管。但碰到有些事情就想起北大还有这么一号人，这些事只有我能做。”

周培源先生九十岁寿辰，北京大学想写个颂词，“忽然”想起先生和周先生相识，是最合适人选，特派校办主任登门求助。先生撰词：“道德文章，科学之光；春风化雨，桃李芬芳。”亲自书写在八尺宣纸上，又让人找来大化石篆刻北京大学图章钤印。事后校领导对先生说：“您知道吗，挂在那里一大片东西，就是我们北大的最气派、最显眼、最讨寿星喜欢。”

清华大学成立九十周年，北京大学想送副贺联。撰联条件之一是作者必须跟北大、清华有关系；之二是朱自清、季羡林先生都提到水木清华、荷塘月色，对联里头得有；之三是北大、清华是兄弟院校，这层关系要写上。先生成为不二人选。“水木清晖，荷馨永播；九旬华诞，棣萼同欢。”先生撰完联后，又将内容掰开揉碎跟校办主任认真讲述了一遍，生怕校领导发言时露了马脚。

先生耄耋之年还撑门抵户、攻坚克难。

恩师严群（严复侄孙）先生文集久难付梓，出版社推说无人校对，先生自告奋勇，耗时三月将二百余万字的《严群文集》一一看过。师兄卞僧慧先生四十五万字的《陈寅恪年谱长编》无人审读，先生主动请缨，秉烛夜行，不放过任何一个疑点。门人之门人谷曙光先生四十五万字的《韩愈诗歌宋元接受研究》，乃其晋升副教授之敲门砖，先生连看带校还改，最后期限前三日交卷。2008 年冬至 2009 年春这大半年时间，先生除学雷锋校对这三百万字外，还讲杜诗、当“书奴”（应故旧门人强求挥毫），耗费心血，透支体力，先生病矣！

2009 年 7 月，先生突患脑血栓，四肢摔得伤痕累累。余心不忍，“狗拿耗子——多管闲事”，将先生对何先生说的“牢骚怪话”录音整理后寄给北大校长，希望校方从保存国粹出发给资深老教授们一些特殊关心爱护，信件如泥牛入海。先生得知此事后，直言我太冒失。“宁可人负我，不可我负人”。先生操守高山仰止。

# 我有疑难可问谁

肖跃华

吴小如,原名吴同宝,安徽泾县人。1949 年北京大学中文系毕业。历任津沽大学中文系教员,燕京大学国文系助教,北京大学中文系讲师、教授及历史学系教授,中央文史研究馆馆员。著有《古典小说漫稿》《古典诗文述略》《京剧老生流派综说》《古文精读举隅》《古典诗词札丛》《吴小如戏曲文录》《书廊信步》《今昔文存》《读书拊掌录》《霞绮随笔》及《当代学者自选文库·吴小如卷》等。

吴小如先生是俞平伯先生的入室弟子,著名的古典文学专家、戏曲评论家、历史学家、教育家,曾因学风严谨,被称"学术警察"。吴小如先生在北大任教长达四十年之久。有学者认为,吴先生的离去,彻底结束了"梨园朱(朱家溍)、刘(刘曾复)、吴(吴小如)三足鼎立的时代"。

## 一

吴小如先生2014年5月11日19时40分走了,享年九十又三。我闻讯后,脑海里突然浮现出了毛泽东吊罗荣桓的诗句:“君今不幸离人世,国有疑难可问谁?”

那是2012年4月21日,我拿着52通民国学者政要诗札请先生“识文断字”,他翻着翻着突然问:“我死了以后你怎么办?”

没想到先生会这么一问,稍稍停顿后应答:“我也在思考这个问题,所以有些事情得抓紧办!”说完我大声念着诗札释文,先生看着诗札手迹逐一校对把关。

我本铁匠出身,大字不识几个,复杂繁体字听不明白笔画解释,点横竖撇不知如何用力。先生一急顾不上右手残疾,颤颤栗栗示范,抖出来的小字笔画重叠特别难认。我“不耻下问”,先生直怨“你没文化”。我打哈哈:“山村铁匠一个啊,确实没有文化。”之后接着念诗札释文,直到所有问题解决才打道回府。

“你给的大米也补不回我的精力。”我起身告辞时,先生开玩笑说。前几天,我让司机给先生送过几箱大米,他意思是大米的营养还不够这几个小时的脑力劳动。

“你知道谁最怕你吗?”

“冯其庸先生。”

“你怎么知道的?”

“我经常去瓜饭楼,有次惹得他很不高兴。”

“你最讨厌了!”先生笑着目送我离去。其实,我骚扰最多的是先生,对我帮助最大的也是先生。

我最初是冲着先生的书法去的，曾力所能及地为先生和夫人的出行、看病、住院等提供过便利。我这么做主要是出于对先生人品学问的景仰，当然也存了点私心，想多收藏一些先生墨宝。

邵燕祥先生说："小如先生晚年得交你们是他的福气。"其实，我有幸与先生相识更是一种福气。先生乐当曹丘，或电话介绍，或书信引荐，我才有机会认识何满子、黄裳、赵宝煦、来新夏、卞孝萱、周南等先生，丰富了我八小时以外的业余生活。

先生曾对我说："我从不给别人介绍老先生，但跃华例外。"他大病前，我提出想拜访郭预衡先生，他提起毛笔就写：

> 预衡先生著席：久疏音候，时念起居，日前一通电话，藉谂动止胜常，甚以为慰。人民武警报副社长肖跃华同志久慕大名，嘱作曹丘，幸能拨冗接见。萧君喜爱传统文化，好与我辈中人交往，故敢冒昧陈情，千祈恕其鲁莽，不胜感谢，匆匆不一。敬祝暑安。吴小如顿首，己丑闰五月。

这封信写好没几天先生就住院了，他在武警总医院病榻旁用圆珠笔写下一张小纸条："写字是我的业余爱好，吴小如不能写字了，岂不悲哉！"当时我心中隐隐作痛。

## 二

我喜欢先生的自书诗，手持《北平笺谱》求赐，先生说："这么好的东西写字太糟蹋了，还是不写为好。"我任性而为，半个月后再次造访，规定所写数量，没有商量余地，先生只好在落款上发牢骚:“跃华同志坚嘱写拙诗,且须尽五十纸,乃纷沓凑泊,黾勉完卷,中多罣误,尚乞宥之。戊子夏,小如。”

我想巴结巴结领导,用先生墨宝联络感情,提出落款处写几句恭维话。先生从不为高官题跋作序,也羞与沽名钓誉的所谓同道中人为伍。但他为晚生着想,卷尾破例书:“××方家好学深思,博闻强记,谨节录荀子《劝学篇》聊志仰止之忱,即希雅正。戊子春,小如敬书。”

我申请生育二胎,提出儿子降临那天请赐墨宝,报喜电话过去,先生伏案挥毫:“和气致祥,和平康乐。岁次戊子八月十二日,肖和小友诞生纪念。”

我请友人绘《跃华先生忆旧图》,上有周退密先生题诗:“文章已获连城价,宝剑常随壮士身。回念当年炉锤畔,玉成于汝是艰辛。己丑夏至,九六老人周退密。”我请先生再题,他想推脱,我说:“不行,先放您这,写好后我来取。”我刚回到家中,先生就打来电话说已写好:“欲肩大任先劳力,煅铁嵇康亦可人。握笔持枪同报国,从来成事在修身。己丑闰五月为跃华题,小如。”

我要求先生签名题跋用毛笔,我拜托先生帮我改文章,先生总是有求必应。他是一位有傲骨而无傲气,外表清高而内心炽热的精神贵族、本色学人。

2010年9月11日,我双手呈上有关王闿运、萧穆、吴保初、罗家伦、梁寒操、黎锦熙、谢国桢等先生的收藏随笔请先生斧正,他一句“我不客气了”,真的当起责任编辑。他在《路桥之父——曾养甫》标题下批示:“此篇问题较大,请熟斟酌。”在《史学天才——萧一山》结尾提示:“对萧的评价应再三考虑。”

最后一页的反面,先生写得密密麻麻:“行文风格次要,规范是首要的。一、你每一篇传记都是第二手材料，这就必须审慎核对；二、所用材料的来源必须注明出处，单用括号注明（×××语）是不对的；三、切忌犯常识性错误，如把两首绝句当一首律诗，绝句是四句，律诗是八句，韵脚尤须注意，不能出一点错误，否则就是硬伤；四、错别字要注意；五、不要卖弄，用语尤忌夸张与粗俗，故意说俏皮话是可以的，但须有文采与含蓄，你的文章中此病最明显。”

先生的批评令我十分惭愧。

2012年元月，我从嘉德拍到一幅书法，上书两首祝寿诗。其一：“卌年冰檗格苍穹，台筑怀清德望崇。得句哭夫诗比鹄，和凡课子胆尝熊。忧忘萱草歌黄发，节励松筠褒白宫。七械四箴阃范守，一生大有古人风。戊辰春颂杨节母荣褒，吴兴王震。”其二：“湛湛江水动寒砧，卌载緐忧漆室吟。镫影长茕风雨晦，鬓丝都换雪霜深。同甘合署延年券，济美宜酬鬻闵心。已见乌头荣绰禊，好将彤管纪徽音。杨母唐太夫人荣褒诗，岁在戊辰新春，瞿宣颖拜撰书。”我反复研读，其中的“卌年”“台筑怀清”“鬻闵心”还是不懂，于是登门请教先生。

先生看过两遍说，“卌年冰檗格苍穹”就是杨母守寡四十年了。“台筑怀清”出自《史记》，巴（今重庆）寡妇清守家业有贞操，秦始皇为褒扬她筑女怀清台，王安石、汤显祖都用过这个典故。“鬻闵心”的闵即闵子骞。闵寒冬载父亲、继母和两个弟弟出行，冻得手失缰绳，他父亲以为其偷懒一鞭狠抽下去，打破的“棉衣”露出的全是芦花，方知继室欺凌长子，一气之下决定休妻。闵跪求父亲留下虐待他的继母，说了两句名言：“母在一子寒，母去三子单。”这两首诗讲的都是母慈子孝的传统美德。

先生的解释令我十分汗颜。

我藏有清末民国学者对联、自书诗稿若干,分期分批送实物或翻拍照片请先生解惑释疑,往往八九点来,十二点走,九十点来也是十二点走。先生发现“迟来早来同时走”的秘密后,我再电话请示“什么时候过来”时,他都说“十点后”。我亦心照不宣,不再破此规矩。先生年事已高,精力衰退矣。

## 三

2009 年 7 月,先生患脑血栓后右手致残从此手不能书,身体每况愈下,行动步履维艰。他再也不能跟我们外出小聚了。我不时派司机送去一两道先生喜欢吃的起士林的法式肉饼、罐焖牛肉、法式猪排,后来他说起士林的菜价格涨了味道变了,主动提出改吃东兴楼的芙蓉鸡片、滑熘里脊等菜肴。机关车辆改革后,我成了无车族,给先生送吃的不经常了,但心里一直惦记着这件事情。

2012 年 7 月 11 日,我交流到上海任职,先生得知消息后开玩笑说:“我到上海有车坐了。”这是先生替我高兴,其实九旬高龄的他已根本没有精气神往返京沪了。我离京前向先生辞行,他安慰说:“上海的学术氛围相对自由,你业余时间可以多和老先生们交往交往,这样你也不至于太寂寞。”后来,他又多次托刘凤桥君传话:“要跃华坚强一些,振作起来,来日方长,好好看书学习,积淀积淀能量。”先生知我“被当官”内心有些郁闷,想方设法安慰我、开导我。

我闲来无事翻《诗经》,不得要领,返京后请教先生,他开玩笑说“跃华有文化了”，建议“看看姚舜牧的《疑问》、姚际恒的《通论》、方玉润的《原始》诸书，我的《〈诗三百篇〉臆札》也可翻翻”，并为自己的“一得之见、一孔之见”不被学界重视深表遗憾。我附庸风雅纯属装点门面，可先生却给我开出专业“处方”，我无法遵照执行，打油记下了这段文缘：“年近天命读《诗经》，今古相通赋比兴。循文按义求主旨，莎斋私授指迷津。”但我一直不敢将拙诗送给先生斧正，丑媳妇怕见公婆也。

## 四

我最后一次见到先生是2014年3月23日。保姆开门时说先生吞咽功能没了，早上粒米未进，中午准备熬点稀饭给他喝。我来到先生卧室，他正坐在沙发上看张恨水的章回小说，面前放着一个铺着塑料袋的小垃圾桶随时吐痰，举手投足十分吃力，耳朵也不灵光了。他从新年开始就谢绝各方来客访问。

我聊到先生新出版的《莎斋诗剩》。他说：“这是以你编的书(《吴小如先生自书诗》)为蓝本的。”我记起来了，先生曾在这本自书诗集上给我题跋“跃华同志印拙诗中心感愧”。

“您签个名可以吗?”我试探性地问。

先生望着我，找出赠书名单说：“这些人我都没有签名。”但他还是接过书，抖擞着在两本书上签名，只不过“吴小如”三字今非昔比，外人已很难辨认了。

先生刚刚荣获《诗刊》社首届年度“子曰”诗人奖，评委评价：“吴小如先生乃国学名家，学问精深，温厚儒雅，声誉卓著。他的诗词作品，历尽沧桑而愈见深邃，洞悉世事而愈见旷达，深刻地表

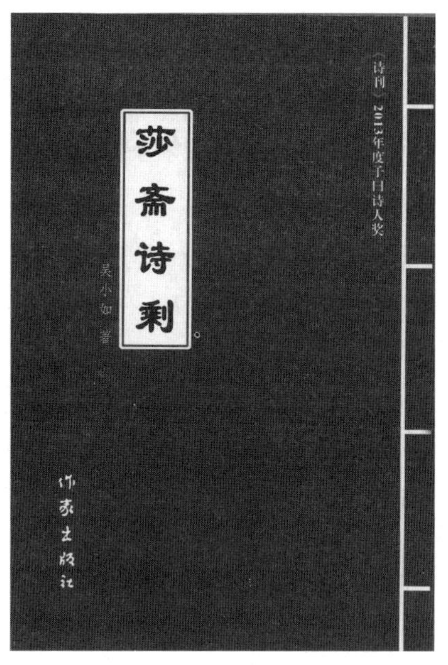


《莎斋诗剩》书影

现了饱经风雨的知识分子的人生感悟，展示了一位当代文人刚正不阿的风骨和节操。”这项殊荣虽然来得晚了些，但对先生寂寞孤独的晚年无疑是一种安慰，更何况还有三十万元奖金，可以缓解他入不敷出的经济上的压力。

这样的盛会先生无法动身前往，会上播放了先生的一段视频讲话：“我只是一个教书匠，不是诗人。当我听说获得 2013 年‘子曰’年度诗人奖时，我在高兴的同时，更多的是感到惭愧……也许是评委先生们考虑到我年纪大了，权当给我个安慰奖吧。”

这位当年北大中文系讲课最叫座的教授一直这么认为：“要把古代诗文讲出个所以然来，必须掌握写作古诗文的实践经验，否则终不免隔靴搔痒。北大有两位名教授,一位是林庚先生,另一位是吴组缃先生。林先生讲诗,吴先生讲小说,都十分精彩,一个重要原因就是他们本人是诗人和小说家。他们两位是我的老师辈,是我学习的楷模。”

晚年丧妻、丧子、丧女,先生经历了人生中的种种不幸。我预感到先生来日不多,想继《江山留与后人愁》(《文汇读书周报》2013 年 9 月 27 日)后,再写篇《慢慢老去的吴小如》,为先生不受“待见”鸣不平。这个“知名海内外”(林庚、吴组缃语)的教授,竟然至今还住着五十多平方米的蜗居。北京大学校长热烈欢迎奥巴马的两个女儿来北大上学,难道他们就不能多关心关心这些老教授的生活?北大离开了这些老教授还能叫北大?

2014 年 5 月 11 日上午,先生呼吸困难,去北大医院三院打吊针,下午四点回到家中休息,晚餐时还喝了牛奶,吃了鸡蛋,但呼吸越来越急促。他自感可能不行了,给远在上海的儿子吴煜打电话。先生辞世时,仅跟随多年的保姆和闻讯赶来的门人小彭在侧。

我没有资格当先生的学生,却是先生地道的“粉丝”——先生曾这么高兴地向他的门人介绍。如今“粉丝”无星可追,先生您一路走好。天堂上有您的恩师朱自清、俞平伯、沈从文,好友王元化、何满子、谢蔚明及老伴和长子、长女,他们是不会挤对您的。

# “操千曲而后晓声”

项江涛

吴小如,1922 年 9 月 8 日生于哈尔滨,本名吴同宝,号莎斋,曾用笔名少若。吴小如先生幼承庭训,家传有素,转益多师。先生负笈燕京大学、清华大学、北京大学三所名校,先后受业于朱经畬、朱自清、俞平伯、沈从文、废名(冯文炳)、游国恩等著名学者,又深得林宰平、章士钊、陈寅恪、梁漱溟、魏建功、顾随等学术大师器重。

北京语言大学彭庆生教授在《难窥夫子墙——敬贺小如师九秩华诞》中曾言:“小如师精通文字、音韵、训诂、考据,淹贯诗歌、散文、戏曲、小说,文史并重,兼工行草楷书,笔意遒劲秀逸。先生治学,擅长由训诂而通辞章,重考据以明义理,探赜索隐,钩深致远,洵为乾嘉学派之鲁殿灵光,旷世难求之通才。小如师是性情中人,耿直狷介,特立独行,从不俯仰取容,然极重情谊。对师长,感恩图报;对朋友,肝胆相照;对门生后进,眷顾奖掖,不遗余力。凡此种种,有口皆碑。”

冬日的午后,记者在约好的时间,来到吴小如先生家中。九十二岁的吴先生清瘦矍铄,声音清晰而洪亮,他温文尔雅,却自谦为"不谙世故",被称为"学术警察"。

## 学术规范应该坚持"守正"

先生说他是一个不会圆滑的人。近年来,他对当前社会一些领域风气与道德的滑坡颇感忧虑,因此先生写了很多抨击不良学风、文风的文章。先生忧恐学术与艺术皆徒具空名而羌无故实,形成文化泡沫乃至文化沙漠,一任假冒伪劣者横行于天下。如果学术腐败每况愈下,学术垃圾、不伦不类之物将充斥学术界。谈及当前一些学术腐败现象,先生直言:学术腐败有其社会的根源,当前,人们把钱看得太重了。学术腐败是社会运转中产生的不良现象,只有认清学术腐败产生的源头,再采取相应的措施,才能根治学术腐败现象。谈及学术研究,先生认为学术研究应具有高品位与高水平,才能于人类社会有所裨益。他说:"传道授业,宜高悬标准,不宜迁就,但求普及,而不务提高,则舍本而逐末矣。"

先生认为,文化走出去,首先社会风气要正。他强调学术的规范性和精确性,他认为:学术规范应该坚持"守正"。

## 学术研究的真血脉是求真求是

先生二十三四岁时,立志对新旧文学作品从事介绍与批评,并约法两章:一是言必由衷,只说自己的话,不攀附或盲从任何人;二是力求立论公允,即使受业恩师也不一味揄扬赞美,好就说好，不足就径直指出。

先生说写学术论文，他只抱定两条宗旨：一是没有自己的一得之见绝不下笔。哪怕这一看法只与前人相去一间，却毕竟是自己的点滴心得，而非人云亦云的炒冷饭。否则宁缺毋滥，决不凑数或凑趣。二是一定要抱着老老实实的态度，不哗众取宠，不看风使舵，不稗贩前人旧说，不偷懒用第二手材料。先生说，做学问不能凭灵感，不要在学术文章中加入主观臆测，要言必有据，每个观点都要建筑在大量的材料和客观旁证上。

做学问、写文章要争取不出错，但差错不可能完全避免，关键是有错就必须改。别人指出来了，就要感激，要从善如流。先生一直为今年八月某报纸出现的文史错误（将张伯驹、丁志云两位先生《四郎探母》的剧照误写为《打渔杀家》）至今不做更正而耿耿于怀。他说，现在学术界以讹传讹的现象太严重了。学术研究的真血脉是求真求是的精神和态度。先生被人戏称为“学术警察”，恐怕也跟其言必由衷、力求立论公允的特点有关。

## 做教员基本功要扎实

“操千曲而后晓声”，先生博览群书，可谓“逮着什么看什么”，有着“无书不窥”之势，至今仍保持着手不释卷的习惯，床边整齐地摆放着各种书籍报刊。他并不计较人们称其为“杂家”，正因为先生博览精思，他才能做到讲文学史，从《诗经》到梁启超皆持之有故；研究诗文，从先秦贯穿于明清近代皆言之成理，“是我们那一代治古典文学的顶尖学者”（邵燕祥语），先生文字、声韵、训诂知识精湛，被称为“乾嘉学派最后一位朴学守望者”（陈丹晨语）；先生所著《读书丛札》浓缩了古代文学史精华；先生潜心典籍，孜孜不倦弘扬我国传统戏曲艺术。近百万字的《吴小如戏曲文录》，是研究中国戏曲的经典著作，曾获"北京大学优秀文化著作奖"，被金克木先生称为"绝学"。

他自言得天下英才而教育之为最大快乐，讲课成为他主要的"嗜好"。他认为，作为教员首先要有扎实的基本功，其次是眼界要宽阔，根深才能叶茂，博览群书才能提高鉴别力；还要有生动形象的讲课技巧，才能把学生"笼住"。先生在京剧与书法艺术方面都有着精深的造诣，但始终谦称为两大"业余爱好"。当记者问及对这两门艺术的修习方法时，先生简言："同样以把握上述几条为要。"

"宁可人负我，不可我负人"，吴先生说，"自己有做人的底线，不能把自己堕落到底线的下面去。我还有做人的原则。孔子说'己所不欲勿施于人'。我还有一条：己之所欲，不强施于人。"

不知不觉中，两个多小时过去了，先生说他聊得很有兴致。

夕阳的余晖透过玻璃窗轻洒在屋内，窗前的君子兰碧绿光亮……

（作者单位：中国社会科学报社）

# 回忆吴小如先生

徐城北

吴小如先生去世了，享年九十三岁。看似只是一位老者的离世，却是“梨园三贤”烟消云散，一个最精到的学者京剧评论家时代的结束。朱家溍、刘曾复和吴小如先生，各有其专业，且均为佼佼者。他们分别供职于故宫博物院、协和医院和北京大学，从事研究和教学，又同是京剧史学家、研究者、杰出的评论家。他们以得天独厚的世家熏染、自身丰厚的学养和教育学术背景，开创了一个学者考戏、评戏、说戏甚至粉墨登台的美好时代。小如先生小另两位先生几岁，他的逝世，是三足之鼎的最后坍塌，也是一出经典“梨园三贤”的沉重落幕。

与相对温和的朱家溍、刘曾复先生相比，小如先生的性格更有特点，评戏、评人、评文章，从不曲意奉承，不在意是否得罪人。他刚好年长我二十岁。他当初与我们家有旧，我父母早年在《大公报》当记者，他拿来在大学时代的文章，交我父母，在报上发表。那时只听说他从年轻时就开始收集京剧名家的唱片，不仅常进戏园子听戏，更以研究的心态反复琢磨唱片。

我认识小如先生并不早，青年时代由于父母的右派原因，多年辗转流离，直到20世纪80年代初期调入中国京剧院，我才有半只脚涉足梨园，对朱、刘两位长者恭敬有加待之以师礼。后来在剧场和剧评会议上结识了吴先生。我在写作《梅兰芳与二十世纪》的过程中，曾就20世纪三四十年代到50年代初北京各大学的栋梁师资阵容等问题专程去向小如先生请教。给我留下深刻印象的是，当时他拿出一个小本，把当年各校教师阵容逐一介绍，好像早有准备似的。我很惊讶地拿过他的小本，择要摘录，真没有想到他不但对北京大学，而且对其他学校的情况也了如指掌。这令我十分敬佩，庆幸自己真是找对了人。这几次请教促进了我们的关系，他几次称赞我有活力，这时他很接受我。

我那时常在天津《今晚报》上发表短文，内容多涉及梨园轶闻。小如先生当时也写梨园旧事逸闻，有时在内容上难免有些重叠。一次记不得为哪件事他不高兴了，私下说"哪儿来的这个徐城北，净抄我的路子……"我间接得知，也心中不爽，觉得各写各的，何必搞的像争《今晚报》这块阵地？更何况，我跟您差了二十岁，足可以"井水不犯河水"呀。不久，我写了一篇杨小楼30年代在天津唱堂会的小稿。吴先生看了大发雷霆，撰文指责我"不是这里事"云云。他也谈及这场堂会，依据是朱家溍先生所云。我也气了，说我写文章是听袁世海先生讲的。我的观点是，所谓堂会，不应该掩盖演员即兴表演，看的人在玩，而演员们也在玩，这一次的玩与下一次的玩，是允许不一样的。我还说，30年代的这场堂会，您也没能亲见，您不是也耳食于朱家溍吗？大约这句话把他气得够呛。他公开写文说我只会"耳食"。我当即撰文反驳，说您比我大二十岁，遇到更老的旧事不也在"耳食"吗？我甚至说，您认识朱家溍，难道我就不认识他？我说起母亲当年主编《旅行家》时曾邀请朱家溍写稿子，我多次到朱家去向朱家溍先生请教时，朱先生曾笑称“你妈当年就坐在你今天坐的这张椅子上”，还说文章写好后，“你妈请我在康乐餐厅吃饭，她酒量好，一杯接一杯地自己喝白酒，我都看呆了”云云。我甚至说，自己趁年轻正应该抓紧“耳食”，既了解“梨园旧闻”，也了解父母昔日采访时的音容笑貌。一旦有了“故事”线索，就当即追踪，骑上车子就去证实并撰文发表，且与相关人士探讨求证。不像某些年岁大的人，为保有“耳食”和“秘闻”之私有性，打听到还要让其留存在自己这里继续发酵，以继续保持私有性。我这句话大约也很伤到他心里了。

我俩发文对阵几个回合，基本打了个平手。据说此事还使《今晚报》的销量在那几天有了增加。黄宗江先生和吴先生是挚友，与我也是亦师亦友，曾多次两边调停。现在想起此事，眼前还浮现出宗江老师笑眯眯的月牙眼睛，耳边响着他“城北，城北……”亲切的劝解嘱咐。北京大学也有教授从中“劝架”，建议请一次饭，让我俩就此停手。我一副无所谓的气概，他觉得我从辈分上就不是他的对手，谢绝。

我那时心高气盛忙着写作，心里没怎么看重这场笔仗，但当时遇到同年文友、梨园同行，有些因笔墨官司和吴先生有“过节”，都认为我为他们出了气，很能振奋人心。这更助长了我的匹夫之勇。“年少张狂”不足以形容我当时的意气，我“耳顺”，先生“古稀”，我们互不相让，似乎唱了一场《两将军》，真去打仗了，张飞和马超，还谁怕谁呀。

但我始终心悦诚服地承认，吴先生研究京剧尤其是老生有独到之处，关于整个文化背景也知道得很深入。吴先生当时作品颇丰，但出书依旧不是很顺利。我曾建议，不妨把此次与我辩论的文章也收进去，兴许可以增加发行量。我则声明，说反正我再出集子，是要把他的文章也录进去的。1996 年北京大学出版社出版了吴先生的重要著作《吴小如戏曲文录》，简朴的绿色封面，厚厚的一本，很符合他不事奢华的性格。我读了觉得很好，于是四处推荐，买了很多本送朋友。一次参加什么会议，我们在天安门广场宽阔的历史博物馆门前碰面了。那是个星期天的上午，我上前鞠躬握手，夸赞这本书好，他很高兴，连说“我应该先送你的”。

此后，我们各自忙碌，有十几年没见过面，但凡是能见到的他的文章和作品，我都恭敬拜读，受益颇多。我也很关注他的学术动态和身体情况，知道他在上海讲学受到欢迎，后来受邀常年住上海。有彼此相熟的上海朋友来玩，我一定嘱托给吴先生带好。后来他又回到北京，听说他居住得很狭窄，但他能窄中求宽，带病治学，有弟子学生扶助，我也为之宽慰。偶尔看见他的新作，言简意赅，仍是一派大家气数。

如今，重提此段“公案”，我“不悔少作”，真希望先生还能一跃而起，重现虎虎生气，再与我“厮杀”一番。实在是很怀念那样纯净的学术环境和先生这样真性情的人。

最近报纸上披露他没有被聘为博导，我想，以先生的资历、学识，不要说一个博导了，三个五个也应该拿下。如今，先生走了，北大缺少了这样一位文史兼通的学者教授，梨园则再难找到先生这样不但爱戏、懂戏，还懂表演，通晓流派，谙熟戏曲史，戏剧评论精到的前辈通人。

希望先生的事业后继有人。

（作者单位：中国艺术研究院）

# 吴小如先生、朱家溍先生和我

徐芃

20世纪90年代末，是北京响亮倡导“振兴京剧”的年代，或许也是京剧“凋敝”的时代。我看过护国寺人民剧场京剧名角的戏，彼时偌大的剧场里只有十几名观众；我得到过很多赠票，记忆中那时似乎没有多少真正营业性的演出。我与朱家溍、吴小如两位京剧研究巨匠结缘，也正是在那段时间，在北京大学求学的七年间。

北大中文系，十八岁“坤生”（女人唱老生行），在那个年代算是先生们的惊喜吧。现在回头看，发现时间上两个让人百感交集的巧合：两位长者于2003、2014年相继谢世；我恰在2003年负笈西游，2014年获得美国芝加哥大学博士学位，谋得教职。2017年岁末，我以海外京剧研究者身份回到北京大学，做了一场京剧雅集。看到北大静园二楼坐满了人，且大多为少年，我暗暗吃惊，实在时代大不同了。未免想起少年时代求教于两位先生的三两趣事，写一篇小文，分享给那些喜欢读先生们的书、听先生们的说戏录音却未及得见先生们的同好。

于我有“正式”师生关系的是北大教授吴小如先生。可是从先生游容易,从先生研究京剧实在不易。话题每一及京剧,先生就送客。《诗经》则可,唐诗则可,京剧却是禁忌。先生正色劝我勉力攻读古典文学,好学深思,打好基础,庶几可保得一个大学教师的饭碗,京剧是学而优的余事。所以当有人向先生提议,辅导我做一篇富连成科班研究的硕士论文,以继承光大先生的富连成研究,即遭先生断然拒绝,也是情理之中。我于是写了更“文学”的题目。

赴美留学前,我去向先生辞行,两人都黯然神伤。吴先生缓声说:“我至今都没有听过你唱戏。”又陡然正色说,“正因为你我是北大一脉的师生,所以我不能引你入‘小道’。”临别之际,吴先生说送我一个礼物,乃是他姑父何静老传给他的《甘露寺》刘备唱段。低声拍板唱了一遍,了却彼此一段心愿,我至此才得以跟先生学了一回戏。其实我还是于古典文学上用了一点功的,现在在美国一流文理学院教授中国古典文学,尚问心无愧者,乃因为听了先生的话。比《甘露寺》更珍贵的礼物,是这一点安身立命做学问的基本功。

有一件事吴先生或许是忘了,我不敢驳斥吴先生的,是我其实给他唱过,至少是念过一段京剧念白。那时张鸣教授安排已经退休多年的吴先生开一门课,名为《经典常谈》。课名其实讲究:用四字成语“老生常谈”中的“常谈”,固然是吴先生谦辞,他还暗用这一成语中的“老生”——意思是说课程内容是中国古代经典,上自《诗经》下至杜诗,讲授者则一皮黄老生也。可能因为我也唱老生,所以被指定去接送吴先生。所谓接送者,就是陪侍老先生一起从中关园骑车入北大东门至“二教”上课，下课时再一起骑车回中关园。这是下私功的大好机会，大家都很羡慕我。

其实，这一段路相当难走，上下课时段高峰期，在自行车大军中，我要和先生的车保持距离，同时还要紧紧跟随，是高难度动作。一天，吴先生问我：“你跟刘曾复先生学戏，现在学什么?”我那时惦记要在北大办公楼礼堂里彩唱一折京剧《三击掌》，就如实回答。吴先生高声说：“好极了！王允的念白，你念念我听。”我心虚，不敢在京剧研究家面前班门弄斧，又不敢不遵从，就哼起引子“一枝花抛出墙外，为三女常挂心怀”云云。声音小，马路上嘈杂，吴先生就骑得越来越近，不小心两人的车把就挂上了，我们一起摔倒。我爬起来看吴先生，他手上的皮破了一块，流血了。我心里别提有多么难过了，没有照顾好吴先生，反而害先生受伤了。吴先生不说话，我们默默骑了一段路。我在北大做的蠢事一定无数，只是这一件还记得而已。

后来我得知，我学的这个念白是20世纪初京剧演员贾洪林的演出本，吴先生是唱片版本学的大宗师，一听唱词便知其稀有，故而专心忘我。

朱家溍先生与我的师生缘鲜为人知。说来我居然曾经“拜”过朱先生。引师是北大楼宇烈教授，北京昆曲研习社社长。那时我已经在社里混了不少时间，给朱先生跑过龙套，他演出时我去后台站在他桌边看他扮戏。关羽也好，郭子仪也罢，朱先生扮相里仿佛有神性，美得动人心旌。朱先生平日虽然和蔼，却正襟危坐，我们几个年轻学生如对神明，不敢近前，遑论学戏了。

可我也有我的心眼。朱先生第一次注意到我，是暑热难耐的一天，因为我用足力气大唱郭子仪的戏，把曲社纳凉的人都招进

（从左至右）汪沛炘、朱家溍、吴小如

屋里来，人群中便有朱先生。还有一次我们去在香山国际饭店举行的汉学会议上演出，朱先生演昆曲《单刀会》的关羽，和我们坐同一辆大巴。我们几个女孩子正坐在朱先生后面。我少年心性，高谈阔论，说到一次看戏，偶然被“抓”上台去，扎红软靠，当了一次《群英会》的周泰，而按照《三国演义》原文，那个角色应当是程普而非周泰。京剧演员茹元俊是把场，给我现说“地方”，居然台上没出纰漏。朱先生回头，深深看了我一眼。我的一点“见识”，很多是从恩师刘曾复先生那里得来，再这样说给朱先生听。再后来刘先生庆贺寿诞之时，特意安排朱先生和梁小鸾清唱《别姬》开场，吩咐我清唱“大轴”《捉放宿店》。朱先生自然记住我这个“小女老生”了。

说到“拜”朱先生，楼宇烈教授是好心人，那日在曲社寻到我，领我去“见个老师”。我一进屋看见朱先生端坐在中间,心里就美了,岂有不乐意的道理。不知道是否我的“周泰红靠”故事起了作用,朱先生说:“你就学靠把戏,第一出学《卸甲封王》。”于是我乖乖地跟着朱先生回家取学戏资料。从织染局小学的曲社走到锣鼓巷朱先生府上,我只记得北京寒冬的胡同狭长清冷,冬日映出身材伟岸的先生的影子,我紧紧跟在影子后面。谁知不久朱先生病体沉重,《卸甲封王》就此搁下,令我遗憾终生。

我离京赴美以前,去府上辞行,朱先生没有客套话,只是说:“我们几个教你难道还不够,出洋干什么?!”我心中一凛。

朱先生辞世时我在芝加哥上学,那一次见面遂成永别。

十余年时光匆匆过去,京剧脱“小道”而登大学讲堂。去年年末回母校讲演,我预备两个题目,一是跟清宫“京朝派”昆曲唱法有关,一是跟京剧唱片有关。这两个题目我都在美国讲过,这些年在他乡除了做文学研究,既讲且唱的公开课也做了十场左右。可是静园这一场与我在美国任何一所大学里的都极不同,因为观众里有很多跟我少年时一样渴望学戏、研究戏的大学生,他们是我的知音。

我听到少年们的掌声,看到少年们眼神中的羡慕,我的快乐里忽然生出一点悲伤——吴先生、朱先生都不在了。在讲堂和舞台之间,搭一座桥,让未来的京剧研究家走上去,那是一场先生们这一代人未竟之事业。我唯有继续秉持热爱京剧和想对之有所讨论的初心,才不辜负与两位先生的缘分。

(作者单位:夏威夷大学)

# 性情吴小如：文章易冷　风华不逝

闫小平

接到吴小如先生去世消息的电话时，我在一个小公园散步。9 点多钟，快闭园了，一个人也没有，雨后湿漉漉的月亮照着湿漉漉的小石头路。

树林、草叶都散发着甜气，夜雾里浓得散不开，让我想起第一次去先生家吃的巧克力。

2008 年，我因接手新栏目（雅虎网戏曲版）想求先生题字，又没有润笔预算，便托一位朋友试问，先生回复说：来。

去前我准备带盒茶叶，朋友却说："带巧克力吧，女孩子带巧克力来他高兴。"那天先生果然特别开心，吃过巧克力，认真写了好几幅让我选。挑完字，我略坐了下，便自觉该走了，没想到先生说："再坐一会儿。"于是，一老二小便对坐聊了一个下午的天。告别时，先生送到门口还说着聊着。

韵古曲戲
聲新虎雅

吴小如先生为“雅虎网戏曲版”题字

## 京剧:自认最大贡献是“订讹、传信”

当天吴小如先生除了把为我题写的字的字义、源流讲了一遍之外,聊的就全是京剧。内容记不清了,但风格犀利,令我笑个不停,我真没想到年近九旬的老人还这么关注新事,开口批评又如此尖锐。后来听说,有一位已成名的演员请教吴小如:“先生您看您给我说说这戏?”吴小如毫不留情:“我看你得重头来。”吴小如聊戏大概若是。

但最苛刻的批评,吴小如留给了自己。他在重版的《吴小如戏曲文录》总序中,首先反思了自己为戏曲戴上“现实主义桂冠”的旧文,用词严厉,批评自己“违心趋时”,并称“旧文未加改动,算作自我反思”。

吴小如本是学人,一生执教,对于钟爱的京剧,也以治学态度事之。他自幼观剧听唱片,十三四岁开始写剧评。后来陆续不断地学戏,及至“文革”前夕,又向与余叔岩同辈的贯大元系统地学了十四出老生戏,但终生自称“台下人”。除了保存、研究老辈唱片、撰写剧评之外,他自认对京剧做的最大贡献是“订讹、传信”。

许多资深戏迷被取笑“言必称朱(家溍)刘(曾复)吴(小如)”,还曾有演员不乏质疑地问吴小如,您开口闭口杨小楼,他到底好在哪儿?吴小如回答毫不含糊:“我不说杨小楼台上(指演员的表演动作等),台上你没见过,我不欺负你。我就说唱片。你听杨小楼《霸王别姬》里的‘哇呀呀’,最后还来一个‘节节高’,现在的演员,谁来一个?”

取笑者、质疑者可能没有意识到,这三位先生不仅是京剧黄金时代的亲历者,更为重要的是,他们是传统学界观照梨园的最后风向标。吴小如《昆曲京戏中“脸”字的读音》《从宋德珠看武旦三代人》《杨小楼晚年演出订讹》《孙悟空的舞台形象》等许多文章,都用传统学术方法写出,严谨、求真,不仅内容价值大,写作方法也值得后学深入研究。

北京大学常被提起与戏曲有缘,但在吴小如之前,都仅涉及雅部正声——昆曲。吴小如将皮黄京剧带入课堂,甚至能在讲古典诗词时,从美学角度将杜甫与京剧对应而论。他喜爱杜诗里的“明日隔山岳,世事两茫茫”,由此谈到程砚秋《红拂传》的“此一去尚不知再见何年”,再由此谈到中国古典文学的意境,令学生印象深刻。他还能不拘于纸上,兴之所至,便放声而歌。

吴小如评论严厉,但对真心爱戏的人又很亲切。毕业于北京大学化学系的姜骏在十年前读研究生时,因为倾心吴小如的书,提笔去信,竟接到吴小如电话,约他到家里坐一坐。第一次聊天只有四十分钟,渐渐地发现这个“小朋友”对京剧很有见地,吴小如便常常相约,和姜骏成了忘年交,后来还很信赖地把刘曾复说戏录音交给姜骏翻录、整理,成为京剧界的珍贵资料。

2013 年，姜骏担任了《吴小如京剧唱腔选》的主编，吴先生坚持只赠不售，他说："我不是演员，怎么能拿这个卖钱呢？"端的是老派票友的清雅之风。

姜骏和吴小如熟悉后，逐渐受托代吴先生处理一些日常事务，吴先生甚至请他修空调、换电灯泡。当时已经是北京大学化学博士后的姜骏回忆笑说，因为"他觉得我是理科生，这些我能懂"。某次帮忙后，吴小如非要表示感谢，姜骏连说不用客气，告辞而去。临关门一刹那，先生竟啪地给姜骏行了个举手礼。姜骏近日回想至此，说："吴先生的表达方式直接、真诚，我永远都忘不了那一刻他笑得就像个小孩儿。"

## 学问：一辈子以讲课为最大嗜好

姜骏还提及吴家有一副对联"水木清晖荷馨永播，九旬华诞棣萼同欢"。这是 2001 年清华九十周年校庆时，北大特委校办主任登门，恳请吴小如先生作的。除了公认吴先生对楹联研究深、文采好之外，还因为他在清华、北大都曾求学，所以是最合适人选。该联从清华荷塘与北大朗润园荷花着笔，写出两校棣萼般的兄弟之谊，更巧妙嵌入"清华"两字，工整又大气，不仅很让北大校方得意，清华校方也十分珍爱。

吴小如最先考入的是燕京大学，但反感该校"洋味太浓、官气太重"，坚持退学。又考入清华中文系插班，受教于陈寅恪。陈寅恪给吴小如的论文打出了最高分。后因为生活窘迫需要寻找兼职，吴小如从京城西郊的清华转入城内的北大，当时清华中文系主任朱自清尤其遗憾："好不容易招了个好学生，可惜转学了。"

吴小如就读名校,受业于俞平伯、章士钊、梁漱溟、顾随等学者,成为古典文学的全才,特别是在中国文学史方面,“开课范围能从先秦到鲁迅”。吴小如也调侃自己是中文系‘万金油’,哪个讲堂都可以上。北大中文系教授张鸣痛惜吴小如离世:“在中文系,他的学问最全面,能从先秦到近代通讲下来,不仅仅是了解而是精通,而且诗、词、散文、戏曲都有著述,除了吴小如先生,中文系找不出第二个。”在研究日趋专门化的学术格局下,这样的“通才”“大才”,随着吴小如的去世,也再难重有。

吴小如一辈子以讲课为最大嗜好,最喜欢称自己“教书匠”。他爱讲课,也很会讲课,除了学养深厚,他在课上还时有新观点令学生兴奋,偶尔绘声绘色地抛出小包袱能引发哄堂大笑,再加之他的板书特别赏心悦目,20 世纪 50 年代,北大中文系中有了“讲课最生动的吴小如”之说。按规定,讲师不能带研究生,吴小如做讲师时就带了研究生。

但吴小如直到退休,也没有评上博士生导师,原因众说纷纭,比较客观的说法是他没有大部头著述。的确,在吴小如最能出学术成就的壮年,运动频来,每次运动他都是“运动员”。特别是在“文革”初期,红卫兵贴出吴小如大字报,吴小如居然还以大字报还击,结果他以讲师的身份得到了教授的批斗“待遇”。

吴小如也从不讳言自己和同僚关系紧张。他喜爱一位名叫沈玉成的弟子,甚至称他是自己最好的学生,但并不因此放松要求,还公开发表文章批评过他。沈玉成后来说吴先生到处受挤对碰钉子,一生坎坷就是因为太得罪人,“连我这老学生都受不了”。

他曾一度要求调离北大中文系,言辞激烈:“我给北大看门都干,死活不在中文系。”北大历史系主任周一良便请吴小如到历史系执教。在《周一良自传》中,他将此事看作自己任内最得意的两件工作之一。但周一良也在书里透露吴小如在历史系没受到重用。客观而言,正如先生弟子白化文所说,“历史系只能是吴先生钓游之地,安能展其长材”!

吴小如没有大部头著作,但很舍得下功夫做基础学术工作。他的《中国文史工具资料书举要》至今仍在全国文史专业中广泛使用。卞僧慧先生出版《陈寅恪先生年谱长编》,吴小如义务做校对工作,连打字者的错字都亲自动手修改。他的《读书丛札》不仅被周祖谟、吴组缃、林庚等前辈赞誉,著名海外学人、哥伦比亚大学教授夏志清还曾主张“凡教中文的老师应该人手一册”。

## 深情:少年夫妻,恩爱一生

清华校庆的对联,因吴师母非常喜欢,吴小如又另手书一副,嵌成镜心摆在吴师母卧室的五斗橱上,直到吴师母去世才取下。吴小如称吴师母“老伴”,两人少年夫妻,恩爱了一生。

吴小如比老伴大7岁,老伴患病后,他一直担心自己“熬”不过老伴。吴家在中关园,清水泥地,四白落地,吴师母和保姆各用一间卧室,吴小如则在书房搭一张行军床睡觉。多年前他曾想买蓝旗营的新房改善居住环境,最终没成,他考虑的是:“老伴长期生病,又没有医保,我如果走在她前面,得留钱给她看病养老啊。”

吴师母的糖尿病和帕金森症患于20世纪80年代,同期病友大部分都病逝了,而吴师母去世于2010年,享年八十二岁,可称高寿。三十余年,吴小如不仅在生活上亲力亲为照顾老伴,还很宠溺她。无论谁到访,谈何事,只要吴师母唤“小如”,先生立即起身入内。东方卫视一位制片人曾携团队来采访，十五分钟内，吴师母唤了五次“小如”。老伴唤得温柔，吴先生答得也温柔，每听得一唤，都暂停采访面带微笑而去。

吴先生爱吃也会吃，尤其芙蓉鸡片之类的功夫菜。他在外吃到老伴喜欢的菜，就不怎么下箸了，或再点一份，给出门不便的老伴带回去。

2008 年，吴师母跌伤入院，一度思维有点混乱，谁也不认识，包括吴小如。医生一时无计，年近九旬的吴先生上前俯在床边，握住老伴的手，带着她反复摸自己的鼻子和脸颊，老伴竟由此认出他，开口又唤“小如”。

老伴去世后，少有人见到吴先生大恸，但有一个下了雨的黄昏，客人来访，见他在房间里愣坐着，也没开灯，见有来人，他突然说：“天儿这么不好，老伴一个人孤零零地在那边，我不能去陪她，心里真难受。”

## 相助：予青年人总是一片热忱

吴小如晚年清贫，牢骚常有。但当他听说自己学生的学生——福建师范大学齐裕焜老师的学生在京生活困难后，却即时解囊相助，并一直不让受助者告诉其老师。吴先生去世后，回忆自己曾受到他帮助的人，远不止这一位。

对于青年人，吴小如总是一片热忱。青年学者张晖（不幸于 2013 年早逝）生前曾拜访过吴小如，吴先生不仅答复了他的问题，还介绍上海的施蛰存先生给他认识。此后屡有书信往来，吴小如为张晖解决学术困难，复印所需资料，还附上照片。张晖曾在给友人的信中写道:“老辈提携后进,真不遗余力。”

北京人民广播电台的主持人尚远十七岁时看过吴小如的《鸟瞰富连成》后,便给先生写了一封信。还是高中生的他,寄出后也觉冒昧,并不期待回信。不想空中书来:“××同学收,吴小如寄。”开头写的是:“久不到办公室,所以才接到来信,迟覆为歉。”后来还写信鼓励他选择文科,最为难得的是信中意见直率,大有为此选择负责的态度。

尚远此后一直情萦京剧,工作后成为戏曲节目主持人。2013年底,吴先生还答应上他的节目谈夏山楼主(即韩慎先,对京剧谭派深有心得,是新中国早期书画鉴定权威之一,吴小如在担任中国唱片社顾问期间,力主为他录制了唱片,留下珍贵资料)。先生去世后,尚远难过又遗憾:“和夏山楼主有关的内容,从此就再也无法完成了。”

## 傲气:对事的原则,就是做人的原则

吴先生的父亲吴玉如是著名书法家,启功赞其“三百年来无此大作手”。吴小如家学渊源,造诣精深,但他自己拒绝被称书法家,哪怕已出版三部书法集,他也说:“得在书法史上起一定作用的人,才可以叫书法家。”

他更看不起动辄自封为“家”的人,讽刺当今书坛许多人一不读书,二不“识字”,只为写字而写字。他希望写字的人多读书阅世,写出字来才能脱俗,有书卷气。

傲气的吴小如却在文章中感谢过书法并不如他的一位学生。先生幼年的书法并不被父亲认可,他教书后就不再练字了。20世纪60年代,学生钮隽向他直言:“您有基本功,为什么二十年不写字?假如不撂下,至少写得比现在好!”吴小如将此视为对自己的警告,从此每日临帖,病中不辍,取得了大成就。为此,吴先生多次说“我感谢他(钮隽)”。

都说吴小如尖锐无情,对此他曾说:“我也不是所有的事都锋芒毕露,我对事的原则,就是我做人的原则。”语言学家林焘只比吴小如大一岁,但林焘去世后,吴小如说:“以后有音韵学的问题,我都不知道问谁了。”

吴小如一直说至交刘曾复能活到一百岁。刘先生去世时,吴先生很伤感:“京剧的事儿我找不到人去问了。”文学史家林庚去世,吴小如向许多人说:“我所有的老师都走了。”

这其中有怀念,有伤情,但厌恶虚谈的吴小如说出此语,更多还是对自己不足的清醒认识,对贤者能者的由衷谦逊。有相熟的朋友和他开玩笑说:“朱砂无存,红土为贵。”吴小如很认真地回答:“我连红土都算不上。”

## 生死:以每日阅读的姿势,告别世界

吴小如一生洒脱,不讳言生死。九十岁的时候,他声明不组织宴会,不接受礼物,他的学生们就一起写了一本《学者吴小如》为先生祝寿。北京大学开了出版座谈会,吴小如本人则因病没有到场,成了一场没见到寿星的生日会。吴小如见了书情绪很好,说:“别人都是死了后出一本纪念文集,我活着时看看这些文章,看看大家对我评价怎么样,免得我死后看不见了。等于是追悼会的悼词我提前听见了。”但他仍一如既往地不客气:“有的写得太好,我想这是我吗?”

先生去世后,我以数面浅缘受约写此文,惶恐绝非虚言。朋友宽慰我这也算为先生做点事。我想,以吴小如生前之孤介,绝不想看到我怀念的陋文。需要纪念他的人,只是我们自己。在无情的时光里,历史如沙,京剧如沙,沙随风散,于沙而言,何损之有?是眷恋旧日艺华的我们,尚在疾风掠过之中妄求能握住些什么。

行笔时,我也一直在想,我写的是吴小如吗?文章一事,最易“弄真成假”,我笔下的吴小如,的确远不如中关园寓所中的吴小如充满魅力。当先生坐在家中沙发上,以他每日阅读的姿势,告别了这个世界后,我们无论是怀念他,还是想了解他,最好的办法是放下这篇小文,去读先生的文章。“文如其人”四个字于吴小如再贴切不过了。他的深厚、率真、干净、爽利都在书页里,远了些又近了些地授文、谈戏。

多年以前,有一位演员朋友说起吴小如曾批评过自己的戏。我想起与吴先生的聊天就大笑告他:吴小如看得上的角儿都已经去那边了。其实何止是角儿,曾经可以和他一起聊戏的朱家溍、刘曾复等先生都走了。文章易冷,风华不逝,那些人和事只是离我们而去,但自有安放,自有重聚。

# 我所知道的吴小如先生

严家炎

我虽然是北大中文系1956年的四年制研究生，但正式入学已在1957年2月。记得就在我们入学之后不久，在当时的中文、历史二系的文史楼二层的墙上，贴出了一份小字报，责问吴小如先生为何在资料员李绍广已经为黄遵宪诗作注的情况下还要插手《人境庐诗草》集外诗的注释工作。这份小字报的撰写人是季镇淮教授。由于我当时学习的专业是文艺理论，不太关心中国文学史教研室方面的事，只把小字报看了一遍就过去了。1958年冬，我被半途调进中国文学史教研室工作，才知道季、吴二先生都是文学史教研室的同事，也都是民主党派的成员：西南联大出身的季镇淮教授是中国民主同盟北大支部的负责人，治中国近代文学，也开过《史记》的课程；燕京大学出来的吴小如先生当时的职称还是讲师，却开过先秦文学的课，也开过工具书使用法的课，他是中国九三学社北大支部的成员。据知情的杨天石先生后来告诉我：1957年，在季镇淮教授提出批评以后，北大九三学社支部内部曾经开过小会，由魏建功先生主持，吴小如在会上做过检讨和说明。他说他主要担心李绍广作为资料员，未必能把黄遵宪的集外诗注释得好，所以有此一举。此外，当时有一份周作人留给北大图书馆的有关黄遵宪的材料，吴也很想找来看看。那时有人认为吴小如先生家庭人口多，负担重，可能想增加一点稿费收入，吴先生本人置之一笑，完全不予理睬。

我自己后来听过吴小如先生的课，印象大不一样。他不但对儒家经书熟悉，而且通达诸子和《春秋》三传，《史记》方面根底之深更不用说。课讲得很扎实，而且风趣，板书也漂亮。主要由他编著的《先秦文学史参考资料》稍后出版，学术界的反响非常好，我个人更是相当喜爱。其实，学术问题任何人都可以研究并发表意见，而非谁能垄断的。

在20世纪60年代初全国落实知识分子政策实行“脱帽加冕”——即脱去“资产阶级知识分子”的帽子，改称他们为“劳动人民知识分子”的过程中，北大中文系主任杨晦先生特别为知识分子“脱帽加冕”感到高兴。他几次在党内会议上发言称吴小如先生对中文系很有贡献，能开出“工具书使用法”这类为学生欢迎的课程，不可小看，应该提升吴的职称，不能老是让他当个“讲师”。1961年前后是杨先生心情最舒畅的时期，他赞成《高教六十条》，主张坚决落实。

1972年，我们和部分工农兵学员曾到密云穆家峪去劳动和学习过几个月，吴小如先生也和我们在一起。当时他已年过半百，仍给工农兵学员讲课，而且讲得非常出色。他是一位很受学生欢迎的老师。

“文革”结束以后，杨晦先生因年事已高（已近八旬）辞去了中文系主任之职，季镇淮教授接受了中文系主任的任命。吴小如先生便经周一良、邓广铭两位史学教授之荐，前往历史系任教。1984 年春我当中文系主任后，想请吴先生仍回中文系工作。他本人却跟我说，很能理解我的想法，但那样会使他对不住周一良、邓广铭两位先生，劝我不必固执。尽管我们之间个人交往颇多，由此，我也只能尊重他个人的意见了。

吴小如先生长期在政治上都是一位积极追求进步的知识分子。1948 年秋冬之交，正当他在燕京大学求学之际，就和同学中的中共地下党员周南关系非常密切。吴小如本人曾告诉我一件事：当初周南想把国民党军队在北京西山一带的兵力部署，以及有多少碉堡建筑等情况摸清楚，就总要找吴小如各骑一辆自行车做伴在京郊“旅游”。北平最后当然是和平解放的，但北平的和平解放又与多方面的地下工作密切相关。除了傅作义将军本人及其家属之功外，也和当初周南、吴小如等的秘密调查紧密关联着。1990 至 1997 年间，周南担任新华社驻香港分社社长，他还邀请吴小如的女儿、女婿到香港工作，可见他对吴小如先生的信任。

吴小如先生 2014 年 5 月 11 日以九十三岁的高寿去世。我至今想来还很不安的是，没有坚持陪同他去校医院好好检查他呼吸系统的疾病。他平时的自我感觉比较良好，自信有不适之感时让保姆送他去看病还来得及，因而未做任何应急的准备。这或许由他性格的过于强韧所致，但我终不能原谅我自己。

（作者单位：北京大学）

# 邻居吴小如

杨都海

2014年5月11日，北京大学教授吴小如先生在京逝世，终年九十三岁。

消息是我于当晚在微博上看到的，那个时刻，一位三十年未见而音容笑貌从未淡忘的老人的形象顿时浮现在我的眼前。吴老，我小时候和您是邻居，我一直记着您哪！

从1973年到1981年，也就是从我三岁到十岁，我一直住在位于中关村的北大第26号家属楼。那时北大在中关村有好几幢混在中科院大院内的家属楼，26号家属楼就是其一，此楼现在还在，它在中关村大天桥以东的四环北边，楼号已变，但每次经过中关村，我都能看到它，一幢物是人非的旧居。

我父亲在北大物理系工作，我家住26号家属楼西附楼的二层，而吴小如先生一家住在三层，他是中文系的。这幢附楼很小，筒子楼的结构，一层六户，厨房、厕所公用。记得我们二层的邻居——语言学家武彦选叔叔与吴小如先生都是中文系的，两人碰头还常常聊上两句。

我那时还是小孩儿，那种特别淘的小孩儿，弹球打鸟、上房揭瓦无所不为，常常跟着同住在二层的外号“二虎”的小伙伴在楼里楼外横冲直撞，疯玩儿野跑，可以说楼里几乎每个大人对我们俩都挺烦的，唯独有位老先生不烦，他就是吴小如先生！我常在放学以后拿牛奶的时候碰上吴先生下楼拿牛奶。那时楼里的每家每户几乎都订牛奶，奶站就在26号家属楼西附楼楼下的小卖部边上。吴先生下楼特别逗，他总喜欢摇着头唱着什么一步一步晃下楼来，特别满足、特别自得其乐的样子。我心急，下楼总跟个飞毛腿似的一路猛跑。每次前面是吴先生，我都得停下来，不知道该怎么办，而吴先生总是乐呵呵地闪个身让我先过：“小朋友，你先走。”全没有其他大人那种不悦的神情，这一下我倒被弄得不好意思了，心里也对吴先生有了不少好感。我曾经和父亲说过，吴先生走路老爱哼歌，好像是唱戏。父亲说，吴老本来就是研究京剧的，我这才恍然大悟。我记得吴先生的夫人胖胖的，也很和善，他儿子是个大高个儿……这些当时只道是寻常的光影片段，早已成为尘封了三十年的儿时记忆了。

搬离26号家属楼后，20世纪90年代的一个春节，我在电视上看到吴小如先生在节目中指导观众对对联，感觉颇为亲切，就和父母说，吴老这古文底子可够厚实的。父亲说，吴小如先生是大家、杂家，像对对联这种功夫，对他那是小意思；他出的书非常多，他父亲是有名的大书法家，他的书法在北大也很有名呢！

# 秋水涵空

叶国威

顷阅《红楼梦影:吴小如师友回忆录》,使我想起 2009 年 7 月到北京大学中关园拜访吴小如先生之情境。当时先生精神健朗,侃侃而谈,并赐赠其父《吴玉如诗文辑存》。先生知我欲拜访郭预衡先生,言因彼此年事已高,又闻郭老患老人失智,故多年不相见,电话一时无着,遂拨电话数通打听,始得郭老电话,并亲为接通,约午后二时。小如老师古道热肠,老辈风范与情怀,不言而喻。

《红楼梦影》书影

郭老是年九十,自言记忆

力减退不少，但与谈其师顾随先生，又变得年轻，言语间，无不充满感念之情。看他身体还硬朗，写书法依然力透纸背。离开时郭老坚持送我，我俩在校园走了一段，他说现下还能走上一个多小时呢！但万万没想到，一年后他就与世长辞。他踽踽身影，似如昨日。

记得最后收到小如先生的信，是在2012年1月，信为先生口述，门人代书，说：

> 2009年7月突患脑梗塞，住院月余，迄今步履维艰，右臂右手皆不能自由动作，不能握笔，不能持箸。而内人于次岁10月5日病逝，结婚六十余年，患难与共，一旦彼溘先朝露，后死者情何以堪。2011年10月，我又不慎跌了一跤，左腿骨裂，行动更加不便，好在精神尚可，每日唯以闲书障目而已。至于有关陶光先生的事情，刘文典先生的后人出过一本关于文典先生轶事的书，因为文典先生与陶光先生是师生关系，其中有不少关于陶光先生的资料，你可设法找找。

这简短的几句，能大略看出小如先生晚年的心境与生活。

至于先生提及的陶光，原名光第，字重华，北平人。他是俞平伯的学生，1935年毕业于清华大学中文系。与同门华粹深同到天津南开中学任教，1937年吴小如入读南开中学，教小如先生国文的正是陶光。华粹深曾对小如先生说他的作文曾被陶光在教员单身宿舍传阅，那时华粹深才知道有吴小如。后来吴小如先生也因华粹深之介，成为俞老的学生。

抗战胜利后，陶光和俞老彼此有诗作唱和，时有副本录寄小如先生。后陶光辗转到台湾,尚有函寄小如先生云:“台湾濒海,便于北归,把晤匪遥。”可惜自1949年以后,海峡两岸消息阻绝,他们便失去联络。既经十年浩劫,长居北美的张充和写信给华粹深,告以陶光已于20世纪60年代初,以断炊仆毙于台北市街头,华便即转知小如先生。

张充和在《曲人鸿爪》《张充和诗书画选》中均提及陶光,他们是在清华大学谷音社认识的。1935年3月17日,在俞平伯寓所正式召开谷音社成立会议,选定农历二月十五(3月19日)花朝日立社,俞平伯是主干,陶光挑大梁,常演小生,张充和则为他吹笛,还请了红豆馆主溥西园为教习和在南方任教的吴梅为导师。

陶光在北平时曾追求过张充和,但最终只成了相惜的曲友。抗战起,张去昆明,陶去广西一所中学任教。陶光不久接到罗常培寄来的信,问他是否愿到昆明西南联大当助教,陶光想了一想,在大学教书总比现下好,于是1939年初就到联大教书。

罗常培为何突然请陶光到联大教书?实是罗氏私心所使。罗常培因一个人随学校迁到后方,没带家眷。时在联大与他的学生张敬来往甚密,渐生情愫。然遭卫道人士反对,甚至有人发起要设法将罗夫人自北平接出。他无可奈何,心情极为苦闷,因他的婚姻生活本不幸福。我手边有罗氏一封信,是当时写寄董作宾的,内容巧及此事:“婚后生活并不快活,愈如此,弟愈觉负之,然则弟之心境,吾师其可想见耶!”

张充和在《曲人鸿爪》中说明罗常培题字给她时,特别强调题款中罗氏称她为“女弟”,并括号说“当时充和的好友张敬女士才是罗常培先生的‘女弟子’”,似意有所指。罗常培既知现实环境已不许可他与张敬一起,知陶光、张敬在北平时曾同游西山,同参加曲社，兴趣相仿。张敬对陶似有好感，罗常培询得同意，遂请陶光到联大任助教。后来他们俩最终擦不出爱情火花，张敬在1941年与清大毕业后投笔从戎的林文奎结婚。

杨承祖先生曾告诉我，陶光当时觉得留在联大任教没什么意思，恰巧他的老师二云居士刘文典与联大同事相处不来，就邀陶光于1943年同去云南大学任教。到了云南，刘文典喜看滇戏，常约同陶光去看。在戏班中有女角张翠英，唱做俱佳。陶似遇知音，便猛烈向她追求，最终抱得美人归。不久陶光到四川白沙女子师范学院任教。由于唱戏伶人在那年代常被人看不起，陶夫人因此遭受宿舍教员的太太排斥。陶光气不过，自此都闭着眼睛上课，再不向学生望去，生活并不快乐。

许世瑛随其父许寿裳到台湾后，1948年邀了低他一班的陶光到台湾，介绍到当时的台湾师范学院中文系任教。陶光即使饱历流离战乱之苦，恃才傲物的个性依旧未改，他看不起当时的中文系主任，而引发彼此嫌隙，最后导致系主任不给他排课。那年代在台湾的生活极为艰苦，纵使还能住在学校宿舍，没有薪资，巧妇难为无米之炊，夫妻关系也越趋恶劣，陶光精神状态也更不稳定，在家吃剩的半个馒头，会用纸包起糊上，再用毛笔签名作封印，要防他太太下毒。他的夫人实在受不了，便求助于许世瑛和董同龢，幸董夫人开明，留置董家，直到陶光去世后几年改嫁。自董同龢去世，张氏每年必前往祭拜，感念董氏至深。

至于陶光赊无可赊，饥寒难耐，一个人在雨天出门，路滑跌倒，被发现时已无气息。那天是1952年11月24日，得年四十。比张充和所知实早了十年。当时为陶光收殓、在台北极乐殡仪馆发丧的，是他的同窗挚友赵赓扬和许世瑛。赵氏在整理陶光遗物时，见《独往集》和《列子校释》等稿，赵、许两人遂请台湾清华大学梅贻琦校长亲题《列子校释》书名，言："纵英华其早摧，宜文章之永生"，印行面世。而有俞平伯丁亥年端阳，以清秘阁仿古笺书赠陶光五律诗卷，赵赓扬代为保存，至赵氏殁后散出归我宝藏。

此卷有诗七首，陶光当年皆有和章。2002年我曾函吴小如先生求题文跋，其一则云："先师遗诗七首，唯卒章于诗集中未检得，余六首字句或有异同。如其六，今集中题作《杜公》，前四句云：'秋水涵空照，能居众妙先。称情遗佞曲，因物感华妍。'视写件每句皆有异字。而先师初稿，第六句实作'官因老病传'，与老杜原句仅异一字，故定稿首二字改作'身堪'。睹物追思，倏逾四纪。"

吴小如先生在1945年拜入俞门，直至俞老下世，四十五年谨执弟子礼。俞老对先生书法更是推许有嘉。拜师时，小如先生曾手写俞老五言长古《遥夜闺思引》献以为贽，并蒙俞老奖掖，许侍门墙。后俞老连作两跋，其云："点翰轻妙，意惬骞腾，可谓桃琼报贶，冰水凌寒矣。""用笔如蜻蜓点水，致足可赏也。"并以赠夫人许宝驯。及俞老八十寿辰，小如先生集李白、张悦诗句，以草书写下"共看明月皆如此，且喜年华去复来"一联献寿。俞老甚激赏，将之装裱悬挂多年，并对先生说："将来挂你字的人会越来越多！"后十年，俞老仙逝，生前叮嘱小如先生为其与夫人在西山之合葬墓书碑文，更足见重。

昔小如先生来信，多以"兄"相称，为晚辈的，吾岂敢！后又获来书："昔鲁迅、知堂两位老辈，称弟子及青年学子皆'兄'之，仆何人斯，幸足下勿过谦耳！"先生谦厚，爱护晚辈之心，足见一斑。且曾书赐俞老所集长联"于墙壁户牖多置华砚，集古今家诫书为屏风"，如今壁间长悬，斯人却已溘然逝矣！岂不痛哉！

# 这次第，怎一个“通”字了得

于昕

吴小如先生的父亲和我的外婆是亲兄妹。按这一层关系,我一直称呼吴先生“表舅”。下文继续用这个称呼,也算是一种怀念吧。

第一次见到表舅,是20世纪80年代末。外公回京,表舅来探望。表舅懂京戏,外公就命我唱一段给表舅听。父亲操琴,我唱了一段《洪羊洞》里的二黄原板。唱完了也就完了,因为就会这一段儿。表舅捧了一句“不错”,然后给我“说了”(连教带示范)一遍。借用孔融的话,“我小儿”,又是初学,根本理解不了表舅的意思,只觉得:跟我唱的差不多。

20世纪90年代初,表舅陪舅妈到香港看病。母亲深知表舅的辛劳与烦闷,经常接表舅到家里,让我伺候着聊天。

行家一伸手,便知有没有。三言两语间,表舅——一位享名的学者——已经知道这个外甥“书底儿”不够,话题就从“学问”转向了京戏:一来表舅自己有兴致,二来我也多少能明白点儿。

表舅侃侃而谈,没用多长时间,就把我侃倒了。多少次谈话,其间只有表舅说话的声音;我呢,一直在瞪着眼听和不住地点头,努力地表示自己听懂了。

表舅看我表现得实在不容易,就提出传给我点儿老戏。我雀跃不已(为了保持文雅,还是用雀跃好了),赶紧把所有能用的设备都搬了出来……

时间一天天过去,两下往来不断,用表舅的话说,"(你这儿)已经是我第二个家了"。表舅回京前,母亲叫我提出想跟表舅念点儿书。我承慈命照办了,表舅碍着母亲的面子,也答应了。从此,每逢寒暑假,我都会回北京,到表舅府上上课,直到参加工作为止。

时光已逝,上课的情景已变得模糊了。而今缅怀之际,脑海中不知何故,只剩下了一个"通"字。

表舅在文章里说过,有志成为文学史的通才。从内行的评价来看,表舅的志愿已经达成,成就亦有公论,无须我置喙。但是,我好歹在表舅跟前念了几年书,个人的经验和体会总是有的。写将出来,可抒胸臆又得敷衍成篇,何乐而不为?

我觉得,表舅的"通"体现于以下三点。

一、专业当行:纵向的通。这也就是众所周知的,能从《诗经》一直讲到梁启超。当然,表舅不是只讲,而是经过通盘的掌握和深入的研究,提出自己独到的见解。其见解既能处于"先进"水平,又能经得起时间的考验。

二、辞章、考据、义理概不偏废:横向的通。表舅小学、哲学方面的功力,并不在文学之下。表舅说过,自己是旧时代过来的知识分子,小学是基本功;在表舅的师承中,也不乏研究哲学的先辈大贤;其横向的通,由来亦有自矣。

三、旁征博引,从不同的角度解释同一个问题:交错的通。表舅讲书,经常举生活、掌故以至京戏的例子,深入浅出但不会稀释或偏离主题。

写出这样几行文字容易,做到以上“三通”则不然。没有先天禀赋(理解力、记忆力、表达力……)、后天努力(苦学苦练、持之以恒……)以及大环境的配合,都难达彼岸。换句话说:这次第,怎一个“通”字了得!

表舅到彼岸去了。在那里,可以和亲人相聚,与师友盘桓,想必会达到更高、更“通”的境界吧。

(作者单位:香港大学)

# 半个世纪师生情

## ——吴小如先生和我

袁良骏

20世纪80年代以来，我的二十余位北大中文系老师，在经历了学术辉煌和种种人生劫难之后，陆续离开了我们。九十高龄的吴小如先生成了唯一一位至今健在的我的老师了。

1956年入学后，吴先生给我们开了一门别开生面的课——“工具书使用法”，从“四书五经”、先秦诸子讲到《辞源》《辞海》。这门课不仅教会了我们各种工具书的使用方法，也大大开拓了我们的视野，真是学海无涯呀！

刚给我们开过“工具书使用法”，反右派扩大化来了，吴先生在劫难逃，被说成界限不清，同情右派，例证之一是他给“右派分子”傅璇琮留了个纸条，称之为“璇琮兄”。留条之日，傅璇琮尚未被打成右派，但吴先生百口莫辩，只能自认倒霉了。从此，吴先生在中文系一直很不吃香，似乎影影绰绰传言吴先生有什么历史问题，但实际上毫无根据。据我所知，吴先生从先秦到现代，大大小小、前前后后开了十几门课，真不愧中文系的“救场英雄”。然而，却总是费力不讨好。吴先生是极“左”思潮的受害者。

现在看来，这种“不吃香”才真正考验一个人。在我的印象中，吴先生总是乐观开朗、任劳任怨，毫不计较个人得失。特别在“文革”十年浩劫中，吴先生和我们青年教师一起被“发配”到江西鄱阳湖畔的鲤鱼洲进行所谓“热处理”，斗酷暑、战严寒，过了两年常人无法忍受的非常岁月。但吴先生和林焘先生、金申熊、吉常宏等同志却组织了一个京剧演唱队，自编自演，一再献艺，大大活跃了连队的文娱生活，在沉闷的低气压中，带给了大家一丝欢乐。在鲤鱼洲的两年，北大的两千余名“五七战士”都不愧为战天斗地的英雄，而年逾不惑的吴先生、林先生、冯（钟芸）先生、吕（德申）先生、甘（世福）先生以及年近花甲的岑麒祥先生、张仲纯先生等人，更称得上是英雄中的老英雄了！

吴师母多年有病，晚年更患有老年痴呆症。吴先生排除万难，全力照顾，使吴师母享年八十二岁。而吴先生自己则迈过米寿，向茶寿进军了。“仁者寿。”吴先生的九十大寿，就是苍天对他任劳任怨、忘我无私的最大褒奖。

1961年毕业留校后，我被分配在汉语教研室写作教学小组，给杨贺松大姐当助教，主要任务是给学生改作文。吴先生在文学史教研室，和我们不搭界，我也没有向他请教过问题。不到两年，“社会主义教育运动”（简称“社教”“四清”）开始，我被调入北京“社教”工作团北大分队，到怀柔农村去搞社教。之后，又去了朝阳区和门头沟区，辗转两年之久，“文革”爆发之后才回到学校。这两年中，我自然见都没见过吴先生。

“文革”之初，我成了中文系响当当的造反派，被安排为“中文系教师‘文革’小组长”，负责带领“非黑帮”教师每日念语录、喊口号，早请示，晚汇报，表忠心……这虽然不是我个人的责任，但每一念及总难免脸红。这下子，吴先生和周祖谟先生一起都成了我的"部下"。试想，吴先生当时对我能有好印象吗？

有一天，吴先生贴出了一张小字报，宣布"自我解放"，不再参加教师的集体学习。这还了得？如果都这样，岂不散了架？我马上和张少康同志一起，也写了张小字报，"勒令吴同志"马上回来参加"集体学习"。吴先生当然不敢不回来，我想，他对袁某人的反感、恶感也就可想而知了。

其实，这完全是我的臆测，契机仍在鲤鱼洲。中文系被编为七连，指导员小石是个小战士，我被指定为副指导员。"四好初评"时，鼓励支委会带头开展批评和自我批评，我便对小石的工作作风（主观武断、瞎指挥等）提出了比较尖锐的意见，而且批评他不尊重知识分子。现在看来，这一批评并无什么不对，更谈不上什么过火。然而，在当时的形势下这便成了资产阶级知识分子"翘尾巴""向党进攻"。我被场部领导找去谈话，让我不要忘记反右斗争的历史教训，要做"触及灵魂"的自我检讨，用实际行动改正错误。于是，我一次又一次地在全连做检查，大有过不了关、下不了台之势。为了加强七连党的领导，小石调走，换了新的连指导员。场领导和我的谈话不胫而走，传成了"要划袁良骏为右派"，不少同志很替我捏一把汗，吴先生正是其中的一位。何以知之？还是吴先生亲口向我透露的。

全面恢复高校招生后，一声令下北大鲤鱼洲分校被撤销，教职工全部返回北大。但要做好善后工作，教职工分期分批撤离，所有设施则全部移交江西省南昌市人民政府。大概是天意，我和吴先生被安排在最后一批返校。这最后一次的任务，便是去场部西北角的豆地守夜,站好最后一班岗。

整整七昼夜,我们无话不谈。鲤鱼洲的两年艰苦岁月,无疑拉近了我们的距离。这时我们两位似乎不再是老师和学生,不再是讲师和助教,而纯粹是鲤鱼洲战友,是命运相同的“天涯沦落人”。秋虫唧唧,秋风习习,满天星斗,满地寥廓,我们彼此好像听到了对方的心音。这种景象,如不是老天有意安排,怎么会出现呢?

吴先生的很多话,我已经记不全了。但他对我的关心和爱护我却永远不会忘记。吴先生当面批评我“文革”初太“左”了,有点怕人,让人反感。然而,到鲤鱼洲后,敢于批评指导员小石的不良工作作风,敢于说出大家的心里话,却十分难能可贵。吴先生谆谆告诫我好好总结经验教训,返校后好自为之。

后来,我和吴先生一起回到了学校。鲤鱼洲夜话,成了我和吴先生心心相印的感情纽带。

吴先生的先尊玉如先生是著名书法家,家学渊源,吴先生继承了这份遗产,同样是著名书法家。日前,编者刘凤桥先生就寄给了我两本印制精美的《吴小如书法艺术选》。只不过吴先生以学者名世,书法艺术仅为业余爱好。

2005 年初,我编成了《袁良骏学术论争集》,请吴先生题签。吴先生写来了横竖各一纸,备我选用。是漂亮的楷书,饱满、圆润、充满张力,为拙著增光增辉。为感谢吴先生,我带责编陈小虎先生趋访吴先生并请吴先生为他们的“人文在线”题字。吴先生毫无架子,当即挥毫,“人文在线”四个大字至今闪闪发光。

2009 年,我又请吴先生为我的《张爱玲论》题签。这时,吴先生正在生病,实在不应该打扰他。但是,接到我的电话不几天,

“张爱玲论”四个大字就寄来了，还是横竖各一纸，还是那样饱满、圆润，充满张力。但是，如果细看，似较“袁良骏学术论争集”苍老——吴先生毕竟八十七岁高龄了！

吴先生还为我写过一个扇面，我至今珍藏着。

1980年，吴先生调离了中文系，1983年，我调出了北大，我认为这也许是我和吴先生共同犯的一个重大错误。一位老同学批评我：“你怎能轻易离开北大！”回想起来，为评副教授那点屁事拂袖而去，实在也太愚蠢、太不值得了。好在吴先生在周一良先生的盛情邀请下，转至历史系做教授。这就和中文系毕竟稍有距离了。当时的中文系掌门实在也太缺乏眼力了。前几年，中文系又将著名古文字学家裘锡圭兄放走了，同样令人扼腕！

虽然我调出了北大，但我的“魂儿”没走，北大似乎还是我的单位，北大老师们更仍是我的老师了。在吴组缃、林庚、王瑶、冯钟芸、吕德申等老师健在时，我都曾不断拜访、请教。其中，拜访次数最多的就是吴组缃先生（即大吴先生）、王瑶先生和吴小如先生（小吴先生）。大吴先生和王瑶先生谢世后，拜访最多的自然只有小吴先生了。吴先生生病后，不敢再登门打扰，只好电话讨教了。

我向吴先生请教较多的是这样几个方面的问题：一是古典文史哲方面，二是武侠小说方面，三是张爱玲研究方面，四是京剧和地方戏方面。可以说，每一方面都得益匪浅。

古典文史哲方面是我的学术软肋，稍为艰深点的古书便看不懂。试想，光靠大学学的那点文学史知识、历史知识，怎么够用？不出洋相怎么可能？有一次，便把“斗方”说成“长联”了。我问吴先生如何补课，他老人家让我读“前四史”。但我刚读了一本王伯祥先生选注的《史记选》便戛然停顿了——我的现代文学、港台文学研究任务太重,纯知识性阅读简直不可得也!

武侠小说本古小说之一支,敝人并无大恶感,但将金庸武侠小说奉之为"一场静悄悄的文学革命",将金庸奉为"万古云霄一羽毛",敝人却万万不敢苟同。为了弄清武侠小说的来龙去脉,我查阅大量小说史料,写成了《武侠小说指掌图》。稿子寄请吴先生指教,并请他撰写序言。这一"序",表明吴先生基本上支持了我对武侠小说的观点。吴先生对我戏说:"我等于参战了。"其实,吴先生的这一态度,正是广大古典文学研究者的态度。

吴先生是以傅雷为代表的第一代张爱玲研究学者之一,他的《说〈传奇〉》《说〈流言〉》见解精辟,文字优美,是不可多得的学术美文。近年来,广大学者排除了单一的"左"倾政治观点,给了张爱玲小说、散文科学的历史评价。对此,吴先生和我都是举双手赞成的。然而,一些人将张爱玲捧上天去,说她的文笔比鲁迅高明,她是"中国现代文学的祖师奶奶"之类,严重干扰了对张爱玲的科学评价。对此,吴先生和我都很反感。对张爱玲生前曾欲烧毁的自传体小说《小团圆》,吴先生和我也都认为有严重错误。吴先生在电话中为了《小团圆》情绪甚为激动起来。他嘱我在他百年之后将他的观点整理成文,公之于世。我考虑将吴先生的高见长期封存很不应该也很不明智,便斗胆整理成了《吴小如先生谈〈小团圆〉》交《中华读书报》发表,引起了一片喝彩声。我将吴先生六十五年前的高见和六十五年后的高见同时写进了《张爱玲论》中,这是我学术著作中令我十分惬意的一笔。

吴先生是著名的京剧专家,写有京剧专论多部。而我,是一名根本不懂板眼的京剧爱好者。因此,打给吴先生的请教电话,可能有一半是请教京剧的。我对京剧目前的管理体制，剧目的重复、贫乏等很有看法，认为这样搞下去，出不了梅兰芳，也出不了马连良，只能出一些唱腔不坏的“戏子”。想不到吴先生比我这个外行更激烈，他说京剧“已经死亡”，吓了我一跳。我问他为何不写成文章，振臂一呼？他说：“我已经托人上了网，不想得罪更多人了。”惜哉！

说起吴先生在学术上对我的支持和帮助，还应该稍加补充。

2000 年我为福建教育出版社主编“学术随笔自选丛书”，请吴先生惠赐大著。他慨然应允，提供了《常谈一束》，为丛书增色不少。

《常谈一束》书影

吴先生编刊机会不多，但他在主编《燕京学报》时，发表了我的《五部新编李商隐传记》。吴先生很希望我多写此类古今贯通的文章，可惜由于我才疏学浅，这方面的文章也只能浅尝辄止，不能不令他老人家失望。吴先生还曾将我谈鲁迅和梅兰芳的文章，介绍到武汉蒋锡武先生主编的《艺坛》上发表。

在撰写《张爱玲论》时，吴先生为我提供了《说〈传奇〉》《说〈流言〉》两篇大作，并介绍了文章经过沈从文先生审阅、发表的情况。

对于我正在撰写的《周作人论》，吴先生尤为关切。有一次在电话里他问我："难度如何？"我说比《张爱玲论》难出数倍。一是文章太多，几个月工夫才看了第一遍。二是文言词语太多，动不动便要查《辞海》《辞源》。三是背景太复杂，特别是 1935 年到 1945 年间，周作人由媚日到降日期间写的文章，坊间有不少误读，正确论述大费周折。吴先生很同意我的看法，指出确实远较《张爱玲论》难度大，希望我花大功夫，打攻坚战。

吴先生的谆谆教诲更增添了我写好《周作人论》的决心和信心。因为知道《周作人论》难度大，吴先生对我的请教几乎是有问必答。大至时代背景、人事纠葛，小至文言词语，病中的九十高龄的吴先生都尽力满足了我的要求。在比较钱谦益（牧斋）和周作人这两位"贰臣""汉奸"时，碰到了乾隆怒斥钱谦益的诗文，其中涉及"孟八郎"，其人不好索解。吴先生在病中无力检案，于是拜托陈熙中兄为我从《传灯录》中查了出来。如果我的《周作人论》能够写出个模样，吴先生的苦心乃至熙中兄的苦心，怎能忘记呢？

2011 年 7 月 27 日于密云乡下<br>（作者单位：中国社会科学院）

# 送别小如师

袁良骏

11日晚8时，得熙中兄电：小如师已于7时溘然长逝矣！噩耗传来，浮想联翩，夜不能寐，辗转半宿，凑得挽联一副：

虽怀才不遇，终生坎坷，敌不过看破红尘，笔走龙蛇，著作等身；

诚辗转病榻，晚景凄凉，又何妨胸怀辽阔，笑傲江湖，寿比南山。

这应该说是我和小如师的幽明悬隔的人生对话，他老人家已经飘然远行，再也听不到了。

然而，他肯定会同意。"终生坎坷，晚景凄凉"并非我的发明，而是一位青年学者的精当概括，我只不过引入挽联作为骨架而已。据天寅兄告诉我，吴先生生前最欣赏的就是这八字评价。因此，我以之为骨架，相信吴先生也不会反对。问题是自古以来，挽联之类多兴“谀墓”“颂时”，让人不快。在下的挽联也许无此通病吧？“终生坎坷，晚景凄凉”是人生潦倒的写照，是为某些达官贵人、土豪大款所不屑的。然而，在我和我的同学们，我们对吴先生都充满了由衷的敬意。我甚至想要说“坎坷”得好，“凄凉”得美，值得我等莘莘学子视为楷模。因为在“坎坷”后面有“看破红尘，笔走龙蛇，著作等身”，而在“凄凉”后面则有“胸怀辽阔，笑傲江湖，寿比南山”。这是两种截然不同的价值取向，而在我看来，后者胜于前者不知多少倍也。

“坎坷”“凄凉”的吴先生竟然活至九十三岁高龄，这不能不说是一大奇迹。一般人都耐不住“坎坷”“凄凉”，他们往往抵不住生活的重压而感情崩溃，过早离世。最突出的例证是李商隐，这位天才诗人只活了四十九岁，便在贫病交加中去世了。这是封建社会对天才诗人的不公！但也不能不看到，李商隐未能跳出官场的泥潭，他未能找到佛、老等精神救助剂，在“沉沦下僚”中便精神塌陷了。就此而言，受过燕京大学现代教育的吴先生便比李商隐高明得多了。吴先生的特点是顽强抗争，绝不言败。生活再苦，精神再痛，也要笔不停挥，手不释卷，他把做学问和教书育人当成了自己的精神支柱。韩愈有云：

> 先生口不绝吟于六艺之文，手不停披于百家之编。记事者必提其要，纂言者必钩其玄。贪多务得，细大不捐。焚膏油以继晷，恒兀兀以穷年。先生之业，可谓勤矣。（《进学解》）

这是韩愈的自画像，也可以作为小如师治学精神的写照。正是因为有这份精神、这个劲头儿，老先生才能够抵挡住一般人难以排解的“坎坷”与“凄凉”，而活到九十三岁高龄——吴先生应该说是心胸最旷达的中国学者之一。“著作等身”，对吴先生而言绝非虚誉，而是写实，古典、现代、诗、文、戏曲……吴先生写了多少？又启发了多少学子？仅以戏曲一项而论，他已经堪称大家了。

或曰：这些东西能改变“坎坷”“凄凉”的现实吗？袁某的挽联是否曲为老师辩呢？这样说当然也可以，因为为老师辩也就是为自己辩，袁某又何尝不是“坎坷”“凄凉”的一分子呢？又何尝不是向“著作等身”迈进的书呆子呢？“百无一用是书生”，书呆子确无大用，所谓“经国之大业，不朽之盛事”（曹丕），谁担当得起？但对文化传承多少还有点价值，或者尚可以与“妹妹我爱你”之类的通俗歌曲媲美吧？

说到“怀才不遇”，恐怕要稍做解释。吴先生的怀才不遇，分前后两个阶段。前一阶段是20世纪50年代，吴先生当北大中文系讲师的时候；后一阶段则是“文革”之后的80年代初。前一阶段被打成了同情右派的“中右”，种下了祸根。开课再多，学问再大，又有什么用呢？后一阶段事出评职称，吴先生这位20世纪50年代初的老讲师，三十年后不让他直升教授，还要他先申报副教授——像他的老学生我们这些新讲师一样。吴先生实在气不可遏，到处申诉，毫无用处。吴先生愤而欲走，最后，历史系的两位老先生邓广铭和周一良看不下去了，设法将吴先生调入了北大中古史研究中心，总算留在了北大……我想人们之所以敬佩吴先生，正因为在如此逆境，他还那样笔耕不辍，几乎每年都有新著问世。吴先生确实一头扎进学问中，外事一概不管了。

吴先生对待我们这些老学生,可谓有求必应。我编“学术随笔自选丛书”(福建教育出版社),他大力支持,首先提供一本。我著《武侠小说指掌图》,他为我写了长序。我的《袁良骏学术论争集》《张爱玲论》等都是他题写的封面。他还专门为我写了扇面、条幅等。至于有问必答,长期充当我的不付一文的“学术顾问”,更是令我感激不尽了。吴先生深感我古典文学、古典文化功力之薄弱,劝我补课,而且明确告诉我应读“前四史”。前两年,我忙于撰写《周作人论》,未能落实吴先生的教导。去年,《周作人论》付梓后,我开始重读《古文观止》,作为阅读“前四史”的过渡。就在这个月的7号,我给吴先生写去了一封问安信,同时汇报了我补习“前四史”的初步计划。想不到吴先生突然病故,我这封信他大概未及看到。就算我向吴先生的在天之灵做的许诺和保证,请老先生的英魂继续关心我、督促我吧!

由于无法抵挡的自然规律,十年来,我入学时的中文系讲师以上的老先生陆续仙逝,吴先生成了硕果仅存的一位。而今,他也弃我们而去了,真是昊天不吊,令人伤感!这是一个文化周期的终结!当然,代有才人,不必悲观,然而面对吴先生的不幸病逝,我们又怎能不感慨系之呢?

安息吧,吴先生!安息吧,老师们!

(作者单位:中国社会科学院)

# 哲人其萎　芳馨长存

## ——忆小如先生二三事

袁津琥

转眼之间，小如先生去世将近两年，两年中，我一直想写点什么，以记叙我和小如先生鲜为人知的、断断续续近二十年的“交往”经历。

那还是1990年，我刚从一所专科学校毕业，就职于四川绵阳一家隶属原地质部的单位。先是下井队当了一年捞砂工，嗣后又调至机关办公室担任秘书。每日除了奉命写一些应制文章外，大多数时间几乎是无所事事。而周围的同事又全是清一色的地质、石油院校毕业生，不同的专业和兴趣爱好使双方很难找到共同的话题，于是，每日胡乱看些杂书，就成了我当时消遣度日的主要方式。好在那时我收入不菲，买书对于我来说还算不上什么负担，倒也自得其乐。大概是1992年的一天，我去蒋师宗许先生家拜谒时，宗许先生告诉我，最近新华书店有本《读书丛札》，很不错，一定要买来看看。我根据蒋师的指示，回家途中便直奔书店买了一本，连夜拜读后，果觉受益匪浅，虽其中部分文章还不大能看得懂，但也无知者无畏地发现书中存在一些所谓问题。当然这些问题其实都不过是书中一些鸡毛蒜皮、无关宏旨的枝节问题，比如书中有些考证，前代某位学者或某本著作也提到过或者提到的时间更早之类的。彼时年甫二十，少不更事，就冒昧地给小如先生去了封信，一一进行了指摘和陈说。孰料没过多久，竟然收到了小如先生的回复，信是采用旧式的八行体写的：

津琥先生大鉴：二月间先生赐示，因仆赴香港探亲，今日始得拜诵，迟答为歉。方以智《通雅》"文革"前乃案头必备之书，但因借自北大图书馆，故"文革"期间无法检读。拙札大抵写成于"文革"中被批斗之时，故不遑援引。承不吝教之，感激之至。拙札倘有重版可能，必以先生所示逐项补入。

专函肃谢，敬颂

春吉！

吴小如拜启

一九九二年三月廿六日

小如先生的回复令我喜出望外。惭愧的是，那时资讯不发达，我对小如先生还了解不多，不知他当时是已年近七十的老者，子女又不在身边，且家中有一位多病的老妻需要照顾，以致在1993年又因读书中遇到的一则疑问，给小如先生去了一封现在看来实在是更为无礼的信：能否烦请小如先生代查《南史·鲍泉传》引梁元帝书责鲍之"面如冠玉，还疑木偶；须似蝟毛，徒劳绕喙"一句，各版本有无作"徒劳绕涿"者，因为我疑心《南史》中的"喙"很可能是"涿"字之误。信寄出不久，我仍然很快就接到了小如先生的回复：

津琥先生惠鉴：奉到惠示，值仆有欧洲之行，近期始归，稽答为歉。“绕涿”之典，见《三国志·蜀志》卷十二《周群传》附张裕传，为刘备嘲张裕语。此传与《郤正传》同在一卷，先生本示，当是误记。南史及其他诸书引文，梁元帝语皆作“绕喙”，各版本无作“涿”者。然先生之疑，确有创见，倘为文时语气掌握分寸，即无版本依据，亦不妨成一家之言也。佩服，佩服。

匆覆不一，敬颂

春吉！

吴小如敬启

九三年三月廿二日

展读先生复信，我才知自己粗疏鲁莽，向人请教，居然连书证都记错了，真是大不敬，而小如先生竟然不以为忤，悉心纠正，实在令我感佩万分。后来，我对小如先生的家庭情况了解渐多，不禁深悔少年孟浪，便仅在当年春节时，给小如先生寄过一张明信片，从此就再也不敢打扰了。

不过此后但凡小如先生一有著作面世，我总是尽力购求，即使小如先生早期的一些著作，我也通过各种途径访得。每种著作拜读之后，都觉惠我良多，深感小如先生的文章无论长短，都能立足于“不炒冷饭”。这当然得益于他的通贯的学识、扎实的学术根底——无论是先秦两汉、魏晋唐宋、明清近代等各个时期，抑或小说、戏曲、翻译、古籍整理等各个领域，他都有精深的研究和真实的心得。小如先生于译事,有《巴尔扎克传》(与高名凯合译);于戏曲,有《吴小如戏曲文录》;于考据,则有《读书丛札》;于工具书,有《中国文史工具书资料举要》(与吴同宾合作);于小说,有《古典小说漫稿》;于古籍整理,有《人境庐辑外诗集》……乃至书法、诗联,亦无不足以名家,这种"十项全能"型的学者,现今已如凤毛麟角了。以小如先生所写的分析古典诗文类文章为例,每每能融训诂、考证于鉴赏之中,常常三言两语,却能搔着痒处,在深度上,远远超过专治古代文学者。不像现在的一些所谓专家,各自株守一段,借用鲁迅《阿Q正传》中的话来比喻,就是割麦的只能割麦,舂米的只能舂米,撑船的只能撑船。许多教授古代文学的学者,甚至连基本的训诂、文献知识都不具备,分析起古代文学作品,除了堆砌历代诗话、词话或文话中的前人陈言外,毫无个人心得发明。比如《汉乐府·长歌行》:"常恐秋节至,焜黄华叶衰"中的"焜黄"一词,五臣注、余冠英《乐府诗选》、闻一多《风诗类钞》等都解释为"叶落枯黄"。小如先生在《读书丛札·乐府臆札》中经过旁征博引,从旧注、异文、碑文等相关记载,指出这里其实应该是光彩茂盛之意,洵属定论。又如小如先生在《吴小如讲杜诗》中,指出《奉赠韦左丞二十二韵》"丈人试静听,贱子请具陈"中的"静","不是叫丈人安安静静,不要讲话。《说文解字》'静,审也'。审,详细,仔细。静听就是谛听"。发人之所未发。我以前就是理解成安静的意思,可是经小如先生这么一考证,才恍然大悟旧解之谬:一个地位卑下的年轻人,哪有让一位地位尊贵的老者,安安静静听自己陈说的道理呢?我认为小如先生写的诸如此类各种诗文鉴赏及介绍京剧类的文章,都是第一流的文章。小如先生所写的字词考证类文章,考据精详,丝毫不逊于该领域专业的学者。如《读书丛札》中的《词语丛札》《字义丛札》《读杨树达长沙方言考、长沙方言续考札记》诸文，自非当今研治文学者所能为。不过与纯正的学术文章相比，最让我获益匪浅的还是小如先生所写的一些致力于文化普及的小文章，如谈“兄”说“弟”论“足下”之类，所以区区不才，从来没闹过称人父为家父，给人写信，信封上写某某敬启，或者见到一个年高德劭的前辈称自己为兄，就毅然以弟自居之类的笑话。反观当今一些所谓学者，有的即或贵为博导、教授，却完全不了解这些传统文化的基本常识，附庸风雅，下笔就错，事后反文过饰非，断断争辩，以为此属小节，无伤大雅云云，实在让人齿冷。

1997年，我在《文汇读书周报》上无意中看到深圳一家文化公司代理吴小如、周汝昌、顾廷龙等先生墨宝的广告，急忙兴冲冲地按照联系方式去信，希望能请小如先生为我代书一副传为清郑板桥所书联语：“室雅何须大，花香不在多。”过了一段时间，我就接到该文化公司的姜威先生来电，说小如先生以此联语过于俚俗，拒写，而另为我代撰了一副集杜甫、陶渊明诗句的联语：“读书破万卷，登高赋新诗。”这件事，使我第一次深刻领教了很多人都提到过的小如先生的脾气怪、不讲情面，真是一点不假。后来姜先生还给我复制了一封小如先生与其往还的信，在信中，小如先生怒斥当时书坛的一些所谓书家的书作，直如“鬼画符”！那激烈的语气，让我如闻其声，如见其人，不禁感叹小如先生的疾恶如仇和不稍宽假的、强烈的社会责任感。

1997年，我进入高校，初期负责讲授古代文学，便经常向学生推荐小如先生的书，以为必如此，方不至于使自己不辨门径，误入歧途，流于空疏。2007到2008年，我被学校安排去北京师范大学访学，有幸结识了北大的孟繁之兄。繁之兄知道我和小如先生有雅故，便热心地建议我便中去拜访，我犹豫再三，最后才决定在离京前冒昧地给小如先生打了个电话，准备约个合适的时间登门拜访。我那时正在给清末学者刘熙载的名著《艺概》作注，正好有一大堆问题，问过一些学者，也不甚了了，想趁机向小如先生当面请教。电话中，小如先生对我表示鼓励，并关切地询问我家中的情况，因为那时正是“5・12”四川汶川大地震结束不久。十多年了，小如先生还能记得我是绵阳人，这一点令我很感动。遗憾的是，小如先生当时身体不适，从电话中就能听到他交谈稍久，就停下来喘气，故我与小如先生始终缘悭一面。

多年来，我也听到外界很多关于小如先生的传闻，有的说小如先生脾气大，难以接近，有的说小如先生古板迂阔，不懂得人情世故……但对于我们这一代读宋濂《送东阳马生序》和看杨露禅偷师学艺之类书长大的人来说，却觉得小如先生并无过分之处，套用袁枚《随园诗话》中的一句话：微小如先生，轻狂之徒又安知前辈之尊哉？其实和现在一些呢訾栗斯、喔咿嚅唲以事权贵，突梯滑稽、如脂如韦以媚流俗者相比，小如先生才是真正的学人本色！士失廉守，故以不狂者为狂罢了！

# 授人以鱼　更授人以渔

张一帆

2014 年 5 月 11 日晚七时许，吴小如先生亲自拨通了他人生的最后一个电话，召唤上海的儿子来京。

我因家师钮骠先生而得缘拜识吴老，并有幸在他年届九旬后常往中关园聆听教诲。吴老仙逝半个多月，我一直在理性与感性之间调适，眼前浮现的多是他生命最后两年的各种片断。尽管吴老已病衰五年，尽管他已登九十三岁高龄，尽管他对这一天的来临早已做好一切准备，但我依然认定，他并没有想到自己会走得如此仓促。

5 月 11 日上午，吴老感觉身体不适，准备前往医院，行前将《中华读书报》编辑舒晋瑜 5 月 7 日采访的稿件交给我，并指示了所有需要修改的地方。有两件事值得说明：一是在病重垂危之际不去医院、不做抢救，是吴老一直以来的心愿，而这次是他主动提出要去医院治疗，说明他并不认为自己的生命已经走到了最后一天；二是往常稿子改完正式发表之前，他还要亲自过目一遍，按照惯例，这个程序会在稍后几天内完成。可是,在 5 月 12 日舒晋瑜编辑闻讯赶到吴宅时,接到的是吴老生前未来得及最后审定的一份文稿。

吴老最后一次亲赴八宝山人民公墓祭拜母亲是在 2012 年 8 月 28 日,这一天是吴太夫人的冥诞;十一天以后,吴老迎来了自己九十周岁的生日。熟悉吴老的人都知道他性情耿介,为人为学疾恶如仇,甚至爱真理胜过爱师友,有时还会感叹怀才不遇,常作金刚怒目;但是更加熟悉吴老的人知道,他从不会真正在意个人的荣辱进退,只有在提起父母、妻儿、恩师与自己的深情时才会老泪纵横。

吴老发表的最后一篇署名文章是《传播戏曲文化当力求规范、准确》(《中国社会科学报》2013 年 6 月 3 日版),那是他在 2012 年底阅读了一本有关梨园名家墨迹的书后,为书中出现的大量讹误夜不能寐,坚持口述完成的。“订讹、传信”可以说是吴老一生对待学术的态度和追求。成文以后,他依然按惯例请他常在戏曲著述中提起的“门人钮骠同志”通读通校全文。他总是说:“念古书,我是钮骠的老师;但谈到京剧史,钮骠是我的老师。”

吴老最后一次出门访友,是在 2013 年 6 月 14 日。他得知王金璐先生的夫人去世,坚持亲自登门吊唁,看望比自己年长两岁的王老。王门举家震动,九十四岁的王金璐先生率领自己年届古稀的子女下楼迎送。王老对吴老说:“您要保重身体,您是(戏曲界的)字典啊!”吴老对王老说:“您要尽快把自己身上的绝活儿都教给学生,您是活字典!”这次拜访也应该是这对莫逆之交的最后一次见面。

2009 年由春入夏之时,吴老身体尚健,重开绛帐,为门人后学讲授杜诗,后出版为《吴小如讲杜诗》(天津古籍出版社 2012 年 9 月版)。之后,他因病告别讲坛。在卧病四年之后,2013 年秋季,吴老又振作精神，开讲孙过庭的《书谱》。《书谱》是吴老自髫龄即开始临习的法帖，积八十年功力，无论是对其中的书法还是书论，都已达炉火纯青之境地。所憾的是，吴老因体力不支，前后只讲了五次，中途而止；所幸的是，聆听者之一的沈莹莹女士将这五次的讲稿全部整理成文，近期已交《人民政协报》连载发表。这是吴老最后一次较为正式的讲课，距他仙去只有半年。

《学者吴小如》出版后，《传记文学》杂志想为吴老做一期《中国思想肖像》专题，约请其门人弟子从自己的生活、学术(古典文学、戏曲、书法)等各角度切入评述。交稿前十几天，吴老忽然要求单加一篇谈教育的短文，从中小学语文课本中两个积久不改的讹误谈起，重点表述了这样的意思："政府的教育方针一直都存在着一定的问题，正如我六十多年前所言，关键在于没有把教书和育人统一起来，所以大到未来人才的培养质量不尽如人意影响国家进步发展，中到高校教师只顾争课题、报项目，不顾学术精神、教学质量，小到中小学语文教材有不准确的地方能够延续数十年不做修改，原因都与此有关。"这大概可以算作吴老生前最后编定的一组文章，距他仙去不过四个月。

2014年春，《诗刊》杂志增刊《子曰》将"年度诗人"大奖授予有七十年诗龄的吴老。3月1日的颁奖大会，吴老没有亲临，现场播放了一段他录制的获奖感言："我平生有三大爱好，写毛笔字、听京戏、作旧体诗。我始终认为，当一个教师，必须理论联系实践。可是几十年过去了，字写得不好，戏唱得不好，诗作得也不理想，评委会把这个奖颁给我，主要是看我年纪大了，权且给我个安慰奖吧。"这应该是吴老留给人间的最后一段影像资料，距他仙去只有两个多月了。

2009年夏天，吴老不幸罹患脑梗；2010年，相伴六十四年、卧病三十年的老伴以八十二岁高龄离世；2011年，吴老再度在家中跌倒，左股骨打入钢钉固定。这五年来，唯一可遣老人寂寞的就是读书。吴老的各身体器官都不算健康，唯思维与视力之强，非比凡人。吴老生命的最后几年中，读书的数量之多、范围之广，令人叹为观止。仅我所知，进入2014年以来，他就通读过清末民初多位旧体诗人的诗文集、徐凌霄《古城返照记》报纸连载全文、荷兰汉学家高罗佩的全部小说与相关考据著作、福尔摩斯探案全集等等，几乎每部都在数十万字以上；4月以来，他听说英国侦探小说家阿加莎·克里斯蒂的作品有意思，就从北大图书馆相继借来了十余本。吴老去世两天后，家人发现了他的书签夹在侦探小说《底牌》的第一百七十九页处，这应该是吴老生前读的最后一本书，没有读到案件真相的揭晓……

追忆至此，可见吴老生命的最后岁月依然过得十分充实，正像家人在悼词中所总结的：与很多同辈和前辈的老人相比，吴老的晚年是幸运的，他亲眼看到了社会各界对自己一生所做贡献的肯定与赞誉。在生命的最后岁月里，吴老也从没有悲观厌世。他谋划了“年度诗人”大奖奖金的用度——少部分家用，大部分留作出版父亲和自己的书法集，另购买一百册《莎斋诗剩》分送友人；他还看完了天津古籍出版社准备出版的《吴小如讲演录》书稿的三校，并等待着审阅样书；甚至他发现日常服用的安眠药存量不多了，还想办法托多位亲友一起帮忙，配足一段时间的药量，以助他“高枕无忧”……

吴老的晚年，由于长子长女早逝，次子次女远在他乡，家人无力时时陪伴左右。他较为充实的最后岁月，就我所知，与以下诸

位日常的倾力襄助密不可分(排名不分先后):

陈熙中先生、周启锐先生(周一良先生之子)数十年如一日照料吴老的各项生活、工作事务,至古稀、花甲之年仍然无辍;

钮骠先生与吴老的师友之谊延续了半个多世纪,从青年时为吴老夫妇帮忙照管四个未成年的子女开始,直到现在年过八旬,仍时常带着家人登门拜望;

崔志光先生时常负责吴老外出看病的接送与陪同,直至吴老生命的最后一天,直至与吴老的家人一起将遗体运进北大校医院太平间暂厝;

中国人民大学国学院的谷曙光老师、中国社会科学院文学所的刘宁老师在吴老病后整理出版了《吴小如讲杜诗》,抢救出了吴老身怀的又一门绝学;

沈莹莹女士作为吴老五部作品集的责任编辑,为作品集出版付出了全副心血,还兼做吴老生活和工作的"秘书",时常照顾;

天津古籍出版社的赵娜编辑,十几年来担任了十余部吴老著述出版的责任编辑;

韩嘉祥、刘凤桥、肖跃华三位先生为吴老父子书法集的问世尽以全力,至今这项工作还在延续;

中国艺术研究院文化研究所的陈斐先生,力促《传记文学》杂志为吴老做专题,并向《诗刊》杂志力荐吴老的诗作,直接促成了吴老获得"年度诗人"大奖;

上海东方电视台的柴俊为先生、中国工程物理研究院的姜骏先生多年来协助吴老整理音像资料,并出版了《吴小如京剧唱腔选》;

辽宁省艺术研究所的刘新阳先生作为年轻后辈,与吴老相识相交十九年,曾撰文《好之乐之　躬行信言——吴小如先生戏曲研究初探》(《传记文学》杂志 2014 年第 2 期)与《寂寥千载后一例鼎彝看——听〈吴小如京剧唱腔选〉有感》(《中国京剧》2014 年第 1 期),全面总结了吴老戏曲研究方面的成就;

中国传媒大学博士生姜斯轶为吴老的最后几次出行担任司机与护驾,并常抽时间去陪老人聊戏;

北京大学医学部图书馆的魏明洁老师长年负责为吴老取药、送药和看病的接待;

中国人民大学国剧研究中心 2010 级硕士生李若彬将吴老各个时期的讲座录音整理成数十万字的文稿;

《中华读书报》的舒晋瑜编辑,近年来两次采访吴老,特别是最后一次,为世人留下了吴老生命中最后的思想记录;

……

以上提到的并不完全,这些人或为吴老亲传学生,或为再传弟子,或为吴老戏称的“粉丝”,都为老人家最后的岁月增添了生活的信心与乐趣。

吴老一生,与很多前辈一样,志于道,游于艺,用情深,治趣勤,淡泊名利。吴老一生,以得天下英才而教育之为最大乐趣,不仅授人以鱼,更授人以渔。吴老一生,没有留下多少物质财富,但留下的精神财富是无穷的。追忆吴老,若止步于感叹“这样的通人再也不会有了,这样说真话的学者不会有了”,恐怕吴老在彼岸并不会心安。追忆吴老的同时,我们更应该反躬自省,为人要像吴老一样说真话,为学要像吴老一样一丝不苟地精研各项基本功。唯其如此,吴老之学方得薪尽火传;唯其如此,小如精神方则不死!

(作者单位:中国人民大学)

# 点滴见师恩

张锦池

1988年,全国《红楼梦》学术研讨会在芜湖召开前夕,我与朱彤、乔先知等几位途经北京的校友去拜访吴组缃先生,请他去参加会议。交谈间,说起时下的学风,吴组缃先生说:“20世纪30年代初,我在清华求学的时候,有一次和几个同学去朱自清先生家做客,谈及如何做学问。朱自清先生说:‘王国维他们那一代是背书,我们这一代是念书,你们这一代呢?是看书。’”吴组缃先生说到这里停了停,笑着问我们,“你们呢?”我脱口而出,说:“是翻书。”大家都笑了。后来,我们和齐裕焜、陈曦钟等校友一起到吴小如先生家里做客,又说起此事。吴小如先生听了,笑着说:“说得好!说得好!现在有些年轻人呢,能耐得很哪,是写书。”大家都笑了。吴小如先生这句话,是婉而多讽的,也是情真意切、令人深思的,不禁让人心有惕惕焉!

中国人,凡为父母者,都希望自己的后代一代超过一代;凡为师者,都希望自己的后学一辈超过一辈。吴小如先生为我的《中国四大古典小说论稿》作的序里，就包蕴着这一美德。其文云：

> 张君锦池，北京大学中文系1963年毕业之高才生也。久执教于哈尔滨师范大学，治古小说时有创见新解，已为名教授矣。而锦池所拳拳不忘者，乃在母校与所从问业之师，是古人之遗风重见于今世，此则尤可贵者也。锦池著《红楼十二论》，初版问世，浼予作书评，予始应之而卒未有以报之。今又撰《中国四大古典小说论稿》，书成在即，复嘱予为序言。予重违其意，取其所作一一而读之，知其绩学日进，腹笥日丰，而喜其能冥搜远虑，鞭辟入里，谨严其立论也，喟然有出蓝积薪之叹。方锦池从予问业之时，予始及不惑之年；今则颓老而无成，所期唯在锦池一代。而锦池已五十许矣，及锦池之门者，果有出于蓝而为积薪者乎？予不得而知也。此予所以厚望于锦池者，锦池其勉旃。是为序。

这是对我的鼓励，也是对我的寄望与鞭策。我当牢记一个公式，以谢师恩：成就是分子，荣誉与地位是分母，分子不变，分母越大，其值越小。

《论薛宝钗的性格及其时代烙印》（以下简称《论薛宝钗》与《从曹操和刘备的形象看〈三国演义〉中正统观念》是我学生时代的两篇习作，一写于大学三年级，一写于大学四年级；一获得吴组缃先生的指导，一获得吴小如先生的指导。吴小如先生说我的这两篇习作："分析《三国演义》中正统思想的三个特点很有见地。但全文还存在两个缺点：①从历史阶段看人民的倾向性，谈得太笼统，没有注意每个历史阶段的特点；②前幅分析曹操一段，语言分析三国演义中正统思想的三个特点很有见地。但全文还存在两个缺点：①从历史阶段看人民的倾向性说得太笼统，没有注意各个历史阶段的特点。②前幅分析曹操一段语言太堆砌，太文，不免有油腔滑调之嫌。照我的意见，这篇文章不如论薛宝钗一篇深刻扎实。

吴小如先生评语手迹

太堆砌，太文，不免有油腔滑调之嫌。照我的意见，这篇文章不如《论薛宝钗》一篇深刻、扎实。”这是切中肯綮的。1990 年应徐公持先生之约，我将吴小如先生指导的这篇习作做了修改，交由《文学遗产》，以《论〈三国志通俗演义〉的“三本思想”》为题发表，遂成为我的《三国演义》研究的代表作。该文认为：《三国志通俗演义》实际上是说给有志王天下者听的英雄史诗。它宣扬忠义，但不止于崇尚忠义，崇尚忠义只是它对臣民的人格要求。作为中国历史小说的扛鼎之作，它的独特审美价值，更主要的还在于宣扬了一种“三本思想”，那就是：民心为立国之本，人才为兴邦之本，战略为成败之本。这种“三本思想”贯穿全书，成为作者褒贬的准则，不吐不快的方略，从而也就使作品成为一部千古不朽的形象的“资治通鉴”。如果当年没有吴小如先生对我的《从曹操和刘备的形象看〈三国演义〉中正统观念》那篇习作的指导，也就没有今天我所偏爱的《论〈三国志通俗演义〉的“三本思想”》这篇文章。故而，我将带有吴小如先生评语手迹的这篇习作一直珍藏至今。

（作者单位：哈尔滨师范大学）

# 吴小如先生和我的师生缘

张鸣

国庆长假期间，我去吴小如先生府上拜访。先生虽然显得有点衰弱，但兴致不错，仍然十分健谈，不知不觉就聊了两个多小时。临告辞时，先生说："还记得我写给你的诗吗？我觉得和你特别投缘，所以聊起来总是忘了时间。"先生说的诗，是 2003 年 3 月，他在上海寄赠我的两首绝句，其中有"晚岁逢君大有缘"之句。当时读到这样的诗句，我非常感动。对我而言，能成为吴先生的学生，最多的感受是幸运和感恩。

追溯起来，我和小如先生的师生缘分，应该是始于 1980 年，当时先生给七七级学生讲授"唐宋词研究"专题课。当时还没有和先生有课余的个别交流，但先生讲课的风度，对词史的高屋建瓴的认识，对作品深入细致的分析讲解，都对我们产生了很深的影响。在这之前，我们学习文学史时，使用吴先生在游国恩先生指导下编注的《先秦文学史参考资料》和《两汉文学史参考资料》作为教材。这两部书，选目精当，注释详尽，资料丰富，解说准确可信，而且对一些疑难问题，总有高屋建瓴的公允论断，学术水平之高，学界公认。因此我们都知道吴先生功力深厚，学问非常渊博，非常期待继续听吴先生讲别的课程。可是在此之后，先生再没在中文系开过课。到1982年我本科毕业念研究生时，才知道先生已经离开中文系，再听先生讲课的愿望就一直没有机缘实现。在我念研究生期间，业师赵齐平教授要我认真研读吴小如先生的著作，多次跟我说，吴先生的学问，就古代文史之学涉猎的深广和文学史研究领域的全面而言，中文系教师无出其右者。老师还对我说过好几次，“要是吴先生还在中文系就好了”。虽然具体的场合和事由记不清楚了，但老师真诚的惋惜之情给我留下了非常深刻的印象。后来老师在长期重病之后遽归道山，我也一直没有机缘向吴先生当面请益，但先生的著作一直是我常备常读的案头书，也是我经常向学生推荐的必读书。

真正向吴先生见面请教，是在1995年。我向北大《国学》杂志投了一篇论文《从“白体”到“西昆体”》，为《国学》编稿的孙静老师对我说，《国学》编辑部请吴先生匿名评审你的论文，吴先生评价很好，《国学》准备采用，不过有一些地方需要修改，嘱我拜访吴先生聆听具体的修改意见。因为早就听说吴先生性格耿介，对治学要求非常严格，我到中关园吴先生家拜访时，心里有点忐忑。谁知见面之后，吴先生对我非常亲切热情，正所谓“望之俨然，即之也温”。先生问了我的学习、工作情况，谈了对我的论文的修改意见，还聊了别的很多话题，涉及治学的方向、路径、方法，还聊到了他和齐平师交往的往事，为齐平师英年早逝表示痛惜。吴先生谈兴很高，不知不觉就聊了很久。从这以后，每次拜访请教，先生总是侃侃而谈，谆谆教诲，令人心悦诚服，师生之间，总有很多共同的话题，所以后来吴先生赐我一封信中说："足下与仆有共同语言。"我想这应该是先生许我列于门墙、为门下弟子的原因，也是先生赠我的诗中说"晚岁逢君大有缘"的由来。

从1995年之后，我和先生的交往就越来越多了，学习上碰到疑难问题，首先想到的就是请教吴先生；读书有了心得，首先想到的也是向吴先生汇报。每逢节假日，我都会去先生府上拜望；林庚先生在世时，每年春节，我都会陪他去燕南园给林庚先生拜年。1999年，我在中文系主管研究生工作期间，征得中文系的同意，请吴先生回来给学生讲授了一个学期的"经史举要"课程，在此之前，先生很少回中文系，更别说回中文系开课了，但吴先生特别支持我的工作，陈熙中老师和我向吴先生提出这个请求，先生很爽快就答应了。那一年，吴先生已经七十七岁高龄。我曾跟那一年听过先生讲课的学生说，你们真是有福。

我从蓝旗营搬走之后，因离得较远，登门的次数少了，但每次拜访，先生都要留我聊上两三个小时。一谈到学问，先生总是兴致非常高，记忆力惊人，而且总有新见胜解，启人思考，解人疑惑。

先生对待学术十分虔诚、严谨，对待教学也非常敬业。当年听先生讲授"唐宋词研究"，学生很多，可容一百多人的大阶梯教室坐得满满的，每次上课都要提前占座。先生讲课，旁征博引，分析精彩，逻辑严密，而且字斟句酌，一字一句都交代得清清楚楚，记录下来就是一篇好文章。看得出来，课前经过了认真的准备。回想当时课堂上的情景，先生的风采仍然如在目前。他站在讲台上，总是齐齐整整、精神抖擞的，讲课吐字清晰，声音悦耳动听，而且十分洪亮。我们同学私下曾经议论说，吴先生讲课真是"卖力"！其实这正是吴先生对待教学的敬业态度的绝好表现。吴先生的敬业，还可从他批阅学生课程作业得到证明。“唐宋词研究”的课程作业，他都亲自批阅，写出评语。我交的作业，写了些什么内容，已经不大记得真确了，但先生的批改和评语，我现在还记得很清楚，记得我把“一阕词”的“阕”，随手写成了“阙”，吴先生把这个字圈出来，还加了批语说“阕”字不能写成“阙”。我当教师之后，批阅作业，常常发现学生把这个字写错，不仅学生，好多词学著作、论文甚至教科书，都常常用错这个字。因此我给学生讲评作业，都会特别讲这个字为什么不能写错。我想，如果不是当年吴先生在我的作业上指出，我可能就不会特别注意这个问题。吴先生当年的评语，还有一条给我印象最深，好像是我在作业中谈到了一个什么问题，议论比较主观武断，自以为是，其实浅薄可笑。吴先生在评语中特别告诫说，做学问“要自信，不要自是”。这就不仅是就学问而言了，这样的评语，是令学生受益终生的。

北大中文系毕业的一些老学长曾说：“吴先生是最后一位训诂学家，乾嘉学派最后一位朴学守望者。”（陈丹晨：《老学生眼中的吴小如》）先生精通小学，擅长考据，学问朴实渊深，确实是乾嘉学派遗风。先生常常告诫学生说，研究古代文学，首先要识字，文字、音韵、训诂之学，是治学的基础。其实这正是先生治学的经验。先生曾撰文说，解读古代诗文，首先要通训诂，明典故，察背景，考身世，最后还要揆情度理，这样才能真正理解作品的意思。先生在上海时，曾应王水照先生之邀，准备在复旦大学演讲，题目就是《治文学宜通小学》，但后来因“非典”的原因未能成行。2003 年 10 月，先生从上海回到北京，我去拜见，先生还专门谈到“识字”的重要性。今年国庆节期间我去拜访时，先生又重提这个话题，还举例说，“万寿无疆”的“寿”，应该作“畴”字理解，才能和

“无疆”二字相合。这个说法，发前人之所未发，确实很有道理。

因为对“识字”特别重视，所以先生对现今某些学术论文、著作、各种报纸刊物的错别字现象和电影、电视的读音错误现象特别痛心疾首，经常写文章批评、纠正，据说因此得罪不少人。2006年，先生写了一首诗，《丙戌上元戏成五律一首》，讽刺当今学术文化的一些怪现象，十分精彩，抄录于下：

> 世事日跷蹊，太牢狴犴栖。（自注：某教授解释“享以太牢”谓居牢狱是一种享受。）舟沉遭破斧，（自注：某大学中文系教师释“破釜沉舟”谓以破斧凿舟使之沉没）鹤立愧群鸡。（自注：某干部训话自谦云：“本人鹤立鸡群，深感惭愧。”）人我同家父，（自注：近数十年来称他人父为“家父”者日众。）存亡共品题。（自注：某作家健在，誉之者谓其身后留有作品若干，又云近日将有新作问世。）洛滨思白傅，芳草正凄凄。（洛阳白居易墓园有题字云：“芳草凄凄”，是以“凄凄”为“萋萋”也。）

诗句虽然讽刺尖锐，但先生指出这些错误，体现了老一辈学者的学术责任心，有功于学术文化的建设，即使对出错人而言，又何尝不是对他们有益的帮助呢？

先生多次对我说过，做学问，写文章，要争取不出错，但差错不可能完全避免，关键是有错就必须改，别人指出来了，就要感谢，要从善如流。先生在这方面的所作所为，其实也是可以作为楷模的。这里仅举和我有关的一件小事为例。2006年中华书局出版《皓首学术随笔·吴小如卷》，先生委托我初选篇目，我遵嘱选好之后，和先生商定，顺便提出一篇文章中的一个小问题请教，先生看过之后，说是他搞错了，应该改。这本是一件不值一提的小事，原文其实也算不上多大的错，但先生特地在书的《前言》中提出，并郑重其事地表示“由衷感激”。这件事让我对先生在学问上的虔诚认真有了更深的理解。

我从先生那里得到的教益和帮助很多。1995 年 11 月底，我把遵照吴先生的意见修改过的一篇论文呈交先生审阅，12 月 5 日，先生赐我一信，其中一段说道：“大作清样又细读两遍，改写后益臻完善，可喜可慰。唯有数字于校对中可商榷。一、‘身份’似仍作‘身分’为是；二、‘陆游’不可作‘陆遊’，足下失校；三、‘麼’字不误，今繁体俗作‘麽’并非正字。如陆游之‘游’能改最好，其他无大碍也。”可见先生的仔细认真。这样的事，有过好多回，有一次和先生聊天，我随口把“文过饰非”的“文”读成第二声，先生马上纠正说，“应读文（wèn，读如问）过饰非”。先生移居上海时，我给先生写信请安，把姿态的“姿”打成了“恣”，先生特地从上海打来电话提醒。2004 年我将新版的《宋诗选》送请先生指教，其中选注王安石《泊船瓜洲》一首，依照传世的几种王安石诗集，第三句作“春风自绿江南岸”，与时下通行者不同，这个问题其实是吴先生最早写文章指出来的，我在讲解中也引述了吴先生的意见。我向先生请教对这一句怎样理解最好，先生非常仔细地讲了自己的看法。过了几天，又特地给我打电话补充说，“春风自绿江南岸”的“自”字，应是用了杜甫《蜀相》“映阶碧草自春色”的“自”字的含义和用法。

先生对晚辈、学生，总是关爱有加。许多学生都受过先生在学业上的恩惠，辅导读书，指导论文，一字一句地审阅修改文章。

甚至还应学生之请，连续好几个月在家里辅导他们读杜甫诗集，逐首讲解。这在别人，是不大容易做到的。先生不仅传道、授业、解惑，还经常关怀学生的成长，为学生的事情仗义执言。令我最不能忘怀的是，他好几次提醒我要努力争取解决职称问题，不要不在乎。2004 年 4 月，他把我找去，主动跟我说，他要去请林庚先生一起联名给我写推荐信。后来我的教授职称顺利解决，不敢说就是林先生和吴先生推荐的结果，但这封推荐信肯定起了重要作用。这件事，我一直没有当面向林先生和吴先生道过谢，现在，林先生已归道山，对林先生的感激只能留在心底了。在这里我要特别向吴先生表示感谢之情。

先生是好老师，但在老师面前，他又是好学生。他特别尊崇林庚先生，曾为《燕京学报》约我给林先生的《中国文学简史》写书评。他好多次对我说，“我是林先生最老的学生了”，言下有自

吴小如先生与林庚先生合影

豪,但也不免有点感伤。我曾好多次陪他去燕南园拜候林庚先生,每次都是,问安完毕,他就坐在林先生的书桌前,双手放在书桌上,恭恭敬敬地听林先生说话,和林先生说话时也特别谦恭有礼。2000年前后,先生应侯仁之先生之请,为未名湖畔的原勺园景点“文水陂”石碑题字,撰写《文水陂记》并书石,先生说,侯先生是我在燕京大学时的老师,侯先生命我撰文书写,我必须完成。那情形,就像学生要完成老师布置的作业一样。这些事情,都很琐细,但都给我留下了很深刻的印象。

转眼,先生就将庆祝九十大寿了。过去,先生对于祝寿的事,总是很低调。2002年,先生八十大寿。4月,我从日本回来不久,得知先生要移居上海,就和老系主任费振刚师商量提前给吴先生祝寿,但先生不许我们声张,我与费老师只好约了平时和先生来往较多的几位中文系同事及学生一起,为先生举行了一个简单的祝寿宴会。2007年,先生八十五寿辰,那时先生已经从上海迁回北京,我又提出为先生庆寿的事,先生仍然不同意,同样不许我们声张,我只好和陈熙中老师一起在后海梅府家宴订了一桌寿宴,简单地为吴先生过了生日。后来听说,在这之前,中文系老系主任严家炎老师曾经找历史系的领导,希望他们能够出面为吴先生主办祝寿会,历史系方面征求吴先生意见时,吴先生不同意,说不值得张扬。这回,先生九十大寿,我们衷心希望为先生举行一次祝寿会,以表示晚辈、学生们的感恩之情,衷心希望先生不要再推辞。

2011年10月20日重写,2011年11月12日改定

于京西博雅西园

(作者单位:北京大学)

# 怀念吴小如先生

赵娜

小如先生走了，走得很突然，来不及让我见最后一面。噩耗传来，我不敢相信这是真的，一夜未眠。

与吴先生结缘，是源于作者与编辑的往来。我从初到出版社的一两年，参与校对《古典诗词札丛》《古文精读举隅》，开始接触先生的书稿。接下来的十几年间，先后编辑出版了《吴小如戏曲随笔集》《吴小如戏曲随笔续编》《吴小如戏曲随笔补编》《吴小如手录宋词》《吴小如录书斋联语》《吴小如书法选》《吴小如讲〈孟子〉》《吴小如讲杜诗》等书。现在，先生还有两本书稿在我手里，一本是《学术札丛》的修订版，一本是《演讲录》，可惜先生不能看见书的付梓了。记得春节前，我去北大看他，他还笑着说："算上这两本，一共跟你做了十本书。"现在想起这话，不禁感伤，一位学者把十本著作交给一位编辑，是何等的信任和支持啊！能为先生的书做责任编辑，荣幸之余，亦诚惶诚恐，我把每次都当作极好的学习机会。

我所接触的吴先生，已步入晚年。印象最深的是他的勤奋认真。每次我从津到他家时是十点以后，见其书桌上的临帖已很多了。由于师母身体不好，要人照顾，先生很少出门，写字成了他最大的消遣。据我所知见，他在中风前的十几年里，每日临池不辍。先生的书法幼承家学，深得其父真传，极富书卷气，自成一家。早年俞平伯、启功等大家，均对他的书法有很高评价，但他从不以书法家自居。先生说："我父亲（吴玉如）够得上书法家，我只是爱写毛笔字。"上述所提的几本书法著作，也是在友人极力劝说之下，先生才答应出版的。

《吴小如演讲录》书影

小如先生精通文字、音韵、训诂、考据，博学强记，师从俞平伯、游国恩、沈从文、周祖谟等著名学者，他言语中经常感念师恩，一直努力传承老师之衣钵。2002 年，出版社策划选题，先生提议找找民国以来国学大师的讲义，几经周折联系到朱自清、游国恩、周祖谟等先生的后人或学生，翻出来半个世纪前的油印本和手稿，保留了珍贵的学术和文献资料。季羡林先生认为这是"抢救文化遗产的功德之举"，欣然为这套丛书作序。现在丛书已出版二十几种，涉及文学、历史、艺术等多个学科，广受学界关注和好评,成为出版社的“名片”。可以说,当初没有吴先生的牵线搭桥,就没有这套书的问世。

书法之外,先生酷好京剧。从年轻时他就省吃俭用买唱片,一直珍藏。近一二十年,他写的戏曲评论全部出版了,且均有再版,可见受欢迎之程度。这些随笔真实记录了京剧发展黄金时期流派纷呈的盛况,对于继承发扬这一国粹艺术,有着不可低估的作用。

小如先生生性耿介,闻过则改,对于他人指出的缺点一贯虚心接受。《鸟瞰富连成》出版后,钮骠教授写信给他,指出了一些瑕疵。到《吴小如戏曲随笔集补编》问世,吴先生叮嘱我一定改正,并把来信作为附录放在文后。先生主张学术规范,坚持守正。2009 年,他还以此为题在《文史知识》上发表一文,承认自己在课堂讲义上的几点错误。这种精神在当下是多么可贵可敬啊!

只言片语不足道先生对学术贡献之万一,仅此聊表悼念之情。老成凋谢,哲人其萎,缅怀风范,不禁嘘唏。

(作者单位:天津博物馆)

# 沉痛悼念吴小如先生

脂雪轩

惊悉吴小如先生于 5 月 11 日遽然西归,甚为哀痛。悉先生之离世,如闻泰山之崩,极难置信。昔日见到先生的景况浮现在前,顿生深切感伤,先生音容宛在,终生难忘。

早前我在北大读书时就知晓吴先生,由于我攻读的专业属自然科学——物理,与吴先生从事的文史相去甚远,在校时没能深入了解先生,只是知道先生为俞平伯先生的入室弟子,不曾谋面,也谈不上相识了。之后,与另一位学者——周汝昌先生(这两位国学大家,可称挚友,交往甚密。)的交往中,为周汝昌先生办事、跑路,使我有机会多次见到了吴先生。当年去吴先生寓所,是从我的住所地北航至中关园,这段路骑自行车最为便利。那时还没修北四环路,途经的道路狭窄,还得在中科院化学所附近穿过一道狭小的门,再经平房区才能到达。先生住房是北大的教工宿舍,红砖老楼,环境倒也清静。每次去拜访都在书房中与吴先生见面,书房不大,书柜典雅古朴。

吴小如先生与周汝昌先生

已记不准某年某月了，吴先生担任山西教育出版社的“读书阅世丛书”主编（并在其中著《读书拊掌录》一书），其中有周汝昌著（周伦玲编）《砚霓小集》一册，那次我陪同周汝昌女儿周伦玲携文稿登门拜访，就是在那间书房里。吴先生像导师样仔细审阅，从周先生丰富的文章中选文、订稿，十分认真，一丝不苟；还建议将余下几篇学术性强的文章给予评价，并建议可以在某处刊出。先生师长般的谆谆教导，令我感佩。

还有一次，也是在这个书房里拜见吴先生，先生提到：曾有几个人上门，说是正与周先生合作，筹备周汝昌先生书法展，又说今年是周先生米寿，请吴先生题字，题字将转交周先生……吴先生想到是为周先生题字、祝寿，欣然同意了。吴先生当即问周伦玲是否收到题字，周伦玲愕然了，说不知此事。吴先生听后很生气，但也无奈。周伦玲问及题字内容，吴先生沉思片刻，凭记忆提笔在一张信纸上写下：

绝句为周敏庵米寿作　二〇〇五

毕生心血漫红楼，地下芹翁亦点头。我笑时贤争索隐，一编新证足千秋。

敏庵诗老粲正。

弟莎拜稿

内有一小序未留底，其内容已无法知晓。

这一墨宝不知流至何人之手。

吴小如先生的工作、学术研究、著述成就卓著；吴先生子女都不在身边，一切家务琐事都由吴先生亲自照料，付出的辛劳可想而知。体会到先生时间十分宝贵，每次与吴先生相见，时间都尽量简短。一次与先生乘坐出租车，在一起的时间算是很长了。那是若干年前，去参加在北普陀举行的纪念曹雪芹的活动，因我距先生的寓所不远，由我乘坐一辆出租车去接他，这样同乘一辆车前往，我兼关照和陪伴年长的先生。路途花费一个多小时，其间，交谈很融洽，先生表露了对学术现状、北大的看法，我还乘机向先生求教了些小问题，有书法的，有戏剧的……谈到先生在事业上已取得很大成绩仍在辛勤努力时，吴先生不由得提到周先生。他说周先生虽耳目失聪，却得到家人细心照顾，生活上完全不用操心，心思完全用在学术上，还配有专门的助手，不断地写出新著作……谈话间流露出十分羡慕的神态。交谈中先生也说了些自己的情况：子女都不在身边，师母体弱多病，先生亲自精心照料……

听先生的这些讲述，我对面前这位著名学者更加敬仰。不知怎么话题又转回师母上，她身体不好有糖尿病，不能吃含糖高的水果，想买些偏酸而糖分少的国光苹果，但在附近先生还没有找到，此事成了吴先生当时一件小小心事，我听了后说可去大钟寺市场看看，若先生太忙我可替先生跑跑，先生也欣然应允。这个市场名为大钟寺农贸市场，当时，是一大型农贸批发场所。如今早已拆除，原地变为了若干现代化大楼，为此事我骑自行车来到这个市场，走到水果区，见到的大都是富士苹果之类的，国光苹果少之又少，很难找到，似乎该品种已被淘汰。然而，老天不负有心人，我还是找到了国光苹果摊位，仔细察看货物感觉并不理想，但再也没见到满意的了，无奈之下在此买了一些。这样的苹果，除了是“偏酸而糖分少的国光苹果”符合要求外，与富士之类的苹果相比，其色、香、味毫无诱人之处，更无像样的包装，我怀着忐忑的心情送到了先生的寓所。至今我回忆起这事，心情总感到不安，不知吴先生当时收到苹果时是否满意？

吴先生驾鹤仙逝，国家又痛失了一位国学名家，在这不胜悲痛之际，撰此小文，以表对吴小如先生的深切哀悼与缅怀！

2014 年 5 月 13 日

# 题《吴小如先生自书诗》

周南

岁前蒙小如兄惠赠《吴玉如诗文辑存》及《吴小如手录宋词》，得之珍若拱璧。小如兄小楷之精妙自不待言，而玉如先生之诗与书则俱臻胜境，书法直追二王，蔚为大家，世罕其匹。每一披览，不觉怡然畅然，神与俱往。今小如兄自书诗即将刊行，世人读君自书诗，则必谓君诗与书之法度气概，堪称克绍箕裘矣。

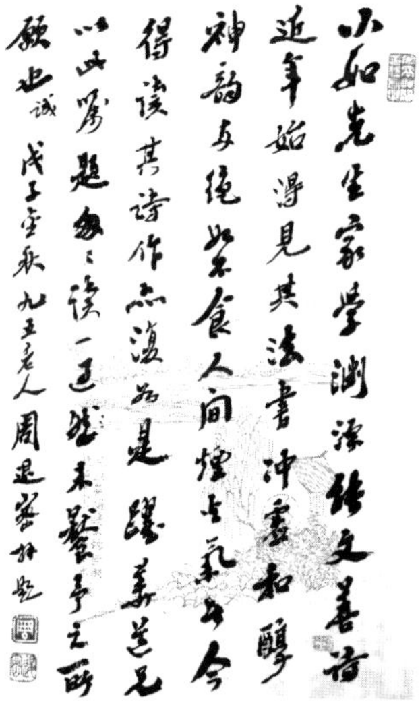

周退密先生为《吴小如先生自书诗》题词

读书稿中《梦中访亡友高庆琳故居》之作，不禁为之怃然。盖家兄庆琳亦善书，与小如中学即同窗，久为莫逆，不幸中道夭

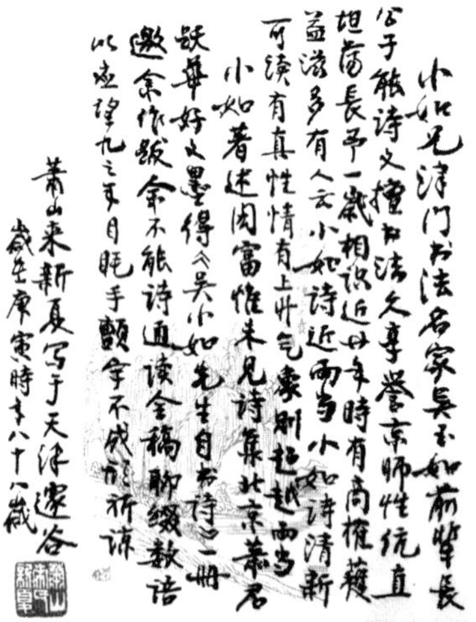

来新夏先生为《吴小如先生自书诗》题跋

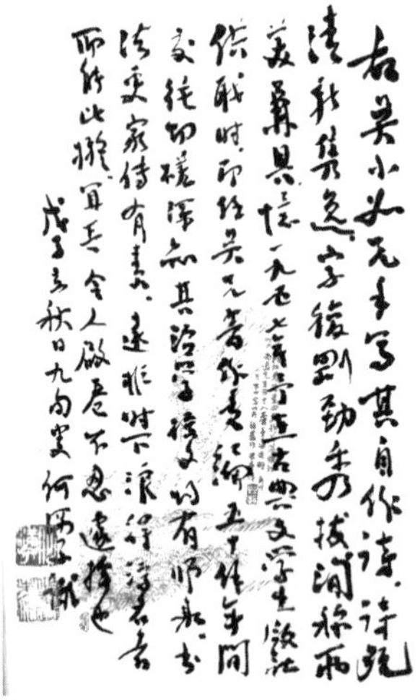

何满子先生为《吴小如先生自书诗》题词

折。余则于1945年始与小如于燕京大学同窗一载。当风雨如晦之岁，相濡以沫。小如赠诗云：“记访溪山兴未赊，圆明荆棘玉泉茶。未名湖畔当时月，几许沧桑浸素华。”后又有《燕郊怀旧》赠诗云：“如磐风雨未央天，破帽单车两少年。过眼海桑终一世，欲分残酒酌余妍。”叙当时情景，如在目前。后虽各修胜业，而书问不绝，偶聚首京华，把酒论文，其乐也融融。小如乃复书集东坡句一联相赠云：“相逢杯酒形骸外，来往君家伯仲间。”亦贴切之至。

叨在故交，并忆及往事，聊书数语如前。

（作者单位：新华社）

# 怀念吴小如先生

朱则杰

北京大学吴小如先生去世已经一月有余。先生是我本科时代的老师,更是我从事清代诗歌研究的领路人。三年前先生九十大寿的时候,我曾经专门写过一篇《小如师教我写文章》,着重记述先生在文章写作上对我的指导和教育。而其他种种提携奖掖和忘年交往,此时又一起浮现在脑海中。

20 世纪 80 年代开始,学者出书日益困难,年轻人更不容易。我到 1991 年,才以教材的名义在原浙江大学出版社正式出版第一本书——《清诗鉴赏》。此前很久,我就已经向先生请序,承先生欣然俯允。拙著内部,都只是单篇的鉴赏短文;而先生的大序,除按惯例对笔者施以谬赞之外,还大量论及清代诗歌的特点,乃至当代鉴赏学的发展历史,具有重要的学术意义。可以这样说,读者买到此书,其他内容都可以不要,光有先生的这篇序文就很值了。这也就是通常所说的为拙著增光涨价。后来先生将该序收入所著《读书拊掌录》第一类《书评与书序》①,题作《朱则杰〈清诗鉴赏〉序》,读者得以读到的机会也更多了。

1995年,我在齐鲁书社自费出版论文集《清诗代表作家研究》,这次是请先生题写书名。先生用的是他最擅长的楷书,书于"乙亥暑中"。只是拙著在原浙江大学印刷厂印刷,封面制作效果欠佳。事后先生曾说:"拙书题签原迹似略有笔锋,印出后略病肥秃,好在旨在留一纪念,书之工拙可不计也。"(1996年2月11日函)我不懂书法,确实"不计""工拙",而只要出自先生的大笔,其意义就绝不止"留一纪念"而已了。

早在1984年,先生就赐给我一幅楷书横轴,116×33厘米,二十四行,行六字。正文为先生自作五、七言律诗各一首:

兴到笔生春,诗肠几度新。
山明天际雪,月掩壁间尘。
胎息同今古,襟怀偶欠伸。
夜阑斟旧句,灯火倍情亲。

欲罢轻阴问柳丝,远山冥默送青迟。
关情南陌将雏燕,遣兴中庭曳尾龟。
旅食一身牛马走,著书千卷死生期。
蓬门昼永思佳客,珍重春风啜茗时。

---

① 吴小如《读书拊掌录》,山西教育出版社1998年1月第1版,第161~164页。

又跋语说：

> 则杰同学治清人诗，仆习诗亦自“同光体”入手。今录五、七律旧作各一首，未悉则杰以为何如。甲子小满，吴小如并书。

末尾钤有阴刻金文“吴同宝（先生本名）印”和阳刻篆体“小如”两枚方章。两首诗歌，现今都可见于先生诗集《莎斋诗剩》，标题分别为《寄高庆琳》《居中关园偶题》①。据诗集“编者按”，这两首诗歌先生另外也还有书写，并收入《吴小如书法选》。不过经比对，前者系草书立轴，后者系楷书中堂，都不尽相同。但从这里，可见出先生对这两首诗歌的喜爱。而先生书赠我这个当时刚读博士研究生的小门人，并特地在跋语中再一次指明我的研究方向，在我无疑是如获至宝，珍若拱璧。毕业后我来杭州工作，一分到稳定的住房，就托人代为装裱，悬挂在大厅而兼作书房、卧室的墙壁上，真所谓蓬荜生辉。

我在杭州近三十年，先生只在2002年11月上旬来过一次。当时先生在上海小公子家居住，原杭州师范学院（今杭州师范大学）的汪少华先生于3日专程到上海接先生过来。4日晚上，先生即在杭州师范学院文一路本部给师生开讲座。5日晚上，则在合并之后的新浙江大学玉泉校区同样开讲座，题目都是《怎样阅读欣赏古典诗词》。又5日、6日的两个上午，我们陪先生分

---

① 吴小如《莎斋诗剩》，作家出版社2014年2月第1版，第41页、第38页。

别游览灵隐和郭庄。6 日下午送先生上列车，并由少华先生那边的研究生护送至上海。前后凡四天时间，先生都住在浙江大学的灵峰山庄，我还因此得以随时向先生当面请教各种问题，亲聆教诲，仿佛又回到了自己的本科时代。《小如师教我写文章》最后所说的“朝三暮四”典故云云，就发生在这个时候。此外还有很能体现先生高尚品德而目前碍于他人、不便在这里叙述的有关教导，容待将来再做补充。

我在杭州的这些年中，偶尔也为先生办过一些杂事。例如市区中山中路有一家百年老店“邵芝岩笔庄”，先生曾嘱我代购湖笔，记得有“中白云”“小白云”等。又某次先生说喜欢某品牌的小笋干，我打听到该品牌在杭州无售，而只有临安有一家门市部，因此专门去临安买了一纸箱，然后邮寄到北京。能够为先生做点什么，心里确实很高兴，只可惜这样的机会太少了。

2004 年起，我因为参加国家《清史》修纂，承担其中的《典志 · 文学艺术志 · 诗词篇》，所以有机会经常到北京出差。每次进京，总要去北京大学，正常也一定去拜访先生，既是看望，也是讨教。其中某次，还正巧碰上先生在家里给北京各高校的一群青年教师讲授杜甫诗歌。最近的一次是在 2009 年 3 月《文学艺术志》纂修工作会议期间，我在 7 日上午拜访过先生，那以后就都只能从网络和书刊上瞻仰先生的近影，或者从电话中聆听先生的声音了。

从 1979 年算到如今，先生对我的关怀持续了将近四十年，并且一再形之于文字。前述之外，又如 1991 年先生在所著《古典诗文述略》的《重版后记》中说：“这本小书的未完成部分……读者却不妨别觅他人著作来阅读，依然可以得到一个较完整的概貌。

如……即将在江苏古籍出版社出版的《清代诗歌史》(作者朱则杰,现任浙江大学中文系副教授)等……”[1]这是为当时尚未正式出版的拙著(后改名《清诗史》)预先做宣传。又2002年先生为中华书局而撰的《〈文史知识〉廿年》一文,在总结《文史知识》的办刊特点时说:“第二,这份刊物……十分注意吸收和发掘年轻的新秀。就我所知,现任浙江大学中文系教授的朱则杰博士,他读本科时最早的习作,就是发表在《文史知识》上的。”[2]这同样也是为我做宣传。即使如《小如师教我写文章》最后提到的先生在《慎加“按语”》一文中批评拙作《两个陈琮是一人——陈琮生年及诗集》[3],换一个角度来看,又何尝不是对我的成长寄予深切的期望?可以说,我自从事清代诗歌研究以来,就始终没有离开先生过。

上个月的11日晚上,本科时代的班长岑献青同学发来手机短信,第一时间告诉我先生去世的消息。此前一个月,我还领到先生嘱托中国人民大学文学院国剧研究中心张一帆先生寄赐的《莎斋诗剩》,刚刚读完不久。虽然随着自己年龄的增大,对人世间的生老病死日渐看得通达,预料先生总会有这么一天,但真的面对事实,还是不禁有许多伤感。因为先生本身是一位高明的诗人,我辈不好意思班门弄斧,创作正式的挽诗,所以只就当时听到

---

① 吴小如《古典诗文述略》,山西教育出版社1991年5月第2版,第157页。

② 原载《光明日报》2002年1月31日C1版;收入《莎斋闲览——吴小如八十后随笔》卷二,北京大学出版社2012年9月第1版,引文见第65页。

③ 现可参见拙著《清诗考证》第三辑之一百〇五《陈琮生年及诗集》下册末尾“补记”,人民文学出版社2012年5月第1版,第1254页。

消息一事，写成一首《闻小如师逝世》。现在把它抄在这里，作为本文的结束：

深夜京中电信传，不祥预感起联翩。
果然此去些时刻，已报往升兜率天。
一代宗师增史册，几多领域失高贤？
今宵料是难成寐，细数恩情卅卌年。

附带再说一下先生的享年。先生去世之后，各处纪念文字铺天盖地，足见先生影响之广。但涉及先生享年，有九十三岁、九十二岁、九十一岁等多种提法。核先生出生于1922年9月8日（农历壬戌年七月十七日），至2014年5月11日（农历甲午年四月十三日）去世，按照传统以农历计虚龄的习惯，应该以九十三岁为是。今人特别是北方地区往往按周岁或者简单地减去两岁计算，那实际上是错误的。类似情况如已故北京大学林庚先生，此前贺寿纪念集之一《化雨集》，其他毋论，最末一篇《林庚先生的生平和著作》以其出生的第一年定为零岁，这就显然无法理解。

2014年6月中旬写于杭州玉泉

（作者单位：浙江大学）

# 小如师教我写文章

朱则杰

吴小如先生是我大学时代的老师,曾经正式为我们开设过"唐宋词研究"课。我个人在此之前,因为有意于探讨清代诗歌,金开诚先生把我引荐到小如师门下,所以有幸更早地跟从小如师学习。从那时候开始一直到今天,小如师始终从各个方面指导、帮助着我。这次拟专门说说小如师怎样教我写文章。

小如师教我写文章,最突出的方式就是直接为我批改习作,主要集中在本科三、四年级。那个时期的拙稿,上面留有老师们手泽的,我还保存了一部分作为纪念。这次翻找出来,其中即以小如师为最多,一共有如下五篇:(一)《也论〈圆圆曲〉——向姚雪垠先生请教》(1980 年 8 月 21 日,初稿);(二)《〈论《圆圆曲》〉献疑——向姚雪垠先生请教》(1980 年 9 月 6 日,二稿);(三)《"天上人间"——〈秣陵春〉的思想艺术特色》(1980 年 12 月中旬);(四)《读吴梅村词》(1980 年 12 月下旬);(五)《永嘉四灵琐记》(1981 年 4 月下旬)。

这批稿子,原件都用圆珠笔誊抄或复写在四百字一页的稿纸上,短者十三页,长者四十七页。小如师或使用铅笔,或使用蓝色圆珠笔,或使用红色毛笔,做了大量的修改,并加有不少的批语。最多的地方,例如第三篇的第2页、第8页,各有十二处修改和一处旁批。所涉及的内容,从标题到注释,从材料到行文,从错别字到标点符号,大大小小,无所不包。例如第二篇的正副标题,改为"姚雪垠先生《论〈圆圆曲〉》近作献疑";第五篇的标题,"记"字改作"考"。错别字如第三篇内,第2页"发人深醒"改作"发人深省",又"洪升"改作"洪昇"并旁注缘由;第4页"可怜"的"怜"字,补足右侧下方的一点;第8页"徐轨"改作"徐釚",并旁注"音求";第11页"迭荡"改作"跌宕";第18页"即本与此"改作"即本于此",又"赌物思旧"改作"睹物思旧",合在一起有七处之多。

小如师的这些修改和旁批,就稿子本身来说,自然是更正错误,提高质量。但更为重要的,是教我从中学习、领会写文章的基本方法,包括各种需要注意的事项。根据个人的粗浅体会,这里面至少可以总结出以下若干原则。

一是表达力求准确。拙稿原文,存在着许多词不达意,特别是容易引发歧义的地方。例如第二篇第三部分叙述明朝选妃制度的时候,说:"至于家世清白,这只是其次。"(第9页)小如师改"其次"为"次要的"(条件),这样意思才确切。第三篇第二部分介绍《秣陵春》传奇的内部结构,称其"以人间为主线,天上为副线"(第11页),"天上、人间,又各有善恶两条分线"(第14页);小如师改"副线"为"辅线","分线"为"支线",则用词更加精确。第五篇第一部分考察"四灵之生卒及次序",有一处说"翁卷卒于后"(第2页);小如师改为"翁卷之卒于四灵中为最后",这样就不会有理解上的偏差。在所有修改之中,这一类所占比重是最大的。

二是行文力求简洁。这里面包含多个层次。最大的可以是全篇。例如第二篇相对于第一篇,小如师总批说:“此文较初稿为简洁可取。”(第1页)就有这个意思在内。中等的是段落或者整句。例如第一篇的引言,中间提到:“我早先曾有意于撰写一篇《〈圆圆曲〉本事考》,苦于缺少时间,迄未动笔。”末尾又化用古语:“就有道而正焉。”(第1页)小如师将这些语句都划掉,并且在批语中明确指出:“写文章应力求简净,不必自我表白和掉书袋。”最小的则是短语。例如第二篇最末,说其余许多细枝末节,这里“一概省略了”(第12页);小如师改为“一概从略”,既简洁,又典雅。

三是考证力求坚实。这里面包含具体的材料和总体的方法,以第一篇的有关批语反映最为集中。例如第一部分考证“陈圆圆没有死于关外”,中间就有两条旁批:“不死关外之说,作者并未拿出硬性证据。”(第2页)“这一段作者论据亦不足。只能证明陈圆圆于崇祯十五年离苏州,其他都与死不死于关外无涉。不得因《甲申传信录》写‘襄’为‘勷’,即全盘否定其记载。”(第4页)末尾还有一条批语:“不得因《甲申传信录》之不可信,便否定陈死关外之说,必须从正面拿出陈不死关外的证据。”(第8页)第二部分分析“陈圆圆究竟为谁所夺”,末尾一段的批语也指出:“这一段亦无说服力。因为无确据证明陈圆圆一定在北京,靠推论是不行的。‘推论’不等于‘考辨’。”(第15页)全篇最末,又有两条总批:“一、主要论证不强,说不服人。二、能驳姚的几个史料却与陈圆圆故事关系不是太大,如吴三桂在叛明之前进过京否等问题。

另外，有选妓入宫事亦不见得陈圆圆就入过宫。”（稿末加页）这些意见综合在一起，等于从正反两个方面揭示了考证的基本原则。后来的二稿，或者增减材料，或者变更提法，都是按照这样的精神去做的。

四是论述力求深刻。这个问题至少有两条批语指出或涉及过。例如第三篇总批之一：“这篇论文立意布局都很好，还应锻炼得使笔墨经济，文章有深度。”（第 21 页）又第四篇总批：“此文较朴实，全面论吴梅村词，惜未有突出见解。”（第 15 页）这里的意思，就是文章在论述方面，应当尽量挖掘现象背后的本质，把它放在时代或文学发展史的背景之下进行考察，努力探索出某些一般读者不容易发现、带有规律性或者特殊性的东西，而不是停留在事物表面，只就现象谈现象。

五是操作务必认真细致。这从上文所述错别字的更正一事，已经可以体会到一部分。而除此之外，还有不少细微的地方，一般人往往不大注意。例如第三篇第 8 页有一个“座”字，原稿该字下方的“土”整个低于两个“人”；小如师用红笔把“土”正中的一竖描长而穿过、上齐两个“人”，使之符合标准的写法。又第五篇第 5 页有一个“物”字，原稿有些潦草，可能会使读者误认成“扬”字；小如师重新改写了一个工整的“物”字，就避免了这种可能。甚至某些标点符号比较模糊、不易辨别的，小如师也都一一用笔描过。这种用意，相信任何一个作者都会深深感受得到的。

六是批评注意方式方法。就当时这几篇商榷性质的稿子而言，主要反映在措辞上。例如第一篇第四部分写到姚雪垠先生对《圆圆曲》的误读，有句话带有讽刺口吻：“姚先生说自己‘细读’过《圆圆曲》，实际上读得还不够仔细。”（第 32 页）小如师在旁边批了四个字："近乎刻薄。"又第二篇第二部分批评姚雪垠先生曲解《圆圆曲》中陈圆圆的身份，说"姚先生不顾及上下文(《论〈圆圆曲〉》没有引)，而独独摘取其中的两句诗"云云(第8页)，小如师把它删改为"姚先生只摘取其中的两句诗"，语气就明显平和得多了。从这些地方，可以体会到一位忠厚长者的态度。

此外正如上文略已涉及的一样，小如师还强调文风要尽量"朴实"。特别是第三篇总批之二，严肃指出："切忌不可把笔用得太圆熟，太圆熟即易近于油滑了。"(第21页)的确那篇稿子，在我是写得最"花哨"的，或者说太像"作文章"了。而经过老师的教导，那以后也就努力自觉地向朴实靠拢了。其他诸如年号纪年加注公元年份、称历史人物最好用姓名而不用字号(至少也要先介绍字号)之类的规范性问题，有关修改和批语中也随处可见，难以尽述。

从以上引述可以看出，小如师对一个本科学生的习作的批改，是多么的认真、仔细、全面、周到、深刻，并且有时还相当严厉。总的工作量之大，更加可想而知，而这些都是义务的。这对于初学写文章的我，的确是极大的帮助，同时也是极大的鼓励。

本科毕业之后，我到苏州大学(原江苏师范学院)跟从钱仲联先生读研究生，但小如师的指导，依旧从未间断，只不过方式主要变成了通信。例如我的硕士学位论文打算做《朱彝尊研究》，小如师就指示我"像搞吴伟业一样，最好全面搞，不要专谈诗"，争取"写出一篇有分量的论文来"(1982年6月11日函)。又博士学位论文《清代诗歌史》，某处有"歌舞盛世，点缀升平"一语，小如师指示"应改为'点缀盛世，歌舞升平'"(1987年11月3日函)。至于具体讲论清诗，更是不胜枚举。另外那段时期我打算出版一个系列作家论的论文集，原拟书名为“清代诗歌史论稿”；小如师除了帮助推荐、联系出版单位之外，还指出“史论”与全书实际“未尽符合”，建议“稍易一二字”（1985 年 6 月 6 日函）。并且在同一封信中，又详细地教我关于“今人之称谓”的知识：“如近日称人为师，只称姓而不名，便极不妥。你有一处‘钱仲联师’改为‘钱师仲联’，尚勉强可说；以后只说‘钱师’，便觉不敬。应改称‘仲联师’或‘钱老’‘钱仲老’始合适。又题赠著作，上款一律冠以姓，亦不妥。如‘钱仲联先生诲正’云云，‘钱’字必须省去。你送我的文章很多，亦都冠姓，我早想告诉你不应冠以‘吴’字，总觉这是小问题。现在你马上就是博士了，不能再出外行语，故谨以奉告。”这个知识，对于今天的许多博士研究生恐怕也有直接的指导意义。

再后来我自己也做了大学教师，甚至还有了“博导”的头衔，但在写文章方面仍然不断得到小如师各种方式的教导。例如我在《古典文学知识》杂志 2004 年第 1 期发表一则读书札记《两个陈琮是一人——陈琮生年及诗集》（第 108 ~ 109 页），叙及“绣慧山房”的“慧”字乃“雪”字之误；小如师在其《慎加“按语”》一文中，据《说文》进一步阐明“所以致误之由”，并指出拙作此处乃“是应加按语而未加之例，说明作者对小学知识不足”（《人民政协报》2004 年 11 月 1 日第 C1 版）。又某次小如师过杭州，相互谈到某篇拙作引起被批评者不愉快一事，小如师指示说，写商榷性质的文章，不要上来就谈缺点，到后面才谈优点，而应当先谈优点，再转到缺点，这样被批评者在感情上就容易接受些。理论之外，小如师还特地讲了“朝三暮四”这个典故，于是我的印象更加深刻了。这也正是上文所说的批评注意方式方法之一端。

回顾小如师最初教我写文章，到今天已经三十年出头。老师的教导,有些我是基本做到了,但也有许多还是做得很不够。即如写商榷性质的文章,有时候因为某些不正常现象的刺激,还是很容易感慨起来,缺少应有的涵养。而小如师数十年如一日,为我倾注无数心血,用他自己的话来说,就是“我们这一代人唯恐年轻人不早日出人头地”(1987 年7 月1 日函)。旁观当今不少在读的研究生,他们连见一次“导师”的面都不容易,我可真是太幸运、太幸福了。

# 莎斋的读者

朱航满

读莎斋吴小如先生的著作，已经是先生去世之后的事情了。我读吴先生的第一册著作，是先生的讲稿《吴小如讲杜诗》，且是我某次到人民大学文学院拜访孙郁先生，由孙先生郑重推荐给我的。吴先生去世了，孙郁先生说他参与在人民大学文学院组织的一场吴小如先生追思会，有位朋友赠他一册《吴小如讲杜诗》，读后感觉颇好，故也推荐我读。后来我在网上购得了一册，立即读了，果然如孙先生所说，真有如沐春风之感。我随后为此书写了一篇札记，谈及了读此书的因缘和收获，刊于报端。不料，文章刊发后，我有幸结识了与吴先生有忘年之交的刘凤桥先生，他对我的这篇文章颇为称赞，随后还转来了人民大学张一帆老师的反馈，告知我的文章中有几处不确。经张老师提示，我才知道吴先生的追思会由王金璐和钮骠两位先生发起，人大文学院与国剧研究中心共同承办，国剧研究中心执行主任孙萍教授主持，人大陈雨露校长书面致辞，文学院孙郁院长总结，刘凤桥先生赞助。张老师还特别强调说，孙郁院长的那本《吴小如讲杜诗》，系他个人购买并亲自赠送的。他还写道，买好书送人，是他从艺术研究院陈斐先生处学来的一个好习惯。

我随即与在人民大学任教的张一帆老师取得了联系，并特意向他进行了说明和道歉。张一帆是人大国剧研究中心的青年教师，也是吴小如先生生前的忘年之交。一帆老师随后还特意寄赠了我2014年在人大举办的吴小如先生追思会的录像DVD光盘，名为《衷曲知音——吴小如先生剧学成就研讨会》，同时还特别赠我《吴小如演讲录》和《“剧学”本位的确立》两册著作，前者由他参与整理，后者则系他的博士论文。收到赠书和资料的那天晚上，我立即先观看了一遍光盘内容。此次座谈会前，先是播放了吴小如先生生前的影音资料，其中有一个场景是在吴先生书房拍摄的，其场景可谓旧书累累，家具简陋，倍感清寒；还有一个场景，系吴先生参加一个戏曲节目的出境，则是侃侃而谈，颇感神气。座谈会上多系戏曲界人士谈吴小如先生在戏曲研究方面的造诣和成就，可惜我对此缺乏研究。随后有孙郁先生的一个发言，他将话题又拉回到了文学，认为文学与戏曲颇多联系，王国维、曹聚仁、黄裳等文人在戏曲上皆有造诣，但文章亦好，值得当代学人深思。孙先生的著作《民国文人十五讲》中，专有一部分谈齐如山先生，也是很新颖的看法。

或是因为我的那篇文章谈《吴小如讲杜诗》，刘凤桥先生将我拉进一个“莎斋沙龙”的微信群，其中都是爱读吴小如先生著述的学者，人虽不算多，但对于吴先生的著述，则多能如数家珍。我进微信群之时，此沙龙诸友正在商讨和筹划《吴小如全集》之事。虽然还没有出版眉目，但大家为做事情，劲头都很高。吴先生的文学随笔、戏曲评论、学术专著、诗词、书法等，均有学者在筹划整理。我作为晚来者，虽无很深的研究，但又乐于参与其事。想到吴先生喜好翰墨，生前曾为不少学术著作题签，亦是一个特别的风景，却是少人关注的。我在出版一册文学评论集时，曾想请一位前辈题签，后来请教一位编辑朋友，他推荐吴小如先生，但遗憾的是，此后不久，吴先生就仙去了。故而我在群中提出应编选《吴小如先生题签集》，得到了大家的一致认可。刘凤桥先生认为既然由我提出，也有兴趣，便不妨由我来收集资料，编成此书。在随后组织的一次商议《全集》出版的聚会上，我见到了热心此事的刘凤桥先生，也见到了张一帆老师，还见到艺术研究院的青年学者陈斐。

我深深地感到，吴小如先生虽然声名远不如一些所谓的学术名流，却有一批很专业也很执着的读者群，刘凤桥是其中一位，张一帆是其中一位，陈斐也是其中一位。不久，刘凤桥先生又特别赠了我一套由他编选的“吴小如艺术丛书”，分别为《吴小如手录宋词》《吴小如录书斋联语》和《吴小如书法选》。应我之请，刘先生分别为这三册著作题跋，其中《吴小如手录宋词》的题跋如下：“余尝数次拟为小如先生出版书法集，然先生向不以书家自命，故屡拒之。某日，余又访莎斋，见书桌上有一册九十年代中央党校出版社出版之当代学者书宋词册，装帧皆很普通，然所选学人皆当代知名人物，书法体貌不一，窃以为以启元白、吴小如两先生最为得法，余下各有春秋，然皆学者字尔。先生似亦颇自赏，余因诱之曰，何不手录宋词若干，编一集子，既可领略书法之美，复可总结词学研究成果，双美兼具，何不为耶？闻予言，先生似有触动，沉思片刻后曰，如此吾愿一试，于是乎，此书成矣。航满兄深爱此书，嘱记缘起如右。时丙申初冬编者附志。”

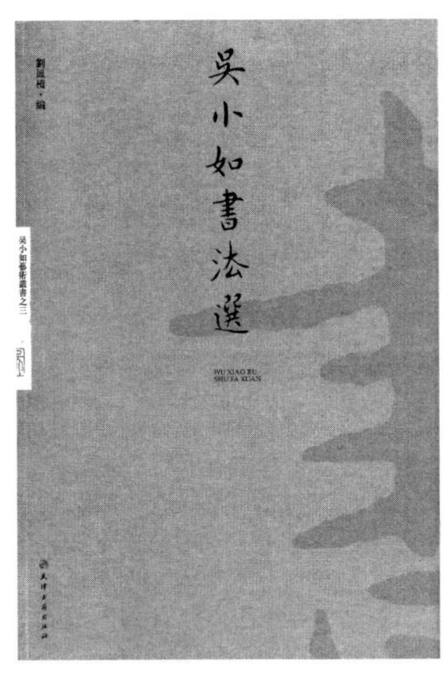


《吴小如书法选》书影

由此可见，吴小如先生的这套“艺术丛书”，乃是经刘凤桥先生的鼓动才催生而出的。我之前便购得此套丛书，以为乃是兼有书法、诗词和研究三绝，吴先生在题写宋词和对联之时，往往还会写下数句跋语，字数寥寥，但无不是极为精湛的心得体悟，这是非学问家所不能为的事情。故而在《吴小如手录书斋联语》的环衬页上，凤桥先生也有如下题跋，亦录之：“此书缘起见于吾之后记，不再赘述。航满兄于书肆中购得，读之不忍释手，誉为三绝。余亦深受感动，以为小如先生隔世知音，大有人焉。丙申初冬编者附志于小孤桐轩。”在刘先生的后记中，有这样的追述，乃是几位“吴迷”建议，请吴小如先生选辑和书写二百副对联供收藏并汇编出版，与启功先生的《联语墨迹》并驾成为“艺林双璧”。随后，刘君拜访吴小如先生时，提出此事，吴先生以为可以一试，但又提出,不只写联语,每一副对联要有注解,说明出处流传,论述联艺得失。这自然是善莫大焉的事情,不到两个月时间,吴先生就将联语和注解均写成,乃是水到渠成,蔚为大观矣。

《吴小如全集》因为诸多客观因素,没有如愿推进,但我们这些吴先生的读者们,却因此而有了更深的情谊。其中便有艺术研究院的陈斐兄,他也是读了我在报端上关于吴先生的文章,才和我有了更密切的交往。张一帆老师说陈斐有送好书的习惯,我亦深有感触。他曾赠我一册由其编选的《吴小如诗词选》,而吴先生正是因此书,获得了由《诗刊》社主办的"子曰"2013 年度作品奖,这成为吴先生晚年一件颇感欣慰的事情。陈斐兄专攻旧体诗词的研究和写作,与吴小如先生也是忘年之交。在研究诗词之余,陈斐兄亦遍访京城大家,其中北京大学哲学系的张世英先生和中国社会科学院近代史研究所的杨天石先生,皆是陈斐兄带我前去拜访的。两位老先生分别和我们交流了整整一个下午,真是获益良多。在拜访张世英先生时,陈斐兄赠我一册张世英先生的《新哲学讲演录》,而拜访杨天石先生时,他又特别赠我两册杨先生的著作,一册为《哲人与文士》,另一册为《蒋介石与南京国民政府》。我因一篇谈吴先生的文章,进入了一个非常独特的读书圈子,亦结识了数位风度极好的文友,真可谓收获多多,不能说不是一种缘分矣。

(作者单位:解放军总医院)

# 我的恩师吴小如

诸天寅

我于1956至1961年在北京大学中文系读书,其间最值得庆幸的是能够忝列恩师吴小如先生门下,常侍左右,得到亲炙。这种师生情谊一直延续了半个多世纪,我的每一点进步都与小如师的帮助分不开。

## 初识小如师

1957年暑假后,中文系开设了一门必修的专业基础课"工具书使用法",主讲教师即吴小如先生。其时小如师正值春秋鼎盛之年,初次上课时,他上穿一件蓝布大褂,下着熨出裤线的毛哔叽裤,足穿一双三截头黑皮鞋。那时在北大教师中,这样打扮的并非个例,记得教我们古代散文选的萧雷南先生也是这样一身打扮。小如师手提一个草编篮子,里面装着讲稿和参考书。他身材虽不高,但二目炯炯有神,声如洪钟,他一开讲,就能把学生的注意力吸引过去。他曾对我说:“我这一辈子除了干过几天业余编辑外,只干过教书这一种工作。如果说我有什么嗜好,我唯一的嗜好就是讲课。我对读书、查资料、备课、写讲稿,感到由衷的乐趣。”的确,凡是听过小如师讲课的人,没有不为他的精气神所感染的,再加上讲课内容精彩纷呈,新意迭出,给人留下深刻的印象。

小如师初次上课向学生做了自我介绍,他说自己名叫吴同宝,特别声明不是茅盾小说《春蚕》中的袁通宝,因为常有人把他的名字写成吴通宝,所以在开课之初,特此说明一下,此“同宝”非彼“通宝”也。他的冷幽默使同学们哄堂大笑,从此没有人再把他的名字弄错了。小如师强调了“工具书使用法”这门课的重要性,他说学习这门课不光是了解有关文史工具书的知识,更重要的是培养动手能力,今后遇到生僻字词、典故、史实,自己会查检。所以每次课后都有习题课,要到系资料室去做习题。那时我们1956级共4个小班,每个小班都配备一名助教,上习题课时辅导我们做习题。这四位助教分别是傅璇琮、倪其心、袁行霈和李思敬。我在三班,辅导教师是袁行霈老师。袁老师与主讲教师吴先生配合得很默契,在辅导中能很好地贯彻主讲教师的意图。有一次作业是为清末谭嗣同诗《和饶仙槎除夕感怀》和宋代张舜民词《卖花声题岳阳楼》做注释,袁老师带领我们到系资料室,手把手地教我们怎样检索《佩文韵府》《诗词曲语辞汇释》《词诠》等,查出所需要的词语典故。我们第一次为古诗词作注,兴致很高,当完成了这次作业,心里都有一种成就感。后来我们请小如师在课上对这两首诗词做了讲解,小如师精彩的讲解,大大提高了我们欣赏诗词的水平。难怪吴组缃先生曾说鉴赏古诗文,天下无出小如之右者。我想这绝非溢美之词。小如师分析古典诗文有其独到之处,常常能发前人之所未发，让人听后感到很过瘾，这就是他受欢迎的一个重要原因。总之，我们觉得上这门课收获很大，了解到有那么多文史工具书可以为我所用，为我们今后的学习和工作打下了基础。更大的收获是与小如师结成终生师生情谊，而且这种情谊历久而弥笃，永存而不渝。

## 结缘于京剧

1960 年三年级时，我们年级分配我们三班的科研项目是编写一部《中国戏剧史》。小如师对戏剧很在行，于是就聘请他当指导教师。小如师对学生所请，历来是有求必应，所以他二话没说，就答应下来。他给我们开列参考书目，研究全书的框架，还帮助我们借书。这样一来二去彼此就逐渐熟悉起来。这年放暑假前夕，听说小如师珍藏京剧老唱片甚多，于是我们就商请小如师选些有代表性的京剧老唱片，到我们宿舍开一次京剧老唱片欣赏会。小如师慨然允诺。开欣赏会那天天气很是闷热，晚饭后约 7 点钟，小如师骑着自行车带着选出的京剧老唱片，还有一架手摇老唱机，来到我们所住的 32 斋 402 大房间。小如师不顾天气炎热，边放边讲，很细致认真。所放的是百代钻针唱片，计有谭鑫培的《卖马》、刘鸿声的《空城计》、龚云甫的《六殿》(即《游六殿》)等。小如师通过讲解对我们进行了京剧启蒙教育，对京剧的起源到京剧剧本唱腔、舞蹈动作等京剧基本知识都做了简明扼要的介绍。小如师说这些老唱片尽管录的都是京剧早期名角，但在唱腔和音乐方面都显得过于简单，听起来很平直，并不像解放后的唱腔设计那么委婉动听，可见京剧应该向丰富方面进一步发展。我们非常感谢小如师不顾溽暑，为我们讲了一堂精彩生动的京剧欣赏课，使我们从“京剧盲”变成京剧爱好者，从此开始养成对京剧的热爱并初步具备了欣赏京剧的基本知识。这次京剧老唱片欣赏会进行了近两小时，会后由我和顾建国同学送小如师回家。我们把唱机绑在自行车后架上，我负责推车，顾建国同学提着老唱片，边走边聊，一直把小如师送到中关园 81 号家中。到达时虽然时间已经很晚，小如师还是让我俩在院子里的小板凳上休息片刻，还给我们每人一碗凉茶喝，并说欢迎我们以后常到他家来玩。这次老唱片欣赏会成为我与小如师越走越近的契机，这一走动就是半个多世纪。

## 教我备课

我于 1961 年毕业后，分配到北京市外国语学校教语文。北京市外国语学校是 1960 年成立的一所中等专业学校，学校属文科性质，除了外语之外，语文课也算重点课。由于我不是师范院校毕业，没学过教育学、心理学、教学法等师范院校的必修课，对如何备课、讲课可以说是一窍不通。我分到这所学校后，原以为总会安排一段时间听课，给我向老教师学习的机会。没想到由于语文教师短缺，我报到后第三天，学校领导就让我接高一两个班的语文课。初出茅庐的我，只好硬着头皮接受任务，但上课的困难可想而知。为了能上好课，我不得不回母校北大，向小如师求教。小如师以前教过中学，可以说具有较丰富的教学经验。当他了解到我的处境后，立即伸出援手，给了我热情的鼓励和帮助。小如师对我讲，备课是教师教学活动的一个重要组成部分，也是上好一堂课的前提和重要保证。教师要上好课，首先必须备好课。备课是一项深入细致的工作,是教师达到良好教学效果的关键。他说教师备课需要用心、用情、用力和重思。

用心,是指在备课时要动脑子,要投入自己的影子,把自己的切身体会融入对教材的理解之中,形成自己的看法和观点。备课最忌原封不动地照搬教学参考资料,上课时照本宣科,这样绝不会引起学生的兴趣。

用情,是指备课时能融入自己的真情实感,传递自己的真实感受,只有这样才能激发学生的情感,实现以情感人的目的。

用力,是指备课时一定要广泛查阅有关资料,深研细读,深入浅出,让学生获得较扎实的基本知识。

重思。孔子说:"学而不思则罔,思而不学则殆。"(《论语·为政》)备课时一定要学思并举。思,除了指思考之外,还包含着反思、质疑精神。上课时也要鼓励学生多提问题,"非学无以致疑,非问无以广识",清代学者刘开在《问说》中所说的这两句话很有道理。这里仅举一例。我在讲柳宗元《捕蛇者说》时,其中有"岁赋其二"一句,这句话究竟应该怎么讲?是指每年征收两次赋税,以蛇"当其租入",还是指每年征收两条蛇?就此问题,我曾向小如师请教,他广泛征求了几位语文学者如杨伯峻、张志公、袁鸿寿等的意见,也听取了《光明日报》教育版资深编辑崔石挺的意见,然后做出答复,认为"岁赋其二"应指每年收两次税,而不是两条蛇。小如师为我讲明理由:先从常识看,太医奉皇帝诏命征用毒蛇合入药中治病,一年只捕两条显然是不够用的;再从时代背景和历史事实看,柳宗元此文写于唐宪宗元和年间,在他坐王叔文党被贬到永州以后,而这时唐王朝所执行的一直是从唐德宗以来由杨炎、刘晏等人制定的"两税法"(即夏秋两季农民各完税一次)，所谓“岁赋其二”，正符合“两税法”制度。小如师从常识和历史背景两个方面解释清楚了“岁赋其二”的正确含义，这就是重思的结果，也反映出备课不能忽略任何一个细节，必须有“打破砂锅问到底”式的求真、求实的勇气与追求。

小如师还帮我修改教案，并把他的教案借给我看。他的教案都是用毛笔小楷工工整整地抄写在稿纸上的，不用说内容，单就书法而言，每份教案都是精美的艺术品。小如师反复教导我说，教师一定要注意平时的知识积累，所谓积学以储宝，就是这个意思。绝不能备一点上一点，学生听起来就没劲了。我正是在小如师的精心指导下，由不会教书到入了点门，后来在教学中处处以小如师为榜样，取得了点滴进步。教了一个学期后，学校让我举行白居易《琵琶行》的教学观摩课，受到领导和同行教师的肯定和好评，殊不知这里面就有着小如师的心血和期望。

## 教我从事科研工作

我从事的几项科研工作，大都是在小如师的指导下进行的。1983 年我参加了中国社科院文学研究所的科研项目，编写《中国历代诗话选》，稿件的审定工作请小如师担任；1991 年我参加《365 天中外名人大事辞典》的编写工作，主编请小如师担任。无论是审定，还是当主编，小如师都非常敬业、负责，做到每稿必看，写出修改意见，还动手查检有关书籍，有时为了一个条目，反复考证，从不嫌麻烦费事。他这种严肃认真、对工作高度负责的精神深深感动也教育了每位参加编写的同志；他以身作则，指导我们进行科研，为我们树立了学习的榜样。

每参加一次科研任务，小如师总要先讲清楚从事这次科研工作的目的和意义，这样才会有动力和后劲。比如编写《中国历代诗话选》，他认为这是一项很有意义的工作："诗话是我国古代文论中特有的一种形式，除少数专著外，绝大多数是断简零章，片言只语散见于前人的笔记杂著之中。现在你们的工作就是在翻阅大量有关古籍的基础上，披沙拣金，去芜存菁，分门别类，搜集整理成一部既带有一定学术价值，又带有资料性的选本，这对研究中国古代诗论、古代诗人的美学思想，以及不同时代的诗歌创作倾向、艺术风格都有所裨益。"他指导我们一定要仔细阅读原文，要对读者、对子孙后代负责；要坚持古为今用、一切从方便读者翻检和阅读出发。小如师的教诲给我们这些古籍整理的初学者以很大的鼓舞和支持。

1985 年我和两位北大同学合写了一部《中国现代散文 120 家札记》。请小如师赐序，小如师欣然命笔，写了一篇题为《为散文呼吁》的序言。在这篇序言中他既肯定了我们的工作，同时又向青年朋友进一言：多读点五四以来的现代散文是大有好处的。

1984 年我和同事孙逸忠同志从旧报刊上发现了两篇郁达夫先生论京剧的佚文，由于我们不熟悉京剧掌故，便恳请小如师给这两篇佚文做些说明，小如师二话没说就答应下来。他翻检了不少有关资料，为这两篇佚文做了笺注，并在篇末写了几条跋语。后来以《郁达夫话京剧佚文二篇的笺注和跋》为题，发表在《中华戏曲》1986 年第二辑上。小如师这篇文章发表后，不仅引起论戏曲史同志的关注，而且在现代文学史研究特别是郁达夫研究上也引起了重视。2010 年我收到浙江大学文学院李杭春老师的来信，询问《平社成立大会特刊发刊辞》既然署名为林庆年，何以证明实为郁达夫代笔？“代笔说”系当年孙逸忠同志所言，他是根据北京165中一位姓林的华侨教师所言。据这位林姓华侨教师说，林庆年虽为平社社长，但中文学养不深，绝写不出《发刊辞》这样深通中国戏剧典故而且用骈体文形式的文章。而此文文风又与郁达夫相近，故断定为郁氏代笔。而今孙逸忠同志已病逝多年，165中的林姓华侨教师也不知踪迹，所以《发刊辞》作者的公案只能存疑了。李杭春老师是研究郁达夫的专家，她的来信可以证明小如师撰写的《郁达夫话京剧佚文二篇的笺注和跋》时至今日仍为研究者所重视。郁达夫佚文作为京剧史上的珍贵资料，经过小如师的笺注和跋语，更为世人所理解，这对京剧史研究和郁达夫研究都是一件大好事。

## 教我做人

我追随小如师数十年，深知其为人正直耿介，俭朴勤奋，重视友情，助人为乐，以他的不言之教影响和改变着他周围的亲友和学生。小如师一向光明磊落，有话当面说出，从不背后议论他人。在学术问题上敢于指谬，不怕得罪人。对学生不分亲疏，该批评就批评，决不睁一眼闭一眼，充当老好人。小如师子女多，吴师母又辞去了工作，全家都靠他一个人的微薄工资生活，所以他一直自奉甚俭，不求享受。近来一直流传燕园起得最早的人是季羡林先生，其实小如师起得也不晚，像《京剧老生流派综说》一书完全是靠早起赶写而成。俗话说三日早起顶一工，一点不错。小如师靠勤奋写作，才出了那么多成果。

小如师关心他人，不论是否相识，只要向他求助，他都会给予力所能及的帮助。比如有一位唐山教育学院的老师，写了一本《〈录鬼簿〉中的历史剧探源》,自费付印出版,书印出来后在书店寄售,迟迟销售不出,便写信给小如师,请代为推介。小如师接到信后,自购五册,分赠亲友,同时发动学生去购买,一下子售出不少,解了这位老师的燃眉之急。从此这位老师对小如师始终心存感激,每逢年节总要写信问候。其实这仅是一个例子,据我所知,一些素不相识者常给小如师写信索书求字,小如师则尽量满足他们的要求。

就我个人而言,得到小如师的教诲和帮助就更多了。最使我难忘的是1993年,我在申报正高职称时,由于材料送审环节出了点问题,遇到了麻烦。小如师知道后立即给当时北京市高教局负责职称评定的一位副局长写信,还与一位首师大的评委联系,希望能给我一次补评的机会。正是在小如师的关心和帮助下,第二年我的职称问题得以顺利解决。这件事使我认识到在关键时刻,小如师挺身而出、为维护学生的权益仗义执言的情谊是千金难买的。

小如师不光是对我,凡我年级同学几乎没有不受到他的恩泽的。或帮助修改稿件,或写职称评语,或推荐参加学术会议,全是有求必应,不图回报。小如师对学生的关爱有口皆碑,没有不念及他的好处的。再拿写字来说,小如师的书法宗二王,以临褚遂良《枯树赋》见长,秀丽中见挺拔,刚健中含婀娜,人人喜爱。凡我同学几乎每人都有他的墨宝,他可谓有求必写,完全无偿,还要搭上宣纸和墨汁。另外我年级聚会,小如师也凡请必到。1991年我们年级毕业三十年纪念时,小如师不仅出席联谊会,还赐墨宝一帧:"天上露从今夜白,人间月是故乡明。卅年重聚谈何易,砥柱中流仰众擎。辛未白露小诗题赠北京大学中文系1956级同学毕业三十年,吴小如并书。"诗中既写到卅年重聚的不容易,同时勖勉我们能做中流砥柱,坚守学术园地的一片净土。

小如师与师母伉俪情笃，相濡以沫，共度艰难岁月。师母生命透支，积劳成疾，患病多年。小如师尽心尽力，求医问药，不惜重金，延医治疗。曾经陪同师母乘飞机到香港去做白内障手术，取得较好效果。后来又托人给师母做治疗帕金森症的手术，结果疗效不能令人满意。为了给师母治病，他曾拿出自己的全部积蓄，请两名护工昼夜护理。小如师以八旬开外的耄耋之年为师母叫救护车，到医院挂号办住院手续，对师母悉心照顾，数十年如一日，这是何等的深情与情操，令人闻之肃然起敬，感佩不已。然而一切努力都没能挽回师母的生命，2010 年 10 月 5 日师母终于走完了八十二年的生命历程。这对小如师来说无疑是一个重大打击，他感到自己的精神支柱垮了。他自己也因脑疾落下后遗症，右手不能握物，写毛笔字感到困难，这也是使他感到很痛苦的事。如今他虽年事已高，且疾患缠身，但有那么多友人和学生惦念着他，希望他康复如初，安度晚年。想到他为祖国文化教育事业做出的巨大贡献，一届又一届的学生在他影响下，使传统文化的薪火得以传承下去，他应该感到无比欣慰。至于我自己，虽然在小如师的长期熏陶下，学到了一些治学方法，学到了一些传统美德，学到了一些待人接物的准则，但是说来甚感赧颜，由于生性愚钝，勤奋努力不够，自己在学术上建树微乎其微，没有什么贡献，有负小如师的关爱和教诲。如今我已年过古稀，只要想到小如师的殷切期望，就有了极大的前进力量，希望在有生之年，做一点文史方面的事，用不懈努力报答小如师恩情于万一。

2011 年 7 月 21 日

（作者单位：北京联合大学）

# 吴小如先生追思会录音整理

主持人:孙萍(中国人民大学)

各位前辈、各位领导、各位同仁:

大家上午好!

一个多月前,九十三岁高龄的吴小如先生猝然离世,给大家留下了无尽的哀思。在吴老的学生、国家级非物质文化遗产代表性传承人、著名京剧史论家、京剧教育家、京剧表演艺术家,原中国戏曲学院副院长钮骠教授的发起下,今天在中国人民大学国剧研究中心召开吴小如剧学成就研讨会。

在向诸位表示欢迎的同时,也需要说明:会议的名义和形式是次要的,诸位今天齐聚人大,目的只有一个,就是为了追思、缅怀敬爱的吴老。因此今天诸位完全可以不拘主题,畅所欲言地追忆吴老。

今天主要是听诸位的发言，我只简单介绍几点吴小如先生与中国人民大学特别是国剧研究中心的渊源，抛砖引玉。一来，从20世纪五六十年代起，吴老就曾数次到人大举办关于工具书使用法的讲座，使几代人大学子受益良多；二来，我们中心的总顾问钮骠先生，与吴老有着近六十年的师生之情，因此，自我中心2007年成立以来，吴老以发表书面讲话、无偿提供题签等形式，几乎对我们的每一项重要工作都提供过热情支持与指导，今天送给诸位的会议材料中就有好几种与此有关；三来，2007年5月26日，吴老最后一次大型讲座“京剧的前途与命运”是在中国人民大学公共教学一号楼为人大学子讲授的，今天在座的可能还有当年亲耳聆听过此次讲座的同学，一定对此记忆犹新。

暂时说到这里，接下来请在座的各位专家发言。

## 陈雨露（中国人民大学）

尊敬的钮骠先生、尊敬的吴煜先生、尊敬的耿识博司长、尊敬的各位参加吴小如先生剧学成就研讨会的专家学者：

大家好！

吴小如先生是享誉海内外的前辈文史大家，他在近八十年的学术生涯中，在中国文学史、古典文献学、俗文学、文学批评以及诗词创作、书法艺术等领域都取得了巨大的成就。尤其难能可贵的是，他对以京剧为代表的中国传统戏剧的研究，有着非同寻常的建树。请允许我代表中国人民大学向吴老的猝然离世表示哀悼。

中国人民大学自2007年成立国剧研究中心、复建戏剧学科以来，一直受到吴老的热情关注、支持和指导。在中国传统戏剧研究领域，吴老所躬行的理论联系实践的教学研究理念，对我们建设有人大特色的戏剧学科始终有着很重要的启发。我为在吴老生前未能向他当面求教深以为憾。吴老一生都在为传承中国优秀传统文化做贡献，今天大家聚会在人大，缅怀、追思吴老在剧学方面的学术成就，是一件关乎建设中国优秀传统文化传承体系的大事。我因公出访，十分遗憾，不能亲自参加研讨会，特别委托文学院孙郁院长和国剧研究中心孙萍主任向大家转达我的问候。

最后，我还希望大家能在追忆吴老剧学成就的同时，继续对中国人民大学国剧研究中心及其学科建设、人才培养与科学研究等方面的工作给予指导和支持，帮助它发展壮大。

祝大家身体健康！

## 邵燕祥（诗刊杂志社）

张一帆先生并烦转钮骠学兄：

这次追思会我因故请假，前此已托一帆代达，想蒙体谅，并请代向吴煜致意。

吴老逝世后，从报纸版面上，看到戏曲界师友们（专业和业余的）写的悼念文章和访谈记录，情是真情，货是干货，让我十分感动。另有《文汇报》资深编辑、评论家刘绪源的文字亦见深情卓识，艺术研究院文化研究所陈斐写了论吴老诗的述评长文，是其代编《莎斋诗剩》的心得，亦得其要领。我曾想为什么不见北大人的文字，后来想起前年吴老的历届学生自发为他祝寿时，编辑出版了《学者吴小如》一书，如吴老开玩笑所说，是在他活着的时候开了追悼会,他也听见大家念的悼词了。这样看来,民间人士对吴老一生学问文章所有的理解和肯定的评价,应可令逝者欣慰。终其一生,人们或以为吴小如某些愤激是由于怀才不遇,其实,怀瑜握瑾,所在多有,而生不逢时,远非小如一人,乃是一代至两三代中国知识分子的宿命,小如先生知之稔矣;他的苦恼和悲哀,大半不在待遇的偏差,却是期望理解而不可得,这也不限于小如,而是广大知识分子精神方面的需求,这种需求甚至也不能得到理解,反之是一层又一层叠加的误解。

从今天人们的悼念文章(包括《学者吴小如》中的文字),我们可以相信,民间对吴小如的理解已经达到了一定的深度。还有什么冷言冷语冷面,能胜过民意的褒贬取舍呢?我真心相信,小如兄可以无憾矣。

近年常见的悼念仪式,让我们领会一个纪念逝者的真谛,特别是对学者、作家,真正的纪念莫过于读其书,识其人,从他们的学问和知识、为人与为文的精神层面加深对他们的理解。我想,这次追思会必定将有助于此。吴小如先生在戏曲方面,除已成书者外,晚年为上海做了系列的赏评录像,毕竟有所珍存;至于他大量的文字遗产,当还有待于今后人们加以整理,使之切实成为专业方面的和可供普及的、属于全社会的一份宝贵的文化积累。

衷心祝6月15日的追思会圆满成功!

谢谢!

## 叶金森(国家京剧院)

一个多月前,吴小如先生猝然离世,令人感到震惊、痛心和无比惋惜，请允许我在此，对吴先生的逝世再次表示沉痛的哀悼，并对他表示深切的怀念。

众所周知，吴小如先生与京剧结缘一生，他既通晓“场上”的京剧舞台表演艺术，又在“场下”用丰富的文章著述，以他开阔的眼界和极高的艺术鉴赏标准，对京剧表演发展历史及现状、流派艺术、优秀演员等各方面进行了客观精当的综述与评论，是当之无愧的一代大家。

吴先生一生与京剧的深厚缘分中，与富连成社的结缘，可以说是具有标志性意义的。先祖父叶春善老先生于 1904 年创办富连成科班，后改称富连成社，与萧长华老先生等教师一起，以延续梨园后代香烟为己任，苦心孤诣经营三十余年，到 20 世纪 30 年代初，已使富社成为享誉全国的京剧第一科班，进入了它最为辉煌的一段时期。此时的富社，早已培养出了侯喜瑞、于连泉（筱翠花）、马连良、谭富英等一代艺术大家，在科弟子中的叶盛章、叶盛兰、李盛藻、陈盛荪、刘盛莲、裘盛戎等也成为冉冉升起的新星。正是在这个科班人才辈出的年代里，吴小如先生由哈尔滨来到北京，于 1932 年他年仅十岁时，成为富社的一名忠实观众。自此直到 1935 年后，也即是先父叶龙章先生继任富连成社长之后，看富社演出，一直是当时尚年少的吴先生观剧生活的重要内容。吴先生多次回忆，他曾把一学年省下来的四十五块大洋学费都“贡献”给了戏园子，这其中恐怕有相当部分是支持了富社的营业。

在吴先生的眼中，富社的演出剧目多，其中有不少是大班不常见或根本不演的大戏、老戏、冷戏；富社的演出讲求整体效果，各行人才数量充足、演出态度认真，且无论主演、配演都有出类拔萃者。可以说，从吴先生十岁到十三岁这几年间，他自富社积累和汲取了大量京剧艺术营养，构成了他深厚积淀中一个相当重要的部分。他对富社培养的很多演员的关注，持续了十几年乃至几十年，并且在其间有所交往和切磋，从这个意义上讲，作为京剧艺术爱好者、研究者、评论者的吴小如先生，和与他同时代的富社弟子们，是共同成长、相互促进的关系，形成了演员与观众之间，演员与研究者之间积极、良性、有意义的互动。

而当富连成作为一个科班最终成为历史之后，吴小如先生用文字留下来的记述和评论，又成为极为宝贵的第一手历史资料。他所著的《鸟瞰富连成》《“盛”“世”观光记》等，从富连成的“喜”字科写到“元”字科学员，详细丰富地展现了我们富社弟子的舞台群像，其中蕴含着他对富社艺术源流及风格的理解。特别要指出的是，吴先生对富连成演员们的关注点，决不局限在某一行当或某位主演身上，而是以一种全面的视角，对各个行当具有闪光点的演员都加以注意。这种敏锐的眼光，以及具备高度包容力和整体性的艺术欣赏理念，在今天看来是非常珍贵、需要继承和发扬的。

我们叶氏一门数位演员，都与吴先生有深厚的情谊。吴先生因为与我五叔叶盛长同龄，私交最深；与我四叔叶盛兰常作彻夜长谈，更是艺术上的知己。而吴先生与我三叔，同时也是我的授业恩师叶盛章先生的交往，则是纯粹艺术上的一世神交。据吴先生说，他和叶盛章私下里只在后台见过一面，说了几句话，而在前台，由20世纪30年代叶盛章还活跃在富社中开始，直到60年代他退出舞台，他所演过的剧目，吴先生几乎都看过。

2012年是叶盛章先生一百周年诞辰，为此曾举办过纪念活动。我既因为亲情关系，更因为从小跟叶盛章先生学戏，作为他所创立的叶派武丑艺术传人之一,非常期盼整理尽可能多的、回忆追述叶盛章先生艺术的文章和资料。让我惊喜和感激的是,吴先生得知举办这个纪念活动后,主动要求口述他所看过的叶盛章的戏,从叶盛章坐科到挑班,再到新中国成立之后数十年间的剧目无不包括其中。叶盛章以武丑艺术闻名于世,而吴先生的回忆中历数他的武丑戏,如《巧连环》《雁翎甲》《打瓜园》《连环套》《祥梅寺》及新编戏《藏珍楼》《徐良出世》《酒丐》《白泰官》等,还提到他演出的很多文戏,实在弥足珍贵。时间关系,这里仅举几个鲜为人知的例子:

盛章先生以武技入"三小戏"。他在《海慧寺》里扮演的贾明有绝活——剧情需要演员被扣在缸下,盛章先生便在缸下走矮子。台上只见那缸悄悄溜到下场门,又偷溜回原位,虽不露面做戏,贾明眼见事败的丑态毕现。

《小过年》这出戏,结尾夫妻打赌,盛章先生所饰王小诈死,僵卧于地,不借手足之力,硬将身体翻转 180 度呈俯卧,又硬翻一次恢复面部朝上。吴先生认为,这路硬翻功夫纯系腰力,即使体操运动员也未必有此特技,从小处见精彩。

盛章先生的猴戏,直接得自前辈武生张淇林,吴先生认为比较有谱,是纯正京派之猴戏,与杨小楼先生是一路。这点甚至比李少春、李万春两位先生都要强。

由于叶盛章先生 1966 年即含冤离世,距今已有近五十年,当今观众乃至年轻的京剧学习者们了解他,甚至知道他的人已经不多。吴先生丰富翔实的回忆,是一次如及时雨般的宝贵普及,更是今后研究叶盛章舞台艺术的可靠资料。

吴小如先生的离去,无疑是京剧的一大损失,我想,这也是提醒我们抓紧挖掘、整理、抢救老一辈艺术家、研究者和观众身上保留的艺术资料的警钟。同时，也真诚地希望新一代京剧研究者们继承先辈的优良传统和精神财富，尽快成长，帮助京剧艺术更好地发展和延续下去。

## 萧润德（国家京剧院）

还是按照咱们唱戏的规矩，好角儿在后头。吴小如教授是我久已敬仰的学者，看到他写的《鸟瞰富连成》那本书里前面写的这首诗，“浊世听歌易，清时顾曲难”，最后两句感慨，说“寂寥千载后，一例鼎彝看”，我就感觉这位学者啊，对我们京剧那种深知，那种感情，令我震动。刚才我看这个（吴老视频）也很受感动。吴老说自己是“教书匠”，钮兄（中国戏曲学院原副院长、教授钮骠先生）知道啊，我祖父常说自己是“教戏匠”，我看了这个之后就更有一种敬仰和亲近感。吴老对京剧可以说是真知、深知，而且是真爱。

我是由于我钮骠师兄的关系，才有幸有时候能够和吴老这样的学者请益，请教一些我不知道（的问题）。我第一次向他请教就是关于吴昌硕（音 shí）先生现在为什么改叫吴昌硕（音 shuò）了。我心里头不明白，因为在一九二几年的时候吴昌硕先生八十三岁，我祖父曾经到吴府上拜访过吴老。包括我祖父认识的那些见过吴老的朋友都没有说他是吴昌硕（shí）的，都是称为吴昌硕（音 shuò）先生。因为他的那些画上题款有时候题的是“苍石”，昌硕（音 shí）和苍石是谐音，后来我查《词源》，敢情这个是以“石”字通。所以这事我就不明白了，现在各个电视台、广播电台都说是吴昌硕(音 shuò),我有时候对一个字的四声都非常较劲的,什么较(三声)好、较(四声)好,怎么在名字上会不尊重人家,改成吴昌硕(音 shuò)了呢? 我就给吴教授写了一封信讨教。很快吴教授就给我回信了,他说你提的这个问题,这里确实是应该称为吴昌硕(音 shí)的,但是大家都这么说,叫吴昌硕(音 shuò),我看你就别较真了,随俗吧。唉! 这是吴老对我的第一次赐教。

另外呢,我们演戏,经常遇到一些难题,究竟这戏是这样还是那样,当然按说应该向我们本行的老先生求教。可是我演出的《打侄上坟》这个戏,当时不大常演。我在京剧院演这个戏的时候陈伯愚这个老生二员外是从下场门上,因为小生是从上场门上,有一次有一个老先生就说不应该从下场门上,应该从上场门上。因为那位(老先生)不是一般的老先生,我就有点疑惑了,我是听谁的呢? 正好那天好像钮兄收弟子,我碰上吴老了,我就问吴老,您看看《打侄上坟》这二员外应该是从上场门上还是下场门上? 吴老马上就说下场门上,我看过谁谁谁的,我就心里有底了,坚决按他这来,为什么? 我信他。

还有这是关于我们小生行的事了。因为吴老对姜老姜妙香先生非常崇拜,就说这小生的娃娃调是姜老创的,杨宗保扯四门唱的娃娃调。他说他最反对现在的小生在“俱有封赠”的时候翻高唱,说了不止一次,可是现在大家都这么唱,我唱的时候也就随俗了。为什么呢? 年岁一大吧,翻高容易,下来难。可后来我一看电视,我看吴老讲这个事情,他非常激动,说这个翻高唱是骗人的,提到这么高的原则我就有点受不住了,以后还有机会唱扯四门这儿我一定改过来。结果这次,我有幸连着唱了两次,我就把它改成矮的了,居然收到了很好的效果,我能唱矮的。所以我就想跟钮兄联系,我得把这个事情跟吴老汇报一下。我说我按照您说的那个改过来了。可是没想到听到说吴老归道山了。唉,可想而知作为一个演员,有这么一位长者(去世了)啊,我心里头多么地难过。有幸吴老曾经给我写了一个辛稼轩的词,就是“且喜青山依旧住”,我觉得他这诗很有可能也是为了鼓励我们,激励我们:梨园界的世家后代要争口气。(他的)书法非常清秀,我觉得见字如见人。这篇字我经常看,作为对吴老永久的怀念和敬意。我就讲这么一点。

## 叶金援(北京京剧院)

今天九点开会,我早早地来到了人大,心里非常激动,首先感谢孙院长、咱们人大。这次吴小如老师的追思会在这里主办,我想说一些自己的切身的体会,和终生难忘的一些事情,也是大家所不知道的一些事情,想在这里谈一谈。

我父亲跟我师父王金璐,跟吴小如老师是莫逆之交,感情非常深厚,1988 年以前,正好在现代戏后恢复传统戏要进行爬坡的阶段,在三大贤的扶持下,才有今天一点点的成绩,我终生难忘。恢复传统戏以后,我在校所学的,虽然是跟孙毓堃——当时最好的武生老师、杨小楼的继承者学的,但是经过了十年的“文革”,基本上是变成了一堆碎的零件,组装不起来一架完整的机器了。是恩师王金璐老师把所有的剧目都给我整理完了以后,说你应该自己有一个武生的汇报。当时正是 1987 年,老师说你必须找咱们戏曲界的“三大贤”来给你把关,给你坐中。我父亲非常同意。(“三大贤”)就是刘曾复老师、朱家溍老师和吴小如老师。除了王金璐老师之外,三位艺术家啊,三位老学者,亲自替我把脉,来诊断,如何在艺术上攀登一个高峰。当时四位老人在我家里,非常清苦,就是一碗热汤面、四个小凉菜,给我印象非常深刻。四位老人说你作为一个武生绝对不能仅在技巧上和武打上来体现,你要在唱念做打诸方面来体现。当时想到打就想到了《两将军》,念呢,想到了《野猪林》大堂,吃功对打的想到了《挑滑车》。就缺少唱,说你唱什么来体现武生的这个行当呢?当时吴小如老师就说我建议你跟你师父学《洗浮山》。我当时知道《洗浮山》这出戏,说当时只有余叔岩先生留下了一张照片,说南派盖叫天是穿厚底的不一样,说这出戏不光是武打,后面有一个"托兆"。我当时真是不知道,几位老先生把脉以后,吴老师亲自分工,让王金璐老师负责整个这出戏恢复的武打和动作,我父亲来把持演出这出戏的大小等,由我师父的师娘李墨缨(因为她是马连良的秘书)写词。刘曾复老师和朱家溍老师回忆当年余叔岩是怎么唱的,但他没有留下唱片也没有留下戏词,吴老师就说他来编唱。一个文学家,我觉得太有劲了。开完会以后是我最激动的时候,1987 年,11 点了,在我们家,我说:"吴老,我给您打个车吧,您住在中关村呢。"当时这边很僻。吴老师说:"金援,现在这出租车不好打,你不是骑摩托吗,你带我吧。"我说:"吴老不行啊,您六十出头了,这摩托车危险哪。"吴老说:"我还年轻,没事,我也过一把瘾。"11 点哪,我骑着摩托车把他送到中关村。完了他说:"你有空你就过来,我想好了编好了以后你就过来。"过了不久,老师就给我打电话,说你可以过来学戏了,王老师已经给你编排完了。我就每次上中关村那个旧房址,到他家里去,他一次给我说一场。这段的唱腔,当时没有范本,余叔岩只留下了十八张半,没有这段。当时我们把词全部写下来，从导板、散板、三眼、原板到散板，大段的唱腔啊，整段反二黄。我学得很吃力，因为武生嘛，在唱方面很吃力。吴老师不厌其烦地给我说，说完以后找京胡，燕守平把过门都填好了。我记得 1988 年我专场演出，三十几个评委全票通过，一举拿下梅花奖。沉甸甸的那一块奖牌，我觉得不是给我个人的，我觉得凝聚着老艺术家“三大贤”、凝聚着吴老师的心血，是他们用手托起了我的成绩，我特别感动。看完以后吴老师说，对你还有进一步的要求，至今我记在心里，心里非常难过、非常揪心。吴老师当时推心置腹地跟我讲：“金援啊，我是教书的，我是搞文学的，你是搞艺术的，你要全身心地投入到艺术上面来，我只给你提一项要求。”当时我说：“吴老师，您说吧。”他说：“我给你提一项要求，你一年上半年学两出下半年学两出。你继承传统剧目，十年以后，你将是京剧武生当中的首富。”我当时年轻啊，刚四十岁，没有理解老前辈的这个心情。当时 1988 年我在北京京剧院二团，又担任书记和团长，大量的事务和工作缠绕着以后，我没有吃透老先生的谆谆教导。二十七年过去了，我没有完成吴老师给我留下的作业。现在想起来，吴老师去世那天，我到医院以后，特别后悔。我觉得从事一项工作，就应像这些前辈一样，要专心，要把一切私心杂念、一切其他的东西放掉，你才能成为真正的人才。吴老师说完以后，觉得我没有领会，写了一封公开信给我父亲，登在报纸上，《给叶盛长的公开信》至今我还保留着，我不时地看起来。我觉得，老艺术家们，吴老师眼光非常长远，而且为人非常正直。他从来没有一味地捧你，说你好，夸你这个，夸你那个，永远是指出你的不足，说你哪方面还不好，哪方面还不够。那年我去看吴老师的时候，他就要求我把我新的东西拿来，他不要我什么。我说:“我没有什么,我得了奖之后,我特别想感谢您。”吴老师说:“不用,咱们根本不用这些,咱们就是为了戏。我听说你爱人织毛衣不错啊?”我说:“是,还可以吧。”那时候买毛衣还很困难。“给你师娘织个毛衣吧。”我就让我爱人给师娘织了个毛衣,我去的时候,你看看穿上啊,师娘非常高兴,当时(她)已经行动不便了,坐在椅子上,我心里很感动。今天我回想起来,我觉得我们要继承的,要学习的,就是这些前辈辛辛苦苦地做人,认认真真地做学问、做事业,不受其他方面的诱惑和干扰的精神。我们现在所缺少的恰恰就是这些。所以我觉得我们的追思会对我来说,仍旧是一个反思,一个回忆,对自己仍旧是个鞭策。在自己剩下的这些年,我今年已经六十七八岁了,怎么办,去做哪些事,我觉得应该向这些老前辈(学习)。不管是朱家溍老师,刘曾复老师,我恩师王金璐老师还健在,去了教导我们的都是这些,就像今天似的。我们中国文化传统要继承下来,就必须遵循我们中国的文化道德、文化精神,才能够实现。今天我再一次感谢所有的来宾和各位专家教授来(谈)对吴老师的回忆,谢谢大家。

## 吴书荫(北京语言大学)

吴先生是我的业师。我 1957 年一进大学,他就给我们开了一门非常重要的课,就是“工具书使用法”,到现在我印象还很深。我们很多同学在回忆文章当中都谈到了这个事情,我就不多说了。这门课的确是对我现在从事的研究工作有极大帮助的一门课。我现在就讲一点跟吴先生谈论的跟戏曲有关的一些事情。

我在北大认识吴先生的时候,他还没有给我们开过戏曲课。

当时是王季思先生给我们讲元杂剧。后来我离开北大到了北京艺术学院,艺术学院后来和北京戏曲学校合并了。我到表演系,当时的系主任吴雪就要我去开戏剧史的课,因为当时我没有来得及准备,正好当时吴先生在北大也开戏剧史的课,我的同学蒋绍愚先生就拿了一份他(吴小如先生)所拟定的必读或者参考的书目给我。这份书目对我影响非常大,因为吴先生开的书目不仅从文本上,而且从实践上——要看戏这方面——也开了一些目录。

我记得周贻白先生就再三地跟我说过:你要跟我学习的话,就要改变你们学院作风。他认为王(季思)先生等人都是学院派的。其实王先生也不完全是这样。他(周贻白先生)说你要跟舞台紧密地结合在一起。实际上吴先生开的书目已经有这些东西在里面。后来我就根据这个书目(读书),那个时候已经是1963、1964年了,我还认认真真读了不少戏曲史方面的书。当时在话剧表演系,甚至还读了很多西方的斯坦尼、布莱希特这些理论著作。

"文革"以后,我跟随张庚先生做研究生,就很有好处。我当时读了很多书,打下了很好的基础。

这是第一件事情。我回忆的再一件事情就是1986年,当时我们搞了一个很大型的纪念汤显祖的活动,大概是汤显祖逝世三百六十(实际为三百七十)周年吧。当时由文化部、江西省人民政府和中国艺术研究院联合来举办这个会议。艺术研究院让我去参加组织工作。我当时主要是负责学术方面的组织工作,就是安排哪些人来参会,哪些人来发言等等,还包括跟报纸(等媒体)介绍这次大会。我当时在北大找了吴先生,吴先生非常支持我,后来又找了楼宇烈先生,两个先生都非常支持。

后来(编写)大百科全书的姜椿芳先生,当时是政协昆剧组的组长，他有时候也来参加筹备工作。他拟定了一个书目，要请北大的季羡林、吴组缃先生来参加。后来我找过季先生，季先生当时要开会，没有时间。我也找过吴组缃先生，他说你最好是找吴小如先生，他是最适合的了，我很忙，而且年龄也很大了，你得留点时间给我。因为当时跟他（吴小如）谈了很多，他也很忙，他要到《艺文杂志》开一个纪念会。我一直把他从他家送到 331 路汽车站。后来北大主要是吴先生和楼宇烈先生参加了会。在这个会上吴先生非常热情，给我写信、当面谈，谈到怎么让《华声报》参加，帮助做一些宣传。然后又跟我谈到世华教授，考虑是不是能让世华先生参加一场演出。他非常关心，不仅跟我谈，后来写信又说到这个事情。因为当时我负责组织学术组，最早筹备的时候有英若诚、郭汉城、俞琳这些人，开会主要是谈学术方面。演出方面不归我管，是剧协一帮人在管。后来我把这个事情跟俞琳先生谈了，俞琳先生也很关心世华这件事情，因为本来好多剧目都安排好了，后来又加一场从海外回来的张元和、张允和她们姊妹的演出，就没有安排上（世华的演出）。吴先生就一直觉得这个事情很遗憾，我也觉得这个事情我没办好，我对不起吴先生，也对不起世华教授。我一直到现在都为这件事自责。

还有一个，吴先生也特别认真。他带过一个学生叫江世斌，是一个美国的学者，到这儿来学皮影戏。因为对皮影戏我很不熟悉，他就找了吴晓铃先生，吴晓铃先生说艺术研究院可能还保留了不少皮影戏（剧本），特别是傅惜华先生保留了很多。当时我就赶快回去跟他查，这封信他是 1984 年 2 月份给我写的。傅惜华的书在“文革”当中被抄家抄走了，抄走后一直没有归还。一直到 1984 年四五月份召开了湖北《戏剧丛刊》第五辑的座谈会，我参加了这个座谈会，在会上我跟李一氓提出来，叫他关心这个问题，因为他很关心傅惜华的书。跟他提出来以后，没过多久，五六月份，东城区文管会通知我们，傅惜华的书现在可以看目录，然后谈怎么归还的事情。傅惜华到底藏了多少书当时不清楚，艺术研究院图书馆的书我都查遍了，没有查到关于皮影戏的东西。傅惜华的书还回来以后，我很注意这个问题，我查了一下，傅惜华的确藏了不少。吴晓铃先生说他（傅惜华）藏了六十多种，其实不止，他有一百多种皮影戏的书。当时我不知道，我就跟吴先生说，皮影戏的书我看车王府的时候，车王府有八种小戏。后来我在主编吴晓铃藏书的时候，里面有三种皮影戏大戏。因为皮影戏当时在北京演出了很多，清代的八个王府的家班里面都演皮影戏。这个事情我一直觉得很遗憾，后来已经事过境迁，我告诉吴先生，吴先生说事情已经过去了，别惦记了。我不搞皮影戏，但是后来我就很注意皮影戏。之后钮骠先生到德国去，告诉我了，他去帮忙鉴定皮影戏。这就说明中国的民间艺术在国外是很受欢迎的。吴小如先生也非常关心这个事情。我也没办好这个事情，当时我还到山西去追傅惜华的这批书，因为当时山西省文物局说有一批傅家的藏书，我又追到山西去查。我一个同学曲润海在山西当文化厅厅长，他写信让我去找文物局。文物局当时书箱还没打开，还是封闭的，封条还贴在上面，他都给我看了。到底藏多少书也不知道。他说你过一阵子再来看。后来我回来一了解，那个不是傅惜华家的。为了追傅惜华的书我们费了很大劲，好在最后给还回来了。傅惜华藏书里的确有很多皮影戏（资料）。

近些年来有好多事情我找吴先生，比如我主编吴晓铃的书的时候写前言，前言中涉及吴晓铃生平的问题，涉及吴晓铃在中华戏曲学校教书的事情，我都找他（吴小如先生）去，他都给我介绍，说什么事情去找谁，什么事情去找谁，他说中华戏曲学校最好找王金璐先生。后来王金璐就给我讲到：写吴先生（吴晓铃）要重点写他跟演员的关系，他跟马连良，跟很多人的关系，好多演员都跟他有关系；吴晓铃先生也很喜欢看戏，他不仅帮演员们编书，帮他们代笔写很多文章，甚至寿幛挽联都代他们起草。你在你的文章当中非要提一句话，吴晓铃先生跟吴小如先生提过，说他将来可以出一本《捉刀（代人写文章）集》。这个话你一定要写到文章里面去。王金璐先生说，你有什么事情，跟戏曲文献相关的，吴小如先生对文本方面非常熟悉，你可以向他请教。所以，我碰到很多问题，就去找他（吴小如），他对我的帮助很大。

后来我们搞了一个"三言"的校注本，他（吴小如）在病中帮我们审稿，帮我们写了一篇很长的序，对我们进行鼓励和鞭策。我到现在都没齿难忘。好，我先说到这。

## 耿识博（中央文史研究馆）

感谢中国人民大学，感谢这么多的前辈在追思吴小如先生。吴小如先生于 1992 年加入中央文史馆做馆员。中央文史馆是国务院的一个统战性的、荣誉性的机构。馆员先生都是在文史界影响很大的老先生，馆员都是总理聘任的。现在中央文史馆有馆员 64 人。我与吴小如先生的接触缘于我从事的这份工作，有责任也有任务去把先生照顾好。我代表文史馆去看吴小如先生很多次。我主要谈两点感受：

第一，老先生对文史馆感情还很深。吴小如先生曾亲口对我说:“萧乾先生都骑自行车到文史馆去开会,我能不去吗?(当时萧乾先生任文史馆馆长)萧乾先生去了,这些老先生都去了,我不敢不去。”吴小如先生在学术上非常严谨。我们中央文史馆有一个内部刊物叫《诗书画》,这个杂志是我们的内部刊物,不对外的,是老先生自娱自乐不定期出版的,一年出一到两期。其中诗书这一部分我们是请吴先生来把关的。我现在都能回想起来,吴先生一个字一个字地在里面改。老先生们写的有什么问题,他毫不客气地一个一个地指出来。那个时候,我们还编了一套书,由中华书局出版的《中华文史笔记丛书》,六十本都是小册子,每个省有一到两册,是有关民国时期的历史资料。当时吴先生也参加了编写,很严谨,每一篇文章都看。还有一次,我到家里去看他,他对我说,他对我们的老馆员程毅中先生、杨天石先生都比较熟悉,这两个老馆员经常给他打电话关心慰问他。他说这个是什么意思呢,他就是在批评目前一种不正常的现象。直到现在,我还一直在思考这件事。吴先生是在批评学者从政的现象。吴先生说要是做学问,你的百分之八十的时间要用来读书,不能总想着要去当官。学问是自己的,做学问要扎扎实实的,不能飘浮在一些表面现象上,要有自己的研究,要有自己的学术成果。作为一个知识分子,作为一个教授,不能只编不著,否则你成不了一个真正的大学问家。先生说这些话可能是他了解到一些情况以后,针对一种人或者针对一种现象做出的一种批评。所以,我在文史馆开会的时候经常引用吴先生这段话。我说文史馆不是一个衙门,不是一个行政机构,他是为老先生们服务的。我们在做学问的时候也要向吴先生给我们提的这些要求那样。先生生前讲了好多话对我的影响都非常大。另外我前一段时间看了一份报纸,有一篇写吴小如先生的文章，作者说吴先生生前看的最后一本书是《王蒙八十自述》，吴先生还说王蒙先生的文笔不如从前了。这本书是我看吴先生的时候送给先生的。王蒙也是文史馆馆员。老先生们出的书我会买一些，根据专业送给其他老先生们。我没想到吴小如先生生前还看了这本书并且还谈了些他对这本书的观点。我对先生非常敬佩，先生在身体这么不好的情况下还坚持把书看完，还指出它一些问题。我每次去看先生，见到先生坐在椅子上，他旁边的床上都是一摞一摞的书。每次去都是在那里看书。所以先生也是给我们做出了一个表率。他是真正的活到老，学到老，读到老。

第二点我想讲讲我所知道的先生对阿姨的爱。刚才几个先生都讲了，我也有深切的体会。阿姨身体不好，住到武警总医院，我陪着先生去看过阿姨几次。到后来先生去医院不太方便的时候，我就从文史馆派了一个车专门送先生去医院。有一次我开着我们的一辆奥迪车送先生去医院，先生也不懂这是什么车，就说，这是什么车，看起来这么好。我就给他讲，这个车是专门给馆员先生用的。这个车是德国总理施罗德把当时最高配置的一辆奥迪车作为国礼送给文史馆的，我们当时的温家宝总理还专门写了封信说这个车就是给文史馆的馆员先生们用的。我对先生说，这个车就是专门给老先生们用的，我们的机关干部是不用也不能用的。先生当时还笑了笑说总理还对馆员们这么关心。我当时也给吴先生讲了总理和先生们书信往来的一些事。先生有次给我打电话，他说阿姨想吃一个菜叫黄花炒鸡蛋，当时我就到饭店去买了这个菜送到他家里去，这也说明了先生对阿姨这种深深的爱。我每次去都能看到陈先生还有几个学生在那照顾吴小如先生，先生的学生们对老先生的这种尊敬和尊重让我很感动，我们作为文史馆的工作人员没有理由不把先生照顾好。阿姨生病的时候，先生得了脑梗，身体也不好。当时吴先生怕吵，我就用文史馆的经费与北大协调让先生住到了招待所。阿姨去世后，有一次吴先生打电话给我让我过去一趟，他说非常感谢文史馆给我出经费，现在还剩下不到两千块钱，我也不用了，还是要退给文史馆。我说不用了您留着吧。他说你们已经帮我很多了，剩下的钱我不能要。两千多块钱他还专门打电话让我取回来。今年5月8号上午10点多，当时我在湖北出差，先生打电话给我，他说你让理发师来给我理一下发，因为先生晚年的时候都是我们几个让理发师到先生家里去给先生理发。我没想到这是先生跟我通的最后一个电话。他是5月11号晚上七八点这个时间走的。我又自责又欣慰。欣慰的是先生最后走的时候是我们的理发师给先生理的发，让先生干干净净地走的。我们在好多方面做得不够，服务不到位。今年我也带了一个抢救性的拍摄老先生的资料片，我不知道这是不是老先生生前最后一段影像资料。当时我们有一个项目，也是国务院指示我们做的这么一个项目。我带着摄像到先生家里录了一段。我当时还带了两千块钱去看先生，我说这是代表馆里领导送给先生的，先生说我不敢当，文史馆每年过年过节才发一些补助，我对他说中央专门给我们发了一笔统战经费，你想吃什么就让保姆给你买点什么。先生很高兴地收下了。因为我们最近要在中国美术馆搞一个“文史翰墨中华诗书画”展览，其中请了十位我们的馆员，都是九十岁以上，像吴小如先生、叶嘉莹先生、饶宗颐先生。我就去找先生，先生说我已经把这件事交代给刘凤桥先生了，你直接去找他就好。先生生前还记着我给他说过这么一件事,我非常感动。先生九十多岁了,有什么事能够想到文史馆,也是对文史馆的一种信任。先生去世以后,国务院的领导同志都非常关心,李克强总理、张高丽副总理、马凯副总理还有温家宝同志都来电话对先生的去世表示哀悼,对家属表示慰问。先生去世后,国务院的领导同志对他做出了很高的评价。我觉得这也是对先生的一种肯定,说明了党中央对先生的一种认可和尊敬。我就说这么多吧,谢谢各位。

## 叶蓬(中国戏曲学院)

对不起,来晚了,有点要紧的事情。今年既是我祖父叶春善办的京剧科班创办一百一十周年,又是我的父亲叶盛兰先生一百周年诞辰,现在国家很重视这件事情,文化部和国家京剧院非常重视这个事情,所以说要在年内做两件事情,一个是在年中出一个纪念集、纪念册,一个是在年底办一系列的纪念会,主要就忙于这个。

今天在这里纪念吴小如先生,这个追思会我觉得太应该了。吴小如先生跟我父亲,乃至富连成京剧科班有着千丝万缕的联系和深厚的感情。从我一记事起,我父亲叶盛兰先生就和吴小如先生有着频繁的交往,他们二位最主要的还不是戏友的关系,我认为他二位的谈话当中,艺术观点一致,这让我非常受启示。

吴小如先生不是一般地爱戏,我始终认为,他就是京剧史、京剧学,乃至富连成科班的一部活字典,而不仅仅是热爱的问题。他所拥有的这些知识,都是他的亲身经历,因为我知道他从 20 世纪 20 年代就接触京剧了,可以说他从五六岁在东北哈尔滨,就投入咱们这个圈子里头了。哈尔滨是我们京剧十大码头之一,而且还得排列在前头,除了京、津、沪、武汉、山东以外,就得首推东北哈尔滨了,它是我们京剧发源、发展的一个基地。可以这么说,20年代京剧在哈尔滨那边就非常红火了,也是名人聚集的地方,而且咱们这个关里头,北边去的也非常多,包括咱们富连成,比如赵氏兄弟赵喜魁、赵喜贞(赵氏兄弟是富社的六大弟子之二),还有几位富社的,已经在北边扎根,(将京剧)发扬光大。

咱们有一个师妹,叫李玉芙,她不是从北边来的嘛,梅先生把李玉芙收为入室弟子,学梅派,始终是学梅派。她几次跟我提起赵喜贞是她的外祖父,一下我就明白了,有这层关系。为什么梅先生到哈尔滨演出以后把李玉芙给带过来了呢?后来听了李玉芙跟我说,我知道有这种血缘的关系,喜字科和梅先生是同学,因为这层关系梅先生愿意培养后人,就给她带过来了。后来玉芙同志不负众望,成为一家。

所以说吴小如先生就是一部活字典,是京剧史、京剧学,乃至富连成的一部活字典,我不多占时间,我就引用一段文字,咱们听听吴小如先生下的功夫,尤其是在年轻的时候下了多大功夫。我为之非常感动。

前不久在富连成一百一十周年(纪念)的时候,我曾经总结了富连成京剧科班的治学,也就是富连成治学十则,这里面有部分条文,我是受到了吴小如先生的启发,因为他在一生当中总结了不少这方面的文字。富连成是我们家的,我也不知道那么多,所以说受到很多启发。治学十则中有一条:以大带小。因为它不是班级制,它是续进来的,因此各科都有大小字之说,所以说办学不是一刀裁的。吴小如先生多次总结这个问题,他就谈到有的是弟兄二人，从喜字科开始就是这样，有大的有小的，这么入学的。其中他有文字就谈到赵喜魁、赵喜贞兄弟，还有陆喜明、陆喜才兄弟，他讲得非常细致，比如说他谈到，“陆喜明、陆喜才兄弟，出生梨园世家，为著名昆曲老生陆常霖之孙，著名小生陆连贵之子，名净陆德山、名丑陆金贵之侄，名旦陆凤琴之弟”，听听罗列的这一大段，他挖掘得这么深、这么准，这些关系我还没说完呢。整个这些关系、历史他就挖掘得特别清楚，他不是就只爱看戏。

“名净陆德山、名丑陆金贵之侄，名旦陆凤琴之弟，富连成著名教师蔡荣桯之外甥。喜明出科后，专演武丑。”底下又罗列一些（陆喜明、陆喜才）擅长的剧目，这就说明我们以后治史就要依据这些前辈所谈，因为这些东西谈出来，百分百是他的亲身经历，我们不能再道听途说。包括我们富连成要治史，也不能胡说，这就是我们钮骠先生常说的那句话：“今后不要再给治史工作制造混乱了。”我特别同意这个。吴小如都是有根有据，所有这些文字，从喜字科一直到韵字科，吴小如先生功绩太大了。他的这些学问和功绩，后人一定要继承，并很好地总结。好，我就说到这里。

## 陈熙中（北京大学）

钮骠老师一定要我说，我就说几句，我实在是没资格。

两年前我们开《学者吴小如》座谈会的时候，钮老师发言，我印象非常深——就是讲应该对吴小如先生在京剧、戏曲方面的成就好好研究，甚至要开个会。

所以（张）一帆先生跟我谈这个事，我非常高兴。我腿很疼，其实不能来参加，但是这个会我一定要来参加，但是没资格讲话。

吴小如先生，我是他的学生，是个不好的学生，他的学问我都没学习下来、继承下来，尤其是戏剧方面，我没有资格讲话。今天听了在场的戏曲界的先生们、老师们（的发言），我特别激动，也特别体会到钮老师两年前说的话，就是对吴先生在戏曲方面的成就、学问是要好好地研究的。所以我感谢人大，感谢文学院院长，感谢孙萍主任，特别感谢钮老师，举行今天这么一个追思会！谢谢大家！我就讲这么多。

## 刘宁（中国社会科学院）

我对戏曲的了解是非常浅薄的，但是因为跟（随）吴先生的时间很长了，所以有一点非常浅的体会。

我在 1987 年考上大学，因为我的父亲沈玉成是吴先生的学生，跟吴先生的感情也非常深，我考上大学以后，我父亲就说，一定要多去向吴先生请教，所以从 1987 年开始应该说一直到今年吧，一直得到了先生非常深、非常广、非常全面的教诲。

在这个过程中，我经常感到先生的学问实在是太广大了。作为一个后学，得到先生学问里面的一端已经很努力了，可是先生的学问怎么会这么广大。先生在京剧上如此深厚的造诣，我最早是听我父亲讲的。

因为我父亲他自己也非常喜欢唱戏，但是他跟我说，他在吴先生面前从来不太敢谈京戏。而且他在回忆吴先生的文章里也写到过，说他有一次写了剧评，后来吴先生跟他说：“你怎么也写剧评？”父亲就说：“我只是谈一谈剧本哪，情节哪，人物啊，表演方面我是不敢谈的。”吴先生就跟他说：“这还差不多！”意思就是说，这方面你不懂，不要谈。

我父亲唱戏也唱了很长时间了，他大学的时候经常跟叶秀山先生等几个人一起唱戏。后来我还为这个事向叶先生请教，叶先生说我父亲很投入也很不错。但是我想我父亲这样的表演水平在吴先生那里还是觉得不足以写评论文章的。由此可以见出先生的理解的深入和他对学问的要求的严谨。

我自己当然就更不敢——因为刚才各位先生也谈到，吴先生他非常注重实践。这是个对我影响非常大的教诲了——就是你但凡要研究一门学问，不能只做纸上的功夫，一定要有这方面的实践。我记得我自己在大学本科的时候受吴先生的教诲，吴先生就说："你要做中国古典的学问，必须要打下考据学和经学的底子。"所以那个时候，吴先生虽然是古典文学的专家，但是他对于我的教诲是，一定要在经学和考据学上下大功夫。

所以当时我在大学本科的时候基本上全在读先秦的一些经典。上研究生以后我跟先生说，我特别喜欢古典诗词，我想以研究古典诗词为方向。当时先生就说："那你得写，你如果不会写旧体的诗词和文章的话，干脆就别学这个学问。"所以谨遵先生的教导，在专业学习的同时，我也努力地作古典的诗文。先生他有一个很根本的要求，就是说你但凡做这门学问，没有实践不行。

我后来理解，先生对实践的要求也是极高的。像我父亲，在我们很浅薄地看来，他们那一代人对京戏的实践和理解已经很丰富了，可是在先生的眼里还是差得太远了。作为先生来讲，他在旧体诗词创作的实践上、在京戏的实践上、在书法的实践上，都有如此深厚的造诣。而且这些实践本身也互相贯通了。贯通了以后，我觉得这对他学问的格局是有根本性的影响的。后来我在

《学者吴小如》那本书里有篇文章是写先生的古典文学成就的。为了写这篇文章，我仔细地琢磨先生的学问：他研究古典文学的非常独特的地方在哪儿？

其实如果我们放眼20世纪的中国学术现代化的过程的话，我觉得先生他上接了俞平伯、王国维和钱锺书先生的传统。这个传统是非常古老的，我们传统研究文学的时候，有一种批评的传统。后来因为我们觉得批评的传统不够理论化、不够系统化，所以现在大学里面讲古典文学的时候，偏重于讲文学理论、文学史，强调系统和理论性。可是我们的学生缺少了实践，缺少了和文本非常深入的体会——而现在大家都在讲要体会文本，可是体会文本是一句空话呀，怎么去体会呢？我觉得就是吴先生他所接续的、中国古老的批评的传统。我们看王国维的《人间词话》，俞平伯先生关于诗词、诗画的创作，甚至像钱锺书先生的《谈艺录》，其实都不是以理论创作或者文学史著作的形式出现的，可是里面有很深入的对于创作实践和对艺术本身的源流和理论性很深入的把握。我觉得这是我们中国自身文学研究和理解的独特的传统，但是在20世纪以后，我们越来越觉得这个传统好像太零散，好像不够深入、不够理性化——我们走上了一条别的道路。

但是这条道路，我们现在越来越觉得有很多的问题。所以我想，我们怀念吴先生，可能就是要更深入地去理解他在学术上的那种创造。就像刚刚钮先生说的，吴先生真的将继承与创新进行了很深度的结合。他也不是简单地回到我们古代诗话的简单的、完全复古的形式，可是在他现在研究的格局里面，真的能看到把实践、把对文本的体会、把疏通源流的见识长期沉潜博观在大量的文本研究中形成的通贯型的把握，进而在这一基础上再上升、提炼到某些理论性的认识——我觉得这个特别值得深入地体会。

我记得以前金开诚先生说过,你要好好读先生的《京剧老生流派综说》,先生各方面的治学精粹都在这本书里。后来我在师大做博士后的时候,我的导师是启功先生。启先生对先生这本书也是推崇备至,他给先生的信里说,(这本书)是与王国维先生的《宋元戏曲史》力量相当的代表作。

我也在体会,先生的学问其实和俞平伯、王国维先生他们那代学者身上的某种治学格局是相近的。所以他写出来的书,在今天看上去好像有些平淡,或者说没有一种有迹可循的东西,可是他内在的治学的格局和传统,特别值得琢磨。

可能我的理解非常肤浅。我们共同把先生的学术的精粹和很深刻的一些东西发扬出来,可能对我们当今的学术和未来中国的学术有很大的意义。谢谢大家!

## 沈世华(中国戏曲学院)

沈世华:我得到吴老师确实非常好的教诲。

因为从南方调到北京,我要从事教学。一个演员在台上演的时候,如果对于譬如昆曲的词不是很理解还没那么大问题,可你教学,学生就要问你:这是什么意思?当时学校让我教《活捉》,我想《活捉》我可以教,身段、动作是老师教的,可是词的意思我实在是不明白,我不敢教。因为《活捉》里面的典故太多了。

钮骠:一句唱词有三个典故、三个故事。

沈世华:实在是没法教,主要是我不理解。后来我跟钮骠两人上吴老师那儿去(请教),吴老师说:"你给我一点时间。"结果过了半个月，他就打电话，说：“你们俩来吧，我（给你们）讲。”他讲的每一个典故（都很具体），而且有的地方他不明白，他就亲自去向俞平伯老师请教。他说：“虽然这一点我明白了，都给你们讲，但是其中有一个典故，（我们）都不知道。这很遗憾。”

他的讲话，我都录了音了。其中有一个典故的出处，他也不知道。后来我们把录音拿回来以后，有一天夜里钮骠突然叫：“我找到了！我找到了！”我说：“什么找到了？”他说：“吴老师说有一个典故，他还没找到出处，我找到了！”

以后写书的时候，我打算把吴老师跟我们讲的都写到书里面。因为很多人都演出，但是问他们（词的意思）他们都不知道——那不瞎演吗？那些典故太深了。受到吴老师教诲，我心里真是非常感激。

另外就是《西厢记》（南《西厢记》）的《佳期》，我总感觉唱词不像是红娘嘴里应该说的，好多都“不对”。所以我跟钮骠商议，要把《佳期》这个剧本改一改。因为上课很忙，还有家里的事儿，我们就把它（剧本）摊在桌子上，想着一句我们就写，整整搞了半年（才写完）。

写完以后给吴老师看，吴老师很满意，他说：“可以，就一句，你把上下（句）颠倒一下就更好。”我也寄给俞振飞老师，他看了也很满意。而且因为剧本改了，动作都要改，所以这半年里我连动作和词一块儿全编了。后来教学我就用我改的剧本。

钮骠：《佳期》里的词儿有些不健康的描写，因为有这些不健康的描写，这出戏就不能教了。可是这里面有很多的表演（很丰富的），为了这几句词儿整个戏就会废了，改了以后，这个戏又能回到课堂上再传给学生。吴老师在这方面给了我们很大的鼓励、支持,而且具体地做了一些校订。

萧润德:咱们的《连升店》他不是还帮着编了几句词儿嘛。

## 朱天(中国戏曲学院)

2014 年 5 月 11 日早上,我正在准备迎接参加由菊声社大力支持举办的家母(宋丹菊)收徒李梓维(李万春后人)、慈海缘(慈瑞泉、慈少泉后人)仪式的嘉宾,见到钮骠、沈世华两位前辈,急忙迎过去,却未见到说好要车接二位来参加仪式的张一帆兄。钮先生说一帆有特殊事。我脑中顿时生出疑惑,有一种不祥的感觉。

不一会儿,在仪式上见到急急赶来的一帆兄,才知道吴老因身体不适入院治疗,但已告好转。没想到当晚即传来噩耗。这给我们那日喜悦的心情增添了一丝遗憾,但转念一想,不久前也是由一帆兄陪同,我和家母去吴老家中看望他,吴老还嘱咐家母"宋派要多传承",这也算是一种纪念的方式了!

算起来,小如先生是文史专家,也是戏曲研究家,而有趣的是,曾听先父生前说起,小如先生的朋友中恐怕只有我家在这上述两条线上都与其有关联,并保持着深厚的友谊。

从文史方面论,小如先生之父玉如先生是一代书画大师,年轻时曾在北京大学读书,而我曾祖父朱启钤曾任北大校监,玉如先生 20 世纪 20 年代在东北任职时,我祖父朱渤当时也在东北任职,也算是同事,而后来小如先生与我祖父朱渤又成为中央文史馆的同事,我祖父朱渤(海北)先后与玉如、小如先生两代为同僚,也是一段佳话。

从戏曲方面论,我父母以及我姥爷宋德珠都与小如先生有着深厚的友谊和交往。20 世纪 90 年代时，记得小如先生曾应邀到我们当时住的西坝河家中聊戏，而不久前我和家母去吴老家中看望他时，小如先生仍然精神矍铄，侃侃而谈，而上述两次谈天说地中谈到的三件事令我母亲和我这个晚辈记忆犹新。首先，小如先生谈到 30 年代特别多地看德珠和世来的戏，过瘾。我想那是在 20 世纪 30 年代后期，当时四大名旦基本收山，而四小名旦初出茅庐，正是“从红到紫”的时候。小如先生还谈到，宋派要多传承，当时创排了很多新戏，比如翁偶虹先生为我姥爷宋德珠量身打造的许多历史戏，如《虹桥赠珠》、《蝶恋花》（又名《改容战父》）、《美人鱼》等，这些当时很精彩的戏后来没有（很少）演了，应该传下去，多演。其次，当小如先生听说不久后我母亲要演出《战宛城》而且电视会转播时（吴老当时行动已不方便，无法外出看戏），激动地说：“那我能大饱眼福了！”小如先生又表示从看德珠的戏到看家母的戏，已经八十多年了。从前看完戏，去请教朱老（朱家溍先生），现在朱老走了……我当时就想，像小如先生这样京剧的知音不多了，心中不是滋味！最后，小如先生提起了一件家母和我都不知道的事：“那次，戏曲学院演戏，我去了。我平时最不爱出头，不喜欢上台合影，因为都是领导。那次朱文相特意去拉我，我说我不上台，他说今天没有领导……所以我上台了，还和名演员们合影了。”在戏曲界，有许多艺人的知音，也有许多艺人成为文人的好友，但相知者并不多，相知者需要通文明史，善曲迷戏，又能兼容通汇，以文评戏，以史解戏，更能以戏会文，以戏明志。小如先生走了，小如先生是这其中不多者之一。

如此说来，我还有幸成为与小如先生在文史和戏曲两方面有交往的两脉世交的交集，甚为荣幸之至！

最后以我家书房墙上小如先生赐家母之嵌名联缅怀：是丹非素谈玄易，饮菊餐霞入化难。

## 楼宇栋（文物出版社）

我不是搞京剧的，我只是票友，所以就讲些票友的事。我年轻时就爱好京剧，每年都会去看两三回刘曾复先生的表演。每次一进门，刘老就说："来，起个霸。"我就会说："怎么一来就让我起霸呢？""你可不知道，京剧中起霸是最重要、最基本的动作，霸起不好，其他的动作也做不好。"有时，我就会和刘老聊好久。

我岳父张伯驹是燕京大学教授，我是燕京大学的学生，会一点京胡。我爱好余派戏，学的也是余派老生。我老岳父也是搞余派的，他告诉我不管学什么，都要学其基本，所以后来我一想，刘老每次都让我起霸估计就是这个原因。

张伯驹先生认为起霸有小的，有大的。大起霸学好了，小起霸就很容易了。后来他成立的北京京剧基本艺术研究社，属于票友性质的，里面会教一些基本的唱念做打。如果基本功学不好，唱起京剧来就不是那回事了。他和余叔岩先生一开始是搞音韵的。他说京剧音韵搞不好，就会唱也唱不好，念也念不好，所以他就写了关于京剧音韵方面的书。最近上海古籍出版社将我岳父的作品集到一起，出了一本《张伯驹集》，里面讲了许多京剧基本的东西。

我年轻的时候，那些有名的京剧演员的戏，我几乎都看过。我是在上海长大的，京剧在上海非常盛行。到北京后又有机会向钱宝森、王福山等先生学戏。刘曾复先生、朱家溍先生等也经常来京剧艺术研究社，他们来并不是唱戏，而是练基本功。当时作为学生，我觉得这些先生们不是来唱戏过瘾，而是互相学习基本功。他们总是学习十三音韵，我就问为什么总学十三音韵呢？我岳父说，十三音韵是最基本的，学好这些，其他的就迎刃而解了。

在座的都是京剧名演员和教京剧史的，作为票友，我不了解内情，不知道现在的年轻学生还注不注重这一点。若是想将京剧进一步推进，不管是年轻演员，还是青年学生，都应该注重基本功的学习。我今年已经八十五岁，我只是说些票友话。年轻演员若要继承好京剧这项古典艺术，需要下番苦功，学好基本功。听说，有的年轻演员希望谋求改变，但是若是京剧的基本都没有掌握牢固，就想着改变，将西洋乐器引入京剧中来，中西合璧，那究竟会是怎样的腔调呢？我并不是守旧，主要是觉得基本功是极为重要的。我希望年轻一代能够继续将京剧继承好，向前推进。

## 谷曙光（中国人民大学）

刚才许多前辈老师们都发表了感想，其实我是没有资格在这里讲话的。我曾向吴小如先生请教过不少问题。因为我本职工作是教古典文学的，我主要向先生请教了一些古典文学和戏曲方面的问题，在这两方面我从先生那里获益颇多。

参加这次会，让我想起了清代的龚自珍的一句诗："从来才大人，面目不专一。"我觉得这句话用在吴先生身上十分贴切。不论是古典文学的文史研究，还是在戏曲，抑或书法、诗词方面，先生都进行了精湛的研究。

今天我们参与的关于先生剧学成就的研讨会是非常有意义的,这也印证了刚刚陈熙中先生说的,这弥补了我们在2009年出《学者吴小如》这本书时没有体现出先生在剧学方面贡献的不足。我们一直在说要建立“京剧学”这门学科,如果说现在我们的京剧学已初具规模的话,我认为吴先生在京剧学奠基方面是最重要的学者之一。因为不论是从演出评论,还是演出史的梳理、戏曲理论的阐发、戏曲文献学方面——像京剧唱片等等,能够像吴先生这样这么全面反映京剧体系的学者是凤毛麟角的。我觉得先生的成就确实像刚刚刘宁女士所说的那样,“像大海一样望不到边际”,真的是高山仰止。

对于我自己而言,关于戏曲方面,还有几个值得回忆的地方。有一次是先生最后一次关于戏曲的公开讲座,大概是在2007年的五六月份在人民大学做的,那次讲座是我请先生来做的。记得当时先生身体已不是很好,但是他慨然同意,在很热的天气,到人民大学来讲了一百四十多分钟。当时先生身体虽然已经很不好,可先生当时神气十足。后来听录音的人也说,听先生讲话像四五十岁的人一样,中气十足。可是讲完后,中午陪先生吃饭时,发现先生是很颓唐的,感觉很疲惫。所以当时我很感动。先生就像演员一样,上了讲台,一点也不惜力,只想把自己最好的一面贡献出来。

还有一个小插曲,也是在2010年底的时候,当时人民大学有一个教工京剧社,元旦的时候要举办一场演出。当时很荣幸地邀请到孙萍老师演一个大轴戏《二进宫》。其实我完全是个外行,当时孙老师问我可不可以来演杨波。我真的没有资格和孙萍老师这样的大家来同台演出,我觉得很惶恐,但是在孙老师这些前辈们的鼓励下,我硬着头皮接下了重任。后来我去了吴先生那里,向他说明了情况。吴先生分几次将他所理解的《二进宫》,他所看过的表演,跟哪些人学过,怎么唱,很认真地跟我讲了下。后来,我陪孙老师将这个戏演了,我演得很差很差。但是从这件事上我看出,先生在戏曲方面不单单是位学者,在场上也是没有问题的。周贻白先生有句名言:“非奏之场上不为功。”那么,我觉得,吴先生不仅可以说戏,上场演戏也没有问题。先生的剧学成就值得我们认真总结。

## 孙郁(中国人民大学)

首先我和今天在座的老师一样,无一例外,都被吴先生的学术、人品和精神境界感动。其次,我还被在座的每一位老师和同学所感动,因为大家都为了我们中国的国剧事业在这里交流,缅怀吴先生。我刚才读的陈校长的致辞,陈校长也期待国剧研究、中国传统文化研究能在人大成长为特色学科。我自己也有这样的期望和梦想。吴先生的学问是很深的,我读过他的很多文章,他走了以后,大学里像他这样的学者就几乎没有了,或者说非常少见了。我自己是研究民国文学的,民国时期的好多优秀学者和梨园行是有关系的,比如王国维先生,一直到俞平伯先生、吴小如先生,一些文章写得好的学者跟戏剧戏曲也有关系。比如 2012 年去世的黄裳先生,他谈戏剧戏曲的文章非常好。香港的曹聚仁先生,他们治史学、文学史,同时也是戏剧戏曲学的专家。吴先生身上折射出的学术传统特别值得我们思考,他的一个观点就是搞艺术教学必须要有实践。我觉得我们大学文学院现在缺的就是有艺术实践的老师。我的几个学生都选了孙萍老师和张一帆老师的课,我也鼓励他们多去了解一些其他的课程,因为文学教学知识化,把艺术最原始的美遗漏掉了。文学院出来的学生,很多不能写漂亮的文章,不会作诗词,又不会书法。所以这就是一个很大的问题。我的一个梦想就是,文学院出来的学生,有能写对子的,有能写诗的,有能写书法的,能够欣赏或者唱一两句戏曲的。今天我们在这里讨论,我更觉得将来我们文学院的发展建设要大力支持中国戏剧戏曲的研究,和其他的学科互动起来,使我们的学科跟传统文化接轨。我们的传统文化从齐如山先生开始和西方文化是有对话的,就如鲁迅先生所言"外之既不后于世界之思潮,内之仍弗失固有之血脉。取今复古,别立新宗"。这是我们的任务,也希望在座的老师多支持我们文学院的建设。之前很多老师都给予了我们很多帮助,希望以后能继续给予我们帮助。今天通过纪念吴小如先生,希望能够促进我们的国剧研究,也促进我们文学院的发展。谢谢大家。

## 吴煜(吴小如先生次子)

非常感谢人大组织了这次研讨会来纪念我父亲。也非常感谢钮先生吧,其实私下里这么多年我一直叫您叔叔的。我父亲去世,社会给予了很多的关注,作为子女来讲,我表示衷心的感谢。今天很多在座的前辈、老师,讲了我父亲跟戏曲界、跟过去的一些老先生的故事,有的我有所耳闻,有的是我不知道的。我完全不懂京戏,我小的时候("文革"以前)跟我父亲去看武生戏,那时候我就是看热闹。我的父亲,把他自己对京戏的爱好演变成一门学问、一个研究,最后成为中国戏剧发展的一个历史见证。从这些方面来讲,大家都给了很多肯定,我作为子女,唯一能表达的就是非常感谢,谢谢!

## 孙萍老师会议小结

各位前辈、各位领导、各位同仁:

其实作为晚辈,我并没有资格做什么总结,只是向大家汇报几点我今天听会的学习体会。

第一,吴老的一生,在生活上是清贫的,但在为人和为学两方面创造的精神财富是无比丰厚的,从这个意义上来说,只要我们继续认真地读吴老的著作,听吴老留下的讲话,吴老就永远活在我们心中。当前,中央提出要从中国优秀传统文化中汲取社会主义核心价值观的精神营养,我认为在这方面,吴老就是我们学习的重要楷模。

第二,正如陈校长所言,在中国传统戏剧研究领域,吴老所躬行的、贯通中西古今、理论联系实践、案头结合场上的教学研究理念,对我们建设有人大特色的戏剧学科始终有着很重要的启发。事实上,从人大国剧研究中心成立至今,在以钮骠先生为代表的专家顾问团队的具体指导下,我们无论遇到任何艰难险阻,都一刻不曾动摇地践行着吴老的这个理念。我们今后将继续以吴小如先生为代表的老一辈学人提出的治学育人方法为工作准绳,取法乎上,得乎其中,我坚信,这条正确的道路一定会给我们带来应有的成果。

最后,希望诸位前辈、领导和同人今后多多关注和指导我中

吴小如先生追思会留影

心的学科建设。今天在会上服务的年轻人有很多是我们中心的硕士生,他们都很聪明好学,如果能够得到在座诸位的热心指点与提携,将是他们无比的幸事。未来的学术蓝图需要他们去描绘。

谢谢大家!

# 吴小如纪念文集（下编）

刘凤桥 程立 主编

时代出版传媒股份有限公司
安徽文艺出版社

图书在版编目（CIP）数据

吴小如纪念文集/刘凤桥，程立主编. --合肥：安徽文艺出版社，2021.5
ISBN 978-7-5396-6803-1

Ⅰ. ①吴… Ⅱ. ①刘… ②程… Ⅲ. ①吴小如（1922-2014）—纪念文集 Ⅳ. ①K825.46-53

中国版本图书馆 CIP 数据核字(2019)第 235244 号

吴小如纪念文集
WU XIAORU JINIAN WENJI

出 版 人：段晓静
责任编辑：胡　莉　卢嘉洋　　封面设计：熙宇文化

出版发行：时代出版传媒股份有限公司　www.press-mart.com
　　　　　安徽文艺出版社　www.awpub.com
地　　址：合肥市翡翠路 1118 号　邮政编码：230071
营 销 部：(0551)63533889
印　　制：安徽新华印刷股份有限公司　(0551)65859551

开本：880×1230　1/32　印张：34.75　字数：778 千字
版次：2021 年 5 月第 1 版
印次：2021 年 5 月第 1 次印刷
定价：198.00 元(精装)(上下册)

# 下编

# 吴小如学术随笔：此是深潭照水犀

白化文

吴小如老师几次在文章里称我为“门人白化文”，足证“师生之分早定，中外之人尽知”。

在北大中文系1951级全体老学生中，我的确是最早亲炙于吴老师的。犹记1950年春，在天津六里台和平湖畔，孟志孙老师客厅中，不期而遇，我得以初次谒见吴老师。当时吴老师先在，我是未经先期禀报（当时电话不普及），撞进来禀告班上的工作的。孟老师见我一到，就对我盛赞吴老师出身专治文献的名门世家，青年有为，文史兼擅，而且是名震京津沪的新起京剧剧评家。当时在座的，似乎只有两位老师和我。孟老师滔滔不绝地大约讲了一刻钟，我静静地听着，吴老师也没有说什么。我听出来，孟老师有此后让我多多向吴老师请教的意思，我便赶紧说要拜门。吴老师虽然略表谦虚，但并未拒绝。可见，师生之分早定，绝非虚言，乃是板上钉钉的了。

及至到了北大，真正听吴老师的课，那是1954年的事了。从此，师生关系逐渐密切。征象之一是，老师的著作，几乎每一部都赏赐与我。我当然敬谨拜读，受益匪浅。“文革”后同在北大，更得时时请益。只是近两年我搬了家，住得远了，仅可在电话中请安。心中不免产生歉意与失落感。可是受客观条件制约，也是没有办法的事了。

这次恭读老师的又一部选集《皓首学术随笔 · 吴小如卷》，几十年来受教的景况如在目前，时时向友人言及。中华书局书友闻知，嘱就此作读后感一篇。因而整理思路，略述要点如下。

吴老师的确是现当代中国文史界文武昆乱不挡的全才。特别是在中国文学史方面，自20世纪50年代起，从先秦到鲁迅，各阶段的课全开过，均有述作，都出成果。我最新拿到的这部书，限于编者对传统学术认识的局限，未能全面展示吴老师完整的学术研究领域。即以元明清三代戏曲研究而言，众所周知，吴老师寝馈其中七十余年，不仅案头，场上亦多年与内行老宿切磋，红氍毹上第一手经验丰富。出其余绪发为文章，读者奉为圭臬。这一点在海内外现存老一代中文系系统学者中，鲜有比肩者。管见以为，北大中文古代文学系统今日弱点之一，在于中国文学史第三段，别的综合性大学亦多如是。若早能悟及，请吴老师多多培养接班人，今日弟子当遍及全国，岂不壮观！其实，东隅已逝，桑榆非晚，趁着老先生体健神清之际，招一个特别博士班来，如陆颖明（宗达）老师20世纪60年代在北师大中文系开“古汉语班”之例（许嘉璐先生即出身此班，其中同学现在多为古汉语界骨干），培养一批人，还来得及呢！

我从老师学习而没有学到的一点，是老师通贯一生的韧性战斗精神。老师一贯特立独行，坚持个人见解。在燕京大学中文系开“鲁迅研究”等课程时，正值中华人民共和国成立之初，学生好独立思考，往往在课堂内外与老师争辩不休。我爱人李鼎霞就躬逢其盛，不过她是胆子小的女生，不曾加入。男生则常常意气用事，甚至和老师闹得面红耳赤。这时，和事老林左田（焘）老师就会出现，为双方解围，最后，以“哈哈”结束，因而得外号曰“林哈哈”。

可是，吴老师后来因此吃的亏不少。特别是在“文革”初期，红卫兵贴大字报，吴老师也出大字报还击，结果可想而知矣。不过，老师一仍旧贯，至今不改，坚持独立思考的韧性，战斗精神至今坚韧不磨。门人如我，则以为，此精神施之于业务研究是极可宝贵的，如此书中实例极多，触处皆是，不烦列举。这是晚辈后学最应学习的。

学术界“不求甚解”的浮躁风气是吴老师最看不惯的，一有发现，立即起而纠正。有时点名，有时暗中点名而明眼人一看便知。有的人又怕又恨，给老师戴上一顶“学林警察”（一说为“学林宪兵”，以其有贬义，老师的门人如我者不予承认）的高帽。其实，老师是为他们好，希望人们进步。我对老师此种精神与做法是佩服到家啦！只是胆小怕事不敢学罢了。此次编选此书，据老师所写“前言”，则张鸣学长和檀作文博士出力甚大。我总怀疑，他们为爱护老师，把原来指名道姓之处全给抹了。如沈玉成和我的一次争辩即是。却也无伤。老师的许多指疵之处虽然有针对性，更是带普遍性的。“此是深潭照水犀！”

2016 年 12 月 27 日于紫霄园

# 吴小如先生佚诗

陈斐

按:《莎斋诗剩》(作家出版社 2014 年版)之编辑过于仓促(不到两周),疏漏不少。现将遗珠辑录于此,以飨同好。

——陈斐

## 满庭芳 · 和周敏庵汝昌

三十三年,春花秋月,匆匆几阅沧桑。劫灰难烬,休怨鬓毛霜。畴昔酒朋诗侣,凭谁问,生死茫茫。群犹记,未名湖畔,携手话炎凉。逢场,权作戏,盟山誓海,舌剑唇枪。任装旦装孤,邦老称王。羡子书生本色,因证果,脂砚凝香。伤形秽,文坛学府,迟暮独彷徨。

(编者按:此据吴老《读严中〈俞平伯与周汝昌〉书后》一文辑录,题为编者所拟。文见《文教资料》1996 年第 2 期。)

## 为跃华题忆旧图(己丑闰五月)

欲肩大任先劳力,煅铁嵇康亦可人。握笔持枪同报国,从来成事在修身。

(编者按:此诗由肖跃华先生提供,题为编者所拟。)

## 赠叶嘉莹教授四首(一九八一年)

一

长记登堂拜羡翁,清谈娓娓发颛蒙。心仪衣钵传人在,天外遥瞻一彩虹。

二

秋蝇附骥妄谈词,如饮涓泉冷自知。老去顿惊心旆寂,欲干气象梦愆期。

三

一篇词说久藏膺,委曲深传众妙馨。味得静安神理后,令人长揖叶嘉莹。

四

南沙沟外暑尘轻,的皪秋花助晚晴。词客欣逢新旧雨(时座上有启元白、郭预衡、杨敏如诸先生),小诗聊寄瓣香诚。

(编者按:自此组诗起至《申城赠王水照》数首,辑自启功、袁行霈主编,线装书局2008年版《缀英集:中央文史研究馆馆员诗选》)

## 题李一氓先生珍藏知圣道斋旧本《烬余词》(一九八六年)

藏书贵善本,读书贵胜义。毛晋未刻词,传世良不易。况乃烬余物,呵护若神莅。荏苒三百载,居然在箧笥。搜采见苦心,人力岂天赐。我亦耽诗书,所恨未抉秘。得此廿二家,足以别同异。他日治倚声,乞假校文字。氓翁惠学林,或不我遐弃。倘获窥陈编,感激长弗坠。

## 朱季黄家溍以《青石山》剧照见赠,戏答以诗(一九八六年)

季黄师小楼,兼具神与貌。一曲项王歌,悲风号众窍。近串青石山,喜获观彩照。只手挽大刀,丰姿在长靠。壮哉古稀翁,深窥宗师奥。我识季黄久,晤言敦夙好。服膺梅(兰芳)杨(小楼)余(叔岩),知音有同调。小诗答盛情,拊掌供一笑。

## 题黄遵宪遗像(一九八七年)

晚近诗推人境庐,镕今入古最难摹。平生意气空文藻,旷代风流伟丈夫。南社群贤沾剩馥,东瀛一志识先驱。遗容从此垂遗爱,四海传馨道未孤。

## 赠范洛森(一九九二年)

子贡善理财,孔门不鄙商。班史志食货,功美桑弘羊。经商贵有道，义利岂两妨。唯士无恒产，恒心持以方。运筹观厥成，敬业须自强。小诗勉洛森，久要慎勿忘。

## 庆祝香港回归祖国（一九九七年）

九七欣还合浦珠，一邦两制古今无。百年耻雪孚民望，会见新猷布海隅。

## 贺李守咨迁居（一九九七年）

守咨八十翁，丹心早许国。魁硕伟丈夫，谦㧑蔼颜色。秉公直道行，寡言重然诺。儿女各成器，承欢常侍侧。平生无他嗜，每饭必小酌。岁晚寓沪滨，近闻卜新宅。我自蓬蒿人，视翁有惭德。俚句贺乔迁，遥祝长矍铄。

## 赠钱剑夫先生（一九九九年重阳）

剑老文章晚更醇，每从考据见精神。读书颖悟针通结，擘理遥深楫指津。世道艰难甘寂寞，学风浮躁任天真。久要孤诣非玄想，病树前头自有春。

## 寿常风先生九十华诞（二〇〇〇年）

回首五十三年前，初谒师门汉花园。书生意气空自许，妄窥文苑议群贤。先生九十思犹壮，口撰清华忆旧篇。才非无力承薪火，遥祝寿比金石坚。

## 申城赠王水照（二〇〇二年）

一

雨后斜阳草木新，南来姑妄避嚣尘。平生蹉跌浑禁惯，最羡华胥梦里人。

二

运会推移四十年，重逢一笑两华颠。共君放眼人间世，到处纷纭官势钱。

## 《缀英集》异文

《莎斋诗剩》原编于1947年下的《无题》（春归借问归何处）一首，《缀英集》题作“寄傅积宽兄金陵　一九四六年”。

1988年下的《满子先生七十自寿诗奉和》（满子先生登古稀）一首，《缀英集》题作“寿何满子先生七十（先是满子先生有《七十自寿诗》三首，载上海《新民晚报》。此诗用其第一首原韵）　一九八八年”；“一编呈臆想精微”下，《缀英集》有自注“满子先生著有《文学呈臆编》”；“无价”，《缀英集》作“无力”。

1990年下的《无题（庚午）》（七十狂吟客）一首，《缀英集》题作“庚午芒种后五日作　一九九〇年”。

1993年下的《无题》（文心抉尽竟雕虫）一首，《缀英集》题作“壬申除夕旅居海德堡感赋　一九九三年”。

1991年下的《赠李生佩红（辛未）》（习艺等习字）一首，《缀英集》题作"赠李生佩红(天津青年京剧团女演员)　一九九五年"。

1996年下的《无题》(老任书签冷旧芸)一首,《缀英集》题作"七律　一九九六年"。

1996年下的《鹧鸪天·和周敏庵汝昌二阕》(千古才情一脉亲、才拟四时不谢花)二首,《缀英集》题作"鹧鸪天·和汝昌二首　一九九六年"。

2000年下的《赠檀作文》(雒诵诗三百)一首,《缀英集》题作"示檀作文　二〇〇〇年"。

# 百岁传薪图续火

## ——吴小如先生的学术境界和人间情怀

陈斐

认识吴小如先生或读过他文章、听过他讲课的人，莫不对吴老高洁的风骨、正直的人品、率真的性情、渊博的学识、精辟的见解肃然起敬；同时，稍微了解一些吴老经历或境况的人，又会为他感慨唏嘘！尽管我已做好了承受这种落差的准备，然而，11 月 24 日下午第一次走进中关园吴老家中，我还是被眼前的景象震惊了！

这是一套逼仄的三居室，面积不过六七十平方米，地板还是毛坯房的水泥地。屋内陈设简陋，摆着几样老式的旧家具。这样的家具，从甘肃农村长大的我，也仅在 20 世纪八九十年代见过，现在回乡基本看不到了。顺着保姆的指点，我迫不及待走进吴老房间。吴老斜靠在床边一个旧沙发上，看到我进来，示意我坐下。因为得过脑梗，他的右半侧身子不能自如活动。看着老人枯瘦的双手在空中艰难地示意，我赶紧坐在他身边一个小凳上。环顾四壁，泪水不由得浸满了我的眼眶。我真不敢相信，眼前这个蜗居中的孱弱老人，就是引领无数像我一样的读者领略古典诗文之美的北大教授，就是太老师刘敬圻和沈玉成、王水照等著名学人在文章或言谈中一再提及且非常钦敬的小如先生，就是学兼经史子集，精通文字、音韵、训诂、考据，在诗文、戏曲、小说、楹联、书法等领域都取得了卓越成就的大师通才……然而，老人那流露着和蔼、坚毅、狷介、诚挚和热情的目光，又分明在自信地回应："对，我就是吴小如！"

## 一、"我们那一代治古典文学的顶尖学者"

吴老祖籍安徽泾县茂林，1922 年出生于哈尔滨。从牙牙学语时起，祖母和母亲就以中华书局出版的文言《中华故事》为蓝本，用他能听懂的语言讲述过不少故事，这培养了他对文史的浓厚兴趣。父亲吴玉如是现代大书法家，学殖深厚，工诗擅文，曾任津沽大学中文系主任、天津市文史馆馆员等职，幼时给他讲授过唐诗和《论语》等国学典籍。吴老说他三大业余爱好中的书法、写诗两项（另一项是看戏），就是受了父亲的影响。谈到这里，我恍然发现，吴老取得卓越成就的古典文学、戏曲评论、书法等领域，恰恰都是他的兴趣所在。可以说，他后来的成就正是幼年兴趣抽枝、开花并自然而然结出的果实。我把这个发现告诉吴老，吴老笑了，说感兴趣就乐在其中，就会钻研。我提到，现在很多家长带着孩子在课余上各种特长班、兴趣班。吴老斩钉截铁地说："那没用，是强加给孩子的，孩子不一定感兴趣。关键是要发现孩子的兴趣，往'正'的方面引导、培养。"

九一八事变后，吴老全家迁居北平。1935 年，他从北京私立育英小学毕业，升入育英中学。1936年秋因全家移居天津而转入南开中学。1941年从天津私立工商学院附中升入工商学校商科会计财政系。从1943年起，吴老先后在天津私立达文中学、志达中学、圣功女中等学校教国文。青少年时期，吴老于上学之外阅读了大量的课外书籍。在父亲的熏沐下，他背诵了不少古典诗词和古文，通读过《四书》《诗经》《楚辞》等古籍。因为做着作家梦，上小学时，他很爱读《三国》《水浒》《说唐》《七侠五义》和《施公案》等明清白话小说，后来扩充到谴责小说、武侠小说甚至鸳鸯蝴蝶派的作品。进入初中后，他的阅读视野拓展到鲁迅、茅盾、老舍等五四以来作家的作品、翻译的小说甚至英文原著，并开始撰写评论废名、钱锺书、张爱玲等作家作品的文章在报刊上发表。这些书评不仅飘逸着少年的清新和锐气，而且蕴含着较深的底蕴和独到的见解，至今尚为人称道。

高中阶段，吴老碰到了对他做学问影响最大的三位老师中的第一位——语文老师朱经畬先生（另外两位是俞平伯和游国恩先生）。朱老师不仅讲授重要的国学典籍，还使他知道了重要的学者著作和学术流派。康有为、胡适、顾颉刚等人的著作和观点，治《诗》学者于毛、郑、孔、朱外还有姚际恒、方玉润诸家，史学上的“六家”和“二体”等等，他都是在朱老师的课堂上了解的。从此，他便按图索骥，在课外下功夫阅读。比如，因避水灾陪祖母暂居北京期间，他曾手抄过不少国家图书馆藏关于《诗经》的资料；后来又因阅读程树德《论语集解》而广泛搜集关于《四书》的著作。

如果说祖母、母亲和父亲的陶冶培养了吴老对专业的浓厚兴趣，朱经畬先生的引导使他初步领略了治学门径的话，那么，青少年时期丰富多彩的课外阅读则为他以后成为“大家”夯实了最初的基础。回忆及此，吴老反复强调课外阅读的重要："老师当然重要，但教给你的东西总是有限的，这就需要大量的课外阅读填补。"说到这里，吴老不无感慨地说，"现在的孩子可没有那么多时间，成天写不完的作业！"

抗战胜利后，吴老考入燕京大学中文系，入学后发现这里洋味太浓、官气太重，不到一学期便要求退学。后来又考入清华大学中文系。此时他已成家生子，需要找个"副业"补贴家用。老前辈林宰平是最早发现沈从文文学才华的人，得知吴小如爱读沈先生的小说，便介绍二人在家中相见。沈先生了解他的学业和家庭情况后，建议他转到北京大学，说到城里好想办法。于是他听从劝告转入北大，清华中文系主任朱自清先生闻之叹息道："好不容易招了个好学生，可惜转学了。"到北大后，沈先生将自己主编的《华北日报》副刊交给他负责，这样可以每期拿到一笔编辑费。他没有辜负老师的信任和器重，将报纸办得有声有色。著名作家邵燕祥就是他那时在来稿中发现并提携成长起来的。

负笈三校期间，吴老先后亲炙于朱自清、俞平伯、沈从文、废名、游国恩、周祖谟、吴晓铃等名师，并得到林宰平、章士钊、陈寅恪、梁漱溟、魏建功、顾随等国学大师的赏识。在这些先生中，对吴老"治学"影响最大的要数俞平伯和游国恩二位先生。

俞先生踵武其曾祖曲园先生开创的治学路径，不管是研究经史诗词，还是《红楼梦》，始终从原始材料出发，经过独立思考，在具体问题上提出新见和胜解。吴老听俞先生讲过杜诗和周邦彦词，受业期间学会了如何有根有据地开动脑筋。有一次，他请教如何把一首作品的典故出处注释确切、讲解清楚。俞先生告诉他，首先要熟读作品，比如注唐诗，最好把唐以前的书熟读，但这显然不可能。那么,至少必须把要注的作品读熟,以后遇到相关材料就会一触即发,久之自然得心应手。

吴老曾上过游国恩先生的楚辞课,后来又协助先生选编先秦、两汉文学史参考资料。他将游先生的治学方法总结为:首先尽可能全面地搜集材料,“述而不作”。其次对材料加以抉择鉴别,对前人的成果进行衡量取舍,“以述为作”。若步武前贤还不能解决问题,就根据学识和经验“创为新解”。由于新解是在祖述前人的深厚基础上开花结果的,故本固根深、枝繁叶茂,绝不会昙花一现、一吹就倒。这些方法和经验,从某种意义上说也是吴老治学的“夫子自道”。

1949 年大学毕业后,吴老先到津沽大学中文系任教。两年后,在当年入学考试阅卷老师、燕京大学校长陆志韦先生的举荐下,到燕京大学国文系任助教。1952 年院系调整后,又到北京大学中文系任讲师。从此,吴老告别了少年时期青涩的作家梦,专心致志地走上学术道路。在半个多世纪的治学生涯中,吴老凭着传承学术文化的使命感和“疾虚妄,实事求是”的态度,夜以继日,笔耕不辍,逐渐构筑起一座博大精深的学术大厦。这座大厦绝非一时应景的“形象工程”或“政绩工程”,时过境迁便废弃荒芜、轰然倒塌,而是精心结构、巍然屹立在现代学术史上的里程碑;亦非庄严肃穆、拒人于千里之外,构筑它的砖瓦——大多数文章文辞清雅平易,赏心悦目,中学生都能阅读,同时著名学者、教授也不能不为其功底之扎实、见识之高卓而折服,从而获得某种方法论的启示。

在传统学术转型的 20 世纪初期,涌现出了一大批学术视野开阔、学殖深厚广博的硕学鸿儒。吴老在他们的熏陶下逐渐树立起这样一种“守正”的学术理念：治学并无谬巧可言，必须下苦功夫、硬功夫；只有学识渊博的人才可能对某一门学问提出立于不败之地的创见、新解。谈到这里，吴老继续阐释道：“经史子集四部皆文学，都可以看作文学研究的材料，治文学史最好四部之学都懂一些、四部之书都读一些，这样才可能融会贯通、提出经得起时间考验的见解。”这个看法和清儒章学诚“六经皆史”的提法有异曲同工之妙，都是深知治学三昧的甘苦之言！

吴老青少年时期即有博览的习惯，在“守正”治学理念的指引下，更是如饥似渴地苦读勤思。读大学时，他每听一门课，都要涉猎某一类专书。工作后，不论是备课还是从事学术研究，涉及某个问题，都要尽可能竭泽而渔。平时他总是手不释卷，大有无书不读之势。现在右半侧身子动转不便，还在床侧筑起一道“书墙”，每天都要读好几个小时的报纸和书籍。常年孜孜矻矻地苦读勤思，成就了他学术博大精深的气象。这种气象，首先体现在学识的渊博和治学领域的广博上。杨伯峻先生在北大任教期间，一次在教研室问在场的师生“份”字在古代怎么读，只有吴老答道：“是‘彬彬有礼’的‘彬’的古字。”于是杨先生感慨地说：“这里只有吴小如有学问！”著名学者刘梦溪先生在其新著《陈宝箴和湖南新政》后记中称吴老“是我所见到的当代最熟悉文史典故的渊博学者”。由此足见吴老学识之淹博。

吴老的治学，旁涉经史子集四部，单就文学史而言，从《诗经》到张爱玲，从诗词文赋到戏曲小说楹联，都有精深的研究。而且，吴老注重“通古今之变”，擅长点、线、面结合，往往能跨越时代、文体和学科的畛域触类旁通，获得令人叹服的会解通识。比如，他讲杜诗，能用宋诗之新变说明杜诗之广大，能联系程砚秋唱腔之美妙解释杜诗“沉郁顿挫”之内涵……让人不禁豁然开朗、会心解颐。在学术越来越专门化、学者局促于狭窄的研究领域坐井观天的今天，吴老的学问听起来真像天方夜谭！

吴老学术的博大精深，体现在治学方法上，就是兼顾义理、考据、辞章。他曾指出，不通训诂章句之学，治辞章就成了空话；而欲明义理，不仅要从考据入手，辞章表达也很重要。吴老精通文字、音韵、训诂，被著名学者彭庆生称为“乾嘉学派之鲁殿灵光”。他曾协助游国恩先生选编先秦、两汉文学史参考资料，承担了前者的全部注释工作和后者的大部分注释工作。这两本书选材允当，注释精准，已成为中文专业重要教学参考书。他注释的《枯树赋》，得到毛主席的高度赞扬。他的《读书丛札》，对《诗三百篇》《左传》《论语》《史记》等典籍多有创见，受到周祖谟、吴组缃、林庚等老一辈学人好评，美国学者夏志清更是主张中文系教师应该人手一册。即便是一些司空见惯的词语，他也能提出前人未发之新义。比如“万寿无疆”之“寿”，他认为应作“畴”字讲，才能和“无疆”相合。

吴老认为，不通辞章，不会写文言文和作传统诗词，很难体会作家的得失甘苦，研究古诗文难免隔靴搔痒。他本人则能诗善文，写的文言文简奥苍劲，作的诗词格调高古、辞气闲雅，以思致见长而又不乏情韵。因为有着深厚的国学根底、灵敏的艺术感悟和“如鱼饮水，冷暖自知”的创作体验，吴老的古诗文批评既能通过考据训诂正确理解辞章，又能批郤导窾、创发新义，获得对诗心文理的深入欣赏。

比如，《菩萨蛮》（平林漠漠烟如织）一词的抒情主人公，到底是男是女，历来有争议。吴老从以下三个方面考察，指出该词乃游子思归之作，“有人楼上愁”的“人”即男性抒情主人公：首先，依此说，通篇一气贯注，不烦曲解；其次，词境全从王粲《登楼赋》化出，原有所本；最后，宋僧文莹《湘山野录》卷上云：“此词不知何人写在鼎州沧水驿楼，复不知何人所撰。”此说正和词意相合，词中的“楼”当即沧水驿楼，“人”即登楼者，而这正是一首题壁之作。这样分析，可谓实践了他一贯主张的“通训诂，明典故，察背景，考身世，最后归结到揆情度理”的批评原则，不刻意求新而能水到渠成地出新，故更能经受时间考验。对比当下一些海内外学者妄逞臆说或生套西方理论的标新立异，吴老的研究更有一种“潦水尽而寒潭清”的气象。难怪吴组缃先生会说：“鉴赏古诗文，天下无出小如之右者。”邵燕祥先生称赞他为“我们那一代治古典文学的顶尖学者”。

吴老的学问虽然博大精深，在著述表达方面却极为慎重，继承了中国传统士人“立言”不朽、“文章千古事”的神圣感。他为自己写文章定下了两条守则：一是没有一得之见决不下笔，二是抱着“疾虚妄，实事求是”的态度。他的观点，都建立在大量材料和客观旁证的基础上；他的文章，篇篇内容充实，言之成理、持之有故；他的专著——《古文精读举隅》《古典诗词札丛》《古典诗文述略》《古典小说漫稿》《吴小如讲〈孟子〉》《吴小如讲杜诗》《当代学者自选文库·吴小如卷》《中国文史工具资料书举要》等，已成为学术常销书，受到一代代读者的青睐！

吴老的门生、红学家张锦池曾在《点滴见师恩》一文中记录过这样一件学林轶事：吴组缃先生治学非常严谨，认为年轻时读书不多，见解不成熟，要求学生四十岁以前不要发表文章。1988 年，张锦池等人去拜访吴组缃先生，谈及当下学风，先生说他 20 世纪

30 年代在清华求学时，有一次去朱自清先生家做客，说到如何做学问，朱先生说："王国维他们那一代是背书，我们这一代是念书，你们这一代呢？是看书。"说到这里，吴组缃先生笑着问："你们呢？"张锦池脱口而出："是翻书。"后来，张锦池等人将此事说给吴老听，吴老笑着说："说得好！说得好！现在有些年轻人呢，能耐得很哪，是写书。"婉而多讽的言语间流露着对当下学术文化生态的深深忧虑！

吴老曾撰文批评学术"量化"误尽苍生，指出"量化"不仅助长了发表文章、申请项目、评定职称等方面"走后门""托人情"的不正之风，而且在这样一种考核体系下，人们出于急功近利的目的，纷纷东拼西凑，甚至不顾学术道德和职业道德，抄袭以充门面，只求字数、篇数过关，不问内容有无价值。最终结果，便如舆论所形容的：教授多如牛毛，"博导"一驳就倒；学校年年扩招，废品充斥社会。他把学界的这种状况连同报纸版面无限度地扩充、书籍内容多有雷同甚至互相抄袭、电视剧动辄几十集上百集等等不正常现象，一起斥之为"文化稀释"，指出"文化稀释"是一种虚假繁荣和文化泡沫。他凭着一个文化人的良知和责任感呼吁：学术文化考核要真正做到重质而不重量！

吴老强调，学人要敢于坚持真理，保持应有的风骨和自信，不要随人俯仰、曲学阿世，为了名利出卖操守和学问。他提到，游国恩先生常说："要搞寿世之作，不要写酬世之文。"20 世纪 50 年代林庚先生因提出"盛唐气象"和"布衣感"受到批判，但他不为所动。吴组缃先生以此为例对他说："治学问首先要讲节操，要有骨气，应当勇于面对现实，坚持真理。我就佩服林先生这种态度。"吴老一生的治学，可谓无愧于恩师的耳提面命！

然而，一旦发现失误，他又能无私地反躬自省，从善如流，哪怕这个失误延续自父亲也从不饰非护短。在《听父亲讲〈孟子〉》一文中，他回忆父亲强调，《孟子》首章梁惠王说的“亦将有以利吾国乎”和孟子答语中“亦有仁义而已矣”的“亦”，相当于现代汉语中的“也”。因为从各自不同的言说背景出发，故皆说“亦”。后来他按照学生陈曦钟的提示，发现金圣叹《唱经堂才子书》也持类似看法。汪少华《古诗文词义训释十四讲》引用若干同类例句，指出这里的“亦”不过是个加强语气的虚词。八十八岁高龄的吴老看到后，专门写了《学术规范应坚持“守正”》一文，表彰汪氏，改正错误。他诚恳地说：“我回忆父亲当初给我讲《孟子》时，只是强调文章修辞的写作技巧，并非从训诂本身去考虑问题，因此才出现了穿凿性的理解。”他“除向作者致谢外，还要向听过我的课和看过我的书的‘上帝’们致以诚挚的歉意”。对照当下某些随俗俯仰、一听到批评就火冒三丈的学术“大腕”儿，吴老坚持真理、勇于自讼的雅量显得尤为可贵！这应该也是他的学术能够具有博大精深的气象并能经受时间考验的原因所在。

## 二、“凿破鸿蒙”的戏曲评论家

吴老爱好戏曲，在戏曲评论方面也取得了卓越成就。“无心插柳柳成荫”，他和戏曲结缘，竟始于家人无意间的熏陶。三岁那年，弟弟同宾出生，祖母和母亲顾不上照看他，就给他找了一架留声机和一堆百代钻针唱片任他摆弄。从此，直到上小学为止，他便一天到晚翻来覆去地听唱片玩。通过唱片，吴老听到了谭鑫培、刘鸿昇、朱素云等人的声音。这让他养成了对京剧的浓厚兴趣和收藏唱片的嗜好。五岁左右，他就随家人外出看戏，曾在天津看过孙菊仙、陈德霖、王凤卿等人的堂会戏，在南京外祖父屋里听到过著名武生盖叫天的清唱。童年在哈尔滨生活期间，于道里、道外的大舞台、新舞台、华乐舞台、新明戏院、东铁俱乐部等演出场所，他既看到过名家程砚秋、高百岁、魏莲芳等人的表演，也观赏了不少北京春阳友会资深名票的精彩演出。

十岁时，吴老随全家迁居北平，看戏的机会更多了。那时，北平的戏曲表演十分兴盛。大栅栏一带有广德楼、庆乐戏院、三庆戏院、中和戏院，鲜鱼口有华乐戏院，肉市有广和楼，旧刑部街有哈尔飞戏院，东安市场有吉祥戏院，西珠市口有开明戏院，西柳树井有第一舞台，等等。这些戏院昼夜演出，票价不贵，一般的科班戏四角左右，梅兰芳、程砚秋等名家的演出也不过一两元。观众中既有不少达官贵人，也有很多贩夫走卒和青少年学生。

每天下午一放学，他就和同学跑到戏院看戏。北平的戏院他几乎全跑遍了，看过不少杨小楼、梅兰芳、程砚秋、马连良等艺术大师的演出和富连成、中华戏校等科班的表演。有时为了换取票款，便把暂时不穿的衣服偷偷送进当铺，为此多次受到母亲的呵斥。在育英中学上学时，学校规定：期末考第一名，可免 25 元学费，第二名则免 20 元学费。他因考得好一年省下 45 元学费。作为奖赏，父母把钱如数给他，全让他“进贡”给戏院了。这笔钱若看科班戏，足够看一百场以上。说到这里，吴老不禁为当今戏院的高票价感慨：“今天的戏院，不论是什么演出，只看票价，就令人瞠目结舌。不要说学生，连比我工资高一两倍的人也望而却步。剧场门槛这么高，只靠学几个唱段，学生能爱上京戏吗！”少时，吴老不仅到戏园子看戏，还经常到丹桂商场的茶楼上听票友清唱，听过秦瑕庵(谭派老生)、关醉蝉(文武小生)、果重予(杨派武生)等著名票友的“清音桌”。中华人民共和国成立后,除“文革”期间被关进“牛棚”外,他几乎每周都去看戏,一生看过不下一千五百场戏。此外,吴老从小嗜好收藏戏曲唱片,迄今为止,他收藏的唱片有千张左右,装满了整整一木柜。志道问学的余暇,他常常打开留声机,优游在戏曲艺术的世界里。

十三四岁时,吴老开始模仿当时小报文风,老气横秋地撰写剧评,有时还为报界前辈、六姨外祖张醉丐大胆“捉刀”。小时候,父亲管束很严,不许他乱写文章,认为写“豆腐块”容易油腔滑调,而且浪费时间精力。他只好用笔名“少若”发表剧评。谁知父亲知道后,反而夸他写得好,从此不再管他。从1952年观摩全国戏曲第一次在京会演开始,吴老开始认真撰写剧评。为了更好地了解戏曲,做到真正懂戏,他十五六岁起就向伶、票两界名人如韩慎先、王庾生、安寿颐、王端璞、贯大元、刘曾复、朱家溍、张伯驹等人问艺求教。同时,因为撰写剧评,他和奚啸伯、王金璐、裘盛戎、叶盛兰、童芷苓等艺术大家结下了深笃的友情,不时在一起切磋砥砺。

张伯驹先生一生酷嗜京剧,从余叔岩问艺达十年之久。20世纪40年代,吴老在天津学生刘菱洲家参加清唱聚会。刘乃张伯驹外甥,于是,吴老得识伯老,并蒙其赏识。由此,他便成为伯老的座上客,承伯老亲授《二进宫》《天水关》等戏的余派唱法。学戏期间,伯老常亲切地留他吃饭,曾将承泽园中的两间空屋借给他居住。谈到伯老的恩情,吴老眼中闪烁着泪花,感激之情溢于言表。就这样多方请益,每一个腔调,他都精心钻研。长期下来,吴老总共学会了四五十出戏,仅上海音像有限公司发行的《吴小如京剧唱腔选》,涉及的剧目就有《镇潭州》《上天台》《南阳关》等十几出。他曾登台表演过三次。第一次登台彩唱,是 1951 年底参加燕大京剧社为抗美援朝捐款举行的义演,戏码是《大保国·探皇陵·二进宫》。他扮杨波,和高名凯、林庚、林焘等先生一起演出。张伯驹、华粹深、周铨庵和玉如公等前辈都来观看,至今燕京大学校友还对此津津乐道。

伴随着半个多世纪的观戏、学戏生涯,吴老撰写了大量戏曲评论和研究文章,结集出版的就有《鸟瞰富连成》系列和《中国戏曲发展讲话》《台下人语》《京剧老生流派综说》《台下人新语》《菊坛知见录》《津门乱弹录》《看戏温知录》《唱片琐谈》《戏迷闲话》《吴小如戏曲随笔集补编》等等。他的戏曲评论,具有以下三个方面的特点:首先,贯彻了他著述长期坚持的"疾虚妄,实事求是"精神,秉笔直书,不虚美,不隐恶。在《菊坛知见录》自序中,他说:"所写务求翔实,力戒虚夸,有错必纠。篇幅虽短,却非捧场文字,褒贬取舍,愿略存'良史'遗风。"吴老正是怀着古之"良史"的自律来进行戏曲评论的。

其次,刘勰《文心雕龙·知音》云:"操千曲而后晓声,观千剑而后识器。"吴老看过很多戏,包括不少艺术大师的表演,又亲自学过戏,并登台演出过,说他领略了中国传统戏曲的精华恐怕不为言过其实。同时,他又勤于思考,善于钻研,能够将大多数懂戏的内行"只可意会"的东西"言传"出来,把感悟提炼、升华为理论。这使他的戏曲评论和研究既能切理厌心,又富有深度创见。比如,余叔岩的"的溜音",过去很多剧评家津津乐道,但一接触实际,则又恍兮惚兮,使有志于学习者摸不着边际。吴老在《京剧老生流派综说》中一语破的,指出"的溜音"就是提着气唱,使声带不出“左”音和“扁”音，如同写毛笔字时的笔笔中锋。

最后，吴老具有深厚的国学功底，他的戏曲评论和研究能够在更为深广的历史文化背景中展开，不管是梳理戏曲流派的源流演变，还是评论艺术大师的利弊得失，都能融会贯通，游刃有余。例如，他将戏曲的要素归纳为音乐歌舞、滑稽诙谐和杂技武打。一方面，他指出这些要素在上古时代就已存在，并旁征博引地梳理各自演变的历史。另一方面，又指出，只有到宋元时期，它们相互影响、吸收，有机地融合为一门综合艺术，才成为真正的戏曲。如此讨论戏曲的起源和生成，可谓因枝振叶，知源察变。

正是因为能够秉笔直书，在深广的历史文化背景中将对戏曲的深入理解上升到理论高度，所以，吴老的戏曲评论和研究获得了内行和“戏迷”的一致好评！他的《吴小如戏曲文录》，曾获北京大学“优秀文化著作奖”。他的《京剧老生流派综说》，重印多次，远销欧洲、美国、日本及中国台湾、香港地区。启功先生称此书为“内行不能为，学者不屑为，亦不能为”，“真千秋之作”，与王国维《宋元戏曲史》同有“凿破鸿蒙”之力。他的一些文章，甚至被海外学者翻译为外文供外国学者阅读参考。不少艺术大家，如王金璐、裘盛戎、叶盛兰等人，更是将他引为知音、净友和良师。

和老一辈艺术大家交往，最让吴老感动的是他们淡泊名利、刻苦勤奋、谦虚好学、精益求精的精神。一般人出了科就自己挑班或搭班走了。马连良先生却是出去转了一圈又回到富连成二次坐科，不管是什么角色、什么戏，主角也好配角也好，二路也好三路也好，他都勤奋地学习。这为他以后形成个人风格打下极其宽广、深厚的基础。王金璐先生几十年来每天都穿着厚底靴子起早练功，年逾古稀还因练习要棒而碰伤了眉骨。裘盛戎先生因在报上看到吴老撰写的剧评，主动托人介绍和吴老结识并谦虚请益。叶盛兰先生因身体多病谢绝戏坛，还师从何时希先生学习明知上演不了的戏以丰富自己的艺术素养……谈起老一辈艺术大家执着于艺术的优秀品质，吴老如数家珍。

我问今天为什么很难出现艺术大家？吴老说，有文化生态原因，也有演员个人原因，就个人而言，演员急于成名，吃不了苦。他举了几个例子。有个演老生的年轻演员向叶盛长先生学《浔阳楼》，叶老很卖力地给他说完了这出戏，没想到他还没练，就问怎么改合适，把叶老给气坏了。还不会，还没上台，就要琢磨怎么改，下不了苦啊！这不就完了，他还能有什么进步？现在很多演员，一心想演主角出名，让演配角就闹情绪。老一辈演员演任何角色，即使是跑龙套，也非常投入！还有一次，弟弟同宾介绍天津一个小有名气的演员来拜访他，没想到没谈几句，此人就问自己的表演有什么值得称道之处，吴老只好很客气地把他送走。

谈到这里，吴老感慨地说："老一辈演员正是因为谦虚刻苦，才会越演越好，越老火候越纯！"马连良先生在台上演谁是谁，观众也跟着进入角色，等戏演完了，才觉得是一场非常充实、高级的艺术享受。一次，吴老三伏天去看马先生和张君秋合演的《南天门》。这是一出冬天的戏，演一个老头儿怎样冻死了。当时剧场里没有空调，一出戏下来，没见马先生流一滴汗。尤其到最后，马先生扮演的剧中人冻得直哆嗦，吴老在台下看，也觉得脊背上冷飕飕的。吴老还曾看过程砚秋和俞振飞二先生合演的昆曲《玉簪记·琴挑》。这是一出生旦戏，二人悠扬动听的曲调、漂亮的扮相、俏美的身段以及不断变化、逐步深入的动作表情，唱出了感情，演出了神采，使他不知不觉被陶醉而"进入"角色，达到物我两忘的境界。正是因为这场魅力非凡的演出，吴老对昆曲也产生了浓厚兴趣。他慨叹道："我现在给年轻演员谈起老一辈演出的情景，他们像听神话一样，反问'真有你说的那么好？'"吴老曾做过一首题为《梅兰芳百年祭》的诗："繁华菊苑等轻尘，一代名家剩几人？我忆开、天都幻梦，红氍毹上孰回春？"看着挚爱的戏曲艺术随着老一辈大师或大家的逐渐谢世而花果飘零，却又无力回天，吴老心中，不知要承受多么巨大的惆怅与落寞！

提起当下戏曲艺术日渐陵夷的现状，吴老甚是黯然。他说，西方谁要是改莎士比亚的剧目，会被认为是荒唐可笑的。半个多世纪以来，我们却在"改革""创新""跟上时代潮流"等看似冠冕堂皇的借口下，给戏曲艺术强加了各色本不属于她内部发展规律的内容和形式，从而大大破坏了戏曲传统的表演艺术特色，使戏曲艺术的精华日益衰残、消亡，结果便造成主观意图和客观效果大相径庭，戏曲愈改革、愈创新便愈加式微终至濒临灭绝。要改变这种状况，首先要转变戏曲传承理念。梅兰芳先生提出的"移步而不换形"理论，不仅适用于戏曲艺术，也适用于所有传统艺术在当下的传承发展。就戏曲而言，所谓"移步"，指我国一切戏曲艺术形式的进步和发展；所谓"形"，指我国民族戏曲艺术的传统特色，包括它的传统表现手段。

"移步"有多种方式，不一定非要新编剧目，唯"新"是尚。当然，新编符合这一剧种艺术发展规律的剧目也是一个重要方式，如梅兰芳先生新编的剧目《抗金兵》《穆桂英挂帅》等，把具有创造性的艺术表现手段天衣无缝地融入传统的民族艺术风格之中，使观众几乎觉察不出这是一出新编的戏。另外，不同剧种剧目之间的"移植"、生旦净丑各行当之间特定艺术程式的相互为用、恰当吸收戏曲以外的表演艺术手段、同一个剧目在不同演员演出过程中体现了各具特色的艺术风格和精神风貌等等,同样是“移步”。譬如,谭鑫培把青衣的唱法和劲头运用到老生戏《连营寨》的反西皮唱段中来,使人感到凄凉哀婉,更加切合剧情;程砚秋从西方美声歌曲吸收唱腔唱法,至今仍脍炙人口。这些“移步”,因为符合戏曲艺术的内部发展规律,所以让人感觉并没有“换形”。否则,像20世纪50年代开始出现的京剧现代戏,用人为的“换形”以求“移步”,“形”是“换”了,“步”“移”没“移”却不知道,距离正确发展的艺术道路越来越远,终于导致了今天京剧不死不活的局面。

吴老接着说,由“移步而不换形”理念审视,我们的政策也需要做相应的调整。现在要排旧戏,经费少得可怜。而排新戏,动辄拨款几百万,结果演不了几场,就因没有观众而“马放南山”“刀枪入库”。殊不知排旧戏也能“移步”,排新戏“步”却不一定“移”。目前国家将不少剧种当作非物质文化遗产来保护,这是好事,但不能以票房论英雄,让它和其他处于强势地位的演出形式去自由竞争。以票房论英雄,无异于将濒临灭绝的野生动物放在恶劣的自然环境中任其灭绝。国家应该为戏曲艺术的社会公共服务多投入一些经费,多扶持戏曲演出,让演员多一些锻炼机会,让普通观众看得起戏。

我问吴老怎么看待白先勇的青春版《牡丹亭》。他说,传统戏曲主要是一种虚拟的写意艺术,其魅力在曲调、身段、动作、表情等等的优美与得体,不在于外在的声光电化,相反,这些东西反而会干扰、影响观众的注意力。据说,青春版《牡丹亭》到北大百年讲堂演出,一切新手段、新花样都用上了。后来又到北师大演出,因条件限制没法用，谁知演出效果却更好！可见，"移步"还是要遵从这个剧种艺术的内部发展规律。另外，汤显祖都没有说自己的《牡丹亭》是"青春版"，名字就有问题，是"青春"，有没有"老"的时候？况且，年轻演员能不能演得好，关键要看演技。说到这里，陪同采访的中国人民大学国剧研究中心教师张一帆给吴老念了刘嗣《生角》(百花文艺出版社 2013 年版)中的一段话："所谓叫人看着爱，并不是面孔生得俊，扮相美，是一种只能意会难以言传的感应。就作者过去看过的小生而言，有的坐五望六，还有老得连粉都沾不住了，坐前排能看出满脸的皱纹来，但不知何故，却叫人喜爱。有的小生很年轻，还有坤伶小生，不能说不漂亮，一出场就令人倒胃口；再一欣赏他的唱念做表，真想把他揪下台来揍一顿。像这种小生如果去演贾宝玉，我想黛玉不会爱他；如果去演周瑜，孙权也不会重用他，也许小乔早和他离了婚。这种小生就是唱到死，也难以红起来！为什么？因为他根本不合国剧赋予小生的造型。"闻此，我忍俊不禁，吴老却一本正经地说："这代表了我的看法。"

## 三、没有润格的书法家

吴老的父亲玉如公是 20 世纪著名的大书法家，与沈尹默先生并称为"南沈北吴"。张伯驹先生称其为"晋唐之风，当代巨擘"，启功先生誉其为"三百年来无此大手笔"。但玉如公一生以修身问学为本，从不以书法家自居。他始终认为书法是生活中的"余事"，就像农民耕田之余织席一样。吴老从小在父亲的熏沐指点下染翰操觚，学习书法。一开始，父亲就强调，"要学写字应先学做人”,“写字必先读书”,“宁可不会写字,也不要做一个俗不可耐的写字匠”。吴老一生奉此为圭臬,书法在他看来,只是志道据德、工作研究的余暇游心于其间的一种乐趣和享受,而不是博取功名利禄的工具。所以,吴老虽精于翰墨,但从不自诩为书法家;他的墨迹虽受到书法界、收藏界人士和师友们的宝爱,他却从不为了润格写字。

吴老回忆,父亲玉如公教他书法,除了强调砥砺人品、积累学问、丰富阅历外,也很重视基本功,认为既要学“书”,就得有“法”,必须认认真真临帖,不许胡来。七八岁时,吴老临帖不如弟弟,总写不像,父亲很失望,认为他在书法上不能成才,从此不再苛求。十五志学之年,吴老开始学习行草。父亲以为姑妄试之,并不强其成器。二十多岁时,吴老说他产生了一个十分糊涂的想法,认为即使一辈子勤奋努力,在书法上也达不到父亲的水平,于是自暴自弃,从1943年起近二十年没拿过毛笔。20世纪60年代初,一位学生和吴老探讨书法问题,说了一番让他幡然顿悟的话:“我明知资质鲁钝,没有书法天才,但我还是不停地写。写,总比不写强。老师不写字,太可惜了。”吴老颇受启发,心想如果这二十年一直练字,至少要比现在写得好。让二十年光阴白白浪费,实在太可惜了。吴老感慨道:“第一个教我写字的是父亲,而使我受到教育,让我感到震动的是我的学生。”从此,年逾四十的吴老发愤重新练字。每天不管多忙,都要抽出时间写字,几十年来从未间断。即使在“文革”期间,吴老也像启功先生那样,利用写“大字报”的机会抓紧练字。

吴老认为,我国的书法艺术遗产太丰富、太宝贵了,谁从中汲取的营养最多,谁才最有资格谈改革创新,最有希望追踪前人。

“所谓‘新’,并不是从无到有生硬地‘创’出来的,而是温故而知新地顺乎自然形成的……所积愈厚,所采愈博,则所造诣便能自出机杼,独辟蹊径。”(《学戏与临帖》)父亲玉如公一生所藏碑帖近千种,所见数量当倍蓰之。这些藏品,有些他朝夕临摹过,有些他反复观摩过。正是因为对古人做了深入细致的学习研究,所以玉如公中晚年作字,才能形成自己独特的艺术风格,而又无一笔无来历。这个从量变到质变,达到艺术高水平、高境界的过程,玉如公用了七十多年的时间。

父亲习字的经历深深影响了吴老,使他明白:只有持之以恒的勤学苦练,才有可能在书法上取得一定成就。吴老利用家中优越的收藏条件阅读了大量碑帖,临摹过的不下二三百件。有些著名的碑帖,如《兰亭序》《砖塔铭》等,他曾临写过几十遍。仅就习楷书而言,吴老七八岁时先取北碑《崔敬邕墓志》和欧阳询《皇甫诞碑》摹写,皆不能入。“年未二十,偶以邓完白楷书习之,竟有所悟。稍晚又参以赵㧑叔,始悟如习楷书,必吃透北碑,更须苦模二王者,小楷终不难有进境。日积月累,卒以隋碑及唐初欧、虞、褚三家为依归,尤寝馈于隋之《龙藏寺碑》,手写近三十通,复广取北碑及楷书始渐成形。然学无止境,至今年逾八十犹临池不敢或辍。”(《致谷曙光书》)

清人刘熙载曰:“书者,如也。如其学,如其才,如其志,总之曰如其人而已。”吴老说父亲玉如公的书法是内心真性情的自然流露,是他的品德、学问、操守、理想以及对书法艺术的忠诚信念和精湛造诣的综合表达。其实这些话,用来形容吴老的书法亦十分恰切。一生持之不懈、博采众长的临帖学习使他对书法艺术有了深刻的理解和把握,而高洁的操守、深厚的学养和丰富的阅历则作为一种“内功”,保证了他能够在书写中不断融入并形成自己的风格,从而达到高深的境界。吴老楷书行草俱工,尤精正楷,自成一家。周退密先生认为其法书“冲灵和醇,神韵两绝,如不食人间烟火气”。何满子先生赞其“诗既清新隽逸,字复刚劲秀拔,洵称两美兼具……远非时下浪得浮名者所能比拟”。杨辛先生称其“书法温润儒雅,神韵天然,如清水芙蓉,天然雕饰”。范敬宜先生誉其“笔墨儒雅倜傥,俨然晋唐风范,为之倾倒”。这些评价,都重在赞誉吴老书法于高超的艺术技巧中所渗透、寄寓的襟怀、人品和书卷之气。

吴老在书法方面的造诣,得到越来越多师友的欣赏和肯定。林庚先生专门委托他整理宰平先生的遗著《帖考》。俞平伯先生生前特别关照,与夫人的合葬墓碑要请他书写。启功先生的《联语墨迹》,请他担任顾问并作序。周绍良先生破例两次邀请他为与自己相关的书题签。就连在吴老幼年时期认为他在书法上不能成才的父亲,也改变了看法。20 世纪七八十年代,吴老把习作寄给父亲指教,结果两个月过去了没有回音。他打电话询问,父亲说:“最近精力不济,懒得写字,有人要字,我就把你的字给一张。”吴老一听,心里比喝了蜜还甜,原来可以给他老人家代笔了,这可是从不轻易许人的父亲对自己的最高评价啊!

虽然吴老的书法得到玉如公、启功等著名书法家的赞扬和肯定,但他依然临池不辍,始终保持着置身尘外的高标与平和超然的心态,正如他的诗所说:“愿具平常心,寡过一身轻”“岁晚从吾好,聊程秉烛功”。他从未想过用书法谋利谋名,尽管他的生活一直很清贫,老伴长期生病,需要用钱的地方很多。有人找到他想替他包装宣传,他一笑置之。师友、门人找他题签、要字,他往往无偿应允。有时他还主动赠送作品,用来表达殷切的情意。1979年,周一良先生因“梁效”问题接受审查,他雪中送炭,赠送《敬善寺石像铭》临本,以表达对其处境的理解和同情。但是,对于一些权势者的请求,他会坚守自己的原则和底线,从不折腰。某将军在宴会上即席作联曰:“盛世盛会看神州大地处处繁荣,盛会盛世盼中华民族世世昌盛。”托人请他书写以资纪念,吴老说:“不改,成何体统;修改,伤筋动骨。恕难从命!”

20世纪50年代初吴老和启功先生就认识,两人一见如故,谊在师友之间。谈到书坛现状,吴老讲了一则启功先生的轶事。20世纪80年代初,有一次他去城内开会,归途和启功先生以及北大一位生物学教授同乘一车。这位教授问他和启功先生:“当代书法家谁写的字最好?”他俩均感到为难,迟迟不肯回答。偏偏这位教授揪住不放,一定要问个明白。转眼到了北师大宿舍,启功先生要下车了,那位教授还在纠缠,启功先生被逼急了,只好说:“谁的官大,谁的表准!”此言幽默风趣,实有所指。原来某次原定十点开会,主持会议的人职位最高,却到会最晚,迟到了一刻钟。他见大家都已就座,便看了看自己的表,说:“我的表整十点。”从此留下了“谁的官大,谁的表准”的典故。

启功先生的话虽然浅显,却一针见血,切中了问题的症结所在。当年对马寅初人口论和俞平伯《红楼梦》研究的批判,关于《兰亭序》的真伪问题,为曹操翻案,否定梅兰芳“移步而不换形”理论等等,实际上都是“谁的官大,谁的表准”。表准不准要看“官”(即权势)的大小,最后反倒没了准表。现在可好,更是多了“谁的钱多,谁最会炒作,谁的表准”。说到这里,吴老顺手拿起一本册页,封面上有某书坛“大佬”的题签。吴老从布局、墨色、点划照应等方面对题签提出批评，说就是这个书法造诣平平的人，还指示门人炒作、包装一下，看润格能否在元白（启功）先生之上。

吴老慨叹道，在这样一种包装、炒作的风气之下，很少有人静下心来扎扎实实地下苦功，都想着怎么逞险弄怪，以吸引眼球，猎取名利。近年出现的所谓“现代书法”，主张摆脱文字本身的羁绊随意书写，看似新奇，实则荒唐；不过借助若干象形文字（如甲骨文或金文）的躯壳，加上主观随意的拼凑，除了荒诞离奇外，毫无美学价值可言。过去朱季黄先生叹当时书家大抵皆“扶乩体”，现在则“鬼画符”亦不如矣。还有人把书法弄成了“猜谜”或杂技表演。有位自命为书法家的先生给日本人介绍中国书法，先用红笔写个篆体“其”字，把中间空白留得很大，然后用墨笔在空白处写个“乐”字，说这叫“乐在其中”。也有人为了引起关注，用一支拖把一样的毛笔在地上拖字。颜鲁公写的榜书或碑文，最大的也不过二三尺见方。这样一些走火入魔、旁门左道的现象，背离了书法艺术自身的发展规律。若任其肆意蔓延，只会给真正的书法带来毁灭性灾难！

我提到：“随着人们收入的增加，艺术品市场必然会逐渐红火起来。人们喜欢您的作品，拿到市场上交易，似也无可厚非。”吴老听了，依然坚定地认为，即使这样，也不应该包装、炒作。林宰平先生、父亲玉如公都擅长书法，造诣那么深，也没有润格，没有卖过一张字。一心盯着名利，想着写字就是在写人民币，俗不可耐，能在书法上取得多大成就？现在书法作品能卖钱了，凡是能拿毛笔的都自诩为“书法家”，似乎书法艺术真的繁荣昌盛起来了。殊不知若从书写质量考察，当前正处于低谷阶段，并无振兴之兆。真正的书法家不是自封的，必须通过艺术实践在书法史上做出较大贡献,才能跻身古今书家之林!

2009年,吴老因患脑梗右手不能自如活动。病榻上,他曾用圆珠笔在小纸条上写道:“写字是我的业余爱好,吴小如不能写字,岂不悲哉!”吴老的搁笔,不论对他本人还是对书坛而言,都是重大损失。差可欣慰的是,此前他创作的宝贵墨迹和《吴小如手录宋词》《吴小如录书斋联语》《吴小如书法选》《吴小如先生自书诗》等著作,已足以使他作为当代名副其实、当之无愧的书法家,在青史上占有一席之地!

## 四、任职二十八年的讲师

采访临近结束时,我说现在青年学者生活、科研方面的压力很大,问吴老可否谈谈当年学校的待遇和氛围,没想到吴老激动地说:“毋庸讳言,我在北大是受压制的,当了二十八年的讲师,这在中国教育史上都是罕见的。”吴老的学生彭庆生回忆,1979年春节,他去给林庚先生拜年,刚坐下,林先生就气呼呼地问他:“为什么吴先生的职称至今还解决不了? 早在‘文革’前,我就和游先生(讳国恩)联名保荐他直升教授。去年游先生去世,我又和吴组缃先生联名保荐他直升教授,为什么拖到现在还不解决?”吴老也说,他曾亲耳听到,某位系领导在教研室里说:“谁都可以评教授,就是吴小如不能评!”邓广铭先生和周一良先生亲口告诉吴老,在北大校务委员会议上,一位物理系教授大声疾呼:“吴小如评不上教授,是北大的耻辱!”为此,1980年在林庚先生和吴组缃先生的联名保荐下,他才由讲师直升教授。

因为在中文系工作得不愉快,1982年吴老决计调往中华书局。在周一良先生和邓广铭先生的一再挽留下，吴老调入北大中古史研究中心，然专业不太对口。他曾撰文慨叹："我个人还有两点遗憾：一是当我有精力带徒弟、当人梯时，却没有人来'光顾'；二是现在未尝没有人想从我受业，而我已年衰力惫，什么都顾不上了。"2012年，北大中文系校友孙绍振发表《北大中文系，让我把你摇醒》一文，谈道："如果以吴小如先生为个案作细胞形态分析，则不难看出逆向淘汰的潜规则之所以不可阻挡，原因就在神圣不可侵犯的旗号下，具有学术良知者，在行政体制中显得非常孤立，因而脆弱。"孙氏所云虽为一家之言，但不无发人深思之处。

中关村六七十平方米的蜗居，吴老和全家从20世纪80年代末一直住到了现在。目前，吴老每月支付保姆工资、药费、水电费等必需的花销，数目远在他的退休工资之上。"不够怎么办？我的学生，甚至学生的学生、子女不时给我红包，我养活不了自己啊！"说到这里，老人干枯的眼眶渗出两滴浑浊的眼泪，是因为感动，还是悲凉？或许两者兼而有之。睹此情景，我的心都碎了！

邵燕祥先生曾赠吴老诗曰："百岁传薪图续火，一生结果证开花。"这是对吴老人生价值的最好概括。吴老终生为中华文化的薪火相传孜孜矻矻，虽然他在现实生活中获得的物质回报与他的精神贡献远远不相称，然而，他已用等身的著作和崇高的德行立下了一座永恒的丰碑，激励着门生后学淡泊名利、潜心问学。《论语·述而》云："子贡问夫子曰：'伯夷、叔齐何人也？'曰：'古之贤人也。'曰：'怨乎？'曰：'求仁而得仁，又何怨？'"回顾自己的人生，吴老无怨无悔！

# 教师和“警察”：吴小如先生的另外两副面孔

陈斐

在古典文学研究者、戏曲评论家、书法家、票友等称号之外，吴小如老先生还有另外两副不太被人注意的面孔：教师和“警察”。吴老做了一辈子的教师，学生们对他的师德和学识非常景仰，然而，也许是教师这个职业太“平凡”、太“普通”，在社会上的地位没有那么显赫、光亮，所以很少有人提到他在教师岗位上付出的心血和取得的成就。而“警察”，并不是现实生活中全副武装、拥有执法权的赳赳武夫，吴老没有那样的架势和气魄。这个称号也不是他自封的或笑纳的，而是那些因犯了语言文字或文史常识错误受到吴老撰文批评的名人带着几分讥讽、几分恨意、几分钦佩、几分调侃回敬给吴老的。若一定要和“警察”这个职业相比，他不过是十字路口戴着红袖圈、拿着小红旗、含着哨子协助指挥交通的老年志愿者，你翻他白眼、骂他“老不死”或将他视而不见，他也奈何不了你，你朝他微笑、为他老当益壮的志愿精神而感动亦完全是你的自由。教师和“警察”，看似风马牛不相及，其实在吴老身上有着必然的联系。晚年的吴老之所以义无反顾地扮演起文化学术“警察”的角色，从根本上说，还是出于他“好为人师”的倔脾气，用他的话说：“是本着一个老教书匠的良心为民族文化学术滑坡现象忧心忡忡！”

## 一、“我们的永远的老师”

吴老说他一生除在校读书和当过几天业余编辑外，只干过教书这一种工作。1943 至 1946 年，教过三年中学；从 1949 年起，一直在高校任教。1991 年退休后，还以“客串”身份为北大中文系开了一学期的选修课。回顾近半个世纪的教学生涯，吴老深情地说：“如果说我有什么嗜好，我唯一的嗜好就是讲课。”“得天下英才而教育之，实在是人生最大的快乐。”在《我爱讲坛》一文中，他亦写道：“我爱本职工作，爱讲堂，爱青年人，对读书、查资料、写讲稿，感到由衷的乐趣。”了解吴老的人，都能感受、体验到他的这种心境。

吴老戏称自己是教学岗位上的“救火队”，让干什么就干什么。刚开始在大学教书时，专业方向未定，需要干什么都要硬着头皮去承担。1952 年到北大后，先教了两年大一写作。1954 年分配到文学史教研室后，虽然他在先秦两汉文学方面的功底较深，对晋唐文学的兴趣较大，但最后还是服从工作需要，去教宋元明清文学，主讲宋词和小说戏曲。但期间又有变化，如被安排去编先秦、两汉文学史参考资料，教“古文选读”课，等等。这在常人看来会分散精力或出力不讨好的工作，他都愉快地承担，并且都做得很出色。他一生在教学岗位上以服从工作需要为主；而治学，也是服从于工作需要的。今天，当我们面对吴老构筑的巍然屹立的学术大厦，真有点不敢相信，这一切都是他在繁忙的教学之余完成的。然而，事情就是这样，往往具有两面性。从某种意义上说，正是吴老对教学的热爱和投入，成全了他学术的博大精深气象。

吴老视教学为人生最大的快乐。为了把课讲好，他投入大量时间和精力认真备课。吴老认为，备课是一项深入细致的工作，是教师取得良好教学效果的关键，需要"用心，用情，用力，重思"。所谓"用心"，是指备课时把自己的切身体会融入对教材的理解之中，形成自己的看法和观点。切忌照本宣科，原封不动地照搬教科书或参考资料，这样绝不会引起学生的兴趣。"用情"，指备课时能融入自己的真情实感，传递自己的真实感受，只有这样才能"以情感人"，激发学生的情感。"用力"，指备课时一定要广泛查阅有关资料，深研细读，深入浅出，让学生获得较为扎实的基本知识。"重思"，指备课时要学思并用，除了勤于思考外，还要敢于反思、质疑。吴老文章中的好多新见，是在备课过程中发现问题并探究提出的。由此可见，吴老在备课时付出了多少心血！

由于备课充分，讲授的内容经过精心筛选和准备，能够点线面结合、时出新意，再加上吴老嗓音洪亮、语言生动、表达严密、板书漂亮，又以讲课为乐、善于投入感情，所以，吴老的课非常"叫座"。凡是听过他讲课的人，莫不交口称赞，对此留下深刻印象。沈玉成先生说，吴老"从《诗经》一直到梁启超，能全部贯通讲授"。中华书局编审胡友鸣先生回忆，他上大学时，学生对老师的称谓有"先生"和"老师"之别，只有资格老、有学问的才称得起"先生"。吴老当时是北大中文系最年轻的"先生"。胡先生曾选修过吴老讲授的“唐宋词专题研究”课，当时近两百人的阶梯教室里，常常坐得满满当当。吴老态度极其认真，“每一个细节都体现今人常说的‘敬业’精神——包括对讲述内容的热爱和对学生的尊重”。学生们也听得如痴如醉，没有人在下面看书或窃窃私语。吴组缃先生曾高度评价吴老的课堂效果，认为无出其右者。从吴老学生或听过他讲课者的描述来看，此言绝非虚誉！

20 世纪六七十年代，一次系里召开大会，请学生代表向老师提意见。当时任课的老师几乎都被提到了，唯独没有谈到吴老。临结束时，主持会议的领导直接问大家对吴老有没有意见。学生都说，吴老师讲课真是“卖力”，课讲得非常好，我们不但没有意见，还要提出表扬。学生的眼睛是雪亮的，能够准确称量出老师的水平和付出。1984 年，吴老在《我爱讲坛》一文中写道：“近年来身体差了，还生过一场大病，尽管下了课疲乏得抬不起脚、吃不下饭，但只要走上讲坛，面对着朝气蓬勃的年轻人，把自己一得之愚贡献给他们，立感活力顿增，浑不觉老之已至。记得杨小楼晚年奏技，在台上生龙活虎，一进后台连步子都迈不开。但他是一直唱到死的。新中国成立以来，梅兰芳、程砚秋、马连良、杨宝森，都是在停止呼吸前才离开舞台的。我一生爱看戏，对这些艺术大师十分倾倒。因此，从我本心来说，只要我干得动，我决不轻易离开讲坛。”可见，吴老是把讲课当作一门终身执着的艺术，用全部心血来灌溉的。凡是听过吴老讲课的人，无不为他的这种敬业精神而感动！

对于学生提出的问题，不论是与课程有关的，还是与课程无关的，吴老都会认真解答。顾农先生曾向吴老请教《诗经·天保》中的疑难字句，吴老一一回答。当时围住提问的学生很多，吴老不能只管顾农一个，但又怕他没明白，只好说下次再谈。不料下次课后吴老又被捷足者先行围住。看到顾农，吴老从人头上递过来一张纸，说都写在上面了，有不清楚的再商量。至今顾农还珍藏着这张用工丽峭拔的小楷书写的答案，视为镇斋之宝，因为它凝聚着崇高的师德和渊博的学养。

没有把握的问题，吴老会老老实实地说等查查书再答复。有时为了一个非常细小的问题，他可以骑车到图书馆泡上半天。一旦有了结果，又会兴冲冲地跑到学生宿舍一五一十地认真解答。沈玉成先生回忆，一次，有位女同学问了个问题，吴老在《后汉书》中找到了答案。刚吃过午饭就去找那位同学答复，由于正值午休，只好把答案写下来贴在门上，这才心安理得地去休息。

学生交上来的作业，吴老更是用心批改，大到文章的观点、论证、结构，小到措辞、错别字、标点，吴老都不会放过。不少学生由此学会了论文写作或养成了认真细致的学习习惯。张锦池先生一直保存着吴老批改过的习作手迹。他大四撰写的论文《从曹操和刘备的形象看〈三国演义〉中的正统观念》，经吴老指导修改后，发表在权威期刊《文学遗产》，至今还认为是自己研究《三国演义》的代表作，十分偏爱。

课余，对于学生的请求，吴老历来都是有求必应。诸天寅先生回忆，他们上学时因编写《中国戏剧史》，得知吴老收藏很多老唱片，于是商请他选些有代表性的京剧老唱片，到宿舍开一次欣赏会。吴老慨然应允，不顾溽暑，用自行车带着唱片和留声机按时赴约。吴老边放边讲，非常认真细致，从京剧起源到唱腔、动作等基本知识，都做了简要介绍。在场不少学生由此喜欢上了京剧，许多年后对这次欣赏会还记忆犹新。

对自己指导或代管的研究生，吴老尤其尽心。1999年初，费振刚先生赴香港讲学，将博士生檀作文托付给吴老代管。为了指导他写好论文《朱熹诗经学研究》，吴老将《诗集传》和朱子的相关著作又重读了一遍。论文初稿经吴老逐章批改，连错别字都不放过，更不要说闪烁其词、强不知以为知之处了。论文定稿和出版时，吴老又逐字逐句各看了一遍。整整20万字的论文，吴老竟前前后后认真看了三遍。说到这里，吴老慨叹担任"导师"之不易，无论时间和精力都相当紧张，担子很重。他说，自己每一时间段内只指导一个学生，从20世纪80年代以来，指导或代管过的博士生加在一起也未超过五人。现在新闻报道说，有的"博导"竟在同一时间段内同时指导十几个乃至几十个研究生，真不知道是怎么指导的，恐怕连陈寅恪、钱锺书都要瞠乎其后了！

遇到校外学子求教，吴老也会本着传承文化学术的责任感，有问必答，循循善诱。中国社科院已故青年学者张晖，本科时将《龙榆生先生年谱》打印稿寄呈吴老指正。吴老热情地予以指导，并撰文揄扬，认为"即此日其他名牌大学的博士论文也未必能达到这个水平，甚至有些但务空谈、不求实学的所谓中年学者也写不出来"。后来此书出版时，吴老又专门题签并撰写序言。中国人民大学青年学者谷曙光本科时即向吴老写信请益，后因其导师刘学锴先生介绍，与吴老过从日密，终于得列门下。谷曙光曾因开设《文心雕龙》课趋庭受教，事后吴老不放心，又打电话指导，足足讲了一个多小时，直到谷曙光的手机没电才罢。后来因谷曙光又要开设杜诗专题课，八十八岁高龄的吴老先行在家为他讲了一学期杜诗。吴老讲杜诗已由谷曙光等人整理出版，嘉惠学林。这可算是吴老一生讲课的"绝唱"了。

吴老对待自己教过的学生，不管年龄、性别和家庭背景，一律坦诚相待，热情关怀，不仅倾其所有地传授知识，而且在生活上尽力关照，对其人生和德行尽量予以引导。对于曾经"冒犯"过自己的学生，也大度包容，并不放弃。袁良骏先生曾是吴老学生，毕业后留校任教。"文革"初，他是响当当的"造反派"，被任命为"中文系教师'文革'小组长"，负责带领"非黑帮"教师学《毛选》。每天念语录，喊口号，早请示，晚汇报，表忠心……有一天吴老贴出小字报，宣布回家自学，不再参加集体学习。这还了得？袁良骏等立即写了张小字报，"勒令吴同志"马上回来。吴老当然不敢不回来。袁良骏想，从此吴老肯定对他很反感。没想到，在北大鲤鱼洲分校撤销快返回时，吴老和袁良骏一起守夜，整整七夜，两人无话不谈。吴老当面批评袁良骏"文革"初太"左"，让人反感。但到鲤鱼洲后，敢于批评指导员的不良作风，难能可贵。吴老还谈到"开门办学"时的翻车事件，指出这是极"左"路线造成的恶果，不能由袁良骏等带队者负责。本着对学生的爱护，吴老谆谆告诫袁良骏好好总结经验教训，返校后好自为之。这些话对袁良骏影响甚大，成了他和吴老心心相印的感情纽带。

吴老崇高的师德、渊博的学识博得了学生的普遍爱戴。许多学生毕业多年后，在工作或学术上遇到问题，还会向敬爱的"小如先生"求教。吴老还像当年教书时那样，一丝不苟、热情洋溢地予以解答。齐裕焜先生是吴老20世纪60年代初指导过的研究生，80年代末，他酝酿写一部中国古代小说史，打算以小说的类型分类叙述，多次就撰写思路、设想等求教，吴老总是耐心地解答。初稿完成后，吴老通审了全书，提出许多重要修改意见，使作者避免了不少观点、材料和文字上的错误。出版时，吴老又写了序言，充分肯定“这确是一次大胆而有新意的尝试”。学生请他帮助修改稿件、撰写职称评语或推荐参加学术会议，只要不违背原则，他总是有求必应，不图回报。吴老精于翰墨，不少学生请他题签或求他写字，他总是无偿奉献。学生于校庆或入学、毕业纪念日返校聚会，吴老总是积极参加，并热情讲话或题词鼓励。凡此种种，让学生“从内心深处觉得‘他是我们的永远的老师’”(原《华声报》总编周倜《博古通今、学贯文史的大学者吴小如》)。

在处理师生关系时，吴老坚守着“传道、授业、解惑”的传统伦理。他与学生以道义相勉，对学生的关爱和帮助，是为了让他们在德行修养和学术道路上更好地向前，“唯恐年轻人不早日出人头地”(1987年7月1日吴老致朱则杰函)，但他从不无原则地拔高学生。对于学生的缺点和错误，他总是坦然指出，哪怕这个学生已是名满天下的领军学者。王水照先生回忆，2001年前后吴老发表文章，提醒从事研究必须注意已有成果，举的反例就是他写的《论陈寅恪先生的宋代观》一文，没有充分吸取王永兴先生《陈寅恪先生史学述略稿》的见解。2003年，吴老发表《释“素”——与顾农兄商榷》。2004年，吴老批评朱则杰某文应加按语而未加，“说明作者对小学知识不足”。2007年，曾经代管过的博士生檀作文出版《大唐第一古惑仔李白实录》。吴老多次撰文，对为吸引眼球把李白称为“古惑仔”等厚诬古人的现象提出严厉批评。类似的例子还可以举出很多。吴老对学生的批评，是对学生关爱的另外一种表达。同时，他从不“护犊”的做法，也为学术界吹进一股清新之风。

陪同采访的张一帆说，吴老非常重感情，平时提到父亲、老师或妻子，往往会掉眼泪。谈到师生关系，吴老提到教过自己的俞平伯、游国恩、林庚等先生，眼中洋溢着泪花。他说，他们都很谦虚低调。自己协助游先生编先秦、两汉文学史参考资料时，游先生发现注文中引用了他的文章，立即定下一条原则："这两本书一定不许引用我的东西。"我们不能"戏台里喝彩"，一定要谦虚。这件事给吴老留下了深刻印象。平时，吴老也如此要求学生，从不允许他们宣传包装自己。近年学生多次想给他祝寿，都被他婉言拒绝，实在推脱不过，就吩咐几个熟悉的同事、学生一起吃顿便饭聊聊。他的专著《鸟瞰富连成》出版后，学生钮骠来信指出几处不准确的地方。再版时，他将钮骠的信附在书后，并加按语道："我虽教钮骠同志读过几天古书，但于戏曲一道，他做我的老师绰绰有余。谨向钮骠同志致以诚挚谢意，并盼今后随时不吝指谬。"学生沈玉成在《我所了解的吴小如先生》一文中坦言："过分的坦率有时候会给人带来麻烦。在吴小如先生的人生道路上，曾经有过不少坎坷崎岖，这多少和他的锋芒过露有关。再加上人无完人，自己掌握了广博知识就难免对人有所指摘，而语言的不留余地又每使被批评者无地自容。"吴老非但不以为忤，反而最认可这篇写他的文章。

当下，正处于市场经济的转型期，在名利的驱动下，某些师生关系在某种程度上沦为市侩式的利益关系。评定职称、奖项、科研项目时，某些学术"大佬"对自己的学生没有底线地揄扬支持，非我"族类"则不论水平如何，一概黜之。学生对老师也肆意包装、吹捧。这使学术界也像武侠小说描述的那样，形成一个个占有某种资源或话语权的山头、帮派，成为几个学术"教主"纵横驰骋的江湖。吴老虽然学术造诣很高，桃李遍天下，但他从未想过成为学术"大佬"或学术"教主"。他嗜好讲课，把"得天下英才而教育之”看作人生最大的快乐。他热情地表彰学生的长处或进步,也毫不留情地指出学生的缺点或不足。他对学生知无不言,体贴备至,也期望学生启发自己,超越自己。他与学生更像人格平等的朋友,一起在“尊德性,道问学”的征程上切磋砥砺。他不过是一名平平凡凡、普普通通而又令人终生景仰、没齿难忘的教师罢了!

## 二、敢于直言的文化学术“警察”

晚年的吴老怀着传统士人的责任感和使命感,将目光从书斋投向社会,撰写了大量轻快活泼的随笔杂文,直击当下社会各种问题。小到语词的讹读、滥用和误用,中到编辑出版、社会文化、教育界、学术界的各种不良现象与风气,大到国家的政治、经济、外交等大事,他都一而再,再而三地大声疾呼。此时的吴老,不只是埋头书斋、皓首穷经的渊博学者,更是敢于直言、忧国忧民的知识分子,用学识和良心为民族文化的健康发展和人民幸福、国家繁荣乃至天下大同建言献策,受到知识界和社会公众的赞赏与尊敬。

吴老具有扎实的小学功底,对自己、对学生要求甚严,一丝不苟。近年来,报刊、书籍、影视剧、标语、广告等传媒中缺乏基本语文知识或文史修养的讹读、滥用、误用等现象层出不穷。最让吴老痛心的是,这些不良现象常常发生在某些红得发紫的“文化名人”“影视明星”或重要传媒身上,甚至有“著名学者”为其辩护,危害甚大。遇到这种情况,忧心忡忡、如鲠在喉的吴老往往不惜冒犯人、得罪人,也不惜被某些“以己之心度人之腹”者讥讽为赚稿费,提笔撰文直接批评。他批评电视剧《武则天》中,刘晓庆扮演的武则天把“婕妤”读为“捷舒”,“仆射”读为“仆设”;《宰相刘罗锅》中,满腹经纶的乾隆帝(由张国立扮演)把“氷冷酒,一点两点三点”之“氷”(“冰”的异体字)读为“水”,把“衮衮诸公”之“衮衮”读为“哀哀”。

再如,余秋雨将“宁馨”用作“宁静馨香”,“致仕”讲成“到达仕途”。有人提出批评,章培恒先生撰文为其开脱,认为如此讲没什么不可以。吴老指出,“宁馨”是魏晋时的一个拟声词、联绵词,在古汉语中已经定型,其本义既无宁静意,也无芳香意,不能随意改作别解,就像“夥颐”不能讲成“一大堆面颊和下巴”一样。至于“致仕”,不能凭余秋雨一句话就改变两千多年的用法,这不符合约定俗成的通例。由此,吴老谈到,这样随心所欲地解释古代语词,则不学无术者可以凭主观臆断任意解读古书,使后来者无所适从,从而使文化滑坡不知伊于胡底。培恒先生乃国际知名学者,一言九鼎,不宜予某些不学无术之徒以可乘之机。

吴老曾在《文汇报》发表《丙戌上元戏成五律一首》,讽刺语词的滥用、误用现象。诗曰:“世事日跷蹊,太牢狴犴栖(某教授释‘享以太牢’谓居牢狱是一种享受)。舟沉遭破斧(某大学中文系教师释‘破釜沉舟’谓以破斧凿舟使之沉没),鹤立愧群鸡(某干部训话自谦云:‘本人鹤立鸡群,深感惭愧。’)。人我同家父(数十年来称他人父为‘家父’者日众),存亡共品题(某作家健在,誉之者谓其身后留有作品若干,又云近日将有新作问世)。洛滨思白傅,芳草正凄凄(洛阳白居易墓园有题字云‘芳草凄凄’,是以‘凄凄’为‘萋萋’也)。”嬉笑怒骂的调侃背后,寄予着吴老对民族文化健康发展的深深关切。

吴老一生手不释卷、笔耕不辍，作为读者与作者的他与书刊(报)结下了不解之缘。他的随笔中有不少反映书刊(报)编辑出版问题，往往从身边或亲身经历的事情说起，以小见大，直击某种不良倾向或风气。比如，他从有些刊物把作为姓氏的“傅”简化为“付”等现象谈起，倡导出版物中的“文”与“字”应该规范；他由自己著作被编辑随意妄改的经历现身说法，呼吁出版社要尊重作者；他批评选注、标点、翻译古书错误泛滥成灾，指出董其事者须有深厚的文化素养，要依据可靠版本谨慎从事，编辑也要负起责任；他指责某些译著错误拙劣，草率出笼，恳请出版社聘请有关专家审读把关；他为报刊、书籍版面、字数无限制扩展而内容反倒单薄、稀释的现象深深忧虑；他痛心“名人”“神童”“美女”等纷纷赶时髦出书，使大批劣质书籍充斥市场；他呼吁有价值“今籍”的整理、发掘、抢救、出版应该提上日程；他感慨稿费过低而书价过高……凡此种种，都反映了嗜书如命的吴老对文化传承的焦虑与守望。

针对文艺创作和社会文化中的一些弊病，吴老也提出了自己的看法。他以迪斯科的流行为例，抨击文艺中的“一窝蜂”现象，指出不仅老太太每天早晚扭腰摆胯，连改编汤显祖《邯郸记》，也出现了一群衣着暴露的女郎在台上大扭特扭。他遗憾荧屏上热播的电视剧或节目出现了各种令人诧异甚至齿冷的疏误，观众却“见怪不怪”，积非成是。他感慨传统文化价值滑落，而宣扬色情淫秽、占卜算卦、相面看风水等等的“性”“命”之学借弘扬“国学”之名泛滥成灾，连学术研究也沾上了这种不正之风。如《中国古代禁忌风俗》和《传统小说与中国文化》二书，竟耸人听闻地将《论语》中的“昼寝”释为“白天与妻子行房事”。他通过外国人到中国后学会“闯红灯”和“送红包”的现象，慨叹“汉化”的神奇力量。他批评人际交往中的诚信缺失、“涮”风不止和商业行为中的虚假宣传现象。他指斥某些地方为了经济效益而对文物古迹过度开发，无异于“杀鸡取卵”。他责备某些医院通过要求医生拥抱病人、“培训”护士“露八颗牙微笑”制造虚伪的文明礼貌行为。他批评家长“望子成龙”心切却又把子女考师范视为畏途，呼吁提高教师待遇。他感慨社会上重理轻文越来越严重，假冒伪劣泛滥，脏话粗话流行，文化垃圾过剩……就这样，面对可能造成文化断层、人欲横流的不良现象，吴老都会本着一个文化人的良心直言进谏。

吴老终身从事教育事业，以教书育人为乐。面对种种教育问题，作为一位“老教书匠”，他更是不能袖手旁观。他呼吁教育子女应先教育父母，对当前大中小学的德育现状深深忧虑，为旧社会戏班的“打通堂”竟重见于今日小学课堂而感到震惊和愤慨。针对讨论热烈的小学生“读经”问题，吴老主张“读经”应先从成人尤其是“为政者”开始，不宜为刚刚“减负”的小学生增加新的负担。他有感于大学生人文、道德素养滑坡的现状，多次呼吁应在理工大学开设“大一国文”必修课。在《关于大学生参加社会实践的设想》一文中，他甚至天真地设想：青年学生最富有正义感和爱国心，最痛恨社会上的不正之风，应该协同公安、工商部门，让他们走出校门，做一些监督管理工作。

吴老长期在高校工作，针对这块“人类精神文化最后堡垒”日益严重的行政化和教师队伍操守道德、业务水平滑坡等现象，他忧心忡忡，秉笔直言。在中国人民大学国剧研究中心成立大会上的书面发言中，他特意强调外行不能领导内行的问题，希望国剧中心真能办实事,不要成为什么形象工程或政绩工程,只搞花架子或把传统艺术加以误导。他批评有的高校或科研机构在聘用人员或晋级时,一律要求应聘或参评者要有博士学位,而不管其才学如何。他感慨高校教师本来工资就低,还要被迫为评职称自费出书,无异于叫人用钱"捐"职称。他撰写了《为大学师资一哭》《关于"博导"》等系列文章,痛斥某些高校教师一方面明目张胆地争名夺利,沦落为寡廉鲜耻的市侩,另一方面在讲台上信口开河,在著作中胡说八道。

在《吴小如讲〈孟子〉》一书中,吴老由战国时的"百家争鸣"谈到今天的"百花齐放",指出争鸣与齐放,须遵循学术规范和"游戏规则"。然而,今天的所谓争鸣,争的内容往往似是而非,形成了不少学术垃圾;所谓齐放,往往以不伦不类之物冒充艺术创新,制造了很多文化泡沫,一任假冒伪劣者横行天下。他痛斥学术考核"量化"误尽苍生,提醒人们警惕文章扒手和学术扒手。面对学术风气每况愈下的状况,他呼吁"如用体检是否服兴奋剂之法检讨学术,或可杜其弊欤"。今天,虽然研发出了检测学术不端的软件,但充其量只对逐字逐句的抄袭具有一定威慑作用。多年以前,吴老就以身作则,主动"打假",承担起淳化学术风气的使命。在《试论章太炎的经学思想》一文审读意见中,吴老毫不客气地指出,作者治学尚未入门,对章氏之学远未窥其究竟,《国学研究》如发表这样的文章,恐必贻人以笑柄谈资。在《一本不值得推荐的书》一文中,吴老谈到,《明小品三百篇》一书不仅在阐述题旨方面有不少舛误,而且在注释部分也有七八十处硬伤;就是这样一个古籍出版中遍体鳞伤的坏书典型,一家报纸的图书推荐专栏还大加揄扬称赞。他大声呼吁舆论界实应从严进行监督,如此,不仅灾梨祸枣的浪费现象可以避免,而且也可少给读者制造误区。

吴老对社会现实的关注不仅局限于文化、教育、学术等领域,对政治、经济、外交等方面的问题,他也从“社会良心”的知识分子独立不倚的立场出发进行评论,这在《吴小如讲〈孟子〉》一书中体现得尤其突出。《孟子》首章提出义利之辨问题,主张把仁义放在前面,吴老阐释道:“考之后世,凡言利以治国者,其后果往往化公为私;及上下交相争利,则受害者必为民,故民多怨。尤以不夺不餍四字为诛心之论。……为政者可不慎欤!”笔者采访时,吴老亦多次强调,当下社会的很多问题,根源在于“交征利”。孟子曰:“贼仁者谓之贼,贼义者谓之残。残贼之人,谓之一夫。”吴老阐释道:“一夫专制,则假群众之名而行之。故民主国家之公民,必先有公民意识,乃可实行民主之权力。此中微妙,不可不辨。”孟子曰:“子路,人告之以有过则喜。禹闻善言则拜。……”吴老接过话头说:“为政者有此胸襟,乃足以得民心。如事事处处钳人之口,防民甚于防川,其不仁不智,亦太甚矣。西方主言论自由,其实亦未必真能自由。要在不怨胜己者而能反求诸己,则虽有异己之言,不妨以与人为善之心待之,又何愁天下不治耶!”在讲解“齐人伐燕”章时,吴老联系国际形势谈论道:“今之发达国家,动辄以重兵入他国引起战争,正仆所谓以己之所欲强加于人,其后果未有不乱者。”

十几年前,在《我的“世纪遐想”》一文中,吴老希望讽刺杂文能少一些。他曾自剖之所以不惮其烦地撰文指谬,是为当前学风浮躁和文化滑坡现象感到忧心忡忡,套用一句《孟子》的话说,“余岂好吹毛求疵哉,余不得已也”。在阐释孟子“桀纣之失天下也,失其民也;失其民者,失其心也……”之言时,吴老深情地说:“仆生也晚,然已经历北洋政府、国民政府与社会主义下之人民政府三次政权变革。深感七年之病求三年之艾之大不易。今行将入土,愿子孙能见小康之世,于愿已足。”可见,吴老撰写针砭时弊的随笔杂文,被人称为文化学术“警察”,实在是万不得已。他深深地热爱着民族文化艺术,希望人民过上幸福美满的生活,国家不断走向繁荣昌盛。“爱之深,责之切”,故而他对现实生活中的种种弊病痛加指摘。捧读其文者无不在犀利的词锋背后感受到那颗纯洁诚挚的赤子之心!

这就是吴小如老先生的另外两副面孔:教师和“警察”。教师,是他倾注了终身心血苦辛经营的;而“警察”,则是他的不虞之“誉”。不管怎么说,他都将这两种角色扮演到近乎完美的状态。我们真希望像他这样的教师和“警察”越来越多!

# 一个老读者的幸运与感念

陈复兴

吴小如先生的书多属诂训辞章、宣明义理、阐扬经典的自得之作，也是其纯正的文化信仰、善美的人格理想、深邃的学术底蕴与丰富的人生体悟之融通和合的直接体现。我从青年求学时代直至衰耋退养之年，皆反复细读吴先生于不同时期撰著的代表性作品。今日回味起来，实感到是人生一大幸运。

## 一

吴先生早期的两部大书，即出版于20世纪五六十年代之交的《先秦文学史参考资料》与《两汉文学史参考资料》，据北京大学中文系中国文学史教研室所撰本书《前言》交代，此两书是为“配合”先秦、两汉文学史的讲授而选编的，是为正课讲授史论提供的参证。

但是，在我的心目中，这两部书的内涵及其传承的文化价值，已远在史论之上。古人所谓“我欲载之空言,不如见之于行事之深切著明也”(司马迁《太史公自序》),两书所载实为深切著明的先秦、两汉的文学史及文化史。现代所见的文学史之类的体例写法,即按时序演变体类赓续以撰著者的主体评述出之的著作,是自五四以后接受西方文学理论方法的影响始成立的。此前,我国也同样有自己传统模式的文学史,现存最早的当推南朝梁萧统的《昭明文选》,后世则以清前期姚鼐的《古文辞类纂》、晚近曾国藩的《经史百家杂钞》为代表。此类著作既是文学批评又饱含文学史的元素。其编纂方法皆以文风的时序嬗变为经,以文体的类别区分为纬,依此经纬采撷经过历史筛选淘洗而得的典范之作。以此可见,我们传统的文学史特点,即在其实证性、典范性与暗示性。编纂者即批评家或文学史家的原则主张,既在序言中明白标举昭示之,又在典范实证中暗示之。

吴先生的《先秦文学史参考资料》和《两汉文学史参考资料》,实为中国传统文学史之正宗正统。因此,先生撰写之注释,自有其特点。与此两书先后出版的同类著作,有北大哲学系哲学史教研室编纂的《中国哲学史参考资料》,另有周一良先生主编的《中国历史文选》与朱东润先生主编的《历代文学作品选》,似皆属为相关史论课程提供实证材料。此数种著作基本采用简注通说,一般不列异见别解。这无疑是附和其编纂意图的。但是,吴先生两书的撰著体例、方法,则直承我国注释学传统,尤循清季朴学家法之遗风。书中《诗经》选篇之疏解可为范例。

《诗经》选录虽仅止七十二篇,却涵盖了历代传诵的风雅颂之精品,而吴先生之注疏则标志出其时诗经学的最高成就。此绝非愚庸妄褒之谈。此种功夫与经历皆可在《诗三百臆札》前面那篇亲切朴实的《自序》中得到印证。远自汉唐之《毛诗》《郑笺》《孔疏》，综合宋代学术成果之朱子《集传》，清代学者以查六书、辨文例、取旁证之谨严方法创获之胜解，近至闻一多先生诗经学的新解卓见，以至当代学界前辈余冠英先生《诗经选》提出的新解新义，吴先生皆经过潜心探究，广为采撷，并断以独见。

《先秦文学史参考资料》中《诗经》选篇之注释，时在1956年，已是先生研习教学近二十年的积累所得。若论20世纪诗经学研究概况，其前半叶创获多、影响大、超越清儒者，应属闻一多先生《古典新义》一书所收之《诗经新义》《诗经通义》及《诗〈新台〉"鸿"字说》诸篇所显示的新境界。《古典新义》中所收关于《周易》《庄子》及《楚辞》的研究同具开创性意义，至今无可逾越。其后半叶诗经学研究之制高点则在钱锺书先生出版于1978年《管锥编》(第一册)关于孔颖达《毛诗正义》的补正及评点。闻先生关于《邶风·新台》诗"鸿"字的新解突破了汉宋至清儒之旧解，典型地代表了其"新义"与"通义"所体现的成功，引起学术界的充分认同。胡适先生曾赞许之为无异于天文学家于天体发现一颗新星。钱先生关于《毛诗正义》的补证评点，运用其独得的20世纪兴起之比较文学方法，在汉唐学者诗经学的基础上，兼采清儒考据派之长，熟练地驾驭平行比较(中西文学与文化的比较)与影响比较(古今文学与文化的比较)方法，为《诗经》研究开辟出语言学、文艺学、心理学与美学诸多方面相贯通的新天地。而吴先生所撰《诗经》之作(包括《参考资料》中《诗经》七十二首精赅之注与《诗三百臆札》九篇精凿之论)，远以朱子《集注》为归依，近以闻先生《新义》《通义》为折中，并与钱先生《管锥编·毛诗正义》所论时有冥契。有关于后者姑举数例，以见一斑：

例(一),《邶风·击鼓》第四章云:“死生契阔,与子成说。执子之手,与子偕老。”吴注:“‘契’,合;‘阔’,离。犹言‘聚散’。”钱注:“黄生《义府》卷上‘契,合也’,‘阔’,离也,与‘死生’对言。……张文虎《舒艺室随笔》卷三:‘王肃说《邶风·击鼓》之三章,以为从军者与其室家诀别之词;杜诗《新婚别》深得此意。’”钱先生按断谓:“黄释‘契阔’甚允;张以杜诗连类,殊具妙悟;王肃之说与黄生之诂,相得益彰。”继而对汉宋以来诸家释“契阔”之多义性,做出系统的解析及评断。吴注与钱注先后契合无间。

例(二),《陈风·泽陂》,吴注谓:“这是一首情诗,疑是女思男之词,与《月出》旨同而人物相反。”朱子《集传》即谓两诗同旨即“男女相悦而相念之词”,而未指明诗中人物为男抑或女。当代学者余冠英先生《诗经选》未录《泽陂》,而其《诗经选译》录入并题解谓:“女诗人在荷塘上遇见一个丰满高大的美男子,默默地爱着他,热烈地歌颂他,哀伤地想念他。”但是吴注特加一个“疑”字,对余说并未完全认同。其第三章“有美一人,硕大且俨”句,吴注“俨”字谓:“矜庄貌。又,《韩诗》作‘嬒’,指面部两颊颔下的肌肉丰满。”钱注:“‘俨’,矜庄貌。按《太平御览》卷三六八引《韩诗》作‘硕大且嬒’,薛君曰:‘嬒,重颐也’。‘硕大’得‘重颐’而更亲切着实。《大招》之状美人曰:‘丰肉微骨,调以娱只’;再曰:‘丰肉微骨,体便娟只’;复曰:‘曾颊倚耳’,王逸注:‘曾,重也’。《诗》之言‘嬒’,正如《楚辞》之言‘曾颊’。唐宋画仕女及唐墓中女俑皆曾颊重颐,丰硕如《诗》《骚》所云。”钱先生直以《韩诗》校“俨”为“嬒”,并以《泽陂》所颂赞之对象为女性,并以后世诗画小说所咏印证之。此则与吴注补证之说彼此通契。

例(三),《卫风·氓》第三章云:“于嗟鸠兮,无食桑葚;于嗟女兮，无与士耽。士之耽兮，犹可说也；女之耽兮，不可说也。”吴注释“于嗟女兮”以下数句谓：“一个女子千万不要过分耽溺于同男子相爱啊！”“男子溺于爱情，还能解脱，女子就无法解脱了。”此“无法”二字是疏解很准确的。钱注先认同孔疏，释“说”为“辩解开脱”之意，“男多借口，女难饰非，恶名之被，苛恕不齐”。此其一意，又从而引申出第二意，即“宽解摆脱”之意，“纽情缠爱，能自拯拔，犹鱼鸟之出网罗。夫情之所钟，古之‘士’则登山临水，恣其汗漫，争利求名，得以排遣；乱思移爱，事尚匪艰。古之‘女’闺房窈窕，不能游目骋怀，薪米丛脞，不足忘情摄志；心乎爱矣，独居深念，思蹇产而勿释，魂屏营若有亡，理丝愈纷，解带反结。‘耽不可说’，殆亦此之谓欤”？钱先生由孔疏引申出“说”字的第二意，在吴注“无法解脱”四字之中，实亦概略而得。

例（四），《王风·君子于役》首章末云：“鸡栖于埘，日之夕矣，牛羊下来。君子于役，如之何勿思？”吴注概括章旨谓：“这是一首妇人思念她久役于外的丈夫的诗。”并疏解末数句谓：“此写每当天色黄昏时，鸡进窠了，牛羊都回来了，也就是女子思念她丈夫最殷切的时候。”此中既是文本的疏解，也兼评点的要义，即黄昏是闺情最切的时辰。钱注则以“暝色起愁”四字概括之，并广引汉晋（司马相如、潘岳）及唐人（孟浩然、白居易）诗赋印证之，引申谓：“盖死别生离，伤逝怀远，皆于昏黄时分，触绪纷来，所谓‘最难消遣’。”钱先生引申的艺理与吴先生的疏解，冥合若契。

例（五），《小雅·正月》第六章云：“谓天盖高，不敢不局；谓地盖厚，不敢不蹐。维号斯言，有伦有脊。哀今之人，胡为虺蜴！”吴注疏解前四句谓：“此言天虽高地虽厚，可是人民却局促不安，时刻自危。唐人诗：‘出门即有碍，谁云天地宽！’正是此四句之意。”继之概括章旨谓:“言人民遭逢乱世,时刻危惧不安。后汉荀悦在《前汉王商论》中说:‘……以天之高,而不敢举首;以地之厚,而不敢投足。《诗》云:谓天盖高,不敢不跼;谓地盖厚,不敢不蹐。哀今之人,胡为虺蜴!以六合之大,匹夫之微,而一身无所容焉……’正此章之意。”

吴先生注辨正音义、训释字词、疏解句章,精赅、准确、谨严,可谓无一字无来历无出处。但是,以后世诗文为文本佐证者则少见。然训释此章似属例外,若引唐人之诗、汉人之文,即用其遗意。钱先生评注此诗也格外详尽,既以影响比较并兼平行比较之法细致地揭示文本六章的意蕴及艺理,而其征引汉唐及其后世诗文即包含吴先生曾运用过的唐孟郊之诗与后汉荀悦之文。两家彼此通契,若经络一体相贯。

如果说,20世纪前半叶《诗经》研究之新境界以闻一多先生《诗经新义》等作为标志,20世纪后半叶《诗经》研究之新天地以钱锺书先生《管锥编·毛诗正义》的补证评点为表征,那么就应该认定,吴小如先生《先秦文学史参考资料·诗经》评注所达到的学术水准,则是远承朱子《集传》直至明清学者的创获,近集闻一多、余冠英诸先生的新解新义之大成的精粹体现,与闻、钱两家之作同样代表了20世纪诗经学研究在不同时期的新成就。钱锺书先生《管锥编·毛诗正义》对毛传、郑笺、孔疏的补证及评点,虽仅六十则,其中关于郑玄《诗谱序》一则,关于《诗经》文本五十九则,采撷佳什秀句加以训释评点,广泛运用比较方法细绎其所涵蕴的文理艺理哲理。此文理艺理哲理皆以精论要语概括出之,是其大旨所在。然则,其所展示出的思想世界及其予人的启迪,是历代前辈学者从未涉及的。吴先生《先秦文学史参考资料·诗经》注释也仅止选择其中之七十二首，基本代表了《三百篇》的全貌，其主旨在精确地揭示文本的内在含义。钱、吴的意图、方法与撰著重点不同，吴先生说诗紧扣音义，字斟句酌，锱铢必较，处处有据，而不泥旧说；钱先生说诗执要御繁，联类共贯，宿悟神解，别开胜境，因此两家既殊途别径，又多有冥契。

再则，钱先生就诗说诗，就艺谈艺，以为诗文与艺术皆属雾中之花水中之月，可供雾里观花水中捞月，虚而非伪，诚而非实。故钱先生向不以诗证史，不以史律诗，对汉以来儒家诗教说甚有讥评。细读五大册巨作《管锥编》及《谈艺录》，大致皆可谓以此理论原则所做诗文之评的典范，而在《管锥编·毛诗正义》一编中表征得尤为突出。在此编中，钱先生摘取六十则名章妙句，剖毫析厘，洞极骨髓，揭示出《三百篇》真善美之所在。《诗三百》是中国文学之本源，凡论文史之学者，人所共道。但是，精凿地论析其极致者当属钱先生。钱先生认为，中国文学之一切修辞技巧与艺术手法，皆可以在《诗三百》之中追溯而得其渊源，后世诗文、小说、戏曲皆承其遗意，从而踵其事增其华。其《周南·卷耳》篇之析论可为显例。

钱先生强调，诗歌创作与批评应尊重其自身的艺术特征，并且善于按其特征鉴赏作品。他同时主张诗歌有责任按其自身特征对社会现实及历史事件做出反映。这种反映与历史文献不同。历史文献记载历史过程，而诗则是采撷其显现的某种典型现象，予以集中、提高、再创造，因而尤为有血有肉有生命力。历史文献记载事之已然，诗则突显事之当然与事之所以然。因此诗所表现的历史更高明更具有本质意义。此在《宋诗选注》经典性的序文中皆做出深刻的论述。在此序中先生屡引毛泽东有关文艺创作与社会生活的源流关系，以及诗创作要运用形象思维方式与比兴手法的论述。在《宋诗选注》中关于两宋诗人及其作品的鉴评则具体贯彻了上述理论原则。若关于苏轼、黄庭坚及陆放翁的评论即可为显例。本文容后将具体评述的《吴小如讲杜诗》，同钱先生《宋诗选注序》所阐发的诗学观点，尤为彼此映发。若《临邑舍弟书至，苦雨黄河泛滥堤防之患，簿领所忧，因寄此诗，用宽其意》一诗讲述中，吴先生特论及所谓杜诗即“诗史”的观点，即与钱先生所论诗歌创作与历史文献之不同的卓见，则符契正合。现代学者的著作吴先生常读不厌，印象最深、以为对己影响最大者，第一部即钱锺书先生的《谈艺录》（其余者为朱自清的《诗言志》、俞平伯的《诗词偶得》与冯文炳的《谈新诗》），并评述说：“这部书使我坚定了一个信心：只有学识渊博的人才可能对某一门学问有创见、新解，而这种创见、新解乃是立于不败之地的，而非向壁虚构的臆说。我坚信，只有对文化遗产继承得最多的人，才有可能对当前的文化学术做出贡献。”（《对我影响最大的书》，收入《莎斋闲览》）又说：“钱锺书先生是大学问家，博古通今，学贯中西，他写的书也最有创造性。”（《在学习吴玉如先生书法艺术报告会上的讲话》，收入《莎斋闲览》）此足见吴先生对钱锺书先生及其著作的尊仰钦慕，故其论诗多与钱锺书先生的诗学脉注通流，实为必然之理，亦即本文将钱、吴两家比照而观的基本原因。

吴先生撰《先秦文学史参考资料》与钱先生撰《宋诗选注》的时间段属于同一时期，所体现的理论方法也大致近似，即在关注诗歌反映社会历史现实的同时，评赏其艺术成就。钱先生《管锥编·毛诗正义》是以《诗三百》的艺术创造为着眼点，吴先生晚年那部《手录宋词二百首》，精选两宋二十四家词作并以秀拔苍劲书艺录之，多数篇章特作鉴评，极富艺术敏锐力。此作从词学上说足称继现代词学各家若唐圭璋《宋词三百首笺注》、龙榆生《唐宋名家词选》及俞平伯《唐宋词选释》之遗绪而无憾。其所体现出的诗学嗅觉与钱先生庶几近之。

《两汉文学史参考资料》《先秦文学史参考资料》同为吴先生精心结撰、惨淡经营之作。其中，最显示学养与功力部分当在所选七篇汉赋的注疏。七篇之选，略可表征汉赋发展之基本脉络，《七发》为汉赋奠基之作，《上林》《子虚》为完型之制，《登楼》可为由铺陈事物向抒发个人情志转化之篇。赋乃古诗之流，诗赋为中国文学之正宗。吴先生特重《诗三百》，当然不能不重汉魏之赋。

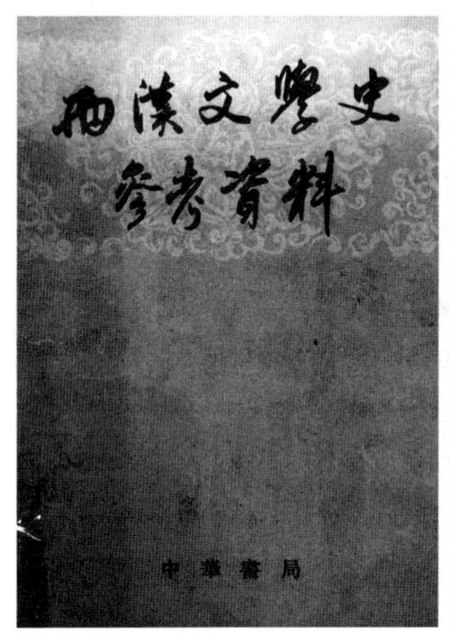


《两汉文学史参考资料》书影

《先秦文学史参考资料》书影

李善注多明事典而鲜释文义，其释义者又为最具经典价值之篇，若《文赋》《演连珠》之类。故《七发》释义亦为难得之作。

吴先生赋注先撰《〈七发〉李善注订补》实有其内心考虑。初唐李善承隋曹宪之学，授《文选》于汴洛间，做《文选注》六十卷，引书千八百余种，向称赅博雅赡，文献奥府，为历来学者取资，始有“文选学”之专名。其后直至明清近代续有学者旁参广究，为崇贤之学补正。晚近则有黄侃先生之《文选平点》（大陆由其宗侄黄焯教授整理出版，台湾则由其女黄念蓉女士整理出版，题名《文选黄氏学》）及高步瀛先生之《文选李注义疏》（其中只疏解汉晋京都大赋数篇而不及其余）。吴先生撰《李注订补》实有志续高氏未竟之业。其篇末《附记》曾谓：“曩读高步瀛氏《文选李注义疏》，服其谨严赅博，而惜其未竟全功。有志为续书，苦学殖荒落，且无暇及之。”先生有志而苦学殖荒落，我辈亲历过那个时代环境者则深会其隐衷。而在《参考资料》名义之下，评注七篇汉赋，未始非其隐衷宣泄之一佳途。

因而《李注订补》广参高步瀛先生巨著《李注义疏》，订补《文选李注》共五十六条。其重点大致有如下数项：

（一）补释善注之所未尽。若正文“比物属事，离词连类”两句。善注：“《礼记》，孔子曰：‘属辞比事，《春秋》教也。’韩子曰：‘多言繁称，连类比物也。’”吴按：“善注未释‘离’字。《五臣注》李周翰曰：‘比象其物而属文章，离别辞句以类相次。’殊含混不明。《易·序卦》《传》：‘离，丽也。’又《兑》《象》曰：‘丽泽，兑，君子以朋友讲习。’王弼注：‘丽犹连也。’此二句，比、属、丽、连四字同义，物、事、辞、类四字义亦相近。意谓比附连类事物之名称，加以归纳排列耳。”吴先生既补释善注疏略的“离”字，又订正五臣释该字之欠当，而且疏解正文谨严明畅。

（二）订正善注之所未稳。若正文“众芳芬郁，乱于五风”两句。善注:“五风,异色也。”吴按:“‘五风’,善以为异色,而胡绍煐则谓为五音。上文‘众芳芬郁’,明谓草木之香气浓郁,则‘风’非指色与声可知。《五臣注》李周翰曰:‘五风,宫商角徵羽之风也。’盖谓来自五方之风,说近是。《太平御览》卷一引桓谭《新论》:‘五声各从其方。春角,夏徵,秋商,冬羽,宫居中央而兼四季。’(《礼记·月令》与此说同,唯以宫为夏秋之际。)孔颖达《毛诗正义》:‘五声之配五方也,于月令:角东,商西,征南,羽北,宫在中央。’是五方之风,犹言四时之风矣。”吴先生认同李周翰注,并进而以桓谭《新论》、《礼记·月令》、孔颖达《毛诗正义》相关之说为佐证,谓五方之风即四时之风,实凿然不可移易之正解。

(三)发挥善注之所未完。若正文“滋味杂陈,肴糅错该”两句。善注:“王逸《楚辞注》曰:‘该,备也。’”余皆未及。吴按:“《说文》:‘味,滋味也。’又曰:‘滋,益也。’段玉裁曰:‘滋,言多也。’益,亦多也。张衡《思玄赋》:‘滋令德于中正兮。’李善引旧注:‘滋,繁也。’然则‘滋味’者,众味也,多种味也。《一切经音义》四引《通俗文》:‘肴杂曰糅。’则知‘肴糅’二字应相连为一词,与上‘滋味’为对文。古人词序每不甚严,故‘滋味’可与‘肴糅’相偶,不必作‘糅肴’也。(如《楚辞·九歌》:‘惠肴蒸兮兰藕,奠桂酒兮菽浆。’‘蒸’宜置句首而与‘奠’相偶。此类尚多,参看范希文《对床夜语》卷一。)下‘杂陈’与‘错该’亦为对文。《五臣注》张铣曰:‘糅错,皆杂也。’以糅、错为同义相连,甚误。”吴先生引《说文》及段注、张衡《思玄赋》李注、《一切经音义》诸书为佐证,为李善注未尽的字词而发挥之,并引申而论及古人修辞之规律性,特具启示意义。

《李善注订补》之作原为注《七发》之前所撰长编,《七发》之注即在此长编基础上再予斟酌去取提炼所就。此足证吴先生撰《两汉文学史参考资料》中七篇汉赋及《史》《汉》选篇之注释，实为其谨严的科学研究成果，与坊间常见之各种选注之类仅依前人成说，未予深究而率意下笔者正反。刘勰《文心雕龙·事类篇》谓："是以综学在博，取事贵约，校练务精，捃理须核，众美辐辏，表里发挥。"此虽为就诗赋创作提出的用事标准，然移用于吴先生深心服膺之高步瀛先生及吴先生自身之训释典籍，亦属恰如其分。（高先生另撰《古文辞类纂笺》，尤为渊洽精严之皇皇巨著，直可追攀唐初崇贤之学，足为精研姚书，也为诵习萧氏《文选》、曾氏《杂抄》之可靠用书。）

吴先生此两部书是我青年时代反复阅读的真正教科书。我早年就读于省立锦州师范文史科，继升入东北师大中文系，前后六年的时间。两书所选诗赋史传古文，其中多数篇章，在课堂上老师都认真讲授过，尤其是《诗三百》的名篇（若《关雎》《生民》《硕人》《击鼓》《东山》《正月》等），其时即已熟诵于口，但是，只有读过吴先生之作始得会通于心。吴先生每解一字一词先辨音义，每疏一句一章则旁征众说，之后厘定而折中之，以出己意。因此，往时自以明晓的，或属误读；往时含混的，得以清通；往时浮泛的，得以深入；往时疏忽的，得以订正。我自学自修先秦两汉文学实以吴先生之作为根基。若读《诗三首》之注释以后，则依次细读余冠英先生之《诗经选》，闻一多先生之《诗经新义》《诗经通义》，再及吴闿生之《诗义会通》及朱子《诗经集传》；读《楚辞》注释之后，则依次读陆侃如先生的《楚辞选》与朱子《楚辞集注》，后及王逸《楚辞章句》、洪兴祖《补注》；读《史记》注释之后，则依次读王伯祥先生之《史记选注》，后及三家（裴骃、张守节、司马贞）注《史记》中十五《本纪》、三十《世家》、七十《列传》，等等。此所谓依次，即从吴先生注释中所得之启示。吴先生注中多有“用某某说”或“录以备考”等说法，不只证明其学风严谨，也是予读者的指要，其作用意义甚值珍视。如此，我从1958年初读《先秦文学史参考资料》至1962年继读《两汉文学史参考资料》，直到1966年秋，并连及读上列诸书，凡历整九年的时间。

而尤不能忘怀者，即我与北京大学古文献研究所陈宏天、长春师范大学赵福海两先生，于1982年合作撰写《昭明文选译注》一书。《两汉文学史参考资料》七篇赋类之注，则是《译注》中相应篇章之基本参照根据。其引据与行文方法亦皆师范于吴先生之作，一如其所撰《李注订补》之于高步瀛先生之《李注义疏》。《昭明文选译注》从动笔到1992年六册出齐，凡历十年。在撰写过程中，置备案头、随时参照者，即有吴先生此两书。不消说，两书自然已成为我内心寓情寄义之所在。

## 二

我细读过的吴小如先生的第三部大书，即其与著名语言学家兼翻译家高名凯先生合译的《巴尔扎克传》。1952年春我购得的是新文艺出版社1952年7月新一版。其时，我就读于北京师范大学俄罗斯及苏维埃文学研究班，主讲教师为苏联专家柯尔尊及格拉西莫娃。两位皆崇仰学术，敬业乐职，热爱学生。前者治学严谨，作风严肃，自律严格，而授课答疑，则幽默风趣。若其讲授果戈理的讽刺小说《死魂灵》及喜剧名篇《巡按使》（或译为《钦差大臣》）时，评述不同的农奴主及沙俄官僚典型，所使用的语言语气以至表情手势也自然地显出鲜明的不同。他对沙皇专制农奴制度及其腐败无能的官僚机构所持讥讽否定的态度自然蕴含其中。后者则美丽活泼,满腔激情,气质风雅。此在讲台上也自然呈现,毫无做作。若其讲授车尔尼雪夫斯基专题,述及这位革命民主主义作家与其年轻妻子恋爱细节,格拉西莫娃有时郎然而笑;述及这位殉道者被沙皇宪兵押在圣彼得堡梅特宁斯基广场宣布死刑判决,后改为流放西伯利亚服苦役的悲壮情景,她则热泪欲滴。他们那种对自己的民族文化及其创造者的敬畏虔诚之心,使我终生不忘。跟从他们我学到了俄罗斯及苏维埃文学的系统知识以及马克思主义文艺学说的纯正理论,跟从他们我深入地研究过几位俄国文学巨人的经典之作,跟从他们我细读完毕原版的《普希金文集》《莱蒙托夫文集》《托尔斯泰自传三部曲》及《契诃夫三卷集》,跟从他们我不只懂得了俄罗斯文学的民族性格,而且也深知此种文学与西方总体文化系统的血缘联系,若普希金、莱蒙托夫就深受英国大诗人拜伦的影响,别林斯基、车尔尼雪夫斯基的文学批评及美学理论也实有德国黑格尔哲学的孳乳。他们批判地评论过俄罗斯著名女诗人赫玛托娃,感情上则充满赞赏。当然,他们不可能论及具有世界影响的索尔仁尼琴及其他被排拒的文学家,他们不可能逾越苏维埃体制所限定的空间。

## 三

我届耄耋之年又幸运地读到吴小如先生可称绝笔的两部著作:一为《吴小如讲〈孟子〉》,另为《吴小如讲杜诗》。此两书皆属先生从儿时雒诵,中年研究教学,直到老年手录全书,一生考索,反复诵习不辍，深有内心体会始成就之作。钱穆先生曾谓："此体会二字，即以己心会合此道理而适为一体，此始为善学。"（见《晚学盲言·抽象与具体》）吴先生讲《杜诗》，是讲杜甫及其作品，同时也是讲自我遭际与人生体悟；讲《孟子》是讲两千年前一位贤哲孟轲的思想与文章，也是讲自我所置身的现实生活及其存在感受。此两部书实在是吴先生将"己心"会合融溶两书抒写之理而物化之表征。吴先生的人格理想、品行操守、好恶去取、忧患向往，皆为真率自然地袒露无遗。此则是两书与往昔同类著作相较的最大特征。

《孟子》是四书之一，千百年间士阶层人人必读的经典。其发挥儒家修齐治平之道、心性自反之学至为精粹纯美。焦循在那篇情采荡漾、思理勃发的《孟子题辞》中说："《论语》者，五经之管辖，六艺之喉衿也。孟子之书则而象之……儒家唯有《孟子》闳远微妙，缊奥难见，宜在条理之科。"此既揭示出《论语》与五经的承续关系，又揭明《论语》《孟子》两书道统通贯的一致性，尤彰显出《孟子》所蕴含儒家精义的丰富深邃及其足资研求的理性价值。《孟子》所表述的儒学古义两千余年来弥足珍贵。若人性本善说、民贵君轻说、仁义正道说、恒产恒心说、劳心劳力说、义利之辨说等等，皆属中华思想史中最为璀璨夺目、光芒四射的篇章。而其对春秋至战国以来，礼崩乐坏、诸侯相伐、生灵涂炭、贪利弃义、物欲横流的乱局乱象所持的批判精神，则千古叹服。孟子最完美地为中国士阶层铸造出人格理想系统，提炼出道德行为规范，树立可以百世师法的士阶层典型人物。此典型人物所融会集中突显的浩然之气，陶冶哺育了千百年来的民族精英。吴先生一生的阅读、教学、著述皆不曾脱离孔孟之书，其对《孟子》所蕴含的哲理奥义，体悟特深，而且积存于心，化作独深的文化信仰。其在八旬望九的“衰朽之年”仍能发挥“爝火般的余热”，奋笔撰述这部文约而旨深、事近而喻远的《吴小如讲〈孟子〉》，实出于此种素所怀抱的文化信仰。此皆可在书中章句评点之中得到系统而亲切的验证。

吴先生治学向主辞章、考据、义理统一之旨。其成书于20世纪五六十年代之交的《先秦文学史参考资料》《两汉文学史参考资料》的注解释义，实偏重于辞章考据之学，而《吴小如讲〈孟子〉》则倾侧于义理之学。吴先生讲《孟子》义理，基本是尊尚朱子之说，朱子之《四书章句集注》标志着宋学的最高成就。故现代学界前贤吕思勉先生说：“朱子于四书皆有注，乃一生精力所萃。其于义理，诚有胜过汉儒处，不可不细读也。”（见《经子解题》）吴先生说诗述经之著不只多以朱子为依归，并且于论作中时时为朱子及其学说遭致的曲解诟病做出有力的辩证。但是，吴先生并不拘囿于朱子及诸家旧说，他尤能自觉地运用马列主义辩证唯物论与历史唯物论的观点、方法提出问题、解决问题，从而得出超越前贤的新结论，或以此种观点、方法对前贤的正解做出科学性的补证。这一点，是细读《吴小如讲〈孟子〉》的最深印象。

朱子及其学说在中华文化及民族精神的传承上，实有其不可磨灭的功绩。朱子《孟子·尽心下》篇末章有精湛的注文云：“有宋元丰八年，河南程颢伯淳卒，潞公文彦博题其墓曰：明道先生。而其弟颐正叔序之曰：周公殁，圣人之道不行；孟轲死，圣人之学不传。道不行，百世无善治；学不传，千载无真儒。无善治，士犹得以明乎善治之道，以淑诸人，以传诸后；无真儒，则天下贸贸焉莫知所之，人欲肆而天理灭矣。先生生乎千四百年之后，得不传之学于遗经，以兴起斯文为己任，辨异端，辟邪说，使圣人之道涣然复明于世，盖自孟子之后一人而已。然学者于道不知所向，则孰知斯人之为功，不知所至，则孰知斯名之称情也哉！”朱子此篇注文是借文彦博与程颐之言赞程颢在儒学发展上的功绩，今日读来足以引为对二程之学及集其大成者朱子之学的正确评价。但是，自新文化运动勃兴以来的近百年间，批判孔子连及批判程朱理学家，是为现代学术主潮。而极少数明达之士深谙儒家文化精髓所在者，若章炳麟、马一浮、熊十力以及梁漱溟诸公，则卓然特立于潮流之外，兢兢业业地为继承弘扬中华文化而从事切实有益的工作，吴小如先生与之相较虽属后进，但是其学术志趣则一。

（一）《吴小如讲〈孟子〉》之首篇《梁惠王上》的讲评即鲜明地标志出其对孔孟之道与程朱学说的垂青与固执。《梁惠王上》是《孟子》全书开宗明义之篇。其中论施仁行义天下可定于一，推己及人足以保四海，大欲悖礼必有后灾，制民恒产则民有恒心，谨庠序申孝悌则王道可见，皆为贯穿全书、反复申述验证的核心思想。吴先生在《自序》中曾强调，其实“只要站得住脚、未被历史长河淘汰的古今传统名家名著，不论从思想内容还是看问题的视角来观察，都或多或少符合或包含辩证法……我认为辩证法的发展乃是与人类社会发展同步的，我们不能轻易说古人不懂科学，更不能说他们的著作中没有辩证法”。他关于《孟子》开宗明义篇的讲评，实际上是自觉揭示《孟子》中朴素的历史唯物论及辩证法的示范之作。此篇孟子与梁惠王对话，伊始就将后者的利欲之想与自己的仁义之道相对，即从矛盾的视角立言，继而严厉讥刺其移民就粟并率兽食人的行径，则鲜明表征孟子的民本思想，反映出孟子以阶级对立的视角对上古社会的深刻观察。继而，孟子在回答梁襄王问“天下恶乎定”时，对曰“定于一”，则提出天下大一统的思想。赵岐注：“一”字指“仁政”，朱子注实承袭赵注谓“合于一”，即统一于仁政。吴先生则据历史发展观明确指出：“分久必合，人心思定。犹久旱思雨也。孟子所谓‘定于一者’，已隐有大一统之意。”尤为胜解。杨伯峻先生《孟子译注》亦主此说。

《齐桓晋文之事》是《孟子·梁惠王上》篇结末，也是全书长章之一，最能代表孟子的思想与语言风格。正文约一千六百字，吴先生的讲评约一千五百字，可见其对该章的珍视。吴先生先评孔孟为人风格之不同。孔子身处春秋末叶，孟子则在战国中期，其时代不同决定了两者的处世风格之异。孔子诚信纯正，孟子则在全面发展孔子学说的同时，也不可能彻底摆脱战国策士特有的圆通与诡辩的习气。文风实即社会风气之具现。此章孟子特指出发政施仁的关键在制民之产。民无恒产则无恒心，无恒心则放辟邪侈，无所不为。孟子在两千数百年前即已意识到社会经济地位对人的思想行为的决定作用，并且，尖锐指出正是国家的政治经济制度陷民于罪又从而刑之。此即真正朴素的唯物史观。吴先生则以此发挥出马克思科学历史观的认识：“乃知民之陷于罪，每为生计所迫，不得不铤而走险也。……因知民之有罪，罪在上也。后世于是有官逼民反之说，所谓‘逼上梁山’，其所以被逼，是为政者之逼也。”吴先生的“乃知”“因知”即是从孟子之言抽绎而出的科学史观。

（二）此章讲评尤为精彩之论，则是吴先生痛驳时贤长期以来对宋学及朱子“存天理灭人欲”说的曲解与攻讦。此章末述齐宣王有所谓“求吾所大欲”及孟子的反复诘难，从孟子对齐宣王“大欲”所做的心理分析中，可知其“大欲”即私欲、贪欲、淫欲。此即宋儒及朱子主灭的“人欲”。孟子所谓“必有后灾”，即含存天理之义。吴先生拈出“大欲”一词，又引《礼记·礼运篇》所谓“饮食男女，人之大欲存焉”一语（愚按：《孟子·万章上》云“男女居室，人之大伦也”，也包含于天理之中，而与齐宣王之“大欲”绝异），认定“宋儒‘存天理灭人欲’之说，于是乎始兴”。在吴先生看来，宋儒所主张的“存天理灭人欲”的理念，当来源于《孟子》，而多存先儒古义的《礼记·礼运篇》则承续而传述之，至宋儒尤其是朱子则将其归纳为一个儒家道德哲学普遍性的命题。此天理即包括《孟子·万章上》所谓“人之大伦”与《礼记·礼运篇》所谓“人之大欲”，是为天理与天性所固有。齐宣王所“求”者则截然相反，是即程朱主灭的“人欲”。故进而吴先生又引清戴震在《孟子字义疏证》中对此一命题的发挥。戴氏为有清朴学皖派大儒，但是他独异于只顾考据忌讲义理的一般朴学家之外，以考据为奴而以义理为主，实则发扬了程朱的学术传统。故先生所引戴氏《原善》篇，其关键词句皆契合“存天理灭人欲”之要旨。戴氏所谓“饮食男女，生养之道也，天地之所以生生也。……天地之生生而条理也”，即天理含有饮食男女之义。“是故去生养之道者，贼道者也”，即超越生养之道乃贼道，亦即人欲含有之义。“细民得其欲，君子得其仁。遂已之欲，亦思遂人之欲，而仁不可胜用矣”，即存天理之义。“快己之欲，忘人之欲，则私而不仁”，即指当灭之人欲。下引“饮食之贵乎恭”至“以有礼义也”一层，即谓天理之所当存。“专欲而不仁”至“若影响然”一层，即谓人欲之所当灭。戴氏所论证明，存天理即包含存饮食男女之人类生生之道，而灭人欲亦即灭那种“快己之欲”、“私而不仁”之欲、悖离“生养之道”之欲，即是主张遏止违背仁义礼智即天理的物欲、贪欲、淫欲。可见，朱子所谓“灭人欲”与阻遏人之生命力的满足的禁欲主义毫无联系。吴先生并且考察了天理、人欲及二者的关系在道家学派之中的论述：“在先秦则有庄子，‘其嗜欲深者其天机浅’（《大宗师》）之说，唐宋以降，至宋儒乃有‘存天理灭人欲’之说。其实，‘天理’与‘人欲’二词，皆本《庄子》。如《养生主》说庖丁解牛，即有‘依乎天理’之言。宋儒不过借庄生用语以阐其说……至天理与人欲之关系，朱熹言之甚详明，如‘人欲中自有天理’，如‘天理、人欲几微之间’，又如‘饮食者，天理也；要求美味，人欲也’云云，皆见《朱子语类》卷十三‘力行’篇。近人竟有斥之为邪教之说者，亦不读书之谰言也。”吴先生以儒道相通的文化史视角，对天理、人欲两个概念的内涵及其相互关系做出了缜密精当的考释，极有说服力。老实说，如此率真爽利的订讹传信之论，在某些文化史或哲学史家的宏论中是不易读到的。

（三）吴先生赞赏孟子那种以“老吾老以及人之老，幼吾幼以及人之幼，天下可运于掌”为内涵的仁义之道，及以此仁义之道所实现的天下大一统理想，他并赞赏孟子以“人皆有不忍之心”为内核的性善论，则其顺理成章之义。孟子认为人生而性善，推而及于天下即为仁义之道。此即《公孙丑上》篇的核心之章。吴先生讲评深邃而引人深思。其先引述《朱子语类》卷五十三关于恻隐之心、辞让之心、羞恶之心与是非之心，四端相互关系的诠释，以申说《集注》中相关内涵。次论鲁迅以纠正国民劣根性为己任，即是欲复国人在数千年封建制度重压下遗失的良知良能，使之从麻木不仁中返于本然固有之性。复以现代科学实验补证孟子性善论实乃颠扑不破的真理。后讥十年浩劫以来国民劣根性之大发作，实为遗失本心的可悲表征。

此中吴先生精警地指出了鲁迅与孟子在思想传统上的内在联系。孟子曾有“学问之道无他,求其放心而已”(《公孙丑上》)的名论,并曾反复论证说,有人无名指不能单独伸直,本属自然现象却以为丑,而四处求医,但其本心遗失却不以为恶。有人鸡豚走失而四处寻觅,而其本心遗失却不以为恨,十足悲也。鲁迅青年时代留学日本,发现中国人性格中的愚昧冷漠与麻木不仁,则深以为悲,于是弃医学文,以改造国民性为己任,誓以文学疗救国民精神。孟子为使人“求其放心”而辩说当世,鲁迅为祛除国民劣根性而呐喊终生。吴先生于此指出鲁迅与孟子思想的相通之点,实为中国思想史之一大发现。

孟子论人性善还直接表述于《滕文公上》篇,尤深入地阐发于《告子上》篇。吴先生于此篇讲评是在首篇末章“人皆有不忍之心”的基础上,深入发挥孟子人性本善的观点,其中将人性善与荀子人性恶之言相比较,极精致透辟,强调正因为人性善社会才有进步的希望,人群才有德行日新的可能。他关于荀子人性恶的评论,尤其意味深长。若依吴先生启示而从反面思索之,短命王朝必缘于严法苛政,严法苛政必源于人性恶之论。

(四)民贵君轻说是孟子民本思想的基本点,《孟子》全书皆从不同的视角表述之。但是,《尽心下》篇之“民为贵,社稷次之,君为轻”章,则常被割裂引用。此三句以下同样重要的言词则被轻忽疏略。若此“民”字是指称在野的地主阶级,还是指底层劳动者,即成疑点。其时,即使终生研究诸子学的纯正前辈也不能不违心地表示指摘。故吴先生此章讲评虽话语简赅,却点中要害,明确肯定其中的民本思想,并指出“世人读此每断章取义,但引述前三句”,强调当“通读全章”。而全章此三句下则曰:“是故得乎丘民而为天子，得乎天子为诸侯，得乎诸侯为大夫。诸侯危社稷，则变置。牺牲既成，粢盛既洁，祭祀以时，然而旱干水溢，则变置社稷。”此则具体指出“民”字的确切内涵，并从正反两方面申述民何以为贵、君何以为轻的道理。朱子之注也颇为剀切缜密，准确地诠释出文本的精义，毫无泛谈道学义理之嫌。“是故”三句注云：“丘民，田野之民，至微贱也，然得其心，则天下归之。天子至尊贵也，而得其心者，不过为诸侯耳。是民为重也。”“诸侯”一句注云：“诸侯无道，将使社稷为人所灭，则当更立贤君，是君轻于社稷也。”“牺牲”五句注云：“祭祀不失礼而土谷之神不能为民御灾捍患，则毁其坛壝而更置之，亦年不顺成，八蜡不通之意。”此即明白显示出，最得底层之民心者始可为天子，若尧舜禹汤是也。而诸侯无道，则可以废黜不肖更立贤能，若伊尹之放太甲于桐，汤武之灭桀纣是也。土谷之神不能抵御水旱天灾亦可毁弃而另立之。天子既以得丘民之心而立，则自然以失丘民之心而诛。可见世人常忽略不述之言，最能表明孟子民本思想的彻底性，实蕴含有董仲舒述与史迁所谓“贬天子，退诸侯，讨大夫”（司马迁《太史公自序》）之《春秋》大义。

（五）《滕文公上》篇《有为神农之言者许行》章，吴先生赞赏为《孟子》全书七篇之“最可称道者”。此章最为雄辩有力地阐发了先儒关于历史发展之最有积极意义的思想，即劳心者与劳力者之社会分工及其相互关系的思想。吴先生此章的讲评同是最富唯物辩证法深度的显例。所赞赏的基本点即在孟子所坚持的历史发展观，此种历史发展观，恰切地符合该书《自序》中确认的“不论从思想内容还是看问题的视角来观察，都或多或少符合或包含着辩证法”的观点。故先生的讲评足为一篇精要的史论。其中有师承，有补证，有考辨。先述俞平伯先生诠释《论语·子路》篇之《樊迟请学稼》章及《宪问》篇之《南宫适问》章之精义所在。前章孔子讥请学稼的樊迟为小人，后章孔子则赞扬颂美禹稷躬耕的南宫适为尚德君子。樊迟与南宫适的思想观念基本一致，皆有主君臣併耕义，而孔子对两人的评价却相反。俞先生以为樊迟所欲学为远古农家言，有悖于小人务稼圃、大人务礼义忠信之通理，故孔子讥之。南宫适颂禹稷躬稼而禹稷为圣王，故孔子虽未答其问，背后仍赞之。继而吴先生做出两点补说：其一，孔子之称赞南宫适，还在于禹稷自身的贤德，其治水教稼有功于民；其二，且其躬稼乃在为君主之前。此则使其师俞先生之说足可尽义。

吴先生此章讲评主旨本在赞赏孟子劳心劳力分工说，而称引《论语》之两章及俞先生相关诠释，意在说明孟子之说的思想渊源，谨严而且透辟。此与钱穆先生相关论点先后相契。钱先生有云："战国时有为神农之言者许行，孟子辞而辟之，亦孔子本章之义。"（见钱穆著《论语新解》）吴先生讲《孟子》每与《论语》贯通，予人启迪甚大，也与钱穆先生彼此冥合。

但是，吴先生善于以历史唯物论的科学方法分析问题，或为前修所未及。他认同孟子之劳心劳力分工说，即在孟子所持为战国时期的进步历史观，其所批判的许行主君臣併稼的神农之言，则纯为历史倒退之论。孟子史观是始于尧舜，而许行所主的神农当先于黄帝至少与黄帝同时，或即炎帝并为黄帝部落所吞灭。吴先生认为，即使是远古的神农，君臣民奴之等级尚未分明，非君臣併耕即无法生存，其时"为君长者亦须与臣民有所分工，不能劳心劳力兼顾。此孟子之所以立于不败之地，而许行之说必不能行于后世也"。此即历史唯物论之核心，即社会经济条件决定社会关系及其结构制度，而脑力劳动（劳心）与体力劳动（劳力）之分工乃社会一大进步，尤为历史唯物论之基本点，吾辈不可轻忽而过也。至于孟子之驳许行之以物易物，不论物品自身的大小、轻重、精粗，一律同价，固为历史倒退之谬说，而大张“物之不齐，物之情也；或相倍蓰，或相什百，或相千万”之物有差别思想，也包含有具体问题具体分析的辩证法观点，并斥许行之说为“乱天下”“相率为伪者也”。吴先生于讲评中热情地赞扬孟子之论“历千载而犹存”，实不为过。其以辩证唯物论讥刺后世秉承许行衣钵之倒行逆施，实亦骨鲠之言，深值玩味。

（六）《吴小如讲〈孟子〉》乃当世通儒之学。其所旁涉而及之上古史、文学史、哲学史，精论要语，皆为其独得之见，而于各该领域专门名家之鸿篇巨论中所罕得偶见者，故启人至深。兹举数例。《滕文公下》篇之《宋小国》章，孟子热烈地歌颂上古所谓汤武革命，谓商汤以其仁道而征无道之葛，是“诛其君，吊其民，如时雨降，民大悦”。谓周武伐纣，殷之臣民“实玄黄于匪”，“箪食壶浆以迎”，“救民于水火之中，取其残而已矣”。吴先生讲评之基本思想在以历史唯物论之科学史观重新揭示汤武所以覆葛灭殷，未必由于其仁政得民，而首先在于葛与殷的统治者自身腐败失却民心。儒家称颂的尧舜禅让，乃“原始社会之部落酋长更代制；而汤武革命则新统治者以武力征服旧统治者”的历史过程。“然历史之演变，必有因果关系，如孔子所谓‘殷因于夏礼，其损益可知也’，此中即有辩证法在。汤武所以成功，其施行的武力征伐为外因，而桀纣的失却民心则为内因。正是此内因决定了历史事变的胜负结局”。又，《万章下》篇之《伯夷目不视恶色》章，其中颂扬上古三大圣贤伯夷、伊尹及柳下惠，而孔子则兼具三圣贤品德而又超越其上，是为孟子所向往追慕者。吴先生讲评孟子颂伯夷为圣之清者有云：“及武王伐纣，伯夷乃识透世情，知唯有强权与武力者乃足以平天下，无所谓有德无德，于是宁饿死亦不食周粟。”此言正是孟子颂伯夷谓“横政之所出，横民之所止，不忍居也”句之准确诠释，以伯夷之最终选择也反证先生向所主张之汤武革命非以仁政感天下，乃以其所赖之强权与武力征天下，即孟子所谓“横政之所出，横民之所止”之具体表征。《孟子》此章以近五百字的篇幅赞上古三圣并以孔子为集其大成，谓孔子是其条理始终，金声玉振之极致。全章深层意旨所在，即吴先生强调如下之点：“夫孟子于孔子固有过誉之言，然孟子之言行出处亦唯有效法孔子始能处于战国之世。故曰：‘其至，尔力也；其中，非尔力也。’孟子非不智，亦非不欲行圣王之道，惜其道不能付诸实践，故有虽能‘中’而不能‘至’之叹。必如此读此章，乃知孟子本意。”以上两例，即是评上古史：前者评历史事件，后者则评历史人物。足可证吴先生史识之一斑。

《孟子》讲评之中时或涉及文学史，虽属三言两语，点到辄止，亦犹龙珠一颗，光照四野，足可发人文思，旁搜远索，致沿流讨源之效。《梁惠王下》篇之《庄暴见孟子》章讲评重点揭示其与后世八股文的源流关系：“然此章行文有特点，即前后两篇多重复之语。昔人每谓韩愈《原毁》开八股文之先河，其实《原毁》章法亦有所本，即摹此章是也。此种章法不可无一，不可有二。《原毁》摹此章尚无大病。倘一而再、再而三，则厌矣。读者作者均不可不知。”吴先生此八十九字评语，虽涉笔论之，则精绝地道出了中国诗文大家的名篇佳什形成的一条艺术规律，即“亦有所本”，“不可无一，不可有二”。有本即刘勰所谓“宗经”；“不可无一，不可有二”即刘勰所谓“通变”。又,《告子下》篇之《任人有问屋庐子曰》章,若依吴先生分析《齐人有一妻一妾》章的方法观照,亦足为一篇短篇小说,基本以任人与孟子两方问答出之。全篇也仅二百字左右。吴先生讲评,先“自表面读之”,概括通篇情节。次则“细玩文义”,揭示主题“所谓发乎情止乎礼义之道”。复“自另一视角言之”,即孟子之言所蕴含的历史现实:“战国之时,男女之防已渐崩坏,故孟子始以东家有处子为喻。此存在决定意识之明证。”此即吴先生书中强调之善读者须学会从文本反面思索的显例,也是吴先生善用唯物辩证方法解读经典的示范。结末则曰:“世传宋玉作《登徒子好色赋》,实以孟子此事为出典也。读文学作品者不可不知。”先生此提示颇中肯綮。宋玉《好色赋》为《文选·情类》之篇,李善题注谓:“此赋假以为辞,讽于淫也。”正面言之即劝于礼也。登徒于楚王前讥宋玉好色,宋玉自辩称东邻之女为天下至美,然窥已三年而未之许,反讥登徒妻天下至丑,而登徒却与之生育五子,以斥其真好色。后则有章华大夫出而作结,斥宋玉艳羡东邻女色,当是愚乱邪臣,虽自谓守德而无以证之,然绝不如登徒之真好色。终以自己所经历的与郑卫桑间丽姝以诗传情,“目欲其颜,心顾其义,扬诗守礼,终不过差”,可知礼不灭欲,欲必止礼,欲礼中和,是为道德准则。宋玉将《孟子》此章所述义理衍化而为生龙活现的艺术形象,不只事典取自《孟子》,其主旨亦应源自其书。然窃疑:东邻之女不可搂以得妻之诫,似为战国时期流传的民间故事,一如齐人一妻一妾、弈秋学弈、揠苗助长之类。

还有《尽心上》篇《孔子登泰山而小鲁》章讲评云:“此章所论‘观水有术’与‘日月有明’本二事,而魏武诗《观沧海》乃合而言之。读此章而后诵魏武诗,始能悟其诗之沉雄豪迈之美,否则但以为记景而已，不惟不悟孟子之志，亦不能窥魏武之襟怀。”吴先生此章讲评特启人思索。先哲经典皆为后世诗文大家融化而为自身心神骨髓，其兴会吟咏，则不期然而然地沛然宣泄而出之。此章前十句皆为比兴，后两句则孟子直赋己志，足显其登高致远的浩然之气，及其以仁义之道救生民于涂炭的怀抱。魏武之《观沧海》所抒发的是身处汉末乱世一位豪杰之士整肃群雄、平正天下的旷志远虑与热肠悲慨，正与孟子面对战国情势之内心感发寄托幽深相近似。吴先生指示魏武诗《观沧海》的事典实为卓见，为前贤所未及，助我辈深悟《孟子》此章义理之外的词章之美，并魏武诗词章之中的精义之深。兹不妨一谈老傭大半生耽读《文选》的一点感受。先秦至六朝精彩之篇大率荟萃《文选》之中。宋玉《神女》《高唐》《好色》诸赋及魏武《短歌行》《苦寒行》诸诗，则为其中绝彩之笔，反复读之岂止十数通。尤其魏武之诗，出典多为《诗》《书》，所颂皆往古圣贤，所抒唯治平大志，情怀常寄悲慨。所以，讽诵《文选》所录两篇，总要连类而及《步出夏门行》古辞之《观沧海》《龟虽寿》等“幸甚至哉，歌以咏志”五首。而曹氏父子诗赋，端赖昭明太子慧眼识珠录入《文选》，广为传诵，千载不衰。但是，只在拜读吴先生讲评所指示，始真切悟得《好色赋》《观沧海》诗之奥妙所在。同时，反思而及刘勰所谓“夫经典沉深，载籍浩瀚，实群言之奥区，而才思之神皋也”之说论，诚不诬也。

《孟子》讲评所涉及之文化史命题，亦多有现实针对性，深值玩索。例如宋代理学家所主“存天理灭人欲”之论，百年以来常被激进派学者讥刺为唯心主义或禁欲主义之类，直至目前还有学者指摘为阻塞人的生命力的满足，如上文述及，吴先生则讽之为不读书者之谰言。在《尽心下》篇《口之于味也》章讲评中，则进一步指出程朱学派之论，即来源于《孟子》：“命者，命运也，求之而未必可得也；性者，此处指人之本能与良知，人之所求而期于必得者也。求之而未必得，虽性之所必期，也当知命而安之。仁义礼智者，天命之谓性也，然虽求之而不能得，即颠沛造次，亦必守之勿失。此即存天理抑人欲之意。”吴先生此章讲评即发挥程朱之精义，意谓天理赋予人而为天命或天性，天性即良知良能，也即仁义礼智与生俱来者也。而为君子大人则存而勿失，小人鄙贱者为外物所蚀、利欲所诱则失之。外物利欲即人欲。故天理天命或天性，必当存；而外物所蚀利欲所诱，必当抑必当灭。此即程朱之意，也即吴先生强调之意，并源于孔孟之道。

吴先生尊重朱子及其学说，尤尊孔子及其在中国文化史上的开山祖师地位。《尽心下》篇《圣人百世之师也》章讲评，实为约三百字的学术短论，行文纵横跌宕，波澜起伏。兹录于下：

……在孟子心目中，圣人与常人不过相去一间，故伯夷、柳下惠皆可以称圣人。孔子自春秋末年，传道授业，七十子一传再传，影响至巨，故门人与传人皆以圣人尊之。如子贡即有“夫子既圣矣”之叹。孔孟不以圣自居是我国传统美德夙以谦抑为做人之本也。后世统治者，立孔子为偶像，要亦有所依据，非尽用己主观之意以愚民。五四以来，或言孔子不过常人而已，不得以圣人称之，盖不欲以偶像视之，固未可厚非。而近乃有人据《史记·孔子世家》，谓孔子不过一丧家狗。夫丧家之狗，“丧”字应读平声，乃指人家有丧事，人皆悲泣，即其家所豢养之狗亦嗒然无精打采，而非丧失其家流浪之狗也。后世读“丧”为去声，久失其本义。今乃据讹误之说引而申之，以释《论语》，是已误导读者。复用此以形容孔子有失落感，则强调儒家之消极一面。虽曰还孔子之本来面目，实则以偏概全，犹属片面。以此立言竟不顾七十子及其后学如孟、荀诸家对孔子之评价，名为学术研究而竟专走偏锋以哗众，此真以紫夺朱矣，夫复何言！

字虽三百余，而思理广大。吴先生阐释孟子对孔子的尊仰，表达了对孔子及其数千年思想影响的准确评价，尤其对历代握权柄者尊孔的合理性、积极性的大度认同，除昔日张君劢、钱宾四（钱穆）、熊十力、梁漱溟诸贤，现当代衮衮群公，几人有此胆识！

还有，孟子以论往史而述志的全书末《尽心下》篇《由尧舜至于汤》章讲评云：

此全书自序之言也。盖五百年必有王者兴，王者不兴，乃有孔子。孟子去孔子未远，传孔子之道，受孔子之业，继孔子之志，宜若可为也，而卒“无有乎尔”，岂不足五百年，便无所成事耶！于是效孔子之道，改为“立言”，以己之文行出处，昭示后人，此不得已而为之，亦知其不可而为之也。今人乃谓孔孟之徒以思用世而不得，于是有失落感，此未免以小人之心度君子矣。设想世无孔孟，并其语录文本亦无之，则后世之文化学术，当如何，益不可问矣。

吴先生此评实真知孟子之言。孟子有云，“古之人得志泽加于民，不得志修身见于世”，“穷则独善其身，达则兼济天下”，“待文王而后兴者，凡民也，若夫豪杰之士，虽无文王犹兴”（《尽心上》篇）。孔子、孟子皆置身春秋战国乱世乱局之中，亦皆困穷而不得志，但是他们皆善于识时务，著书立说，得天下英才而教育之，以个人之文行出处昭示当代、施及后世，此即修其身而见于世，虽无文王而犹兴之大丈夫真豪杰。他们的功业远超于有位有禄的尧舜禹汤之上。岂得谓之“有失落感”！

吴先生此章讲评与朱子此章注之“愚按”云云，今古贯通，也与朱子《论语集注》首篇《吾日三省吾身》章引“谢氏曰”之大旨先后冥契。谢氏曰：“诸子之学皆出于圣人，其后愈远而愈失其真。独曾子之学专用心于内，故传之无弊，观于子思、孟子可见矣。惜乎其嘉言善行，不尽传于世也。其幸存而未泯者，学者其可不尽心乎？”此说实为中国文化史之通识。班固在其《汉书·艺文志》中曾谓：“《易》曰：‘天下同归而殊途，一致而百虑。’今异家者各推所长，穷知究虑，以明其指。虽有蔽短，合其要归，亦六经之支与流裔。”即主诸子之学出于六经，而六经之学即圣人之学。故刘勰《文心雕龙·原道》篇（《文心雕龙》乃通儒之学，非仅止今日所谓文学理论也）谓：“至夫子继圣，独秀前哲，镕钧六经，必金声而玉振；雕琢情性，组织辞令，木铎起而千里应，席珍流而万世响，写天地之辉光，晓生民之耳目矣。”则大张孔子在中国文化史中的祖师开宗地位。但是，现当代则“小有才而不知君子之大道”者流出，专以贬抑孔孟“走偏锋”“以紫夺朱”为能。此当即吴先生讲评中重申强调其大旨，并为中国文化学术之命运寄以深慨，且以耄耋衰年奋然振笔重讲《孟子》之隐衷。用心所在，何其良苦，吾辈岂可不尽心哉！

至于吴先生讲《孟子》中随处流露之自我存在感受，则足以窥先生做人为学的心路历程，与传统士君子固有之以天下为一家、一国为一人的胸襟气度,以及其对民族文化深怀的使命感与忧患意识。其间,所针砭者有半个世纪以来极“左”思想肆虐酿成的社会弊害及其遗毒,有目前正在整肃并初见成效的贪腐灾祸,有西方霸权主义欺凌宰割亚非各国人民以逞其“大欲”的罪孽,等等。而其对目下学界学风中的消极不纯现象的讥刺更切中要害。此种针砭与讥刺皆出自一位纯粹人文知识精英的大公至正之心、深思明达之虑,与孔孟深恶之乡愿一类截然相反。其中夫子自道之词,尤能催人自反自省。若《离娄下》篇《人有不为也》章讲评云:

> 有所不为,始能专心致志,其所为乃克有成。倘无所不为,则见异思迁,浅尝辄止,自然一无所成。仆初专治《论语》,欲为《论语集释》补,以补程树德之所未及,未几知难而退,欲为《说文证今》,又以“文革”而废。欲治《尔雅》,魏天行师告以丁福保已有《尔雅诂林》,惜未刊,乃又中辍。更治《方言》,杨伯峻先生告以遇夫先生已有成稿,惜已失,仆乃未敢续作。因思前辈于读书皆有述作,仆即令下苦功也不免蹈前人覆辙,不如就一得之见点滴札记之,虽于古籍章句时有一得之见,终乃无一专著。后之来者,当以仆为前车之鉴,宁所治者小而克有成,无效仆之贪大求全,卒志大而无当,一无所成也。

此二百余字,字字肺腑。若从反面思索之,可做吴先生学术小传读。自童蒙始即从玉如公诵读《论》《孟》诸经,成年后曾治《尔雅》《说文》《方言》等文字训诂典籍,皆欲有所述作,然一旦闻知前贤若丁福保、程树德、杨树达等先生已有同类著作,辄弃置不为，绝不“蹈前人覆辙”。此足见其对学界前辈的尊仰，对学术的敬畏。先生的文字音韵训诂功力，其实业已在《读书丛札》《读书拊掌录》尤其《先秦文学史参考资料》和《两汉文学史参考资料》的坚凿注解诸作中得到充分的印证。而《丛札》《拊掌录》实可谓乾嘉老辈如闫若璩《潜丘札记》、王念孙《读书杂志》、钱大昕《十驾斋养新录》体制方法的承续与发展，恐非时尚学人以字数等身自炫者所曾为所能为。而晚年撰成之《吴小如讲〈孟子〉》《吴小如讲杜诗》则是其一生优悠涵泳日就月将源泉混混盈科后进之作。此两部讲疏评点性的著作，其所阐释义理的深度与考证典实的缜密，虽出以精论要语，则坊间所谓“专著”者罕有可侔。以此之故，先生“终乃无一专著”之叹，足可以弥补而无憾，窃以为。

论及《吴小如讲杜诗》，令人惊叹不已回味无尽的，兹略述三点。其一，即先生深具对诗词艺术的锐敏嗅觉。书中所讲之诗大半为蘅塘退士《唐诗三百首》所选，我辈熟诵、前贤多有论评者，但是经先生品评则境界迥然异趣，令人感奋，畅快无尽。若《丽人行》诗旨，向来多被理解为“讽刺杨贵妃姊妹们奢侈淫荡的生活”（浦江清注《杜甫诗选》）。但是，吴先生的讲评则不同。陈婉俊《唐诗三百首补注》详引《旧唐书》载玄宗每年十月幸华清宫的排场奢靡，及随侍的贵妃姊妹虢国夫人、秦国夫人的娇艳荣贵，并按断谓：“钱笺注引，十月幸华清事，度上巳修禊，亦必尔也。”陈注表明杜甫讽刺的主角及诗旨即在于兹。吴先生则批评曰：“太穿凿。”继云：“说到底，《丽人行》的主角居然是杨国忠！《金瓶梅》写那么多恶劣的女性，为反衬淫棍西门庆；《红楼梦》写那么多美丽多情的女性，是为了反衬贾宝玉。请注意，不要被杜甫大量的描写所迷惑，忽视了其诗真实的主题，诗的主角即杨国忠。说他气焰如何煊赫，如何炙手可热。杨国忠是武则天男宠张易之之子，不是弘农杨氏，所以和杨氏姐妹不伦，这是史书上的记载。”关于杨国忠的身世及与之相关两句宫体诗手法，陈婉俊注虽做了准确的诠释，却似乎没有体悟到杜甫诗中为杨国忠安排的位置及此种安排的用意。后世往往即沿袭其说，以至于今。吴先生因之以“说到底”“请注意”这样的用语提示我辈，以期隅反之效。杜甫许多歌行体长诗，若《天育骠骑歌》《古柏行》《乐游园歌》等等，皆以浓墨重彩渲染诗中的主体物象，而至结束点出主题思想所在，被渲染的人或物则仅为反衬或铺垫。《丽人行》即是含蓄不露地采用此种方法凸显诗中主题的案例。

其二，即先生对诗词文本所做的再创作。对诗词的鉴赏批评，需要一番考证功夫，即所谓辨音义、比文例、查证据、释典据、考身世诸项，进而还须对诗人创作的文本予以补充完善。此种补充完善，则包涵鉴赏批评主体的知识、品格、阅历、人生体悟与审美经验，进而以此为基础展开想象与联想。前者是经师的学养，后者则是诗人的天才。因此，鉴赏批评即包涵鉴赏批评者的主体元素，亦即是文本的再创作。在当代学者的著述中，窃以为足为典范者即钱锺书先生的《谈艺录》与《宋诗选注》，再即《吴小如讲杜诗》。该书以讲演的形式，更富可接受性。最显著的例证，即那篇五言律《江汉》的讲评。其中细致地阐释首颔两联“腐儒”“片云”的丰富内涵，则微妙地渗透着吴先生的主体元素。有云：

> 这个“腐儒”跟“百年粗粝腐儒餐”的“腐儒”比，外延更大，杜甫老说自己是腐儒，而“百年粗粝腐儒餐”，那是客气话，可这里的“腐儒”上加了个“乾坤”。乾坤者，天地也。换

句话说，天地间有我这么个迂腐的读书人……这腐儒跟乾坤也落差太大了，可是有特点。照理讲，乾坤的事应该谁管呢？上有皇帝，下有宰相，有文臣武将，保卫社稷，安定民生。这都不是我的事，是贤君、良相、名将的责任。可是，我算老几啊，我是腐儒啊……你干吗要"穷年忧黎元"呢，你干吗要"致君尧舜上，再使风俗淳"呢？老杜整天在这儿"每饭不忘君"……"亲朋无一字""厚禄故人书断绝"，根本孤老头子一个，这还不算腐儒吗？这够腐的。有些事不是我办得了的，可是我整天在那儿担心，忧国忧民，何苦来啊。所以，仔细一想，他这个"江汉思归客，乾坤一腐儒"的"腐儒"，内涵也太深刻了。乾坤那么大的范围，我考虑的是什么呢？不是自己，而是国家、社稷、朝廷、政权、外患、内忧……全都不是你管得着的事，你的忧患意识太深了，所以你是腐儒。下面两句说明问题了，叫做"片云天共远"，我就好比天上的一块云彩，在那么广阔的天空，不过就是一块孤云而已，所以"永夜月同孤"。漫漫长夜，四下里都安静极了，就那么孤零零的，"皎皎空中孤月轮"。天上的月亮是孤独的，而我的人也是孤独的，只有月亮跟我是同样孤独的。写得太好了！

此是《江汉》一诗首颔两联所抒发的诗人的内心活动，吴先生"知人论世""以意逆志"，通过杜甫代言者的口吻，以一串串排比句形成的自我拷问、自我独白，真实准确地向我们袒露出来。这是一千三百年前全副身心都被爱国热情与忧患意识占有的杜甫，在我辈的感悟之中也是今日之吴小如。吴先生满腹经纶，才气横溢，而一生孤独，身负家累，老迈多病，却心怀天下，系念民族命运与文化兴衰。至八旬望九之年还要奋力撰著《吴小如讲〈孟子〉》,祈望以先哲的经典教诲后代执政诸公。但是,他讲得再精警透辟,再至诚无息,究竟有几人潜心领受良知三省?

《江汉》的颈尾两联,吴先生着重诠释其三个典据,即与"落日心犹壮"照应的"古来存老马"句的来处。一是魏武帝诗《龟虽寿》所谓"老骥伏枥,志在千里;烈士暮年,壮心不已",意蕴在"虽然是老马,可是有千里之志"。二是《韩非子》记录的春秋时管仲受齐桓公诏命远征孤竹国,归途迷路,以老马引导脱险,意蕴在马既老则有经验多智慧。三是汉儒的《韩诗外传》所载战国时魏之贤人田子方,看见一匹老马被弃置路旁,无人照料,发感叹说:这马年轻时为人效劳,替人奔走,苦了一辈子,现在老了,没人管了,"是不仁也",太不仁了。吴先生以此三项典据细绎而得《江汉》诗颈尾两联的意蕴说:

> 所以这句有三层意思。我本人是老骥伏枥,有没有用处呢?我识途……我可以领路,我有处世的阅历经验;另外还有一层,你们做最高统治者的,当官当权的人,应该考虑考虑,一个知识分子,贡献了一辈子,到老了就遭遇像我这样的悲惨处境。杜甫老年的处境,大家都了解。"古来存老马,不必取长途"。想着让马跑长途是不行了,但是从当官的来看,应该对老马有所表示,应该"存恤"。"古来存老马",说明你现在没"存"啊。这就跟杜甫说那个《瘦马行》似的,军队打完仗把马扔了,这太忘恩负义,太过河拆桥了。

吴先生对此两联的诠释与前两联皆达到同等的深度。现当代讲杜诗诸家恐未必这样地深入骨髓，因为此中水乳相融地化入了诠释者的主体元素。还应该说，吴先生诠释《观公孙大娘弟子舞剑器行》，是一篇富有再创作特色的鉴赏批评典范，故而引起我辈的内心共鸣。但是，那是吴先生通过抗战前自己观赏杨小楼表演《挑滑车》，到改革开放后观赏王金璐演出同一出戏，间隔半世纪的人事沧桑、世事变故，诠释杜甫观赏公孙大娘表演《剑器行》到观其弟子李十二娘表演同一节目所展示的大唐社会由盛侈豪奢转入衰败寂寥的历史悲剧，其区隔也是“五十年间似反掌”。这里吴先生采用的是客观叙述方法，而其诠释《江汉》一诗则不同，采用抒情主人公自我拷问或内心独白的形式，即纯粹主体抒情的方法。能完成如此精湛独得的鉴赏批评，没有丰富的人生阅历与锐敏的审美经验，是不可想象的。

其三，即先生终生履践的尊师重道意识与循守学统家法的信念。此种意识与信念在《讲〈孟子〉》与《讲杜诗》两书中皆如渊如泉，时或出之，而在后书中尤为显著。俞平伯先生是其20世纪40年代中期拜师问业的贤者，彼此交往四十余年，不因政治风雨骤剧而时断。俞先生讲杜诗的覃思卓见，吴先生始终不忘，而且用心在自己的讲授中间加以补证传播。他讲《观公孙大娘弟子舞剑器行》，结尾有“女乐余姿映寒日”句，明清以来至近现代研究杜诗诸作，皆未考“映寒日”的典据，只有俞平伯先生三十多年前讲杜诗指出是暗用向秀《思旧赋 · 序》的事典，借以寓今昔沧桑之感。吴先生认同并引申说：

> 我认为这个解释是很精辟的。正与诗里头的上文“感时抚事增惋伤”一句相映照。《思旧赋》的《序》怎么说的呢？

嵇康“临当就命，顾视日影，索琴而弹之”。他临死时看看太阳，然后拿琴弹，《广陵散》从此绝矣。向秀就说了：“余逝将西迈……经其旧庐……于时日薄虞渊，寒冰凄然……邻人有吹笛者，发音嘹亮。追思曩昔游宴之好，感音而叹，故作赋云。”这是向秀《思旧赋》的《序》。所以俞先生说，“映寒日”者，用《思旧赋》的《序》“日薄虞渊，寒冰凄然”。“梨园弟子散如烟”了，而女乐的余姿还有个别人留下来了，但是就好像向秀过嵇康的故居一样，是“映寒日”。我觉得俞先生的说法是对的。做学生的，也有师承，也有家法，我觉得俞先生讲得好的，一定要照着讲。有一次我在城里讲杜甫，俞先生的女儿、外孙、亲戚去了一大堆。讲完以后，俞先生给我写了封信，说“感谢你宣传鄙说”。

俞平伯先生三十多年前讲《观公孙大娘弟子舞剑器行》所做的这一条考证，吴先生至晚年讲授同一诗篇还要“照着讲”，并且明确提出研究学问要讲究师承、讲究家法。这在大兴批判之风的那个年代是不可想象的，即使在眼下也并非人人有此种自觉性。吴先生所谓“师承”“家法”，窃以为不应该做狭义的解读，要义在敬畏先贤，尊重传统，在先贤的经验与传统的规范中研习经典，潜移默化，涵蕴自我，即朱子所谓“学能时习旧闻，而每有新得，则所学在我，而其应不穷”（《论语·为政》篇注）。亦即刘勰所谓“望今制奇，参古定法”，“摹体以定习，因性以练才”（《文心雕龙·通变、体性》）是也。

与讲究师承与家法悖反不经者，今日实不乏其人。《丹青引》之中杜甫评价诗主人公曹霸有云：“学书初学卫夫人，但恨无过王右军。”吴先生讲解说：“曹霸写字的功夫了得，在王羲之以后，就很少有像曹霸的书法那么漂亮而有力的了。”继而他讲到一个负面的事例，说是有一位自命为书法家的人跑到北大讲坛讲书法。据说这位书法家写得一手狂草。吴先生说：“但是我发现他写字就像用钢笔写外文一样，千篇一律，一篇下来，该黑的地方一片黑，该白的地方一片白，看不出‘狂’在何处，最大的特点就是‘不认识’。他在北大的演讲有一段话，认为基本功第二，创新精神、自我精神面貌的体现第一。他认为基本功不是不要，但是要摆在其次。王羲之的基本功是最高的，如果只讲基本功，你写得再好，也超不过王羲之，永远排老二。这是那位书法家的高论。”这种“高论”的浅薄愚妄，当然会受到吴先生的严格批评。吴先生的批评是自觉维护中华文化固有的广泛意义上的“师承”与“家法”传统，是学术文化中的拨乱反正、订讹传信。

还应该体悟到，吴先生继俞平伯先生的“师承”、循俞先生的“家法”，绝不局限于俞先生自身的道德文章，而在于俞先生所代表的文化传统。此传统既是德清俞氏杭州诂经精舍所标举的有清学术主流，也包括《诗经》、先秦诸子、屈宋辞赋、《昭明文选》、《六朝文絜》、韩柳之文、李杜之诗、苏辛之词，直至明清戏曲小说所汇成的奔泻千古的中华文化之川渎江河，甚至新中国成立以后已入式微的昆曲艺术也是由俞先生的倡导得以复兴并走向世界的。吴先生那样珍视并着意传播俞先生对经典中一章一句的新解，若孔子何以讥樊迟请学稼为小人却赞南宫适为尚德君子，杜诗“香雾云鬟湿，清辉玉臂寒”之所指，“梨园弟子散如烟，女乐余姿映寒日”之出典等等所显示的文化价值，皆出于一种文化传统惠赐的本能与睿智。再如解读杜诗《玉华宫》连类论及唐诗宋诗、杜诗辛词的授受关系，皆属坊间各家巨帙文学史著作从未曾涉及的尖新之见。而这，虽不能具体举证出于俞先生亲授，却不能不承认是俞先生所代表的学统学风潜然通融的遗泽。

在20世纪30年代，俞平伯先生的散文创作是很有影响的，足以与朱自清先生比肩而立。吴先生解读《玉华宫》诗曾连类述及俞先生现代散文创作的渊源所自："俞先生晚年嘱咐我，'不要随别人一起说我学晚明，周作人提倡学晚明，我俞平伯没有提倡，我并不学晚明'。朱自清先生为他的《燕知草》作序，也说他学晚明。俞先生当时没有反对。俞先生说，'我是读《文选》，学六朝小品的'。"吴先生就此推断说："可见，专学晚明，像不了晚明，必须上溯到《文选》、六朝小品、《水经注》、吴均山水小文、《六朝文絜》中的那些文章。这些读熟了，写出来的才像晚明。专学唐诗，就是李梦阳、李攀龙一流。必须从诗骚汉魏下来，把唐人走过的路走一遍，才能像唐诗。"俞先生自道创作现代散文小品，是上溯《昭明文选》(以下简称《文选》)与六朝骈俪小品，取资以为源头活水的。吴先生以此悟得，学唐诗必须从诗骚汉魏一路学下来始能融入唐人的形貌骨髓。俞先生诠释诗文出典，除前贤所搜寻之群经诸子史乘之外，特别关注现存总集之首的《文选》，那句"梨园弟子散如烟，女乐余姿映寒日"的释典即是特别醒目之一例。兹似宜补充说，杜甫即特别推崇《文选》，曾教导其子宗武云："诗是吾家事，人传世上情。熟精《文选》理，休觅彩衣轻。"(《宗武生日》)仇兆鳌注："此以家学勖宗武。"意谓作诗是我们祖辈传承的家事，为举世所赞颂，《文选》是我们的家学，一定要熟精其中的文理，不必像老莱子那样身着彩衣取悦父母。又于其子诵读《文选》偶然不接时云："呼婢取酒壶，续儿诵《文选》。晚交严明府，矧此数相见。”(《水阁朝霁,奉简严明府》)此是其一诗的末两联,说明杜甫自身对《文选》已经达到熟精的程度,所以在准备接待贵宾严明府的忙碌中,一边吩咐女佣备酒,一边脱口诵出儿子偶忘的《文选》之句。俞先生以为“女乐余姿映寒日”的典据出自向秀《思旧赋》(载《文选》赋类哀伤门),正由于俞先生对杜甫熟精《文选》的神会心得。因此,吴先生讲《咏怀古迹五首》,论及中国古典小说渊源,即追溯而及《文选》所录宋玉诸赋云:

> 不管怎么说,屈原以后写楚辞,有名的就是宋玉,而且他的赋很有名。宋玉流传的这些赋有意思极了。《风赋》《登徒子好色赋》《高唐神女赋》等,《文选》里都有,每一篇赋都是一个小说……宋玉的特长是用当时流行的赋体来写传奇故事,所以有高唐神女的故事、登徒子的故事等等,甚至包括《对楚王问》,都带有传奇色彩……不要以为中国古代就没有小说,而且中国的小说往往不是通过散文故事来写的,而是通过这样一个庞大的文学体裁,以一种特殊的形式来写传奇故事。

吴先生把中国古典小说的渊源追溯至《穆天子传》,是坊间中国文学史著作大多论及过的,但是把中国小说的源流演变历程同宋玉的辞赋联系起来,尤其指出宋玉以典雅富丽的辞赋形式创作传奇故事,则是吴先生敏锐机智的新发现。此即证明吴先生最善于理解、消化、发挥俞平伯先生所体现的“师承”“家法”。吴先生在《讲杜诗》一书中或详或略述及前辈师长,若陈寅恪、朱自清、游国恩、周祖谟、魏建功、林庚等学坚才饱之士论学的历史掌故,是其中最闪光的插曲。其述及刘文典先生授《文选》最受欢迎,是因其本身即善作骈俪文章，俞平伯、顾随两先生讲诗词最叫响，是因其本身即善作诗填词，虽书中涉笔及之，已足令吾辈蓦然神往矣。此可见吴先生领受之“师承”“家法”，既丰厚醇美而又悠远深长。而其本人犹如孔子称赞子贡所谓“赐也，始可与言《诗》矣，告诸往而知来者”（《论语·学而》）。

总起来说，我在青年时代细读吴先生的《先秦文学史参考资料》和《两汉文学史参考资料》，深为吴先生持守之乾嘉学风与方法而心折，所收获的主要是词章训诂之学以及学术研究的初步启示。而至迟暮之年，细读《吴小如讲〈孟子〉》与《吴小如讲杜诗》，则为两书展示的新境界欣喜欲醉，受惠的主要是心灵的慰藉与共鸣、对完善人格的向往、对生命真谛的体认，深悟先生实与两千数百年前的哲人、一千数百年前的诗人通融和合化为一身，其呈现于前的君子气象，其儒学精义的科学性诠释，其诗学奥妙的创造性阐发，其对人性真善美的执着张扬，均促我感念不忘，激我奋发不懈，默默然淡忘老之已至者也。

《中庸》曰：“故君子尊德性而道问学，致广大而尽精微，极高明而道中庸，温故而知新，敦厚以崇礼。”吴先生的著作以及隐然印入其中的自我文行出处、好恶弃取的人生辙迹，实可为此章经传的现实注脚。

# 根深才能叶茂

## ——记吴小如教授

陈熙中

20 世纪 50 年代，当我还是中学生的时候，就常常在《文艺学习》《文汇报》等报刊上看到吴小如先生的文章。进北京大学中文系那年，系里给一、二、三年级同学共同开设一门新课"工具书使用法"，主讲教师便是吴先生，而该课的助教则由傅璇琮、袁行霈等先生担任。本来似乎枯燥无味的那些工具书，吴先生却讲得趣味盎然，引人入胜，二三百人的大教室，总是座无虚席。当时吴先生年仅三十五岁，用现在的标准来看，只能算是青年教师，但也许由于他成名较早吧，在人们的心目中，他是属于系里的"老先生"之列的。而在那"批白专""拔白旗"的年代里，"老先生"简直就是"资产阶级学术权威"的同义语。除了听课以外，我们很少与老先生有个人接触。毕业后我留系任教，但不久即借调去教外国留学生，直到最近这十多年，才有机会常常向吴先生请益求教，虽然这时吴先生自己却已离开他执教几十年的中文系，转到邓广铭先生主持的中国中古史研究中心去工作了。

吴小如先生，本名同宝，1922 年出生于哈尔滨，祖籍是安徽省泾县茂林村。父亲是著名的书法家、诗人吴家琭（玉如）教授。吴先生的中学时代是在天津度过的，1941 年高中毕业后同时考上燕京大学和辅仁大学，但为了照顾祖母和母亲，仍留在天津读书并在中学任教。家庭环境对于吴先生的影响是多方面的，既使他从小就受到古典文学的熏陶，也培养了他自强不息的刻苦奋斗精神。从 1945 年起，他先后就读于燕京、清华、北大，受业于朱自清、俞平伯、游国恩、沈从文等著名学者，转益多师，为日后的治学打下了牢固的基础。1949 年毕业后，先后在津沽大学、燕京大学教书。1952 年院系调整后，吴先生在北大中文系任教将近三十年，无论在教学上还是研究上，都取得了突出的成就。吴先生热爱教学工作，以“得天下英才而教育之”为人生最大快乐，以讲课为主要“嗜好”，他的课堂教学效果之佳在校内外都是有口皆碑的。吴先生从 1934 年上初中时，便开始在报刊上发表文章。几十年来始终勤于笔耕，除大量散见于报刊的文章和集体编写的教材外，单就已经结集成书的著作而言，就有《中国小说讲话及其他》《读常人所见书日札》（以上“文革”前）、《读书丛札》《古典小说漫稿》《古典诗文述略》《古文精读举隅》《诗词札丛》《台下人语》《京剧老生流派综说》和《中国文史工具资料书举要》（与人合著）等。这里有必要指出：吴先生多半是在十分繁重的教学任务的间隙中从事学术研究的，而他的研究成果则又是他出色的教学效果的一个重要保证。可以这样说，教学与科研密切结合，相得益彰，是吴先生治学的一大特点，也是最值得我们这些高等院校的中青年教师学习之处。

《文心雕龙·知音》中说：“凡操千曲而后晓声，观千剑而后识

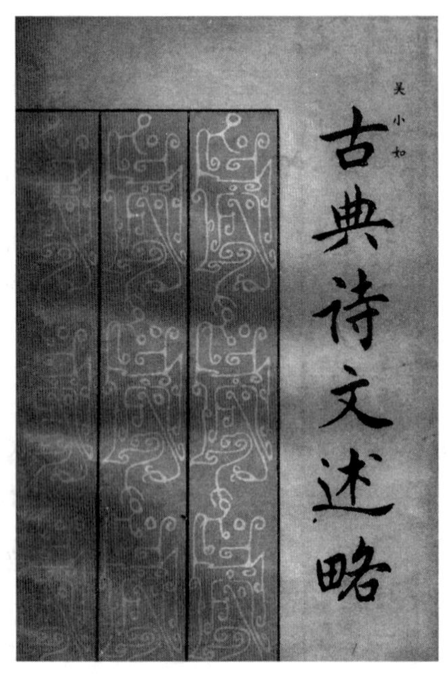


《古典诗文述略》书影

器。"吴小如先生之所以能在学术上取得多方面的成就,是与他广博而坚实的古典文学修养分不开的。无论诗词、古文、小说、戏曲,他都有自己独到的心得体会,从孔夫子到梁启超,他都可以开课讲授。这种境界是经过了多少年的辛勤耕耘才达到的。吴先生从少年时代由父亲口授唐诗起,一生真有无书不窥之势。他读书之广博,从下面一段他的自述可见一斑:

1938年秋,予在津门从朱经畲师受业,始知《诗三百篇》之学,于毛、郑、孔、朱外,有姚际恒、崔述与方玉润诸家。翌年秋,入京避津市水灾,日诣北京图书馆,手录明、清人说

《诗》专著，如郝敬《原解》、姚舜牧《疑问》、姚际恒《通论》、方玉润《原始》诸书，皆于此时寓目。1950年秋，予为津沽大学诸生讲授《诗三百篇》，时仅一年然涉猎多方，颇有所积。时贤如郭沫若、闻一多、郑振铎诸人之说，亦择善而从；而俞平伯、冯文炳两师所论著，采撷尤多。至于诂训章句之义，则深叹清人治诗如陈启源、王引之、陈奂、胡承珙、马瑞辰、俞曲园诸家，所发明者实远胜前哲。及1956年，注释《先秦文学史参考资料》，乃于《毛诗》之外，复比勘三家；于《清经解》之外，复追踪《通志堂经解》；于古今专籍之外，复泛求而杂览。斯则游泽承师启迪之效。(《〈诗三百篇〉臆札·前言》)

吴先生在这里所说的，仅是他研读《诗经》的情形，实际上，他治《论语》《左传》《史记》乃至唐诗宋词，都是这样穷搜博讨，尽可能掌握所有第一手资料和前人的研究成果。凡是读过《读书丛札》的人，想必不会不叹服于它的博大精深。正如沈玉成先生指出的那样，吴先生的这部力作，“在大量资料中引出结论，取精用宏，无征不信，新解胜义层见迭出”(《我所了解的吴小如先生》)。吴先生说过，他搞学问不凭灵感，不在学问中加入主观臆测，而是言必有据，每个观点都要建筑在大量的材料和客观旁证之上。吴先生的著作，体现了这样一种实事求是的精神，所以它们给予读者的是可靠的知识和有益的启发，而绝不像被人讥为“皇帝的新衣”似的一味标新立异的时髦著作那样徒然惑人耳目。

除了一般所说的学术研究之外，吴先生还以擅长讲析和鉴赏作品特别是古典诗词而享有盛誉。我们听吴先生讲解作品或读吴先生的赏析文章，都会感到是一种美的享受。这固然与吴先生的口才和文采有关，但更主要的，我想还是因为他能够真正地而不是想当然地掌握了作品的意义的缘故。没有透彻的理解，也就谈不上真正的欣赏。吴先生说他在课堂上分析作品或写赏析文章，曾给自己立下几条规矩："一曰通训诂，二曰明典故，三曰察背景，四曰考身世，最后归结到揆情度理这一总的原则，由它来统摄以上四点。"(《我是怎样讲析古典诗词的》，见《诗词札丛》)这里所说的几点，似乎极普通，极平常，其实做起来却谈何容易！吴先生曾举了一个例子说明通训诂的重要性，这段话十分精彩，值得节引于下：

> 所谓"通训诂"，指对一首诗的每一字句都必须正确理解。如果连字句都没有弄懂，那么分析得天花乱坠也不会得出正确结论，还谈什么欣赏？……姑举家喻户晓的《木兰诗》为例。诗中有这样几句："问女何所思，问女何所忆？女亦无所思，女亦无所忆。"这几句诗多为人所忽略。木兰从头一天夜里已见军帖，"军书十二卷，卷卷有爷名"，其心事重重，不言而喻。她所以停梭止织，正是她有所虑、有所忧的表现，怎么能"无所思""无所忆"呢？这"思"和"忆"的训诂问题便引起我的注意。于是我就细检《诗经》的十五国风……国风中十分之六七的"思"字都是指男女相思慕而言……而汉乐府和《古诗十九首》之言"所思""长相思""思君令人老"云云，都是指男女或夫妇之思。……由此可见，"思"与"忆"应有广狭二义。广义的"思"和"忆"无所不包，而狭义的"思"和"忆"则专指男女间的互相思忆。然则《木兰诗》中的语句应该怎样理解就一清二楚了。"所思""所忆"乃男女情爱之

事……这从北朝《折杨柳枝歌》也可得到旁证:“问女何所思,问女何所忆?阿婆许嫁女,今年无消息。”此数语为《木兰诗》之所从出,不正说明“思”和“忆”的内在涵义吗?木兰回答“无所思”“无所忆”者,意在说明自己并非少女怀春,而是想到父亲年老,出征作战大有困难。这样讲,既解决了“无所思”两句仿佛辞费的疑窦,又从一问一答中体现出木兰这一少女形象的高尚纯洁,不同于一般只想着找婆家生孩子的女性。可见字词的训诂是与诗中主人公形象塑造有密切关联的。(《〈诗三百篇〉臆札·前言》)

吴先生解释《木兰诗》真可说是发前人之所未发,而所以能别出新解,不正是源于对于诗句本身的正确理解吗?反观时下某些赏析文章,分析不可谓不“细”,意见不可谓不“新”,究其实际,往往连原文字句也没弄懂,不过是“以其昏昏,使人昭昭”罢了。

作为一名人民教师(吴先生常自谦为“教书匠”),吴小如先生不但把他掌握的知识无保留地教给学生和他人(但凡有人求教,吴先生总是热情解答。请参看《我所了解的吴小如先生》),而且还常常应青年和报刊的要求,诚恳地把自己的治学经验与方法和盘托出,嘉惠后学。八九年前,笔者曾为北京大学出版社编辑《怎样写学术论文》一书,吴先生欣然惠赐《漫谈我的所谓“做学问”和写文章》一文。他在文中把他从老师俞平伯、游国恩等先生那里学到的治学门径和他自己的体会,原原本本地做了介绍,文章结尾有这样几句话,可以认为是吴先生做学问和写文章的自我总结:“说到写学术论文,我目前只抱定两条宗旨:一是没有自己的一得之见决不下笔。哪怕这一看法只与前人相去一间,却毕竟是自己的点滴心得，而非人云亦云的炒冷饭。否则宁缺毋滥，决不凑数或凑趣。二是一定抱着老老实实的态度，不哗众取宠，不看风使舵，不稗贩前人旧说，不偷懒用第二手材料。”不用说，这也是每一个严肃的学者都应该有的科学态度。正是从这种严肃的科学的态度出发，吴先生在学术研究和争鸣中，一向既敢于坚持真理，也勇于改正错误。1980 年吴先生发表《范仲淹〈岳阳楼记〉考析》，几年后收入《古文精读举隅》一书。看过该书校样后，吴先生偶然得知某师专学报上曾有文章与他商榷，便立即辗转托人找来阅读，并特地写了“校后补记”，感谢那位作者指出了他文中的一些错误。这样的例子不止一个，因为服从真理而不迷信权威也正是吴先生本人一贯的信念，所以他从不以权威自居而拒绝批评。

吴小如先生的专业是中国古典文学，但他对现代文学和外国文学也有较深的修养，而且懂英语，曾与别人合译过《巴尔扎克传》。此外，不少人都知道，他精通京剧，擅长书法，旧体诗也写得相当好，限于篇幅，这些就不能一一介绍了。至于吴先生的为人处世的鲜明特点，他的“老门生”沈玉成先生概括为认真、坦率和热情六个字，这在《我所了解的吴小如先生》一文中有如实的描绘。据我所知，在几篇介绍吴先生的文章中，吴先生本人比较满意的是沈先生这一篇，就因为它真实——其中既有学生对老师实事求是的赞扬，也有委婉而中肯的批评。吴先生就是这样一个人。

# 创发新义　治学严谨

## ——读《皓首学术随笔·吴小如卷》

陈延嘉

当代生活节奏快，人们的工作压力大、时间紧，很难有充裕的时间去读那些长篇大论，而且学术风气浮躁，泡沫之作很多，浪费了读者宝贵的时间。中华书局推出的《皓首学术随笔》共八卷，作者都是卓有成就、早已蜚声于世的大学者、老专家，在学坛占有重要地位。在耄耋之年，他们从自己一生的众多著述中选出的学术随笔，自然是精粹之作；名曰“随笔”，实皆画龙点睛之“笔”。学有专攻者可以从中受益，一般读者也会享受阅读的乐趣。雅俗共赏，各有所得，正是此丛书的特点。

《皓首学术随笔·吴小如卷》（以下简称《吴卷》）是这套随笔之一。吴老是我仰慕的学者，可谓神交已久。20 世纪 80 年代，我院接了一项任务，为小学教师进修编一套教材，《语文》一册由我主其事。我正好从《文史知识》上看到吴老关于《诗经·伐檀》“彼君子兮，不素餐兮”中“君子”一词的解释。吴老依据孟子的解释，指出，“‘君子’为诗人理想中之正面人物，意谓惟彼君子乃

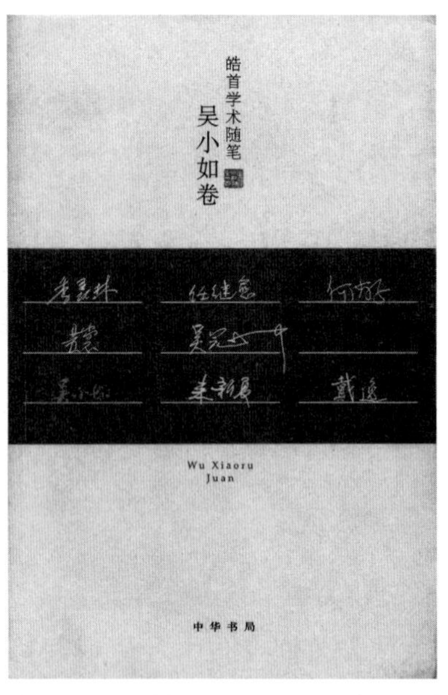


皓首学术随笔·吴小如卷》书影

为不素餐之人也”，但“自五四运动以来，胡适始创为异说，其言曰：‘……你看那《伐檀》的诗人对于那时的‘君子’，何等冷嘲热骂”！吴老从三个方面批驳了胡适这个说法：(1)《诗三百篇》中所言“君子”，无一处为意含讽刺，不得独于此诗别生异解；(2)诗人所指斥之对象用指代词“尔”，而于其心中之理想人物(“君子”)则用指代词“彼”，“尔”之不同于“彼”固甚明白；(3)尤为重要者，说此诗必不能忽忘成诗之时代。此诗乃二千余年前之奴隶制社会或由奴隶制向封建制逐步转化之社会中为劳动人民立言而作。夫存在决定意识，其人作诗必不能超越时代之局限。当时之被剥削、被压迫者，固未能如五四时代之资产阶级学者，已能辨识所谓“君子”(即奴隶主或封建主)之反动阶级本质也(《吴卷》

第12～13页,以下引文凡出于《吴卷》者,不另注明)。为了检验吴老的说法是否正确,我把《诗经》中凡有“君子”一词的地方都查对过,证明吴说不诬。他以《诗》证《诗》,又从语言学和意识形态的角度加以论证,可谓不刊之论。于是,我采用了吴老的说法。我选《伐檀》这一小学教师已经学过的篇章,目的在于用吴老的意见纠正旧教材中的错误。遗憾的是,出版社审查后,又改从胡适之说。此文收入《吴卷》,读后如见老朋友一样。在《吴卷·读经新议》中,吴老又提到此问题。但是,“在今天(《吴卷》注为1993年,现应改为2006年)的学术界,持此说者却依然是少数,而把五四时期译此二句为‘混账王八蛋,没菜不下饭’的讲法奉为圭臬的仍大有人在”。无怪乎吴老感慨地说:“仅此一例,已足以说明把《诗经》真正讲通讲透,讲得平易近人、公允明确而少偏颇之见,是多么不容易。”在提倡阶级斗争的年代,胡适是被挞伐的对象,但他的说法却被“奉为圭臬”,也是《诗经》接受史中一段有趣的插曲。这个问题很小,但意义重大。这不仅由于许多人不求甚解,而且更重要的是中学教材半个多世纪的传播,被亿万计的人奉为“常识”,其危害之广,是任何其他问题不能比拟的。吴老的意见已开始被人接受了,但愿有一天中学课本的编者能采纳吴老的意见,以免继续以讹传讹。

《吴卷》的内容,吴老自己说:“大抵侧重于饾饤考据,使文章性质较为统一。”另一处,在“饾饤”之后加“琐屑”二字,可见是自谦之词。不过,这类文章不被某些高谈阔论者看好,以为没有多少学问,这种情况存在已久。依鄙见,恰恰相反,这是治学重要的基础工作。事实是,某些人连原文都没有读懂,就大发高论,如《释“顷”》中提到的误解“顷”之义,而创“辛弃疾1167年‘潜入金国’说”,《释“宰予昼寝”》中提到的以“昼寝”为“白天与妻子行房事”说等等,实在是沙上之塔、空中楼阁,造成了许多学术泡沫,甚至是垃圾。在国学水平日益下降的今天,吴老的考据成果显得更加熠熠生辉,具有示范作用。吴老说:“治文学宜略通小学。”这已经把“道”与“器”之间的关系讲得很清楚了。《吴卷》虽多数不是谈文学,但考据的目的为讲道理服务,则表现得很明显。

《吴卷》的主要价值在于它的学术独创性,含金量很高。所谓学术独创性,一是提出新说;二是对成说提出新解,就像陈景润之证明哥德巴赫猜想,上文“君子”一词在出现歧解的情况下对孟子的观点加以详论而证成之,就是佳例。以下谈谈吴老自己的新说。在这方面,《吴卷》贡献颇丰。张衡《四愁诗》第一首有“侧身东望涕沾翰”的句子。李善注:“翰,笔也。”但其他三首“涕沾襟”“涕沾裳”“涕沾巾”,“涕沾”之物皆为衣服之类,“翰”字如理解为笔,则与全诗不协。这个问题千余年没有彻底解决。吴老读《汉书·江充传》:“充衣纱縠单衣,曲裾后垂交输。”如淳注:“交输,割正幅使一头狭若燕尾,垂之两旁见于后。”但“交输”一词实不可解。吴老后来查到明人凌稚隆《五车韵瑞》去声十五翰[史·交翰]条引《江充传》“充衣……曲裾后垂交翰”,其注文亦作“交翰”,《佩文韵府》同。“因疑今通行本《汉书》‘交输’字,‘输’实‘翰’之形误。”遂根据“翰”之本义,进一步断定:“若夫江充所衣之曲裾,本类妇人之服,且上下有狭广之异,如燕之尾羽,故以‘交翰’称之……然则所谓‘涕沾翰’者,‘翰’盖指衣裾而言,正与下文‘襟’‘裳’‘巾’诸词同属衣服之一部分,其非笔翰之谓,可断言也。”最后,更以门人白化文先生提供的《长沙马王堆一号汉墓发掘简报》之图版第二十四,作为“实物之证”。言他人之未言,发千年之蒙，正是吴老的贡献。

再如《蒹葭》："溯洄从之，道阻且长；溯游从之，宛在水中央。"《毛传》曰："逆流而上曰溯洄。"又："顺流而涉曰溯游。"吴老说："夫顺流而涉，乌得曰'溯'？宜乎前人已疑之矣。"接着引戴溪《续吕氏家塾读诗记》卷一、俞樾《群经平议》卷九、闻一多《风诗类钞》甲与乙、余冠英《诗经选》等对《毛传》之解提出的驳难，但都没有彻底解决。吴老指出："闻说浑含，但诠词义；余说则明谓伊人所在为两水相交之处，心窃疑之。"他接着谈自己的意见："此诗所云，实指一水。惟既洄且流，故两用'溯'字，且皆指陆行而言（闻说是也）。"这个结论是怎么得出的呢？来源于生活："1964 年至 1965 年，予在湖北江陵县。某日，自所居张黄大队欲东至龙桥大队砖窑，中途一水相隔。此水有洄有游（流），溯洄而上，则道阻且长；溯游而上，则窑在水之彼岸，宛似水中洲岛，可望而不可即。卒以扁舟横渡而及其地。因顿悟此诗所云……始叹诗人汲源于现实生活而成诗，后之人倘无实际生活以体验之，固不啻夫眇者之扣槃扪烛也。……多年疑义，一朝冰释，唯实践始能出真知也。"并以简图示意，图在第 17 页。"实践始能出真知"是一个人人都懂的道理，然而究竟有多少人特别是治古典的读书人能真正做到呢？这个问题争论了两千多年而不能解决，因为学者们只在书本中讨生活。看了吴老的解释和简图，我们也"一朝冰释"。

再如"卧薪尝胆"的故事。"卧薪"，一般人"只从字面上照现代人的理解来设想，认为勾践一天到晚躺在柴火垛或稻草堆上"，其实是"失之毫厘，谬以千里"。为什么？吴越争霸，古籍仅记勾践有"尝胆"而无"卧薪"之事。那么"卧薪"之事是怎么形成的呢？吴老考察了此故事形成的来龙去脉，特别是《吴越春秋·勾践归国外传》的记载："越王念复吴仇，非一旦也。苦身劳心，夜以继日。目，卧则攻之以蓼；足，寒则渍之以水。冬常抱冰，夏还握火。"吴老指出："'卧薪'的出典，疑即从'目，卧则攻之以蓼'这句话引申创造出来的。"在考察了"蓼""蓼薪"之后，他说："然则《吴越春秋》里所说的'攻之以蓼'，实则'攻之以蓼薪'。""大约勾践在疲倦要睡的时候，就利用'蓼'的辛味来'攻'（刺激）其'目'，为的是打消睡意。当然，这种东西数量少了是没有用的，必须成堆地摆在身边，其辛味才强烈。这可能就是'卧薪'的由来。""'尝胆'是让味觉感到苦；'卧薪'是让眼睛感到辛辣，其目的是在折磨眼睛而非折磨整个身体。"此说"遭时贤非难"，但他坚持己说，因为"立论有据，非向壁虚构"。此说之不被某些人接受，是因为旧说已成为常识，常识是天然合理的。无怪他感慨地说："因知学问之道，即前进跬步，亦大不易；矧著书立说，欲求参天地而不与草木同朽者耶！"

从上述例子可以看出两个突出的特点：一是吴老自己说的"订讹传信"，二是提出并解决的问题不是生僻的罕见的，而是学习和生活中常常遇到的。这两点也是《吴卷》全书的特点，这只要看标题就可以了，因而极大地增强了它的现实性。这些问题是反复讨论烂了的，在这样的领域要出新，真是难上加难，可吴老做到了。为什么？还是那句话："立论有据，非向壁虚构者可比。"

吴老创发新义而立论有据，窃以为可能有如下几个原因：一是资料丰富。吴老在论证一个问题的时候，总是把这个问题所涉及的所有观点、根据都收罗殆尽，而且厘清这几种观点的渊源关系。在千余字的《释"煖""馒"》中，涉及的有《元曲选》《通俗编》

等十六部著作,还不算旧《辞海》和好几种工具书;在《说“奉匜沃盥,既而挥之”》中除《左传》外,涉及《国语》等十九部书,可见其资料丰富之一斑。二是不囿于门户之见。吴老指出:“唐宋人在学术上有很多见解原是通情入理的,而清代的汉学家却抬出更古的招牌来动辄加以非议,显然是门户之见在作梗。……清人讲考据往往徒乱人意,职是故耳。”但他并不一概排斥清代的汉学,也不完全肯定清代的宋学。他说:“清人著述中,走宋学路线者虽不无头脑清醒、见识超卓之人,但大部分宋学家不是死守封建者的灵牌,就是满脑子的功名富贵,至少也不免陷于制科习气,因而个人倒是宁取汉学家的著作。汉学也分古文、今文两派,这于我却没有什么偏爱。”正因为吴老对各派取分析态度,采其善者而从之,故能后来居上,提出新解。三是独立思考。这一点最重要,是学术创新的灵魂。对此,吴老十分重视:“我写这篇小文(指《说〈韩子〉诗》)是想达到这样一个目的:读古人作品一定要独立思考,破除先入为主的成见,不要人云亦云,跟着古人炒冷饭。但创立新说,又必须持之有故,言之成理,有根有据。不能异想天开,随心所欲,凭主观武断标奇立异,哗众取宠。”《吴卷》中的所有文章都是这样,不劳烦举。第四,具备了上述三个理性条件,把它们综合起来归为一点,就是创新需要悟性。有没有“悟”,悟性之高低,是创新与否的关键。应该说,吴老的悟性是很高的。在《蒹葭》中他说“因顿悟此诗所云”就是明证。第五是锲而不舍、穷追到底的精神。吴老创发新说,看似举重若轻,实际上有的问题追索十几年甚至几十年。如为释一个“来”字,他说“远在三十年前……”,又说“直到十多年前……”,说明他经历了三十年的探索。又如《问刘十九》,他说:“我儿时读此诗……近来又对这首小诗反复涵咏,竟然发现以前对第二句(即‘红泥小火炉’句)理解得不够正确。”从“儿时”到“近来”,对于一耄耋老人而言,至少也算是半生了。为一首小诗,用如此之心思,实在令人钦佩。第六是虚怀若谷的精神。当发现别人的批评有理,吴老绝不固执己见,在《“击壤”探源》中他向陈山先生三致歉意。与此相关者,是吴老极为尊重他人的劳动,不是自己的创见,谁对他有帮助,都一一标出,绝不掠美。这种态度,在目前的风气下,尤其显得难能可贵。

(作者单位:长春师范学院)

# 《孟子》研究的里程碑①

陈延嘉

## 一

《孟子》一书,研究者绵绵不绝。这不仅因为它是儒家经典,而且从语言的角度,也是上乘之作。《孟子》继承语录体,并有长足发展。所以,《孟子》具有广义的文学价值。上述两方面,使《孟子》对中国古代文化的各方面都产生了重要而深远的影响。

然而,前人的研究多集中在《孟子》字词的训诂、章句的释义,极少涉及时事。近读《吴小如讲〈孟子〉》(下称《吴讲》),耳目为之一新,大不同于前作。不同之处有二:一、吴先生"声明,这点滴感受是供成年读者参考的,并设想这些读者已经根据传

① 本文有删节。

《吴小如讲〈孟子〉》书影

世的各家注释和译本，基本读懂了原文”（《自序》），因此，他基本不做训诂和释义。二、谈古论今。“谈古”为一般研究《孟子》著作所共有，而“论今”，为《吴讲》所独有。从这个意义上说，《吴讲》是《孟子》研究中的一个新的里程碑。此云“谈古论今”，而不说谈古喻今或借古讽今，是因为吴先生直言不讳，不转弯抹角，以《孟子》之义理贬斥现实中之丑恶现象，是直谏，而非谲谏；还因为吴先生之“论今”，并非全是“贬”，也有“褒”，褒扬现实中的美好事物，充满了对未来美好的憧憬。

## 二

诚如吴先生所说,《吴讲》"写得十分简单,尽量节省笔墨,而不去旁征博引",但这并不表明《吴讲》内容单薄,恰恰相反,是很丰富的,举凡《孟子》的版本考证、章节分合、章与章之间的关系、词义训诂、句义阐释等等,皆有涉及。他虽然谦虚地说"这只是即兴发言,不敢吹嘘是什么'心得'",但依我之浅见,《吴讲》堪称一部有"心得"的学术著作。当然,它的重点不在这里,过分誉美亦不妥。下面,先就这个方面谈谈体会。不过,对此亦不能面面俱到,只举例而已。

首先,谈《吴讲》与前人理解不同处。首章《梁惠王》,《吴讲》指出:"古人注《孟子》者,汉有赵岐,宋有朱熹,清有焦循。参读此三家之言,大旨可明。然而自汉至清,释此章者皆首标'仁义'二字。盖仁与义乃孔孟一生着力处,其言固无误。"(《吴讲》第3页。以下,凡吴先生之"讲",皆径标页码;吴先生所录《孟子》原文,则标篇章名而不标页码。)其中"自汉至清"四字值得注意,其意非谓仅此三家,而是包括了所有研究《孟子》的著作,也就是说,传统之《孟子》研究皆"首标仁义二字"。窃以为,明确这一点,才能突显出《吴讲》之不同。不同在于吴先生以为"此章要害乃在'利'字"。《吴讲》引《史记·孟子荀卿列传》云:"太史公曰:余读孟子书,至梁惠王问何以利吾国,未尝不废书而叹也。曰:嗟乎,利诚乱之始也。夫子罕言利者,举防其原也。故曰:放于利而行,多怨。自天子至于庶人,好利之弊,何以异哉!"(第3页)司马迁并不轻视利,著《货殖列传》即为明证。但应该指出,司马迁只是在泛言“上下交征利”之害，并没有指出“此章的要害乃在‘利’字”，《吴讲》引“太史公曰”证明“唯史迁独具只眼”，“一语破的”，吴先生受此启发，是首次明确指出“此章的要害乃在‘利’字”的学者。倡仁义，批征利，两者互为补充，但从此章的全文看，孟子只是提出了“仁义”二字，没有进一步深入论述，其重点、“要害”应在批“上下交争利”上，故吴先生的理解是正确的。《孟子》是人们读烂了的经典，能创发新义，谈何容易！

如果说上例仅在理解之重点不同的话，那么，下例即可见《吴讲》之独发新义。《梁惠王上》：“孟子见梁惠王……（梁惠王）卒然问曰：‘天下恶乎定？’吾对曰：‘定于一。’‘孰能一之？’对曰：‘不嗜杀人者能一之。’‘孰能与之？’对曰：‘天下莫不与也。’……”《吴讲》引赵岐注云：“孟子谓仁政为一也。”吴先生说：“此解仆尝疑之。朱熹则解为‘合于一’，语亦未明。盖自春秋至战国，王纲解纽，诸侯各自为政，宇内呈分崩离析之势。分久必合，人心思定，犹久旱思雨也。孟子所谓‘定于一’者，已隐有大一统之意。观下文‘天下莫不与也’之语，犹言天下莫不归附焉，非一统之谓欤？”（第7页）H. R. 姚斯的《接受美学与接受理论》指出：“一部文学作品，并不是一个自身独立、向每个时代的每个读者均提供同样的观点和客体。……它更多地像一部管弦乐谱，在其演奏中不断获得读者新的反响，使本文从词的物质形态中解放出来，成为一种新的存在。”（辽宁人民出版社，1987年，第26页）解文学作品是这样，解经书也是这样。但对此有不同理解。《吴讲》在谈孟子的“以意逆志”时指出：“‘以意逆志’句有二解。一、读者据作者之文章逆作者之志；二、读者以己意逆作者之志。鄙意以前解为是。”（第125页）《吴讲》正是以前解得出“隐有大一统”的结论的。由此我想到董仲舒提出的“大一统”的理论。董仲舒在《春秋繁露》和《公羊传》里找到了由刘邦建立的汉王朝的法理根据和根本大法——“大一统”。其实,《春秋》并没有这个提法,但他也不是完全无中生有。他的大一统理论建立在天命观的基础上,他认为,不是父母生了人,而是天生了人,“天亦人之曾祖父也”(《春秋繁露·为人者天》),因此就必须一切奉天命。而《春秋繁露》之“人道浃而王道备”(《春秋繁露·玉杯》),本质上就是奉天。虽天生人,但“唯天子受命于天”,故“天下受命于天子”(《为人者天》)——此即为大一统。所以他在《天人三策》最后说:“《春秋》大一统者,天地之常经,古今之通谊也。”孟子亦有类似的思想。《万章上》:“万章曰:‘尧以天下与舜,有诸?’孟子曰:‘否,天子不能以天下与人。’‘然则舜有天下也,孰与之?’曰:‘天与之。’”但孟子更强调人。此章最后,孟子引《太誓》曰:“天视自我民视,天听自我民听。”以孟子所谓“天下莫不与也”。而且,孟子的“定于一”比“人道浃而王道备”更加明确清晰地表达了“大一统”的观念,理应成为“大一统”的理论来源之一。发前人之所未发,确为《吴讲》的创见。

其次,《吴讲》指出作品之继承关系。《告子下》:“逾东家墙而搂其处子,则得妻;不搂,则不得妻。则将搂之乎?”《吴讲》指出:“世传宋玉《登徒子好色赋》,实以孟子此事为出典也,读文学作品者不可不知。”(第160页)注《文选》之大家如李善者广征博引,亦未及之。吴说是也。

再次谈《吴讲》之训诂贡献。《公孙丑下》“孟子为卿于齐”章,“小如按:此章‘未尝与之言行事’句,自赵岐、朱熹以至焦循,皆未加注。姚永概《孟子讲义》卷四:‘行事,此行所使之事。’心窃疑之。考《管子·小匡》‘隰朋同行’句尹知章注：‘行，谓行人也，所以通诸侯。’而‘行人’之为官名，先秦诸籍与《太史公书》屡见。（以下举证从略）孟子既为齐卿，出吊于滕，正属‘行人’身份与职责。故齐宣王以王驩为‘辅行’，犹今言‘副使’也。而所谓‘行事’，乃行人出使所司之事。……足证《孟子》此章之‘行事’实专指行人之事，非时贤以现代汉语泛释之‘办公事’之谓。”（第49～50页）吴先生宅心仁厚，未提及“时贤”之名，实际是指杨伯峻先生。杨先生是我十分尊敬的学者。他的《论语译注》《孟子译注》《春秋左传注》都是我的案头书，经常学习。我的意思是，像杨先生这样渊博的学者都偶有理解不十分准确之处，何况他人呢？所以，《吴讲》的辨正是很必要的。再如《滕文公上》：“且许子何不为陶冶，舍皆取诸其宫中而用之？”《吴讲》指出：“‘舍皆取诸宫中’句之‘舍’，据章炳麟《新方言》，释为今山东方言之‘啥’，犹言甚么。其义至确，谨识于此。”（第64页）朱熹注：“舍，止也。”此承赵岐注。杨伯峻先生指出，“舍，何物也，后代作‘奢’，缓言之为‘什么’‘甚么’”，是正确的。《吴讲》的贡献有二：一、找出训诂依据，且更通俗易懂，因此“奢”即“啥”（读 sha）。二、指出是“今山东方言”，而孟子是今山东邹县人，这就把孟子时代的“舍”与今山东方言的“啥”统一起来，是方言保留古音古义的一条证据。在这点上，他超过了杨先生。再次，强调“舍”即“啥”也有必要。因为赵岐、朱熹之注的影响太深，时贤仍有从之者。

以上所谈的三个方面，是《吴讲》学术研究之一小部分，而其他方面未涉及。如其所附之《〈孟子·舜发于畎亩之中章〉笺析》，吴先生云“笺注略加考释，包括笔者看法在内，不仅是一般疏通字句”（第170页），就是一个突出的例子。《吴讲》重点虽不在此，但从上文举例言之，说它是一部学术著作亦不为过。恨其少也！我想，如果吴先生能对《孟子》笺析一过，当有更多更大的贡献。

## 三

《孟子》一书是讲“修身齐家治国平天下”的，涉及面很广，主要可分两个方面，一是伦理道德，二是政治。《吴讲》借《孟子》谈古论今，涉及面亦很广，此文亦不能面面俱到。

首先来看《吴讲》政治方面的某些论述。

在谈这个问题之前，必须全面正确地理解《吴讲》涉及政治某些方面的目的和心态。

吴先生在《〈孟子·舜发于畎亩之中章〉笺析·前言》中说：“中国人民和广大优秀正直的中国共产党党员在‘四害’横行时受到史无前例的折磨和锻炼，这对我们承担实现四化的‘大任’来说，尽管付出的代价是太大了，但在某种意义上也未尝不是好事。特别是在今后新长征的道路上，困难和阻力当然还是有的，而人民生活会日益改善、物质生产会日益提高的美好前景，却也并非十分遥远的事。那么，‘生于忧患，死于安乐’的提法，即使在将来也仍不失其积极的借鉴作用。”（第170页）他相信中国会越来越好，而寄希望于“中国人民和广大优秀的中国共产党党员”，说得多么好啊！在《常谈一束·新岁祝愿》里，吴先生说：“以我国而论，从清朝光绪二十六年庚子遭受八国联军的入侵开始，中间经过辛亥革命、五四运动、抗日战争以及新民主主义阶段，才达到有中国特色的社会主义初级阶段的今天。”对中国日益发展富强的喜悦之情溢于言表。又说:“我们的使命和责任就是力图让幸福光明在克服艰难险阻的过程中逐步圆满实现并得到巩固,所谓从贫困走向温饱,然后一步步走向‘小康’和‘大同’。”为此,吴先生自觉地以“一名民主党派成员”的身份,“积极参政议政”。(福建教育出版社,2000 年,第 4 页)其爱国爱民之心令人感动。《吴讲》当是这样一个具体表现。《吴讲》中多次提到“为政者”就是明证,如“此仆所以力主为政者须读马恩之经与孔孟之经”(第 40 页)。他在《自序》中说:“应该在成年人、文化人,特别是作为人民公仆并居于领导地位的中上层官员这样的群体中提倡‘读经’。因为这些年来,在我亲自接触到以至于看到、听到的成年人特别是文化人和官员们中间,曾做过一番调查,发现大多数人是既不读马恩之经,更不读孔孟之经的。”因此,让上述人“认真读一读马恩之经和孔孟之经,那可能对于建设祖国、改革开放和实现四个现代化更有好处”。值得注意的是,吴先生主张的不是只读传统之经,而是“双经”——“马恩之经与孔孟之经”并举,且马恩之经在前。原中共中央政治局常委李瑞环同志就是这方面的典范。“马克思、恩格斯的经典文章、《毛选》的主要文章,他都能背上很长一段。”他也爱读传统的经典,他说“天下和静在民乐”,这与孟子的“与民同乐”的思想完全一致,可证读孔孟等传统之经有其必要性。(以上引文均转引自姚忆江《“天下和静在民乐”》,《南方周末》,2010 年 5 月 20 日,B10 版)。还应指出的是,吴先生讲《孟子》并非用传统的观点释之,而是以现代理念,特别是以马恩之经统摄之。马恩之经组成部分的唯物辩证法,《吴讲》中多次提及。如在批评许行“以物易物”之倒退时指出,“孟子之意乃指日用百物须视其质之高下与量之多寡计值,不得优劣大小不分”,又联系当下,“今日犹存重量化而不论质之优劣,诚属明显倒退,而主其事者犹沾沾自喜,以此方为划一之律,是直接许行之衣钵而不免为辩证唯物论者所讥矣”(第65页)。再如“此历史唯物辩证法之规律,不以个人意志为转移者也”(第74页)。如此之类,不一而足。故,如以极“左”之思又断章取义,而诬其为谤书,不是南辕北辙,就是别有用心。

《吴讲》谈政治和时事涉及国内外。下面,首先看其论国内。

第一,批“文革”。孟子曰:“无罪而杀士,则大夫可以去;无罪而戮民,则士可以徙。”《吴讲》云:“十年浩劫中,马思聪秘密出境客居异乡,论者毁誉参半。读孟子此章,可断言马为无辜。”(第101页)对“文革”,党中央已有决议:全面否定。但其流毒之肃清,仍有待时日。

第二,义与利之辨,直斥贪腐。《孟子》首章即提出了仁义与利的关系问题。孔孟并非完全不讲利益,他们是把仁义置前,而利字放后。尤其是执政者,一定要把国家和人民之利放在前。《吴讲》总结历史经验说:“考之后世,凡言利以治国者,其后果往往化公为私;及上下交相争利,则受害者必为民,故民多怨。尤以不夺不餍四字为诛心之论。自古迄今,未闻贪污腐败、贿赂公行之徒有适可而止之时也。……为政者可不慎欤!”贪官落马,时时见诸报端。“可不慎欤”的提醒不适逢其时吗?在财货取舍上,孟子是榜样。《公孙丑下》“陈臻问曰”章记录了孟子接受和不接受馈赠的情况。《吴讲》评论曰:“孟子之取与不取,仆自以为在所与之人为谁。宋与薛,孟子以为与之者名正言顺,故受之;而齐王之馈,则富贵者以财势骄人,居高临下,视孟子为施舍对象,故孟子谓之‘无处而馈之,是货之也。焉得君子而可以货取乎’?故拒不受。读此章,可以悟富贵不能淫之理,足可引为鉴戒。”(第48页)齐王对孟子这样一个无官职士人的馈赠,孟子尚且因其“骄人”而拒之,还能主动贪污索贿吗?读此章,亦可悟贫贱不能移之理。当然,治贪腐更重要的是制度上的制衡,而读“双经”亦是防微杜渐之一,则毋庸置疑。

第三,提倡民主,批评专制。对《离娄上》,《吴讲》云:“此篇凡二十八章,近半数皆言为政者应如何治国,故为政者宜熟读此篇。”其为国为民、替为政者着想之意昭然。此段文字最后说:“至于‘责难于君’‘陈善闭邪’云云,在专制社会,为臣者敢于如此者几人?即在今日,在下位者又孰敢向在上者直言欤?故孟子之言,绝非危言耸听也。”(第84页)“专制”是个敏感话题,如何理解《吴讲》的批评?《吴讲》引《孟子》两句原文是:“责难于君谓之恭,陈善闭邪谓之敬。”杨伯峻的译文是:“用仁政要求君主才叫‘恭’;向君主讲说仁义,堵塞异端,这才叫‘敬’。”用此标准来衡量,《吴讲》就是“恭”和“敬”。

第四,谈教育和学术。《吴讲》在《尽心上》“道则高矣美矣”章说:“传道授业,宜高悬标准,不宜迁就庸才。今日但求普及,而不务提高,由舍本而逐末矣。此今日教育失败原因之一也。”(第194页)“普及”不错,“但求”则不可。为什么出现这种情况?把教育当成产业,扩大招生,目的之一在“征利”。又云:“今之为师者,视人之是否富贵利达有权势而有所取舍,失为师之道矣,然滔滔者天下皆是也。”(第195页)痛哉言乎!凡为家长者当皆有体会。此亦可证“上下交征利”之害。

高校成为腐败的重灾区之一,学术亦腐败,已有共识。《吴讲》说:“战国时之百家争鸣,实今日主张学术民主自由之先河;而

‘百花齐放’云者,实主张文化艺术自由开放之号召。然争鸣与齐放,亦须遵守规范与符合本身之发展规律,今俗所谓‘游戏规则’是也。且学术与艺术,皆应具有高品位与高水平,乃于人类社会有所裨益。而今之所谓争鸣,所争之内容往往似是而非形成学术垃圾;而所谓齐放,又往往以不伦不类之物冒充艺术创新,于是学术与艺术皆徒具空名而竟无故实,终于形成文化泡沫乃至文化沙漠,一任假冒伪劣者横行于天下。”(第78页)一言中的!君不见我国一流大学如北大者流,竟不时曝出抄袭之丑闻乎?今之日,大师遍地走,剽窃到处有。人们已见怪不怪,甚至有为之公开辩护者。《吴讲》指出:“学术腐败则每况愈下。如用体检是否服兴奋剂之法检讨学术,或可杜其弊欤?”(第155页)近闻,已有此种软件,试之学生论文,管用。这真是瘸子做梦,腿好了!但不知对那些“高明的”“大师级”的人是否管用,且拭目以待。此种腐败产生之因,在于但为利益。故《吴讲》说:“餔啜犹言饮食,即今所谓混饭吃。孟子不愿其弟子学古之道而但图生计以奔走权门耳。”(第94页)“综观此数章,皆所以诲后世读书人如何面对有权威者。今之读书人,不独甘为犬马以求有权势者之青睐,甚且视蝇营狗苟为进身必由之路,其去古人亦远矣。”(第140页)知识分子乃社会良心,自甘堕落如此,可不痛心!此亦“上下交征”之危害,世风日下之表现。《吴讲》多次提及世风问题,此不再论。

第五,褒扬执政者。《离娄下》“子产听郑国之政”章,《吴讲》不同意孟子对子产“惠而不知为政”的批评,说:“夫建桥梁修徒杠,子产未必不知其有利于民。然乘舆方到水边,见民众无以涉水,乃舍己之舆以济渡,足见子产之爱民,夫何责焉!且修桥梁须时日,必俟农闲始可用民力,孟子亦知之。故子产之惠民,救一时之急也；修桥梁以便民，长久之策也。两者并无矛盾，此犹今之国务院总理亲为农民工索欠也。如总理代每人而亲索欠，诚‘日亦不足矣’；倘迫在眉睫，为总理者以己之行动示范群僚，然后制定法令督促而行之，岂亦惠而不知为政欤！”（第 99 ~ 100 页）事有凑巧，近日来家装修之二农民工说，自从温总理亲为农民索欠后，各级政府“督促而行之”，情况大有好转，欠农民工工资之事已基本杜绝。党和政府不仅大力发展了经济，而且更加关注民生，多有建树。不收农业税，且对农民有补贴，此亘古未闻之大事好事！故《吴讲》满怀希望地说：“仆生也晚，然已经历北洋政府、国民政府与社会主义制度下之人民政府三次政权变革。深感七年之病求三年之艾之大不易。今行将入土，愿子孙能见小康之世，于愿已足。”（第 88 页）理解，期盼，说得多么好啊！再如《梁惠王下》“人皆谓毁明堂”章，《吴讲》评论说：“毁明堂者，盖欲破坏传统文化遗迹也。孟子主行王政，是继承尧舜禹汤文武周公之道，故劝齐宣王勿毁之。1949 年以来，为政者力主破旧立新，所毁者不一而足。自入新世纪，惭悟传统文化毁之有害，乃又力主保存古迹。然既毁者不能复完，亡羊补牢，终胜于一破到底，所谓此一时彼一时也。”（第 21 页）为政者有所失误，能改就好，肯定“又力主”，非揪住不放。《吴讲》又云：“然空谈容易，实践艰难，故世之为稻粱谋者，自不宜轻加讥议，但求人人能洁身自好，则亦社会之福也。”（第 27 ~ 28 页）。此宽容之心态，乃和谐之望也。

其次，看《吴讲》论国际。

第一，纵论世界大势，鞭挞霸权主义。在《梁惠王下》“交邻国有道乎”章，《吴讲》指出：“方今世界各国，称强图霸者有之，干涉他国内政者有之，穷兵黩武者更有之。唯在我国为政者，如何善处之耳。”(第19页)在《梁惠王下》“齐人伐燕”章,《吴讲》云:“齐乃乘人之危而以兵加诸邻国,其非正义之师可知。”于是联系国际之事:“今之发达国家,动辄以重兵入他国引起战争,正仆所谓以己之所欲强加于人,其后果未有不乱者。”与此相对照,《吴讲》提及中国:“‘箪食壶浆,以迎王师’,唯1949年上海解放时居民亲历之,盖人心向背,理所当然。”(以上引文见第24~25页)“唯”字甚可注意。“箪食壶浆,以迎王师”不过是孟子的理想,历史上从来没有过,包括“圣人”周武王都没有过。此一“唯”字囊括古今中外也!这一对照,从论述的角度看也是妙笔。《吴讲》不仅指斥“今之好战者”,而且联系历史。在《离娄上》“求也为季氏宰”章,《吴讲》指出:“及资本主义社会,殖民统治大行其时,则孟子之言乃不幸而言中,可谓有预见性矣。”(第90页)“孟子之言”指“争地以战,杀人盈野;争城以战,杀人盈城”。吴先生经历了三个朝代,日寇侵华,我国亿万人民奋勇抗敌,虽伤亡惨重,乃义战也;而日寇则糜烂其民矣。虽然,未闻日之皇室贵族子弟及高层领导,亲临前线以殉此不义之战也。《吴讲》痛斥当今之侵略战争云:“时至今日,霸权主义统治者悍然干涉他国内政,调兵遣将入人之国,至今犹未撤兵,而死于异乡者,皆其国之无辜公民也。未闻其总统与上层领导之子弟亲眷死于战火前线,是霸权主义者不惜糜烂其公民以谋其上层集团一己之利,岂不更逊梁惠王一筹乎?以国家纳税人之血汗与公民血肉之躯谋上层集团之利,是以己之所欲强施于人,残民以逞,而其志卒未毕逞,劳民伤财,莫此为甚。是犹得为自由民主之国家乎?”(第199页)我国反对霸权主义者入侵他国,世所共知。但如此痛斥,其言辞之犀利,在笔者为始见,足见吴先生宝刀未老!

## 四

吴先生对《孟子》并非全面肯定。《吴讲》多次对其错误、不足进行批判，所谓取其精华、弃其糟粕也。

第一，指出孟子之言“迂阔而远于事情”。《梁惠王》“晋国，天下莫强焉”章，《吴讲》评论说：“然就其时代背景言之，或即世人以为其言迂阔而远于事情者非欤？”此论始见于《史记·孟子列传》。《吴讲》接着说：“战国秦、齐、楚三强鼎立，各逞其坚甲利兵；韩、魏、赵居乎其间，如专从行仁政着手，旷日持久，不待其政生效，国已亡矣。故仆以为孟子之言诚是，唯奈非其时何！”（第7

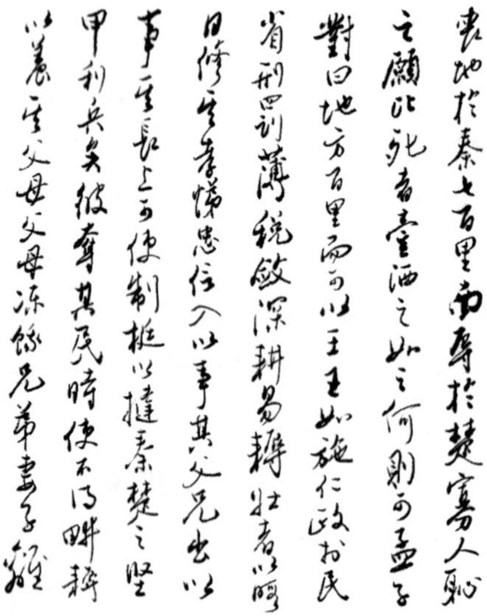

吴小如录《孟子》（局部）

页）在《梁惠王上》“寡人之于国也”章，孟子主张“五亩之宅”，实“小国寡民”之计，故《吴讲》云：“自远虑言之，实不及商鞅之开阡陌重农兵，合于仲尼足食足兵之论，从而使秦一举而富强。”（第5页）

第二，批评孟子言不由衷，有战国之士的诡辩习气。《梁惠王上》“齐桓晋文之事”章，《吴讲》指出：“孟子谓‘仲尼之徒无道桓文之事者，是以后世无传焉’，亦不尽然。《论语·宪问》明载仲尼之言，所谓‘晋文公谲而不正，齐桓公正而不谲’。且于管仲有褒有贬，并见《论语·宪问》，岂得径以‘无道桓文之事’‘后世无传’之语搪塞之？是以孟子亦有以谲求其正处。故仆每谓孔、孟不得相提并论。盖孟子借以牛易羊事说齐宣王，亦有为宣王圆谎与开脱之嫌，终近于当时策士之风。此作风孟子亦知之，故坦率自承‘予岂好辩哉，予不得已也’。由是言之，孔、孟虽号称圣贤，亦常人而非神人或超人，不宜以超人视之，更不宜以神待之。”（第11页）正因此，再加上他的仁政理想非其时，所以不能令人接受。故《吴讲》批评说：“其言‘以齐王犹反手’，未免过于天真。”（第32页）孟子善辩、善譬，但他把比喻和类推结合在一起，违反了论述中异类不比的逻辑法则。“齐桓晋文之事”章由于选入中学课本和各种选本，影响甚大。在笔者所见分析文章中，是一片赞美之声，故《吴讲》提出这一点很有必要。

第三，孟子为人有不足处。《公孙丑下》“孟子将朝王”章，《吴讲》指出：“孟子又坚不欲失体面，竟宿于景丑氏。是一误再误，无怪乎景丑以言诘之矣。夫人无完人，此章可见孟子为人，亦有不足处。”（第47页）批评孟子之为人，在笔者亦为始见。

# 多面统一的学者吴小如

段宝林

吴小如先生是我的老师。印象中,他讲课的内容总是少而精,条理非常清楚;他声音洪亮,抑扬顿挫有如京剧的道白一般,听来真是一种享受。先生执教数十年,常言:以得天下英才而教育之为最大快乐,以讲课为主要“嗜好”。吴组缃先生称赞其授课效果之好,“无出其右者”。

吴小如课讲得好,这绝不是偶然的。他有家学渊源,他的父亲吴玉如先生是著名的书法家和国学大师。吴小如自幼学习就十分勤奋,阅读古今中外文学作品既多又广,而且有自己的见解。中学时代,他就开始发表文艺评论文章。在上大学之前,他已经有了在中学讲课的经验。在大学学习期间,吴小如又师从林宰平、俞平伯、朱自清、沈从文、废名、游国恩、浦江清等名师。他曾说在登门求教俞平伯先生之前,已经读遍了俞先生的全部著作,所以见面时能“身心相通”。后来,他成了俞平伯先生的得意门生。吴小如还认真学习废名的文章,并写出了上万字的评论。

吴小如和沈从文的相识是林宰平先生介绍的。后来，吴小如又帮助沈从文编京派文学的重要副刊，不仅写了许多很有分量的评论文章，而且总在与作者的沟通中，对稿件提出有见地的修改意见。吴小如的许多评论文章，都于20世纪90年代收入《今昔文存》《读书拊掌录》《书廊信步》等书中出版了，这些文章，在今天看来仍有很大历史价值和学术价值，例如他对张爱玲的评论。前些年，社会上出现了"张爱玲崇拜"，至今犹有余波。当时，吴小如对她的评价便非常深刻而全面，且很有先见之明。吴小如指出张爱玲的问题所在，他在评论中写道："她火候不到，有点浮光掠影……虚名、躁进，葬送了她的才华，浪费了她的心力……以致染上了过于柔腻俗艳的色彩，呈现出一种病态美的姿颜。"

在中国文学史的教学与研究中，吴小如先生深受游国恩、林庚、浦江清、吴组缃等先生的器重，是《先秦文学史参考资料》《两汉文学史参考资料》等作品大部分内容的注释者和定稿人。他还出版了《古典诗词札丛》《古文精读举隅》《读书丛札》《古典诗文述略》《古典小说漫稿》《吴小如戏曲文录》等专著，以及《皓首学术随笔·吴小如卷》《莎斋笔记》《常谈一束》《心影萍踪》《霞绮随笔》等读书随笔。他从小熟读古典诗歌、散文，对古典戏曲、小说的研究尤为深入。他精通文字、音韵、训诂，考据与欣赏都很擅长，被誉为"旷世难求之通才"。

在戏曲评论方面，吴小如的著述也非常丰富且多具权威性。如《京剧老生流派综述》《台下人语》《吴小如戏曲文录》《吴小如戏曲随笔集补编》等，其分析戏曲作品和演出见解之精到、评论之深刻，都是无与伦比的，不仅为读者所叹服，而且受到了表演者的高度重视。

在吴小如担任中国俗文学学会会长时,先后主持出版了《中国俗文学概论》《中国俗文学七十年》等著作,由此开创了中国俗文学学会的新局面。在《中国俗文学概论》序言中,吴小如指出俗文学要有民族性,俗文学“与我国民族所独有的语言文字、风土人情有关。缺了‘民族的’这一特点,我们的俗文学就俗不起来”,“任何文学体式,都是由俗而渐变为雅的。……所谓‘雅文学’无一非渊源于‘俗文学’者。……俗文学作品是一切文学作品之母。这原是古今中外文学发展的一条普遍规律”。

他还指出:“俗文学作品在语言文字方面(包括声韵、训诂、修辞及语法结构等)并不像它字面上所体现的是‘通俗’易懂的。相反,在这个学科领域里,人们还得下大功夫、笨功夫、经久不懈的功夫去钻研它、突破它,才有可能真正理解作品的实质,抉出其精英。试看,从《毛诗》《楚辞》到汉魏六朝的各种体式的俗文学作品,下而至于从各种敦煌文献(包括大量的俗文学作品),宋元明清历代的话本、戏曲、章回小说到民间流行的弹词、宝卷等,迄今仍存在着我们远远没有弄明白的各样问题,如文字的校勘、词语的训释、成语典故的诠解、方言方音的辨识以及语法结构的分析等等,都有待我们去解决。我曾写过不止一篇文章,谈到整理‘今籍’(当然包括俗文学作品)绝对不比整理古籍容易,甚至难度更大。试把《元刊本杂剧三十种》里的生僻文字考订出其正确涵义和用法来,我看绝对不比考释出一个新出土的古文字容易。就连流行于当前舞台上的各种地方戏的台词,其中仍有不少词语有待推敲诠释。说良心话,这确是一项吃力不讨好的浩大工程,没有无私奉献的精神和蚂蚁啃骨头的韧劲和毅力,是不易做出扎扎实实的成绩来的。而这一任务却责无旁贷地落在俗文学研究工作者和作品纂辑整理者的身上。现在我老老实实谈了出来,愿与海内外老、中、青同行们共勉,携手共进。”这段话语重心长,力透纸背,不仅是我们进行俗文学研究的纲领,更是对俗文学研究难度的非常真实而又确切的估计。

20 世纪 90 年代,吴小如曾经写文章为民俗学后继无人而呼吁。他的文章使我感动,曾引发我写了《民俗学的命运》一文。我深深地感到,民俗文学的命运和人们对它的认知有极大的关系,当前,人们因为对俗文学不了解而轻视它。

吴小如在书法上的造诣和成就,亦堪称大家。他的书法功底极其深厚,从小就临写过许多名家的字帖,后来又广泛学习各种书法碑帖达 300 种之多,从中博采众长,形成了自己的风格。七十年来,他临池不息,相继出版了《吴小如手录宋词》《吴小如录书斋联语》《吴小如书法选》和《吴小如先生自书诗》等书法作品。我曾请他为《古今民间诗律》一书题签,那俊秀的小楷充满了美感。

吴小如在古文献学、文学史、戏曲学、俗文学、书法艺术等许多方面都有很高的成就,这可能使人感到他“不够专”,是个杂家,但我认为他多而不谬,可谓“多面统一的大家”。

(作者单位:北京大学)

# 吴小如教授联抄

范立芳

吴小如，名同宝，字小如，以字行。生于1922年。安徽泾县人。北京大学中国中古史研究中心教授。在古典文学特别是戏曲方面颇有造诣，精通对联艺术，多次担任全国性大型楹联活动的评委，为当代楹联事业的发展做出了重要贡献，联作俱见功力。

1985年题长城二联，均反"春风不度玉门关"之意而用之：

春风逾绝塞，
紫气映雄关。
春风已度居庸塞，
淑气先临碣石山。

为浙江湖州赵孟頫故居题一联，极赞这位元代书法家的艺术成就：

毓秀钟灵，竟传苕霅；
赵书管画，如鼓瑟琴。

苕霅指浙江的苕溪、霅溪，指赵的故里吴兴；赵、管，即孟頫及其妻——女画家管道升。

茅盾纪念馆联巧嵌其两部代表作：

一代文章推子夜，
满腔心血似春蚕。

赠兰亭纪念会二联：

迈古铄今，书尊逸少；
流觞曲水，盛纪兰亭。
上巳良辰，自古山阴多胜概；
千秋佳话，于今海内集群贤。

1991年北京中山公园扩建"来今雨轩"，据《红楼梦》菜谱推出"红楼宴"。吴应邀拟嵌字联一副：

迎四泽嘉宾，欣来今雨；
陈八珍美馔，雅宴红楼。

1994年9月，中楹会等单位为"国门第一路"——首都机场高速公路向海内外征集楹联。在近六千副应征联中有台胞周天健的一联：

日月光华，天作星轺归此路；
河山带砺，寰中冠盖会名都。

联语典雅称题，惜下联容易引起误解。身为评委会主任的吴教授灵机一动，将联文稍作改动，使其入选为四副佳联之一，为海峡两岸联坛留下了一段佳话。改联为：

带砺河山，天外星轺归此路；
光华日月，寰中冠盖会名都。

天津著名琴师郭仲霖 1986 年病逝，吴挽以短联，妙在工切绝伦：

风雅谁绍？
人琴俱亡。

挽荀慧生夫人张伟君联谓：

镂骨锼肝，应鉴苦心昭日月；
相夫课女，难填遗恨向泉台。

中楹会顾问、著名学者刘叶秋 1988 年 6 月在京病逝。吴敬挽一联：

徒有文章能寿世，

何惧心血未传薪。

吴擅作集句联，曾用苏轼、杜甫诗自题联：

晚觉文章真小技，
春来花鸟莫深愁。

又集杜甫、于谦诗自题一联：

岂有文章惊海内，
要留清白在人间。

集李白、张说句寿俞平伯联曰：

共看明月皆如此，
且喜年华去复来。

用李白、辛弃疾句赠著名画家包天轨：

举杯邀明月；
拍手笑沙鸥。

集苏轼、黄庭坚句赠《文汇报》编辑谢蔚明：

大瓢贮月归春瓮，
长诗脱纸落秋河。

成都武侯祠联，上联出李商隐《筹笔驿》，下联用《史记》所引的古谚语：

管乐有才终不忝，
桃李无言下成蹊。

吴赠人多用嵌名联。赠天津古籍出版社胡永清联云：

昼永思佳客，
时清羡少年。

赠山东东平三中语文老师谌志生联曰：

非志无以成学，
有生即须读书。

赠天津书法爱好者沈春源联：

春融添气象，
源远汇江河。

赠天津篆刻家卢善启联为：

善万物得时而育，
启素心学道以传。

（作者单位：江苏射阳纸箱厂）

# 听吴小如老师讲课

顾农

20世纪60年代初我在进北大中文系读书之初,即有幸完整地听了吴小如老师两门课:一门中国诗歌选,一门中国散文选;后来能搞一点古代文学的教学和研究,至今也还坚守文学研究领域,最重要的基础在此。

上中学的时候,我已经读过不少古人和今人编注的古诗文选本,一些名篇大抵熟悉,自我感觉比较良好;听了吴老师的课以后才知道自己先前尚未入门,而现在才算明白了一点。吴老师讲课的内容,颇多写进他前前后后的大小文章之中者,只要能找到的,我都一一细读,与课堂内外听他讲过的互相印证,觉得大有收获。所以直到现在也还常常在读他的几部相关著作,争取温故而知新。

数年前中华书局出版《千秋一寸心——周汝昌讲唐诗宋词》,我在一篇书评《会心解味读诗词——读周汝昌〈千秋一寸心〉》(《博览群书》2009年第2期)中详细评介周先生的成就与方法,文末忽做一比较宏观的考察道：

> 顾随、叶嘉莹、周汝昌诸先生构成诗词赏析中的一大派。顾随先生说，“我们读古人诗，体会古人诗，与之混融是谓之‘会’，会心之会”〔《驼庵诗话·总论之部(三)》〕；叶嘉莹女士称颂其师说，“先生平生最大的成就，实在还并不在其各方面之著述，而更在其对古典诗歌的教学讲授……纯以感发为主，全任神行，一空依傍”（《纪念我的老师清河顾随羡季先生》）。他们师徒三人讲诗词的路径、风格颇有一致之处，或可称为会心感发派；这一派与微言大义派（古已有之，远如毛诗的传笺，晚近如清人陈沆的《诗比兴笺》均为代表；于今仍盛，却不容易举出一个合适的代表来）、诗史互证派（可以陈寅恪先生的《元白诗笺证稿》为代表）、横通中外派（可以钱锺书先生的《宋诗选注》为代表）并驾齐驱，各擅胜场；而综合各派特别是前三派之长的吴小如先生则自成一派。吴师一向讲一条原则、四点规矩：“一曰通训诂，二曰明典故，三曰察背景，四曰考身世。最后归结到揆情度理这一总的原则，由它来统摄以上四点。”（《我是怎样讲析古典诗词的》）这样各个方面都兼顾到了。先生所著之《诗词札丛》《莎斋笔记》《古典诗词札丛》我读得最早最熟，所以我往往优先向青年朋友介绍。我自己在从事普及读物《千家诗注评》（凤凰出版社2006年11月版）和注评本《高适岑参集》（凤凰出版社2009年1月版）时，也采用揆情度理的总原则，博观约取，别出手眼，放手评诗，只是恐怕不免有些野狐禅的意思，今后还要向各派先达更多地请教。

揆情度理，这实在是读诗解诗的至妙法门，关键只在于落实。

吴老师在课堂上讲诗，总是那样从容不迫，旁征博引，深入细致，新意迭出，令人豁然开朗，神智清明。我曾在回忆学生时代的文章中略有涉及(《往事星花》，载《北大遗事》，青岛出版社 2001 年 10 月版，174 ~ 187 页)，只是言之甚简，这里不妨举一两个具体的例子。

例如杜甫的《羌村》其二中有两句道“娇儿不离膝，畏我复却去”，“畏我复却去”历来有不同的解说，或作上二下三的句式，或作上一下四的句式。上一下四之说古已有之，当时又有一位权威人士力主此说，一时间几乎成了定论。吴老师从全诗的语境出发，认为必须按上二下三来理解，专门写了文章(《说“畏我复却去”》，后收入《莎斋笔记》，东方出版中心 1999 年版，77 ~ 81 页)，谓杜诗写娇儿既十分依恋从远方归来的老爸，而看他脸色不佳、心绪不好，又不免有点畏惧，遂退而离去。如此写小儿特色，真所谓形神兼备，大有意味。不过这种细致入微之处，未必容易为读者所体认。宋人陈师道《别三子》诗云：“有女初束发，已知生离悲。枕我不肯起，畏我从此辞。”明显地学习《羌村》，而他的“畏我从此辞”自是上一下四，但后山此诗只是写出了娇女对老爸的依恋，与杜甫的复调笔墨相比，不免显得比较单一。当然这也难怪，小女孩懂事较早，特别喜欢爸爸；更小的小男孩则往往看似机灵而实际糊涂的居多。金圣叹将“畏我复却去”理解为上一下四的句式，说是“娇儿心孔千灵，眼光百利，早见此归不是本意，于是绕膝慰留，畏爷复去”(《杜诗解》卷一)，无非是将杜家小子看成是陈家娇女，其实他们的心态和水准是很不同的。

又如王维的《辋川闲居赠裴秀才迪》：

> 寒山转苍翠，秋水日潺湲。倚杖柴门外，临风听暮蝉。
> 渡头余落日，墟里上孤烟。复值接舆醉，狂歌五柳前。

这是一首名作，其颈联（第五六句）尤为脍炙人口；但诗的第一句则极精彩而不甚容易理解。秋天一般来说是草木凋零的时候，此时之山何以形容为“转苍翠”？又此诗的具体时间背景是日暮时分，天色向晚，山色又何以“转苍翠”？一般不是都说“暮色苍茫”吗，如何“翠”得起来？

吴老师对此有过一个很令人信服的解说，大意谓山间多乔木，颜色较深，春夏两季到处草木欣欣向荣，都是绿色，不大显得特别；入秋以后，草枯木落，于是山色的苍翠便显眼了，秋天看山的趣味正在于此。王维用“寒山转苍翠”五个字形容秋山，极能得其神韵，不愧名作风头。这个解释合乎情理，后来我游历过南北一些名山大川，每当水瘦山寒时节，很容易体会到“转苍翠”的妙处。

也还是在行旅之中又发现，太阳落山的时候，光线虽不甚强烈，但西边的山峦却往往显得格外明亮，在苍茫的暮色中特别引人注目，成为首先映入眼帘的景观。王维此诗首句写落日余晖映照下的寒山，大约是率先写下他伫立于柴门之外的第一印象吧。可惜我至今没有机会在秋天去访问陕西蓝田（辋川在该县南），否则一定能对“寒山转苍翠”有更深切的体会。

读万卷书固然很重要，争取机会多多亲近山水，特别是多听名师讲课，应当说尤为重要。

最近若干年来，宏观研究受到重视，长篇大论很多，这当然是很好的事情，可惜有些大著在涉及具体作品时却每有硬伤，甚至闹些笑话。这种情形表明：无论用什么路径研究古代文学，对具体作品的准确理解乃是必备的前提。作品尚未弄通，什么微言大义、崇论宏议都是空的。作品赏析、微观研究绝非小儿科，而是最重要的基础性工作。一味天马行空是干不成什么事情的。分析作品必须通训诂、明典故、察背景、考身世，而以"揆情度理"的大原则统摄之——让我们这样脚踏实地地干下去吧。

吴老师给我们上课时正值壮年，精力充沛，课外又常常到宿舍来辅导，对同学诸君所有的问题，包括课内和课外的，都当即做出简明中肯、深刻风趣的回答，极受同学的爱戴。有一次我向先生请教课外所读之《诗经·小雅·天保》中的疑难字句，先生一一做了回答，当时围住先生的同学很多，大约是他不能只管我一个，又怕我没有弄清楚吧，就说："你的问题先到这儿，下次课后找我再谈。"后来我如约找他，不料他又被捷足者先行围住了，先生从人头上递给我一纸，说："都写在上面了，有不清楚的地方再商量。"于是又和其他同学谈话去了。原来先生已经将比口头更详细的答复用工丽峭拔的小楷写得一清二楚。

这张凝聚着崇高师德和渊博学养的墨宝我始终珍藏，俯仰之间已经将近半个世纪了，是为寒斋镇库之宝。

吴先生研究古代文学，从上古一直搞到清朝，诗歌、散文、小说、戏剧，无不精熟有新见；而他青年时代十分关注那时的当代文学，对废名、萧乾、刘西渭、钱锺书、冰心、巴金、老舍、沈从文、冯至、李广田、张爱玲、师陀等人及其作品都有所论列，多有独到的见解；先生还从事翻译，《书廊信步》中收有《〈巴尔扎克传〉译后记》一文，由此不难管中窥豹。像先生这样的通儒型大学者，并世似颇不多见。学生虽忝列门墙，数十年来也曾不断地苦干，致力于打通古今，但始终没有学到这份博大。为学尚未成功，今后仍须努力。

毕业以后我一直教书，讲授古代文学方面的课程，其间不免也写了若干作品分析方面的文章。有一次发表了两段关于《古诗十九首》的札记，吴老师看到了，对其中的一段很不同意，专门写了一篇题为《释“索”——与顾农兄商榷》的短文（《文史知识》2003 年第 7 期）批评我，文章开头道：

> 顾农教授是 1966 年北京大学中文系应届毕业生。在校时听过我好几门课，是班上以用功著称的好学生。其长处在于读书较多，且敢大胆思考。目前在扬州大学中文系任教，近年与我时通音问。顷读 2002 年第五期《书品》（中华书局出版）所载顾农君大作《读古诗札记二则》，其中一则释《古诗十九首·青青陵上柏》。他对诗中“冠盖自相索”一句别有新解，以《文选》李善注引贾逵《国语注》训“索，求也”为非是，而认为应从朱熹注《诗·七月》“昼尔于茅，宵而索绹”训“索，绞也”的讲法才正确。

以下就“索”字详加研究，说明《青青陵上柏》中“冠盖自相索”之“索”仍应理解为“求”，盖训“求”之“索”与训“绞”之“索”原非一字，“冠盖自相索”的“索”乃是假借字，训“求也”不误。朱自清、余冠英、马茂元诸先生皆从李善说，所诠释虽皆“求”字之引申义，然揆情度理，信而有征。如谓此诗之“索”乃绳索相绞之意，则于义窒碍难通,故不可从。

我读了吴师此文以后,十分感动而且高兴,老师说我当年是个用功的好学生,还有什么比这更好的褒奖呢?至于这个伤脑筋的“索”字如何从训诂方面来解决问题,我还要再消化、再研究,所以虽然刊物的编辑来信说欢迎就此发表再商榷的文章,我因为忙于反思,不想动手。八十多岁的老师批评六十岁的学生,从容优雅地讨论纯学术问题,多么好的风气啊,现在已经非常少见了。

吴老师在批评我的同时,又很热心地对我加以指导,帮我发表文章。我有一篇两万五千字的《玄言诗初探》,不仅太长,而且观点与时下流行的意见有很大出入,找不到合适的地方发表。吴老师得知后一方面对此文提出若干具体意见,一方面以编委身份专门写信给《燕京学报》的主事编委,郑重推荐拙作,于是得以很快在该刊新十六期(2004年5月)刊出。我在文末特别声明:“本文承吴小如先生审阅后提出若干重要意见;已遵示修改,特此致谢!”一把年纪以后还有老师在背后撑腰,是学生最大的幸福,有这份福气的人未必是很多的。

如今吴老师高寿九十,我也已退归林下,渐近古稀。祝老师身体康强,福如东海!也希望今后对老学生继续多加批评教诲和指导帮助!

(作者单位:扬州大学)

# 他徜徉在京剧的百花园中

顾立华

中国是一个拥有悠久戏曲传统的国家。

京剧，就是这古典艺术之林中的一座百花园。她以自己特有的魅力为广大人民所喜闻乐见，不仅被誉为国粹，还实至名归地被赞为世界三大戏剧体系之一。

京剧，这座瑰丽的百花园，因无数表演艺术家的心血浇灌而繁荣昌盛，也因一代又一代粉丝们爱之、惜之、宝之、护之而历久弥新。尽管她曾饱经沧桑、屡遭劫难，却不折不挠地壮大成长为中华民族戏曲艺术的杰出代表。“登长城、游故宫、看京剧”，早已是许多老外访问北京的三大必修课。

京剧，这座香飘万里的百花园，还是联络全球中华儿女共圆复兴中国梦的重要精神纽带，也是海峡两岸同胞“反对台独、落实‘九二共识’”的坚实平台。几次“汪辜会谈”均有京剧的演出而更增添“两岸一家亲”的情谊。无论是在纽约、伦敦、渥太华，在悉尼、万隆、吉隆坡，只要“我本是卧龙岗散淡的人”“苏三离了洪洞县”的唱段一开腔，都会吸引众多华人华侨驻足洗耳，共享同吟这寰宇华夏儿女的“《国际歌》”！

当我们观赏着一台台精彩的京剧演出时，当我们聆听着一曲曲美妙的京剧名段时，当我们追忆着一代代京剧大师传承兴革之功时，我们也不能忘却那些对京剧爱之、惜之、宝之、护之的惜花君子和护花使者！没有他们不辞辛劳、不求闻达的珍爱与呵护、品鉴与推介，许多艳丽多姿的京剧之花，就可能养在深闺无人识；许多历经千锤百炼的优秀剧目，也可能鲜为人知；许多颇有成就的艺术人才，也可能被忽略或被埋没。吴小如先生就是这样一位坚持不懈地珍爱、呵护着京剧的惜花君子和护花使者！

作为京剧的一名初级戏迷，笔者因与小如先生缘悭一面而深感遗憾。近来，有幸拜读他关于京剧的一系列著作(《京剧老生流派综说》《莎斋笔记：戏迷闲话、艺海求是札记、菊坛知见录》《看戏一得》)，深为他对京剧问题所具有的博大精深、足可传世的见解所折服。在这篇拙文中，愿略述一些粗浅的读后感，算是对仰慕已久的前辈献上一瓣心香，并就正于同好。

## (一)

读了小如先生的上述著作后，我的最主要的感受是：它们可以作为半部《中国京剧鼎盛时期发展史》来读。无论对内行或外行来说，都可以从中获得相当具体的、形象的、直接的审美体悟，以及充分的、理性的历史脉络和评价。以下试以《京剧老生流派综说》和《鸟瞰富连成》的一些内容为例，来略窥小如先生的评戏功力和水平。

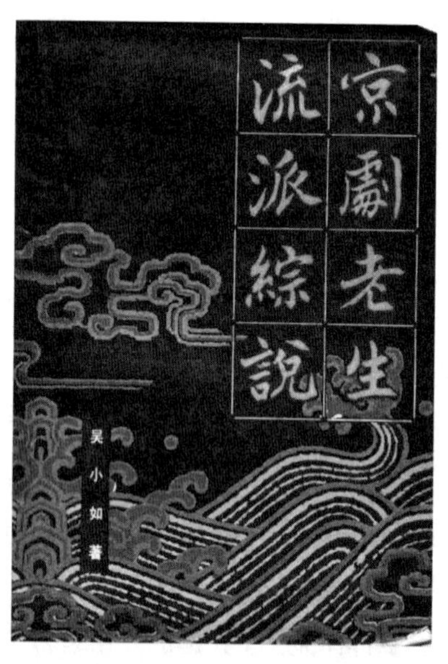


《京剧老生流派综说》书影

京剧流派的萌生、形成和发展演变、流传的过程，是京剧发展史中的有机组成部分。每一行当中各具风采的种种流派，在很大程度上推动着京剧舞台演出面貌的百花齐放和日新月异。从观众的角度看，所谓流派及其特色，又主要体现在剧目和演员风格上。小如先生对老生各重要流派的形成与发展，进行了深入细致的探源溯流和鉴赏品评工作，实现了宏观观照和微观剖析的结合；既让人看清众多流派的渊源和演变的具体路径，也透视了典型个案，对各流派的兴衰得失给予了相当客观公允的评价。下面，首先以小如先生给以最高评价的马派为主，结合个人体会加以介绍，以证明小如先生“知人论世”的高标和京剧理论大师的卓越眼光。

马连良(1901～1966)的学戏和演戏之始,正值20世纪初期中国社会发生剧烈变化、动荡的时代。辛亥革命和五四运动前后,革命与改良的思潮风起云涌,影响并渗透到社会生活的各个方面。京剧也随之而迎来了新的机运。在这样广阔的时代潮流中,马连良在学艺阶段就受到了严格而全面的幼功训练,得到叶春善、萧长华、蔡荣贵、刘景然、贾洪林等优秀教师的亲传实授;还尽可能地观摩谭鑫培的演出,学会了以谭派为主的许多老生戏,可谓文武兼擅,从而在青少年时代就为后来更好地继承传统,奠定了深厚扎实的基础。小如先生特别强调马连良擅长武戏,著《马连良唱过的武戏》一文,以正有人以为他不擅长武戏的"错觉"。出科后,他赴南方演出不久,又重返科班效力并继续深造,更认真地私淑余叔岩,乃至成名后又拜孙菊仙为师。凡此种种,都使他比同辈的许多老生演员们具有更大的天时地利的优势:师承多方、视野开阔、广采博纳、融会贯通,从而为他在20年代初即以谭派新秀的面貌闪亮登场,创造了必要的条件。

孟子有名言:"天时不如地利,地利不如人和。"马连良在半个多世纪的艺术生涯中,始终非常重视"人和"。他尊敬师长、尊重同辈、关爱后辈的许多行动,久久地被业内人士传为美谈,誉为楷模。坐科时,大师兄雷喜福曾向他授业。到20世纪60年代初,他任北京戏校校长,每逢乘坐公车出入遇见雷喜福时,他总要下车向雷致意。马从自己组班开始,就十分重视合作者的选择和相互配合,珍惜同他们的友情,鼓励他们的创造性。对于一些业务上有前途、肯努力的青年后辈,尽管他们当时还较稚嫩,他也关怀备至,大力支持,甘为人梯。(得到过马连良赏识和大力扶持的后辈,如张君秋、袁世海、李玉茹、叶盛兰、王吟秋、马长礼、李慕良等，后来均卓然成家；至于获得马连良亲授真传的入室弟子，如王和霖、王金璐、言少朋、张学津、冯志孝、安云武等，更遍及大江南北，恕不在此赘述）这样罕见的“人和”条件，令马连良几十年来所组的班社中，总能具有高水平的“四梁四柱”，能保持相当稳定、完整而又强大的实力，成为无可争议的全国一流的京剧演出团体。就笔者所知，他的二牌旦角，如黄桂秋、王幼卿、王玉蓉、张君秋、李玉茹、罗慧兰，主要配角，如叶盛兰（小生）、刘连荣、马连昆、裘盛戎、袁世海、周和桐（花脸）、李洪福、马盛龙（里子老生）、马富禄（丑）等，以及鼓师乔玉泉，琴师赵桂元、杨宝忠、李慕良，都是各行当中的佼佼者，有些都已成为自创流派的艺术大师。由此可见，马连良之所以能成为马派老生艺术的创始人，其重要条件之一应是“人和”。上述这些“四梁四柱”，特别是乔、赵、杨、李的鼓板与京胡演奏，更是马派唱腔、念白、身段、做功等成熟与发展的“有功之臣”！换言之，没有他们的默契配合和长期给力，马派艺术的面貌和风格，就不大可能成为今天的范儿！

仅靠天时、地利、人和诸方面条件，还不足以保证马连良成为风格卓异的一代宗师，决定性的因素乃是他的“己能”，也就是他不仅具有良好的主观条件，而且对艺术实践始终严肃认真、刻意求新，达到了唱、念、做、舞全面发展，并且长期保持着良好艺术状态，力求比其他老生名家更重视美与善的统一。就以观众最熟悉最欣赏的马派声腔而言，其嗓音宽厚柔润、清朗婉转，唱腔俏丽酣畅、舒展潇洒，唱法精巧细腻、收放自如，因而许多唱段易懂易学，易于流传，为广大群众喜闻乐见，也为京剧开一代新声，极大地丰富了京剧的唱腔艺术。作为声腔艺术的一部分，马的念白也爽朗流畅，吐字功力深厚，喷口有力，许多戏中的大段白口都念得抑扬顿挫、和谐悦耳，富有音乐性和生活气息。

马派的表演（做工、舞蹈、武功），重视从刻画人物性格、表现人物思想感情的变化出发，创造性地运用京剧的多种表现手法（习称“手眼身法步”），使人物的内心活动与外形动作达到充分的和谐统一，从而展现了马派特有的优美的舞台风格——举止飘逸、气度凝重、神情潇洒，具有强烈的艺术感染力。小如先生对马连良与雷喜福扮演的莫成等人物在做工上异同的分析比较，可视为论述马派表演风格的典范性文字，在此不再赘述。

马连良的戏路广阔，据不完全统计，他一生演出的剧目达一百五十个以上，其中约有四分之一已成为马派杰作。从青年时代起，他一面继承、挖掘传统剧目，一面又整理、改编、移植大量新剧目，如连缀《淮河营》《监酒令》《盗宗卷》为全部《十老安刘》，《取洛阳》《云台观》为《白蟒台》，《遇龙酒馆》《失印救火》为《胭脂宝褶》，移植自地方戏的《春秋笔》《串龙珠》等，均已成为著名的马派戏；直至老年还排演《赵氏孤儿》《海瑞罢官》等新编历史剧。无论是剧本的内容、主旨、情节、结构的确定，人物、角色、唱词、唱腔的设计斟酌，直至舞台装饰、服装设计、音乐配套等，都精心策划、不断改良，力求达到日趋完善、浑然一体的境界。即使是《借东风》《甘露寺》《清风亭》《一捧雪》《四进士》《十老安刘》《苏武牧羊》等数十年不断上演的马派代表作，也都经他反复锤炼、精雕细刻，在不同的年代有不同的版本。因而，马连良的舞台艺术既有与时俱进、不断创新的一面，又有一以贯之、保持独特风格的一面。广大观众在欣赏马连良的表演时，就不断有新收获（从剧目到细致入微的表现手法），又感到这就是标准的、理想中的马连良！到了20世纪50年代，马连良的“表演体系”（按：此语系笔者所杜撰，盖因仅称之为“声腔”或“表演”，均不能全面地涵盖马派的博大精深），可说是达到了炉火纯青、无可挑剔的高度，诚可谓“增之一分则长，减之一分则短”。笔者接触到的一些马派“粉丝”的评论有：“看马连良的戏，恰似读李白、苏东坡的诗文，真感到无一处不流畅，无一字不熨帖，无一句不恰当”；“听马连良的《借东风》《淮河营》，就好像三伏天在杭州西湖边品虎跑泉水所冲泡的真龙井茶，清洌香醇，令人回味悠长，暑燥顿消”；“尽得古今之体势而兼人人之所独专，马连良犹如体坛上的多项全能冠军”，如此等等，皆非廉价的或官方钦定的溢美之词，而是观众的深切感受。证之以当今流行的“票房”数字，亦可见其可信程度。从20世纪20年代初至50年代末的近40年中，马连良到上海演出达二十次之多，每次少则一月，多则半年左右，剧院几乎天天爆满（参见《马连良舞台艺术·马连良年表》，宁夏人民出版社1985年2月第1版）。20世纪50年代前期，上海的京剧营业性演出，最高票价为两元六角，仅有梅兰芳、马连良能为之而照样经常满座。周信芳、谭富英、盖叫天、荀慧生均为一元八角，杨宝森、黄桂秋、王玉蓉、唐韵笙、李万春、言慧珠、童芷苓等均为一元五角或一元六角，而且不易经常满座（以上情况为笔者亲历，并曾多有节目单保存）。这些“票房”史料，大约就客观地体现了艺术市场的价值规律，也无可置疑地衬托了马连良在广大戏迷和观众心目中的艺术地位吧！

马连良在内行中的声望和影响，是其他老生所难以比拟的。尽管余叔岩的影响也相当深远，《搜孤救孤》《捉放曹》《失·空·斩》《珠帘寨》《定军山》等剧，均为多数老生演员极力追摹的范本，其十八张半唱片更是被视为难得再现的“《广陵散》”，但能在舞台上经常演出比较纯真的余派戏者，自20世纪40年代以后日益减少，而其中“杨化”“谭化”的成分则越来越浓，以“余派”自我标榜的极为罕见。即使是李少春这样的余氏晚年嫡传爱徒，自20世纪50年代初以后所演出的余派戏也日渐稀少。然而，由于马连良的艺龄很长，马派戏的流传范围和风格影响，都比余更广阔、更深远。小如先生所说“30年代以后，老生演员不受马的影响几乎不可能”，信哉斯言！仅以笔者孤陋之所见，即可作为佐证：著名的高派传人李和曾在20世纪50年代后期演出的《群英会·借东风·华容道》中一赶三，其“借风”完全是马派风范；久居上海的迟世恭是很规范的谭派老生，20世纪50年代中期在所演的《群·借·华》中一赶三，其“借风”也遵循标准的马派唱法；就连被誉为“南麒北马关外唐”的唐韵笙，20世纪50年代前期在沪上演《群·借·华》，也照马派规范唱“借风”。这些各流派的名家都唯马连良的“马首是瞻”，其他后生晚辈岂能越雷池半步？由此可见，《借东风》（广义而言，它包含着《甘露寺》《淮河营》等许多马派戏）已经历史地成为马连良的独家专利和注册商标，京剧舞台上的《借东风》就是马连良的化身，任何人都不能也不敢篡改或掺杂使假。大半个世纪以来，在好几代观众心目中，《借东风》剧中的诸葛亮就应该是马连良，必须是马连良，也只能是马连良！这样的荣誉岂不是对马连良和马派艺术的最崇高的评价吗？几年前，国家京剧院大力编演的《赤壁》，尽管其场景变幻奇妙，词曲也颇典雅，又有于魁智、孟广禄等当世之雄领衔，可是京剧迷中能有几人记得其中的几句唱词或念白呢？个中奥妙，岂不值得人们深思？

综观马连良半个多世纪的学艺、创艺、传艺的艺术生涯，他之所以能创立独树一帜、影响久远的马派,最重要、最关键的因素就是自己在表演艺术上的刻苦钻研、不断进取、广征博采、精益求精,力求达到炉火纯青、无懈可击的高度。无论唱工、念白、做派、表情、扮相、台风,都是他多年反复琢磨、精雕细刻的艺术结晶,实现了他的先天后天条件的完美融合。老生演员要想学好马派,推而广之要学好任何流派,都必须着重在全面发展、锐意求精、得其精髓上狠下功夫,而不能只停留在摹其皮毛或其晚年的少数名剧上。有人说,学马连良如学李白,如果没有较高的"灵气",不能达到"会、精、通、化"的程度,就可能变得油腔滑调,也可能"画虎不成反类犬"。李盛藻在20世纪30年代虽曾红过一阵子,但终因其"学谭不纯,学高不力,学马不帅"(小如先生语)而逐渐淡出舞台,就是令人颇为惋惜的一例。以上的介绍和分析,可以证明小如先生的如下评价:"崛起于现代而足为当代老生的代表人物,则应推马连良。我以为马的艺术成就和他对当前与以后的影响,应该是最大、最突出的。"综观小如先生的《京剧老生流派综说》一书,笔者的体会可概括为:其体例、结构、理念、视角、语言、论断、风骨等方面的许多特点,虽云自我作古,却非大言欺人!启功先生评为"千秋之作",实非过誉。

## (二)

小如先生不仅对被公认的几大老生流派做了历史的、全面的评说,而且对人们容易忽略或很难归入某一流派的二三流角色(包括曾经很著名的一流老生),也给予相当的重视和评价。这在《说"末"》中体现得较集中,显示了他客观公正的惜花、护花精神。一个流派的创始人诚然是舞台上的“红花”，而这些“末”角，则是不可或缺的“绿叶”；甚至可以说，这些“绿叶”本身，就是这一行当中的“红花”！

“末”，一般又被称为“里子老生”或“硬里子”。顾名思义，没有他们的帮衬，正工老生或头牌老生、头牌旦角，就可能在演出中不够面子或没有面子。例如：《珠帘寨》中的程敬思如果功力太差，李克用的戏就会大为逊色；《三堂会审》中的刘秉义，如果不能同苏三、王金龙旗鼓相当，剧中的喜剧色彩和讽刺意味也必然大大削弱。《说“末”》对贾洪林、刘景然、鲍吉祥、张春彦、哈宝山、李洪春、李宝櫆等享誉舞台半个世纪的“末”中红花，都做了较为详尽的介绍和中肯的评价，彰显出他们对京剧艺术的贡献。

我生也晚，没能赶上欣赏鲍吉祥、张春彦等名家的表演，但有幸亲见李洪春在20世纪50年代后期的《逍遥津》《截江夺斗》《秦琼表功》中演的穆顺、赵云、秦琼，感觉他老人家的唱念做舞和功架气派，都非常出色，其水平比某些挂头牌的正工老生有过之而无不及，观众根本想不到他是里子老生。李万春演《古城会》《华容道》中的关羽，明显地可见李洪春功架气派的影响。久居沪上的李宝櫆，是南方硬里子中的佼佼者。20世纪50年代初，他在谭元寿主演的《打金砖》中饰邓禹，有繁重的唱念做舞，突显出邓对刘秀的错误进行谏诤的忠心诚意，舞台效果几乎超过谭元寿。后来笔者又亲见谭和其他几位老生（包括于魁智）的此剧，深感邓禹一角再也无人能达到李宝櫆的水平。20世纪50年代中期，王玉蓉在沪演出全部《王宝钏》，李饰《别窑》中的薛平贵，从出场的起霸、念引子，到进窑和结尾的下场，都十分规范；特别是同“王宝钏”的大段快板对唱，嗓音高亮，与王玉蓉同一调门而毫不逊色，被观众誉为“麒戏谭唱”，此后再也未见如此能同王玉蓉相颉颃的硬里子了。此外，李在《三堂会审》中的刘秉义，在南方可称“绝对冠军”，黄桂秋、言慧珠、童芷苓等演《会审》时，皆竞相邀李为之配演。直到20世纪70年代末，新艳秋在沪演程派《会审》，李的蓝袍也无人能替代，可见其功力之深厚、艺事之精进，达到了炉火纯青的境界。至于汪正华的《失・空・斩》，李鸣盛、迟世恭的《四郎探母》，纪玉良的《捉放曹》，皆由李配演王平、杨六郎、吕伯奢，达到了同台人放心、观众舒心的理想境界。

## （三）

小如先生在《朱继彭著〈童芷苓〉序言》（《看戏一得》第225页）中指出：“绝大部分能唱‘红’了的女演员，总不外乎这样的‘三部曲’：一、凭着风华正茂的豆蔻年华和‘色艺俱佳’的美丽仪容，找个有钱有势、能拉拢一帮人左右梨园界的‘大人物’当靠山，由他不惜工本地把她捧‘红’；二、在一段时间内果然大红大紫，博得大量观众如醉如痴般跟着起哄捧场，获得了名利双收的‘幸运’；三、然后突然息影歌坛，被人藏娇于金屋，作为她的归宿。当然还有可能出现续三部曲：一、色衰爱弛，或冰山易倒，成了‘下堂妾’；二、重做冯妇，再整旗鼓，二次‘出山’唱戏；三、由于人老珠黄，不为世重，终于销声匿迹，潦倒地结束了舞台生涯甚至个人生命。”

善哉斯言！悲哉斯言！诚哉斯言！深哉斯言！

小如先生这两个“三部曲”的提出，显示了他对20世纪前半叶京剧界女演员们处境和命运的关切与重视，也充分体现了他从一个特殊角度对京剧事业珍惜、爱护的赤子之心。换言之,这两个“三部曲”,深刻地揭示了旧中国的女演员们在从艺道路上兴衰荣辱、成败得失的带有决定性的主、客观原因,其中蕴含着值得人们深思、反省的许多经验教训,有的甚至可以视为当今娱乐圈和文艺界许多“星”们的“警世通言”来读!

进入20世纪,中国社会的发展变化之大、之快,前所未有。辛亥革命和新文化运动之后,社会面貌、社会思潮及文艺思想的转变,尤为迅猛。女演员们驰骋纵横的舞台极为广阔,她们的大批涌现,已成为京剧界一道靓丽的风景。到了20世纪20年代以后,文化艺术市场的商业化、商品化倾向日益加剧,许多演员都演变成了剧场老板的摇钱树。主要依托大城市的繁荣而成长起来的京剧演员们(不论男女),由于登台皆为“稻粱谋”,能够坚持“德艺双馨”的原则立场而洁身自好者,已属难能可贵。相反,许多优秀的青年或中年演员,因戏德不佳、德不济才而早谢于舞台者,却屡见不鲜。特别是一些天资颇佳、功底扎实的女演员,常在青少年时代即因“色艺俱佳”而受到观众们的热烈追捧,但往往在目迷五色的环境和社会恶势力的笼罩下难以自持,终于昙花一现式地从舞台上消逝,更令人为之扼腕叹息。仅就上海周围而言,对女演员们的艺术生命持惜花、护花态度的君子固然有之,如田汉、欧阳予倩、焦菊隐等戏曲活动家、教育家,均致力于鞭笞戏曲界的歪风邪气,揭露当世社会黑暗势力对艺人们的迫害腐蚀,并努力用新观念、新方法培养、教育新型戏曲人才,在思想、生活、艺术上给他们以积极的影响。但对女演员们居心叵测,加以剥削、摧残、玩弄者,则更多。坤角文武老生露兰春,十五岁到上海演出,因文戏功底扎实,艺宗谭派兼学孙(菊仙)派,一炮而红。1919

年，她在上海青帮大佬黄金荣开办的共舞台挂头牌充任台柱，不但文戏水平更高，武戏也已技艺成熟、功架沉稳、台风矫健，更善使真刀真枪而深受观众欢迎。然而好景不长，1922 年即嫁给比她年长三十岁的黄金荣，逐渐少登台演出。1925 年离异后又另嫁他人，从此脱离舞台。1936 年即逝世，年仅三十九岁。露兰春的人生道路，可视为小如先生所谓“三部曲”的生动注脚。

几乎与露兰春年辈相当的孟小冬，十四岁即演出于上海共舞台。她在《宏碧缘》中饰骆宏勋，扮相英俊、嗓音宽亮、唱做俱佳，极受观众赞赏。后来赴外地演出，并师从陈彦衡、陈秀华、王君直等名家学谭派戏，向鲍吉祥学余派戏，在 20 世纪 30 年代中期演出于津、沪，极为轰动。1938 年秋，她拜余叔岩为师，得到余的全力培养，其演唱最能得余氏的神韵，成为余派表演艺术的主要继承人，也在坤角老生中出类拔萃。她的演唱，嗓音清润醇厚，高低宽窄咸宜，中气充沛，做工大方稳重，扮相秀雅，无脂粉气。遗憾的是 20 世纪 40 年代后期，孟小冬下嫁上海青帮大佬杜月笙，并随往香港定居。广大京剧票友、戏迷从此很难再聆听到孟小冬纯正的天籁般的《凝晖遗音》了。行文至此，笔者衷心地希望：露兰春、孟小冬这样杰出的女演员们的悲剧性“三部曲”，永远在中华大地上绝迹！

## （四）

长期以来，京剧界存在着一些有较大争议的命题，如“移步换不换形”“武戏文唱”“与时俱进”等等。从戏曲发展和戏曲研究的角度看，这些命题或主张，皆属可以“百家争鸣”的范畴，可以平心静气地进行学术争论，并在艺术实践中加以检验。“实践是检验真理的唯一标准”，这一科学论断同样适用于此类问题的研讨与争论。小如先生从理论与实践相结合、历史与现状相结合的高度，对上述命题进行了相当透辟的辨析与阐释，从而有助于澄清、匡正一些模糊的、似是而非的见解。他的这些阐述，也可视为他的惜花、护花精神在京剧理论研究上做出的贡献。以下略述笔者读后的肤浅体会。

一、关于“移步不换形”。

1. 京剧（含昆曲）的根本性质，是中国的一种古典艺术，是以写意和虚拟的表演手法为主的综合艺术。它具有极为丰富的宝贵的文化艺术积淀，是多少代表演艺术家和观众共同建构的独一无二的古典美之花。诚如京剧名家孙毓敏所言：京剧是诗，诗是京剧的精魂。如果抛开这一根本点，其他的一切都将无所附丽。

2. 人类的任何优秀文化艺术遗产，都是各民族人民世世代代辛勤耕耘、不懈努力所创造的精神文明的结晶。它们都具有自身独特的发展规律，因而不可能也不应该被任何外来势力所彻底砸烂而另起炉灶，不可能也不应该被一些生搬硬套、莫名其妙的舶来品（不论它们的理论与包装有多么动人、多么玄妙、多么伟大）去篡改、去替代！正如德国人不能以今日之摇滚乐去改革贝多芬的交响乐，俄罗斯人绝不会以南美的草裙舞去填充《天鹅湖》！

3. 移步，指一切戏曲艺术（梅兰芳主要指京剧）的进步与发展；换形，即它的传统特色，包括剧本的文学语言和基本的、核心的表现手法。正因为京剧是中国特有的传统艺术，就不能削足适履地以西方的某些文艺理论往它身上硬套，而应该从京剧及中国文化艺术的实际状况、内部规律的要求出发，去探索怎样提高、怎样发展。这样，也必然只宜适当地“移步”，而不宜随心所欲地去

“换形”、去改造。从哲学原理上讲，任何事物都有其质的规定性和量的规定性。“移步”，即属于京剧进步、发展过程中的量变；“换形”，就是要发生质的变化，恐怕要变成另一种艺术形式了。

4. 从辛亥革命后不久，梅兰芳就开始演出京剧时装戏《一缕麻》《孽海波澜》等，周信芳、高小云、露兰春等也演出了不少时装戏，结果都几乎成为文明新戏或话剧加唱，或时装活报剧，而难以留存。他们的改良、探索精神值得钦佩，但他们都认真从中汲取了宝贵的经验教训，最后又重归“移步不换形”的道路。梅、周、尚等流派的经典性剧目，都是他们数十年间沿着这条道路前行、发展而形成的精品。历史经验证明：如果换了形，京剧就会丧失其本质特征而成为另一种艺术形式，其结果可能是京剧的消失。

二、关于“武戏文唱”和“文戏武唱”。

多年来，人们对于“武唱文戏”的理解存在着一些误区，加以有些演员的功力不够，以致舞台上出现了诸如武戏慢唱、瘟唱、懈唱的现象。针对这些弊病，小如先生在评点《潞安州》中王金璐的表演特色时，阐述了“武戏文唱”应有的基本内涵：

1. 武戏，当然应以武打或武功表演为主，而能演武戏的好演员，在武戏中属于文的部分，也都能一丝不苟、合情合理地演出戏来。

2. 武戏中武的技巧和程式，都必须有其特定的内在涵义，要使其在戏中为剧情服务，为塑造人物性格特征和精神面貌服务，而不能游离于戏外。

3. 对武的部分，也要有更严格、更精致的高难度要求。

综而言之，“武戏文唱”的两大前提是“武”得好，“武”得精彩，而绝不是武功过不了关才文唱的；要“武”得有思想感情，能体现人物的身份性格。如果把“武戏文唱”理解为偷工减料的瘟唱、懈唱，那简直是对“武戏文唱”这一理念的歪曲！

与此相对应，“文戏武唱”的说法也曾较为流行，而人们的理解也有些偏颇。小如先生明确指出：“文戏武唱”绝非蛮唱、猛唱、狠唱、野唱，而是要求演员以扎实的武功为基础，在文戏的动作表情、身段舞姿中，通过其武功素养来显示其非凡的技巧，从而更恰当地表现人物的性格特征，以及此时此地所特有的思想感情和行为逻辑。如《四郎探母》是典型的文戏，但在《被擒》一场中杨四郎被绊马索绊倒的那一刻，多数老生演员的演法是：先扔掉马鞭再翻吊毛；武功差的个别演员就在绊马索前直接跪倒，吊毛也被省略了；个别武功好的文武老生，则在扬鞭快速奔跑的同时，扔鞭并翻一个高高的吊毛再被擒。以上三种演法均为笔者数十年观剧中所亲见，也许可以从一个特殊角度去理解“文戏武唱”的某种特定涵义吧。

从对“移步不换形”“武戏文唱”“文戏武唱”等京剧界常见理念的阐述中，小如先生实际上在提醒人们：对许多理论或概念的基本内涵和适用范围，不宜作表面的、机械的、望文生义式的理解和诠释，更不能任意扩大或夸张，进而达到失之毫厘、谬以千里的地步。如不少人学麒派，只见其嗓音的沙哑或做工的火爆，以至不论什么戏、什么角色都到了吹胡子瞪眼的“洒狗血”的程度；学言派，只会学言菊朋晚年的《让徐州》式的无病呻吟；学马派，又仅效其唱法的华丽花俏而变得油腔滑调。小如先生的提示，值得人们在学习、研究京剧艺术时，举一反三地认真领悟。

## （五）

小如先生关于京剧的论著，体大思精。笔者拜读后收获颇多，诚愿在有生之年能从初级戏迷阶段提高一步。归纳起来，依我浅见，小如先生取得丰硕成果的途径和经验，值得内外行们学习、借鉴的，主要包含以下几方面：

一、积学储宝，腹笥渊博。

小如先生自幼就接触京剧，从听唱片、看演出到品戏韵、辨精粗、思得失，可说他终生对京剧一往情深。他所见过、听过、淘过的京剧唱片数以千计，观看过的舞台演出逾一千五百场，结识的名伶名票数以百计，这样反复地听、看、品、辨、思的过程，就是对京剧艺术的感知、品评、鉴赏的不断提高和深入的过程。通过几十年直接的审美感受与辨析性的艺术鉴赏相结合，故能在评艺论人时均极为精细入微，又深入浅出，达到了一些专业人士所难以企及的水平。他评析程砚秋、荀慧生、童芷苓、俞振飞、王金璐等等名家的文字，均能切中肯綮、掷地有声，即是明证。有意做高级戏迷的朋友，都可以从小如先生的经验中获取教益。

二、登堂入室，功力深厚。

小如先生不限于做一个高级戏迷，为了充分理解京剧的博大精深，他还曾下大力气、苦功夫向朱家谱、刘曾复等京剧名票学过许多戏，更随著名老生贯大元系统地学了十四出老生戏，并曾多次粉墨登场。可见小如先生由“高级戏迷”晋升为京剧行家实乃水到渠成。他的经验也昭示人们：有成就的文艺评论家，都应该是学者与艺术家的有机融合者；他们对评论对象的研究，也应该达到“入乎其内、出乎其外”的境界。正因为小如先生对京剧的感知、理解、研究和掌握，达到了这样的高度，他的惜花、护花就更成为自觉的、自然而然的“有规则的自由行动”（斯坦尼斯拉夫斯基评梅兰芳之语）。

三、揆情度理，追本溯源。

小如先生评论京剧问题，同他做学问的根本原则与方法是一致的，即：通训诂、明典故、察背景、考身世，而以揆情度理统摄之，从而能实现“点一线一面”地逐步扩大研究领域。无论是他探讨梅兰芳“移步不换形”理论形成与内涵的具有宏观意义的见解，还是从微观上对王金璐改编演出《潞安州》成功经验的精细剖析，都充分体现了“揆情度理”的原则和精神。追踪小如先生的治学道路，人们可以知道，他从青少年时代即深得乾嘉学派考据学的精义，从而积累了深厚的国学素养，树立了优良的治学风格，在所有的论著中都贯穿了“知人论世”而“论世第一”的要旨。小如先生秉持这种精神，数十年如一日地去研究、阐释、论述京剧艺术的种种问题，自然就举重若轻、顺理成章，达到了“究京剧苑天人之际，通流派花古今之变”的境界。《中国大百科全书·戏曲曲艺》卷聘小如先生为编辑委员会委员，自属实至名归、理所必然。衷心祝愿小如先生的惜花、护花精神在新世纪得以发扬光大！

（作者单位：长春教育学院）

# 学识与性情的结合

## ——评吴小如40年代的书评

郭可慈

吴小如是北大著名的中国古典文学教授，近年常在报刊上发表一些学者随笔，但很少有人知道他在青年时代曾是一个小有成就的文学评论家。他在半个世纪以前写的书评，已找到的有四十余篇，除有关古代文学史方面的收入《读书拊掌录》外，有关现代文学的则分别辑入《书廊信步》《今昔文存》和《心影萍踪》三书。

20世纪40年代前期还在抗日战争中，当时指点文坛、卓然大家的书评家，当数李健吾（刘西渭），其次是常风。吴小如踵武其后，开始写书评时，抗战已胜利。他写第一篇书评《读张爱玲〈流言〉》时，还是一个大学一年级的学生。但他家学渊源较厚，旧学根底较深，而又风华正茂，才气横溢，因而出手不凡。

读惯了新中国成立后先内容后形式或先概述后总评等一本正经、干巴巴的"八股式"书评的人，读到吴小如半个世纪以前的书评，定会眼睛一亮，觉得耳目为之一新，原来书评还可以这样来写！吴小如的书评不拘一格，轻松洒脱，但又思辨周密，文采斐然。这种书评在文风上有点像当今的书话，但又不是书话，因为篇幅较长，论述也较全面。现代书话体的倡导者唐弢言，写书话“开始于1945年的春天”，吴小如写书评也差不多在同一年起步。两人对文章的写法几乎都想到一处去了。唐弢在《〈书话〉序》中说：“我曾竭力想把每段书话写成一篇独立的散文：有时是随笔，有时是札记，有时也带着一点絮语式的抒情。”吴小如在《读常风先生〈弃余集〉》一文中则说：“唯一的希望，乃是想在文字结构与作品风格上有所尝试，能够把书评里加进一点抒情气氛与活泼情调而使之‘文’一点，就于愿已足了。”

吴小如的书评有一种基于深厚学养的随意和睿智，正如原国家新闻出版总署署长于友先所说：“一篇好的书评那就犹如让一位历史学的教授到古埃及金字塔去当导游一样，那纵横捭阖，鞭辟入里，曲径通幽，妙趣横生，让人如饮甘酿一般。”吴小如的文学批评多有真知灼见，如他赞赏巴金的作品“能抓住年轻人的心”，但又指出“文章写得过于奔放，也难免有时使人感到词费”。读及张爱玲，他说，“她叙事的技巧也很好，故写小说亦精彩。但我认为，她的叙事更宜于写散文”。他还常将作家与作家进行比较，且喜用形象的比喻，如他谈起新文学家中记景擅胜者时说：“如果朱自清先生的文章像小家碧玉，从温存朴素中露出天真的妩媚，则俞平伯先生，恰似抑郁春闺的少妇，从苦闷中吐露着婉娩的风光；而郁达夫先生则如颓放于山巅水涯的酒人，从不拘束中显出落拓的兴致。”吴小如目光敏锐，所评往往有一定的前瞻性，如他在1946至1948年期间就预见到“汪曾祺的清隽，……十年二十年后也许成为一代宗师”；认为钱锺书先生“一支笔诚足以震撼今后的文坛”。

吴小如有时在书评中还结合批评当时的政治，如在《读萧乾先生〈南德的暮秋〉》中，他谈及美军“解放”德国，“这同 1945 年我们的‘劫收’大员又何其相似乃尔”！他还常常喜欢扯些看似题外的话，实际都有深意寓焉。如在《读钱锺书〈写在人生边上〉》中，他用整整一小节议论新文学有“推陈出新”与“革新”两派，主要是为了更好地说明钱锺书的学兼中西，才通今古。又如在《读师陀〈结婚〉》中，从《里门拾记》入手，大谈了一通乡土文学作家的特色，目的不外乎为下面论述写都市生活非作者所长做铺垫。

吴小如的书评与时下的人情谀美、商业炒作或恶意攻讦的庸俗书评绝然不同，正如他在 1985 年所说，当时还“保留了一点天真淳朴的锐气”。《今昔文存》的《自序》说得更清楚：“力求立论公允，即使自己所曾受业的恩师，对他们的作品也不一味揶扬赞美，我认为好就说好，认为不足就径直指出。”如他称赞沈从文的《湘西》较《湘行散记》内容更丰腴，形象更清晰，但也指出其缺点是“格局狭隘一点，气象不够巍峨”。他批评废名的《竹林的故事》“枝蔓”“生涩与拖沓”，《水边》“晦涩艰深”，并直言“我最不喜欢《桃园》”。他评论卞之琳的《汉园诗草》，“长的不如短的，短的不如顶短的，新的不如老的，却比更老的作品好”。这种直抒胸臆，于平实中蕴真知的切磋之言，真是作者的苦口良药、读者的指路明灯。

我国是个出版大国，但书评却明显滞后。时代呼唤高品位、高质量的书评。郭晓虹在《中国新闻出版报》上以《纽约时报书评一百年精选：西风吹书读哪页》为范例，提出一种“美文书评”，据她说即“将评论写出较高水准，甚至达到有可能使人会淡忘所评之书的内容，但仍会记住优秀书评文章的境界”。吴小如的书评当属美文是无疑的，但是否已达到上述的境界尚可讨论，我们希望能多多出现那种美文书评。

# 笔外功夫笔内藏

韩嘉祥

吴小如原名吴同宝，1922 年 9 月 8 日生于哈尔滨，原籍安徽泾县，系著名书法家吴玉如之子。中央文史研究馆馆员，北京大学历史系教授，中国作家协会会员，九三学社成员。学者、诗人、书法家、戏曲评论家。著有《古文精读举隅》《吴小如戏曲文录》《当代学者自选文库・吴小如卷》等。

“鼎足古今翰墨场，唐诗晋字汉文章。吴家父子书清绝，笔外功夫笔内藏。”这是我题在一位朋友收藏的吴小如先生书法册页之后的一首小诗。吴小如先生是北京大学著名教授，夙负学界众望，出版有多种论述古典文学和戏曲方面的著作。虽不能说是著作等身，但说著述颇丰还是恰如其分的。可贵的是，小如先生这些著作，绝不是人云亦云或是炒冷饭式的平庸之作，而是持之有故、言之成理、有着独自见解和心得的不刊之作。这里姑且不讨论小如先生这些著作，而只就小如先生的书法来谈谈我的看法。

谈到小如先生的书法，首先要说是家学渊源。小如先生先尊翁玉如公是近代书法大家，有多种书法集问世。其书法作品也被收藏家们争而宝之，是位开宗立派的大家。小如先生天分不及乃翁而勤奋实则过之。需要解释一下，这里不是说玉如公不够勤奋，恰恰相反，玉如公一生也是精进勤奋的，否则不会有如此大的成就。我是自1967年从玉如公学习，直至玉如公1982年去世，正是玉如公七十岁至八十五岁晚年的这一段时间，也是“文化大革命”从兴起到结束的十几年的时间。由于当时的历史背景，以及八十岁以后玉如公身体日渐衰弱，所以客观条件上不允许再像以往那样勤奋。小如先生则不然。1982年玉如公去世，我学无所成，几乎半途而废；彷徨之际，拜读了小如先生几部大作以及与小如先生接触中，觉得“有若似夫子”，于是师事小如先生，至今已逾二十五年。在与小如先生交往中，发现其精力充沛、勤奋不已，非常人可比。现今虽已八十八岁高龄，还时常托我代购新出版的碑帖，并且整通整通地临写。我就收有小如先生临写的整通的李北海《麓山寺》、褚遂良的《枯树赋》及《刁遵志》《李超志》等多种。而这些临本既忠实于原碑又融入自己的理解，非老于书道者不能办到。有一次我和小如先生闲聊，我说：“老先生(指玉如公)常说，读书习字既要勤奋又要从容，我觉得您勤奋有余而不够从容。”小如先生回答说：“不临帖容易走畸。”还是临写不辍。这也可能与小如先生谨严勤奋的治学作风有关。

小如先生在书法上，不主门户，博采众家所长。我曾见过小如先生一册临帖记录，所临过的碑帖不下三四百种之多，每种也不止一二通，有的临写几十遍。实令人浩叹！说小如先生“遍临历代法帖”恐不能算是夸张吧。“观千剑而后识器”，这些有名的、无名的碑帖，大大增强了小如先生书法中的内涵。

“风格即人”，正因为小如先生学识渊博、腹笥充盈，所以在他的书法中自有一种萧疏淡雅、清空俊秀的风格，不强求而自来的书卷气。欣赏书法，虽说是见仁见智，但也要具有较高学养。我常戏言：“不读《世说新语》，要写好《兰亭序》，那是野狐禅。”如果能了解吴小如的做人、治学，就会发现字如其人：纯正而不乏丰富，娟美而绝不媚俗，善求变化而又无一笔无来历。

作者与吴小如先生

金无足赤，小如先生也有不足之处，我认为就其本身而言，真书胜于行草，古法多于新意，还不能像玉如公那样成为开宗立派的一代宗师。小如先生可能也意识到这点，所以在送给我的一幅自作诗中首两句讲“信笔涂鸦六十年，痴儿难与父争先”。即便如此，将小如先生的楷书来对照前人，也毫不逊色，放眼当代，则更勿论矣。还是本文开头那句话，“笔外功夫笔内藏”，没有几十年的真功夫是达不到这种境界的。

# 吴小如的学者风范

韩嘉祥

吴小如走过九十三个春秋，最后平静地躺在家中的破旧沙发上，合上了人生这部书的最后一页。令人叹惜的是，文坛上失去了一位饱谙经史的鸿儒；令人宽慰的是，能享九十三岁高龄而没有痛苦地离去，正如《尚书》中所说“考终命”，指无疾而殁得以善终，也是人生一幸事。

吴小如的去世，可以说结束了一个时代。因为他看过杨小楼，听过余叔岩，还藏有近两千张京剧唱片，跟著名老生贯大元学过戏，与朱家溍、刘曾复二先生并为三大戏评家，人称“三大贤”。朱、刘二先生已去世有年。据我陋见，这三位老先生中，以吴小如评戏著作最多，他十几岁时就以“少若”为笔名开始写戏评，谈戏的著作就有十余部之多。我见过《启功书信集》中写给吴小如的一封信，亦庄亦谐地说：“大著论皮黄流派之文，真千秋之作。盖此事内行不能为，学者不屑为亦不能为。而天地间却有此一桩公案。王静庵之《宋元戏曲史》凿破鸿蒙，其力可服，其识最可惊也。

窃于大著亦欲云然。这不算拍马屁吧!”“前读鸿论马连良者,至深佩服,此非一般评戏之作可比,如此公平,如此透彻。虽学术理论之作,亦望尘莫及。如评诺贝尔奖于文学领域中,非兹编其谁属?”从中亦足见吴小如先生的这些京剧方面的著作的分量。

吴小如先生的本行是古典文学的教学与研究。他在北京大学教了四十多年的古典文学,直至七十岁时才退休。吴小如四十出头就满头白发,被学生们称为“吴老”,归入“老先生”行列之中。吴先生在古典文学领域是公认的全才,上从先秦下到鲁迅,都能拿得起来。建树也是多方面的,还翻译过《巴尔扎克传》。

在我和吴小如四十多年的交往中,我心中的吴小如耿介、正直、热情、勤奋,而且敢于直言,从不苟且敷衍。凡是见到或听到语言文字错误以及学术腐败现象,无论是熟人还是不相识的人,他都会直言不讳地相告或写文章批评。因为吴小如文章很严厉,有时语言近似刻薄,所以遭到一些人的非议,给吴小如扣上“学术警察”的帽子。据我所知,有不少人对这位“学术警察”又恨又怕又无奈,认为他多管闲事。尽管“学术警察”四字带有讥讽,可是吴小如不以之为忤。其实,这正是一名老教育工作者、老知识分子的社会责任感和学术良知的体现,不存在个人之间的恩怨。当今的学术界正缺少这样的“学术警察”呢!

我做古籍编辑工作时,吴小如先生不止一次告诫我:“你做编辑、审读,只能锦上添花,绝不可佛头着粪。改稿要有依据,做到翰不虚动,下必有由,不能只有改稿的权力而乏改稿的能力。”这句箴言我一直铭记,奉为我编辑工作的南针。我在出版社接触的稿件中,以吴小如抄写得最清楚、最工整,也最漂亮。吴先生对于编辑的意见十分尊重,对自己的疏漏也绝不护短。我给吴小如的著作做责编，发现引述王维的《送元二使安西》一诗，其中“劝君更尽一杯酒，西出阳关无故人”，将“更尽”写作“更进”，这两个词是有些区别的，一个是“再干一杯”，一个是“再喝一杯”，我核对了几种《王摩诘集》(王维的集子)，均作“更尽”，禀告吴先生后，吴先生认真核查，很坦诚地说:“这首诗我自小就会背，还多次为他人写过这首诗，都写成‘更进’了，你纠正了我用了七十多年的一个错字。”还特意撰写《说“为人作嫁”》一文，在中华书局的《文史知识》上发表，做了自我批评，还对我表示感谢。后来，这篇文章收入了他晚年的《莎斋闲览》中。也许这在别人眼中属于一件小事，而正是在这样的小事中体现了吴先生对真理的追求、对中华文化的敬畏，也正是从小事中表现出一位真正知识分子的风范和胸襟。

# 《学者书家吴小如》序言

韩戾军

对于书法，小如先生心目中有极高的标准，并且固执地坚守……

这两年先生由于身体的状况指腕欠灵活，他就坚辞求字的请求，不为人写字。我搞个人书法展览，凤桥兄带我去拜请先生题字，先生坚决不用毛笔，勉为其难地用签字笔为我题写“庋唐心画”四个字。我和凤桥兄认为先生此时所作人书俱老，别饶奇趣，建议先生写一点儿东西，先生就是不肯，唯恐“谬种”流传。

大概先生追求那种娟净洁雅的境味格调吧，故而对指腕不敏所产生的生拙不能容忍。前些年，先生的父亲、大书法家吴玉如老人向先生征询对他书法的看法，先生坦言自己的观点，认为父亲早年的字好，和玉如老自己的感受恰好相反，这段父子的交流颇为有趣。玉如先生早年的字英姿飒爽，风流潇洒，多得王字的媚趣，而晚年的字老迈苍雄，沉郁浑朴，多得颜行的神理。可见先生的审美趣味早已形成。

《学者书家吴小如》书影

小如先生的字也是追踪他父亲的书风，但却多了几分秀润与和雅，即使写魏碑，也多选择那些偏向秀美的墓志，写来优美清妍，俊朗圆融。

学者写字大多只注重气象，不计法度，但小如先生绝非一般学者，他是书法世家子弟，自然不能忘怀对书法规矩方圆的关切，因此他的书法不单是学者字，而是地道的书家字又加上学者的儒雅。如今，文史学者擅书几成绝响，我和凤桥兄说小如先生是学者书家的最后一人，恐非危言耸听！

（作者单位：吉林省美术馆）

# 吴小如：《常谈一束》

何满子

20世纪50年代中期，记不清是否1957年，我在古典文学出版社供职时，曾经责编过吴小如的《读人常见书日札》；四十多年后的今天，他又出了《常谈一束》（福建教育出版社2000年6月版）。两书的书名都带“常”字，看来他喜欢这个“常”字，序中自谦书中文字是“老生常谈”，似乎也可视为对某些并无多少精义却要故作高深的议论的微讽。“老生常谈”一语，使我立即想起曹魏时何晏、邓飏和管辂问难的故事。邓飏讥薄管辂的言论为“老生常谈”，管辂对以“夫老生者见不生，常谈者见不谈”，管辂年轻气盛，驳对得实在伤感情；不过邓飏的讥管辂说《易》为“常谈”，其不明也更甚，须知妙理是经常以“常谈”出之的。

吴小如近年来已出了四五种学术性的短论和随笔集，我都很爱读。从实招来，他的一厚册《吴小如戏曲文录》我还只是挑着看，未曾通读一过；其他如《读书丛札》《诗词札丛》，我都逐篇读过，更不用说《古典小说漫稿》之经我的手发出去的著作了。我特别喜欢他那些匡俗正谬的短文章，虽然只是辨正一字一词，或一个典故一句成语，却大有益于读者；而且，这类看似琐屑的事，一般人是不肯做的，好心人做了还常被人讥诮为咬文嚼字、挑字眼。踏踏实实做这类事，真必须是有心人，并且有那么点博爱精神。现在人们大喊"关怀世俗"，我以为这才是真正的关怀世俗。

《常谈一束》是学术性的随笔自选集，书中文字绝大部分为近年所作，也有少量20世纪80年代的作品。以治学、读书、作文为中心，涉及的方面极广；作者又是大半生醉心于京剧的顾曲行家，虽目睹艺道陵夷，自称"对京剧研究已感厌倦，真诚希望逐渐淡出这个艺术怪圈"，但出版《戏曲文录》之后，积习所牵，仍写了若干文字，也附收于此集，所以文史之外又兼谈剧艺，更见繁富。是以本书的内容，哪怕举其梗概也难以具体周至，但总的精神却可得一言以蔽：在卑之无甚高论之中纵谈发人思考的治学心得。

话再说得具体点，那便是，作者毕生从事文史教学，治学敷论都环绕着教学日用；哪怕放谈纵论，也隐约透露出讲坛风格。笃实践履，绝不作玄虚的游谈。又且守家法，重师承，法序度俨然。我不敢妄言吴小如的造诣如何如何高，学问如何如何深，但有一点，以我数十年读他著作的感受敢于肯定，他前后的主张见解有发展，但无方向上的遂变，堪称"吾道一以贯之"。不像某些学者教授，说变就变，有如柳宗元《河间传》所写的那个由贞妇变成荡妇的角色一样。在文学权力中心倡导的庸俗社会学当道时，属守"官学"，借以起家；一旦世易时迁，市场经济兴起，老一套教条不再吃香时，便立即摇身一变，改换门庭，投到畅销书拜物教麾下，努力去"发现"诸如武侠小说的微言大义去了。这种曲学阿世的勾当吴小如绝对干不出来，他只是沿着中国学人传统治文史的道路走。从我前面所说的《读人常见书日札》起，到现今的《常谈一束》,几十年守着本色,赶时髦与他无缘,此之所以为“常”。

《常谈一束》大致以三小束组成:书序书评、学界文坛掌故、文史评议鼎足而三。当然这只是大致区分,各组性质的文字也是交叉串门的。他的书序书评有个特点,可以简括地表述为温婉含蓄。即使是指出缺点,也迟疑委婉,很讲“恕”道,有些还不露声色地寓贬于褒,用的是“响鼓不用重槌”法。那当然出于作者处世即物的素性,所谓儒者风度吧。但表现在匡俗正谬和批评文界时弊的评议中,就要爽朗率直得多,虽不疾言厉色,也已不拐弯抹角。如《著书宜略读书》之指斥时下一些著书人的无知妄作;《学术规范与“学术警察”》之揭示一些学术批评文字既空洞无物,又以大言责人,本身则文辞不通,常识性错误连篇,这类无学术的学术批评的确泛滥于传媒;又如《读书四憾》,将近年来校点古籍书的谬误百出,某些编辑师心自用地乱改文稿,某些著作人缺乏常识的信口胡说,学术界的抄袭成风,列举事实,致以深长的叹憾。这都称得上“秉持公心,指摘时弊”,而能引起读者同鸣的。记述学界文界旧闻的一束,以追怀师友的往昔交游为主,兼及艺文掌故,怀师友者情致绵绵,述掌故者可以益智。三束综成“一束”,确也无惊世骇俗的内容,没有卖弄也没有作秀,称为“常谈”,名称也很平实。

本书属于《木犁书系》中的《风雨文丛》,看封底广告,文丛共收有十二种书,但看作者却参差不齐,不知何以会聚到一起,大概是海纳百川的意思。书前有文丛的《献辞》,说作者都从“‘五四’的历史氛围中走出来”云云。但正如鲁迅所说,同是走路,“有的是走朝廷,有的是走流沙”(《出关》)。易以今语,则有的是走学术,有的是走市场。合在一起,殆所谓什么什么的同器欤!

2000 年 9 月于上海

(作者单位:上海古籍出版社)

# 旧雨新知，成就三部大书

胡松涛

吴小如先生我仰慕已久。他是当代学界大家，以研究中国古典文学和戏曲评论饮誉中外，有著作二十多种，德艺双馨，是“仅存硕果”之一。我的书房里就存有不少他的著作，如《读书丛札》《古文精读举隅》《古典诗词札丛》等。刘凤桥（小孤桐轩主人）呢，是同事，同在一座大楼办公，同于一栋宿舍安家，我与他，低头不见抬头见，只知他温文尔雅，潜心好学，勤奋工作，不知他心存大志，收藏甚丰。所以当我看到凤桥编撰的“吴小如艺术丛书”——《吴小如手录宋词》《吴小如录书斋联语》《吴小如书法选》（天津古籍出版社出版）三本沉甸甸的著作时，吃惊不小。阅读之间，不禁抚书三叹。

一叹，吴老先生的书法之美。我孤陋寡闻，竟然不知道吴老先生还是一位书法家。我不懂书法，却热爱书法。我不知道什么是好的书法，只知道喜欢看那些写得舒服的字，养眼，养心，以为这就是好的书法。我读先生的字，一读，心就静下来。这些年，我喜欢弘一法师的字，朴朴素素，一点火气都没有，一点技巧也不要，看下去，能让人心静。吴先生的字，不以荒诞险怪哗众取宠，不逾矩，不妄作，不张扬，淡雅俊秀，一派天真，散发着静气、书卷气，所谓“笔外功夫笔内藏”，一看就是经过五千年的文化老酒泡出来的。也难怪，他有丰厚的中国古典文化知识做底子，他的父亲是开宗立派的书法家吴玉如，他又是俞平伯先生的入室弟子。他父亲告诫他说：“要学写字应先学做人。”“写字必先读书。”“宁可不会写字，也不要做一个俗不可耐的写字匠。”这些话今天听起来仍震耳欲聋。他从父训，认真做人、做学问，以平常心面对书法。几十年来，他“潜心揣摩斯道，自魏晋隋唐宋元明清以来诸家碑帖之菁华，一一取而临摹之，力求取法乎上”（《吴小如手录宋词》前言）。吴老先生临过的帖不下三四百种，有的临写几十遍。家学渊源，学养丰厚，再加上虚心师古，温故而知新，这就造就出足以笑傲书坛的书家。吴先生自谦地说“信笔涂鸦六十年，痴儿难与父争先”，这是对前辈的致敬，何尝不是一种自勉自励。他曾经说：“惜已天资鲁钝，骨力未充；虽年逾八十，不过老而未死，食粟而已，断不敢以书家自命。”语透豁达。他“不敢以书家自命”，但环顾当代，六合之内，哪一个狂妄小儿敢不以书法大家视他呢？

二叹，吴老先生的词语之妙。凤桥主编的《吴小如手录宋词》《吴小如录书斋联语》《吴小如书法选》展示了先生的书法之妙。同时，又是以书法做平台、为手段，彰显了一代大学者的情趣胸怀和精深学识。《吴小如书法选》所书文字，都是众口传唱的诗词警句，以及他创作的格言，从中可以看出他和他的诗友的诗词审美、历史情怀和阅读兴趣。《吴小如录书斋联语》收入的则是集古人句子而成的书斋对联，不只写联语，每一副对联还有注解，说明出处流传，论述联艺得失。比如，先生在书写“身无半亩心忧天下，读破万卷神交古人”时，注释道：“此左宗棠未冠落第后发愤之作，出语不凡，于文字见胸襟，后乃与曾国藩齐名，良有以也。”在“山抹微云无墨画，竹敲秋雨有声诗”一联后注释道：“此钱君匋先生所书联。上句用秦少游词而以无墨画状之，极妙！下句化用六一词。‘有声诗’三字亦佳，不独对仗之工也。”真可谓：名联美言与真知灼见齐飞。这无疑是一部关于中国楹联的有趣著作，与启功先生的《联语墨迹》相映生辉，构成艺林双璧。特别是《吴小如手录宋词》，老先生逐篇书写了他喜欢的，以及古人以为足可传世的宋词二百首，给喜爱宋词的读者增添了一个上乘的选本。喜欢宋词的人有福了。尤其难得的是，老先生既选宋词，又评宋词，每首之后，或点评，或追忆，或考证，或感叹，虽三言两语，却是字字珠玉，似随手拈来，却有画龙点睛之妙，常常是道前人所未道，让人为之眼睛一亮。比如，他在赵佶的《燕山亭》词后批道：“佶与李煜只合做文人，执政则亡国矣。”在周邦彦的《苏幕遮》后批道：“词贵雅洁，状物须工，美成得之。”类似的精彩评点，遍及全书。所以，周退密见到这本书后说：“近日溽暑困人，日以此册消遣。觉小如先生词后品题要言不烦，悉中肯綮，短语隽永，实为妙品。”可以说，这个宋词选本，足以和钱锺书的《宋词选注》比美。

三叹，凤桥之功莫大焉。小如先生，一位老学者；凤桥先生，一个好后生。吴先生晚年与热爱近现代文人学者墨迹收藏的年轻的凤桥相遇相知，并且成就一番事业，可以传为一段千古佳话。吴老先生是书法家，他的书法原来只在师友之间小范围内流传，市面上难得见到，三本大书一出，让热爱吴老先生的人了解到先生人生事业的另一扇华丽的“窗”，也让更多热爱书法的人知道中小孫桐軒主人擬輯書齋聯語囑僕助其成先以七言聯為主今就其已輯諸聯中選三十幅並自余越園先生所輯宋詩集句聯別選三十幅更益以僕歷年集句及所撰聯語四十幅充數凡百聯然後逐聯分別錄於便箋以備用小孫桐軒主人姓劉名鳳橋好學喜收藏僕嘗撰一聯贈之聯云鳳翥孫桐聲自遠橋通廣路眼常新夫輯聯事雖瑣而殊不易畢其功及觀其成固亦功德無量也戊子秋暮

吳小如漫識於北大莎齋

吴小如先生书笺

国书坛上还有这样一个重镇。凤桥立功了。吴老先生是学者，他退休赋闲后，写出《吴小如手录宋词》《吴小如录书斋联语》这样的妙书，让老先生积累一辈子的学问灵光再现，记录传世，滋润中国人的心灵，这得益于凤桥的建言及督促。凤桥立功了。吴老先生已经是古稀耄耋之年，我们晚辈固然祈望长久地与他老人家相伴，但人生无常，毕竟岁月不饶人，幸亏老人有凤桥这样的小友，以抢救的姿态，为老先生留下一批传世的作品，幸哉！幸哉！凤桥立功了。己丑盛夏，吴先生突患急性脑梗，虽然得到及时救治，但出院之后，右手失控，已经不能作字。这于一个热爱书法的老人来说，应该是很痛苦的事了。不幸中万幸，老先生还可以抚摸凤桥为他选编的书。所以我说，凤桥先生做的这件事，无论是对于读者，对于吴小如先生，还是对于文化的传承，功莫大焉！

# 《学者吴小如》读札

黄林非

今年九月的一天，我忽然心血来潮，兴冲冲地专程去定王台买回了文房四宝。从此，闲着没事的时候，就写几个毛笔字，聊以自慰。我年少时临过几种碑帖，后来又认识过几个书法界的朋友，于是不能免俗，有时忍不住要跟别人谈一谈书法，谈一谈艺术，光说不练，算是附庸风雅。现在既已“重操旧业”，很自然地，当我读到《学者吴小如》（北京大学出版社 2012 年版）一书时，对书中关于吴小如谈书法的内容就比较留意一些。

吴小如的书法静若秋水，天真纯净，爱之者甚众。吴先生对书法的看法，不仅是经验之谈，也包含着艺术之真谛。大体而言，吴先生论书法，一方面强调基本功，要求写字的人下苦功临帖；另一方面强调书卷气，这就要求写字的人多读书。

“笔外功夫笔内藏”，要把毛笔字写好，必须先下笨功夫。吴小如在《吴玉如书法精品选》的《序言》中云：“所谓书法，指临池濡翰必有法度准绳，而非师心自用，任意胡来。”又说，“倘不守法度而信笔涂鸦,或逞意妄为以哗众取宠,或招摇撞骗形同驵侩,或缺少文化无异匠人,皆属旁门左道,不过博名利于一时之野狐禅而已。"《已老莫谈艺》一文说:"当年我学习写毛笔字,根据父师辈的教导,首先要求的不是写字,而是文化素养,即要求写字的人多读书阅世,写出字来能脱俗,有'书卷气'。然后从横平竖直入手,讲究基本功,必须临帖,不许胡来。也就是说,既要学'书'(习字),就得有'法'(规范)。用朱家溍先生的说法,不论你字写得好坏,让人一看,首先能看出此人是否认真'练过',即下过基本功。而今天,对'书卷气'的要求已很不严格,俗与不俗,本无一定标准,只要能用毛笔写字就可以称为'书法家'。至于有'法'无'法',似乎并不重要,甚至以'无法'为上乘。"

临摹古人法帖是"守常",进得去,又出得来,就是"生变"了。吴先生似乎更愿意多谈"守常",而少谈"生变",这是可以理解的。当今很多"书法家",临摹的功夫都没有做足,没有基础,能变出什么东西呢?他在《正本清源说书法——齐冲天〈书法论〉序言》中云:"尝谓今之所谓书法家,有一批人只是为写字而写字。甚或有的人专门为追名逐利而跻身于书法之林。他们一不读书,二不'识'字,尤其近年来世风丕变,有人竟连前代碑帖都不屑临摹研读,一提笔便想自成流派,自我作古,且动辄自封为'书法家'。"吴先生直指这种不练习就贸然乱写的所谓书法家写字纯粹是"鬼画符",这些人连门都没有摸到就自诩创新,脸皮不可谓不厚。

如何临摹呢?吴小如《临文徵明〈赤壁赋〉书法卷》跋曰:"临摹古人书,有三不可:浑不似古人,一不可也;无临摹者己之风貌,二不可也;所临摹之书,不能去粗取精,并古人之病痛亦一一仿而肖之,三不可也。己之所书,不能无病,以己书之病益以古人之病而不自知,反以为己书已超越古人,于是书道绝矣。"临摹碑帖,如果能做到临谁像谁,摹谁似谁,却又不在临摹过程中一味追求形似,而是既忠于原作又融入自己的理解,能现出自家风貌,这就是一种扬弃性的创临了,也即吴先生所谓"批判的继承"。

吴先生强调读书的重要性。《临〈兰亭序〉书法》尾有跋语数行云:"仆摹兰亭传世诸本已不知凡几通,虽略有悟,终似未窥堂奥。所幸能从中渐知学书之正轨,知羲、献用笔其精神气骨皆在点画之外。仆书所以不及古人,不独功力不到,禀赋不慧,其要害尤在学养不至,读书不多。故古人作字首重书卷气,然后天才与功力副之,庶几有望于追踪前贤;一存名利之心,便难进步。仆之病正在于此,可不戒慎之哉!"《论书二首》说:"作字必循法,法弃失仪型。荒诞非创新,妄想岂性灵?书法贵有道,首重识见明。识从读书来,立身宜德馨。字无书卷气,墨猪兼蚓行。胸中气浩然,点画自峥嵘。习字虽薄艺,犹期持以恒。一涉名利场,惟务盗虚声。不独欺古人,罪在欺后生。愿具平常心,寡过一身轻。掷笔归浩叹,老去恨无成。""人老字未工,患在不读书。鲁戈日难回,衰病复何如。倚枕思往哲,矢志甘守愚。闻道争朝夕,就死犹前趋。不讳质鲁钝,不期敦薄夫。习字贵精勤,手眼宁负吾。努力惜余年,慰情聊胜无。"

照吴先生的看法,写字的不读书,"缺少文化无异匠人"。这个观点我认为很有道理。吴先生所鄙视的那些不读书的所谓"艺术家",作品错误百出,对艺术也无真知灼见。这种"匠人"心里就琢磨着两个小钱,欺世盗名,俗不可耐,贻笑大方。在《学者吴小如》一书中,关于吴先生对书法的见解,还能找到不少材料。兹录几条如下:

1.《学书》曰:“学书缘气类,羲献牖天衷。圣教妍春柳,兰亭穆远风。乖时成毁半,不懈晦明通。岁晚从吾好,聊程秉烛功。”

2.《学戏与临帖》曰:“每学一出你不会的戏,每临一种你不熟悉的字体,实际上等于你在学习一种新事物,从而使你的艺术水平自然得到提高。及至水到渠成,学养功深,新的意境自然会从胸襟肺腑中流出,习字则得心而应手,唱戏则从心所欲而不逾矩。所谓‘新’,并不是从无到有生硬地‘创’出来的,而是温故而知新地顺乎自然形成的,正如东坡所云,‘常行于所当行,而止于所不得不止’,所积愈厚,所采愈博,则所造诣便能自出机杼,独辟蹊径。……今人为演员而不求师学艺,学书法而不精研碑帖,不下苦功,不动脑筋,妄图走捷径一蹴而成名。无怪乎戏曲式微,书道陵夷,见讥于通人矣。”

3.《赠李生佩红》曰:“习艺等习字,首重书卷气。先正而后奇,标新勿立异。琴牢述圣语,艺术成在不试。庖丁无全牛,神行非假器。一旦豁然通,万物皆我备。莫嗟老生谈,久之能自味。”

4.《题所临魏碑》曰:“重写六朝碑,幡然顿憬悟。菁华蕴于中,法门启无数。先君重元略,世罕知其故。二王作础石,魏隋随以驭。一旦牖天衷,宛若神相助。师古不乖时,变化悉有据。纵横任驰骋,点画皆合度。时贤妄逞意,自诩开心路。下笔令人惭,翻讥我顽固。书道陵夷久,途穷兼日暮。”

让我眼前一亮的,还有书中所录肖跃华的一篇《尘外孤标——吴小如》。数年前看过肖跃华写何满子的一篇文章,文字有韵味、见性情,给人印象很深。肖跃华在那篇文章中提及,他认识何满子,乃是缘于吴小如先生的介绍,文中还写到了何满子如何“尖酸刻薄”地批评某些以书法家自居、浪得浮名的“名人”。

如果没有记错的话，文中有这么一句：满公指名道姓地说“×××的字也叫书法，还多少钱一尺”！

在肖跃华笔下，尘外孤标吴小如臧否书坛人物，亦是个性十足、毫不客气：“论及香港某著名学者，曰‘好热衷，好虚名’，只字不提其书法；论及京城某百岁‘大师’，曰‘此人品德很有问题’，只字不提其书法；北京大学某书法家呈上习作请先生赐教，先生曰‘还得好好练’；国家部委某书法家呈上作品请先生赐教，先生曰‘得从头再来’；某上将辗转托人请先生为其诗集作序，先生仅书‘古之大将上马杀贼下马草露布，又见于今日矣’，只字不论其诗。盖上述所谓书家、诗家追名逐利，作品不入先生法眼耳。”

看到这里，觉得很是痛快。我自己平常很少臧否人物，几乎从不写文章公开对人说长论短。有时候，如果有人硬要我评价某些人，我也常是轻描淡写，只说些实话，且点到为止，尽量做到温柔敦厚。比如谈及某位“教授”的学问时，我只说一句“他的普通话说得可以”；谈及某位“专家”的水平时，我只说一句“他文化程度不高但人不坏”；谈及某“书法家”的一幅作品时，我只说一句“他这幅字里有个印章刻得不错”。不过有一回，有位大学副教授问我“会唱歌的算不算懂艺术”，我就不小心多说了两句。我说：“智力发育正常的人都知道，会唱歌和懂艺术是两回事。你想想，会耕田等于懂农业吗？会打架等于懂军事吗？会摆地摊等于懂市场营销学吗？”副教授听了很不愉快。

看完《学者吴小如》这本书，我就想，我那些因别人追问而不得不说的“评论”，要是换成吴先生的口吻，又会是怎样的说法呢？

（作者单位：湖南大众传媒职业技术学院）

# 吴小如走后的京剧评论

姜伯静

九十三岁的文史大家吴小如刚刚离去，人们告别的却可能是一个时代。吴小如和刘曾复、朱家溍三人，并称为京剧评论“三大贤”。如今随着三人的陆续离世，有人不无感慨地说，京剧评论的一个时代也随之离去了。

当吴小如这位内行评论家离开这个世界之后，他曾经评论的京剧会感到寂寞。因为，指点江山者可能未曾读懂江山，挥斥方遒者可能是一腔虚假的热情。如果很多的评论者表面上的热闹仅仅是“鸡同鸭讲”，那京剧岂不寂寞？寂寞了，又谈何继承，谈何新生，谈何发展？京剧如此，其他的戏曲种类亦是如此。吴小如走了，中国京剧评论的事业由谁来继承呢？又怎样继承呢？

京剧是国粹，京剧评论更是对中国古老文化的探究。曾经读过吴小如的《〈牡丹亭〉解析》，文章从“临川四梦”到《左传》，再到敦煌“变文”，知识范围之广让人叹服。中国京剧评论事业想要发展，必须要找对完美的继承者。喜欢京剧当然是前提，可喜欢京剧却不一定是合格的评论者。你还得有扎实的国学根基,还得有牢固的艺术修养,还得有对戏曲、对京剧灵敏的嗅觉,还得有与天俱来的悟性。吴小如是京剧评论"三大贤"之一,但他首先是一位文史大家。他的学识,他的修养,他的天赋,加上他对京剧的喜爱,才创造出他在京剧评论上的成就。所以,培养京剧评论事业接班人的第一要务就是:寻找培养喜欢中国文化、有艺术修养、有戏曲领悟力和嗅觉能力的人来继承这项事业。

《看戏一得》书影

继承京剧评论事业的任务是艰巨的,因为如今的后来者们缺乏前辈的生活体验。以吴小如为首的京剧评论"三大贤",之所以会让很多后人难以望其项背,有时代的因素,因为他们都幸运地赶上了京剧的辉煌时代。前辈艺人的举手投足、一颦一笑,他们大都亲身经历过,所以很多东西写得都很真实,可谓信手拈来。在《京剧唱片知见录》中,《物克多公司“谭鑫培”唱片辨伪》一文,不是亲历者是很难写出的。《中国京剧》杂志编辑部主任封杰的一句话正中要害——“他们赶上过京剧的辉煌时代,梅尚程荀马谭张裘的演出,他们都亲眼见过,这是今天的许多评论家难以匹敌的”。所以,培养京剧评论事业接班人的第二要务就是:让这些人尽可能地多接触京剧以及其他戏曲的历史资源。

继承京剧评论事业,乃至戏曲评论事业,必须有一个严谨的态度和正确的方法。吴小如在《漫谈我的所谓“做学问”和写文章》一文中总结说:“首先掌握尽可能找到的一切材料,不厌其多,力求其全。这是第一步。但材料到手,并非万事大吉,还要加以抉择鉴别,力求去伪存真,汰粗留精,删繁就简,惬心贵当,对前人的成果进行衡量取舍。这就是以述为作。如果步前贤之踵武而犹不能达到解决问题的目的,就要根据自己的学识与经验,加以分析研究,最后得出自己的结论,这就成为个人的创见新解。”这,很值得我们继承者借鉴和学习。

# 尘外孤标风华未逝

姜渌波

一位北大的教员透露，吴小如先生最后一次登上京剧舞台票戏是2002年。当时已八十高龄的他在绝版赏析周年庆晚会上演唱《蟠桃会》西皮原板一段——“天堂远在瑶池上，瑶池以上福寿绵长”。小如先生在接受采访时曾强调，此段为京剧唱词中少见的“顶针续麻”式词句，即唱段中每句唱词的尾字(词)为下一句唱词中的首字(词)，有首尾接龙的意味，伴随大道至简、朴实无华的唱腔，可谓京剧文本、唱词中少见的特例。

5月11日晚，这位文史通才溘然长逝，结束了京剧评论界“朱(朱家溍)、刘(刘曾复)、吴(吴小如)三足鼎立的时代”，国学界也从此少了一位能学、能文、能诗的通才特例。

## 锱铢必较谈学术

在学术界谈到吴小如，众人会情不自禁地联想起一个称号——“学术警察”。从古籍校点的差错，到学者教授的谬误，再到学术界的抄袭乱象，他从不留情面。

某书出版后，一家报纸的图书推荐专栏对此书赞不绝口，吴小如阅读后，在注释部分就发现七八十处硬伤。他立即执笔写下《一本不值得推荐的书》刊发于《读书》期刊，不留情面地指明“举其大端言之，作为当前古籍出版中一个遍体鳞伤的坏书典型”。

前几年广为流传的某文化名人的散文集，被金文明先生挑出一百三十余处文史差错，而另一位教授撰文，判定前者为“无端的攻击乃至诬陷”，双方各有声援，争执不下。此时，吴先生出手亮文《榷疑随笔三则》，在文中指出，该教授“乃国际知名学者，发表言论一言九鼎，窃以为不宜予某些不学无术之徒以可乘之机，故略陈鄙见如上”。孰是孰非立竿见影，各家媒体竞相转载短文，一时间“吴迷”成了这场口水战的最大赢家。

对于名师大家的作品，吴小如也毫无攀附之言，如评论钱锺书的《写在人生边上》，他说：“嫌于西洋文献征引过于繁富，对不懂西文的人来说则近于卖弄，而看过原文的人又难免认为贻笑方家。”而对于老舍先生的《面子问题》，他没留任何面子：“不过作者在思想批判方面只是含而不露地略事点染，也可以说是‘怨诽而不乱’吧。可惜对人物的描绘太穷形尽相，表现在舞台上怕要使观众肉麻，不能算作‘乐而不淫哀而不伤’罢了。”

## 笔耕不辍六十载

吴小如著作颇丰。1955 年，他的第一部著作《中国小说讲话及其它》出版，该书十一万余字，分两辑。第一辑为“中国小说讲话”，有五讲，从古小说讲到晚清谴责小说，是一部简要的中国小说史。第二辑是几篇专文，有对《儒林外史》等作品的研究，也有对胡适研究方法和观点的批判，是他青年时代从事专业研究和教学的成果。

他对古诗词、小说均有研究，后来陆续出版了《古典小说漫稿》《诗词札丛》《古典诗文述略》《古文精读举隅》《书廊信步》等专著。

在《读书丛札》一书中，吴小如以随笔的方式写了几篇关于《诗经》《左传》《论语》《史记》的札记。本以为这些留存千载的经典篇章的含义我们早已经烂熟于胸，可拜读过小如先生的文章后，读者才发现囫囵吞枣读文章或是将意思理解南辕北辙者大有人在。比如，在解读《蒹葭》中，他从自己的生活实践中举例说理，还加上图解，让读者一目了然；而在《驳“葛覃”为怨诗说》中，他提出“释葛覃篇”是“用所谓志而晦、宛而成章的比兴手法，曲折地描绘了一个蒙谗受屈的贵妇的哀怨。”

近年吴先生的出版物还有《当代学者自选文库——吴小如卷》《莎斋笔记》《今昔文存》《读书拊掌录》《心影萍踪》《常谈一束》等，直至前些年先生患中风，手不能书，才放下掌中之笔。

2012 年，北京大学出版社出版了《学者吴小如》一书，收录了数十篇吴先生的学生和朋友们写吴先生的文章，是对他学术成就的侧面补充。

## 全面开花的教书匠

吴小如在学界“疾恶如仇”，在梨园也曾叱咤风云，和朱家溍、刘曾复是京剧评论界三大“国宝”级人物。

自幼酷爱京剧的他，早在青少年时期即开始撰写剧评，并曾上台演出。晚年的吴小如致力于对京剧表演艺术的探讨与总结，先后出版《台下人语》《吴小如戏曲文录》《吴小如戏曲随笔集补编》等，受到戏迷和专业研究者的喜爱。

“唱不好京剧的教授不是好书法家”。当代著名古典文学研究家、戏曲评论家、文学批评家、书法家、诗人，吴小如的称呼有很多，但是，他最珍爱的就是“教书匠”这三个字。

“吴小如是通人，他的学问是通才之学，现在这种学问几乎已经绝迹。”北大中文系张鸣教授表示，“在中文系，他的学问最全面，能从先秦到近代通讲下来，不仅仅是了解而是精通，而且诗、词、散文、戏曲都有著述，除了吴小如先生，中文系找不出第二个。”

2014年3月初，《诗刊》社揭晓年度“子曰”诗人奖和年度诗歌奖，吴小如凭借《吴小如诗词选》获得了“子曰”诗人奖。他在录制获奖视频时说：“我只是一个教书匠，不是诗人……权当给我个安慰奖吧。”

关于《吴小如：我只是一个教书匠》的文章，还入选了中学语文阅读篇目，其中一个题目是“概括吴小如的形象特点”，习题册给出的标准答案是：吴小如耿直坦白，特立独行，但是对学生满怀热情，不遗余力。

# 读其书　识其人

荆楠

6 月 15 日，为缅怀不久前逝世的文史大家吴小如先生（吴小如于 2014 年 5 月 11 日在北京逝世，享年九十三岁），总结其在中国传统戏剧研究领域的重要成就，在京剧史论家、表演艺术家钮骠的发起下，吴小如先生剧学成就研讨会在中国人民大学国剧研究中心召开。中国人民大学文学院院长孙郁宣读了陈雨露校长的书面致辞。张伯驹先生之女张传彩、女婿楼宇栋，刘曾复先生之女刘祖敬，京昆名家叶蓬、萧润德、沈世华、叶金援、叶金森和中央文史研究馆文史业务司司长耿识博，吴小如先生次子吴煜等应邀出席会议并发言。

吴小如先生生前任教于北京大学，在中国文学史、古文献学、俗文学、戏曲学、书法艺术等方面都有很高的成就和造诣，是“多面统一的大家”。他自幼热爱京剧，终其一生积极致力于京剧艺术的传承，不仅用言传身教记录下京戏的发展变迁，更以潜移默化的方式为后代学人做出了优秀表率。陈雨露在书面致辞中高度肯定了吴小如先生的学术成就，并代表中国人民大学向吴老的猝然离世表示哀悼。与吴先生有近七十年莫逆之交的邵燕祥在书面发言中指出缅怀吴小如先生的最好方式便是“读其书、识其人，从他的学问和知识、为人与为文的精神层面加深对他的理解”。

钮骠说：“吴小如先生是文化领域里涉猎广博的十全儒者，传道授业、桃李盈枝的宗匠明师，深谙剧艺、明辨笃实的顾曲大家。”京剧武丑名家叶金森总结了吴小如与富连成科班的不解之缘，评价其不仅通晓“场上”的舞台表演艺术，且能在“场下”对京剧表演的各方面做出客观精当的综述与评论，是当之无愧的一代大家。例如，吴先生所著《鸟瞰富连成》《“盛”“世”观光记》等详细丰富地展现了富社弟子的舞台群像，其中蕴含着他对富社艺术源流及风格的理解，也展现了他敏锐的眼光，以及具备高度包容力和整体性的艺术欣赏理念。国家京剧院一级演员、京剧小生萧润德说：“吴先生是我敬仰已久的学者，他对京剧的深知、深情和真爱让我倍感震撼。”“吴先生自名为‘教书匠’，他对我的赐教帮我解决了很多疑难。吴老曾为我写了辛弃疾的词‘且喜青山依旧重’，激励梨园世家后代要争气。”武生名家叶金援回忆了吴先生的指导及关怀，“那时家里也没什么可招待先生的，就一碗热汤面！吴先生一字一腔地教我，直到夜里11点”。谈到吴小如对晚辈的谆谆教诲，叶先生几次潸然泪下，并恳切表示要学习先生“辛辛苦苦做人、认认真真做学问”的精神。

与会者还高度赞扬了吴先生的人品和精神境界。耿识博追忆了吴先生与中央文史研究馆的浓厚情谊，先生对待学术的严谨态度和对其他馆员的教诲历历在目。北京语言大学教授吴书荫感慨吴小如先生所列戏曲史参考书目注重理论与实践的结合，使他获益匪浅,“先生对晚辈的帮助和鞭策,我到现在都没齿难忘”。中国戏曲学院教授、京剧老生名家叶蓬高度赞扬了吴小如先生的学术功绩:“他就是京剧史、京剧学,乃至富连成科班的一部活字典。”

中国戏曲学院教授沈世华深情回忆了吴先生为她讲解昆曲《活捉》中的典故,并指导她修改《西厢记》唱词等往事。中国社会科学院文学研究所研究员刘宁指出,吴先生生前十分重视实践对于学术研究和教学的重要意义,他不仅是诗文和戏曲研究领域的大家,在诗词创作和戏曲演唱方面亦有很高的成就。“四小名旦”之一宋德珠的外孙、中国戏曲学院原院长朱文相之子朱天说:“在戏曲界,艺人的知音中文人并不多,相知者需要通文明史、善曲迷戏,又能兼容通汇、以文评戏、以史解戏,更能以戏会文、以戏明志,小如先生是这其中不多者之一。”中国人民大学国学院副教授谷曙光追忆了吴小如在古典文学和戏曲方面的教诲,提到吴小如最后一场与京剧有关的讲座时,现场与会者无不动容:“那是2007年5月26日在中国人民大学举行的讲座,天气炎热,当时先生已八十六岁高龄,身体也不是很好了,他讲了一百四十多分钟,神完气足。然而,讲毕我陪先生吃饭时,发现先生已经非常疲惫。”孙郁说:“吴先生身上折射出的学术传统特别值得我们思考。”

吴煜感谢大家来纪念吴先生,他认为父亲“把他自己对京戏的爱好演变成一门学问、一个研究”。中国人民大学国剧研究中心执行主任孙萍教授在会议总结中说,吴小如先生一生清贫,但在为人和为学两方面创造的精神财富是丰厚的。他贯通古今、注重实践的治学信条,对于晚辈治学具有重要的指导意义。

# 吴小如先生讲座之后

苦行人

吴小如先生在人大讲座,题为"京剧的发展前途命运"。欣闻此信,怀着仰慕的心情去学习。大家不会让人失望。

对小如先生做评价,我显然还不够资格。先生的博学与敢言是我佩服的,却是我辈不易做到的。故只能谈听后的收获,总不敢妄评先生。

## 1. 关于戏曲史的启示

在学界中研究戏曲史,善者博览历史典籍、前辈学者著述,然却难免陷于前人的思路与方法,局限性是必然的;那不善者就根本不去过问史的问题。治学史为先,我信这句话。先生对于这个问题在我看来是举重若轻,没有刻意的引经据典,也没有对一个问题喋喋不休的牛角尖似的深究,因为戏曲史的问题在我看来是本不能说得像中华人民共和国哪天成立那么清楚的,而"弄清"恰恰是有的学者乐此不疲的事情。还有一点是先生能够把史上的东西与现在存在的东西合适地联系起来而不觉得牵强,这一方面得益于先生对于戏曲的熟识,另一方面我觉得是来自先生广博厚重的文化积淀,这种文化积淀是传统文化积淀,而不仅仅是戏曲文化积淀。

## 2. 对于文人的仰慕

先生的父亲是书法家吴玉如先生,我们不得而知玉如先生在小如先生的治学之路上给予了多少帮助、什么帮助,但总觉得这种有家学的文人的厚重是没有家学的人很难企及的。当然这并不是说没有家学的人就不会有成就,恰恰相反,还是后者居多。我这里想说的是,从先生的言谈举止中,透着的智慧和厚重着实让人感到这样的文人的魅力。先生的文学功力、史学功力、文字功力等等都会在言谈举止中显现出来。像启功先生、小如先生这样的文人,在我看来并不是从事什么研究什么,而是有一套厚重的学问系统,这个系统的厚度积淀到一定程度时,再根据职业与兴趣发展。我想这也是两位先生以及一些学者文人往往被人熟知、敬仰的领域并不是他们的专业的原因。

## 3. 说实话到底难不难

小如先生给人最直观的印象是敢说话,对于一些逢迎时风的人或事,这无疑是有力的鞭挞。其实这不只存在于戏曲界,但现在只说戏曲界。我总有个想法,戏曲发展不好的重要原因之一就是写戏评的不正之风。其实,在私下和有些学者聊天时,他们也有很精辟的见解,很有力度的批评,但一旦见诸媒体就大变样了,这就可以理解为不是他们不能而是不敢。至于怕什么,恐怕他们也不能说清,决策者是外行,但他是决策者,总有要给他们面子给自己生存空间的意味在里边,悲哀!

## 4. 保守是对是错

先生开始就表明自己是顽固的“保守主义”,我想这是在受到一些“明白人”攻击后的一种反抗。对于先生来说,如果说真的保守,也无可厚非,毕竟时代和年纪的关系是客观存在的。但先生是真的保守吗?反对不合乎规律的现象就是保守吗?那不保守就是把经典的东西糟蹋吗?任何事物都有自身发展的规律,当年梅兰芳先生的“移步不换形”被决策者批判,然几十年后的今天,我们不得不承认这是梅先生几十年实践总结出的规律,是正确的。梅先生所谓的“移步”是说要变化,“不换形”是说变化要符合规律,这样的说法在现在看似被大家所接受,也有许多学者出来为这句话正名,但事实上,在戏曲的实践领域,还是极大地毫不客气地破坏这一规律,践踏着这种真理性的总结。

当然,我也并不是说小如先生的每句话每个观点都是无懈可击的,但作为一个有良知的学者、一个有真心的戏迷,所讲所论都应该是圈内人和决策者共同反思的东西。当小如先生激动地说到京剧走的弯路已经弯得不能挽回的时候,我的脑中就回荡着一句话:不应再让这些真爱戏真懂戏的老人伤心了!

# 迷而不迷

## ——读《吴小如戏曲文录》断想

蓝翎

我幼年生活在荒僻的农村，所接触的文化娱乐活动极其有限，只不过于农闲时听听盲词汇，看看撂地摊的打花鼓，没见过话剧，也没见过电影，更不知道外国还有歌剧、交响乐和芭蕾舞什么的，是名副其实的文化“土包子”。偶或看几场“大戏”，其中有一种“柳子戏”，唱词不好懂，唱腔则婉转动听，后来才知道这是古老的剧种，大体与昆曲同时，即所谓“南弋、北昆、东柳、西梆”者也，比京剧的资格老，现已近乎消亡了。我看京剧的时间较晚。20 世纪 40 年代中期在安徽省阜阳县（现阜阳市）的乡下读中学，有一次夏天进县城取汇款，单程五十里，当天返不了校，便住在一家只有光床板的小旅馆里，隔墙能听到对面剧场的锣鼓声。

现在的阜阳，由于京九铁路的修通，已名扬中外，但在当时却是相当落后贫困。然而，由于抗战胜利前后若干年的特殊历史条件，这里却经常有来自北京、上海的京剧名角演出。穷学生舍不得花钱买票，只能“蹭戏”看。按那时戏园子的习惯，夜戏快演完时，戏园子大门便敞开，不再收票，随便进。好在天色已晚，等听“蹭戏”的人并不多，乱不了秩序，进去找个地方站着白看一会儿就可以了。我就是在那偶然的一晚，才进去蹭了一会儿戏。看门口的“粉牌”，知道剧名是《铁公鸡》，前边演员的名字写得特大：李万春。我看的是“火烧老帅”的那一场热闹戏，正适合我这个门外青年。有道是“会看的看门道，不会看的看热闹”嘛。第一次受京剧的启蒙是硬戏码，从此爱上了，一晃几十年。20 世纪 80 年代，我有一次去拜访李万春先生，并承蒙设家宴款待。话及旧事，我说：“第一次看您的戏是《铁公鸡》（此戏 20 世纪 50 年代即禁演）。”李先生似一愣：“在什么地方？”“新中国成立前的阜阳。”“对。同乐戏园。几十年了，您是老观众。”“不敢当。”话虽谦虚，其实，换个场合，我却又甚敢当地自诩为老戏迷。还真有被我蒙住的，要不然，我怎么会被中国戏剧家协会的领导人介绍加入剧协为会员，并参加过代表大会呢？剧协的章程并无吸收戏迷入会的条款，我的加入大概算是破例，因此颇感庆幸。

近日，通读了北京大学出版社出版的《吴小如戏曲文录》（以下简称《文录》），共七十余万字，近九百页，系小如先生亲手“持赠”。越读越上瘾，不忍放下。越读也越流汗，不是天热，而是通常所说的汗颜也，深愧自己还不够戏迷的资格，仍滞留在“看热闹”的初级阶段。

中华人民共和国成立初期，我曾读过《文艺学习》杂志连载的吴小如先生写的《中国古代小说讲话》，并有缘在一次讨论会（应说是“批判会”）上得以识荆。无论从哪方面说，他都是师辈，但他却谦以朋友待我。又一次会上，他题外地讲到“尖团”字的问题，方知他除了本行的中国古典文学专业，还是戏曲爱好者，用不知深浅的话说是戏迷。现在读了他这部专著,我才对"戏迷"二字有了另一番体会。

《文录》分几大部分:《中国戏曲发展讲话》《台下人语》《京剧老生流派综说》《台下人新语》《菊坛知见录》《津门乱弹录》《看戏温知录》《唱片琐谈》《戏迷闲话》。如果说看一场京剧,必须按戏码规定的顺序从开锣依次看到大轴,那么,要读好《文录》,似乎应该倒过来,从后边读起。压卷一辑正是《戏迷闲话》,可见小如先生直到七十高龄以后仍以"戏迷"自称也。这样读有一个最大的好处,可以清楚地看出,小如先生从幼年玩京剧唱片发展到戏迷的全部经历过程。开卷的那一辑《中国戏曲发展讲话》,才离开了戏迷的身份而显出了古代文学研究家的本色。《文录》是高级戏迷的专著,从看戏的经验中做学问,不仅一般的戏迷做不到,甚至在舞台上已有相当演出经验的京剧演员,也未必有此广博的见闻和深刻的理解。所以这对于想当真懂戏的戏迷和想当真懂戏从而会演戏的名角的人,都是一部不可不阅读的书。

我称小如先生为高级戏迷,不是戏言,也不是捧场,而是基于以下三点理解。第一,小如先生幼年所玩的京剧唱片以及稍后有意识地大量收藏正是中国开始有唱片的初期,也正是京剧发展到现代最辉煌的阶段,因此所保存下的也是最珍贵的音响资料。将这些高水平的唱腔烂熟于胸,正好为后来欣赏者提供了高水平的参照系,或曰范本,纵横比较,自见高下优劣。第二,小如先生为了当真正懂戏的戏迷,不仅迷于剧场的演出,有机会必看,而且下决心坚持学戏,专学老生戏,学名家的名戏,尤心折于余(叔岩)派,一招一式,一字一腔,皆精心钻研,他不单能清唱,且能粉墨登场,灌过唱片。及至当了高等学府的名教授,屡经磨难,仍乐此不疲。可他始终未“下海”，仍当戏迷，若论舞台实践经验，肯定不如一般演员，但如就所知所会的老生戏之多之精，如今一些颇有名气的老生演员，恐怕也难望其项背。第三，作为戏迷，青年时期的小如先生，可能同一般戏迷并无太大的差别。但是，他登上高等学府的讲台以后，能讲中国古代文学史和专题的散文史、诗歌史、小说史和戏剧史等课，以丰富的古代文学的知识，再反观京剧的历史流变，就更能从宏观的角度纵论京剧的成败得失，这不仅一般的戏迷做不到，而且同在其他行业岗位上的高级戏迷相比，也自有其独立不群处。《文录》一书之集成，正是他半个世纪以上当戏迷的理论总结，从戏迷入门而成学问家，同纯粹的戏曲评论家亦大有区别。比如那曾以单行本出版过的受到海内外欢迎的《京剧老生流派综说》，既是从学术的角度综论各流派的历史，也处处流露出自己看戏和学戏的亲身体会，读之如听“说”戏，非学究式的抽象枯燥的论文所能企及。基于以上三点，我称小如先生为高级戏迷，似不为过吧？

所谓高级戏迷，还可以从更广泛的角度进一步探讨。平常说一个人的业余爱好是“入了迷”，这个“迷”指的是喜爱，是一种精神状态，如影迷、戏迷、歌迷、舞迷、球迷等等，不带有贬义。但是，如果只迷入其内而不能出乎其外，上升为更有理性的欣赏，必将限于感情的痴迷，对所欣赏的对象或盲目，或偏执，或排他，进而出轨。所谓“发烧友”一词，就“发烧”的本意讲，实指烧得发昏，神志不清，意识紊乱。处于这样的精神状态，是进入不了更高的精神境界的。球迷闹事，除了社会因素不论，就其心态而言，就是“发烧”的突出表现。旧时代的戏迷为捧角而闹戏园子，也是如此。

从观众讲，更多的是一般的戏迷，这是演员赖以存在的广泛的群众基础。要求每一个戏迷都能入乎其内而又出乎其外，既不可能也无此必要，因为每个戏迷的具体条件千差万别，不可能都进入更高的境界，正如演员虽多而真正能成为名角的只有极少数一样。但是，有没有高级戏迷毕竟是不一样的，因为这正体现出某一种戏曲艺术是否培养出了高水平的欣赏者，反过来，高水平的欣赏者又促进演员水平的更高发展。一些戏曲演员虚心地登门向吴小如先生求教，不正说明了这种相互影响的关系吗？我这样说不是贬低一般戏迷，而是希望出现更多的高级戏迷。谁如果不服气，从而发奋写出《文录》式的专著来，甚至超过之，肯定能在戏迷中“挂头牌”“唱大轴”。

作为高级戏迷，我不把小如先生的成就当作孤立的个人现象来看待。《文录》还记载了许多位小如先生的前辈、同辈或稍晚的高级戏迷。从艺术发展的规律讲，总是先有了某种戏曲的演出，然后才培养出戏迷的。演员演出的水平越来越高，戏迷的欣赏水平也越来越高。就以京剧从形成发展到出现前后“三鼎甲”的杰出演员前后来说，凡有京剧的地方，都出现了大量的戏迷，同时也出现了少数的高级戏迷，著名的票友即是其中之一且有“下海”后而成为名角或某一流派的创始人者。如果没有近百年的辉煌成就，群星灿烂，流派纷呈，能培养出那么多的高级戏迷吗？所谓“名师出高徒”，也适用于演员和观众的关系。高级戏迷的不断出现，代不乏人，正是京剧艺术高度发展所产生的社会效果和艺术效果之一。小如先生由20世纪二三十年代的一般戏迷发展成四五十年代的高级戏迷，正折射出这一时期京剧发展的历史。小如先生就读于北京大学时是从名师，看戏学戏也是从名师，所以才成了高徒，迷而不迷，卓然成家。我甚至敢冒不韪地说，小如先生同辈的高级戏迷，可能是历来的高级戏迷的最后一代。如果京剧不能真正振兴起来，不仅产生不了代表一个历史时期最高水平的杰出艺术家，连小如先生这样的高级戏迷也不会再出现，京剧恐难逃没落之运。

从20世纪50年代后期到80年代，随着许多京剧名家的先后去世，京剧也走向低谷。进入20世纪90年代，仍健在的名家已经寥若晨星，且已息影舞台，或颐养天年，或传艺授徒。剧团虽多，演员尤众，但敢问：有几位已赶上甚至超过前辈诸杰，能在舞台上自成一家，站得住，站得稳，挑起时代的大梁？演出剧目贫乏，表演水平"一道汤"，能满足观众的要求吗？更有少数不谙历史者，反而出言不逊，曰观众水平低，言外之意不识货，曲高和寡，知音难觅。可是，如果台下坐着小如先生这样的观众，你那吹胡子（髯口）瞪眼睛的两下子，能"伺候"得了吗？很遗憾，像名家的硕果仅存一样，小如先生这样的观众也不多了，而且难得再进剧场，身体条件许可的，也只能抢时间撰写《文录》式的著作。因此，读毕《文录》，钦敬佩服之余，也感慨系之。但我不悲观绝望，也不作"今不如昔"之叹，相反，我对未来寄予希望，希望京剧能够重振辉煌，出现更多名家，培养出更多高级戏迷。这不是我这个一般戏迷的主观臆想，而是从《文录》得到的深切启示。

（作者单位：人民日报社）

# 意惬关飞动　篇终接混茫

李鹏飞

《古典小说漫稿》所收吴小如先生论中国古典小说的文章，大都写于20世纪五六十年代，这正是笔者一直所期许的，将小说论文写得跟小说一样好看，可以让人一鼓作气地看完。

跟那个时代的大多数学者一样，吴先生也难免受到当时流行的阶级斗争学说的影响，并运用这一学说来分析古典小说作者的思想和情感，以及小说人物的性格、行为与人物的相互关系，在评价小说的历史地位时，也会特别重视其人民性、批判性与反抗性。有一些具体的表述大概会是今天已经远离那个特定时代的读者所难以接受，甚至有些反感的。然而所幸吴先生早年受过传统治学方法的良好训练，这让他并未被流行学说引上歧途，大发凿空之论，而是在充分掌握原始文献与贴紧小说文本的基础上提出他的观点。再加上吴先生深厚的古典文学功底与过人的文学悟性，这让他每发一论，皆能持之有据，言之成理，从不蹈袭盲从他人，极具启发性。事实上，在很多情况下，所谓阶级斗争理论的运用在他只不过是虚晃一枪，既无关宏旨，也无伤大雅。我们完全可以抱着得鱼而忘筌、得意而忘言的态度来阅读这些文章，从中领略吴先生关于中国古典小说的真知灼见。应该说，他的很多看法直到今天也依然值得小说研究者重视，甚至可以作为古典小说研究的指导性意见来对待。

收入这本论文集的十多篇文章涉及唐传奇、宋元话本、《三国演义》《水浒传》《聊斋志异》《儒林外史》《红楼梦》《三侠五义》《二十年目睹之怪现状》《孽海花》等中国古代重要的小说类型与经典小说作品，看上去虽各自独立成篇，但也基本贯穿了整个中国古代小说史。在对《儒林外史》《红楼梦》《三侠五义》等一些经典作品所做的集中深入且极为精彩的分析之中，贯穿着鲜明的社会史、文学史与小说史的意识。在论述一种新生的小说类型或者深入剖析一部小说作品时，吴先生一定会周详地交代这一类型的历史源流，交代其题材的沿革演变，交代作者生活的时代，以及作者个人的生平交游与思想情感；在论述具体的小说艺术特色时，也必定会追溯它在传统文学与文化中的根源与地位。这样一来，吴先生就把一棵已被时间之斧伐倒的小说之树重新放回它曾经生长的森林里去，让我们看到这棵树所曾赖以成长的土壤、阳光、空气与整个森林的环境。这其实也就是传统治学方法所讲究的"知人论世"的原则：让一个过去时代的研究对象重回鲜活、立体的"真实"历史时空之中，加以尽量周全的审视。这一方法在吴先生手中运用起来是如此的自然、娴熟，没有任何斧凿勉强之痕，在我们这个文学的学术研究日益只见树木、不见森林，从而把研究对象拆解得支离破碎、不成片段的时代，不禁让人油然而生重睹天地之大美的惊奇与新鲜之感，也油然感到老一辈学者治学气象的苍莽浑朴与元气淋漓。更为重要的是，吴先生还让我们看到了古典小说这一文类本身所蕴含的气象、价值和尊严，这一点，大概是过去一百年的古典小说研究所未能完全做到的。

长久以来，作为古代通俗文学一支的古代通俗小说都曾是不登大雅之堂的低级文类，它进入现代学术殿堂虽然已有一百年的时间了，但它的经典性以及在文学、文化意义上的重要性并不是不证自明的问题，直到今天，也仍然有人怀疑它的价值，轻视其在整个传统文化体系中的地位。然而古语有云：人能弘道，非道弘人。那么，如若道之不弘，则其原因自不应在“道”本身，而应在那“弘道”之人了。但是，古典小说本身能否如同传统的经、史典籍一般，成为“道”之载体，或者能体现“道体之一端”，以至可以上升到跟经、史之学并驾齐驱的地位呢？这么说，自然难逃拿小说跟地位向来尊贵的经、史之学攀亲戚的嫌疑，但是如果它们之间原本确实存在着紧密的血缘关系呢？那么，能够确认这一点，对于提高小说的文化地位当然是很重要的，但更重要的则是：揭示这一事实，并且始终在这一事实所构成的宏大视野中去审视与研究小说就成为完全必要的了。而研究视野的改变，对我们认识小说的重要性与艺术特性自然也是极为重要的。

通俗小说跟传统经、史之学的联系，过去的学者（包括冯梦龙、金圣叹等明清时代的小说家与小说评点家）并不是没有意识到，甚至还有人十分明确地指出过“通俗演义”“足以佐经书史传之穷”（明代无碍居士《警世通言叙》），这是就小说的功能与经、史殊途同归这一点而言的。而在艺术技法的层面上，古代评点家也曾多次指出小说与传统的《左传》《史记》叙事艺术的联系，只不过他们彼此心照不宣，只是点到即止，从不愿意做更细致深入的剖析。吴小如先生的文章则在继承前辈学者成说的基础上，通过对一些具体小说艺术手法与艺术原则的深入分析，更明确地指出：史传文学的表现方法与小说实无太多出入，史官写史的态度与传统一直贯穿于小说史之中，尤其是贯穿于文人作家的创作之中，他们会以史官写史时所秉持的明辨是非的、严正的"公心"来写小说。如《儒林外史》《红楼梦》这些伟大的文人小说之所以能达到如此高的成就，跟它们继承并发展了古代史传文学的构思、体例和布局，继承并发展了史官笔法中"皮里阳秋"与"微言大义"之类重要的叙事传统有关。可以说，跟史传文学的血肉联系乃是中国古典小说艺术传统的本质特征。吴先生从这一立场出发，比较透彻地解释了鲁迅对《儒林外史》艺术特色的经典性评价，也透彻地解释了鲁迅为什么认为晚清四大"谴责小说"只能称为"谴责小说"而不能称为"讽刺小说"这一著名论断（参《吴敬梓及其〈儒林外史〉》《说〈二十年目睹之怪现状〉》《闹红一舸录》等文）。

在对《水浒传》《儒林外史》《二十年目睹之怪现状》与《孽海花》等小说的具体分析中，吴先生反复强调其社会认知意义，并且反复在文化、历史与思潮的背景下来分析作者的创作心态与小说人物的性格，在一定程度上是把这些小说视为中国古代社会特定阶段的精神生活史的，尤其是视为当时的知识分子与小市民这两个主要阶层人物的精神生活史，并试图从历史的角度对这些精神生活的特点加以说明，同时也并不放弃从作者态度与人物心理行为的角度去观察时代与社会的变迁，从而在作为社会生活缩影的"历史"与作为某阶层精神生活图景的"小说"艺术之间灵活地游移。

在《聊斋志异》《儒林外史》《红楼梦》与《孽海花》这类较集中

表现明清时代知识分子生活的小说中,自然无法回避对这些人物的思想状态的表现,但这一表现未必是以直接论道的形式来呈现的(直接论道的内容自然也会有,而且还不少),而是通过对他们的生活方式与人生道路选择的描写来呈现的。这一点在《儒林外史》中表现得最为明显:这部小说的主要人物大部分都是浸淫儒学程度极深的读书人,但从作者本人到小说中人物,众人所信奉并践行的思想主张却并不完全一致,作者对人物的塑造及具体态度也是受制于一定的思想学说的,对这样一些复杂的问题,吴小如先生在他论述《儒林外史》的两篇文章中都进行了比较深入透彻的阐说,让我们看到了传统儒学及其演变在新的时代对读书人的复杂影响,以及这些思想对作家塑造人物、构造情节的隐蔽而深刻的制约。可以说,儒、道、佛各家典籍中抽象的思想教义,只有到了小说中才真正成为活生生的行为准则,表现出它们塑造人物思想、情感与行为的巨大力量,以及由此带来的相应的社会后果。

吴小如先生这一代学者所受的人文教育尚未完全脱离传统学术的完整浑融状态,因此他们即使进入现代分科体制之下的大学来研究古代文学与古典小说,也仍然没有局限于从狭隘的纯文学角度来研究古代小说,而是从大文学的视野来研究之,这一做法正好契合了中国古典小说自身的特点,亦即脱胎于史传而仍与史传保持着血肉联系,与经、史学问虽无直接关联而始终以其作为深层的思想背景。这就启示今天的古典小说研究者也应该从更广阔、更完整的知识视野来进入古典小说这一并不那么单纯的研究领域,才能够真正把握、理解这一对象的特质和意义。

(作者单位:北京大学)

# 文章锦绣　金针度人

## ——学习吴小如先生《古文精读举隅》札记

林薇

近读吴小如先生的《古文精读举隅》,很受启发。这是吴先生近年来赏析古典散文的一部力作。所选篇目,上自《左传》,下迄晚明小品,共收入赏析文章四十篇。虽然书中所选的大都是名篇,前人多有论析,但作者却能蹊径独辟,发前人之所未发,一新人之耳目。文章写得挥洒自如,又谨严缜密,无一懈笔,才情与学问俱可观。

书中首先令人瞩目的特点就是,作者论文不拘泥于一篇一章,而能够从总体上、从纵横交错的历史联系中,鸟瞰式地综观古文之流变。比如,论述史传文学对于古典小说、戏曲的影响,散文由散趋骈、至于融骈入散的发展过程,以诗为文的特色,赋和比兴手法的运用,以及艺术风格的源流嬗变等等,都是相当精辟独到的。通读全书,则一部中国散文史历历在目。略拈一端,如对晚明张岱《陶庵梦忆》的评价:“张岱在写作散文小品方面,虽属竟陵一派,但他得钟、谭之幽深冷峭而药之以跌宕豪迈,取三袁之爽朗清新却扬弃其轻浮浅率。”（钟、谭：竟陵派钟惺、谭元春；三袁：公安派袁宗道、袁宏道、袁中道）一语断尽晚明小品之功过得失，非深于个中三昧者不能言此。

随之而来的第二特点就是，作者善于从纵向、横向的比较中，准确地把握作家、作品的风格特色。比如，同在北宋文坛，欧阳修的风格与王安石迥然不同。欧阳修的散文特色是委婉含蓄、纡徐宛转，王安石的散文特色是老辣、凝练、削切、倔强。而他们不同艺术风格的形成又各自有其渊源。欧阳修的《五代史伶官传序》深得司马迁《史记》之神髓，通过一唱三叹、纡徐跌宕的手法强烈地扣人心弦；而《醉翁亭记》则是典型地体现了融骈散为一、散文诗化的特色。作者片言居要地指出：“欧阳修以其清新多姿的笔触，音节悠扬、灵活多变的句式和潇洒跌宕的文势，写成了这篇化骈为散、以诗为文的抒情佳篇。”从继往开来的对照比较中，鲜明地凸现了欧阳修文特有的情采和风貌。而王安石的文风则亦源远流长，“《孟子》的恢宏雄肆，《韩非子》的犀利锋芒，以及司马迁、杨恽、嵇康、韩愈、柳宗元等人的文章里面的倔强、剀切、直率、凝练的各种特点，都为王安石的散文所吸收并有所变化、发展。”这种多棱面、多方位、多层次的比较论析，极其警策，富于立体感，大有“照花前后镜，花面交相映”之妙。

特点之三，作者还善于捕捉那超乎象外的兴寄，发微情妙旨于笔墨蹊径之外。言近旨远，本是中国散文的传统特色。想要理解作家的寄托，就需要在时代的风云变幻、作家的身世际遇以至民族文化传统等方面，具有渊博深邃的知识，否则不免隔靴搔痒。前人对于这些名作的解析虽多，然或不免陈陈相因，囿于成说。能够做到辨神骏于牝牡骊黄之外者，终属不多，而这正是此书的功力所在。比如论析《送董邵南序》,一反前人认为韩愈讽刺董邵南的旧说,而抉出韩愈同情董氏的用心良苦,实发前人所未发。又如论苏轼《后赤壁赋》,结合苏轼的宦海沉浮,分析篇中比兴手法的运用。“履巉岩,披蒙茸”一段,正象征着苏轼在政治斗争的旋涡中,独往独来、不畏艰险的精神,以及一凌高峰绝顶所感到的悲哀和恐惧。尤其值得称道的是对于归有光《项脊轩志》的分析。《项脊轩志》有浓郁的人情味,前人对于篇中的怀旧伤逝之感、亲子之情、夫妇之爱多所分析。而此书作者则别具慧眼,指出文章“真正的主旨所在,却是作为一个没落地主家庭的子弟,对家道中落的身世发出了惋惜和哀鸣,同时也在沉痛地凭吊个人遭际的不幸。作者以一间破旧的书房为线索,写出了母亲、祖母和妻子三代人对自己的爱怜、期望和依恋,从而流露出一个失意的读书士人生不逢时的抑郁和悲哀。”这是文章内涵的真正底蕴,构成一种弥漫全篇、无所不在的悲凉基调。寥寥数语,将归有光写作此文的那样一种缠绵凄楚之情刻画得细腻入微,令人回肠荡气,叹为观止矣!对弦外

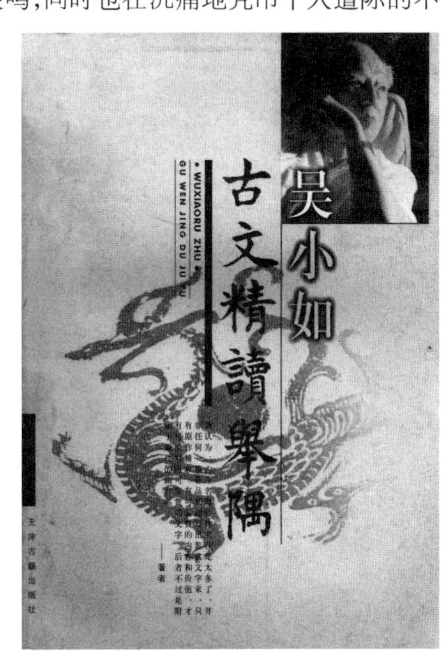


《古文精读举隅》书影

之音、味外之旨的妙悟，使这部赏析论著富有一种空灵蕴藉之美。

特点之四，对于文章谋篇章法的缕述，尤见匠心。读此书后，不论叙事文、说理文、抒情写景文、皇皇大论抑或尺幅小品，无不章法井然，历历在目。作者论文如抽丝剥茧，丝丝入扣，极尽跌宕起伏、摇曳生姿之妙。比如，《左传·齐连称、管至父之乱》记叙齐襄公被杀的一场内乱，涉及整个齐国政局的动荡，出场人物多至十六个。这样一个内容庞杂、头绪纷繁的历史事件，《左传》却只用了二百八十个字。作者对于此文用“执简驭繁”“疏密得宜”八字作为断语，十分精当。《左传》文章貌似简括，实则针线细密，用笔周到，“都是一环套一环，一扣紧一扣的。严丝合缝，滴水不漏”，既有闲笔点染，用彭生鬼魂化琴的情节，渲染阴森可怖的气氛，使文势纡徐；又有跳跃式的“特写镜头”，以显示仓皇纷乱之状。此种手笔，充分体现了《左传》中文章在谋篇布局上神工鬼斧的特色。又如对于《史记·李将军列传》叙事手法的概括：“本篇的叙事特点是，以好整以暇的手法写紧张急迫的事件，以参差错落、千头万绪的场面来代替平铺直叙。似乱而实整，似疏而实密。”姿态横生，而矩镬具存，此乃太史公之得意手笔。其他如《马蹄》篇对文章结构谨严、层次分明、整齐与变化交相为用的论析；《齐人有一妻一妾》篇对用笔繁简的论析；《送李愿归盘谷序》篇对“偶中有奇”的论析等等，都是令人会心惬意之品。

特点之五，注重词采。好的文章往往韵律天成，看似不费力气，实则一丝不苟。正如此书所引王安石句：“看似寻常最奇崛，成如容易却艰辛。”须潜玩之，方能咀嚼出其中的韵味。此书往往于人所不经意处，得举重若轻的神来之笔。比如，《左传》中之名篇《秦晋崤之战》，蹇叔哭师之后，着以“秦师遂东”一语，此四个字神余言外，但是前人皆未能言其所以。此书则做了透辟的分析，指出："这一句实在是所谓的'春秋笔法'，用一'遂'字而寓褒贬，增强了修辞效果……表示做事的人不顾任何前因后果而一意孤行，胆大妄为。"同时并举出《左传·郑伯克段于鄢》中的"遂恶之""遂寘姜氏于城颍"，这几处的"遂"字都用法相同，表示行为的悍然无理。经过这样一番鞭辟入里的分析，令人感到韵趣盎然。

又如对于张岱《湖心亭看雪》的赏析，张岱文只有一百六十字，原文佳，赏析文章亦佳，潇洒飘逸，骨秀神清。只举文中对那个不起眼的虚词"与"字的论析："'天与云与山与水'，一句，一连用了三个'与'字，似乎过于重复，而其意实是为了加重自上而下悉为大雪所覆盖的特色。如把这一句连下文改为'天云山水，上下一白'，虽似凝练，反觉索然寡味，无跌宕生姿之美了。"情韵悠扬，臻于出神入化之境。

特点之六，考据精审，解破疑团，读来使人顿开茅塞。比如，《崤之战》中蹇叔指出的"南陵""北陵"，历来不曾有人讲过。此书则根据舜死于苍梧之野，就葬于当地的九嶷山；禹死于会稽，就葬于当地的禹穴等事实，论证了崤之南陵可能就是茶的祖父皋的丧身之所。经过这样一番演绎，此段文章所呈现的惨淡凄其的景象便赫然在目了，令人不禁忆起唐代大历史学家刘知几对于《左传》的评语："谈恩惠则煦如春日，纪严切则凛若秋霜。"

此外，又如对于韩愈《师说》的诠释，精义迭见。《师说》是广为传诵的范文，且历来被选入中学课本，可谓风靡于世。但是，很多注本的句读和释义却是颇可商榷的。略举下面一段：

巫医乐师百工之人，不耻相师。士大夫之族，曰师曰弟子云者，则群聚而笑之。问之，则曰："彼与彼年相若也，道相似也。"位卑则足羞，官盛则近谀。呜呼！师道之不复可知矣。

当今多数注本都将"位卑则足羞，官盛则近谀"二句括入引号，可谓情貌俱离，大相枘凿。但是无奈相沿已久，人们熟视无睹。在这方面，本书作者持有与众不同的见解，指出："有的选本把'位卑'两句也括入引号之中，成为讥笑那些拜老师、称弟子的人的话，这显然与语气不合。这两句话分明是作者为那些拜老师、称弟子的人鸣不平的话，认为所拜的老师如果社会地位卑下，则自己容易受人羞辱；而所拜的老师如果是一位大官，那别人也会说闲话，认为这个愿称弟子的人动机不纯，不是为了求学问，而是想巴结大人物，阿谀权贵。这明明是两句带有批判性的话，若把它括入引号，就讲不通了。"论断深中肯綮，令读者有如拨开迷雾，豁然贯通。

总之，《古文精读举隅》一书给人以精粹的知识、醇美的灵思以及艺术魅力的启迪。稍感不足者，此书在体例上不够系统，从散文发展史来看，尚留下了若干空白或薄弱部分，如六朝文、明清文等。正如作者在《后记》中所云："非一时一地所写，当然缺乏系统性；所选的篇目也不免畸轻畸重，有些应该加以分析的名家名篇也不遑补入，使之完整配套。"因此，读来不免有沧海遗珠之憾了。

（作者单位：中国传媒大学）

# 《吴小如录书斋联语》后记

刘凤桥

大约在两年前，我在同心书屋与“吴迷”们谈吴小如先生，此间有人突发奇想，建议请吴老选辑、书写二百副书斋对联供大家收藏并汇编出版，与启功先生《联语墨迹》（北京师范大学出版社出版，吴小如书序）并驾成艺林双璧。

请小如先生写书房联，大家都认为是匠心独具的妙想。理由有三：一是小如先生是当代实至名归的学问大家，有“醇儒”之誉，道德文章夙负学界清望。书斋里挂一副他老人家的墨宝，不仅会平添几分清雅，还可洞见主人的品位。二是小如先生虽不以书家自居，但其“唐碑晋字”的书法成就，实为当代一流大家。他的字具有浓郁的书卷气，纯净儒雅，格调极高。中国汉字之美，在他的书法里体现得淋漓尽致，真正达到了季羡林先生推崇的那种把“汉字文化化了”的境界，挂在书房里最增色。三是小如先生是中国楹联学会顾问，于联语之学有深赏，由他选辑的对联，自然会不同凡响，别有一番韵致的。如他为茅盾纪念馆撰写的“一代文章推子夜，毕生心血似春蚕”，代北京大学为清华大学九十周年校庆撰写的“水木清晖，荷馨永播；九旬华诞，棣萼同欢”，为悼念张伯驹、朱家溍、启功逝世撰写的“丛菊遗馨，诗纪红毹真一梦；碧纱笼句，词传彩笔足千秋”（悼张伯驹）、“天不牖衷，哲人竟萎百身莫赎；公能弘道，来者谁继遗爱常馨”（悼朱家溍）、“范世称三绝，垂辉映千春”（悼启功），都是令人叹服、传诵一时的名联。

几天后，我拜访小如先生，商写书斋联语一事。吴老略作沉思后说“可以一试”。原来，先生以前曾应“中华文化系列讲座丛书”编委会之请，写过一篇题为《中国的楹联》的文章，后来作为“丛书”的首篇在国内外公开发表。那时，先生曾想写一部关于楹

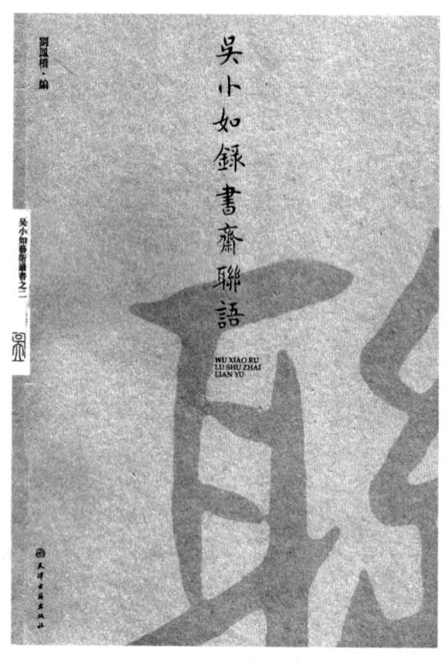


《吴小如录书斋联语》书影

联的书,但由于各种原因,一直未写。对我们的要求,吴老主张不只写联语,每一副对联都要有注解,说明出处流传,论述联艺得失。大约两个月后,吴老就将这一页页文辞隽永、书法精美的艺术瑰宝交到了我手上。我和“吴迷”们小心地翻看着这一副副绝妙好辞,大家不约而同地说出了一种心情:太有价值了！一定要出版!

非常感谢天津古籍出版社刘文君社长和赵娜编辑,正是他们的慧眼和支持,《吴小如艺术丛书》才能又好又快地和读者见面。贵社对我国优秀传统文化的弘扬,对像吴小如先生这样老老实实、干干净净为人治学的学术大师的尊重,在如此浮躁的当下,尤为难能可贵!

在《吴小如艺术丛书》的编辑出版过程中,在“吴迷”们的热情参与、共同推动下,“吴小如艺术研究会”正在北京筹划之中。这是一个纯粹民间的行动。大家由于敬重像吴老这样道德文章的人而心手相牵,没有任何条件、不带任何背景地走到一起,共同为弘扬祖国优秀的传统文化担一份责、尽一份力、展一分读书人的情怀！我们衷心地希望这一缕来自民间的阳光,能在中华民族伟大复兴的历史画卷中,留下一抹绚丽的亮色！《吴小如录书斋联语》与去年出版的《吴小如手录宋词》就是吴小如艺术研究会奉献给广大读者的一份礼物。此外,《吴小如艺术丛书》之三——《吴小如书法选》也即将与大家见面,敬请期待!

# 千古才情一脉亲

## ——试论吴小如的书法

刘凤桥

吴小如先生《临文徵明〈赤壁赋〉书法卷》，小孤桐轩藏有二轴，卷尾各有先生自题跋语云："仆二十以前即嗜文徵明书。六七十年来，所临摹衡山手迹近二三十种，然从未完整存世。今已八十有七，姑摹《赤壁赋》一通，聊识鸿爪，未敢必其存世也。"

又跋云："临摹古人书，有三不可：浑不似古人，一不可也；无临摹者已之风貌，二不可也；所临摹之书，不能去粗取精，并古人之病痛亦一一仿而肖之，三不可也。己之所书，不能无病，以己书之病益以古人之病而不自知，反以为己书已超越古人，于是书道绝矣。"

吴小如是当代著名学者，20世纪40年代，即以"书评家少若"有名于时，以研究古典文学和戏曲评论享名海内外；书法是其余事，更兼为人低调，不事张扬，故书名不彰，但却家传有素。他的父亲吴玉如先生是20世纪杰出的书法家，开一代书风，被启功先生称为"三百年来无此大作手"。时下腾誉书坛、一字万金的欧阳中石先生即出自吴老门下。1945 年,吴小如拜俞平伯先生为师,即"手写夫子五言长古《遥夜归思引》献以为贽,蒙公奖掖,许侍门墙,忝列弟子之列"。俞平伯对这位跟随了他四十五年的得意门生的书法是相当推崇的。20 世纪 80 年代,俞平伯八十大寿,吴小如集李白、张说诗句写了一副"共看明月皆如此,且喜年华去复来"的草书对联藉申贺悃,俞平伯很欣赏,没过多久,就将对联装裱成轴,替换原来的一副名家对联悬挂在客厅正壁,并对吴小如说:"你不用惶恐,将来挂你字的人会越来越多!"这副对联在古槐书屋挂了很多年,20 世纪 80 年代末才收起来,换上了吴小如父亲吴玉如写给俞平伯的另一副对联:"欣处即欣留客住,晚来非晚借灯明。"

吴小如书法最大的特点就是天真纯净,静如秋水,妍若春花,格调极高。这样不俗气、不匠气的书法在当代极为鲜见。这和他本人的学养、性格情怀及学书的目的是有关系的。吴玉如在教吴小如学习书法时,就声明了两大前提,即"要学写字应先学做人","写字必先读书"。人"宁可不会写字,也不要做一个俗不可耐的写字匠"! 吴小如一生都奉此为准则。余曾见其丙戌年秋《临〈兰亭序〉书法》一卷,尾有跋语数行云:"仆摹兰亭传世诸本已不知凡几通,虽略有悟,终似未窥堂奥。所幸能从中渐知学书之正轨,知羲、献用笔其精神气骨皆在点画之外。仆书所以不及古人,不独功力不到,禀赋不慧,其要害犹在学养不至,读书不多。故古人作字首重书卷气然后天才与功力副之,庶几有望于追踪前贤;一存名利之心,便难进步。仆之病正在于此,可不戒慎之哉!"又如他在《论书二首》中,也重点强调了读书对写字的重要性:"作字必循法,法弃失仪型。荒诞非创新,妄想岂性灵? 书法贵有道,首重识

失枕驚先起人家半夢中聞雞憑早
晏占斗辨西東轡溼知行露衣單覺
曉風秋陽弄光景忽吐半林紅
丁亥夏錄黃山谷早行　小如

吴小如录黄庭坚诗句

见明。识从读书来，立身宜德馨。字无书卷气，墨豬兼蚓行。胸中气浩然，点画自峥嵘。习字虽薄艺，犹期持以恒。一涉利名场，惟务盗虚声。不独欺古人，罪在欺后生。愿具平常心，寡过一身轻。掷笔归浩叹，老去恨无成。”“人老字未工，患在不读书。鲁戈日难回，衰病复何如。倚枕思往哲，矢志甘守愚。闻道争朝夕，就死犹前趋。不讳质鲁钝，不期敦薄夫。习字贵精勤，手眼宁负吾。努力惜余年，慰情聊胜无。”再如：“学书缘气类，羲献牖天衷。圣教妍春柳，兰亭穆远风。乖时成毁半，不懈毁明通。岁晚从吾好，聊程秉烛功。”（《学书》）

从这些诗文中还可以看到，吴小如练习书法的目的是自娱，所谓“愿具平常心，寡过一身轻。”“岁晚从吾好，聊程秉烛功。”写字是他的乐趣和享受，而不是博取社会虚名的手段，所以也绝少为了润格而“创造”作品。吴小如是不屑为名为利而写字的。正如他在诗中所反对的那样，“一涉利名场，惟务盗虚声。不独欺古人，罪在欺后生”。艺术一旦与名利结缘，就难逃“烟火”的侵染。陈传席言，“胸怀世界和就琢磨着赚两个小钱，在笔下流露出来的艺术境界形同天壤”。字要写得好，一定是技巧与气质、风度、学识多方面的结合。吴小如的书法之所以始终保持着那种纯净之美，不俗气，学力功深之外，心无挂碍、超然物外的精神状态也是一个重要原因。这也就是古人所谓的“书为心画”吧。

但对于师友，吴小如却愿意用作品表达自己的感情。比如1979年赠送给著名学者周一良的《敬善寺石像铭》临本，就是在周处于“韩非囚秦”中表达理解的“雪中送炭”。吴小如和经济学家厉以宁的文字缘，是在两人被判处“牛鬼蛇神”的那段时期结下的。1969年，两人同被下放到江西鲤鱼洲农场劳动。为了鼓励老朋友坚定信心，战胜困难，吴小如填《鹧鸪天》词一阕送厉，词云："聚散萍踪事可思，当时魇梦画楼西。百年驹影惊回首，一纸家书慰展眉。新旧雨，短长堤，平生幽素几心知？相看两鬓随缘老，莫待吟成已是诗。"厉以宁即步原韵回赠一阕云："莫道红湖巧遇迟，萍踪难得两心知。青莲自幸身无染，银杏何愁鬓有丝？堤上路，画中词，升潮也有落潮时。江风吹尽三秋雾，笑待来年绿满枝。"20世纪90年代，厉以宁以吴小如词复印件赠吴，吴又作《七绝》一首以赠，诗云："当年魇梦原非梦，堪羡风和日丽时。老去深惭情味减，潮升潮落总难期。"外交官周南先生一次与港报记者谈话时，劝记者先生们写文章要讲求文采，提倡读古典诗词，被人误解是开口"训人"，舆论一时哗然。吴小如与周南相交数十年，深知周南为人不至"官气"凌人，因写了一首五古送给周南表示理解，其后半云："古今同一辙，谤议何足伤！天地有正气，浩然盈四方。为君赋小诗，篇终接混茫。"20世纪80年代初，周南归国，曾以诗代柬，招吴小如小饮。诗云："燕山旧梦等轻云，微子谁分劫后樽。今见梳翎辽海鹤，凌霄长唳舞朝暾。"吴小如即却答二首，其一云："尖风棱月梦常温，语辟心扉手自樽。辽鹤东归春正茂，款舒健翮驻灵暾。"

红学家周汝昌先生《红楼梦真故事》和《红楼艺术》两书出版，赠书吴小如，并附自题新著词二阕，其一云："文采风流子建亲，阿谁鞭影望龙纹。偶因炼罢嗟青埂，长向焚余悼绛芸。红入梦，绿离魂。胭脂传照墨流真。从来河岳生灵秀，未抵曹家一雪芹。"其二云："艳说江郎笔梦花，量才八斗最声华。红楼隔雨当时院，碧水惊秋何处家。珠贯蚁，线萦蛇，九环千里焕云霞。通灵二性生威凤，百尺高桐景异鸦。"吴小如得书后即手书和章二阕回赠,其一云:“千古才情一脉亲,风行水上自多纹。红楼佳丽原非梦,春草池塘孰与芸。人换世,笔销魂,仙家警幻事疑真。漫嗟尘海知音少,满纸荒唐脂共芹。”其二云:“才拟四时不谢花,更歆尽洗旧铅华。补天椽笔宁关梦,隔雨红楼即是家。槐下蚁,草中蛇,好将方寸傲烟霞。几番风雨沧桑意,独倚危阑数倦鸦。”诗人邵燕祥是吴小如发现并提携他走上文学创作道路的。邵燕祥有专文介绍吴小如对他的帮助,读来感人至深。1988 年 2 月,邵燕祥以七律一首赠吴小如,诗曰:“毕竟诗情渐不多,苏州船板记曾过。华年尽日愁风雨,御路何期布网罗。寒信频催新鬓白,人生几见醉颜酡。西郊风景殊萧瑟,春到门前好踏莎。”诗末有作者自注云:“1948 年予寓船板胡同,小如寄居比邻苏州胡同七贤里,以文字缘初识,忽忽四十年矣。小如号莎斋。”吴小如即有答诗云:“明知来日渐无多,犹自强颜发浩歌。棋罢何尝人换世,春归依旧雀投罗。少年意气风兼雨,晚岁牢骚叟共婆。永夜静思惭一笑,蛇神牛鬼入诗魔。”吴小如另有一首《赠邵燕祥》的七律,发表在香港的《文汇报》上,诗云:“太息书生举步难,文章问世亦辛酸。枯鱼入肆江湖寂,落木惊秋风雨寒。愧我无心云出岫,羡君矢志笔回澜。从来天意怜幽草,愿假余霞子细看。”

启功与吴小如有五十余年交情,谊在师友之间。五十余年前,彼此课余多暇,常偕游隆福寺旧书肆,谈诗论艺。启功深佩吴小如论戏曲之文,曾有一书致吴小如云:“前读鸿文论马连良者,至深佩服!此非一般评戏之作可比,如此公平,如此透彻,虽学术理论之作,亦将望尘莫及。如评诺贝尔奖于文学域中,非兹篇其谁属!”又云:“拜读大著,论皮黄流派之文,真千秋之作。”“王静庵之《宋元戏曲史》凿破鸿蒙,其力可服,其识最可惊也。”元白归道山，吴小如以十字挽先生曰："范世称三绝，垂辉映千春"。并自注云："三绝者，谓先生之诗、书、画并世无两。而先生手书之楹联，则诗与书之余事也。"北京师范大学出版社出版《启功联语墨迹》一书，吴小如欣然为顾问，并手书一序助其成。其笃于旧谊，于兹可见。著名收藏家、词人张伯驹先生是吴小如的父执。20世纪50年代，吴小如曾从伯驹先生问业，学唱《二进宫》《天水关》《审头》《回荆州》《七星灯》等戏，得益良多。1982年，张伯驹病逝，吴小如手写挽联一副云："丛菊遗馨，诗纪红毹真一梦；碧纱笼句，词传彩笔足千秋。"（上联指张伯驹所著《红毹纪梦诗注》是京剧重要史料，下联指其倚声之学足以不朽。而上下联之首字"丛碧"，则张伯驹先生之别号也。）茅盾纪念馆落成，吴小如慷慨应求，撰"一代文章推子夜，毕生心血似春蚕"对联一副写赠，分文不取。周绍良八十晋六华诞，吴小如贺诗一首，工楷写呈："太上有立德，次以功业传。我辈好读书，所希在立言。绍良道问学，博涉能精专。但求开风气，不为天下先，平生真积力，孜孜望九年。小诗为公寿，敢儗九如篇。"

吴小如书迹市面上绝少见，多在师友间流传，因而其妙处也只师友最知。如何满子跋吴小如诗稿云："右吴小如兄手写其自作诗，诗既清新俊逸，字复刚劲秀拔，洵称两美兼具……远非时下浪得浮名者所拟。"白化文曾撰《话说"题签"》一文，谈及吴小如题签事数则，如："一种情况是，出版者主动提出，必须请谁题签……如，我在台湾出的一本关于敦煌目录的书，主编者就指定请周太初（一良）先生题签。另一本也是讲敦煌的书，主编指定请吴小如先生题签。即以吴先生为例，他老人家的题签，有一位见到后十分赞赏，说是所见题签中最美的，书法水平最高的，马上拍摄下来，回家欣赏去了。”“据在下浅见，吴老师的书法实为当代一流大家，而且，当今寸楮人争宝，何待悠悠二百年。”“他老人家由于常为人题签，除了书法本身之美以外，其字面布置与照应也达到出神入化之境地。看到的文章中，记得弘一大师说过：‘字之工拙，占十分之四；而布局却占十分之六。’吴老师可谓得此中真谛者矣！”“本师周绍良先生出书，向例请友人题签，但每人只请一次，下次再出书，换请另一位。只有一次例外，即出《周绍良先生欣开九秩庆寿文集》时，我请示请何人题签，周先生指示去请吴先生。最近出《唐传奇笔记》时，周先生自己又去求吴先生题签。”南通大学陈学勇教授是吴小如的学生，1966 年毕业于北京大学中文系。他喜欢写毛笔字，几十年来都用毛笔写信，但只有给吴小如的信例外，因不敢班门弄斧故耳。天津师大韩嘉祥先生是吴迂叟晚年的得意门生，与吴小如谊在师友之间，他认为吴小如的楷书写到了一定境界，并世名家中无能出其右者。

太上有立德次以功業傳我輩好讀書所希在立言 紹良道問學博涉能精嫥但求開風氣不爲天下先平生真積力孜孜望九年小詩爲公壽敢擬九如篇歲次癸未三月初三日敬祝紹良先生八秩晉六華誕 小如

吴小如先生为周绍良贺寿书法

吴小如的书法之所以能高标出世，人争宝爱，学问渊博、人品高洁是一个重要方面，就字而言，更不同于一般的学者字，他的书法除具有浓郁的书卷气、有自家风神意象之外，更兼法度谨严，笔笔有来历，是真正经得起历史检验的书法瑰宝。这与他受过名师指点（吴小如除得父亲吴玉如亲传外，也得到林宰平、沈从文、俞平伯等这些既是大学者又是名书法家的指点，并为林宰老整理出版书法理论著作《帖考》），加之长期坚持临帖、肯下苦功夫是分不开的。余曾见其临王羲之、王献之、孙过庭、赵子昂、邓完白等名家书法一册，墨气淋漓，精光流动，俱得各家法乳。册有跋语数行，概言己学书经历云："仆未入小学时，先君即命习楷书，竟格格不入。先君以为不堪造就。然尚能摹二王小楷。及十四五，偶习孙过庭书谱，先君谓：'尚可试'。由是更取二王行草摹之。二十岁后，觅得邓完白楷帖，习之一二年，楷书始窥门径。年近四十，乃折节学书，沿先君学书经历一一尝试。然后知二王乃百家之源流，须破南帖北碑畛域或可望有成……"此册节临孙过庭书谱后另有跋云："仆自志学之年，习楷不成转而学孙过庭书谱，前后临摹不下数十通，然后略窥门径，重写二王始略得笔意。"吴小如临帖是一种生活习惯。即今已届望九之年，仍乐此不疲，每天日课一二百字，一丝不苟。且不说像他这样声望地位的大学者，就是当下靠写字吃饭的所谓的书法家们，这样坚持练功的又有几人？其他就更勿论矣！

对于书法，尤其要讲继承，没有继承就没有书法。吴小如不以书家自居却坚持日日临帖，虚心师古，这种永不满足、精益求精的精神，这种对文化传统的虔诚态度，实在值得我辈后生小子们警醒和深思。

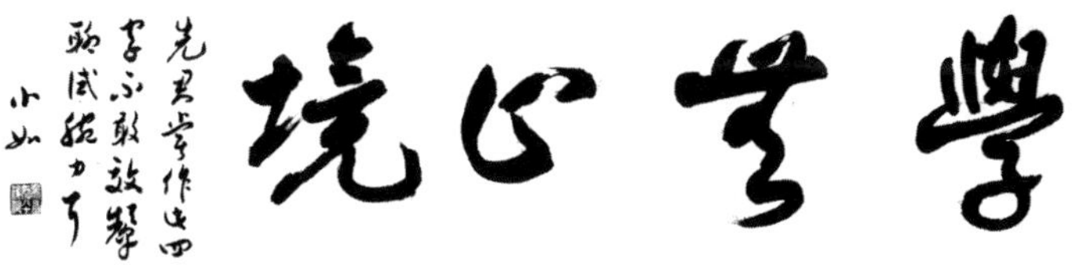

吴小如先生书法

关于临帖，吴小如主张要多接触各种书法类型的碑帖和墨迹，体会不同的笔法，从各种字体间的差异中寻找共同点，从字体演变中寻找临写的顺序，真正临懂、临会每种字帖，“临池濡翰必有法度准绳，而非师心自用，任意胡来”。1994 年，他写过一篇《学戏与临帖》。“每学一出你不会的戏，每临一种你不熟悉的字体，实际上等于你在学习一种新事物，从而使你的艺术水平自然得到提高。及至水到渠成，学养功深，新的意境自然会从胸襟肺腑中流出，习字则得心而应手，唱戏则从心所欲而不逾矩，所谓‘新’，并不是从无到有生硬地‘创’出来的，而是温故而知新地顺乎自然形成的，正如东坡所云，‘常行于所当行，而止于所不得不止’，所积愈厚，所采愈博，则所造诣便能自出机杼，独辟蹊径。今人为演员而不求师学艺，学书法而不精研碑帖，不下苦功，不动脑筋，妄图走捷径一蹴而成名。无怪乎戏曲式微，书道陵夷，见讥于通人矣。”吴小如的这些书学思想，还体现在他的论书诗中，如在《赠李生佩红》中，他写道：“习艺等习字，首重书卷气。先正而后奇，标新勿立异。琴牢述圣语，艺成在不试。庖丁无全牛，神行非假器。一旦豁然通，万物皆我备。莫嗟老生谈，久之能自味。”在《题所临魏碑》中，也强调了精研碑帖的重要性：“重写六朝碑，幡然顿憬悟。菁华蕴于中，法门启无数。先君重元略，世罕知其故。

二王作础石，魏隋随以驭。一旦牖天衷，宛若神相助。师古不乖时，变化悉有据。纵横任驰骋，点画皆合度。时贤妄逞臆，自许开新路。下笔令人惭，翻讥我顽固。书道陵夷久，途穷兼日暮。”在这首诗的后面，吴小如有自注数语云：“昔朱季黄先生慨今日书家，大抵皆扶乩体。此日视世之所谓书家并鬼画符亦不如矣。”可见，小如先生对当今书坛逞臆创新、牟利盗名等不正常现象是颇有微词、持批判态度的。这也是所有珍视中国传统文化的有识者之共见！

余致力于近现代文人学者墨迹的收藏与赏鉴，吴小如自然是无法越过的一位。昔钱仲联序沈寐叟书法称：“书法一道，非限于书法而为书法也，必与其人之学问德业、事功成就、时代特征息息相关。”这个说法或可以道出我喜爱学人书法如吴小如者的原因。窃以为，当代中国能名副其实而为“学者书法家”的，吴小如应是“仅存硕果”之一了。先生学问德业、事功成就自不待言，其“唐碑晋字”的书法成就，并世也鲜有能与之比肩者。季羡林曾言：“学者书法不仅讲求书法的典雅清正，而且要求书法具有浓厚的文化意味；学者书法不仅是艺术，而且是文化，同时也是学者对汉文字的美化和文化化。”观吴小如书法，信然！

附记：此文草成后，因小如先生不同意发表，搁置数月之久。今先生手录宋词二百首拟结集出版，承蒙先生厚爱，由我主其事。因又旧话重提，商请先生同意刊发此文。先生经慎重考虑后，勉强应允将其作为本书的代后记。拙文得附骥尾，非文章能传先生精神之万一，实乃先生念我愚钝，不忍弃舍、给我以鼓励尔！

唐诗宋词作为祖国传统文化瑰宝，千百年来深受国人喜爱。作为著名的古典文学专家，小如先生所选宋词自然独具胜解，不同凡响。从这个意义上讲，此书的出版，对于喜爱宋词的读者，无疑又多了一本水平上乘的选本。更为可贵的是，小如先生对所选宋词，多数加了评注，虽三言两语，却画龙点睛，多道前人所未道，益添此书学术价值之不菲。

小如先生虽不以书家自居，但其书法实为当代一流大家。先生不辞劳苦，以望九之高龄，勤点画之功，绝非纯粹自娱，而是忧愤“劣书”横行、书道陵夷，因而振臂疾呼，晨鸡一唱，还书法本来之面目，正本清源，垂范世人，使千年国粹得以发扬光大，善莫大焉！相信此书之出版，不仅对普及传统文化，助推词学发展有益，对数以万计的书法爱好者更是一种有益的示范。诚如何满子先生所言：“诗既清新隽逸，字复刚劲秀拔，洵称两美兼具。”因此，必将受到广大读者的喜爱。

# 谈吴小如先生的几本书

刘凤桥

吴小如先生的著作有二三十种,文学和戏曲方面为多。这些书我基本都见过,但说实话,没有全读过。

我对吴先生的学问,不要说登堂入室,恐怕连门都没摸着。所以,吴先生从不把我当学生,给我写书法条幅的称呼是“凤桥贤友”,或者私下里称我们为“粉丝”。能得到吴先生的“贤友”之目,已是我今生莫大的荣幸了。

我之所以斗胆写这个题目,是缘于一次聚会。席间,大家谈起吴先生,流露的多是仰慕之情。只有一位老师不以为然,说吴先生没什么学问,就是懂得多,样样通,实则样样都不精,最多只能算个“杂家”云云。

我当时很诧异,万没想到这位老师会有如此见识,就忍不住问了句:“您看过吴先生的哪些书?”见我如此发问,老师自感有些失言,不过还算诚实地说,这几年还真没读过他的什么书。

这位老师也是个读书人。据说,还是个名人。只不过听吴先生的“故事”多了些,亲自读吴先生的书少了些罢了。这就给我带来了一点儿启发,想谈谈吴先生到底有没有学问,而谈吴先生的学问,我深知是不配的。好在,吴先生的著作很多人都认真读过,并且写过心得一类的文章,评价都在。我这里就是把一些材料稍加整理,权当给大家做个简单介绍吧。

吴先生最初是以书评起家的,20 世纪 40 年代即以“少若”笔名在各大报刊发表书评,评张爱玲,评巴金,评朱自清,评俞平伯,评郁达夫,评沈从文,评钱锺书,评废名,评萧乾等等。刚刚二十几岁,就被称为是继李健吾之后的又一书评大家。他的书评被称为“美文”,“流光溢彩,灵动飞扬”,“思辨周密,文采斐然”,“洋溢着天真淳朴的锐气”。他的批评“言必由衷,立论公允”,“没有八股腔,没有经院气,没有花拳绣腿,没有模糊朦胧,在不经意之间,构建着一种坦诚热切直白通透披肝沥胆表里澄澈的批评境界”(见郭可慈《学识与性情的结合——评吴小如四十年代的书评》,刘敬圻《“少作”的品质——读吴小如先生 1945 至 1948 批评文字》)。陈延嘉先生说:“过去在读史时,常见到某某几岁或十几岁‘善属文’的记述,只留下一个空洞的印象。而读吴小如的《旧时月色》,使我感性认识了一位天才少年的英姿焕发。大有‘谈笑间,樯橹灰飞烟灭’,横扫千军如卷席的气势。其眼光之独到,语言之丰富,文笔之犀利,加之中外古今,纵横捭阖,为今日文评所少见。即以其中《读钱锺书〈写在人生边上〉》这篇不足两千五百字的文字而论,涉及现代作家二十三人,古代作家三人,外国学者一人,计二十七人。以如此宽广的视野分析概括,比较评价,是当今少见的。”(陈延嘉《小学、文学、选学——对吴小如先生为人为学的认识》)

上海陈子善先生出版张爱玲生平与创作考释一书之书名《沉香谭屑》，是请吴先生题写的。在该书的《小引》中，陈谈道："我已经很久未请前辈为拙著题签了，因为不愿给年事已高的我所尊敬的前辈增添麻烦，但这次却是例外。早在四年前，我就请'张学'研究先驱者——年届九十高龄的北京大学教授、书法家吴小如先生题写了'沉香谭屑'书名，自以为这是别有意义的。""抗战胜利之后，人在北平的小如先生读到张爱玲的《传奇》和《流言》，各写了一篇书评予以推荐，可谓慧眼独具，空谷足音。他写的《传奇》评论以'少若'笔名发表于 1947 年天津《益世报·文学周刊》第四十一期，成为20 世纪40 年代研究张爱玲小说的重要文献，也使 1946 至 1949 年间中国北方的'张学'研究不至于一片空白。"可见吴先生书评在当时以至后来的影响。

吴小如先生为《沉香谭屑》题签

20 世纪50 年代，吴小如执北大教席时编注《先秦文学史参考资料》和《两汉文学史参考资料》。他沉潜故训，研安字义，倾注了全部的精力。这两部书出版后因选材精当、注释详明可信而广受赞誉，至今仍是全国乃至国外某些文科大学的基础教材。陈丹晨先生认为,20世纪50年代以来,虽然出版了许多古典作家作品选注本,“很少能超过这本书的水平”,“《资料》体现了吴先生深厚渊博的学术功力,是正宗乾嘉学派学风,真正的训诂学”。他回忆说:“《资料》最初是逐页零星散发给学生用的,作为文学史教研室的集体成果,也没有署个人名字。即使后来正式出版时也只是在说明中提了一下而已。”(陈丹晨《老学生眼中的吴小如》)

费振刚先生对学生檀作文说,吴先生负责这两本书的注释,是因为当时被划为右派,不能讲课;游国恩先生看好吴先生的功底,请他做助手,来注释这两本书。当时系内“左派”从中阻挠,杨晦先生为吴先生说话,吴先生才得以安心做完这两本书的注释工作。费先生称这两本书奠定了吴先生在当代注释学的权威地位。“由此所取得的考据学成果,许多都经受了时间的考验而得到广泛的接受。代表了中国20世纪诗文字义考证所达到的高度。”(刘宁《其学沛然出乎醇正——吴小如先生的古典文学研究》)

尽管学界对这两部书好评多多,但吴先生自己认为,这两部书是他做学问刚刚起步时的作品,都有硬伤,特别是《两汉文学史参考资料》更粗糙一些。他曾有决心将这两部书重新修订出版,但终因精力不济而搁浅。

邵燕祥先生坦言:“吴小如是我们那一代治古典文学的顶尖学者。”确实,在诗文考证、字义训诂方面,吴先生有大量为学界瞩目的成果,《古典小说漫稿》《古文精读举隅》《古典诗词札丛》《古典诗文述略》等书,为古典文学的研究鉴赏做出了杰出的贡献,在语文教育界影响巨大。20世纪80年代出版的《读书丛札》更是他这方面的代表作。此书先后在香港、北京两地出版,在大量资料中引出结论,取精用宏,无征不信,新解胜义,层见叠出。“七百多页书里,几乎浓缩了整部古代文学史的精华”(见沈玉成《我所了解的吴小如先生》)。前辈学者周祖谟、吴组缃、林庚、周一良诸先生都给此书高度评价。美国夏志清教授建议“凡教中文的老师,当人手一册”。此外,他的《中国文史工具书举要》也被读者誉为“文学史的一部经典著作”“言简意赅,见解精深”(陈复兴语)。

吴先生是“高级戏迷”,与朱家溍、刘曾复有戏曲评论界“三驾马车”之誉。戏曲研究方面的著作不下百万字,被金克木先生誉为“绝学”。分别有《中国戏曲发展讲话》《台下人语》《台下人新语》《菊坛知见录》《津门乱弹录》《看戏温知录》《唱片琐谈》《戏迷闲话》等等(见蓝翎《迷而不迷——读〈吴小如戏曲文录〉断想》)。1986 年中华书局出版的《京剧老生流派综说》,是吴先生戏曲理论研究方面的代表作,受到海内外戏迷的普遍欢迎。此书力论从谭、余以来各种有影响的老生流派,出色当行而文笔生动,出版不久,书店即告售缺。沈玉成先生评价说“它不是一部供人茶余酒后以资谈助的轻松读物,而是对京剧老生流派做科学探讨的专著。这样的专著,不仅在中华书局的出版物中到目前为止还仅此一部,就我狭窄的见闻所及,国内这四十年来,以京剧评论而跻身于学林的,似乎也没有见到类似的著作”。“《综说》其是非褒贬的尺度当然不可能让每个人都表示赞同,但是其敢于鲜明地表示自己的肯定或否定,而且出于对艺术的热爱而非个人的亲疏恩怨,却不是某些评论家所能够做到的”(见沈玉成《一部关于京剧的学术著作——评〈京剧老生流派综说〉》)。启功先生称此书“真千秋之作”,与王国维《宋元戏曲史》同具“凿破鸿蒙”之力。

这里说两件“趣闻”。一是傅璇琮办《学林漫录》时曾刊发两篇长文,之一就是吴小如的《京剧老生流派综说》(共八篇,超过十万字,每集刊两篇)。本以为这样的专门记述不易为众人所注意,却不想引起轰动效应,不但像启功那样的大学者赞不绝口,北大一位化学系教师,每集必捧读吴先生这一长篇连载,寝食俱废。另一位肺癌晚期的、在我国工程技术界颇有建树的长者,于平静的回光返照中,对自己一生最满意的成就别无眷恋,只惦记着要看看吴先生对马连良的评议最后究竟如何。

另是朱继彭在所著《童芷苓》一书中,称吴小如为"当代戏曲评论泰斗"。吴很不以为然,他说:"我诚然爱戏曲,但我从未自诩个人对我国戏曲的看法是无懈可击的或独一无二的。我写的戏曲评论文章在广大读者中间从来是毁誉参半的,天下哪有这样遭白眼招物议,使人讨厌的'泰斗'?何况我写过近百万字的戏曲评论文章,究竟被人采纳过多少意见,真是天晓得!我的结论是:称我为'泰斗',无疑对我是一大讽刺,而且我也不敢当。"吴小如讲这番话时是1995年,离后来"大师"泛滥尚有几年,可见,吴小如在谢辞"泰斗"之类桂冠的问题上,是开风气并有远见的。

吴先生还写有大量随笔,分别收录在《当代学者自选文库·吴小如卷》(安徽教育出版社)和《皓首学术随笔·吴小如卷》(中华书局)。刘绪源先生很爱读吴小如的随笔,专门写过一篇《随笔之妙》的文章,称吴先生的笔墨"隽永风趣,颇耐咀嚼,读时忍俊不禁,掩卷后浮想联翩,很有几分《世说新语》的感觉"。香港董桥先生对吴先生的随笔也相当欣赏,曾在其《〈陋室铭〉是谁写的》一文中写道:"我很喜欢读吴小如先生的随笔,经常从书架上抽出他的文集重翻重念,真有祛暑驱寒之功效。吴先生有的时候动了火气写出来的文字也好看;学者论学论史论人的文章写得这样收放自如，提神醒脑，真不容易。”

吴小如晚年还出版过两部重要的著作，一部是《吴小如讲〈孟子〉》，一部是《吴小如讲杜诗》（吴先生当时还有雄心想出版《讲荀子》《讲小品文》等），都受到好评。陈复兴先生认为吴小如是当代真正有中国学术传统的代表人物，《吴小如讲〈孟子〉》一书很像清代皖派朴学大师戴震的《孟子字义疏证》，这两部书都是通过训诂阐述义理，目的在于矫正人心。所以，吴小如主张成年人读经，尤其执政者要读。陈延嘉先生则认为《吴小如讲〈孟子〉》是孟子研究方面的新的“里程碑”，并撰有《吴小如讲〈孟子〉读后》长文（载《学者吴小如》），专门论述这一心得。

2010 年 6 月，我主编的《吴小如录书斋联语》出版，唐吟方兄打电话来说，吴小如是目前在世的为数不多的有真才实学的大家之一，称誉该书具有对联、书法、文史、掌故等多方面的价值，是吴小如晚年的又一部重要著作。陈复兴先生也认为，该书是一部非常好的著作，特别是对联语的评注，每一篇都可当作小品文来读，信笔写来，清灵自然，隽永得体。从中可以看出吴先生的品格风神以及为人为学的态度，并慨叹“像吴先生这样的学者不多了”。

总之，吴先生的著作“绝不是人云亦云或炒冷饭式的平庸之作，可以说是持之有故、言之成理、有着独自见解和心得的不刊之作”（见韩嘉祥《笔外功夫笔内藏》）。这与吴先生坚持“没有一得之愚绝不动笔”的标准是吻合的，也是真正用功读过吴先生书的人比较客观的评价。

# 吴小如为何爱纠错

刘凤桥

“得之认真失认真，聪明人已说聪明。为何至死心如铁，师道昭昭启后生。”这是我在吴小如先生去世一周年后写的一首小诗。

吴小如先生学问大、爱纠错是出了名的，为此，还得罪了不少人。有人总结他一生得失，都是“认真”造成的（邵燕祥先生赠吴小如诗中就有“得失都缘太认真”句）。也有人劝他“随俗”，做个不招人烦的“好人”，与人方便，与己方便。可他偏不听劝，就在去世的前一个月，纵手不能书，仍要口述文章，指出某人某书的多处错讹，请学生记录并送某报发表，唯恐谬种流传。

大凡能发表文章、出版专著的，都是社会上所谓的“名人”了。先生公然指出这些人文章中的错误，与名人为“敌”，招惹麻烦，自讨苦吃就在所难免了。有人攻击吴先生是借名人炒作自己，提升知名度。先生听后只是淡然一笑。20 世纪 40 年代，吴小如就以“少若”等笔名闻名文坛，陈寅恪、俞平伯、章士钊、周作人、沈从文、林宰平、顾随等前辈大师皆对之推许有加，算得上是“资深”名人了，似乎没有再借名人成名的必要了吧。吴先生自己的解释是，名人影响大，名人的错误影响也大。所以，擒贼先要擒王。吴先生就是这样“纠”心不改，苦中作乐，不受欢迎地一直在战斗着，还常常慨叹和抱怨像他这样的“警察”太少。有好心人也多次劝他“算了，那么多错误，您一个人纠得过来吗？”“别再做这些招人烦的傻事了”等等。每每，吴先生总是简单地应一句“习惯了，改不了”。

吴先生真的是改不了吗？以我对他老人家的了解，恐怕不是！他是不想改，或者说是不能改！

吴先生自称是个教书匠，一生以教书育人为乐为荣。为人师表，是他一生崇高而神圣的追求（先生在文章中多次表达过这样的思想）。先生也不是不懂世故，不会圆滑，不知好歹，像他这样的“通儒”，这样的世纪老人，什么道理不懂，什么世相看不清楚！他之所以“秉性不改”，甚至被人骂为“老顽固”，更多的原因，是他的身份使然。吴先生是教师，是大学教授，是著名学者，是众人仰慕的“先生”。作为人类灵魂的工程师，“师道”与“师德”才是他看重的“秉性”，更是他心中一直坚守的精神高地。他总是说：“只要我活着，我就得管！我死了，你们管不管，我也管不了了。”每说这些话时，他总是长叹一声，让我们感到些许的无奈和悲凉。

吴先生不仅善于扬人之“恶”，更敢于扬己之“恶”。如果有人指出他的文字错误，他定会立刻承认并向指谬者致谢，甚至写文章公开服善，决不为己护短。最典型的例子就是汪少华先生在其《古诗文词义训释十四讲》一书中，指出吴先生著作中的一些错误。吴先生看到后，马上写文章公开承认错误，虚心接受批评，并郑重向读者推荐汪君的这本“好书”，表扬汪少华“学有本源，功底坚实”（见《学术规范应坚持守正》，载《文史知识》2009 年第 1 期）。

刘绪源先生在《出人意料的吴小如先生》一文中写过这样一件事:“小如先生常撰文批评他人下笔出错,有些话说得颇不留情面。那一次,是陈四益先生写来一文,指出小如先生谈《四库全书》时有一处硬伤。文章发表后,好多人等着看这位‘学术警察’怎么应对,我也担心小如先生会有难堪。出人意料的是,不几天,我就收到小如先生来信,是一封供公开发表的信,对陈文表示感谢,坦然承认自己做学问不细,虽入行有年,需补的课仍不少,希望有更多同道今后监督帮助。我读后慨叹不已。陈四益先生到编辑部来时,也对此深表感叹,说事出意外,本以为老人家会寻理强辩,不料如此干脆,前辈颇不可及。等着看出洋相的人这下都不响了。此后,小如先生纠谬的文章照写,口气照样尖锐。人们从他的文字中,看到了一位昂昂然不妥协的形象,既不对他人错误妥协,也不对自己妥协。在学界风气大变的今日,这虽有踽踽独行的苍凉感,却自有其高大伟岸、令人过目不忘的一面。”

吴先生去世后,我一直在想,先生为什么这样“认真”呢?直到把他的著作又翻读了一遍,并联系先生平时与我的言谈,我才豁然明白,先生是对的。试想,如果像他这样的“先生”都放弃坚守而随波逐流甚至欺世媚俗,那么,知识分子的担当何在?这个社会的良知又在哪里呢?所以,吴先生必须坚持,必须认真,必须战斗!

吴先生就是这样认真地对待自己,对待别人,对待社会,以舍我其谁的姿态和勇气,固执地做了他认为应该做的一些事情。有人说,他就像一只牛虻,以毕生的心血撕咬着这个时代的屁股,阻止它在浮躁中沉沦。在先生身上,我们看到了那一代知识分子的精神自觉和社会责任。

我爱先生!

# 《吴小如艺术丛书》后记

刘凤桥

整理出版《吴小如艺术丛书》是我有生以来做得最有价值、最有意义的事情。我虽然读书不多,但热爱祖国优秀传统文化,并将其作为自己一生的理想去追求。我始终坚信,不管当下人心如何浮躁、如何唯“物”,祖国优秀的传统文化,仍然是中华儿女栖息的精神家园,是中华民族伟大复兴的不朽灵魂!因此,作为一个中国人,特别是作为一个热爱祖国优秀传统文化的中国人,就有责任为祖国的文化传承做点什么。尽管我能力微薄,但参与就是一种力量。所以,在我人生走过第四十个春秋的时候,我定下决心,无怨无悔地去做几件自己想做的事情。整理出版《吴小如艺术丛书》就是其中之一。

我与吴老结缘在几年前,通过多次的交往和拜读他出版的各种著作,我深信吴先生的确不负“醇儒”之誉。人品学问在当代学林中,是为数不多的几位大家之一,称他是学林师表恐怕一点都不过分。他在古典文学、朴学、戏曲、书法等各方面取得的卓越成就，是世所公认、有目共睹的。单就书法成就而言，虽不能说超迈古人，但放眼当代，确实鲜有人能与之比肩。俞平伯先生生前曾高度评价吴小如的书法，称其“点翰轻妙，意惬骞腾，致足赏也”（俞平伯《吴小如写赠本〈遥夜闺思引〉跋》），并预言将来挂吴小如字的人会越来越多。可见老辈学人的眼光确实不凡。平心而论，吴小如先生的书法，特别是楷书，可以说达到了无与伦比的境界。正如一位网友所说：“中国汉字之美，在吴小如先生的书法里

青青園中葵朝露待日晞陽春
布德澤萬物生光輝常恐秋節
至焜黃華葉衰百川東到海何
時復西歸少壯不努力老大徒
傷悲 漢樂府長歌行錄與
溪音小朋友共勉 丁亥春小如

吴小如录苏东坡诗句

吴小如录杜甫诗句

体现得淋漓尽致！看吴小如的书法，才明白什么是真正的国粹，什么是真正的国学。”“书法文化化”是季羡林先生生前所推崇的学者书法的最高境界，在吴先生的楷书作品中，我们的确可以充分感受到他在点画之间所蕴含的那种浓沛的文化意味，即韩嘉祥先生所说的“萧疏淡雅、清空俊秀……不强求而自来的书卷气”。没有高尚的人格和渊博的学识，是万万达不到这种高度的。所以有人说，在当代书林中，只有两个人把楷书写到了这种境界，一个是远在美国已九十七岁高龄的张充和女士，国内则是八十九岁的吴小如先生。我认为这绝非虚妄之言。两人都是笃爱传统文化而被传统文化所化之人，都出身名门名校，师从名师，同为名教授，有着深厚的文化背景、充盈的文化底蕴和潜心治学、不慕荣利、与世无争的学者操守，加上数十年、几乎是毕生临池不辍，所以笔底才有今日的情采气象。这绝不是那些写了几天毛笔字，就自命不凡、心浮气躁、要名要利的所谓“书法家”所能比拟的。

我们说弘扬中华优秀传统文化，就是要弘扬以吴先生、张先生为代表的这种传统和文化。这是基础。只有在这个基础上创新的继承，中华传统文化的伟大复兴才有坚实的根基，才有希望！任何旁门左道、野狐禅式的逞臆创新，非但不能承大任，还必将有害于文化传承，甚或流毒于子孙后代。

这就是我为什么要整理出版《吴小如艺术丛书》的理由。

“德不孤，必有邻。”丛书出版得到了社会各界热爱传统文化的有识之士的热情鼓励和无私帮助，是他们让我信心百倍、义无反顾。在此，向他们深表敬意！

我也深知，一个人的力量是有限的，我所做的工作也仅是沧海一粟，何足道哉！但不积细流无以成江海。我仍然满怀信心地期待，所有和我一样热爱中华传统文化的同道们，都能够再接再厉，风雨前行，为中华传统文化的伟大复兴担一分责、尽一分力，展一分读书人的情怀！只要大家心手相牵，矢志追求，笃实行动，中华文化伟大复兴的时代就一定能够到来！这一天也正在到来！

# 不以书家自居的大书法家

## ——吴小如先生书法管窥

刘凤桥

吴小如先生是当代著名学者，同时又是书法大家。

作为学者，他被邵燕祥称为“我们那个时代治古典文学的顶尖学者”，启功称他“论皮黄流派之文，真千秋之作！”，“与王国维《宋元戏曲史》同具凿破鸿蒙之力”。

就书法成就而言，他个人虽不以书法家自居，但放眼当代，“实为一流大家”（白化文语）。俞平伯先生生前曾高度评价吴小如的书法，称其“点翰轻妙，意惬骞腾，致足赏也”（俞平伯《吴小如写赠本〈遥夜闺思引〉跋》），并预言将来挂吴小如字的人会越来越多。

俞先生的预言今天不仅得到证实，并成为众多当代学人的同感共鸣：

吴小如兄手写其自作诗，诗既清新隽逸，字复刚劲秀拔，洵称两美兼具……远非时下浪得浮名者所拟。（何满子语）

小如先生家学渊源，能文善诗，近年始得见其法书，冲灵和

醇，神韵两绝，如不食人间烟火气。（周退密语）

小如先生书法温润儒雅，神韵天然。（杨辛语）

吴小如先生为当代文坛大师，心仪已久。今见其书法，笔墨儒雅倜傥，俨然晋唐风范，为之倾倒。（范敬宜语）

小如兄的诗和书法，皆我所爱。（邵燕祥语）

小如先生的书法我很喜欢，尤其小楷，大见端秀古风……岁月越久越是绝品。（董桥语）

如果能了解吴小如的做人、治学，就会发现字如其人，纯正而不乏丰富，娟美而绝不媚俗，善求变化而又无一笔无来历。他的楷书写到了一定境界，并世名家中无能出其右者。（韩嘉祥语）

……

平心而论，吴小如先生的书法，特别是楷书，确实形成了不同于古人的自家面目（汪运渠语），甚至达到了无与伦比的境界。正如一位网友所说："看了吴小如先生的书法，才深切地认识到中国汉字之美。这才是国粹！"

一个学者学问好，书法也好，这种现象在民国之前是很多见的。比如马一浮、梁启超、章士钊、刘半农、沈尹默、吴玉如等等，都既是大学者，又是真正意义上的书法家。但这种学者在当代却非常鲜见。韩戾军兄在《学者书家吴小如》一书的序中说，"学者写字大多只注重气象，不计法度。但小如先生绝非一般学者，他是书法世家子弟，自然不能忘怀对书法规矩方圆的关切。因此他的书法不单是学者字，而是地道的书家字又加上学者的儒雅。如今，文史学者擅书已成绝响，我和凤桥兄说小如先生是学者书家的最后一人，恐非危言耸听。"

的确，当代中国能名副其实称为"学者书法家"的，恐怕只有启功和吴小如几人而已。从这个层面上讲，研究和弘扬吴小如先生的书法艺术，在当下就具有非常典型的意义，这也正是《莎斋日课：吴小如临帖十种》这套丛书的价值所在！应该说，黄山书社做了一件非常有意义的事儿，给书法爱好者们送上了一份香醇味美的厚礼，体现了出版人的专业眼光和社会责任。毫不夸张地说，当下的书法界，劣书横行，乱象丛杂，确实需要扬清击浊，正本清源，还书法本来之面目。黄山书社没有按市场套路出牌，而选择了在书法界名气不大，又不是书协会员的吴小如先生作为典型引导，这本身就是一种超识，一种担当，一种魄力！他们守正创新，实事求是弘扬优秀传统文化的态度，应该得到敬重和赞赏！

吴小如先生的书法艺术之所以值得弘扬，有两个鲜明的特点，能给当代书法爱好者带来启示。

一个是守正创新、恪守传统的精神。

对于书法，尤其要讲继承，没有继承就没有书法。吴小如不以书家自居却坚持日日临帖，七十年临帖不辍，虚心师古，遍临所能寓目的历代碑帖四五百种之多，有的碑帖，甚至临写几十遍上百遍，试问当代书家几人下过这等工夫？

吴小如先生认为，“学书法而不精研碑帖，不下苦功，妄图走捷径一蹴而成名，无怪乎书道陵夷，见讥于通人矣”。他在《题所临魏碑》诗中写道：

重写六朝碑，幡然顿憬悟。
菁华蕴于中，法门启无数。
先君重元略，世罕知其故。
二王作础石，魏隋随以驭。

一旦牖天衷，宛若神相助。
临古不乖时，变化悉有据。
纵横任驰骋，点画皆合度。
时贤妄逞臆，自诩开新路。
下笔令人惭，翻讥我顽固。
书道陵夷久，途穷兼日暮。

吴小如“守正”“继承”的书学思想和实践，曾被人称为顽固，没有创新精神等。

事实上，吴先生临帖，既广收博采，体会各种不同的字体、笔法，在差异中寻找共同点，真正临懂、临会每种字帖，又按照自己的审美取向对碑帖有所取舍，是一种扬弃的创临，亦即所谓的“批判地继承”。这在吴小如临《文徵明书〈赤壁赋〉跋语》中可以得到证实：

> 临摹古人书有三不可：浑不似古人，一不可也；无临摹者己之风貌，二不可也；所临摹之书，不能去粗取精，并古人之病痛一一仿而肖之，三不可也。

可见，吴小如先生师古但不泥古，既忠实于原碑又融入自己的理解。所以，他的书法“融会贯通，以帖化碑，形成了自己独特的笔墨语言”，“楷书竟然形成了不同于古人的自家面目”。

汪运渠先生在《温厚儒雅　学人风范——读吴小如书法、书论札记》一文中，有一段精彩的议论：“在现在的展厅效应中，书者只注重刺激眼球，浮烟涨墨的气势，而‘于细微处见精神’的点化锤炼已被削弱得几近于无；做旧、拼贴等等哗众取宠的工艺画制作频频翻新，书法本体已被置于第二位；商业化的炒作，已使书法沦为急功近利的速成产品，如此种种，书画已成为人文精神失落的重灾区。不佞始终认为：速成的东西向来就不是什么好东西。现在一些在展厅效应中涌现出来的精英所标榜的各种名目的风格，那不是风格，那是‘花样’，而吴小如的楷书经过七十年的锤炼形成的那种温厚儒雅、恬淡冲和的风格，才叫作风格。”

吴小如先生书法的第二个特点，就是散发出的“郁郁乎文哉”的书卷气息。在他的书法中自有一种萧疏淡雅、清空俊秀的风格，不强求而自来的书卷气，也即韩嘉祥先生所说的“笔外功夫笔内藏”。这和他本人的学养、性格情怀及学书的目的是有关的。

学问是书法之本。历史上能够名留青史的书法家基本都是学问家。所以，吴玉如先生在教吴小如先生学习书法时，就声明

《吴小如手录宋词》书影

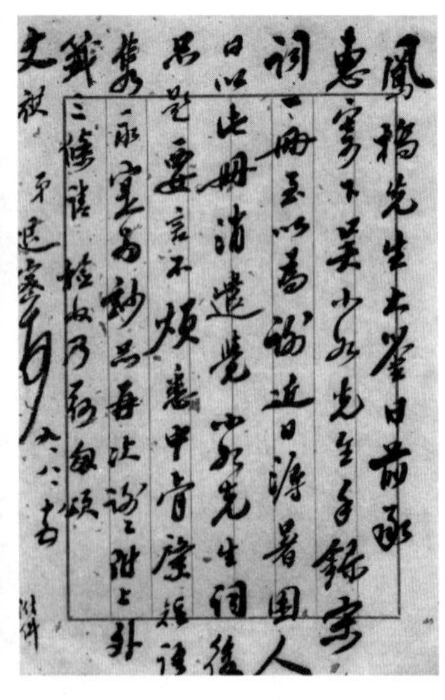

周退密致作者信札

了两大前提,即“要学写字应先学做人”“写字必先读书”。人,“宁可不会写字,也不要做一个俗不可耐的写字匠”,吴小如先生一生都奉此为准则。他曾在《已老莫谈艺》一文中写道:“当年我学习写毛笔字,根据父师辈的教导,首先要求的不是写字,而是文化素养,即要求写字的人多读书阅世,写出字来能脱俗,有书卷气,然后从横平竖直入手,讲究基本功,必须临帖,不许胡来。”在跋《兰亭序》临本后他还写道:“仆摹兰亭传世诸本已不知凡几通,虽略有误,终是未窥堂奥。所幸能从中渐知学书之正轨,知羲、献用笔其精神气骨皆在点画之外。仆书所以不及古人,不独功力不到禀赋不慧,其要害犹在学养不至,读书不多。故古人作字首重书卷气,然后天才与功力副之,庶几有望于追踪前贤;一存名利之心,便难进步……”又如,在《论书》二首诗中,他也重点强调了读书对写字的重要性:

其一

作字必循法,法弃失仪型。
荒诞非创新,妄想岂性灵?
书法贵有道,首重识见明。
识从读书来,立身宜德馨。
字无书卷气,墨猪兼蚓行。
胸中气浩然,点画自峥嵘。
习字虽薄艺,犹期持以恒。
一涉利名场,惟务盗虚声。
不独欺古人,罪在欺后生。
愿具平常心,寡过一身轻。

掷笔归浩叹，老去恨无成。

其二

人老字未工，患在不读书。
鲁戈日难回，衰病复何如。
倚枕思往哲，矢志甘守愚。
闻道争朝夕，就死犹前趋。
不讳质鲁钝，不期敦薄夫。
习字贵精勤，手眼宁负吾。
努力惜馀年，慰情聊胜无。

从这些诗文中还可以看到，吴小如先生练习书法的目的是自娱，所谓“愿具平常心，寡过一身轻”，“岁晚从吾好，聊程秉烛功”而已。写字是他的乐趣和享受，而不是博取社会虚名的手段，所以，也绝少为了“润格”而“创造”作品。吴小如是不屑为名为利而写字的。正如他在诗中所反对的那样，“一涉利名场，惟务盗虚声。不独欺古人，罪在欺后生”。艺术一旦与名利结缘，就难逃“烟火”的浸染。胸怀世界和就琢磨着赚两个小钱，在笔下流露出来的艺术境界形同天壤。字要写得好，一定是技巧与气质、风度、学识多方面的结合。吴小如的书法之所以始终保持着那种纯净之美，不俗气，学力功深之外，心无挂碍、超然物外的精神状态也是一个重要原因。

总之，吴小如先生是一位富有灵性和才气的大学者，又受过严格的书法训练，因而他能够恰如其分地将学识与技巧融合在一起，把字写得风流儒雅、意趣天成。他的存在，对当今浮躁的书坛有着无可替代的烛照意义。

# 《吴小如讲杜诗》整理后记

刘宁

己丑春，小如太夫子望九之年，重开帷幄，授杜工部诗于中关园。余与谷君曙光、沈君莹莹等，半月一至席前，承其謦欬，寒去暑来，都为一十五讲。余与谷君退而谨书所闻，征录音以成此讲记，敬付剞劂，庶燕郊席上之珍，流布而为寰区之宝。

先生执上庠古典文学讲席逾四十载，所论及于古今诗人者，华章盈箧，然终未专力于杜工部诗，其将有待也。夫黄钟大吕，知音实难。杜工部集诗家大成，颠沛饥寒而成此山高水深，其沉郁广大，非老成无以相契！古今注杜者众矣，其间有所得者，非器识深浑、学力超迈，弗敢入于宝山。若先生者，博观沉潜，六十年间，其学沛然一出乎醇正。于今杜律重研，考洪钟而出巨响，斯皆老成之力，而为精诚之所感怀也。

方其口讲指画，娓娓忘倦。夔府风云，盈容膝之陋室；诗律琳琅，耀冬日之寒窗。吾与诸君，得侍函丈，仰千载而思接，忽忽若身世之两忘。所愧才拙笔短，徒惊绚烂，余音虽在，而无以识其妙处。

严沧浪云：诗有别才，非关学也。此诗家三昧，然末流所及，不免蹈空。先生论诗之旨，厥有四端：明训诂、通典故、考身世、察背景。此诚蹈空之弊而以征实相尚者也。先生深于小学，所著《读书丛札》发明诂训，见重学林。其论诗，亦倡“治文学宜略通小学”，未有字义不安，而能得风人之旨者。此编所论“静”（衣露静琴张）、“堕”（及我堕胡尘）诸字义，皆深有发明。“锦里祠庙”诸典故之考校，亦多精核。所谓“欣赏”者，当自此实学四端之“苦赏”始，而一归诸揆情度理，斯又烛幽照微，藏往知来，所论《石壕吏》《新安吏》《咏怀古迹》，融会通达，冰释悬疑，皆揆度之妙境。

杜诗非胸藏古今体式，无以知其独造。先生博观之识，尤多圆通。循宋词婉约以解杜律之“沉郁”，以宋诗新变，明杜诗之广大。先生复精皮黄，此编或以氍毹神妙发明诗道，其论《赠卫八处士》之收结，李、杜诗才之异，尤会心而莫逆者也。

古今注杜者，无虑千数百家，先生幼秉庭训，受杜诗于其先君玉如公，其后复承俞平伯、林静希诸先生教诲，此编于前代注家之外，每及于诸先生之所见。风流已远，逝者如斯，杜工部睹玉华之虚无，感世事之沧桑，“忧来藉草坐，浩歌泪盈把”。尝记先生讲解至此，而一室怅然。呜呼！若杜律之光华不泯，诚借诗心千载相续之力，而百代之下，先生所深察于少陵者，亦将有待于来者也。

（作者单位：中国社会科学院）

# 其学沛然出乎醇正

## ——吴小如先生的古典文学研究

刘宁

吴小如先生的学问，绝非古典文学一个学科所可范围。有人称他是“文武昆乱不挡”的全才，的确，在文学研究之外，其京剧研究与书法艺术，也俱臻一流；近些年，他有感于社会文化之滑坡，做力却陈俗的呼吁，其声音更越出一己的书斋，进入公共文化的领域；然而究其学术的重心，还是在古典文学方面。在大学讲坛上，他讲授古典文学达四十年；作为学者，已出版近二十种著述，主要是关于古代诗文与戏曲小说之研究。

在古典文学领域，吴先生的研究也以其通达广博，而给人难以名状的感觉。讲文学史，他可以从《诗经》讲到梁启超；研究诗文，从先秦贯通于明清与近代，对戏曲小说也有深入的发掘。在学术日趋专门化的今天，这样的治学格局已经越来越成为空谷足音。博涉与专精，本为矛盾，但吴先生的研究，多自出手眼，精义纷披。学问上宫室既富，就往往使人难以识其门径；而吴先生的读书写作，没有一得之见，绝不落笔，宁可被人讥为“杂家”，也不愿堆砌芜辞以追求表面化的体系和完整,许多成果都出之以札记的形式,因此,其内在学术理路的认识,就更非浅尝所可得。

吴先生的学术养根俟实于20世纪,在这一世纪里,古典文学旧学新知,群星璀璨,一大批学术大师,以其深厚的学养,开拓出风光各异的研究道路,在学养广博深厚这一点上,吴先生取法前辈大师,并能得其仿佛,而在学术道路上,则有其独特的个性。具体来讲,他继承乾嘉考据学而益之以通贯古今的眼光,为中国传统的诗文批评之学打开新的格局。其研究在充分尊重传统的基础上融会新知,取精用宏,浩乎沛然而皆出于醇正。在经历了古典文学研究新声旧曲的喧哗之后,体会吴先生为学的独特境界,会有许多新的启发。

## 一　通古今之变的考据学

吴先生的学生陈丹晨教授,曾经称吴先生是"乾嘉学术最后的守望者",的确,在诗文考证、字义训诂方面,吴先生有大量为学界瞩目的成果,其《读书丛札》即是这方面的代表作。前辈学者周祖谟、吴组缃、林庚、周一良诸先生,都给此书以高度评价,美国夏志清教授,曾经认为这本书,凡教中文的老师,当人手一册。

其实,吴先生对考据学的态度,前后有过很大的变化。在20世纪40年代为傅庚生《中国文学欣赏举隅》所作的书评中,他认为"自有清乾嘉以来,帝王们存心遏塞学者的思想,文字狱的把戏屡次在社会上公演,弄得知识分子一个个噤若寒蝉,只想在故纸堆中讨生活,于是朴学的风气便盛极一时……直至清末,余风犹烈,凡文人欲求有所建树,也大抵先从考据下手,终亦必据考据名家,真有舍此非学问之概。至于义理辞章,都可撇开不谈,这不能不说是一种弊端吧”。

吴先生早年对考据学如此苛评,并非偶然。提到自己的学术成长道路,吴先生认为对自己影响最深的老师有三位:其父吴玉如先生、俞平伯先生以及自己的中学老师朱经畲先生。吴玉如先生为一代书家,学殖深厚。吴先生幼承庭训,于传统诗文打下坚实的基础;俞平伯先生绛帐恩深四十年,全面影响了吴先生的学术道路。中学老师朱经畲先生则曾以学术上的新知,最先给吴先生以启迪。在其他先生讲《诗经》而必遵毛传郑笺的时候,朱先生让他第一次知道了五四以后的新学术,知道了胡适、顾颉刚,知道了从清代姚际恒、方玉润以来对《诗经》的新阐释,知道了古史辨派的观点,并产生了浓厚的兴趣。青年的吴先生深刻地感染了五四以来新的学术精神。朱自清先生的《诗言志辨》从五四以来新《诗经》学的方向,对《诗经》的重要问题做了新的发掘,吴先生在朱先生去世后,通过为此书撰写书评寄托哀思,其点评对朱先生学术之精要切中肯綮,今天读来仍极具启发意义。对学术新风尚的感染,还体现在吴先生对待现代文学的态度。20 世纪上半叶,治旧学的学者,常鄙薄新文学,西南联大教授刘文典对同为联大教授的沈从文的偏见,即足以见出新旧间的畛域。吴先生在 20 世纪 40 年代,对当时的新文学涉猎甚广,撰写过许多书评、评论,其中对穆旦、沈从文、张爱玲、萧乾、李健吾等人的评论,至今仍受到治现代文学者的关注,穆旦之《诗八首》,今天已成为各类新诗选本必选的穆旦代表作,吴先生是最早阐扬其诗学价值的学者之一。

五四以来的新学术,如古史辨派,其实与乾嘉之学有十分密切的联系，不加区别地斥乾嘉为旧学而一概抹倒，不过是对五四学术之真精神未能探本的皮相之论。吴先生在40年代对考据学的态度，当然包含了很明显的局限，不过它更多的是反映了一个青年人在刚刚踏上学术之路时，积极感染学术新风气的热情。当热情中的幼稚被学术的成熟所弥补，热情就会变成照亮学术新格局的光芒。

真正使吴先生意识到考据之重要的，是50年代执北大教席时编注《先秦文学史参考资料》和《两汉文学史参考资料》。吴先生承担了前者的全部以及后者十分之八的篇目注释。他沉潜故训，研安字义，倾注了全部的精力。这两部书出版后因选材精当、注释详明可信而广受赞誉，而吴先生自己对考据的态度也发生了深刻的转变。在注释过程中，他对乾嘉时期戴、段、钱、王等人的代表著作有了更深刻的理解。自此之后，考据就被他视为学术不可或缺的基础。从20世纪50年代出版《读人所常见书日札》，到80年代《读书丛札》的出版，他在考据学上取得了丰硕的成果。

吴先生的考据，主要是关于诗文字义的考证，深得乾嘉之学的精髓，这主要体现在注重通假和讲求故训两个方面。清代考据学之成就与古音学的发展息息相关，顾炎武“六经自考文始，考文自知音始”即成为乾嘉之学的核心精神。以古音为基础，注重通假的分析，即可以不为字形变化所左右，探究古书之真相。吴先生对此有直接的继承，他说：“古今语言之通转，词义之通假，皆以字音为主，音同则义通，固不必泥于字形之异也。”例如，《诗经·周南·静女》“静女其姝”，“静”，《毛传》训为“贞静”，朱熹《诗集传》训“闲雅”，历代说诗者都固执贞静、闲雅之训，五四以来亦无新的发明。吴先生则引《说文》《方言》《广雅》《国语》韦昭注等，以“静”训“好”，静女即美丽女子，并指出汉魏以来，训“好”之“静”，多用“靓”字。《集韵》“静”韵：“靓，女容徐靓。”“静”“靓”为通假。乾嘉学者每博极群书，广引故训以为佐证，吴先生之考据亦讲求故训之广博，例如《诗经·周南·芣苢》“薄言掇之”的“掇”，《毛传》：“掇，拾也。”而他引宋杨简《慈湖诗传》，以“掇”训“掐”，并指出“拾”从“合”得声，而“洽、恰字亦皆从合得声，与掐音近，故疑‘拾’即古‘掐’字”。林庚先生翻译《诗经》即取此说而译为“捡大的掐”。又如《左传》宣公二年灵辄对赵盾语中“宦三年矣”的“宦”，吴著发现杜注以讹传讹，并引阮元《诂经精舍文集》卷六所载金廷栋《鲁诗三岁宦女解》中的意见，以“宦”为“为人臣隶”的意思。这些意见，都体现出吴著对故训考察之广。乾嘉考据广求故训这一优秀的传统，在今天也许会随着如《故训汇纂》这样的大型工具书的编纂和电子数据库的建设而变得相对容易，但在吴先生写作的时代，坚持这一传统，仍然意味着辛劳的考察和一丝不苟的搜检。即使在检索变得相对容易的今天，这种竭泽而渔的态度和一丝不苟的精神，仍然有很深的启发意义。

如前所述，吴先生是在积极吸收五四以后新学术风尚的基础上，随着自己学术的成熟而深刻认识考据学之意义，因此他对于考据，并未完全因袭乾嘉之旧路。乾嘉学术因崇古而泥古的弊端，在吴先生的考证中，被通古今之变的眼光所回避。他曾很直接地说：“清儒对章句训诂之学有所发明和发现，固然是对我国古代学术的一部分贡献，但工作做得并不算彻底。有的墨守古人旧说，有的则缺乏触类引申、旁通隅反的精神，往往孤立片面地看问题，即使一字一词之微，也往往沿袭因循，不能跳出古人窠臼。”当然，乾嘉学术本身有复杂的脉络理路，对待故训旧说，吴派和皖派即有不同的表现。吴先生十分尊重段玉裁《说文解字注》、王念孙《广雅疏正》等著作的考据成就，而他的考证，鲜明地呈现出不迷信旧说的特点，例如，《论语》所谓“文献”之“献”，汉儒训为“贤”，吴先生则认为此说于文义未能恰当，杞、宋去夏、殷已久，即使有高年耆宿，也不能活到几百岁以上；“献”当为“甗”之通假，“文”泛指文字记载，“甗”泛指前代器物；有了文字记载和前代器物，古礼始可取征，因此，“文献”之初义与今天所谓“文物”接近。在具体的考证中，吴先生对通古今之变十分着力。他注意古今语音的关系，关注到为清儒所不关注的方言资料，所著《读杨树达〈长沙方言考〉〈长沙方言续考〉札记》，就深入发掘了方言所保留的古音。又如对《史记·滑稽列传》之“滑稽”，他认为当训为“圆转滑利。具体言之，则指言辞辩捷，出口成章而不穷竭”，并无俳谐可笑之义。他举自己 1964 年秋至 1965 年夏到湖北江陵参加农村“四清”运动，发现天门、江陵、沙市、公安诸地方言，皆以“滑稽”为狡狯、圆滑、能言善辩之义，而无用为俳谐可笑之义者。

对于魏、晋、唐、宋人的意见，清儒往往执汉儒旧说而加以非议，而吴先生则认为，唐宋训诂多有通情入理之处，一律排斥，显然是门户之见在作祟。例如，《左传》昭公二十年之“形民之力，而无醉饱之心”，解释比较困难。杜预注云：“言国之用民，当随其力任，如金冶之器，随器而制形，故言形民之力，去其醉饱过盈之心。”此说把“形”作本义解，宋人以下都认为“迂回难通”。而吴先生认为孔颖达《左传正义》之疏解甚为畅达：“若用民力，当随其所能而制其形模，依此形模而用民之力，而无有醉饱盈溢之心也。”而苏轼在《志林》中的解释也明顺可喜。清代考据学大师王引之和俞樾的注解，则从字义的辗转考据上下功夫，实不免穿凿。

故吴先生每为考据,必博观而约取,求通达而忌穿凿。

通古今之变的眼光,使吴先生为乾嘉考据学的古老传统增添了开阔的视野和通达的方法论,这无疑得益于五四以来新的学术格局的影响。他曾说:“我相信辩证法这个足以攻克学术堡垒的武器乃是与人类俱生并且与人类共存的,是人类社会向前发展不可须臾离开的一把钥匙。”在其通达的考据格局里,无疑可以看到辩证法的影响,由此所取得的考据学成果,许多都经受了时间的考验而得到广泛的接受,代表了中国20世纪诗文字义考证所达到的高度。

## 二　批评之学的新境界

虽然在考据学上用力甚勤而成就斐然,但吴先生是将考据看作文学研究的起点和基础,他的研究涉及古典文学更为广阔和丰富的层面。在诗文方面,他广泛研究了自先秦以迄近代的重要作品,其《古典诗文述略》《古典诗词札丛》《古文精读举隅》《当代学者自选文库·吴小如卷》《莎斋笔记》是集中的代表;在古典小说方面,吴先生先后出版了《中国古代小说讲话》《中国古典小说漫稿》、《小说论稿合集》(合著)等著作,他的《关于〈红楼梦〉的后四十回》《关于曹雪芹生卒年问题的札记》《闹红一舸录》三篇文章,成为红学研究的重要成果。在戏曲方面,他在京剧研究上所取得的重要成就,如《吴小如戏曲文录》《京剧老生流派综说》《吴小如戏曲随笔集》《吴小如戏曲随笔续集》《吴小如戏曲随笔集补编》等著作对京剧的重要贡献,已经不是古典文学研究这个题目所能范围,值得做专门的讨论,非本文所能评价。

吴先生曾有诗论学书之法:“学书必自二王始,譬犹筑屋奠基址。”那么,他本人如此堂庑特大的学术广厦,其“基址”又在哪里呢?仔细寻绎,可以发现,吴先生的学术与中国传统的批评之学有极为密切的联系。

文学批评是中国传统文学研究的核心,20 世纪,随着文学史学科的建立,文学理论日益受到重视,批评之学也改变了传统的面貌而开拓出新的格局。批评是文学研究的基础,20 世纪所有在古典文学上卓有建树的学者,虽研究方向各有侧重,但无不在诗文批评上有相当的根基与素养,有些学者还在批评之学上用力甚勤而开拓出新的面貌,如王国维的词学批评,引入新的理论视野,俞平伯先生的诗词批评,有了新的学术内涵和文学观念。但另一方面,对批评之学的忽视,也是 20 世纪文学研究不能不面对的问题,在文学史和新的文学理论的体系性、理论性的反衬下,传统批评之学也越来越多地受到缺少体系、缺乏理论深度的批评,有的研究者更认为文学史和文学理论可以无须以批评的素养为基础,因此文学史和理论研究越来越脱离文学内部的问题,弊端重重。五六十年代“以论带史”的风气,更使得僵化的理论完全取代了对作品的严肃批评和对文学史的深入探讨。

吴先生的学术发展,经历了 20 世纪文学研究的剧烈变动,但始终对直面作品文本的批评之学,倾注了最大的关注。即使是在僵化的理论风气盛行的 20 世纪五六十年代,他仍然在撰写《读人所常见书日札》这样的诗文字义训诂之作。20 世纪 80 年代以后,新理论、新观念、新方法流播一时,而他仍然把研究的重心放在深入文本的批评之学上。当然,吴先生专注于诗文批评之学,并非是对理论探索和方法创新的闭目塞听,而是在继承传统批评之学的精髓的基础上，将新的理论意识和研究方法融会其间，因而既能深入作品内部，又能有开阔的视野来提炼和点化，为诗文批评打开新的境界。如今，在新的世纪里，当许多曾经风行的理论潮流已如过眼云烟的时候，吴先生的许多见解，反而历久弥新，给人以启发，这正是其批评之学高度成就的体现。

中国古代的批评之学，虽然在方法上不够系统，但有许多值得珍视的传统，例如以“知人论世”来探讨作家作品和时代的关系，探究作品的风格、意象、体制源流，以精妙的艺术体验来对作品的审美特点做整体的把握。传统的批评之学，强调批评者兼具艺术家的艺术敏感与学者的学养、识见。吴先生的批评之作，相当全面地继承了这些传统，其中，他尤其加强了尊重文本实际的求实态度、强调博观精鉴的学者素养，在此基础上融会高度的艺术感悟，形成学力与感悟妙合无间的批评之境。

吴先生在大学讲坛上分析诗文，每每给学生留下极为难忘的印象，待要向他请教如何理解古典的诗文，他的回答则朴素到了极点：“我本人无论分析作品或写赏析文章，一直给自己立下几条规矩，一曰通训诂，二曰明典故，三曰察背景，四曰考身世，最后归结到揆情度理这一总的原则，由它来统摄以上四点。”这些“平淡无奇”的方法，却每每能把诗文解读得令人神旺。

吴先生认为，诗文字义训诂，是诗义解读不可或缺的基础，故授课撰文，每倡“治文学宜略通小学”。他以精湛的考据功力，研讨字义，推敲训诂，抉旧注之非，发诗句之隐。例如《诗经·周南·芣苢》共三章，传统上认为三章是并列复沓关系，而吴先生从训诂上认为，第一章与下两章并非并列，第一章之“采之”呼应第二章之“掇之”与“捋之”，第一章之“有之”，呼应第三章之“袺之”

与“襶之”。此说俞平伯先生认为是“定论”。汉乐府《长歌行》“黄花叶衰”之“黄”，李善注训“色衰貌也”，五臣注“华(花)色坏”。此说多被沿袭，而吴先生遍检汉晋古书，认为此“黄”即当时通用词“煌”，是形容华(花)叶在春夏时缤纷灿烂。又如张衡《四愁诗》“侧身东望涕沾翰”之“翰”，李善注引韦昭曰“翰，笔也”，而吴先生认为此“翰”当是《汉书·江充传》所载之“交输”：“充衣纱縠单衣，曲裾后垂交输。”如淳注：“交输，割正幅使一头狭若燕尾，垂之两旁见于后。”明人凌稚隆《五车韵瑞》去声二十五翰条引此条传注皆作“交翰”，疑通行本《汉书》“交输”为“交翰”之误。因此，《四愁诗》之“翰”当为衣裾之义，“沾翰”与下文之“沾襟”“沾裳”“沾巾”文义协调。通训诂而能发诗义之隐的又一出色例子，是吴先生对《木兰诗》“问女何所思，问女何所忆？女亦无所思，女亦无所忆”之“思”与“忆”的分析，他遍考《诗经》、汉乐府中“思”的用法，认为“思”与“忆”当有广狭二义，广义的“思”和“忆”无所不包，而狭义的“思”和“忆”则专指男女间的互相思忆。因此，木兰所说的“女亦无所思，女亦无所忆”，就意在说明自己并非少女怀春，而是想到父亲年老，出征作战不易。北朝《折杨柳枝歌》“问女何所思，问女何所忆？阿婆许嫁女，今日无消息”即可旁证。又如韩愈著名的作品《师说》，其中“师者，所以传道、受业、解惑也”，其中“受业”之“受”，《古文眉诠》《唐宋文醇》等坊间选本多作“授”，而世彩堂本《韩集》以下诸本作“受”，吴先生认为，韩文此处从学者立论，当从后者作“受”，意思是“学者求师，所以承先哲之道，受古人之业，而解己之惑也”。

考据是阅读文本的基础，但僵化机械的“考据家”，往往会以文害意。吴先生特别注意到诗文训诂的独特性，他说：“董仲舒在

《春秋繁露·精华篇》提出‘《诗》无达诂’的看法。‘达’者，通也。鄙意此言讲诗是没有一通百通的训诂的，即一个词语本有多种解释，不宜执一义以遍释一切诗作。但诗无达诂不等于诗无定诂或诗无确诂，后人固不得引董说为借口，而任意胡乱解诗也。”例如诗文中之“落”字，可以解为下落，也可以解为“遗”“留”“余”“剩”之义，孔稚圭《北山移文》“青松落阴”之“落”，即当作后一种解释。北朝薛道衡《人日思归》“人归落雁后，思发在花前”，杜甫《重过何氏五首》其二“鸦护落巢儿”，其中的“落”都是此义。孔稚圭《游太平山》“阴涧落春荣，寒岩留夏雪”，其中“落”与“留”相对，意谓山中幽涧的背阴处，竟还保留着晚谢的春花。

吴先生对典故的解读，有许多精彩的意见，例如，他认为辛弃疾《水龙吟》“休说鲈鱼堪脍，尽西风，季鹰归未”，是以张翰由洛归吴，比喻沦陷于中原，思归未得之人。“意谓莫道吴中鲈鱼味美，今河洛尚有思南归而未得之人也。盖‘归未’云者，正是期待远人归来语气，近人或解为辛不欲效张翰之忘情世事、弃官还乡云云，疑非是。”这种解释，与词中“归未”一语所表达的语气，显然更为贴切。又如南宋末年刘辰翁有一首小词《柳梢青》，其中有“辇下风光，山中岁月，海上心情”之句。其中“海上心情”，注家多注为感叹陆秀夫负帝投海，或是张世杰、文天祥在沿海一带抗元。但吴先生认为，这样讲牵强，应是用苏武在北海牧羊之典，这样更切合刘辰翁困在元朝统治下的心情，在这个被异族控制的杭州城，他过的是隐士一样的日子，心情则像苏武一样。

吴先生提到，他曾向俞先生请教，如何才能将典故解释确切，俞先生认为，查典故首先要熟读作品，比如注唐诗，最好唐以前的书都能熟读，但这显然不可能，但至少必须把所要注的作品熟读，然后只要遇到有关材料，就会立即想起那篇作品，从而可以随时随地加以搜辑，自然就得心应手。吴先生就是在这样的博观和长期积累思考中，深化了对典故的理解。例如对刘辰翁“海上”一词的理解，就经历了长时间的思考。

“通典故”包含着十分复杂的内涵。吴先生对杜诗的研读，用力甚深，谈到读杜诗最困难之处，他认为杜诗无一字无来处，而古人之追寻“来处”，基本在“古典”，而杜诗的一些“今典”则人莫能明。诗人之间在意象、典故上的相互取法，也是“通典故”所需要关注的。例如，李商隐《筹笔驿》结句之“他年锦里经祠庙，梁父吟成恨有余”就直接脱胎于杜甫《登楼》之“可怜后主还祠庙，日暮聊为梁父吟”。揭出这一层渊源，才能更好地体会李商隐为诸葛命运所发的深重叹息。

至于“考身世”与“查背景”，则是对传统“知人论世”之说的发扬。例如，他反对将《诗经·伐檀》中的“彼君子兮，不素餐兮”讲成是对“君子”的讽刺，认为此“君子”是诗人理想中之正面人物，“意谓唯彼君子，乃为不素餐之人也”。他指出《诗经》中之“君子”，无一处为讽刺之义，而且尤需注意的是，“此诗乃二千余年前之奴隶制社会或由奴隶制向封建制逐步转化社会为劳动人民立言而作，夫存在决定意识，其人作诗必不能超越时代之局限。当时这被剥削、被压迫者，固未能如五四时代之资产阶级学者，已能辨识所谓‘君子’（即奴隶主或封建主）之反动阶级本质”。

无论是对字义训诂的考察，对典故的阐释，还是“知人论世”的分析，吴先生认为最终要统摄于“揆情度理”。例如，杜甫的《石壕吏》，废名先生认为，“三吏”中，唯独这一篇，作者本人没有直接站出来发言，这是要追求独特的艺术效果。吴先生并不同意这个看法，他认为，古代家中若只有妇女，是不会留宿男性客人的，杜甫“暮投石壕村”，是因为有老翁在家，招待他留宿。石壕吏前来抓人时，“老翁逾墙走”，所以他只能躲在暗处，绝不能暴露自己，否则老翁逃走之事，便要暴露。诗中诗人不讲话，不是什么特殊的艺术手法，而是情理决定的。又如李清照《如梦令》之“争渡，争渡”，当作“怎渡，怎渡”讲。“这一叠句乃形容泛舟人心情焦灼，千方百计想着怎样才能把船从荷花丛中划出来，正如我们平时遇到棘手的事情辄呼‘怎么办？怎么办？’的口吻。不料左右盘旋，船却总是走不脱，这样一折腾，那些已经眠宿滩边的水鸟，自然会受到惊扰，扑啦啦地群起而飞了。”这样的解释，比之将“争渡”解释为与别人竞赛或快划，都更符合在“藕花深处”的情境。又“昨夜雨疏风骤”一首，吴先生认为此词中的“卷帘人”，当是作者的丈夫，是以清新淡雅之笔写秾丽艳冶心情。词中写倦卧未起的妻子，问卷帘的丈夫，外面春光如何，答语是海棠依旧盛开，并未被风雨摧损，实则惜花之意，正是怜人之心。丈夫对妻子说“海棠依旧”者，正隐喻妻子容颜依旧姣好，是温存体贴之辞。妻子却说，该是“绿肥红瘦”，叶茂花残，只怕青春即将消逝了。诗意饶有情味又兼含比兴。如将卷帘人解为侍婢，便觉索然。

类似这样“揆情度理”而能力却陈说、发隐抉微的点评，自然给读者留下难忘的印象，许多听过吴先生课的学生，都会记得他对李清照《声声慢》之“满地黄花堆积，憔悴损，如今有谁堪摘？”的讲解，他认为“黄花堆积”，当是指菊花盛开而非残英满地，而“憔悴损”指自己忧伤憔悴，而非菊花凋零。这样讲解，无疑更入情在理，词意也更觉深婉。

如此使人神旺的诗文批评，吴先生并不认为有什么莫测的玄妙。他认为理解作品,必须自“求实”始。无论对训诂典故的解读、身世背景的查考以及揆情度理的体认,都指向对作品实际的深入把握。他认为所谓“以意逆志”,应该是以作品之“意”逆作者之“志”,不是以读者之意逆作者之志,后者必将陷于主观。而要得作品之“意”,就要从训诂典故、身世背景上,字字安稳,句句落实。

“求实”的鉴赏,在吴先生看来,不是“欣赏”,而是“苦赏”。态度上的尊重客观,方法上的力求实证,无疑都对批评者的主观感受和想象有所限制,艰苦的研讨,也使品读诗文不那么潇洒,所以吴先生常说,所谓“欣赏”,其实是“苦赏”,必先经过一番艰苦的了解,才能真正去“赏”。

文学批评中主体与客体的关系,是一个内涵非常复杂的问题,吴先生对作品这种求实的态度,无疑会引起一些不同的意见。例如,有人就认为他讲解陈寅恪诗文典故,太征实,缺少心灵的解读。而吴先生认为不认真搞懂典故的含义而妄谈心灵的感受,无疑是蹈空务虚。事实上,不难看到,吴先生之求实,不是机械的征实,而是充分考虑到诗文的独特性,他对诗文字义训诂不可拘执的意见,对诗文要“揆情度理”的认识,都是注意到批评中主客体关系的、很融通的批评见解。在这一点上,他既把实证研究方法积极引入诗文批评,又能充分尊重文学文本的特殊性,在实证中体现了成熟的文学研究素养。

传统批评之学对批评者学养和功力给予高度的重视,吴先生对此有积极的继承。他的批评显示出博观的视野、深厚的学养以及精审的批评眼光。在这一点上,20 世纪文学史的研究成就和文学理论探索风气,都对他有积极的影响,其分析作品艺术源流流变，有了开阔的文学史背景，例如分析王勃绝句的成就，能着眼于绝句艺术的源流，讨论《春江花月夜》的特点，则有对宫体诗的整体了解的大背景在。他本人对文学史有深入的研究，富于许多独创的见解，例如其《古典诗文述略》《〈历代小品文大观〉序》，都是洞悉文学史源流的功力深厚之作，在关于小品文源流的讨论中，他所提出的经过唐宋两次古文运动，古典散文的发展优势体现在自宋代开始以迄明清的小品文方面，这一观点极富启发意义。

吴先生的文学史素养，不是机械的教科书知识，而是在长期洞悉源流、精熟文本中涵养起来的一种旁通隅反的文学史意识。例如，对于明代古文家归有光古文成就的分析，他就很精辟地指出，归有光的散文"不仅取法《史》《汉》、韩、欧，能兼得古人之神与貌"，而且"已经开始受到当时白话小说的影响"；《项脊轩志》中"写老乳母转述作者母亲的问话，和作者祖母对作者的谆谆嘱咐，既酷似班固《汉书》中人物琐屑问答的口吻，又是蒲松龄写《聊斋志异》的蓝本"；《项脊轩志》"所记录的人物对话，已是把口语对译成文言，所以读起来活灵活现，而遣词造句又十分精练"。吴先生对归有光散文语言的分析，出自他对明清时期文言、白话之复杂关系的深入体会，他认为归有光、蒲松龄是将白话对译为文言，而自然贴切，蒲松龄尤为出色；可吴敬梓则是将文言变成白话，不免生硬，公安三袁、张岱都有类似的问题；曹雪芹的白话，则是有很深的古文诗词底子，绝非寻常白话可比。将归有光的口语对译文言，其语言成就置于这样的背景下观察，就更能体会其独特的造诣以及在古文史上的地位。

除了深厚的文学史素养，吴先生批评还具有许多新的理论视角。例如对贺知章《咏柳》绝句的分析，就围绕艺术中"逼真"与

“如画”,“艺术模仿自然”与“自然模仿艺术”的问题展开,作为自然的造化,通过“师人”,给柳树裁剪出美丽的“细叶”,以诗咏柳,本是“艺术模仿自然”,而“自然”又通过模仿“艺术”来造就美,如此巧妙的内涵,正是此诗形神兼备的佳处。

中国传统的批评,在强调批评者求真务实、精鉴博识的同时,也高度强调批评者主观感受的意义,学养与诗心妙悟的融合,才是批评的佳境。有成就的批评家,往往是学者和艺术家的融合。20 世纪批评大家如王国维、俞平伯、顾随、夏承焘、沈祖棻等莫不如此。吴先生早年即学习旧体诗词和古文的写作,以杜诗和桐城派古文为法,其诗作深得宋诗沉潜锻炼的风格,极具功力。深厚的诗文创作经验,带给他过人的艺术敏感,他对作家的点评,也往往能敏锐捕捉其艺术特点,例如称龚自珍诗“豪气纵横,有李白、苏轼的才华而多霸气,具杜甫、王安石之沉郁见锋棱;真挚若陶潜,奇如李贺,朦胧神秘处近于李义山,隐晦幻诞处又似王逢原。与其同时代人相比,龚诗与舒位、王昙相近,而龚更能摧刚为柔、秀中有骨”。又如,李煜《子夜歌》:“人生愁恨何能免,销魂独我情何限。故国梦重归,觉来双泪垂。高楼谁与上,长记秋晴望。往事已成空,还如一梦中。”吴先生敏锐地指出,下阕“长记秋晴望”是全词的警策。晴朗的秋空,一无所有,这是下面“往事已成空”的形象化,使人“愁恨”,使人“销魂”的“情何限”的“情”,也是无限的,也像秋日晴空那样茫无涯际。上阕以梦作真,下阕则以真实而如梦境,不论真,还是梦,都如秋晴远望,一无所有,却又“长记”而眷恋不已,一切都完了,却又一切都摆脱不掉。如此精妙的分析,视于无形而听于无声,真可以是妙悟的典范了。学养与妙悟的融合,无疑是学者型批评的佳境,而这样的融合,当面对尚人工、重锻炼、沉郁顿挫一脉的作品时，就更见出批评的功力。吴先生对谢灵运、杜甫、韩愈、周邦彦、辛弃疾等诗词作家的分析，精彩焕发，能将作品中千回百转之思透达无隐，读来回味不尽，堪为赏鉴之高格，批评之胜境。

在散文批评方面，吴先生也多有深入腠理之见，对文义的分析，常能透过表面而揭示其内在的寄托与怀抱，例如论归有光《项脊轩志》，他认为文章的主旨并非停留于亲子夫妇之情和怀念昔日家庭生活，而是"作为一个没落地主家庭的子弟，对家道中落的身世发出惋惜和哀鸣，同时也在沉痛地凭吊个人遭际的不幸"。而欧阳修的《丰乐亭记》亦在"丰乐"之意中传达了对时局的忧患。在知人论世、揆情度理以体察文章主旨的同时，吴先生也对散文的行文、构思、语言方式有敏锐的观察，例如欧阳修《五代史伶官传序》以一唱三叹的方式表达讽谏之义，而吴先生特别指出，这种一唱三叹的效果，来自作者对主题、史料的高度概括，而文中具有强烈抒情效果的感叹句和反问句，也含蓄有力，具有很大的概括性。这说明，欧文虽平易，但内在的提炼凝聚之力非同寻常。如此的点评，无疑深入地揭示了欧文的精髓所在，体现了吴先生对古文艺术敏锐的感悟。

在诗心妙悟的基础上，吴先生对读者主观感受之于作品的意义，有很精到的认识，例如词的寄托问题，明清以来的词论家对此纷纭不已，吴先生认为："作者填词时主观上诚未必即有寄托，却无碍乎不同读者根据个人身世经历，于读词时各随己意加入诸般联想。然则'寄托'云者，乃读者之感受，非必作者之初衷也。"这显然是对读者的主观感受给予了充分的重视。作为学养与感悟的融合，吴先生的批评做到了实而能虚，虚而能实。

吴先生对批评之学的贡献，倘若置于20世纪的文学研究的学术史来看，很有其独特而重要的价值。如前所述，20世纪是一个文学研究的观念和方法剧烈变动的时代，理论的探索和方法的创新，远过于历史上任何一个时期，而如何建设新的批评之学，使之与理论和文学史的研究形成良性互动，使理论的创新和文学史的重构能植根于中国文学的内部问题，是一个十分重要而又经常受到忽视的问题。当我们回顾20世纪的文学研究史，王国维、俞平伯等人对中国传统批评之学的开拓创新，由此形成的一个新的批评传统，并未受到充分关注，而吴先生的成就，正要置于这样的传统之下，才能更深刻地理解其价值和意义。总的来看，受20世纪实证精神和研究方法的影响，吴先生的批评之学，更为强调对批评之客体的尊重，更为突出研究学养在批评中的意义，对批评主体感悟体验方面的研究，相对着墨较少，这是20世纪新批评之学受时代学术风气影响而带有的普遍性特点。今后，随着学术视野和观念方法的开拓变化，批评之学会获得更多的发展，但在尊重作品之实际的前提下而取得的批评成就，将永远是新发展最值得珍视的传统和基础。

## 三　取精用宏与移步而不换形

吴先生批评之学的成就，在其诗文研究中有最集中的体现，而他的小说和戏曲研究，也沾溉于此。治古典小说，他也是在充分尊重小说文本之客观实际的前提下，知人论世、推源溯流，以实证精神和敏锐的艺术感悟力，探讨小说史上的重要问题。例如，他曾多次谈到，对历史人物的评价，“既不能用批评现代人的标准来苛责古人，也不能毫无保留地对古人全盘肯定”；“用嬉笑怒骂的态度对古人乱加贬斥，或对古人寄予一些无原则的同情”，这都是批评的“大忌”。他认为对王昭君的刻画，不能简单地改变历史上所形成的“积悲怨”的一面，“凡是简单地把王昭君写得‘高高兴兴’‘欢欢喜喜’，决非她的‘本来面目’”。对于《儒林外史》《水浒传》等人物形象的分析，他也平理若衡，照辞如镜，深入揭示人物形象的“本来面目”。在方法上，运用实证的原则，例如对“平话”之“平”为“平常”之义，“平话”是对话本中“诗话”“词话”等称谓而言的考证，体现了他对训诂之于研究的基础意义的重视。

在京剧研究方面，吴先生卓然为一大家，其研究被金克木先生誉为“绝学”。自儿童时代起，吴先生即对京剧入迷，自己还曾登台演出。识见既广，加之思考深入、学养丰厚，其京剧批评往往切中要害，为京剧界所重视。他与裘盛戎、叶盛兰、奚啸伯等著名演员，有着长期的交流讨论，友谊甚笃。吴先生的京剧研究，涉及京剧艺术批评、京剧流派史、京剧演出史、京剧文献等多方面的内容。其《京剧老生流派综说》立足京剧演出史，以演员为中心，探讨京剧流派艺术的发展演变，积极地探索了京剧史研究的道路，启功先生称赞此书“内行不能为，学者不屑为，亦不能为”，“真千秋之作”，与王国维《宋元戏曲史》同有“凿破鸿蒙”之力。对京剧演出史，吴先生倾注了很大的热情，近年还出版《鸟瞰富连成》《盛世观光记》等著作推进有关讨论。此外，他对京剧文献的整理，也十分关注，特别是对京剧老唱片，多年来勤于搜求，品鉴甚深，还希望撰写一部京剧唱片知见录。吴先生认为，自己在京剧研究上，所以能有所得，是因为京剧艺术已经越来越趋于衰落，在这样的背景下，反而容易把握其源流大势，陈寅恪先生认为学术要“预流”，而自己的京剧研究，是另一种意义上的“预流”。然而真正把时代所提供的契机变成研究的实绩，还要靠学养与识见。吴先生京剧研究的成就，需要做专门的研究，非本文所能置评，但他在研究中，以流派为核心推究艺术源流，探讨京剧艺术与时代风会之关系，评析演员艺术而得其神髓，这些都可以看到其诗文小说研究中“知人论世”“推本溯源”的研究取径，其京剧研究的高度成就，离不开批评之学的沾溉与影响。当年，吴先生的学生金开诚教授读完《京剧老生流派综说》，曾对吴先生说，先生一生治学之精髓，尽萃于此书。批评之学是吴先生之学术得以取精用宏的根基所在。

值得注意的是，吴先生在古典文学研究上的成就，植根于创新必须充分尊重传统这一基本的文化理念，他在京剧研究中对梅兰芳“移步而不换形”理论的积极发明，正是对这一文化理念的深入传达。

他认为一切京剧艺术的改革，都必须以充分尊重京剧自身艺术传统为前提，只适宜“移步”以求发展而不宜任意“换形”使其成为四不像的变种；京剧在当代的衰落，主要是由于把本不属于京剧艺术内部发展规律的各色内容与形式强加于（或硬塞入）京剧中去，使之成为不伦不类的东西。这样的改革和创新，并不了解我国传统的戏曲艺术的美学特点为何物，只凭一己的逞臆与武断来随心所欲地对我国的传统戏曲艺术妄施斧斤，从而造成无可弥补、无可挽回的濒于灭绝的危机。

这样的认识，从提出之始就受到批评，但吴先生以“自反而缩，虽千万人吾往矣”的信心和勇气，坚持不懈。他说：“有人说我是文化保守主义者，我就是文化保守主义者。”其实，在学术道路上，他一开始就能积极感受新的学术风尚，其治学无论视野、方法，无不带有五四以后优秀学术精神的影响；而他的“保守”，是对古典文学艺术之内在规律的深刻尊重，是强调要在祖述前人的基础上，获得对研究对象的深刻认识。通古今之变的考据学、对批评之学的开拓，都是他得以深入古典文学内部的津梁。他坚信，所有的新知，只有在这样的土壤上才能真正带来创新，而所有的研究，只有如此，才能“本固根深，枝荣叶茂，既不会风一吹就倒，更不是昙花一现，昨是今非”。如果把学术上的尊重传统称为“醇正”之路的话，吴先生为学的广博与精深，也正出自于这样的“醇正”。

吴先生的文化思考，回应了20世纪以来学术文化新旧之争的大问题，尤为可贵的是，他的古典文学研究，以扎实的成就，显示了植根于传统的创新所具有的“浩乎沛然”的生命力，其对文化创新、学术发展的贡献，绝非虚谈理论者所可比拟。这也许正是他反对文化滑坡、力却陈俗的呼吁，能够在公共文化领域引发强烈反响的原因。在古典文学研究不断要面对传承与发展之问题的今天，吴先生内涵丰富的著作，值得反复品味和深入思考。

# “少作”的品质

## ——读吴小如先生 1945 至 1948 年批评文字

刘敬圻

这里说的“少作”，指吴小如先生二十三岁至二十六岁之间（即 1945 至 1948 年）发表在京津文学期刊或大报副刊上的文史批评著述。如《废名的文章》《读朱自清先生〈诗言志辨〉》《读俞平伯先生〈读词偶得〉（重印本）》《读郭沫若〈十批判书〉》《读傅庚生〈中国文学欣赏举隅〉》《读钱锺书〈写在人生边上〉》《读冰心〈关于女人〉》《读沈从文〈湘西〉》《读顾随〈乡村传奇〉》《读萧乾〈人生采访〉》《读刘西渭〈咀华集〉和〈咀华二集〉》等，计三十八篇。约占作者同一时段所撰同类文字的半数。“少作”以其磅礴舒朗的气派，闯入读者视野，激起一种难以言说的感动与震撼。

### 热切揄扬，坦荡摘谬：“少作”的鲜活个性

作者在 1985 年为他 1946 年发表的一篇长文《废名的文章》写了一则“新的前言”，说：

重读旧文，发现不少偏颇之见，既属少作，姑不深究。但我之所以想再次发表它，乃是由于其中居然保留了一点天真淳朴的勇气，如果今天再让我写这类文字，我一定不会这样坦白直率地指手画脚来批评老师了。

“少作”岂止“保留了一点天真淳朴的勇气”。它们没有八股腔，没有经院气，没有人情羁绊，没有功利需求，在不经意间，构建着一种坦诚热切、直白通透、披肝沥胆、表里澄澈的批评境界，让人不由得联想到林庚在《中国文学简史》中高扬的“少年精神”。如《读钱锺书〈人·兽·鬼〉》，文中按捺不住发自心底的振奋，揄扬词语欢畅地流淌：“这寥寂的文坛，已好久不再见到这样的文章了。直到读了钱锺书先生的作品，才慨然感受到这真是一位不可逼视的天才。”“如果用古代词人来比喻，徐志摩的飘逸活泼处无啻东坡，而钱先生深灏沉雄精光灵气直欲驾辛幼安而上。尤其是那磅礴而渊深、旁征博引、睥睨无人的襟度，更与稼轩的左右逢源处拟迹比肩，同工异曲。”“有这样的天才和学力，在文坛上扩充领域，当然是无往而不胜了。”

如此感奋莫名，汪洋恣肆，在《读钱锺书〈写在人生边上〉》中又有延伸：“第一，他有极似苏东坡、徐志摩两人充沛的文章气势；第二，他有王安石、龚自珍和培根（Bacon）的老到洗练、挺拔波峭的文风。”“武断地说，钱先生一支笔诚足以震撼今后的文坛，而于当前‘才难’的情形下，他真称得起一支生力军了。”

“少作”毕竟是清醒的学术批评文字。作者与他至为赞赏推重的对象之间，保持了一种十分宝贵的距离，不近，又不远。过近或过远，都可能模糊视觉，破坏美感而引发误读。“少作”选择了如同朱光潜倡导的“不即不离”的度，一种最好的理想的“度”。

由此，对揄扬备至的钱锺书及其美文，又坦诚地进行“摘谬”：

> 作者太浪费自己的天才了。作者一向就好炫才，比摛文铺藻以“獭祭”闻名的李义山更来得广泛险峭。固然这是一个才力充沛的人所不能免，且为多数人所望尘莫及，然而给予读者最深的印象却是“虚娇”和“狂傲”……如果作者是善意的，则谑而虐的文章与态度恐怕终非上策……我更不愿作者由于这种但求一时快意的文章给自己留下一星污痕，成为白圭之玷。

这种勇气在《读周予同〈朱熹〉》，特别是《废名的文章》中，再次点燃出来。

废名，是吴小如毕生恭敬的师长。在“少作”《读俞平伯先生〈读词偶得〉(重印本)》中曾说，“近年读书受到启示最多且能具体获得学问知识的，当推这本《读词偶得》与废名师的《谈新诗》”。当时他曾把这种感受写入一首五律，其中有以下“名句”：

> 向晚坐花阴，摊书成独吟。
> 言情平伯细，讲义废名深。

“后来把诗抄给平伯师看，平伯师说：‘以鄙名与废名作偶，甚可喜’，又说：‘你说废公那个深字很恰当’。”

《废名的文章》是“少作”中的长篇巨制之一，发表时，作者刚满二十四岁。长文对废名的八部著作以纵剖横剖的比较研究方法，精微深细地欣赏、评判、陶醉、挑剔，如他后来所回忆的“坦白直率地指手画脚”，说长道短，吸引着并不熟悉废名的读者身不由己地去阅读废名。

在废名八部著作中“少作”最喜欢《桥》，而喜欢《桥》的缘由竟然是，它不仅“境界可人”，“即思想也特别好”。长文热情洋溢地以花为喻，说，某些著作好比含苞待放的蓓蕾，而《桥》之花，则酿成盛开怒放、光彩夺目、缤纷缭绕之态势，而且，提供了如何“载道”，如何把“道”“载”得炉火纯青的成功经验：

> 即把“道”载得那样不即不离，不温不火，不浓不淡，因之益衬出它的情文并茂。
>
> 必载道而不泥于道，然后才能写出好文章，才能悟得更明澈更鲜活的道也。

即使如此揄扬推崇废名，也并不为贤者讳，也掩抑不住“指手画脚”的赤诚与坦荡：

> 所有废名的书，我最不喜欢《桃园》。《桃园》里的辞藻也罢，故事也罢，有的似乎是没有把“道”载好，因而文章看去也不大过瘾了。但最可议处尚不在此，即以“道”的本身论，也单纯得那么脆弱，非浅即俗，远不如《莫须有先生》那样浑灏流走。

至于废名诗集《水边》中的诗作，则更不被“少作”恭维了。

因为,“诗中缺少共通的传递性”,“内容又拗折得令人难以捉摸,三四读尚不能通晓。于是应由读者心中产生的共鸣——诗的感觉,也就产生不了”。

《读周予同〈朱熹〉》一文,对“晚近治经专家”周予同及其《朱熹》十分仰慕推重。他对全书八个章节逐一精心研读精心评介,并对其中“极为精彩”的“经学”一章特别崇尚。认为,作者“能直抉出朱子治经的见解与立场,不必费词而轮廓毕现,揭橥其功过尤有独到”。

即使如此膜拜,当读及第五章“朱子于文学之见地”时,便笔锋一转,坦率质疑,对“近于武断”的种种话语(如“立场于浅薄的功利之见”“窒扼艺术之灵魂”“流于艺术排斥论”等),明快地摘谬并恭谨地予以补正。

“少作”客观地陈述朱熹文学观念后指出:“朱子对文学本义,仍看重在个人修养”,“若径谓其是排斥艺术的,窃谓朱子并非那样大煞风景的人。其诗中固然有说教气味,然就艺术论亦多可读之作,初不仅以说理文见称于后世也”。“少作”列举朱熹论《毛诗》之“创新”,论《春秋》之“通达”,论陶渊明及说晋人之“风趣”,以及《大学春秋序》之“亲切”,进而呼唤读者:消解以往加诸朱熹的“头巾酸馅气”的诬枉吧,拨正以“圣贤待之”的误读吧。然后,率真而通透地宣告:“我个人仍以为朱子毕竟了不起。尤其我觉得他是个极有风趣的人,所以不朽。”

《读师陀〈结婚〉》写于 1948 年 1 月,但其批评框架搭建在 1938 年至 1948 年之间,即融入了从十六岁左右阅读芦焚(师陀笔名)以及阅读艾芜、沙汀、沈从文乡土风物名篇,铭刻在脑海中的记忆、感悟和理念。

文章以《里门拾记》(署名芦焚)与《结婚》(署名师陀)的纵向比较开篇,坦陈同一作家前期后期作品的巨大反差与隔膜。

"少作"对《里门拾记》的印象"在脑海中盘踞了已不止十年",对芦焚的其他作品如《看人》《江湖》两个集子也"涉猎过"。由此发现,那里边"有着一只鑱刻的笔和一双洞若观火的眼"。还发现,"那种比较辛辣的风格中,有两个特殊的长处:一,笔底下涩得非常厉害;二,骂人必用全力"。于是认为,这样的作者"必定成为文坛上的后劲"。正因为有着十多年的阅读体验,有此前的乃至近年的一系列作品为参照系,所以,毫不犹豫地说,《结婚》变味了。以往的芦焚风格,已经"悄悄从芦焚先生笔下逃逝",取代那"朴茂辛辣作风"的,是"师陀先生的新的姿态","一种油滑而欠老练,世故而欠深刻的姿态","除了骂人仍不惜用全力外,师陀与芦焚之间,几乎没有什么类似相通之点了"。

此文主体部分,是人与人、书与书的横向比较。从对几位"与乡土风物有着顶深厚渊源"的名家名作的欣赏中,发掘相通与相异,"作为探讨师陀先生新作《结婚》的桥梁"。横剖,依然从十年前一篇评论芦焚的文章开始,那是"一篇恳切周至同时也十分公允正确的批评",其作者恰巧是"少作"钟爱的刘西渭。重新收拾起十年前的阅读记忆,旨在说明,今日的《结婚》,不仅仅与沈从文的《湘行散记》、艾芜的《南行记》、沙汀的《淘金记》以及晚近艾芜的《丰饶的原野》相背离,即使与署名师陀的近作《果园城》相比较,也已不是什么"方向的趋舍,工力的深浅"等等差异,而是"精神却变了质":

芦焚先生的风格已由刘西渭先生明白指出:"讽刺是他

的第二个特征","他的心不是沉郁的,而是谴责的"。……而师陀先生的《结婚》,讽刺与谴责虽然依旧,精神却变了质。

失败的症结不在于讽刺或谴责,而在于过分夸张——讽刺成了谩骂,谴责成了攻讦,染上了"海派"的色调。……因之那点辛辣浓烈的地方色彩所给予的朴茂神情,便荡然无存了。

这是一篇摘谬多于揄扬的批评文字,在"少作"中十分罕见。而构建与写作的勇气与胆识,仍得益于少年精神,还有那令人仰慕的少年记忆。这便是"少作"的"守则"。其一是"言必由衷",其二是"立论公允"。"即使是自己所曾受业的恩师,对他们的作品也不一味揄扬赞美,我认为好的就说好,认为不足的就径直指出。"

## 视阈宏阔,窄题宽做:"少作"的批评张力

"少作"对恩师俞平伯、沈从文、朱自清以及资深作家傅庚生、萧乾、刘西渭(李健吾)们的批评,无不流贯着高屋建瓴、时空交叉、古今融通、纵剖横剖的旷达气势和浑厚情怀,是少年精神的别一种呈现。

《读俞平伯先生〈读词偶得〉(重印本)》中有一段话,字字珠玑,力透纸背:

近人侈谈欣赏……欣赏之道,支离破碎其病小,隔靴搔痒其病大;笼统言之其病小,矫揉造作其病大。支离破碎是古来考据家旧病,隔靴搔痒则是近来洋状元之新病。笼统言之是古来时文圣手旧病,矫揉造作则是近来天才批评家新

病。旧病是殷鉴，可以一望而改。新病却是传染症候，尽你防范得严，却当不得来势凶猛，往往老鸦落在猪身上，见得人家黑，见不得自己黑，便一误再误，不可收拾。欲救其弊而疗其疾，必得读书破万卷。愈读得通乃愈见其方案之灵也。

“少作”开出的疗救方案未必果能全然奏效，但其对批评界“大”格局的深度忧虑和拳拳爱心满溢在字里行间，而且“读书破万卷”“十年磨一剑”的老话，也果真是防伪杜假打造正宗学术成果的一大恒久性法宝。

《读傅庚生〈中国文学欣赏举隅〉》与《读朱自清先生〈经典常谈〉》是“少作”视阈宏大的又两个范例。且以后者为证。《读朱自清先生〈经典常谈〉》的背景是1946年的文坛。文章开篇，直击时弊，坦陈当时“学术建设方面”的“几种毛病”：

> 现在大多数的学人，受西洋洗礼过深，对固有的传统文化，十九采取鄙视态度。
>
> 间有专以治国故为事业的，亦往往标新立异，故出奇兵，炫鬻取胜。
>
> 再有些人，虽说一知半解，却抱了收藏名人字画的态度，对学问和艺术总是欠郑重或忠实……

在如此让人忧虑的学术背景上讨论朱自清的《经典常谈》，就较容易体会并珍爱其正宗、纯粹、鲜活、灵动等可喜可贵可尊敬的风格与品位了。“少作”再三提醒读者说，佩弦先生学贯中西，却对“固有的传统文化”情有独钟，这是与当时“大多数人”不同的，此其一。其二,“先生一向在发扬、介绍、修正、推进我国传统文化上做功”,这又与那些以“收藏”国故或“炫鬻取胜”者流,判然有别了。第三,也是尤为个性化的,他善于化艰深为浅近,“往往能把顶笨重的事实或最繁复的理论,处分得异常轻盈生动……”这则是一流散文家的独特优势了。如此评介朱自清的《经典常谈》,无异于站在1946年沉寂浮躁的学术论坛上振臂一呼:请追随朱自清去贴近“经典”吧,他解读的“经典”,是端正、本色、灵动、有亲和力的,万万不可错过。

再看《读沈从文〈湘西〉》,其开篇则是另一种恢宏与悠远:

> 五四以后,创作家虽风起云涌,精光照耀文坛,可是真正能写传记与风土记的人却少得可怜……不要说是像《维多利亚女王传》或《On A Chinese Screen》那样的作品,就连芥川龙之介或鹤见佑辅的《中国游记》一类文字,现在也难找到。中国在过去,就史籍言,如《左传》《史记》之类,就地理载籍说,如《水经注》《洛阳伽蓝记》之类,后继者也并非没有。但是,自从新文学运动以来的二十多年中,竟没有一本像《徐霞客游记》那样可读的佳作。

文章追忆了前人对湘西这块穷乡僻壤的尤为忽略(“我只发现了一段宋人笔记,还依稀有点感人的魅力”),又对“风土记”和“记湘西”的惨淡状况作一鸟瞰,之后便直奔主题,提醒人们说,“不要太悲观”,因为沈从文出现了,他专门“从事这方面的试验”,而且成果卓异,“我们不能不佩服蹊径独辟的沈从文先生”。

“少作”情真意切,慎择约取,客观梳理了沈从文相关代表作的价值流程。他说,《记丁玲》(正续二卷)是“有新文艺以来传记文学中的一泓澄碧,一线曙光,作者把这个乱头粗服而热情洋溢的女主角,竟写得那么飘逸而纯挚”。《湘行散记》则奠定了作者“写风土记方面的基石……尽管是星火微茫般的一点成绩,在中国文学眼前的园地里,还找不出第二份来”。而《湘西》的出现,便毋庸置疑,成为“为文学领域开疆拓土的杰出之作”。有了《湘西》,风土记一类文字,内容“更丰腴”,形象“更清晰”,记述“更客观”,笔触“更老到而斩截”,此前的“轻松文藻”变成“骨采苍坚真率”的“刻画”。于是,传记与风土记领域终于拥有了几近美轮美奂的界碑。

接下来,笔锋一转,“少作”凭借其视阈宏大、“天真锐气”,还有“不即不离”的审美“度”,对他所钟爱的沈从文佳作暖暖地“指手画脚”。他说,《湘西》及《春灯集》有一共同“缺点”,那便是“格局狭隘一点,气象不够巍峨”,“作者的笔总还及不上柳子厚山水记那样遒劲,更无论格古清新的《水经注》了”。又说,“坡翁”曾以“寒瘦”二字形容孟郊、贾岛,寒瘦“也许就是沈先生的文风特点之一吧?先生近作如《水云》《绿魇》都十足有着这种倾向,我不忍说是毛病”。

有了宏大视野为底气,便可以信心满满、收放自如地评说萧乾:

> (报告文学)这种文体在中国滋长了还不到二十年……而写得最甜脆可口,读了使人忘倦的,则首推我们的远征记者萧乾先生,他把新鲜活泼的消息带回祖国,同时使中国在世界上换到了极光荣的令誉。
>
> 作者在战前的文坛上,已经头角峥嵘抓住了多少读者

……作者近来的文章，愈见纯熟而温润，像一座一尘不染的维纳斯石像，从威仪肃穆的线条里，渗给人以和蔼可亲的回荡；用笔空灵而轻盈，情思恳切而激越。

可以肯定地说，这种风格将为报告文学辟一条风光旖旎神采飞扬的新路。

批评萧乾雁荡、天台七篇游记时，“少作”思绪在刹那间穿越了古老的历史隧道，言之凿凿地说，“关于雁荡、天台一带的游记，从六朝而降，经宋元以迄明清，就我可曾过眼的来说，如精金美玉般的文字诚不过数十篇，今以作者这七篇文论之，虽是语体，却决不见愧色”，“只有王摩诘所云‘天机清妙’的人，胸中才能有此一片境界，手下才能有此一副笔墨”。

萧乾自然不是尽善尽美。与朱自清、沈从文、俞平伯、郁达夫的散文做纵横比较，萧乾自有特立独行、个性飞扬的肖像：

萧乾先生，活脱脱是一位跌宕生姿、斜看绮霞的公子哥儿。在傲岸的神情里透出一股温文之气，隽永而流走。尤其那份儿倜傥英俊的才华，使他在所写的事物中间平添了多少活力，这活力，就是作者文章“时间的防腐剂”。

可惜，萧乾先生对文字的修饰功夫，也许是得天独厚所致，总嫌他不够扎实。即如写抗战时被招安的绿林兵，或湘黔途中遇到的三个检查员，都是趣味有余，力量不足。

对张爱玲的阅读，同样视野高远，胸襟舒朗，纵剖横剖，左右逢源。“打了八年仗，沦陷区的文坛在后几年中，也还不寂寞”，

“所谓不寂寞的文坛,重心在上海”,而张爱玲“于香港失陷后逃到上海,便以写作名家”了:

> 胜利前的沦陷区,有不少知道她的人,而一旦谈到她,总是点头的多,摇头的少。今天(1947 年,引者注)这名字已逐渐陌生起来,然而知道她的人,还是叹息的多,奚落的少。那是个天才,是一块好材料。夸张点说,够得上作家的水平与标准。方之于昔之徐志摩与今之钱锺书而无愧。入世,够彻;修养,够深;文章的力量,感人有余;可惜,正如某位批评家所说,格调不太高。

将张爱玲与钱锺书做纵横比较后,直言不讳地指出,“她火候不到,有点浮光掠影”,“虚名,躁进,葬送了她的才华,浪费了她的心力,染上了过于柔腻俗艳的色彩,呈现出一种病态美的姿颜”。

“少作”窄题宽做的思维惯性,酿就了一种思乘风驰、情逐浪涌、自如自在的气派。其阅读刘西渭(李健吾),阅读常风乃至阅读冰心、茅盾、老舍、郭沫若等名家的文字,无一不是思古论今、左顾右盼、纵剖横剖、入木三分的呕心之作。

## 博学慎思,识古通今:与“大家”对话的桥

“少作”的学术锐气和思想张力,不源于童言无忌,也不源于“初生牛犊”或少年气盛。它只有一解,那便是酷爱读书又酷爱思考的后生长年积淀的渊博、凿实、坚硬的学子底蕴。

“少作”的底蕴自然不是一日之功。作者说“我从小爱杂

览”，而且“以求全为主”。从六七岁始，就已如饥似渴，一册册领略门类繁多的古典小说了。十二岁进入初中，便迷恋上五四以来的“新文学作品”。《呐喊》《彷徨》，初、二集《胡适文存》，老舍、茅盾和巴金的长短篇小说，都在“罗列之中”。之后，“兴趣却逐渐被新体散文所取代了”，尤被周作人、沈从文两家所吸引。自周、沈而下遍及废名、俞平伯、冰心、徐志摩、郁达夫、梁遇春、叶圣陶、朱自清、丰子恺、萧乾、钱锺书、林徽因、何其芳、陆蠡、丽尼等的专集，“一本又一本”，“使人魂萦梦绕，爱不忍释”。

以上，还远不足以孕育“少作”那株参天知识树。中国文化是文史哲不分家的。作者年少时就崇尚“凡操千曲而后晓声，观千剑而后识器”（《文心雕龙・知音》）的铁律。他在解读刘勰这句话的时候特别强调说，是“操”千曲，非“听”千曲；是“观”千剑，即必须见过“千剑”，才有发言权。这是一种水磨功夫，是《礼记・中庸》倡导的博学、审问、慎思、明辨、笃行的系统工程，是“少作”作者自童年起逐年累积的童子功。

由此，构建了学生走近老师、老师发现学生的桥。仰慕俞平伯，缘于“读过平伯老所有的著作”；拜谒俞平伯，勇气也源于“读过平伯老所有的著作”。“立雪俞门”四十五年，童话般纯净美丽的师生情谊，正是在阅读“桥”上，传奇般开始的。

“跻身俞门”不久，平伯师便致信朱自清，向他推荐这位正在清华读插班生的青年才俊。从清华园路遇到被邀登门的一连串动人故事中，又引领读者走近另一位名家身边，见证了朱自清平易宽和、热诚古直的卓异情怀。

有幸成为沈从文弟子并享受耳提面命“亲笔改易”文稿的厚爱，也是书之缘。早在1941年就读天津工商学院期间，少年吴小

俞平伯夫妇合影

如就留下了“课堂上偷读沈从文《湘西散记》而受到校方责罚”的记录，此“前科”被沈从文的恩师林宰平老先生（林庚之父）得知后，一直留意在心；抗战胜利后的1946年的某一天，沈从文到宰老的北京寓所拜谒，宰老便不失时机，让崇拜者与被崇拜者相识。此后，沈从文便追随恩师，“不遗余力地提携策励”吴小如数十年，直至终老。洋洋万言的“少作”《废名的文章》便是经由沈从文批阅删改的，文稿上“布满了先生亲自用红笔增删涂改的墨迹，并有剪贴拼合处。同时附有先生的亲笔信，说明为什么要这样改，末尾还有‘改动处如有不妥，由弟（先生自称）负责’的话”。

仰视废名并有幸入门做“问业弟子”，更是以全方位阅读废名并撰写“综合书评”为由头的。废名以恢宏气度接受了这位勤苦阅读并勇敢地“指手画脚”的年轻人，肝胆相照地说：“你能把我写的书都读了，这很不容易。可惜有的地方你没有读懂。”此后，便“勖勉有加，允许其问业”，并视其为知音门生了。

“少作”不惮重复，讲述他少年时代立雪师门的缘起，无非是推心置腹，披肝沥胆，向读者诉说一种人生感悟：好学生与好先生之间的情谊，只能源于读书，“遍读诸家著作乃是（拜师）先决条件”，“几位老师之所以能对我一见如故，则由于我在受业以前已遍读他们的著作，初见面便能声入心通，彼此引起思想共鸣”。博学慎思、识古通今是唯一的求师问业之桥，是师生之间“由衷而发的，不存在任何功利主义目的的”“人情最高境界”。这种“人情最高境界”，是正宗“大家”与正宗学子之间的契合点。

“少作”中有一篇伏案写作五十天、约一万三千字的思辨性、挑战性文字：《读朱自清先生〈诗言志辨〉》，这是年轻评家的呕心之作。其兴奋点即闪光点是：杜绝某人误读朱自清的妄言臆语，让莘莘学子牢牢记住大学者（不仅仅是大散文家）朱自清，牢牢记住他在推进经典中不可替代的“突出成就与贡献”。

文章写于1948年朱自清“惨”逝后。当时，“有位自命为‘国学家’的人认为朱自清做学问是外行”。这一“太武断而不近人情”的谬说，激发吴小如再次细读精研《诗言志辨》，并追随其“四条诗论”（言志、诗教、比兴、正变）的“史的发展”轨迹，逐一详尽梳理古今解读之同异，然后，以朴素坚实的口吻宣告：（一）《诗言志辨》“简直可以作为在某种‘文学史观’下的文学批评史——或者说是文学史——来读”。这一体认，恰恰与他前一年发表的《读朱自清先生〈经典常谈〉》相呼应：“这本书我认为写得最好的乃是谈‘诗’与‘文’的两部分，抵得上一部清晰精到的文学史，甚至比那些粗制滥造的整部文学史还好。”（二）“少作”认为，《诗言志辨》的学风文风更是对当时学界浅陋浮躁弊端的强有力反拨：

《诗言志辨》虽是论文,却有宋人注疏体的气息,朴实然而清新,同时也谨严有法度,兼具西洋人写科学论文的条分缕析、纲举目张。但作者又能在行云流水般的语言中见出层次井然、眉清目朗的疏宕处,既不枯燥又不啰唆。这确是一种似旧实新的文章做法,绝无晚近写论文者的故作诘曲、以洋味十足文其浅陋的讨厌习气。

这一体认,又让读者联想起"少作"推重《经典常谈》时的一段话,一种纯粹属于朱自清的、唯朱自清才可以首创的研究风格:

虽说一点一滴、一瓶一钵,却朴素无夸,极其切实。再加上一副冲淡夷旷的笔墨,往往能把顶笨重的事实或最繁复的理论,处分得异常轻盈生动。

(三)"少作"还实话实说,揭示了《诗言志辨》之特有分量特有品位的奥秘:"其所以能写得这么周详、谨严、谦抑、平易近人,则应归功于作者是一位治文学史的学者,又是国内有数的诗人、散文家。"这篇长文的精确、精当、精彩体悟与表述,至今依然让后学们心动;而佩弦先生推进经典的苦心孤诣和冲淡轻盈的格调,至今依然让笃诚学子们仰视并虔心"步其踵武"。

在阅读与批评"大家"这一行为过程中,"少作"中那株丰饶的知识树,也愈益繁茂而舒展。

## 呼唤"刘西渭":对批评家品质的礼敬与期待

"少作"感奋莫名地钟爱一种特别的职业品质:批评家品质。

这种钟爱，在阅读刘西渭及其《咀华集》的反刍过程中，完成了由感觉到理念的升华。

刘西渭是“少作”几番提及、特别“喜欢并服膺的批评家”。在阅读两本《咀华集》的前后，作者也曾读过署名李健吾的大量著作，如从法文译过来的莫里哀和福楼拜的作品，如极厚的《情感教育》竟从正文到注文一字不遗地啃过，李健吾剧本的“风趣，别致，有鲜明个性”，散文的“漂亮，清新隽永”，都让年轻作者“崇拜”。然而，最让“少作”心动的却是署名刘西渭的一系列批评文字，特别是流贯其间的批评家品质。尽管刘西渭不仅仅与“批评”相关联，尽管“两本《咀华集》建立了若干文学理论”，并“成为后来治文学者的借镜与轨范”，但被“少作”“默然仰止”的，仍然是一种不寻常的职业精神，一种做批评文字的态度：

> 刘西渭先生写批评的态度，是很足为有志作批评家的人们取法的：诚恳，精细，慎重，温和，却也痛快，硬朗。

在《咀华集》“跋语”中，对批评家这一职业有直白的解读，它是刘西渭从事批评的自况与宣言。“少作”归纳其亮点有四。其一，是“自由”。批评家“是以尊重人的自由为自由”的，“他尊重人的社会背景”，“他知道个性是文学的独特所在”。其二，是“慎重”。“做人必须慎重，创造必须慎重，批评同样必须慎重”，批评家“不诽谤，不攻讦，不应征”，“不武断，不盲从，不妄指”，“更讨厌站在戏台里替自己人喝彩，或故作局外人给自己人文过”。其三，是“谦抑”。“一种不虚伪护短，不矫情干誉的谦抑”。其四，是“硬朗”。“他有骄傲的权利”，“没有是非可以说服他，摧毁他”，

“他们全不巴结,不迎合迁就世俗凡庸的肤浅舆论,也不随波逐流追新潮赶浪头”,“他们为全人类服务”。“少作”毫不犹豫地坦言,刘西渭“恰恰是这样的批评家的一个典型”。

在论及“批评文字”的话题中,“少作”还有一种颇有创意的、十分别致的表述,即“考据的欣赏”与“欣赏的考据”。前者以俞平伯为样板,后者则以刘西渭为代表。

研治传统文化自然离不开考据,然俞平老的考据却不是为考据之考据,而是紧紧环绕艺术欣赏之终极目标。“盖如考据得不到家,欣赏的路也就容易阻梗,考据得愈精,欣赏时始愈知古人遣词设意之工巧之难。”《读词偶得》便是借考据之力深化欣赏之路的“最大证明”,于是“少作”戏名之曰“考据的欣赏”。而刘西渭呢,明明以“现实”与“现时”为批评对象,却以其生花妙笔与丰饶文词,打造出一种几近清人“朴学”般的文章风格,提供了科学勘察、细密剖析、丝丝入扣的批评文字范例:

> 他之分析一个作家,评价一本作品,确乎用了极科学的勘察和顶澄澈的观照,才开始动笔的。尤其他在《咀华二集》里,谈到“现实”与“现时”,谈到社会主义和文学作品的关系,在在都表现出作者细密周慎的用心;那种一丝不苟有条不紊的推理明道,真不下于清人的“朴学”。我戏名之曰“欣赏的考据”。

这一发现,可视之为对批评家品质的又一种期待。

1946年至1948年间,常风和他的《弃余集》以仅次于刘西渭的影响力,受到读者和“少作”的推重。常风的批评文字最让“少作”牵魂动魄的,是“宽容”,一位严肃批评家的“郑重的宽容”。

在当年足够辽阔的批评界阈中，“有着坚定牢靠的思想——文学观和很准确的批评尺度的人，或许不难找到，而兼有宽容态度的人则不大容易了”。由此，常风式的宽容，就特别珍贵了。因为，有了宽容，“才能鼓励起作家的勇气，也唯有宽容，才能唤起读者的同情”。请君矗立起“宽容”的大纛。这是“少作”对批评家品质的又一重要扩充。有志于做优秀批评家吗？请亲近刘西渭和常风吧，亲近他们那种细密周慎、丝丝入扣的推理明道风范，亲近他们那种清醒的、干净的、坚硬的批评家品质。

六十多年过去了。“少作”阔大浑厚的理性精神和绚烂舒朗的话语元素，已暖暖地融进读者的血脉，成为后学虔心承传的治学作文之道。

（作者单位：黑龙江大学）

# 好之乐之　躬行信言

## ——吴小如先生戏曲研究管窥

刘新阳

吴小如先生，本名同宝，字小如，号莎斋，祖籍安徽泾县，1922年9月生于哈尔滨，后以字行。小如先生是著名书法家吴玉如（家琭）先生的长子，1952至1991年的四十年间，先后任教于北京大学中文系、历史系，主授中国文学史。小如先生的第一社会身份是教师，而在职业之外，先生自己总结"平生业余爱好有三，一曰看京戏，二曰写毛笔字，三曰作旧体诗"①，然在本职工作及兴趣爱好方面，先生的成果及研究均可谓成绩斐然，仅在京剧研究领域中，迄今已先后有《台下人语》《京剧老生流派综说》《吴小如戏曲文录》《鸟瞰富连成》《盛世观光记》《吴小如戏曲随笔集》及《续集》《补编》和《看戏一得》等多部单行本著作出版，累计不重复部分的文字已逾百万，其中《吴小如戏曲文录》和《京剧老生流派综

① 吴小如：《已老莫谈艺》，《霞绮随笔——吴小如自选集》，新世纪出版社，2002年10月版，第95页。

说》等均先后再版，即便是吴先生自谦"炒冷饭"的《吴小如戏曲随笔集》《续集》和《补编》也早已售罄，可见在专业、业余的京剧研究队伍中，吴先生论戏的著作和文章拥有着深入和广泛的读者群，据此也不难看到吴先生在对业余爱好的研究中取得的成绩与贡献。

以大学中文教授为第一职业的小如先生，谈戏的著作却在戏曲研究（尤其是京剧）领域有如此的影响，这一现象不能不引起世人，尤其是戏曲研究领域的重视及研究，但迄今为止鲜见有对吴先生关于戏曲研究领域所取得成果的研究，不能不说是一种遗憾。吴先生在戏曲研究领域所以取得丰硕的成果，究其原因，自然来自多个方面，这也是笔者不可能总结全面的，但在此笔者愿以浅薄的见识，对吴先生在戏曲研究的学术领域中的贡献及成因加以粗浅的归纳与分析，并通过吴先生于戏曲研究走过的道路，为今天从事戏曲研究的理论工作者提供可以参照的启示。

## 一、知之者不如好之者

小如先生对戏曲的热爱，源自家庭的熏陶与幼时对戏曲的接触。吴先生出生在一个戏迷家庭，无论是祖父吴彝年（字佑民）、祖母、外祖父傅文锦（字蜀生，满族，原姓富察氏，后易汉姓傅），还是父亲吴玉如、母亲傅孝实，抑或从叔吴佩蘅、姑丈何静若、舅父傅洲等长辈，都是京剧的忠实观众。这样的家庭熏陶也直接影响到了小如先生和他的表兄傅和孙先生、胞弟吴同宾先生，在幼年时即成为京剧观众，这既是家族内部的熏陶和影响，也可视为在逝去时代里，京剧作为大众艺术受众甚多的写照。

吴先生真正接触京剧，可从他三岁时算起。1925 年，因母亲和祖母需照顾刚出生的弟弟同宾先生，没有更多的时间来照看他，傅太夫人便把一架老式的唱片机和若干张家中的老唱片作为玩具，任由他自己玩耍，于是当时只有三岁的小如先生，每天除去吃饭睡觉，便终日反复播听一些谭鑫培、刘鸿昇、龚云甫、路三宝、朱素云的京剧老唱片，以此排解寂寞。用吴先生的话说，不仅“这一批老古董成为我儿童时代听京戏的启蒙教材”①，还“养成了我后来爱京戏和收藏唱片的嗜好”②。随着年龄的增长，吴先生从听唱片逐渐发展为购买、搜集和收藏京剧唱片，直到唱片在改革开放后被盒式磁带所取代，逐渐退出实用性的历史舞台，吴先生才转而收集磁带及后来出现的 CD 光盘。吴先生入藏的唱片不下千张，在今天足可以视为京剧唱片的“发烧友”，然他并不仅限于一味地搜集唱片，而是在收藏唱片的过程中通过横向与纵向的对比，探索开拓出了京剧唱片的版本学、目录学和校勘学并撰文立说。在这一领域中，吴先生不仅撰写了《唱片的版本学》《唱片的校勘学》以及《罗亮生先生遗作〈戏曲唱片史话〉订补》等文（见《吴小如戏曲文录》），还撰有《物克多公司“谭鑫培”唱片辨伪》、《谢宝云百代老生唱片简述》（见武汉市艺术研究所编《艺坛》，1994 年第 1 期）和《何桂山百代钻石针唱片简介》（见山西师范大学戏曲文物所编《中华戏曲》第 1 辑）、《姜妙香百代青衣唱片》

---

① 吴小如：《搜求唱片》，《吴小如戏曲文录》，北京大学出版社，1995 年 5 月版，第 863 页。

② 吴小如：《我与京戏的因缘》，《吴小如戏曲文录》，北京大学出版社，1995 年 5 月版，第 843 页。

(见《中华戏曲》第4辑)、《京剧唱片知见录》。由此可见,吴先生把对京剧唱片的“发烧”推向了理性研究的学术高度。

在搜集京剧唱片的同时,还未上小学的吴先生开始随父母出入哈尔滨的大舞台、新舞台、华乐舞台和开明戏院看戏。在哈尔滨生活的这段时间里,吴先生曾先后看过高百岁、曹宝义、曹艺斌、赵松樵、程永龙、白玉昆、魏莲芳、吕正一、雷喜福、程砚秋以及中东铁路俱乐部的票房演出。“九一八”事变后,小如先生举家迁至北平,“卢沟桥事变”后又迁至天津,后往复于京、津两地。入关后,不过十岁的吴先生已不满足于随同家长一同看戏,而是开始独立走进剧场,选择那些自己感兴趣的戏看。在京剧界,历来有“北京学戏,天津唱红,上海赚钱”的说法,历史与地利的先决条件,成就了京、津两地自始至终都是京剧演出的重镇,因此,在京、津的生活使吴先生在兴趣的驱使下,几乎每周必看京戏。对此,吴先生曾做过粗略估算,结果是至“文革”前,他总共看过至少一千五百场京剧演出。至于吴先生看过的名角,从杨小楼、梅兰芳、余叔岩的“三大贤”,到梅、尚、程、荀的“四大名旦”,马、谭、杨、奚的“四大须生”,从李、张、毛、宋的“四小名旦”,再到富连成、中华戏校的“科班戏”,可以说自20世纪30年代以来,京剧舞台上的名角均被小如先生“尽收眼底”。可以说,小如先生后来在戏曲研究中取得了瞩目的成就,首要的原因在于他本人对京剧艺术朴素的痴迷与喜爱。

戏看多了,作为观众自然会对演员和剧目进行比较,并且渴望表达自己的观剧感受,这就是吴先生开始写剧评的内因,至于外因,就不能不提到对小如先生产生过重要影响的前辈顾曲家——张醉丐先生。醉老曾是20世纪30年代北平《小实报》的

《时事打油诗》和《新韵语》等专栏的作者，还曾主编过《全民报》副刊，并为《立言画刊》等戏曲报刊撰写剧评。同时，张醉老又是吴先生的姨外祖父（吴先生母亲傅太夫人的六姨父）。1935 年就读育英中学（初中）时，吴先生经常随母亲到醉老家，因爱好相同，未及志学之龄的吴先生便开始尝试着写剧评，吴先生后来在回忆张醉老时曾说，"我之能够写戏曲评论文章，是同醉老的鼓励诱导分不开的。1935 年我虚龄十四岁，便学着写剧评和随笔，经醉老润色，有机会即在报上发表。没想到我写这类文章一下子延续到半个世纪以上"①。但当时吴先生写剧评的初衷只是为了好玩儿，并无藏诸名山的想法；又因小如先生出身书香门第，家中管束甚严，父亲曾有言在先，"一不许看闲书，连唱本、戏考也在被禁读之列；二不许乱写文章，认为写豆腐块文章容易油腔滑调，而且浪费精力和时间"②。吴先生遂以"少若"为笔名避父母耳目撰写剧评，经张醉老修改润色后投寄于当时如《立言画刊》《民国日报》等报刊发表。多年后，吴先生方知"少若"原来是自己外曾祖父的表字，但傅太夫人认为"用外曾祖父的表字作为笔名，未尝不是一种纪念"③，故而，吴先生日后即以"少若"笔名登记加入中国作家协会。

对 1949 年前这批从不留底稿的信笔之作，吴先生从来不予

---

① 吴小如：《张醉丐先生二三事》，《心影萍踪》，上海教育出版社，1998 年 11 月版，第 24 页。

② 《吴小如戏曲文录·总序》，《吴小如戏曲文录》，北京大学出版社，1995 年 5 月版，第 1 页。

③ 吴小如：《母亲的家世（上）》，《红楼梦影——吴小如师友回忆录》，北京大学出版社，2012 年 9 月版，第 283 页。

重视，只是在2006年出版《吴小如戏曲随笔集补编》时，首次收录了八篇20世纪40年代在《立言画刊》《半月戏剧》和《民国日报》上发表的旧文，继而又在2012年门人弟子编辑出版《学者吴小如》时，于附录中收录了五篇旧作，前后累计不过十三篇。对于自己早期的剧评，历来主张“悔其少作”的吴先生曾公开表示“至于虽找到或根本找不到的其他那些文字，我自认无异于垃圾，任其自生自灭可也，就不必管它们了”①。然而，不能因此忽略和否定20世纪30年代中后期至新中国成立前这段可以视为吴先生早期剧评研究的意义。以今天的眼光来看这十三篇出自年方弱冠的“少若”之手的剧评，不仅行文流畅、文笔老到，而且目光敏锐、击中要害。例如在《收音机中听冬皇〈失街亭·空城计〉》和《冬皇〈失街亭〉及〈捉放〉——义剧收听汇志》两文中，吴先生详细记述了孟小冬及其他演员在剧中一腔、一鞴乃至一个气口、一个垫字的细枝末节的具体表现，在平面的文字面前，读者竟会有身临其境之感，要达到这样的记述与评论，仅凭“外行看热闹”和宏观全面的阐述是远远不够的。这一方面固然体现出先生博闻强记和妙笔生花的优长，同时也可读出作者对传统剧目及演员表演的了如指掌。又如在《余门弟子李少春应多演老生戏》中，吴先生公开郑重地提出：

少春之最荒唐者，莫过于大演其《铁公鸡》。此本海派戏中荒乎其唐之戏，程永龙、曹宝义（即小宝义）辈用以炫惑耳

① 《吴小如戏曲随笔集补编·序》，《吴小如戏曲随笔集补编》，天津古籍出版社，2006年10月版，第1页。

目，遂尔流毒于今；李万春、李盛斌再接再厉，复以永龙之二十四本《铁公鸡》（甚至“铁母鸡”）问世。少春今固已身入龙门，即成“正果”，何竟效彼人之末枝，动辄“一至八本”云云，即迫于戏院主人之权威，以“卖座率”为条件，乃至毫无自忏自愿之意耶？此而能演，此而不惧见责于乃师，《打金砖》何辜，乃独为“余派传人”打入冷官，何厚于彼薄于此也？少春所演老生戏，不佞无不竟睹，每有所是非，辄笔之于书，且每与真正余派戏路相比勘，某戏与余派相差若何，相埒若何，言无不尽。所以如此，既爱少春之才艺，且惜此戏路不得不陨坠耳。若少春果似是而非，于观众何有，于知音何有，于乃师乃父何有，于其本人何有，至于艺术之传与不传，盖无足道矣！①

一定程度上说，在1949年前剧评是小道，缺乏系统的行业规范，这也正如吴先生自言，“彼时的文风，一个写剧评的人对演员和剧目想批就批，想骂就骂，想捧就捧，毫无顾忌，当然也没有什么标准和原则”②。但从这篇评论中不难看出，作为一名年仅十九岁的观众兼剧评者，小如先生已对京剧各行当、流派、剧目特色有了足够深入的了解，在此基础上，吴先生以更为长远的眼光对当时只有二十二岁的李少春大演《铁公鸡》提出批评意见，在“没有

---

① 吴小如:《余派传人李少春应多演老生戏》,《吴小如戏曲随笔集补编》,天津古籍出版社,2006年10月版,第5页。原文发表于1941年10月18日《立言画刊》。

② 《吴小如戏曲随笔集补编·序》,《吴小如戏曲随笔集补编》,天津古籍出版社,2006年10月版,第1页。

什么标准和原则”的时代背景下，吴先生能摒弃个人偏好，指出“少春果似是而非，于观众何有，于知音何有，于乃师乃父何有，于其本人何有，至于艺术之传与不传，盖无足道矣”，足见不满二十周岁的吴先生完全是出于对京剧艺术的传承的忧虑及他对李少春先生艺术的器重，而在艺术思想及追求上给予少春先生批评和提醒。尽管先生自谦说写剧评的初衷是“写着玩”，但不难看出在观剧和撰文的过程中，吴先生始终奉行的认真态度。

## 二、好之者不如乐之者

1949 年后，年近而立的吴先生在教学之余才开始逐渐养成写剧评留底稿的习惯。从 1951 年至 1981 年改革开放初期，先生所撰写、发表的有关戏曲散论及剧评文章大抵收录在他于 1982 年 4 月出版的第一部戏曲论集《台下人语》。《台下人语》除收录《中国戏曲发展讲话》一篇简洁系统的中国戏曲史讲稿外，还有三十九篇戏曲散论，其中如《“改”笔随谈》《台下人语》《略论京剧艺术程式的利用、批判和继承》《技巧、程式的善用与滥用》等是戏曲演出现象的论析；《怎样看懂京剧》《戏曲的写实与写意》等是普及京剧知识的介绍性文章；如《评中国京剧团演出的〈柳荫记〉》《谈京剧〈苏三起解〉和〈三堂会审〉》《看京剧〈文姬归汉〉改编本》《关肃霜的〈铁弓缘〉》《别开生面的〈李慧娘〉》《裘盛戎的舞台艺术》等是对传统、新编剧目以及著名京剧演员的表演艺术的评论。及至 1990 年，应北京大学出版社之约，吴先生又将 1980 年后陆续发表的有关戏曲的文章汇集在一起，编为《台下人新语》《菊坛知见录》《津门乱弹录》《看戏温知录》《唱片琐谈》和《戏迷闲话》，连同此前在80年代已公开出版的《台下人语》与《京剧老生流派综说》一并汇成了《吴小如戏曲文录》。这部共计71万字的合集，几乎囊括了1951至1990年间小如先生撰写的有关戏曲的所有文章，这些长短形式不拘的文章构成了20世纪京剧的历史、流派、演员、剧目、唱片、戏院以及名票等全方位的概况鸟瞰，《吴小如戏曲文录》虽属“集腋成裘”之作，却深入浅出地从多个角度与侧面阐释了京剧艺术的深厚和广博内涵，对20世纪八九十年代成长起来的戏曲研究者及戏迷来说，这本书在普及、加深和提高京剧知识储备量等方面具有积极的意义，故而《吴小如戏曲文录》在1996年获北京大学“优秀文化著作奖”。

20世纪90年代以后，吴先生陆续撰写发表的戏曲文论，被先后收录在《吴小如戏曲随笔集补编》和《看戏一得》中，其中比较全面系统和广有影响的专题当属《鸟瞰富连成》。1998年“几乎足迹不进剧场，甚至连听戏曲录音看戏曲录像都顾不上了”①的小如先生，因扬之水(赵丽雅)女士为辽宁教育出版社“茗边老话”丛书组稿，破例根据这组丛书的要求，“篇幅一压再压”地撰写了三万余字的《鸟瞰富连成》，然实际所述及的仅是富连成社“喜”“连”“富”三科的京剧名家。此后的1999年，吴先生再次应“茗边老话”(第二辑)丛书之邀，撰写了三万余字的《盛世观光记》交由辽宁教育出版社出版。但《盛世观光记》实际述及的也仅是富社“盛”字科各行当的京剧名家，于是2002至2003年间，小如先生又应蒋锡武先生之邀，在上海将对“世”“元”两科的京剧名家

① 吴小如:《鸟瞰富连成·小引》,《鸟瞰富连成》,辽宁教育出版社,1998年9月版,第1页。

及擅演剧目的回忆和评述系统地写出，命名为《〈鸟瞰富连成〉后编》，发表在蒋锡武先生主编的《艺坛》（第三卷）[①]上。吴先生在前后五年间分三次写成的文字，汇成了《鸟瞰富连成》的全部内容。《鸟瞰富连成》是一部以观剧者身份回忆和评述富连成社科班喜、连、富、盛、世、元等六科几代京剧名家表演艺术的作品。富连成社是中国京剧史上一个重要的京剧科班，由富连成社培养出的侯喜瑞、马连良、谭富英、高盛麟、杨盛春、叶盛章、叶盛兰、孙盛文、孙盛武、李世芳、毛世来、袁世海、黄元庆、谭元寿等京剧名家，在一定程度上支撑起了20世纪京剧辉煌的半个天空。作为亲历者，吴先生自1932年起开始看富连成社的科班戏，后来又有机会向富连成社总教习萧长华先生请益，无论从观摩还是品艺方面，都积累下了丰厚的财富。小如先生以前后十万余字的篇幅勾勒出了富连成六科演员的氍毹风采，也对一些名家的表演艺术提出了自己的不同观点，进而言简意赅、臧否有度地为读者奉献了一部述论结合的富连成观剧回忆录，填补了从观剧角度系统论述富连成社不同历史时期众位京剧名家表演艺术的空白，也从亲历者观剧的视角为后人留下了研究富连成社名家乃至演出史、教育史等方面的重要文献。

在《鸟瞰富连成》之外，《吴小如戏曲随笔集补编》和《看戏一得》还集中收录了吴先生在《吴小如戏曲文录》出版后陆续发表的戏曲散论六十九篇，其中的每一篇文章，都会给读者带来丰富的知识与高远的艺术鉴赏，从而在某种意义上，引导提高着受众对

① 《艺坛》（第三卷）由上海教育出版社2004年4月出版。

京剧欣赏、品鉴乃至审美的能力，这也是小如先生在文笔与见识之外，论戏文丛的最大价值，同时也是吴先生长期拥有相当数量的读者群体乃至“粉丝”的重要原因。

从吴先生走过的近八十年的剧评道路看，他始终以“台下人”的身份和视角，审视、品鉴着不同时期的京剧剧目和演员的表演艺术，并由此发表自己一贯实事求是的真实看法。因此，出自吴先生之手的论戏文章，从无“官样”或“花架”文章的习气，而是本着“知道多少就谈多少”的原则，把自己对剧目、表演以及艺术现象的观点“真砍实凿”地写进文章。同时，又因小如先生在看戏、思考和谈戏中始终保持着“接地气”的“草根”心态，所以他的文章颇受广大读者的推崇。“知之者不如好之者，好之者不如乐之者”，也可以说，吴先生从兴趣出发，经过大量的观摩奠定了学习、评论、研究京剧的坚实基础，从而使自己最终成了一名真正意义上的戏曲研究领域中的“乐之者”。

## 三、绝知此事要躬行

在小如先生众多谈戏著作中，最具有代表性和学术价值的莫过于他的《京剧老生流派综说》，这本不足20万字的书曾被启功先生誉为“千秋之作”，对此启功先生又做了“内行不能为，学者不屑为，亦不能为”的总结，对于启功先生口中的“内行”，我们可以理解为从事京剧表演职业的演员乃至名家，所谓“内行不能为”大抵是表演艺术家笔下的文字能力有限之故；而“学者不屑为”是说学者大抵会觉得对京剧流派的研究本属“小道”，故不屑为之；“亦不能为”则是说虽属学术研究，但若无京剧研究过硬的基本功及正确的艺术鉴赏能力和美学思想,也难做好。这样,就造成了在研究京剧老生历史、表演、流派和风格的领域中,缺乏既能做学术研究又懂京剧表演艺术的研究者的现实。由此看来,何满子先生把吴先生的《京剧老生流派综说》称为"绝学",实与启功先生的论断是同义互补的两种说法。

《京剧老生流派综说》中的《说谭派》和《说言派》写于20世纪60年代,及至撰写《说余派》时,因吴先生所持"余叔岩是继程长庚、谭鑫培之后,京剧老生行当中的第三个里程碑"的观点,与当时田汉主张的周信芳是继谭鑫培之后老生艺术的里程碑(大意)的观点有冲突,遂放弃了《说余派》的写作。"文革"结束后,吴先生从1979年开始,前后用了三年的时间又陆续写成了《说余派》《说高派》《说马派》《说麒派》、《说"末"》(后改名《综说之综说》)以及《说言派补》和《说余派补》等其他篇目。最初这些文章曾陆续刊载于《学林漫录》,刘曾复先生在读了《说余派》后曾于1982年3月23日致函小如先生,其中提到"总之,有些人写的东西说的话都不能'上史',兄所选的资料都够上史的水平,不像一般掌故、轶事,可以随便说说。兄的文章确是一篇有历史价值的好文章,最好能把全部各篇收在一起正式出本书"①。之后小如先生于1986年5月在中华书局出版了《京剧老生流派综说》的单行本,因初版印数只有两千册,很快即告售罄。为此,吴先生在20世纪90年代编辑《吴小如戏曲文录》时,不得不破例将此书纳入《吴小如戏曲文录》中,但在二次加印的《吴小如戏曲文录》宣告

① 吴小如:《京剧老生流派综说》,中华书局,1986年5月版,第50页。

售罄后，仍有大批读者求《京剧老生流派综说》而不得。根据各方反映，中华书局在《京剧老生流派综说》初印十八年后的2004年6月再版五千册，因供不应求，继而又在2007年再次加印八千册，2014年8月，中华书局又加印了三千册的“精装版”，迄今，《京剧老生流派综说》的单行本印刷数已达一万八千册。如果仅从《京剧老生流派综说》一再加印就说它是“千秋之作”固然牵强，但不可否认的是，这部问世于20世纪80年代的著作，在其刊行后的近三十年间始终不断拥有读者，这从一个侧面也可以证明《京剧老生流派综说》具有不易过时的学术价值与现实意义。

小如先生出身书香门第，自幼上学，从没进过戏曲科班，又非如郝寿臣先生的公子、首都师范大学教育科学研究所郝德元教授那样的“门里出身”的特殊身份，他论及京剧老生流派的著作及文章何以能融“内行”与“学者”于一身，且笔下的研究文章竟栩栩如生，毫不晦涩呢？这依然要从吴先生的经历说起。

从20世纪40年代至1966年以前，小如先生曾先后向安寿颐、阎景平、王庾生、夏山楼主（韩慎先）、张伯驹、顾赞臣、刘曾复、王端璞、贯大元、郭仲霖等先生学戏，前后共学过六七十出京剧老生剧目的唱念，其中系统实授的剧目至少有四十出之多，这组数字已远远超出了今天优秀青年京剧老生演员乃至教师所掌握的剧目数量，而且像《天水关》这样传统意义上给老生打基础的开蒙戏，吴先生曾先后向阎景平、张伯驹、刘曾复、贯大元四位先生学过，由此，吴先生对京剧老生剧目学习的认真与踏实态度可见一斑。不仅如此，小如先生还与萧长华、姜妙香、马连良、裘盛戎、奚啸伯、李少春、叶盛兰、叶盛长、王金璐、童芷苓、钮骠等著名京剧行内人士广有往来，共同探讨艺术且友情甚笃。吴先生前后二十余年的学戏经历，可以在先生自己的著述以及京剧演唱中得到印证。2013 年，新汇集团上海音像出版有限公司出版了《吴小如京剧唱腔选》，姜骏先生在《前言》中说："先生的唱段、说戏录音和先生著述中有关'学戏心得'（回忆贯大元、夏山楼主、张伯驹等大家学戏经历部分）的内容是有机的整体，不显生硬。一方面，借助录音，可以使得通过文字的记录传达得更清晰、明确；另一方面，文字的记述，又能便于对唱腔的要领和诀窍的准确掌握。"吴先生的《吴小如京剧唱腔选》通过进一步立体、直观、形象的展示，充实并弥补了吴先生谈戏著作中运用平面文字评介、叙述若干重要唱腔的遗憾。吴先生的《吴小如京剧唱腔选》中无论清唱还是说戏录音，都十分注重演唱唱段的师承来源，所以吴先生的唱段可谓"无一字无来历"。需要正视的是，小如先生恪守的这一原则恰是今天戏曲教学中已被有意无意忽视的优良传统。吴先生以踏踏实实、不走捷径学戏的现身说法，证明和显示了经"实授"、有"死守"学来的唱段具有京剧本该具有的艺术魅力与价值，从这一点可以看出，小如先生对待艺术求实和求是的精神，值得今天从事戏曲表演和教学的专业人士深思。

作为中文教授的吴先生为什么要如此认真地学戏，难道只是为了"玩票"？显然不是，因为迄今为止，吴先生只有三次粉墨登场"票戏"的记录。① 那么，小如先生为什么要学戏，在此不妨再看一下吴先生的"现身说法"：

---

① 演出剧目依次为《大保国·探皇陵·二进宫》《捉放公堂》和《上天台》，演出时间均在 20 世纪 50 年代，参见《我演过三次戏》，《吴小如戏曲文录》，北京大学出版社，1995 年 5 月版，第 860 页。

我总的体会是，你对京戏的感觉和理解，学了跟没学就是不一样。我有个不成文的章程，觉得自己是个教书匠，教书得教古文古诗，可你自己要是不会作文言文，不会写古诗，就去教，那就是瞎白乎。所以，我也就学作文言文，学作旧体诗。我并不想成为古文家，也不想成为诗人，但是我要学，学了知道这个诗应该怎么作，这个文章应该怎么作。后来我把这个道理延伸到戏里，我也得学，学了以后指导这个戏怎么唱，这样下来，就比光坐台底下看戏稍微明白一些了。①

"学了跟没学就是不一样"，先生这句话可谓一语中的、道破天机，也正因为吴先生曾实实在在地"学了"数十出京剧老生剧目的唱念，他才成为"（学者）亦不能为"中的特例，进而在跨越并兼修"内行""学者"两个不同领域和行当研究者中成为研究京剧老生流派的不二人选。

与此同时，还可以把吴先生的《京剧老生流派综说》与《京剧唱腔选》联系起来，基于天时、地利等主客观因素，小如先生亲历了京剧史上"杨小楼、梅兰芳、余叔岩"的全盛时代，看过真正意义上的"好角儿"，又跟很多"好佬"学过戏（而非"漂学"或"假遛儿"）、取过"真经"，有过"实授"，基于此，作为"台下人"的小如先生才真正懂戏，而且对京剧老生行的历史、流派与发展了如指掌，如数家珍。我以为正是身体力行地做到了这一点，才使小如先生

① 吴小如：《在京剧大师马连良艺术百年座谈会上的讲话》，《看戏一得——吴小如戏曲随笔》，北京大学出版社，2012 年 9 月版，第 260 页。

的谈戏文章能言之有物、击中要害，游刃有余地行走于京剧老生行当的宏观与微观之间，而非隔靴搔痒地偏离本体，做着京剧老生行当之外的“边缘”研究，这也造就了小如先生笔下的文字在具有微观视角和立体形象感的同时，更具有强大的感召力，最终达到“行外人说行里话”（贯涌先生语）的水准。

《京剧老生流派综说》是否是“千秋之作”，尚有待历史的检验，但像吴先生这样通过踏踏实实地学习，总结得出实实在在成果的这条“绝知此事要躬行”的治学方法，为今天的戏曲研究者提供了多角度的启示与思考，而先生若要谈戏则必先懂戏，若要懂戏则必先学戏的指导思想，更值得今天的戏曲理论家和评论家效仿和借鉴。

## 四、信言不美　美言不信

不知从何时开始，吴先生在学术领域中博得了一个“学术警察”的称号。这大概源于多年来，吴先生始终挥动手中的笔管对一切“泡沫文化”进行纠正、批评和抨击。文如其人，但凡读过小如先生文章的读者，都会对小如先生的文风以及做人准则有所了解，如果允许笔者对吴先生的文章特点进行总结的话，无论是在中文教学的本专业，还是在戏曲研究评论，更或在其他涉猎更为广泛的领域中，先生最为突出的特点就是：讲真话。先生的文章虽非“放之四海而皆准”的仁智所见，但从不人云亦云，更不趋炎附势。“讲真话”三个字看似平凡、简单，但在现实中面对种种复杂纷繁的具体情况时，一个人能做到始终心口如一并非易事。实事求是地讲，讲真话有两个层面的制约，一个层面是言者有没有真知灼见,另一个层面则是言者敢不敢直言自己的真知灼见,而在这两个制约因素中后者是更为重要和难得的,小如先生非但具备以上讲真话的两个条件,更是始终如一出自公心(而非投机)地讲了一辈子的真话。

从20世纪40年代的《余门弟子李少春应多演老生戏》《张李评议》《论梁实秋先生谈旧剧》,到五六十年代的《"改"笔随谈》《台下人语》,再到八九十年代的《看京剧〈文姬归汉〉改编本》《汤显祖与迪斯科》《写戏曲回忆文章要严肃认真》《〈菊坛旧闻录〉订补》《振兴京剧的误区》《艺术效果不能靠"人海战术"》《台下人谈京剧编导》,进入21世纪的《"评委"应懂戏》《关于京剧〈虹霓关〉》等等,都是吴先生在不同历史时期针对时弊而阐发的议论与批评文章。例如在戏曲改革的方向及问题上,先生在《戏曲随笔集》序言中说:

> 多少年来那些甚嚣尘上的对京剧强调改革创新的议论,说什么青年人不爱看京戏,看不懂京戏,京戏必须改得合乎时尚潮流(实际上正是让京戏尽量不像京戏)才能吸引下一代观众等等,并非全部事实真相。有些很可能就是一些根本不懂京戏(乃至根本不懂我国古典传统艺术)或对古典艺术持虚无主义态度的人只图为己所用而片面夸大了这方面的现象,甚至不排斥其中还有主观臆测乃至向壁虚构的成分。这些似是而非的论调,实际上产生了多方面的误导:既误导了演艺界,更误导了文化艺术方面的某些决策人。这最后一种误导负面影响至巨,甚至连我们党的高层领导同志提出的"当前对京剧应以抢救、继承为主"的指示也未能认真得到贯

> 彻执行。如此年复一年,最终的恶果乃是使我们的传统文化艺术不仅走了一段很长的弯路(实际上目前还在向弯路上不停地走着),而且不免误入歧途,从而走向绝境。[①]

可见,本该在养拙之年轻松地"躲进小楼成一统",过着"管它冬夏与春秋"的晚年生活的小如先生依然拥有着强烈的忧患意识,一直不知倦怠地在挥动着自己手中倔强的笔管,为传统文化瑰宝在传承过程中出现的种种现象和问题进行着他所能做到的一切不同形式的呼吁——即便是在2009年7月,吴先生因突发脑梗而无法写字后,仍嘱人代为整理发表了《轶闻掌故不宜信口开河》[②]《传播戏曲文化当力求规范、准确》[③]等掷地有声的评论文章。一位年逾九旬的老人究竟怀着一颗怎样的心灵才能做到这些,想来每一个有良知和社会责任感的人心中都会有一本清楚的良心账。在此,我们不妨重读20世纪80年代一位二十岁的青年在1985年第1期《戏剧报》上读了吴先生《我的沉思》后,在写给吴先生的一封公开信中所表达的心声:

> 有些人总是强调青年人看不懂京戏,是由于京剧本身存在着致命弱点,说它的故事陈旧,节奏缓慢,距现实生活过于遥远,我认为这种看法过于武断。故事陈旧未必使青年人厌

---

① 吴小如:《吴小如戏曲随笔集》,天津古籍出版社,2005年5月版,第1页。

② 《文汇报》2010年5月18日第12版《笔会》。

③ 《中国社会科学报》2013年6月3日《争鸣》版。

烦,《三国演义》《水浒传》《红楼梦》的故事可谓旧矣,绝大多数青年惜之如宝,百读不厌。我是因看老戏才喜欢京剧的,为此,不能说京剧所表演的故事陈旧,青年人就不爱看。节奏缓慢可能是针对电影而发的,我就拿电影文学与戏曲文学来做比较。电影是画面艺术,戏曲是演唱艺术,各自形成了独特的风格和表演体系,不能因为戏曲(主要指京剧)有抒发人物思想感情的二黄、西皮唱腔就怨它节奏缓慢,称其为致命的弱点;每当我打开收音机或听京剧唱片的时候,杨宝森的《文昭关》中的【二黄慢板】,李少春的《野猪林·草料场》中的【反二黄原板】,越听越爱听,特别是言菊朋的《法门寺》中的那段【西皮慢板】【二六板】更是百听不厌,当然,其他板式也都爱听。这就说明京剧中的二黄、西皮唱腔,不仅不是它的致命弱点,而是它的优点、特点。好的唱腔,无论独唱、对唱,总是出现在人物感情或激昂或沉郁之时,爆发在剧情推移的关节眼上,且又音调优美,还有合辙押韵的诗词,这是其他姊妹艺术可望而不可即的。而现在有些青年演员为了赶上时代的快节奏把唱【二黄慢板】的地方唱成【流水板】,唱【西皮原板】的地方唱成【二六板】乃至【快板】,他们的这种革新方法是不符合京剧艺术发展规律的,新旧观众很难接受这种革新的方法。

每个剧种的欣赏价值的高低,同演员的文化艺术素养有着紧密的联系。具有较高的文化水平和丰富艺术素养的演员,他们的表演有很大的号召力。青年演员是京剧改革的主力军,成败与否取决于他们身上。所以,他们应更加严格地要求自己,拳不离手,曲不离口,学习老前辈创造的艺术成

果，提高文化水平和艺术素养，在此基础上大胆地革新、创造。……①

尽管这封公开信发表于20世纪80年代中期，但平心而论，张发栋先生在信中所谈及的内容似乎并未过时，甚至有些问题即便放在今天，依然可以找到相应的例子。吴老晚年每以自己是一名“厌恶家”自嘲，然而，事实却如高适《别董大》中的“莫愁前路无知己，天下谁人不识君”诗句一样，吴老针砭时弊的文章，不仅没有夸大其词和危言耸听，反而因此获得了读者和戏曲观众的拥戴，张发栋先生三十多年前发表在《戏剧报》上的这封公开信便是最有力的证明。

由于先生敢于讲真话，一直讲真话，有时为了原则不顾情面，一语破的、一针见血地指出问题的症结所在，往往会使有的人在情面上难以接受，甚至因此结怨。恰如吴老的学生沈玉成先生所说：“老师深知学生对京剧的理解不足半瓶子醋，当面提出忠告，这本来是关心爱护，但当时我确实有点下不了台。相知多年的师生之间尚且如此，比这更尖锐的批评施之于他人，其后果不是显而易见吗？”②加之先生“情性褊急易怒”，平日不苟言笑、不怒自威，因此长期以来，小如先生在一部分人的心目中始终都是一位“脾气大”“不受欢迎”且难以接近的孤独学者。毋庸讳言，小如先生的确因自己始终奉行讲真话原则而在晚年承受了太多本不

① 张发栋：《一个青年观众对京剧的希望——给吴小如先生的公开信》，《戏剧报》1985年第9期。

② 沈玉成：《我所了解的吴小如先生》，《红专》，1988年第3期。

该属于他的孤独与寂寞，为此，晚年的吴先生也一度用“一生坎坷，晚景凄凉”八个字来总结自己的人生。然而，《道德经》有言“信言不美，美言不信”，也许正是那些吴先生口中的真话及转化为笔下多为“不美”的文字，才使他论戏的著作和谈戏的文章在过去和现在成为“信言”并因此流传，并与有些虽昙花一现却最终随风而去的“风派学者”的文章甚至著作形成了鲜明的对比。吴老每每饱含真情实感的表达恰是他为人正直、受人尊敬的原因，与其说这是吴老在戏曲研究中可贵的治学态度，不如说这是吴老的人格魅力所在。

“书生本色皓髯犹，况信今当死作休。何见董狐封直笔，是非留与后人愁。”这是笔者在2007年戏作的一首题为《读〈吴小如戏曲随笔集补编〉寄小如先生》的绝句。我始终认为，小如先生是今天站在捍卫祖国传统文化前沿上，已然为数不多的一位不迁就、不折中、不妥协的斗士，每每想到此，我不由得一次次地从心底对这位鲐背老人肃然起敬。“授人以鱼，不如授之以渔”，授人以鱼只救一时之急，授人以渔则可解一生之需。如果把吴老在戏曲研究领域的著述视为他留给戏曲研究领域的“鱼”，那么，他在从事戏曲研究过程中所持的治学方法与治学态度，更值得今天的戏曲理论工作者认真学习和深入研究，并从中得到借鉴和启迪。我以为，这才是吴小如先生在戏曲研究领域中留给后学屡试不爽并受用终生的“渔”。

# 寂寥千载后　一例鼎彝看

## ——《吴小如京剧唱腔选》的艺术价值与版本价值

刘新阳

经上海东方传媒集团有限公司麒麟文化中心《绝版赏析》栏目策划、新汇集团上海音像有限公司出版的《吴小如京剧唱腔选(清唱、说戏)》,终于在吴小如先生九十华诞之际发行问世,这无论对鲐背之年的吴老,还是对京剧爱好者、研究者来说,无疑都是一件幸事。

提起融古典文学、书法和京剧研究于一身,堪称“一身三绝”的吴小如先生,想来京剧研究者和读者不会陌生。仅就京剧研究一项,小如先生便有《台下人语》《京剧老生流派综说》《吴小如戏曲文录》《鸟瞰富连成》《盛世观光记》《吴小如戏曲随笔集》及《续集》《补编》和《看戏一得》等多部单行本著作出版,累计不重复部分的文字已逾百万,其中《吴小如戏曲文录》《京剧老生流派综说》等均先后再版,即便是吴先生自谦“炒冷饭”的《吴小如戏曲随笔集》和《续集》也已售罄,据此不难看出在专业、业余的研究队伍中,吴先生论戏的著作和文章拥有着深入和广泛的读者并广为流传。

以大学中文教授为第一职业的小如先生，谈戏的著作何以会在戏曲研究（尤其是京剧）领域有如此的影响，原因自然来自多个方面，对此笔者无法全面总结，但最重要的因素，我以为莫过于以下三点原因。首先，小如先生把对京剧艺术的欣赏和研究作为自己最主要的兴趣爱好。子曰，“知之者不如好之者，好之者不如乐之者”，可以说，吴先生是一位从兴趣出发，经观摩、学习、研究、评论京剧而一路走来的“乐之者”。其次，吴先生笔下的文章始终奉行讲真话的原则，从不人云亦云，更不趋炎附势，虽有并非“放之四海而皆准”的仁智所见，但先生的文章绝无知无不言和“藏着、掖着”的含蓄。再次，基于天时、地利等主客观因素，鲐背之年的小如先生亲历了京剧史上“杨、梅、余”的全盛时代，看过真正意义上的“好角儿”，跟“好佬”学过戏、取过“真经”，真正懂戏。若要谈戏则必先懂戏，若要懂戏则必先学戏，这是先生始终奉行的原则，正是身体力行地做到了这一点，小如先生的谈戏文章才能言之有物、击中要害，可谓“下笔如有神”，而非隔靴搔痒地偏离本体，做着京剧“打外围”的“边缘”研究，这也造就了小如先生笔下的文字在具有微观视角和立体形象感的同时，更具有强大的感召力，最终达到“行外人说行里话”（贯涌先生语）的水准。诚如姜骏先生在《吴小如京剧唱腔选》的《前言》中所说：“先生的唱段、说戏录音和先生著述中有关‘学戏心得’（回忆贯大元、夏山楼主、张伯驹等大家学戏经历部分）的内容是有机的整体，不显生硬。一方面，借助录音，可以使得通过文字记录的信息传达得更清晰、明确；另一方面，文字的记述，又便于对唱腔的要领和诀窍的准确掌握。”这次出版的《吴小如京剧唱腔选》，恰恰通过进一步立体直观形象的展示，充实并弥补了吴先生谈戏著作中运用平面文字评介、叙述若干重要唱腔的遗憾。

在《吴小如京剧唱腔选》中，无论清唱还是说戏录音，吴先生均十分注重演唱唱段的师承关系，所以吴先生的唱段可谓“无一字无来历”。我以为，小如先生恪守的这一原则恰是今天戏曲教学中已被渐渐忽视的优良传统，吴先生以踏踏实实、不走捷径学戏的现身说法，证明和显示了经“实授”、有“死守”（而非“假遛儿”“漂学”）学来的唱段具有京剧本该具有的艺术魅力与价值，仅凭这一点，小如先生对待艺术求实和求是的精神，就值得今天从事戏曲表演和教学的专业人士好好学习，而吴先生若要谈戏则必先懂戏，若要懂戏则必先学戏的指导思想，更值得今天的戏曲理论家、评论家效仿和借鉴。

《吴小如京剧唱腔选》封面

小如先生的唱功，似乎不应是我这个后生晚辈可以品头论足的，但常听行内前辈说“外行看热闹，内行看门道”，唱戏、听戏不能全凭嗓子好、调门高、气力足来一分高下，我理解“内行”所说的“门道”，是指歌者对京剧四声、咬字、行腔、归韵、三级韵的把握以及对书文戏理的理解体会与形象表现等，是否入品和上乘。在此不妨试举一例。在《吴小如京剧唱腔选》的清唱中，小如先生受业于夏山楼主（韩慎先）的《当锏卖马》，有别于韩慎老在新中国成立前灌制唱片有意“留一手”的唱法，不仅直接反映出了陈彦衡传老谭的风貌，更重要的是，吴先生并没有把《卖马》唱得多么俏丽，而是唱出了此剧中秦琼英雄落魄的心境与情绪，这是否是夏山楼主当年给小如先生说戏时的要求，笔者不得而知，但听小如先生《卖马》的唱腔，我感受到了这种心境和感情的传递。诚然，唱词和板式是固定不变的，但在处理相同的板式与唱腔时不能千篇一律，把所有的板式唱成“一道汤”，即如《卖马》“店主东”的【西皮三眼】，在润腔技巧和情绪把握乃至“动心化形”的体验上，不可能等同于同为【西皮三眼】的《空城计》“我本是卧龙岗散淡的人”和《捉放曹》“听他言吓得我心惊胆怕”——相同者只是调式和板式，而赋予唱段灵魂及感染力的却是剧中人物不同的身份和心情，以及由此转化为外部技巧的艺术处理。一位并非戏曲科班出身的京剧研究者，能如此准确地把握并呈现出京剧人物的灵魂，小如先生于京剧老生唱工的体会、研究以及把握，想来已无须笔者再来饶舌了。

《吴小如京剧唱腔选》除具有以上的艺术欣赏价值，更重要的版本价值还在于小如先生通过自己的清唱和说戏录音，保留下了王庚生、夏山楼主、安寿颐、吴佩蘅、王端璞、阎景平、贯大元、张伯驹、刘曾复等前辈在谭、余两派不同剧目中的唱词、唱腔和唱法，从而既作为配合谈戏著作中举例的有声示范，又留下了可考与可靠的音响资料留备后世参考。例如，与言菊朋先生在 1930 年录制的“长城版”《镇潭州》唱片相比，小如先生得自王庾生前辈的同一段【二黄原板】，显示出二者在唱词和唱腔上的不同，尤其是“战不过杨再兴脸带含羞”一句中“羞”的转腔以及落在眼上唱腔的特殊处理充分地显示出老谭派的风范（言菊朋这句腔落在板上），倘以吴先生的录音与罗亮生先生 1925 年“高亭版”唱片相比，罗、吴二位的唱法可谓如出一辙——唯小如先生的演唱把罗亮生先生因灌片时限删去的唱词补充完整。说到这里不妨引申多说几句，所谓【二黄】“板起板落”和【西皮】“眼起板落”的原则，实则是后来京剧音乐规范总结出来的规律，而并非是自有京剧以来就一成不变的规矩，倘以此作为衡量【二黄】【西皮】的绝对法则，则未免数典忘祖，如贯大元先生《困曹府》中“用金钩钩出了红日轮光”以及此剧后面“由求辙”【二黄碰板】中“请台坐听玄郎细说从头”均是【二黄】“眼起”的例证，又如余叔岩、杨宝森等《托兆碰碑》【回龙】“盼娇儿不由人珠泪双流，我的儿呀”“为什么此一去不见回头”以及《断臂说书》“到如今食君禄未报宋王”等唱腔也都是【二黄】落在“眼”上并沿用至今的范例。再如，姜妙香先生所传朱素云《白门楼》“约定了虎牢关大摆战场”以及《探母》“我好比南来雁失群飞散”的【西皮】唱腔也是落在“中眼”上的。因此，拿小如先生《镇潭州》“清晨起会一阵龙争虎斗”一段【二黄】唱腔来说，其价值更在于它是王庾生所传《镇潭州》老谭唱法的完整体现。

在小如先生学戏过程中，安寿颐先生曾教授过吴先生很多剧目的唱法，其中最具代表性的是《甘露寺》中刘备的【西皮】唱段。记得在1998年暑期，在杨怡超先生的带领下，我第二次到中关园吴先生的莎斋拜访，其间小如先生曾向我介绍过安老《甘露寺》中"大佛殿"刘备的唱法（同时还有《蟠桃会》吕祖的【西皮】唱腔），至今记忆犹新。这段唱词的价值莫过于通过文人对京剧文本的润色，使唱词文辞、语法更为通顺的同时，塑造出了剧中人物刘备的鲜活形象。为说明问题，谨将吴先生所传安老唱词誊录如下：

太后请坐大佛殿，细听儿臣表家园。
祖高爷斩蛇兴炎汉，弟兄们结义在桃园。
二弟人称关美髯，封金挂印辞曹瞒。
刀劈秦琪黄河岸，范阳翼德居为三。①
赵子龙浑身都是胆，长坂坡前救主还。
三请先生诸葛亮，神机妙算非等闲。
儿臣本是宗亲后，现有历代宗谱传。

从这段看似大同小异的《甘露寺》唱词中不难发现，在向吴国太介绍家庭出身的叙述过程中，刘备有意含糊、规避了自己已有妻孥的事实。② 推敲书文戏理，倘吴国太没有相中刘备做女婿，刘备很清楚自己难逃"人为刀俎，我为鱼肉"的厄运，为了使自己不

① 安寿颐先生授本中，介绍张飞的两句唱词可省去不唱，若唱可循旧本作"虎牢关前威风显，大吼一声吓曹瞒"。

② 《甘露寺》通行本中常唱作"结拜二弟关美髯，保定皇嫂过五关"，"赵子龙浑身都是胆，长坂坡前救儿男"。

死在孙权和周瑜的手里，刘备一方面与吴国太“套瓷”，以准女婿身份自居，口称“儿臣”，一方面又极力掩饰自己已有家室以免遭吴国太反感，这样做的唯一目的就是要努力促成孙刘联姻，而使自己不至命丧孙权、周瑜之手。以此分析为契机，再看后面刘备闻报甘露寺中有埋伏时失魂落魄唱出的“听说一声有奸细，吓得刘备魂魄飞。甘露寺内刀兵起，太后哇！不杀儿臣杀的谁？”，便不难体会出刘备在“相亲”中言辞扑朔迷离的情由，由此也把刘备在本剧中的性格以及内心活动展现得淋漓尽致。京剧是一门颇为“讲究”的艺术，可是在文本上的“将就”之处却随处可见，但若经“懂戏”的文人在“贵显浅”的指导原则下进行巧妙并不伤筋骨的微调（而非大刀阔斧地推倒重建），便可立化腐朽为神奇，人物的性格也会随之活灵活现、惟妙惟肖起来，像安寿颐先生所传《甘露寺》刘备的唱段，便是一个事实胜于雄辩的例子。

贯大元先生一生虽仅“挎刀”挂二牌，却得“许荫棠之堂皇、李鑫甫之工力、贾洪林之做派兼而有之”（徐慕云语），艺术水准并不在有的“挑班”老生之下。贯先生的艺术横平竖直、中规中矩，看似缺少华丽的外表，实则精到细腻、洗尽铅华，具有极高的艺术品位。晚年的贯先生任教于中国戏曲学校，孙岳、王荣增、李鸣岩、杨韵清、金桐、李春城、陈增堃、耿其昌等京剧名家均受业于贯老。小如先生曾向晚年的贯老学习剧目前后达十四出，彼此结下深厚的情谊，吴先生对贯老也怀有很深的感情。同时，贯先生也有很多独门剧目为内外行称道，如《甘露寺》中乔玄的“劝千岁”唱段即是一例。经马连良先生精心设计的“劝千岁”一段唱腔，至今同“苏三离了洪洞县”“海岛冰轮初转腾”一样，已成为人们心中京剧的代表性唱段，但在马派此剧风靡之前，贾洪林一路的此剧唱段究竟是怎样，我们大抵只能从贯先生灌于 1928 年的“胜利版”唱片中探寻风貌。然而，在灌片时贯老因该唱段过短，有意改“细听老臣说从头，刘备本是靖王后”两句【流水】为【原板】，实际唱法却并非如此。为此小如先生曾撰文专门介绍，却总嫌不够直观，此次吴先生把贯老传授“台上”的乔玄唱段通过说戏录音公之于众，更有利于专业和业余的演员与研究者研究《甘露寺》中乔玄“劝千岁”一段唱腔的原始风貌及该唱段自贯洪林到马连良艺术加工和流变的脉络。又如，《南阳关》是贯老极为珍视的一出戏，贯老在把此剧唱法传授给小如先生后曾感叹，“我在台上最爱唱这出《南阳关》，连叔岩也认为还下得去，现在总算给您‘说’了，我觉得没什么可遗憾的了。……您总算是我晚年遇到的一个知音。趁我有一口气在，您想学什么，只要我会，您就赶紧拿过去”(见吴小如《我从贯大元先生问业始末》)。《吴小如京剧唱腔选》中小如先生学自贯老《南阳关》的说戏录音，唱腔的细腻与精致、雄浑与悲凉，给笔者留下了极为深刻的印象，绝非大路唱法可比，足见贯老所传《南阳关》一剧的唱法非同一般，堪称“非谭非余，亦谭亦余”的精品和上乘之作。这也是贯老艺术精湛、教学严谨的例证。

不幸于 2012 年 6 月仙逝的刘曾复先生(字俊知)是当今伶、票两界传谭、余之大家，如陈大濩、奚啸伯、张文涓、汪正华、厉慧兰、梅葆玥、孙岳、陈志清、耿其昌、赵世璞、张世英、王珮瑜以及票界的杨洁、王文芳等皆受教、得益于刘老。在小如先生学自刘老的剧目唱段中，有段《蟠桃会》中吕祖【西皮原板】的唱段，词曲颇为讲究，谨将唱词抄录如下：

忆昔当年赴科场，科场中提笔做文章。
文章幸喜龙颜赏，赏赐我进士伴君王。
陪王伴君心不想，一心只想上天堂，
天堂远在瑶池上，瑶池以上福寿绵长。

记得小如先生在1998年向笔者介绍这段唱腔时，曾强调此段为京剧唱词中少见的“顶针续麻”式词句，即唱段中每句唱词的尾字（词）为下一句唱词中的首字（词），颇有首尾接龙的意味，伴之大道至简、朴实无华的唱腔，不失为京剧文本、唱词中一个少见的特例，惜笔者未向小如与俊知先生当面请教过这段唱词是否经过文人加工处理，也没能找到京剧《蟠桃会》的剧本加以对比和求证，但这段唱在浅显易懂的基础上透着品鉴和把玩的逸趣。此外，《吴小如京剧唱腔选》中尚有吴佩蘅、王端璞、阎景平、张伯驹等前辈教授小如先生的清唱、说戏唱段，众位前辈的传唱均既通大路又有过人之处，限于篇幅无法一一述及，只能留待读者在小如先生的《吴小如京剧唱腔选》中去细细地咀嚼和回味了。

浊世听歌易，清时顾曲难。
名家纷绝响，旧梦碎无端。
识小情何益，钩沉迹已残。
寂寥千载后，一例鼎彝看。

这是小如先生写于20世纪60年代的一首名为《学戏》的五言律诗，也是在吴先生诗作中笔者颇为中意的一首，在这首五律的字里行间，我读出了吴先生对自己钟爱的祖国传统艺术在传承中的感叹与无奈。2009 年 5 月,笔者在莎斋有幸请吴老当面将这首诗抄录一通,不料两个月后,先生竟突发脑梗,再不能挥动手中那支倔强而不知倦怠的笔管,为传统文化瑰宝在传承过程中出现的问题进行他所能做到的一切不同形式的呼吁……如今再听《吴小如京剧唱腔选》,又使我无限感慨地联想到了先生的这首诗。《吴小如京剧唱腔选》中收录的清唱和说戏录音,无论是目前还在京剧舞台上演出的常演剧目,还是已成为广陵绝散的失传唱段,其传播的意义和价值正在于先生采取有声的记录方式,使自己的所学在"寂寥千载后",作为"一例鼎彝看"的摹本与参照——或许"千载后"的"一例"仅是在坊间、"诸野"抑或"草根"中流传,但这"识小"的"一例"记录并成就了京剧老生艺术谭、余两派旧日辉煌的一个掠影,为与古为徒的后辈学习京剧、借鉴版本提供了重要的参考依据,故拙文借小如先生这首五律的尾联为题,想小如先生当不会怪我。

由衷感谢柴俊为、姜骏等先生在吴老不能提笔写字的残病之年,还能耗费精力与财力为小如先生奔走编辑出版《吴小如京剧唱腔选》,而这部唱腔选也必将随着时间的推移而愈发地显示出其在京剧、流派、版本和文化等诸多层面的价值与意义。衷心祝愿小如先生身体健康、长寿平安,并一如既往、一以贯之地为祖国传统文化的保护与传承做出不可替代的贡献。

# 出人意料的吴小如先生

刘绪源

前一阵事忙，有一个来月没去单位。这天去了，在桌上翻书信杂志，忽见一个大信封，落款处写着吴小如的名字，不由一惊一喜。赶紧拆开，竟是一本新著：《莎斋诗剩》，作家出版社 2014 年 2 月版，内收小如先生自 1939 年至 2009 年间所写旧体诗二百多首。这真正出人意料！在我主持副刊编务那几年，与小如先生的交往相当频繁，他是《笔会》的重要作者，除书信不断，我还时有电话请教、组稿或问安。后来他因脑梗卧床，又多次住院，联系就少下来了。到今年，小如先生已实足九十三岁，没想到还有如此精美的新书出版，我真为他高兴。回家后，想着要认认真真写一封信，既表示祝贺，也问一问他的身体近况。不料信还没发出，就听到了他去世的消息。

细想与小如先生交往，至少已有二十多年。奇怪的是，无数往事都像发生在昨天，而且，好多事情里都有意外的成分。

第一次看到并记住"吴小如"这名字，还是在"文革"中。那时借到一本破旧的书:《巴尔扎克传》,作者署司蒂芬·支魏格,译者是高名凯、吴小如。我已经读过很多巴尔扎克的小说,也已知道了茨威格的名字,所以读此书时如获至宝。到 20 世纪 80 年代初,买到一本薄薄的《古典小说漫稿》,作者是吴小如。这就出乎意料:此人又搞翻译,又研究中国文学,这不是学贯中西吗?随即又在我工作的广播电台的资料室看到了他的《京剧老生流派综说》,这是非常专业的书,令我惊诧不已,立刻借回家,半懂不懂地读完了。此后在《文汇月刊》《读书》杂志上不断读到他的文章,知道了他是北大教授,是俞平伯的学生,对于他学问的广杂沉厚,有了进一步的认识。后来我也调到《文汇月刊》了,知道编辑部里的人都很敬重这位作者,主编梅朵记不起他的名字时,会脱口道:"就是那个教授,那个北大的名人……"

我直接处理小如先生的稿子,是 1990 年初的事。20 世纪 80 年代末,《文汇月刊》亟须组一批新稿,我提出请施蛰存、黄裳、陈从周、夏仲翼、余秋雨等写谈书谈戏谈艺的文章,并立即向汪曾祺先生写了急信。汪先生十分仗义,没几天就写来一篇八千字的《马·谭·张·裘·赵——漫谈他们的演唱艺术》,使新辟的《谈艺录》专栏得以在 1990 年 1 月号开张。此文写了汪自 1961 年进北京京剧团后,耳闻目睹的马连良、谭富英、张君秋、裘盛戎、赵燕侠五大名角的唱功和故事,写得精彩纷呈。汪先生已是名满天下的小说家,他之撰文谈艺,让人眼界大开。但他在信中说,这次真是拼了老命,连夜写稿,血压也高了,让我一定下不为例。我当然唯唯诺诺,感恩不尽。意外的是,文章发表未久,正听得一片称赞时,小如先生写来一稿,指出了汪文的疏漏。吴文是书信体,题为《谈马补微——致汪曾祺》,所说的都是具体的戏目和演出上的问题,但一一举出了可靠的事实依据。吴文写法颇学究气,与当时以小说、报告文学、杂文为主打的刊物风格有点不合;但这种事事较真,在旁人不注意的细微处冷静探讨的态度,又透出一种学术的趣味,让我记起了《京剧老生流派综说》,暗暗有一种欢喜。可专栏刚开张,又怕对不起汪先生,我心中不免踌躇。为此还请教过黄裳先生,不料黄老一听就起劲,立刻说:“这好啊,这要登,这有人爱看!”我说了我的顾虑,黄老道:“没关系,汪曾祺不会在意。要谈京剧,当然是吴小如内行;汪曾祺,那是新文学家客串。”也许编辑部同人也有相似顾虑,吴文延至5月号才刊出。记得文中有一处说到《空城计》中诸葛亮下场时向额头抹汗的动作,小如先生认为此种“洒狗血”动作,马、谭、杨(宝森)、孟(小冬)、李(少春)都没有,谭鑫培与余叔岩也不会有。我怕“洒狗血”三字伤着汪先生,便擅自删去了。当时排校还很粗糙,印出的刊物上还有两处缺字。小如先生虽事事顶真,但他自己编过报纸,知道编辑的难处,所以一句话也没说。

我调到《文汇读书周报》后,1996年上京组稿,第一次见到了小如先生。此前我在《文学评论》发表了论俞平伯创作道路的长文,拙著《解读周作人》也已出版,很想借机当面请教,潜意识里可能还想听几句好话。不料,见面寒暄几句,小如先生便单刀直入,很严肃地指着我说:“你说俞先生散文是晚明那一路,我觉得不对。过去我也是这样认识,俞先生不以为然。后来才明白,他师承的是六朝。”他对我稍稍分析了几句,随后便自责,说那时不知道我在写这文章,要是知道了一定会跟我说。对他的观点(后来知道北大的陈平原等也持此观点),我经仔细研究后,至今也未完全认同。可是小如先生的直率(这令人想到同学之间的直言),让我这个隔代的后辈心里一热，大受感动。这次见面很匆促，因吴师母长期生病，正在里间躺着。但他抓紧时间，说了好些我感兴趣的事。除了编报编刊的经验与建议、设想，他还说起知堂，说20世纪50年代初为俞平伯送一封信，曾到八道湾知堂家。知堂老人和他交谈了一会儿，其中有一句印象最深，是告别时的轻声叮嘱……我问起俞平伯讲课是否过分散漫，小如先生尊师，不愿谈俞的不足或不是。唯一的一次，是后来俞去世前，说了“高鹗续《红楼梦》有功，胡适、俞平伯腰斩《红楼梦》有罪”，我不知如何理解这话，当面问过小如先生。他摆摆手，悄声道：“老人临去世的话，不足信。”这也很让我意外。那天他转移话头，说起顾随先生：“顾先生讲课，那才叫散漫呢，一会儿说自己生病，一会儿说昨天腰疼，真是言不及义。一堂课眼看过去了，那天要讲的是辛弃疾。到了最后，才说起稼轩的豪放派，那是——以健笔写柔情。就一句话，够了，一堂课就这一句，你的收获就不小了！”这让我听得入迷，虽不想走又不得不告辞。以后和小如先生交往大多如此，既充满意外，又大获教益。

小如先生给《文汇读书周报》和《文汇报》写了大量稿子，写给《笔会》的尤其多，在他脑梗卧床前，几乎所有文章都是投《笔会》的。道德文章俱在，本文不再赘言。不得不说的是20世纪90年代后期的一件事。当时小如先生常撰文批评他人下笔出错，有些话说得颇不留情面。那一次，是陈四益先生写来一文，指出小如先生谈《四库全书》时有一处硬伤。文章发表后，好多人等着看这位“学术警察”怎么应对，我也担心小如先生会有难堪。出人意料的是，不几天，我就收到小如先生来信，是一封供公开发表的信，对陈文表示感谢，坦然承认自己做学问不细，虽入行有年，需补的课仍不少，希望有更多同道今后监督帮助。我读后慨叹不已。陈四益先生到编辑部来时，也对此深表感叹，说事出意外，本以为老人家会寻理强辩，不料如此干脆，前辈颇不可及。等着看出洋相的人这下都不响了。此后，小如先生纠谬文章照写，口气照样尖锐。人们从他的文字中，看到了一位昂昂然不妥协的形象，既不对他人错误妥协，也不对自己妥协。在学界风气大变的今日，这虽有踽踽独行的苍凉感，却自有其高大伟岸，令人过目不忘的一面。

纵观小如先生一生，就是一个勤勉学人的一生。他是尽心尽责的教师，信奉张中行先生所说的“教师教”，对自己的学生和世上万千作者读者，他都不忘教师天职，不能容一丝错谬在人间。于是他也一生不快，世途坎坷。但同时，他又是个充满情趣的艺术家，爱诗，爱戏，爱书法，爱学问。他的文章有自己的性情，虽有时火气略旺，却多有干货且耐人寻味。他晚年出了好多书，虽少有厚重专著，却也充分体现了他的多才多艺和学问功底。只因经历了过多的“运动”而又专注于教书诲人，以他的才学，本来还应有更大的学术贡献。他自己晚年也有过暗自的懊恼。

从性格上说，小如先生是正直到固执的程度，认真到顶真的程度，坦率到常专注于你的得意处挑毛病、谈见解。我想，这就是他一下笔、一开口，常常出人意料的原因所在。他确有独到见解，所谈也别有深度，所以，有这种挑刺式的对谈，其实是一种幸福。可惜这幸福早已不常有了。

我不知道今后世上还会不会出这样的学人。

（作者单位：文汇报社）

# 随笔之妙

刘绪源

今年暮春时节，正当我津津有味地拜读吴小如先生新著《霞绮随笔》时，听到了一位编副刊的朋友的感叹。她曾请几位年轻学人写文章，写来一看，却脱不了论文的痕迹；于是她大有体会地说，论文其实也有局限，它必须紧扣论题，结构就显得板，也难以放更多的东西进去。

我想这是说到要害的。副刊最适宜的还是萧萧散散而又言之有物的随笔，所谓“形散神不散”的那种。我前几年写过几篇谈随笔的批评文字，对于误把随笔等同于漫无边际东拉西扯的文体（那时经常有人称此为“大散文”）做了一点不太客气的剖析，文中还有一句遭人诟病的话：“古今中外，真能掌握好这一文体者，屈指可数。”时至今日，我依然认为是屈指可数。当代的许多随笔作者（我不知自己能否跻身于这些作者内），其实还只是在学习的路上奔走罢了。

随笔的优越之处，从这本《霞绮随笔》中也能看出来。此书的

《霞绮随笔》书影

第一篇《呼唤“中国骈文史”》，就其分量来说，是足够写成万字长论文的，但作者只用了两千多字的篇幅，以一种散淡随意的笔墨，像聊天那么说下来，意思全在里边了。文章从半个多世纪前商务印书馆出过的一本刘麟生著《中国骈文史》谈起，此书是文言小册子，既不新颖也不完善，因而引出了诸多感想。作者对五四时期人们攘臂痛斥“桐城谬种，选学妖孽”做了反思，认为骈体文由此变成了反面的、消极的、只能受批判的文学品种，这是不公平的。随后说到骈文的核心部分是从《诗经》《楚辞》中发展而来的；《昭明文选》因成书早，未及收六朝以来集骈文大成的庾信、徐陵的文章，清人李兆洛的《骈体文抄》可略补《文选》之不足。文中穿插了一些往事，如作者在北大历史系任课时，曾准备开一门“唐宋历史文献选读”，邓广铭先生认为宋人的骈体文写得极好，当时就提出应多选王安石和苏轼的“四六文”。确实,如写成一篇正规的论文,像这样的掌故当然就进不去。文章又称,有清一代是古典文学“回光返照”时代,不仅诗、词和散体文(以“桐城派”为代表)有了新成就和新面貌,骈体文也一度“中兴”,当时的经学史家和古文作家,很少有不会写骈文的,汪中、洪亮吉、吴锡麒、袁枚,直至晚清的李慈铭、张之洞、樊增祥等,都是骈文高手。文末提到,其实骈文对唐宋以来的散文产生过很大影响,“唐宋八大家”中的不少好文章都体现了“破骈入散”或“散中寓骈”的特色;清代以恽敬、张惠言为代表的“阳湖派”也因吸收了骈文的特点而使文风趋于清新明朗。我想,关于骈文与诗歌散文之间的影响关系,确是一个有意味的题目,今后关注的人是会越来越多的吧。一篇娓娓而谈的短文,内容如此丰富,这就足见随笔形式之妙了。书中的第二篇《呼唤一部理想的“近代文学史”》,也有相似之妙。

当然,我最爱读的,还是作者那些忆往思旧的篇什,其中谈及的多为我们感兴趣的文化人,如俞平伯、沈从文、寿古工、杨向奎、王瑶、金克木及作者的父亲吴玉如等;而有些笔墨,隽永风趣,颇耐咀嚼,读时忍俊不禁,掩卷后怀想联翩,很有几分读《世说新语》的感觉。特抄录有关史学家谢国桢(刚主)的两节如下:

> ……谢老调到北京,在历史所工作,偶然亦在城里见面。记得有一次在绒线胡同四川饭店门口与谢老相遇,他问我:“在天津搞戏曲的是令兄还是令弟?”我答:“是舍弟。”过了一两天,我们又在一个座谈会上相逢,他高兴地说:“巧极了,前天我在路上见到令兄了!”我答:“舍弟仍在天津,你先后两次遇到的都是我!”相与拊掌大笑。

十年浩劫后,谢老曾独自布衣布履,到一家餐厅吃饭。由于店大欺客,服务员十分不礼貌。谢老要吃海参,服务员竟怕谢老付不起账。谢老乃大声说:“我要吃鱼翅!”事后谢老撰一文在《人民日报》发表,专谈此事,署名“刚主”。这与吴晓铃先生陪外宾吃烤鸭,因受冷遇而亮出“红牌”,真是无独有偶。

行文至此,顺便说件小事。自我前年初冬回《文汇报》创办《新书摘》后,原来联系较多的前辈宿儒一直对我关怀有加,小如先生即其中之一。在这本随笔中,有好几篇涉及《文汇报·新书摘》,可见他对这一栏目的关注。在《杨向奎先生的三册遗著》里,他提到,从“新书摘”知道《顾颉刚和他的弟子们》,书中写到当年(约1952年)童书业、杨向奎的批判文章,使乃师深感遭受“无情之打击”;而到1954年,顾颉刚在日记中已表示了对弟子们的宽容和理解。令小如先生稍觉遗憾的是未读原书,“不知书中所叙顾、杨二老关系如何”。为此,我专门又翻了一下《顾颉刚和他的弟子们》,一个很奇怪的现象是,后来,顾颉刚与当初批判更烈的童书业之间较为融洽;与杨向奎虽同处一单位(中科院历史所),但二十多年间,两人“精神距离、心理距离却很远”。也就是说,一直到顾去世,他们的师生感情始终未能恢复。这是历史造成的缺憾,对此,我们唯有叹息而已了。

写于2002年仲夏

# 灼灼其貌　炯炯其神

## ——谈吴小如书法

罗文华

吴小如教授是我国当代著名的中国古典文学研究专家、戏曲评论家、作家和教育家，在书法艺术上也有很深的造诣。虽然他从来不以书法家自居，但他的字长期为书法界所推重，被视作文人字或学人字的代表。

吴小如最擅真书，尤以小楷为佳。吴小如的父亲是中国现代书法大师吴玉如，他虽未正式跟父亲学过写字，而且临帖从不临父亲手迹，但是耳濡目染的影响并不算小。有吴玉如这样一位在书艺之路上披荆斩棘而成绩显赫的父亲，吴小如学书自然易得真谛，直入门径，然而他的个性又决定他不能亦步亦趋，他要尽力写出自己的风格来。因此，吴小如书法是在“批判地继承”吴玉如书法之后而有所发展与创造。举个例子，吴玉如教导学生大字要作小字写，小字要作大字写，其本意指写大字结体要紧凑严密，写小字布局要舒展疏朗；吴小如经多年实践，对这句话的内涵有了更为独到的体会，即：写大字要一笔不苟，写小字要一气呵成。在吴小如书法近作《南风无愠写潜忧》和《韩孟襟期孰与京》中，可以看出吴玉如代表作《临乐毅论》和《小楷千字文》的影子，更可以看出吴小如对法书取舍变化的功夫。他的字在古雅端丽之外多了一分圆转飘逸，观之神采奕奕，令人襟豁情驰。

吴小如七十年临池不辍，遍览所能寓目的历代碑帖，其中对北魏《元略志》和隋代《龙藏寺碑》最有心得。《元略志》常为书法界所忽视，而吴小如则以它为金针，因为它化二王行草之法入楷则，用笔与二王息息相通，具有承上启下的特殊价值。《龙藏寺碑》结体宽博，运笔细挺，为初唐书法渊源之所在，而吴小如爱其正平冲和与婉丽遒媚，反复研读，悉心揣摩，从中汲取了大量的精华。因此，欣赏吴小如书作，初看似吴玉如之貌，再看则有《元略志》和《龙藏寺碑》之神，反复品味方觉其醇厚，有“掬水月在手，弄花香满衣”的意境。

从欣赏者的角度看，吴小如小楷实有明人的风神。其结字活泼别致、寓动于静，字内疏朗、阔绰有余，俨然大字规模，通篇气势贯通、气息古雅，这些都是吸收了祝允明的长处；其笔画清劲秀美、流畅圆熟，这是学习了文徵明的优点。吴小如以自己的智慧写出了明人的高古之风。对于现代人来说，“高古”其实是一种品位，若能达到这种品位，不是复古，而是创新。

吴小如是一位富有灵性和才气的学者，又受过严格的书法训练，因而他能够恰如其分地将学识与技巧融合在一起，把字写得风流儒雅、意趣天成。这正应了吴玉如的话：“见得多，临得多，萃古人之精华，省自家之病痛，积久不懈，神而明之，一臻化境，便超凡入圣，无往不妙到毫颠矣。”

（作者单位：天津日报社）

# 吴小如谈“创新”

罗继祖

北京大学吴小如教授,我和他不相识,但他的文章,我常读到,甚为钦企。他的尊人玉如先生(家琭)是沽上有名的书法家。教授仰承先绪,也以能书闻名,但他谦冲,从不肯厕身书坛以自炫。早岁专心学习京剧,从名师游,深入堂奥,与前吉林省博物馆副馆长张伯驹先生为通家世好。伯驹先生在长春时,我有幸参于朋游之末,深知伯老为词坛名宿,又为著名的文物鉴赏家,且工顾曲,其《红毹纪梦诗注》中多误笔,教授为之一一纠举,刊入《学林漫录》第九集。

我近读《新民晚报》,获见教授《学戏与临帖》一文,其中临帖部分,颇痛心于目前书法界几于众口一词,倾注心力于“创新”两字上。自己学书的基础还没有打好打稳固,却心比天高,要一脚踢倒古人,这怎能创什么“新”呢?吴教授的话说得最好,他说:

> 我国的艺术遗产之丰厚广博,算得民族瑰宝的简直多到无与伦比,要想创新,首先应以继承为主,……每临一种你不

熟悉的字体，实际上就等于你在学习一件新事物，从而使你的艺术水平自然得到提高，及至水到渠成，学养功深，新的意境自会从胸襟肺腑中流出。……所谓“新”不是从无到有生硬地创出来的，而是温故知新地顺手自然形成的。正如东坡所谓“常行于所当行，而止于所不得不止”，所积愈厚，所采愈博，则所造诣便能自出机杼，独辟蹊径。

体味教授语意，他是主张学书不独学一家，从同中见异，陈中出新，真是别具手眼。

吴小如书法

我不揣谫陋，姑作狗尾之续。我说，今之务“创新”的书坛新秀，即使他创新成功，也不过成为张瑞图、王铎的舆台，有什么光荣？因为书法家于书品之外，还有人品。

（作者单位：吉林大学）

# 唐碑晋字几人看

## ——吴小如先生及其书法

孟刚

我本来打算写一篇长文,从学书历程、书法思想和艺术赏析三个方面谈谈吴小如先生及其书法。兴冲冲地写出文章的小引后,就匆忙呈吴先生审阅。吴先生复信给我,修改了几个关键的术语,并一再声明自己不是什么书法家,也谈不上有什么书法思想,“文章还是不写为好”。我私下揣测,吴先生是怕我写不好。果然在继续写下去时就遇到了很大的困难。首先是我对书法并无深入研究,再者,吴先生手迹和相关史料我所见甚少。

我不得不放弃这个庞大计划,只能从所知道的吴先生和书法的几个侧面,提出自己粗浅的学习体会,仅是学习的笔记,自当随着学习的深入再做修改补充。

### 一

我忘记是什么时候知道吴小如先生善书的,第一次看见吴先生的墨宝大约是2001年9月在周一良先生家中，一张非常精致的日本色纸上有吴先生的一首小行书诗作。我当时感觉，吴先生的字有着深厚的功底，堪称书法家之作。后来在白化文先生家又见到一幅吴先生20世纪80年代所写的楷书，字迹娟秀。白先生告诉我吴先生的字不像吴玉如先生的字"刚劲有力"。回上海后我寻觅了好多书店，居然买到了一册《吴玉如书法精品选》，才知道吴小如先生的父亲吴玉如先生是20世纪中国卓然一家的大书法家。

在吴小如先生1979年到2004年的几件书法作品中，我有一个强烈的感受，吴小如先生书法最大的特点就是天真纯净。这样不俗气、不匠气的书法在当代书法家中并不多见。这和他学书的目的及本人性格是有关系的。吴玉如先生在教吴小如先生学习书法时，就声明了两大前提，即"要学写字应先学做人"，"写字必先读书"，人"宁可不会写字，也不要做一个俗不可耐的写字匠"！吴小如先生一生都奉此为准则。他练习书法的目的是自娱，尤其是20世纪60年代重新临池以来，书法便是他的乐趣和享受，而不是博取社会虚名的手段，所以绝少为了润格而"创造"作品。但对于师友，他愿意用作品表达自己的感情，但是他也有自己的标准，对于不愿意写的东西和不愿意送的人，他是绝不写不送。比如1979年赠送给周一良先生的《敬善寺石像铭》临本，就是在周先生处于"韩非囚秦"中表达理解的"雪中送炭"。

1992年，吴小如先生曾经在一篇文章中评价自己的性格："惟我平生情性褊急易怒，且每以直言嫉恶贾祸，不能认真做到动心忍性、以仁厚之心对待横逆之来侵。"在一份给北大百年校庆的题词中，他又重申了"宁为玉碎，不为瓦全"的座右铭。我个人认为，这种正直知识分子的“狂”“狷”性格只是吴先生性格的一面，而另一面可以用林宰平先生的话来概括：“足下能待人以诚，在今日已很难得。为人当宅心仁厚，且勿以凉薄待人。”疾恶如仇和待人以诚结合起来，就可以理解吴先生书法中体现的人生境界，理解他对真理的追求和对艺术的执着。

## 二

从吴小如先生的书法作品和学书历程，我们可以看出，他在书法上是下过苦功夫的，而且学书的路子很正，一步一步踏踏实实走过来，是当之无愧的书法家，从他身上也可以看出吴玉如先生是如何进行书法教育的。

吴小如先生曾在《已老莫谈艺》一文中说道：“当年我学习写毛笔字，根据父师辈的教导，首先要求的不是写字，而是文化素养，即要求写字的人多读书阅世，写出字来能脱俗，有‘书卷气’。然后从横平竖直入手，讲究基本功，必须临帖，不许胡来。也就是说，既要学‘书’（习字），就得有‘法’（规范）。用朱家溍先生的说法，不论你字写得好坏，让人一看，首先能看出此人是否认真‘练过’，即下过基本功。而今天，对‘书卷气’的要求已很不严格，俗与不俗，本无一定标准，只要能用毛笔写字就可以称为‘书法家’。至于有‘法’无‘法’，似乎并不重要，甚至以‘无法’为上乘。”

吴小如先生1922年出生在哈尔滨，由于家庭的影响，从小开始喜欢上书法和京剧。1930年之前，吴玉如开始教吴小如和其弟吴同宾学习书法，魏碑开蒙用的是《崔敬邕志》，楷书则是欧阳询《皇甫诞碑》。刚开始的时候，吴小如先生觉得比较被动，因为他临摹古人的碑帖，总看上去不像，为此常常被父亲训斥，曾经一度丧失了学字的信心。1930 年，吴玉如去莫斯科，吴小如在家就撇开父亲的要求，临自己喜欢的《颜家庙碑》，后来被吴玉如狠批了一顿。不过，吴玉如对吴小如脱手临《黄庭经》而不用白折子练小楷还是很鼓励的。

1932 年，吴小如随全家自哈尔滨迁居北平。他经常去西单报子街路口的"同懋增南纸店"买红格毛边纸本子抄古文。1934 年以后到 30 年代末，吴小如使用的文具已进入"高档"阶段，专从琉璃厂购买。吴小如在《北京的文具店》一文中写道："我则经常用李鼎和与戴月轩的中档毛笔。每当他教我习字时，我便到琉璃厂去买胡开文的产品'千秋光'或更好的'富贵图'。"

吴玉如也给吴小如讲一些书法的经验，比如"大字要作小字写，小字要作大字写"，吴小如的体会就是，"写大字要一笔不苟，写小字要一气呵成"。这样，在父亲的影响下，少年的吴小如对书法的实践和欣赏得到很大的提高。1934 到 1936 年，吴小如要从东四步行到灯市口去上学，他对沿路各家店铺的牌匾烂熟于胸，并开始懂得如何欣赏书法，他回忆道，印象最深的有两块牌匾，一是清末帝师翁同龢书写的"广堉堂"，"气势磅礴，体宗颜鲁公而苍劲饱满，略具行书笔意"；另一块是郑孝胥写的"为宝书店"，"法度谨严、笔力朴实"。

1936 年，吴小如开始学习行草，他回忆说："先父只教临孙过庭的《书谱》，不令写怀素《自序》；只教写二王墨迹和《兰亭》《圣教》，不许写阁帖；只教写李北海，不许写赵松雪；只教写文徵明，不许写祝枝山。"这些禁忌都让当时的吴小如不理解。1941 年以后，吴小如的章草临习又得到著名学者林宰平的指导，"我与宰老比邻，一度从学章草，每将日课呈览，也总是先肯定进步，然后再详示不足之处，令人心悦诚服”。他开始迷上章草以后，吴玉如便告诫他：“只许写《月仪帖》和《出师颂》，不许写赵孟頫的《急就章》，尤禁染指宋克。”直到吴小如1944年开始教书，吴玉如才点破规定他临习禁忌的原因，“要想熔南帖北碑于一炉，体会其相通相承而不相反相悖之理，还需细绎《元略》《龙藏》”。此后他开始同意吴小如临写褚遂良《圣教序》和赵子昂的各种字帖。

1937年“七七事变”以后，吴小如休学在家，每天习字自课。“先父嫌我笔力纤弱，嘱我备大方砖一块，炊帚一柄，每天蘸水在砖上写径尺大字一个小时。”“可惜我浅尝辄止，练了不足一年，因考入高中而中辍，至今仍视写大字为畏途。”而抗战时期的几年，吴玉如则潜心篆隶，“上自《散氏盘铭》《毛公鼎》，中及汉隶（尤爱写《张迁碑》，几乎每日必临若干字），下至邓石如、赵之谦”。吴玉如开始在行草中融会金石篆隶的笔法，书法进入了一个新的境界。

1951年以后，吴小如到北京燕京大学国文系任教，1952年院系调整后任教于北京大学中文系，由于工作繁重，书法这一爱好被暂时放下。即使这样，吴小如仍不时与师友交流，比如在向林宰平请教章草时，“宰老往往也以为人处世之道见诲”。这种鼓励成为吴先生日后历经磨难仍能坦然处之的精神支柱。1960年，林宰平逝世，林庚委托吴小如按照林宰平手迹整理《帖考》。

20世纪60年代初，吴小如开始对书法真正发生兴趣，恢复了习字，这是他学书生涯的一次重要转折。这时，琉璃厂和王府井的荣宝斋都能买到上好质地的棉连。吴小如开始坚持日课，在他临习的碑帖题记上，保存了不少读书的体会，部分文字1998年被收集为《莎斋论书法文字辑存》和《莎斋碑帖跋语辑存》。

"文革"十年,和启功一样,吴小如通过写大字报、写语录,客观上还是练了字。启功先生就曾经开玩笑说,"文革"时写大字报不心疼纸,加之是站着直接往墙上写,也锻炼了臂力,相信吴小如先生也会有这样的体会。

## 三

吴玉如先生开创了"吴派书法",得"二王"精髓,寓自然之趣,是我国20世纪实至名归的大书法家。主要作品有《吴玉如书法集》《迂叟自书诗稿》和《吴玉如书法精品选》等。

吴小如不仅在学书历程上受父亲影响很大,书法技巧和书法思想也深得父亲书法艺术的精髓。吴玉如先生1982年逝世以后,吴小如在一些场合对父亲的书法艺术和思想进行了深刻的阐述,公布了一些他和父亲的关于书法艺术的私人谈话,这些内容成为人们欣赏和学习吴玉如书法的重要指导。

我自己就有一个亲身经历认识"吴派"书法特点的故事。2003年春天,我请吴先生赐写书斋名,大约一个星期,就收到吴先生的墨宝,字写的是大楷,典型的吴派楷书。我发现用的是淡墨,字迹的墨有些渗开。2004年春节,我在周一良先生的哲嗣周启锐先生处又得见吴先生1979年临写的日本藏《敬善寺石像铭》,四百多字的法帖一气呵成,颇为壮观。我仔细观察了这幅寸楷的墨色,发现仍然是用淡墨所写,字迹亦是微有渗开。我的疑惑更大了,为什么不让墨色干湿正好呢?后来看吴玉如先生的学生韩嘉祥先生的文章,才恍然大悟,才知道原来这是吴玉如先生的独见,

“用淡墨以求润泽含和，屋漏痕清楚，经装池后富有立体感”。

关于吴玉如先生自己学习书法的过程，吴小如回忆说，吴玉如童年开始学书，先从临摹苏轼和赵孟頫入手，容易落俗。后来又练过应科举的白褶子，以后又改写米芾、李北海，二王的《黄庭经》《乐毅论》和《十三行》。早年也写过颜体大楷，后来发现，写颜体容易产生“鼓努为力，外强中干”的毛病，改习北碑和欧、虞，北碑独喜欢魏《元略志》《张黑女墓志》和隋《龙藏寺碑》。行书从李邕的《法华》《麓山》，米芾的《方圆庵记》等，开始进而上溯《兰亭》《圣教》，终沉浸于二王。学二王行草，于唐取褚遂良《枯树赋》，李邕的《法华》《麓山》，孙虔礼的《书谱》，颜真卿《争坐帖》《祭侄稿》，于宋取蔡襄、米芾，于元取赵孟頫、鲜于枢，于明取文徵明、王铎，而卒以右军、大令为依归。其草书之成就，尤得力于王觉斯的墨迹和《拟山园帖》。这是吴玉如先生二十岁前后在实践中摸索的道路。

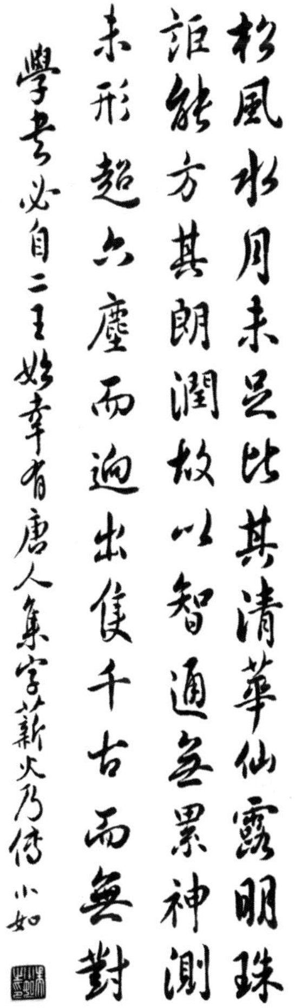

吴小如录《大唐三藏圣教序》句

吴玉如教育吴小如兄弟学习书法时说："除了直接临摹怀仁集《圣教序》和诸家摹本《兰亭》外，还要从唐宋元明历朝书家成就和表现中去参悟究竟有哪些是已经汲二王之精髓、得二王之法乳的东西，然后学二王才不是一句空话。"

在介绍吴玉如先生书法所使用的工具时，吴小如回忆："先父玉如公是大书法家，写大字专用薄纸淡墨和细管长锋羊毫笔，小楷则喜用旧蜡笺和高档兼毫笔。他用的墨锭是家藏旧物。先父用笔，特别是兼毫小楷笔，都到贺莲青笔店去买。有时也用李福寿的笔。先父用纸，先用生宣、料半，后来则专用薄如蝉翼的棉连。平时写信则专用清秘阁定制的彩色仿古信笺。"吴玉如先生早年是玉版宣不书，宜生宣、料半，中年以后只用棉连。他坚持用淡墨（最忌用墨汁），笔则使细管长锋羊毫笔。"他对中锋有一新解释，即所谓铺毫。下笔用中锋并非指笔锋正、笔管直，而是要让笔毫的核心部分和上半截也能着纸用力，这就非把手中的笔全部铺开不可。"

吴小如认为吴玉如书法有两个特点："一曰临谁像谁，摹谁似谁"，"二曰所书诸体手迹，竟达到既不千篇一律又不各自为政的融会贯通的高远境界"。书法以"平正规矩取胜"，于"平淡中见光彩，而绚烂之极又复归于平淡"。1987 年 7 月他给吴玉如诗稿遗墨题记时提出："信手拈来和经心着意之作比较才能看出书法家全貌。"他又公布了 1981 年和父亲的谈话，吴玉如八十岁以后的字，固然有达到吴玉如前所未有的境界，但有的地方已经达不到了。吴玉如晚年不择纸笔，达到了庄子"以神遇而不以目视，官知止而神欲行"的境界。

## 四

“文革”后,吴小如先生开始结合父亲和自己的书法艺术实践,除了比较全面系统地总结了吴玉如与“吴派字体”的艺术思想外,又从自己研究古代文学和京剧艺术的角度寻找艺术间的“通感”,对怎样学习书法、怎样学好书法、怎样选择临习碑帖、怎样欣赏书法、怎样沟通书法与其他文学艺术门类等等问题,都提出了精辟深刻的见解,为研究20世纪中国书法艺术提供了珍贵的资料。

从吴先生治学的“多读、熟读、细读”,我们可以推出他习字的“多、熟、细”。

吴小如在《读书要点、面、线结合》一文中阐述了自己研究古代文学的经验:“我搞古典文学最早也是从兴趣出发的。后来规定了六个字的守则,立志照办:多读、熟读、细读。‘多’指数量,亦称之为‘博’;‘细’指质量,又称之为‘精’。但是不熟读就谈不到深思熟虑,质量不能保证;倘一味背诵,滚瓜烂熟,却不细心琢磨,也不免浪费精力。所以三者不可偏废。”学习书法也需要借鉴这样的“多、熟、细”。在临帖时,要多接触各种书法类型的碑帖和墨迹,体会不同的笔法和墨法,从各种字体间的差异中寻找共同点,从字体演变中寻找临写的顺序,真正临懂临会每种字帖,“临池濡翰必有法度准绳,而非师心自用,任意胡来”。吴小如在针对如何临写吴玉如书法临本时提出一个观点:临写的人要在临写过程中比较原帖和临帖的异同,领悟吴玉如临本的取舍和变化,也就是“批判地继承”。练字时,在数量的基础上必须重视质量,这样才能真正长进。另外练字要坚持日课,要多读帖、临帖,对于一种字帖要坚持练熟。只有熟练了,注意平时积累材料,这样才能产生林庚所提出的“职业敏感”,有了“职业敏感”就可以随时体味和学习书法。比如,1986 年吴小如参观晋祠《华严经》石刻后,提出写经体与唐代碑版楷书本出一源,主要差别在于上石和手写的不同。通过观察,他对唐初四大家也有了新的认识,尤其是其中褚体的流行及其对后世的影响。他提出,如果后起的人不思如何超越前人,却争相模拟,书法必然形成积弊,走向衰落。

怎样一步步真正临懂一本帖呢? 吴小如在《漫谈我的所谓“做学问”和写文章》一文中举出一个“点、线、面”的学习过程。

“游(国恩)老治学的方法和途径,照我个人的体会是:首先尽量述而不作,其次以述为作,最后水到渠成,创为新解;而这些新解确是在祖述前人的深厚基础上开花结果的。”“所谓述而不作,就是指研究一个问题、一个作品或一部著作,首先掌握尽可能找到的一切材料,不厌其多,力求其全。这是第一步。但材料到手,并非万事大吉,还要加以抉择鉴别,力求去伪存真,汰粗留精,删繁就简,惬心贵当,对前人的成果进行衡量取舍。这就是以述为作。如果步前贤之踵武而犹不能达到解决问题的目的,就要根据自己的学识与经验,加以分析研究,最后得出自己的结论,这就成为个人的创见新解。”“所谓‘多’必须从少积累起来”,“作品是作家写的,要读作品,不仅要‘知人论世’,还得摸清‘来龙去脉’,即首先必须了解一个‘史’的轮廓。因此我主张读古典文学最好从‘线’开始,先知道一个从古到今大致发展演变的过程,然后再顺藤摸瓜去读作品”。“说到读具体作品,我主张从‘面’到‘点’,即先从选本入手。”“一本《古文观止》、一本《唐诗三百首》也很够了。要紧的是一定要从头到尾把他读完，能熟读、细读更好。如果连一个选本都读不完（或见异思迁，或久而生厌，或因噎废食……）那下一步就不必谈了。读完后回头想想，自己对选本中的哪一个作家的哪一类作品最感兴趣”。“读完选集再读全集”，“这样就从‘面’过渡到了‘点’上。当然，光读原著还不够，还要把古今中外学者研究这个作家的论著尽量找来读，此之谓‘点’中有‘面’。你不是喜欢李白的古诗吗？那么，他是继承了谁？后来又影响了谁？这样把一个个作家联系起来分析比较，就是‘点’中有‘线’了。如此循序渐进，各个击破，逐步由‘点’向‘线’和‘面’延续和扩展，然后通过自己的研究、判断，就会有了个人的体会。按照这种点、线、面相结合的办法稳步前进，不但入门不成问题，而且肯定会有不少收获的”。书法也是如此，由上述启发，我认为，先选定一个自己喜欢的有代表性的碑帖，篆、隶、真、草都不妨临写临写，看看“他是继承了谁？后来又影响了谁？”，这样一来，就可以对中国的书法艺术史有一个清晰的认识，然后可以选取自己体会最深的一种字体练习，这样，我想就有可能朝吴小如所说的书法家方向进一步，“所谓书法家，必有承前启后、继往开来之功，在古今书法沿革的历史长河中起到不可磨灭的作用并对后世产生垂范将来的影响”。

吴小如先生在学术上最大的特点是坚持实践，尤其在京剧艺术研究中，他自己学了几十出戏。与之相类，吴小如认为临帖和读帖两个基本功中，临帖比读帖更重要。正如1994年他在《学戏与临帖》中所说：

每学一出你不会的戏，每临一种你不熟悉的字体，实际上等于你在学习一件新事物，从而使你的艺术水平自然得到提高。及至水到渠成，学养功深，新的意境自然会从胸襟肺腑中流出，习字则得心而应手，唱戏则从心所欲而不逾矩。所谓“新”，并不是从无到有生硬地“创”出来的，而是温故而知新地顺乎自然形成的，正如东坡所云，“常行于所当行，而止于所不得不止”，所积愈厚，所采愈博，则所造诣便能自出机杼，独辟蹊径。今人为演员而不求师学艺，学书法而不精研碑帖，不下苦功，不动脑筋，妄图走捷径一蹴而成名。无怪乎戏曲式微，书道陵夷，见讥于通人矣。

最后，我想以吴小如先生的一首诗来结束我这篇堆积材料的文章，并衷心祝愿吴先生健康长寿，有更多的手迹问世。

学书缘气类，羲献牖天衷。
圣教妍春柳，兰亭穆远风。
乖时成毁半，不懈晦明通。
岁晚从吾好，聊程秉烛功。

# 戏曲评论的香火该如何接续

牛春梅

中关园一座普通居民楼下，娇小的二月兰正在春末的微风中招展最后的笑靥，即将告别一个季节；楼上，九十三岁的文史大家吴小如刚刚离去，人们告别的却可能是一个时代。吴小如和刘曾复、朱家溍三人，并称为京剧评论“三大贤”。如今随着三人的陆续离世，有人不无感慨地说，京剧评论的一个时代也随之离去了。

那是一个什么样的时代？文艺评论家解玺璋说，那是内行评论的时代。“三位老先生都是京剧的内行，他们都是在戏里泡大，甚至都上台演过戏，对传统戏曲比许多专业演员还要懂，评论能够细致到一招一式，一个眼神、一个动作，再加上都有非常高的文化修养，所以他们的评论总能说到关键之处。”

解玺璋谦称自己只是个“外行”，没有受过相关训练，“但现在的戏曲评论绝大部分都是外行在说话，外行评论往往偏重于文学、审美，都是戏曲的外围，有的时候不但提不出建设性意见，甚至还会添乱。”对于这种外行评论家，梨园行自然不欢迎。著名作家汪曾祺就曾笑言，京剧行的人看他都是“力巴”，就是嫌他外行。

一个内行评论家是怎么炼成的？走进吴小如的家，也许就能找到答案的一部分。他住在一栋20世纪80年代的老楼里，那套七十多平方米的屋子，最大的房间也只有十五平方米，里面堆满了书和唱片——吴小如收藏的京剧唱片数量之大，在国内几乎无人能跟他相提并论。吴小如的儿子吴煜回忆说，很小的时候，父亲就带他去人民剧场看戏，“父亲和很多演员都很熟悉，在前台看完戏，还会到后台和他们聊天”。

《中国京剧》杂志编辑部主任封杰是刘曾复的学生，在他看来，老一辈评论家能成为内行，最重要的一点就是见多识广，见过“真佛”。“他们赶上过京剧的辉煌时代，梅、尚、程、荀、马、谭、张、裘的演出，他们都亲眼见过，这是今天的许多评论家难以匹敌的。”封杰说，朱家溍对杨小楼很熟悉，而且能做示范；刘曾复专门研究余叔岩，曾拜与余同时代的王荣山为师学戏。刘曾复和吴小如还都出过京剧唱腔光盘，他们能够唱的许多唱段，如今都已失传。

中国戏曲学院教授傅谨则发现，现在国内的戏曲评论已经进入老龄化时代，参加一些评论活动时，五十多岁的他都算是年轻人。“随着老先生们一个个离去，戏曲评论断档的危机也就更紧迫了。”

傅谨认为，年龄的断档从主观原因来看是一种情感的断档，“戏曲评论是一种分享和交流的文体，除了扎实的内功，一个好的戏曲评论家应该对他所评论的艺术充满感情。刘曾复、吴小如、朱家溍这些老先生，对于京剧的感情是我们无法想象的，所以他们能够穷其一生关注京剧。而现在许多戏曲评论有注释、有关键词,却没有感情,没有自身的感悟,都是为了职称和学位而写,写出来的东西自然面目可憎”。

对于这种断档,演员的感受更加直接。有人说评论家不敢说真话,是因为现在的演员和主创听不了真话和意见。老旦表演艺术家赵葆秀却说,其实演员也很无奈,“我们不是不想听真话,好的评论能让我们受益匪浅,可是现在敢讲真话、有水平讲真话的评论家太少了”。在她看来,讲真话的基础当然还是要懂戏,“好的评论家给你提意见能让你心服口服,他不仅批评你,还能给你出点子,帮你纠正错误”。赵葆秀不住感叹,如今这样的高人太少了。

为了营造良好的戏曲评论氛围,更好地推进戏曲事业的发展,北京戏曲评论学会在今年年初成立。学会副会长张永和说,现在非常缺少有针对性的、根据一人一戏而进行的戏曲评论,戏曲评论者中间也确实存在着一些问题,北京戏曲评论学会就是希望能够扭转这种氛围,让评论者多练“内功”,成为“内行”。

(作者单位:北京日报社)

# 票友吴小如，用治学态度研究京剧

邵岭

已故北大教授吴小如珍藏的975张京剧老唱片，昨天入藏上海市文化艺术档案馆。而这些老唱片，既是吴小如的业余爱好，更是他长期研究京剧艺术最直接的"原始音像资料"。

作为一位在中国文学史、古文献学、俗文学和书法艺术等方面都有很高成就的知名学者，吴小如对京剧的贡献，很大程度上正是因为他以票友身份，将治学态度与方法引入京剧研究，成为京剧学的开创者之一。

和普通票友不同，吴小如为京剧做出了重要的理论建树。京剧研究者翁思再回忆，自己最早知道吴小如，是看到他在20世纪80年代的学术期刊《学林漫录》上连载的《京剧老生流派综说》。翁思再告诉记者："从京剧老生的老三派一直讲到四大须生，使用学院派的治学方法进行归纳梳理，把俞平伯的考据学引入京剧研究，大到历史范畴的界定，小到每一句唱词，不厌其烦地进行论证，可以说是前不见古人。"而这种治学方式，直到现在仍然影响着翁思再这一辈的京剧研究者。

翁思再介绍说，对于京剧流派，吴小如也有自己的看法。在他看来，流派本身是演员个人习性的产物，其中什么该学什么不该学，应该有所鉴别，而不是不加分辨地照单全收。吴小如本人最推崇的是梅兰芳、杨小楼和余叔岩，认为他们集中反映了当时主流观众的共同趣味，也因此成为中国京剧艺术史上横向并列的三座高峰。后辈演员们向着这样的最高点看齐，就不会走错。而在这一观点背后，是这样一种认识：通俗文化只有被高雅引领，才是可持久的。

吴小如与王元化、蒋锡武先生

而吴小如在京剧史方面的研究，是他为京剧做出的更大贡献。戏曲研究者、上海广播电视台《绝版赏析》栏目制片人柴俊为告诉记者，文人票戏是京剧的传统，在其他剧种里很少出现。《绝版赏析》做了十几年，涉及很多剧种，但做最多的就是京剧，其中最重要的原因，就是有刘曾复、朱家溍、吴小如这三位研究京剧的学术大家，对京剧史料如数家珍。比如吴小如，单单一部《文昭关》，就可以将好几个版本相互进行比较，把一期节目做得丰富生动。

翁思再也说，吴小如对京剧史有着独到的观察，能够把很多行内人讲不清楚的事情，通过学者的观察梳理清楚。比如富连成科班，共七科，学生好几百，后人成千上万，但是没有人能够把相关历史说清楚。吴小如经过研究之后，撰写了《鸟瞰富连成》，为后人研究提供了重要的依据。

吴小如研究京剧史，除了学术基础之外，还得益于他从小看戏，是很多重要演出的见证人。他看戏勤奋，几乎一场不落。有一年夏天，马连良被大水困在天津，演到后来连《洪羊洞》这种马派几乎不演的戏都演了，而吴小如也一场不落地看了。他以观众的身份撰写《台下人语》，在那个没有电视的年代，用笔记下自己看过的演出，其中包括余叔岩演的一些堂会戏，成为珍贵的历史资料。他不仅看戏，还自己学戏，从而在评戏时能够从戏曲规律出发，不是外行的隔靴搔痒。柴俊为介绍说，吴小如年轻时曾向谭、余两派的名家夏山楼主、王端璞、张伯驹等请益。1961 年，夏山楼主录制《李陵碑》《鱼肠剑》等唱片，吴小如不仅是策划人，还在剧中配唱杨延昭、姬光等“里子活”（指主要配角）。2002 年，《绝版赏析》举办周年庆晚会，吴小如兴致勃勃唱了一段《蟠桃会》。先期录音时，他要求先听一遍，听完笑着自嘲：“整个儿一里子味！”

（作者单位：文汇报社）

# 读吴小如

邵燕祥

小如的《书廊信步》是"书趣文丛"第二辑之一，比起他那些研述古典的著作，读来更觉亲切。其中所评之书、所述之人，多是知人论世的文章；他是既读其书，又读其人。

且看读人者，人亦读其人。小如于我，谊在师友之间。除了反右以后和"文革"当中各有数年睽隔，我们从相交至今已近半个世纪了。

1961 年初，我忽然收到小如来信，原来他从中央电视台戏曲编辑黄炳琦处得知我由农场回来，责问我为什么不告诉他，同时寄来一首七绝：

> 初识心惊俱少年，新诗遥忮捷能先。
> 归帆误泊狂涛里，小跌何妨跻大贤。

我戴上右派帽子下放前夕，给过从较密的朋友都写了告别的信，没有留新的地址，因我也不知道要去的准地方。他这首诗自然就无法投递了。

诗的第一句是实写。起先是我向他编的文学版面投稿，书信往返，他都只署“编者”。1948 年秋，一天有客叩门，我开门一看，一位二十多岁、白皙清瘦、十分文弱的先生扶着自行车站在门前，自我介绍名叫少若，姓吴云云。我才知道他还正在北大听课，寄居在与我家所住船板胡同相邻的苏州胡同亲戚家。

少若的名字我在平津两地报纸上已很熟悉，印象较深的如他评萧乾《梦之谷》的长文，是杨振声主编的《经世日报 · 文学周刊》分两期刊登完的，其中说到自己教中学时的情感经历。我几乎很难将之与眼前这位大学生联系起来。

邵燕祥书法

那个冬天,我曾到七贤里他的住处,听他对我的一篇习作的批评。我至今保存的原稿上,还写着他的意见。如总批说:“写历史故事必须气韵凝练,魄力雄浑,宁失之拙,勿求其俏,宁失之朴,勿求其丽。自五四以来,唯冯至《伍子胥》有可取处,《故事新编》犹病诸!”这是就我而言,对症下药;涉及大家,亦毫无顾忌。人或谓之轻狂,我却说是锐气。不过后来他为直言大概吃亏不少。私下言论被我公开,事前未及征得同意,知我谅我!毕竟是四十七八年前的事了。

还有一些夹批眉批,属于结构的,如“结构无力,写故事极须留心转折”,“过渡处仍嫌无力”,“收处嫌局促,起首太铺张,故前弛而后幅无从用力”;属于语言的,如“辞藻愈多愈隔”,以及“太台词化了”“这一段太摩登”“太诗意了”!今天看来最有趣的,是在我写的“叔叔,您真好……”这句旁边,批“似电影脚本中少妇口吻”!小如倾心京剧,对档次不高的电影大约是不以为然的。

可惜后来我不再写历史故事,甚至长期连散文也不写,这些耳提面命的耐心指点全成白说。

1950年我有一首写少数民族进中南海度国庆的新诗,其中一句是“香花灯彩伴着歌舞欢声”,的确显得俗滥,而小如说让他想起一句京剧唱词里的“花灯彩”,以为不堪,使我铭记不忘。吴小如的赠诗:

诗到痛时无比兴,直言为赋泪痕干。
光明岁月长流水,黑暗从来转瞬看。
燕祥兄近作,予极喜之,拾纸书赠。

戊午初夏,小如,1978。

小如对我的新诗，以及对我的写新诗，其实也是不以为然的，不过他不说，我也不说，心照不宣。这并不妨碍我们一见面就谈文说诗，故事新闻，无所不谈。他博闻强记而又健谈，我常以没听过他讲课为憾。斗室推心，当然更少拘束。我们已从单纯的文字之交发展成了真正的“酒肉朋友”，而有酒无肉，依然知己。困难时期他每进城，必到我处小酌，二锅头外，有时不沾荤腥，酒精直接醉人，以致某一回他入夜回家，进门就醉卧在地上，天亮才被家人发现。

其实，我倒是变得越来越世故，却发现小如书读得不少，但世故不多，历来如此，也不可改变了吧。

读《书廊信步》，近年的文章益凝重而稍嫌拘谨，记得 20 世纪 40 年代后期以“少若”笔名写的大量随笔，同具书卷气，但下笔更自由而神采飞扬，可惜都散佚了。

1988 年 2 月，丁卯残腊，我曾有一诗寄小如：

毕竟诗情渐不多，苏州船板记曾过。
华年尽日愁风雨，御路何期布网罗。
寒信频催新鬓白，人生几见醉颜酡。
西郊风景殊萧瑟，春到门前好踏莎。

小如的莎斋几易其所，近年新居我只登门两次。披阅旧作新篇抵得一夕晤谈，略写所感以代存问。

# 为《吴小如先生自书诗》作

邵燕祥

我的老相识里，从20世纪40年代至今一直保持联系的，除了各个阶段的同学、校友以外，所剩不多几位，其中就有吴小如兄，谊兼师友，可谓少年缔交，“白头到老”了。

翻看小如自书诗页的复印件，忽然想起六十多年前第一次接到他的来信，就为他的几行正楷心折，不是毛笔而是钢笔写的，在今天大概叫“硬笔书法”了吧，但其挺拔秀逸，绝无目下许多硬笔字帖的匠气。那时他代沈从文先生主编一个文学周刊，因我投稿，他写信商量修改，信末署名“编者”。其后见面才知道他就是我从1946年以来经常在平、津两地报章上看到的那个“少若”，写了许多的书评、随笔、杂文。当时我们两个人的年龄加在一起不过四十一二岁，这就是他后来诗中说的“初识心惊两少年”吧。

六十多年交往中，我读小如写的书和散篇文章，有了问题随时请益，得到他的点拨，我们之间没有客套，这时候每每想，古训所以说“友直，友谅，友多闻”，良有以也，而我有幸得之。

从另一个角度看，可以说我是小如“看着长大的”，所以我得到他像兄长一般的关注。1961年，他打听到我的消息，寄诗来说：“归帆误泊狂涛里，小跌何妨跻大贤。”这个“大贤”两字让我一惊。记得在1948年北平围城中，不乏书生气的小如还跟我谈读经，谈“道”，这属于我在“左倾”后早已告别的另一个话语体系了。十几年后，小如该是告诫我，还是要“忧道不忧贫”吧？

我七十岁那一年，小如的贺诗有云：“记否鸡鸣昼晦天，论诗把酒共陶然。书中自有忘忧草，阅历还宜享大年。”这画出了我们在那非常年代里苟安的一景，其实更准确地说，乃是晾在干涸的车辙里两条小鱼的“相濡以沫”。至于这两条据说叫作“鲋”的鱼，是怎么掉到这个地方来的，它们自己说不说得清？谁又能说得清？

起初，那条叫吴小如的鱼，还曾经尽量以乐观的口吻，给创伤待复的另一条鱼以安慰和鼓励。他下放密云时，一天下了夜班走在田间路上口占一绝，其中一句“无限春光有限诗”，那条叫邵燕祥的鱼记住了，下乡“四清”，偶然兴感，顺口把这个成句搬到自己的《采桑子·野望》里。谁知不久一场“龙卷风”刮来，在批斗会上，这句诗被解读为：叫嚣“春光不受限制，而自己写诗受限制，不自由”！

所有的涸辙之鲋都不出声了。

我在20世纪70年代的河南干校，不甘心“相忘于江湖”，还曾写诗《寄京中友人》，“涂鸦枉借春秋笔，求友应从生死场”，就是写给小如的，说我们可以算是患难之交了。

虽说是患难之交，其实也只是互通声气，大致知道彼此的处境，都是自顾不暇，谁也帮不了谁。有机会通通信，或见上一面，或唱和几句，这又是即使据说走出涸辙后依然不免的相濡以沫了。小如心重，以至在接到我的打油诗后，答诗虽亦出于谐谑，却还不忘自报家门曰："永夜静思惭一笑，蛇神牛鬼竞诗魔。"

小如近些年来，以七八十岁之身，服侍病妻，支撑门户，但还坚持书写，我说他"晚岁何尝还梦笔"，笔力不减当年，并陆续整理出版多年旧作。他的研究成果，在一定的形势下逐渐获得承认。我从一个读者的视角旁观，他的扎扎实实研究一部作品、一篇诗文以至一句、一字，苦求真义的考据和品鉴，往往并非长篇大论而是短小篇章，在崇尚"以论代史"的八股的时代，遭讥被贬，甚至成为什么地主资产阶级治学方法流毒的"罪证"。然而若干年后的今天，许多已成为常备的教材和必读的参考，不少观点且被视为定论。而曾经煊赫一时为某些作者赢来虚荣与实利的空头高论更不用说大批判，除了个别人外，大概炮制者自己也耻于道及了。

然而，廉颇老矣，小如常有疲乏之叹。这样，我因小他十有一岁，便成了年龄优势。跟他互换角色，我必须对他稍有劝慰。我说他"百岁传薪图续火，一生结果证开花"，肯定他的人生价值，这是实情，并非虚话。我有感于他坎坷的际遇，"是非只为曾遵命，得失终缘太认真"，我也不知道，这样看，够不够称得上同情的理解。不过我由衷地叹惋："可怜芸草书生气，谁惜秋风老病身？"以"域中海外多知己，莫向疏林叹日斜"相劝。小如答说："又是秋风吹病骨，夕阳何惧近黄昏。"这后一句比朱自清先生的"何须惆怅近黄昏"似显得积极些，但我想，这应是小如在衰飒的心情中横下心来自勉的豪语吧。我却一时受到他的鼓舞，写道："已向花间留晚照，更从秋后觅阳春。一天好景君须记，依依正是近黄昏。"这也不是矫情，不过只有进入“近黄昏”阶段的老年人，也许会偶有这样的感发。但，小如终于不堪重负，跌跤中风，从此手不能书，一生执笔而被迫不得不放下手中的笔，再加上相依半个多世纪的老伴去世，设身处地，真是情何以堪。劝慰其实也真是无从劝慰，不知说什么才有用了。

《吴小如先生自书诗》书影

小如兄自书诗稿即将付梓，嘱我作序。他的诗和书法，皆我所爱，但我于诗于书迄未入门，自知浅陋，不敢多所置喙。爰记交谊，略抒感慨。

老实说，我原先对萧君跃华有些抱怨的情绪，认为他不该在2008年“坚嘱”小如抄自家诗，“且须尽五十纸”，小如在炎炎长夏努力完成了这项作业。但从现在的成果看，这也终于抢在小如手残之前，为中国现代文化“催成”了一件诗书交融的艺术品，值得珍藏的纪念品，也许差堪告慰吧。——不过，这样说，是不是有点残酷呢？

邵燕祥寅年残腊　2011年1月20日

# 一部关于京剧的学术著作

## ——评《京剧老生流派综说》

沈玉成

人类社会中的一切事物都在矛盾、竞争中前进。在文学艺术的领域里，一些站在前列的人物，他们的主张或者实践得到社会的承认，为更多的人所赞同、仿效、发展，于是就形成了流派。各种流派的互相补充、促进甚至斗争，就会出现艺术花坛上千红万紫的欣欣生意；反之，一家独鸣，一花独放，短期内也许可以热闹一阵，从长远来看，却正埋伏着萎缩的危机。这不是什么危言耸听，而是为社会历史所证明了的规律。

中华书局以出版严肃的学术著作蜚声于国内外。它1986年出版了吴小如同志的《京剧老生流派综说》（以下简称《综说》），这不是一部供人茶余酒后以资谈助的轻松读物，而是对京剧老生流派做科学探讨的专著。这样的专著，不仅在中华书局的出版物中到目前为止还仅此一部，就我狭窄的见闻所及，国内近四十年来，以京剧评论而跻身于学林的，似乎也没有见到类似的著作。

作者是北京大学教授，儿童时代就爱好京剧。五十多年来，业余之暇的大部分时间都用于对京剧的深入的钻研。京剧评论界有一种普遍的情况,恰如古语所谓“傅其翼者两其足”,懂戏的不大能写,能写的又不大懂戏,求其二难相并者并不多见。毫无疑问,作者是一位能够得兼的专家。《综说》一书,历论从谭、余以来各种有影响的老生流派,出色当行而文笔生动,难怪出版不久书店中即告售缺。

《综说》作为一种学术著作,首先在于对老生各个流派的特色,包括唱、做、念、打,做了翔实、扼要的叙述,仿佛把读者带进了一个真实的剧场里,然后又在这种感性的描述上提高而为科学的理论分析。比如余叔岩的“的溜音”,过去有许多剧评家津津乐道,但一接触实际,则又玄虚奥妙,使有志学习者摸不到边际。《综说》在分析这一问题时,一语破的,指出了“的溜音”即提着气唱。在提气之中,要求运用声带不许出“左”音和“扁”音,如同写毛笔字的笔笔中锋。又比如论老生的发展,比较中国文学史的发展阶段,以谭鑫培、余叔岩、马连良分别代表近代、现代、当代的三个高峰。这样的论述和论断,明晰而又确切,不仅使对京剧有一定研究的读者可以首肯,即在刚刚入门者,也会感到兴趣盎然。

艺术上的内行易于保守,《综说》的作者过去发表过的许多剧评也曾招来过类似的非议。出于真正的理解而流于偏爱,又由于偏爱而希望原样保存,这原是可以理解的。然而体现于《综说》中的整个精神并不是保守。最明显的例子是关于谭鑫培和余叔岩的异同的比较。作者没有赶上欣赏谭,他对保存下来的谭、余的音响资料和书面资料做了深入的研究,终于得出了使老一辈评论家要为之摇头的结论:“余叔岩在唱腔技法上,在嗓音训练上,在声腔艺术规律的探索上,在实践经验的总结上,都有为谭鑫培以及其他生行演员所不及的地方。”同样，在论述马连良的成就时，又指出了马最难得的长处是没有把谭、余当成终点而是作为起点，走了一条既符合京剧艺术内部发展规律又适应自己先后天条件的路。而孟小冬之学余叔岩，以她的天才和学力，本来足以大幅度地创新，但事实却是终身恪守师承。无论是创新还是守成，只要是真诚地献身于艺术并且达到高级境界，同样应该得到充分的肯定。《综说》中对这一点的掌握也是颇为恰如其分的。

新中国成立前的剧评，固不乏认真公允的文章，但由于种种社会因素的影响，往往不是大捧即是大骂。新中国成立以后，随着旧习气的消除，剧评界出现过一派清新的气息，但随之而来的又有两种不理想的情况：早一些时候是政治标准第一，近几年又变成人事关系第一。吴小如同志的这本书，其是非褒贬的尺度当然不可能使每个人都赞成，但是其敢于鲜明地表示自己的肯定或否定，而且出于对艺术的热爱而非个人的亲疏恩怨，却不是某些评论家所能够做到的。作者不仅敢于鲜明地表示自己的观点，而且敢于顽强地信守自己的观点，然而一旦有人根据事实指出他论述中的不足，他又乐于改正自己的观点并且公开承认。任何人都不是全知全能，小如同志对待京剧艺术的态度，不失其作为学者的良心和谨严，这对时下的某些风气应当起到一些针砭的作用。

京剧需要振兴，振兴的道路需要探索。让不同的流派争奇斗艳，是振兴京剧的有效手段之一。一位表演艺术家出现并拥有一批追随者自然是好事，然而“十净九裘（盛戎）”和“无旦不张（君秋）”的格局如果无所突破，恐怕又并非好事。吴小如同志的这本书在这个时候出版，除了上面提到的几点以外，在总结经验以资借鉴的意义上说，我以为也是十分及时的。

# 读吴小如先生《霞绮随笔》

宋金龙

近承吴小如先生惠赠其新著《霞绮随笔》(新世界出版社出版)。作为“名家心语丛书”第二辑推出的《霞绮随笔》,是吴小如先生近一年来所写文字的一本自选集。所收文章都不长,大都是两千字上下的短文,稍长的也不过四五千字,但文短而精彩,很吸引人。

《霞绮随笔》共收六十五篇文章,分为三辑:第一辑《书房臆话》,第二辑《书序与书话》,第三辑《忆往思旧》。作为一本自选集,自然代表了吴小如先生的学术观点和对一些问题的看法,虽然作者称这些文章是“即兴之作,并无太多学术价值”,但涉及学术话题的文章,却是很有学术意味,很有学术价值的。如作者在《呼唤“中国骈文史”》中,说到骈体文的产生时指出,在先秦古籍中即已存在着骈偶对仗的修辞现象,从两汉以后骈体文逐渐形成的轨迹来看,骈体文充分体现了汉民族语言文字“独此一家,别无分号”的特征,也同我国诗歌发展的关系密不可分。但是,作者指出，“我们在中国文学史方面的研究工作，既有向新领域方面拓展的功绩，也有由于对原有传统文化的认识不足而造成偏枯乃至畸形的局面”，骈体文长期遭受冷落，并且受到批判，就是一例。作者认为，应当对具有近两千年传承历史的骈体文进行深入细致的分析研究，填补文学史研究领域中的这一片空白或这一大漏洞。这是很有见地的。又如在《呼唤一部理想的“近代文学史”》中，作者以同样的激情呼吁“有一本具有科学性的、内容翔实的‘近代文学史’能够问世”，并就撰写近代文学史的内容，具体谈了自己的意见，很有学术价值。又如书中的几篇书序，虽是应熟人之请而写，但作者严守学术的科学性和严肃性，并不单纯是捧场文字，而是既肯定成绩，也指出不足。至于谈其他问题的文章，细细咀嚼，都很有味道，能感受到文章所蕴含的深厚学术意味，没有几十年学术研究的功力，是写不出这样举重若轻、深入浅出、启人心智的文章的。

吴小如先生是一位勤于笔耕的学者，其文常见诸报章杂志，并有多本学术随笔出版。这些文章，诚如作者在《霞绮随笔》的《自序》里所言，或是“个人心得”之作，或是为“非说不可，不吐不快”而写，其实都是有感而发。本书中，除以学术为话题的文章有沾溉学林之功外，在谈论其他话题的文章中，我们可以看出，作者还具有很强的社会责任感，具有一种深深的忧患意识，对于社会上的一些不正之风，能够秉持公心，指摘时弊。如对文化学术领域里研究生的毕业论文越写越长，硕士论文已难控制在几万字以内，博士论文则至少要十多万字才算达标，有的竟多达甚至超过二十万字；报纸为了登广告，版面无限度地扩充，有的竟扩至 32 版甚至 48 版；书籍内容多有雷同甚至互相抄袭；电视连续剧动辄几十集等等不正常现象，作者斥之为文化“稀释”现象，并指出“文化稀释”现象乃是一种虚假繁荣，其实是一种泡沫文化。时至今日，这种现象非但没有被有效遏止，且有愈演愈烈之势。作者并对书刊报纸、影视广告等媒体上常出现错别字和读讹音、词语和成语的误用和滥用；对学术界不断被曝光的某些人不劳而获、抄袭他人学术成果的无耻行径；对文化学术领域中的“炒作”之风盛行，人为“拔高”某些所谓学问，使之跻身于学术之林；对由于受捧场者、炒作者的影响，更由于受夹杂了金钱和权势作用的人际关系的影响，从而使得文艺批评这门“正经学问”日渐徇俗等等光怪陆离的现象深恶痛绝，斥之为道德沦丧，文化素质全面滑坡的现象。

文笔雅致，本是吴小如先生一向为文的特点，这本书当然也不例外。读这些文章，能感受到作者的思路敏捷，机锋锐利，斟酌字句之巧，落笔为文之雅，词句间每有胜意迭出，往往令人会意而微笑，能充分领略到汉语言文章之美。韩愈认为写文章应当“气盛言宜”，读吴小如先生的这本书，就有这种感受。

（作者单位：山西教育出版社）

# 我听吴小如先生讲字音

宿万盛

我值盛年，愓厉自若。栖心文艺，于学问之事未敢少怠。时停轩京华，南北士子，相聚而论。纵横磅礴，以为乐事。就中有闻莎斋吴小如先生大名者，拜谒求教之。我欣然而从。先生乃当世通儒，于诗词、书法、文史多有创见，今人多敬之。得能尝其一脔，则不虚京中之行也。

先生设辟雍于城南，地傍幽境，绝无尘扰。而听教者不过数人，席地而坐。先生两目如炯，端坐正中，侃侃而谈，从无倦怠。我思如孔子之教，但从游学而已。

先生直言无讳，有"文胆"之谓。于当世文艺之弊，尤其痛心疾首。盖文字虽小，然所喻者大。先生以为学问之事在于修辞立诚，诚如《文心雕龙·祝盟》所谓："修辞立诚，在于无愧"，造物指事莫非自然。惜今人多不解也。

我时侍先生座右，先生之言语铿锵，如清风木铎，摇之必振，发人深省。我因记下先生片言只论，将以开心智也。此非先生初讲,殆为先生之二讲,我所记从此始。然资质驽钝,惜其不全也,今录之于下,以飨诸君子也。以下为吴先生发言。

上一次有一个问题,我还想多说两句,就是讲到那个"不亦乐乎"的"乐"呀,有三种读音,三个意思是三种读音,同时呢,我还引了《论语》的《季氏篇》所谓"益者三乐(yào),损者三乐(yào)"。这章书里注的读音是很清楚的,赵之阳的事呢,到此可以结束了。不过呢,我在这里要说几句题外话。事情的缘起是有一场赛事,其中就有一个问题中涉及,智者乐(yào)水,仁者乐(yào)山。在座的评委,就念了智者乐(lè)水,仁者乐(lè)山,那么就引起这事了。这个评委的话音刚落,外面的电话就来了,是湖南的观众打来了热线电话,说这个字应该读乐(yào)水、乐(yào)山,不能读乐(lè)。这说明什么问题呢?就说明我们中国尽管现在文化已经滑坡了,但是还有人知道这个字在这里应该读乐(yào),不应该读乐(lè)。

可是呀,就在这个事情发生以后不久,有一个专家,跟我还算熟,打电话问我,这个字应该读乐(lè)还是应该读乐(yào)。他的意思跟那个评委的意思是差不多的,他说,是不是读乐(yào)的这个音可以废掉了不要,开始我不同意,他就再三强调,说现在知道读乐(yào)的人已经不多了。我当时就想,如果知道读乐(yào)的人不多了,为什么那个评委的话音刚落,那个电话就打进来了?可见还是有人知道那字读乐(yào),是不是?

最后,他好像还是有点那个意思,就是应该读乐(lè),那个乐(yào)字不用,废掉就算了。我当时就不高兴了。据这个专家说呢，他曾经听过我的课，因为我20世纪50年代到人民大学兼过课。他说我到人民大学讲课的时候，他在班上是我的学生，所以说起来很尊重我。可是他在这跟我抬杠，非要说读乐(lè)。我就说，你爱念什么你就念什么吧。我心里想，你要是懂的话就别问我了。

这事过去以后呢，到了5月24号的《中华读书报》，那位评委又发表言论，说他本来就知道这个字读乐(yào)，可是由于大多数观众不知道这字音，所以他就读乐(lè)。你说这是不是有点强词夺理呀？这有点替自己文过饰非呀。

我就觉得这话说得不怎么得体，可是那评委底下还有话呢，他说现在有的人专门抱着字典查，专挑别人的错。这个话我听着很不舒服，为什么不抱着字典查呢？别人查字典是为了挑其他人的错，这话说得有点不近情理了。他说现在汉字一字多音的有的是，那种不太常用的读音就应该把它废掉，他意思就是说应该"规定规定"。我认为，这种"规定规定"的话纯粹是误导，大家可千万不能够说一字多音，那咱们把它"规定规定"。

举个例子吧，咱们下象棋，一方是帅，红棋是帅，那黑棋是将(jiàng)，老将(jiàng)，没有念老将(jiāng)的。现在下象棋都念老将(jiàng)，可是等到说我将(jiāng)你军，就读将(jiāng)了。这个字别地儿都念车(chē)，唯独在这还保留古音念车(jū)马炮，没有念车(chē)马炮的。结果我用这个车(jū)呀，我将(jiāng)你一军，没有念将(jiàng)你一军的。说我们现在规定规定，干脆都用将(jiāng)，或者都用将(jiàng)。老将将(jiāng)你一军，或者老将将(jiàng)你一军，同样在下象棋的场合,这个字的读音就有区别了。所以说呀,这个一字多音“规定规定”这个话,本身就是误导,就是一个错误。

我在这里就想起一件事情来,有一个字, 我们普遍都念隽(jùn),这个字我们都知道念隽(jùn)。可是呀,这个字不光是念隽(jùn ),这个字要是念隽(jùn)的话呢,就跟哪个字一样呢,这个字呀,还可以加一个单立人,加一个单立人就跟那个俊俏的俊是一个意思,说这人长得很俊,这两个字都可以用。但是呢,遇到一个专门的词的时候呢,它就不念隽(jùn)了。比如我们现在常常看到评论说某一篇文章写得很好,应该读隽(juàn)永,不能读隽(jùn)永,可是现在好多人,包括大学生、研究生、博士生一张嘴就是隽(jùn)永。其中就有这么一次呀,一个北大的硕士,他现在可能早就毕业了,转到北师大去念博士。我并不认识这个同学,他的北大同学有一天就把他领来看我,他就念隽(jùn)永。我当时就指出,我说这个字不念隽(jùn),应该念隽(juàn),而且我告诉大家,除了这个隽(juàn)永以外,还有一个地方应该注意,汉朝有一个很有名的人,他就姓这个姓,这个人的名字呀,叫隽不疑。我从前念书的时候,我也念隽(jùn)不疑,后来等我教书了,我才知道,这个人应该叫隽(juàn)不疑,就是说这个字不光在隽(juàn)永时,它念隽(juàn)。我就跟来的这个同学说,你读错了,应该读隽(juàn)永,他当时第一反应就说现在大家都这么念了,约定俗成,可以这么念。

我见他不想接受我的意见,找一个理由说明他不算错,那我就问他了,我说这个字,就还是这个隽(jùn)字,要搁这金字旁儿,念什么呢?他知道,他说应该念镌(juàn)刻,不能念镌(jùn)刻，隽永是去声，镌刻是平声，他也知道。我说把这字换上一个木字旁儿，一个木字旁儿加上这个隽(jùn)字念什么呢？他也是知道，他说念槜。这个槜呢，是像我们常吃的李子一样的植物，同时呢，这个槜还是一个地名，春秋时期，吴越两个国家曾在这里打过仗，这个地名还跟这个古代史有关系。我就跟他说，我现在懂得你的意思了，凡是你知道准确、正确和对的那个，你都能说得出来，而你不知道的那个，你第一反应就是说约定俗成，可以通融，可见明知道自己这个读法读得不一定准确，可是第一个反应就是要替自己辩护一下，说自己不是不正确，而是有原因的。这就说明什么问题呢？没有承认自己有错误的勇气。

话说回来，那个评委事后说他知道这个字的读音，却怪人家查字典、挑他错，这就不好了。至于有人说把这个不同的读音，把它“规定规定”，这更是误导。为什么我在讲课以前说题外的话呢？我认为这是一个学风问题。我们这个文化讲座，不光是各位来听听，是我在传知识，把我知道的心得体会告诉大家，我觉得我还兼顾着一个另外的任务，就是如何端正我们治学读书的风气。这个学风很重要，现在虚心接受别人意见，肯听取别人的批评意见，这种事情可以说不算太多。一听见不同的意见，第一反应是把它挡回去，这个实际上是一个学风的问题。我们不光是传授知识，而且对于治学的风气也要考虑到。至于说，把一个字的好几个音，把它“规定规定”，这更是荒唐。我们到现在为止，总不能把音乐的乐(yuè)念成乐(lè)吧？中国音乐(yuè)学院，总不能念中国音乐(lè)学院吧？它能规定吗？它不能规定。

还有个字，是一个舌头的舌加一个走之，我们北方人念适(kuò)，南方人念适(guā)。这个字音呐，就跟那包括的括是一个意思。北方人念包括(kuò)，南方人念包括(guā)，那是提手加一个舌。一个走之加一个舌字呢，这本来就念适(kuò)，或者是适(guā)。可是我们简化汉字的规定呢，愣把这个字读成了适(shì)当的适。所以现在写胡适，实际上写的是胡适(括 kuò)。

今天这个字呢，自古以来就有。这个字有到什么程度呢？"四书五经"里有，小说里也有，《封神演义》里有，这个字就念适(kuò)，这个字就是舌字加一个走之。本来在繁体里就有这个字，《论语》里有一个南宫适，南宫适这个人呢，后来呀，借用到《封神演义》里去了，《封神演义》里也有这个叫适的人名字。你总不能念南宫适(shì)吧？恰好南宋就有一个学者，洪适(kuò)，他弟弟叫洪迈，就是年迈的迈。北大历史系念胡适(shì)的人不少，邓广铭先生在世的时候就告诉大家怎么以前把胡适(kuò)就变成了胡适(shì)，把适(shì)、适(kuò)归并念一个音不行。

除了我说的下象棋将(jiāng)、将(jiàng)不能归并，长短的长和家长的长也不能归并。尺有所短，寸有所长。师长(zhǎng)也不能叫师长(cháng)。现在很多人就读错了，现在人都念关云长(cháng)，实际应该念关云长(zhǎng)。写《史记》的司马迁，他的字叫子长(zhǎng)，现在都念错了。唐朝有个诗人刘长(zhǎng)卿，司马相如叫长(zhǎng)卿，现在都已经错了。我们不考虑怎么改正，而考虑归并怎么念都行，那像家长(zhǎng)、长短(cháng)、关云长(zhǎng)、司马子长(zhǎng)这样的读音现在已经听不见了。

报纸上说有人去成都武侯祠参观,发现张飞的字写错了,不是翅膀的那个翼,而是懿。有个人还专门写了文章,查了《三国志》。张翼德我上初中的时候就知道,现在就是有些专家学者老看《三国演义》不看《三国志》,一下看到武侯祠里是懿德就吓一跳,甚至台湾的余光中也不知道,大陆学者赶快查了《三国志》赶快写信告诉余光中,成了一件大惊小怪的事。实际这在过去是一个常识。《三国演义》和《三国志》不是一码事。

这里还有一个词,我们常说你的文章写得太啰唆,报纸常说冗长。实际我翻了一下最近新出的词典,注音冗(róng)长(zhǎng)。《世说新语》中王献之说半夜有贼,与其对话,除了家里那祖传的毡子别拿,其他都可以拿。“我身无长(zhǎng)物”。诸葛亮临死时上遗表,最后几句话,“不别治生以长(zhǎng)尺寸”。现在有些老诗人自认为作诗作得很好的,但我看有些人写的诗把长物(zhǎngwù)念成了长物(chángwù),我觉得他那么大岁数,学问还差了一点。冗长为什么读(rǒngzhǎng),请大家看陆机的《文赋》,里面有段话全是用去声押韵(ang),最后两句如果念(cháng)不押韵。这个词就从这里出来的。

诸如此类,为什么要说这么多废话?一、这是文化范围的常识;二、我们不要轻信人言,把这个一字多音归并。现在已经念错了这么多,再归并就更乱套。所以我就多说几句,主要还是希望能注意这些小节。文化滑坡是大事,但都是因小事不管而积累出来的,所以希望大家多注意。

# 我听吴小如先生讲"孝悌"

宿万盛

2006年夏,朋友从北京来电话说,吴小如先生正在讲《论语·学而篇》"孝悌",让我去听一听。

时值盛夏,是旅游旺季,加上暑假季,要去北京是相当有难度的。放下电话后,我立刻去了哈尔滨火车站售票厅。排队买票的人很多,等我排到了,去北京的快车票没有了,庆幸买到一张慢车票。

慢车的意思不仅是指整个行程要花上比最快的车多一倍的时间,最难以忍受的还是车内没有空调。盛夏天热,在那种闷罐式车厢里简直透不过气来。

那天我到北京正好是深夜,出了站台大吃一惊:站前广场上,遍地是人。男男女女老老少少,有站着的,有坐着的,躺着的更多。南来北往要中途转车的这些人,统统在站前打地铺。站台广播不时传出哪一趟列车有票了,在几号窗口售票,于是忽地一下,一班人立即爬起来奔向窗口迅速排队,另一拨人正好就地躺下,占了上一拨人的位置。

于是乎，人群就像潮水一样来来去去。我随着挤出的人流到了地铁门口，地铁的门紧锁着，门前台阶上也坐满了半睡半醒的人。我终于看到一个人站起来走了，便赶紧填补了这个空缺，拿出一张报纸铺好坐了下来。

不知过了多长时间，听有人不断在喊：“天要亮了，二十元一位去天安门看升国旗了！”我睁眼一看，是蹬平板车拉客的。我揉了揉眼睛，感觉天终于要亮了，于是慢慢地站了起来向火车站附近的天桥走去。上了过街天桥，走进了对面的肯德基，买了汉堡和一杯果汁，看看时间还早，又要了第二杯、第三杯果汁喝了两个多小时，看了看时间应该走了，这才感觉好多了。匆匆忙忙乘地铁赶到约好见面的地方，和乔宇、古风碰上了头，于是我们三人一起乘出租车赶去听课。车开了好长时间，到了北京郊外的一个别墅小区，走进靠里边的一栋别墅。讲课就在进门的小方厅里，面积也就十几平方米，靠墙边一米的位置有一把椅子和一个很小的讲台，门口一个架子上立着一块很小的黑板。快九点时，陆陆续续来了十来个人，大家拿着草编蒲团，很有序地在地板上坐了下来。过了十几分钟，吴小如先生来了，坐在那把椅子上，就开始上课。

吴小如先生先讲了主要的音与难辨别的字，一个四十岁左右的女先生都把这些字写在小黑板上。（以下为吴小如先生的讲解。）

有的研究《论语》的人，认为《论语》的编次排列，特别是这个《学而篇》的编次排列顺序是有意义的，不是随便排的。

第一章是“学而时习之”，第二章是有子曰“其为人也孝悌”，第三章子曰“巧言令色，鲜矣仁”，第四章曾子曰“吾日三省吾身，……传不习乎”。一章孔子，一章有子，一章孔子，一章曾子。我上次也讲了这可能是无意识排的，但钱穆先生在他的《论语新解》里认为编次排列还是有意识的。因为孔子的两个最出类拔萃的弟子，就是有子和曾子。柳宗元文章中提到《论语》是有子和曾子的后辈记录的。《论语》里，别的人都称名字，唯独曾子和有子在《论语》里不用名字（有子叫有若，曾子叫曾参），只用有子和曾子。钱穆先生有个解释，因为有子大概年龄比曾子大一些，而且众门人认为他最像孔子，不一定是长相，而是他的道德文章、他的很多方面最像孔子。当孔子逝世以后，很多门徒就希望把有子当孔子来尊敬和爱戴，曾子不同意，觉得有子还是比不上孔子，因此没有做到。那么钱穆先生根据这个理由就说，头一章是孔子说，第二章有子说，第三章又是孔子说，第四章是曾子说，不偏不向，一个有子，一个曾子，都跟在孔子的话后面，所以前四章是这么排的。我刚才说的是钱穆先生的意见，还是有意识地编排的，子曰、有子，然后又是子曰、曾子，这是他一家之言。

有子可能比曾子年龄大一点，在门人弟子间的影响可能比曾子大，依我个人看法，曾子的水平比有子高。虽然有子好像是被门人弟子拥戴，认为他最像孔子，可是我觉得他比曾子差点。怎么差点？从这一章就能看出来，下面我们就讲这一章。有子曰：“其为人也孝悌，而好犯上者鲜矣”，还有一种断句，“其为人也，孝悌而好犯上者鲜矣”。“其为人也，孝悌而好犯上者鲜矣；不好犯上，而好作乱者，未之有也。君子务本,本立而道生。孝悌也者,其为人之本欤!"这章是说一个人在家要孝顺父母,出外要尊敬长辈,这就是孝悌。这种人他当然不会冒犯他的长辈,"而好作乱者","作乱"就牵涉政治问题,不是家庭问题了,就是说他在社会上、在朝廷里他要犯上。"作乱"就是说他要造反,不服从朝廷。这个犯上作乱实际上不仅仅牵涉伦理问题,还已经牵涉政治问题。在政治社会里面,统治者谁也不愿意要犯上作乱的人。可是,有子公开提出:"孝悌而好犯上者,鲜矣;不好犯上而好作乱者,未之有也。"不会作乱、不会造反,封建王朝的统治者很欣赏这种说法。因为皇帝专制,不愿意下边人造反作乱、犯上。然后又说:"君子务本,本立而道生。孝悌也者,其为人之本欤!"

我觉得这一章就体现了孔子跟有子之间的小小的差距。请同志们去翻《论语》或其他有关孔子的书,比如《礼记》《孟子》里面也引了不少孔子的话,还有其他的书,比如《韩诗外传》《孔子家语》。有人说《孔子家语》是伪造的,不管怎么说吧,那里头也有不少孔子的事情。尽管如此,孔子的口里没有提出"犯上作乱"这样的概念,有子提出来。请同志们去看《论语·季氏篇》下半部,当时的鲁国当政的大臣是季氏家族,比较跋扈掌权的一个家族,鲁国国君受这个家族的威胁。鲁国国君,可以说是有名无实,用现在的话说是有职无权,政令都从季氏家族往下传达。换句话,当政的、掌权的、专制的是那个季氏,而不是鲁国的国君。

在《论语·阳货篇》记载着孔子的两件事情。《阳货篇》里有两章书,一章叫"公山弗扰以费畔,召,子欲往",孔子要去，公山弗扰请，大家看板书，“以费畔”，现在都念费，浪费的费，当地名讲，念费（bì），而且这个字大概古代就念费（bì），现在我们念费（fèi）。比如说，现在遇到一个姓费的管他叫费（bì）先生，他也不知道叫谁，现在都说费先生，可是这个字古代就念 bì。山东就有一个费县，公山弗扰是季氏下属的一个家臣，本来他是应该忠于季氏家族。可是他呢，在费这个小县城造反。他又派人来请孔子，孔子要去，真要去那个公山弗扰那儿。子路不高兴了，意思不让他去，可是孔子说出一套道理来，详细我们以后再讲。

另一章，也在这一篇里，是一个晋国的事。事情发生在河南，不在鲁国，出了鲁国的国境了。当时有一个人，这人名字的这两个字，我们现在不太熟悉。上头的一个字念佛，就是佛教的佛字，可是这个字，在这块念 bì，单立人一个弗字，在这里念 bì。下面还有一个字很生，念 ji，“佛肸”，这个佛肸本来是晋国的小官，他在什么地方做官呢？就是中牟县。中牟在哪儿，就是河南中牟县。他是中牟县的地方官，他叫佛肸，“佛肸以中牟叛”，叛，就是造反了。这中间有点细节，佛肸本来是晋国的一个大夫，范中行氏的手下。三家分晋，就是韩、魏、赵三家把晋国给分了。赵这个大夫、这个氏族、这个大族，当时在位的是赵简子，简单的简，赵简子就把这个范中行氏灭了，不让这个范中行氏存在了，把他整个吞并了。这个佛肸是中牟的一个官，但是，他是范中行氏手下的一个官，范中行氏没有了，他应该归赵简子管，他就叛了赵简子。背叛了赵简子，也来请孔子，孔子也要去，又被子路拦住了。

详细的我不在这里多讲，但是呢，这就说明一个问题，有子在这里公开提出犯上作乱是不好的，是违反孝悌的，可是孔子的行为，好像比这个弟子还开通一点，造反的人请他，他还去。孔子大致意思是，我不是一个废物，我哪能像匏瓜似的拴在那儿做样子，哪能悬在那儿不让人吃呢？他的意思是，我的本事还有，我应该派用场，我宁可去叛臣那里，我还可以做点什么。还有一次，他说，现在周朝天下已经是王纲解纽，社会上已经乱了，真要是哪儿找我，我要去了的话，为了东周，我还可以恢复东周。他有这样一个抱负，我们不要忘记孔子是讲究等级观念的，所谓“名不正则言不顺”，要君君臣臣、父父子子。孟子还说，孔子承春秋则乱臣贼子惧。看来孔子也不赞成人造反，也不赞成人犯上作乱，但是孔子没有直接提出来不应该犯上作乱。

有子提出了这样的观念、这样的说法，而且拿出来和孝悌做对比，说明在春秋战国阶段，当时这个所谓乱臣贼子已经不少了，社会上的动乱、矛盾已经很明显了。因此有子站在统治者的立场来反对犯上作乱，而孔子则认为，季氏虽然没正式造反，但他飞扬跋扈，已经等于篡夺了鲁国国君的君权了。既然你已经不够做一个臣的资格，那你的手下要叛你的话我可以去。那个佛肸是忠于范中行氏的，范中行氏被消灭了，赵简子本来就是敌人，他要叛赵简子好像也是有道理的。所以孔子对这样的事情的看法还是有条件的，他觉得这个叛逆也未尝无理，不像有子的话这么绝对。我觉得有子的思想，更容易为封建统治者服务，封建统治者更爱听有子的话。孔子是有条件的，有一点不同的看法，所以我觉得有子比孔子还差点。

为什么《论语》被学术界注意，因为这里面有非常宝贵的治学经验、做人的道理、对于当时社会的看法，有很多可取的东西。五四以来反对读经，把“四书五经”看成糟粕，是因为这里面也有被专制帝王利用的东西。比如这一章反对犯上作乱，封建王朝的统治者可以拿来利用，我所以觉得有子比孔子还差点，差点的道理就在这。一个人要是讲孝讲悌，很不容易犯上，既然不容易犯上，就更不能作乱了。

“君子务本”，“务”就是专心把这件事情做好。什么是“本”？我们现在说“本”，就是根本的道理。本来是什么呢？本来是树根，是植物的本，就是植物的根。你看一个木字划一横，划在哪儿？划在下面了，划在木的最下面了。一棵树啊最下面，埋在土里那一截，那一横也可以表示地平面，地平面下面那一截那是本，那就是根。还有一个字，跟这个对着，一个木，上面划一横，那横很长，比木字那一横还长，那念“末”，就是末梢，最边上那个，那个就是“末”。本末，本是在最根本的地方，末是最边的那个，就叫本末。“君子务本”，什么意思？就是要做根，从根本做起，“本立而道生”。如果你这个根本立住了脚，然后这个道就自然而然地生长起来了。

“君子务本，本立而道生”，这句话的原创可能不是有子，因为“君子务本”这句话《吕氏春秋》里也有，可能是一个古成语。“本立而道生”呢，是见于《说苑》，《说苑》是汉朝搜集古说、讲先秦的事的一本书。所以这个“本立而道生”也可能是古代的成语。当然这个原创是不是有子，现在不敢说，不过这两句话呢，除了有子说过，别处也见过。那么这两句话应该怎么理解呢？有两个日本学者，也是古代的日本学者，他们对于古代的《论语》、对于古代的经典，研究得很深。其中一个学者叫安井衡，他讲得最好。他说，什么叫“君子务本”呢？就是说一定要站稳脚跟，就好比植物，你要把这个本、把这个根本培好了，枝叶自然就繁茂，就茂盛。另外还有一个日本学者，上一次我已经介绍了，叫物茂卿的，《论语徵集览二十卷》里也有这个话，他说比如这个草木生长，等草木长起来的时候呢，谁也拦不住，今儿冒一点头，第二天又长老高一块，第三天又长一大块，几天不见，一下所有的树叶全都长出来了，天气只要一变化，枝叶都茂盛了。所以他们讲本立，根本上立住脚跟的话，道自然而然就繁盛了。所以一个本、一个生，就说明了，有子的话是用植物之道来解决做人之道，这个“道”字看起来很抽象。实际上，尽管各家的解释不同，可实际上我觉得这个“道”并不抽象，它有具体的内涵。拿有子来说吧，有子是孔子的弟子，孔子讲的是孝悌，讲的是仁义，特别是这个“仁”，这是孔子的“道”，所以孝悌，其为人之本也。照现在《论语》的版本来看，仁之本也，它是仁义的仁，这里面还是有点可研究的东西。

咱们先说“道”。“道”是什么呢？最早解释“道”，韩愈的《原道》篇里解释叫“博爱之谓仁”，就是人应该博爱，就是现在说的自由、平等、博爱，博爱就是仁。“行而宜之之谓义”，这个事情做得合理，宜就是相宜，不相宜之为不宜。第三句，“由是而之焉之谓道”，由这个仁义往前走，由这个做起点再往前走，走这条道，就叫“道”。换句话说，“路”就是那条道路，奔向仁义目的去的就是“道”。这是韩愈作为孔孟的信徒来解释这个“道”，是这么理解的，这里可以这么讲。

但是到了老子的书里面，他首先有一条，很重要的一句，“道法自然”。它是仿效自然的，后来人总说，儒家和道家这两派学说，有矛盾有对立的东西，要我看不是这个事，孔子所说的“道”，就是指仁义之道，是伦理之道，指社会的人际关系、亲子关系、家庭关系，扩展到社会关系，到君臣关系，一点点扩大。实际上孔子的“道”，是以家庭亲子关系、整个家族为起点，是从个人修养做起。所以《大学》里说，“自天子以至于庶人，壹是皆以修身为本”。先得修身，修了身才能齐家，齐了家才能治国，治国才能平天下，所以修齐治平是儒家从政的规律，或者说准则，实际上规律、准则就是“道”。

苏联的哲学著作里面有一句话我经常引用，中国的“道”，是说事物都有内部发展规律，内部有一个发展规律，植物有植物的发展规律，动物有动物的发展规律，社会有社会内部的发展规律，这个东西要用中国古代的词来说就是“道”。

孔子讲的是伦理之道，是仁义之道，是宗法之道，这个圈还比较小。到了老子那个“道”，范围扩大了，“道法自然”，它是以整个宇宙、整个大自然作为“道”，所以儒家的“道”比起道家的“道”范围小，道家的“道”范围大。到了宋儒讲“道”，实际上吸收了道家的东西，又是无极又是太极，实际上无极也好，太极也好，实际上是指整个宇宙、整个自然界，整个自然界比起一个家族、一个家庭这样的范围，甚至一个社会一个国家来说，那都大。国家也好，社会也好，家庭也好，都比自然界要小，所以老子不是针对儒家的“道”进行驳斥，而是他的眼界看得更大，把整个自然界看成了“道”。在先秦时代,科学不够发达,人是很聪明的。他可以看出来一些规律,这规律也可以解释成“道”。比如说日月经天,江河行地,二十四小时以后太阳又出来了,每天太阳都是从东边出来从西边落下去。后来有了天文学才知道,太阳是恒星,是地球在转。在没有天文学、没有地理学、没有各种人文科学和社会科学,特别是自然科学不发达的时候,人们根据生活经验看出一条一条的规律,他们就把这个规律叫“道”。老子比孔子看的范围更大、更远一些,看到了宇宙,看到了大自然界。所以他说“道法自然”,法就是仿效,仿效大自然,大自然的范围显然比一个家族比一个国家大多了。

实际上,我看是范畴大小的问题,不是说“道”有诸多的矛盾、诸多的冲突、诸多的互相违反的问题。“道”还是一个“道”,但是对“道”的解释,宽窄大小也不同,这是我的看法。我们可以明白一个道理,万物生长、社会存在、国家民族能够进步,有它的内部发展规律,顺着内部发展规律往前走就进步,逆而行、不顺着它走就要出事。孝悌是从亲子关系来的,属于人伦之道、伦理之道,这个是“道”的一部分。

儒家的“道”偏重讲伦理学,讲仁义关系,道家的“道”范围扩大了。我一个学生写过一篇文章:儒家道家思想可以互补。他提出这个论点,把文章给我看,后来我写了一篇文章,我说岂止儒道可以互补,儒家本身的思想就可以互补。举个例子,儒家是“邦有道则仕”,这个国家正常发展、太平盛世,我就出来做官;“邦无道则隐”,国家乱了我干脆做隐士躲开,躲开政治,逃避政治,这就是道家的思想。所以儒家本身就可以互补,那么道家本身也可以互补。换句话说,这是我自己的看法,这个辩证法,不是从黑格尔那儿才有的。我们现在回过头去看看,凡是一个站得住脚的哲学家、思想家,中国的也好,外国的也好,凡是思想能站得住脚的,能够推进人类社会进步的,思想里面都包含辩证法。辩证法就是整个世界前进的一个规律、一个动力,你要不讲辩证法,你就等于违反了自然规律。这是我个人的看法,所以不要把辩证法看得太神秘,也不要说辩证法有专利,所有思想家在当时都具有进步的成分,都包含着辩证法。我们现在知道《易经》有辩证法,《老子》有辩证法,《孔子》《孟子》《论语》和《荀子》有没有辩证法?都有辩证法,《庄子》也有辩证法。只要是在当时具有进步意义,对于社会发展有好处的思想或者行为,都包含着辩证的关系。

管仲是法家,管仲的思想现在不过时,还挺时尚。管仲说:"衣食足而知荣辱。"我们现在讲荣辱观,荣辱前面还有一句话:"衣食足而知荣辱"。你得先让老百姓的肚子不饿了、温饱了才能讲荣辱。"仓廪实",粮仓里粮食够吃了而后"知礼节",才能知道礼节。礼义廉耻,国之四维,四维不张,国乃灭亡。四维是从什么地方来的呢?是从"仓廪实"、从"衣食足"那儿来的,衣食不足、仓廪不实,你开空头支票,说要讲荣辱、讲礼节、讲礼义廉耻,看起来这是上层建筑,但是这个上层建筑得生产力发达。生产力发达了,生产关系才能理顺,这个社会才能稳定。如果社会不稳定,四维不张,国乃灭亡,这是管子说的——《牧民篇》,管子第一篇就提出这样的思想。孔子在《论语》中曾经批评过管仲,也表扬过管仲,批评管仲太奢侈,这个人不太懂君臣的礼节;但是,说他的功劳可就大了,说春秋时代如果没有管仲我们都成了野男人了。这是孔子对管仲的看法。我们现在讲荣辱观,建筑在衣食足、仓廪实这个基础之上,你说跪在地下跟人讨钱要饭,没礼貌、素质太差,你让他吃饱了、喝足了,然后给他受教育的机会,他素质自然就提高了。所以孔子讲的“道”和管仲讲的“道”只是社会之道,是家族之道。

我顺便说一下,“修身齐家”的家,不是咱们三口之家。现在多是独生子女,夫妻组成小家庭,一个家里面有丈夫、妻子带一个孩子,这不是春秋战国孔子说的家。修身齐家的“家”是大家族的“家”,是几百人、几千人都一个姓,都是一个老祖宗分下来的,那个“家”是家族的“家”,跟咱们三口之家、五口之家不是一码事。齐家范围大了,动不动就上百口子,他当然得齐家了,做家长的不以身作则,那就乱套了,所以修身齐家的范围,比我们今天的家大多了。现在我们就说四世同堂、五世同堂,也没有修身齐家的那个“家”大,所以孔子所说的“道”是指亲子关系、宗族关系,那样的“道”,要讲仁义。而老子讲的“道”是整个宇宙、整个大自然,包括天文地理各式各样的学科,范围不一样。有子说的是小范围的,他说:“其为人也孝悌,而好犯上者鲜矣。不好犯上而好作乱者,未之有也。”他说得太绝对了,其为人之本就是孝悌,孝悌是什么,就是一个家族的关系,对于长辈要尊重,这就是悌,对于父母应该尽孝,这就是孝,说来说去没离开一个比较小的家族关系。扩大一点讲的“仁”义的仁,那个比孝悌范围大一点,但是跟老子所说的“道法自然”比还是小。

这里就涉及一个问题——我们今天又把老的词语搬出

来讲——天人合一。什么叫天人合一？就是把人类社会的群体关系跟自然的日月经天、江河行地的自然规律，把自然的规律跟社会发展的规律合起来就是天人合一。我们现在要科学的发展观，什么叫科学的发展观？就是别违反自然规律。自然规律是比较科学的，你要有科学的发展观，逆天行事那不科学。要和谐社会，和谐社会是什么呢？就是把社会上的矛盾统统化掉。实际上我们现在提出来政策的原则，就是希望今天的人能做到天人合一。实际上，天人合一就是说人类社会的发展规律和自然发展规律要统一起来。生态要平衡，别打仗，要谈判解决问题，科学发展观要讲究和谐社会，这都是要解决矛盾的前提。

过去中国也好，欧洲也好，后来的美洲也好，整个全世界也好，就有那么一批人，恺撒也好，彼得也好，那都是洋人，中国也有，秦皇始也好，他老觉得自己高人一等，我是英雄。包括曹操，也自认是豪杰，是伟大的人物，我要出手不凡，我得做出惊天动地的事情。过去历朝历代多少英雄豪杰，总觉得自己是最了不起的，因为我是人，我又是人类里出类拔萃的人，我是英雄、我是圣人、我是贤人、我是高人一等的，越是这样想，越觉得自己了不起。了不起怎么办呢？逆天行事。从《史记》看，伍子胥就有这种思想。古来老说天定胜人，我偏要人定胜天，就是说人是主宰，我就要逆天行事。几千年来，物质文明是发展了，可是好多东西，这头发展了，那头就丧失了、缺少了。比如说亲情、亲子关系，现在有婆婆和儿媳闹矛盾的，甚至有打爹妈的，为的是什么呢？为的是分财产。就顾自己的一点小利，整个亲情都不要了。这还是小事，大事就更多了。整个历史上什么秦始皇焚书坑儒,汉武帝罢黜百家、独尊儒术等等,说白了是什么呢?是自认为自己了不起,也有一帮捧场的说他了不起,于是乎他就可以逆天行事。

物质文明不错,这几千年来,不光是中国、西方,甚至包括现在的非洲,虽然文明程度差点,但是比原始社会强多了。物质文明发展了,但是人的伦理关系,还有其他许多可贵的精神财富却在追求物质文明的前提下,丧失了,好多东西都没有了,这得不偿失。而且这种现象,不自今日起,先秦时期就已经如此了,所以荀子提出人性恶,他说的有没有道理?他这个也还是片面,孟子提倡人性善,可荀子说人性恶。"其善者是为也","为"也就是人为的,意思是非得逼着你,你才能行善,如果不逼你,你就自私自利,你就是不要天理、光要人。可是宋代、明代的理学家又翻过来,要存天理,把《论语》两边去掉,又不行了。因此,我们说,要是只强调一个方面,所谓征服自然而不适应自然,不跟自然和谐共存的话,最后地球迟早要爆炸,整个人类要灭亡的。

方才我们解释"道",我认为就是事物的内在发展规律。一个事物有他发展的规律,你要破坏这个规律,就是反其道而行,就容易出毛病。有子只把孝悌当作他追求的目标,"孝悌也者,其为人之本欤",现在的版本,"人之本欤"的"人",都写成仁义的"仁",请大家仔细地读一读朱著,就是朱熹的集著,他引了成子(成怡)的话,然后朱熹自己又有所发挥。你看出来没有,朱著里讲有子的话,他是不同意有子观点的。我也不同意,我认为"孝悌也者,其为人之本欤"的"人",应该是两笔的那个"人",而不是仁义的"仁",这两个字在古代是相通的。仁者，人也，就是仁义的“仁”的解释，就是这个“人”，这两个字可以通的。所以，“孝悌也者，其为人之本欤”，应该是做人的根本，而不是仁义的根本，这个字是个假借字。

《论语》本身又有内证，即有一个内在的证据。里面有一章：“井有仁焉，其从之也?”说井里掉进去一个人，你得把他救上来吧，你能跟着一起跳下去吗？宰我问孔子，实际上是辩论、是抬杠。你说人好，那井里有人你也跟着下去吗？假定说掉井里的是一个好人，是一个君子，那你也跟着去吗？这不抬杠吗！你跳下去你不也死了？可见“井有仁焉”的“仁”不是仁义的“仁”，是一活人的那个“人”。后世怎么样区别这两个字呢？前两天我跟小沈还讨论这个问题呢，两笔的人指着具体的人，仁义的“仁”是一个抽象的论点，是一个观点，这个抽象概念、观点要从具体的人来体现。我们现在说文解字，去考证，很有意思。考证出来，过去写杏仁的仁、核桃仁的仁还有花生仁的仁，都写两笔的人，直到明代的人刻《本草》，才把“杏人”“花生人”改成单立人的“仁”，以前，都写两笔的“人”，分不清了。当代又有人说了，杏仁、花生仁的“仁”，要讲成仁义的“仁”，是错的，那是两个意思。我说不对，那是一个意思，从杏仁、花生仁的“仁”字来讲，这唯一的，还保存一点古代的想法。什么叫“仁”呢？你想，一个植物的果核，最核心的部分那叫“仁”，杏核里面打开的那个东西才叫杏仁，而杏树之所以能够繁荣生长，结果实，就靠最核心的“仁”。

因此咱们要翻过来说仁义道德的“仁”，我们人类的事业也好,生活也好,生存也好,事情的发展也好,“仁”是整个人类社会万事万物发展的核心。孔子讲这个“仁”实际是核心的意思。果实的核心叫“仁”,人类的行为关系也好,人际关系也好,社会关系也好,事物发展也好,离不开那个“仁”,就是那个好比植物果实最核心的“仁”,没有那个,社会不能发展。所以钱穆讲了一句话,就说,仁义道德的“仁”,对内来说是人与人的心际交流,对外来说是人与人共同创造的世界。可见这“仁”不完全是个人修养,也关系到整个社会发展。

我们仔细想想也对,良知良能就是指人的本身,一个人要是没有良知良能,你想开一公司、办一企业,彼此就靠诈骗,靠你欺负我、我骗你,这事业还能成功吗?首先我们要提出两个字,一要诚,一要信,诚信本身就是仁义道德的内涵,这都属于人的内涵。人要不诚信,还谈什么仁义道德的“仁”?正如同有子说“孝悌也者,其为人之本欤”,应该是那个“仁”,因为“仁”是孝悌之本,而不是孝悌是仁义道德之本,孝悌不过是人作为具体的人之本,所以我认为那是个假借字。

接下来,咱们就谈谈“巧言令色,鲜矣仁”。孔子说“巧言令色,鲜矣仁”这话,“巧言”,不难懂,现在还有一个成语叫“花言巧语”,花言巧语就是巧言。“令色”是什么呢?我觉得我们现在发明的词,也有从英文借来的。现在有个很时髦的词叫“作秀”,还作得挺酷。作秀是什么意思?就是表演给人看,巧言令色的“令色”,要我说就是“作秀”。从古到今一直是这样解释的。最早的解释是魏晋时代的王素,他有两句话,是最干脆最概括的,他说,“巧言无实”,没实在的,“令色无质”,令色就是没有实质的东西,都在表面。所以孔子说,一个人只会花言巧语,就会看起来表面上挺和气的。我现在对这个词持保留态度。现在咱们经商也好,站柜台也好,营业窗口也好,最好要微笑服务。现在强调微笑服务,我就担心这微笑服务,算不算“令色”啊?我心里不想笑,我看见您这个主顾来了,要是从心内发出来的令色还好,真要是心里憋着气,跟你令色、跟你微笑,要我看比不微笑看着还难受。所以这个“令色”本来是善的意思,应该解释成和颜悦色。但是孔子从根本上看,一个人花言巧语、和颜悦色,不见得都是仁者,鲜也。他并不是说,这种人就永远不会有仁,这种人很少具有仁者仁慈的内心 。所以到后来,讲这个巧言令色越讲越深。

那天小沈看了我的讲稿,我引了明末清初的王肯堂的话。王就讲,巧言令色是什么意思呢?巧言的言也是“仁”,令色表达的“仁”,也是仁义道德的“仁”。说巧言的人啊,能够说一套一套的,但是行为对不上号,就掩盖不了他内心的不仁,所以这就是说这巧言本身不能算是“仁”。令色也是如此。用王肯堂的话说,表现得好像我要做一个仁者,可是我的行动不是一个仁者的行动。所以王肯堂的结论就是说,一个仁者不能够靠声音笑貌,光是说得天花乱坠或者是微笑服务,整天地冲着人客客气气,好像很有礼貌,这够不上“仁”。所以王肯堂有一句话,说人啊,岂可以声音笑貌为哉?靠声音笑貌来体现这“仁”,是不行的。王肯堂说,古曰“鲜矣仁”,这样的人是不够“仁”。这里讲得比较透彻,他就讲巧言令色,不是说一般的花言巧语、和颜悦色,而是用花言巧语想体现他是个仁者，用和颜悦色想体现他是个仁者，但是他说的话和行动对不上号，而且他的表情跟他的行为也对不上号，这样的话就“鲜矣仁”，就不能算是仁者。这样讲，就比一般的讲法显得更透彻。

下面我就专门谈谈“仁”。在中国的造字中，仁义道德的“仁”，代表“人”，二比一多，二就代表更多的意思。换句话说，一个人不能老活在氧气罩里，跟外界毫无接触，那不行，必须得跟第二个人乃至更多的人接触，所以从“二”。你看仁义道德的“仁”，是一个人字旁、一个二，二者重也，三人就为众，就是说是群体。“仁”是人际关系，仁义道德的“仁”是指人际关系，因为一个人活在社会上必须跟他人交往，这也是儒家学说的根本。人类社会本来就是群体，因此只要有群体存在，就必须考虑到人际关系，所以“仁”字最简单的概念就是人际关系。当然，人际关系再往外扩充就是社会关系，社会关系再往大扩充就是国际关系。社会关系、人际关系都离不开这个“仁”，也就是说，这个“仁”，是一切人论科学社会的根本。

正如同我刚才所说的，杏仁的“仁”、花生仁的“仁”，是那个果实最核心的，也是我们做人在社会上立定脚跟、事业有发展、社会能进步的核心，没有这个核心，社会进步不了，事物也发展不了。有了仁，万物才能生生不息，社会才能发展，世界才能进步。这就是孔子的“仁”。为什么如此强调？那就是因为它是联系整个社会群体的不可缺少的部分，不可缺少的内在的东西。所以，冯友兰也好，钱穆也好，对于“仁”都有新的解释，比以前的人解释得更周密一些。比如冯友兰说，“仁”就是人的性情的真的合乎礼法、是真性情而且又合乎礼的流露，同时又具有同情心，能够推己及人。这就是冯友兰讲的仁的定义，有几条，一个是性情是真的，一个是合乎礼法的，第三个是具有同情心的。那么巧言令色呢？那就是把真性情藏起来，用一套虚伪的表面来跟人打交道，那就等于是巴结人，等于是取媚于人、取悦于人，就是拍马屁，那当然不是真性情的流露，所以冯友兰说，鲜矣仁。

《论语》里还有一条，“刚毅木讷，近仁”，什么叫“刚毅木讷，近仁”呢？我们下次可以提前讲讲这条。木讷，就是巧言令色的对立面，就是拙嘴笨舌。刚毅是什么呢？刚毅就是有毅力、有耐力，事情失败了还往下做；刚就是不屈不挠，不随便地就改动自己的本来面目。所以刚毅木讷的人，质朴有真性情，近仁。虽然不一定就是仁，但是它近仁，接近这个仁者的特点。下一次我们可以再讲讲刚毅木讷。刚才我也引了钱穆的话，他说“仁者，自内言之，则为人我相通之心地”。就是这个人啊，要从内心来说，跟与我彼此相同的内心交流，自外言之是仁。“我兼得之功业”，人跟我都要有良知，然后才能够建功立业，才能够使社会事业有发展。可见对国家社会有贡献也不是个人的力量，从建功立业来说，根本也离不开仁。

举例子来说，咱们办一个公司，首先，现在提倡诚信，你要不诚信，过两天，唱空城计了，就犯法了。你要想事业有成，必须得齐心合力，得有点奉献牺牲精神。这都在这个“仁”字里面，都在单立人一个二里面，你奉献给谁啊，奉献给其他人，让其他的人也得到好处，也就是推己及人，你不能自私自利。所谓忘我的精神，所谓齐心合力的精神，有团队的精神，就是有合作。大家一心，万众一心，众志成城，这都是在那个“仁”的范围以内，这样事业才能有成。说起来都是仁者，就是所谓仁义道德的一部分。

我刚才说了，“人”可以用孟子的话来解释，就是人有良知，有良能。王阳明解释得更清楚，良知实际上就是一个人天生就有良心，良能就是天生就会什么，比如说小孩吃奶不用人教，他就会，求生之道自然天生就具备，这就是良知良能。人就是良知良能的一个体现。所以孔子还有一句话，为仁者，只有是仁者，才能爱人能恶(wù)人。并不是仁者就是谁也不恨了，你打我左脸，我把右脸给你打，这在西方的《圣经》里面就有这种道德的讲法，这个西方的文明也是一种体现，是宽容。可是中国孔子说得比那个要全面一些，他能爱人，但是也能恶(wù)人。你做的真不对，我就对你表示我恨你，我讨厌你，但是前提是，你不随便地爱谁，随便地讨厌谁。得是仁者，只有仁者，他恨的才对，他爱的才对。这是“巧言令色，鲜矣仁”呢。我看讲到这也差不多了，下次我们来讲一讲“刚毅木讷，近仁”，然后再接着讲曾子“吾日三省吾身”。

同学们向吴小如先生鼓掌。先生说：“这也是一种礼貌，我也向大家鼓掌。”

在掌声中，大家慢慢站起，向吴小如先生鞠躬，大家慢慢地聚拢向讲台边……

# 北大中文系，让我把你摇醒

孙绍振

近日得友人赠《学者吴小如》,读之感慨良多,非但为吴先生而且为北大,为中文系。

细读此书,五十四年前聆听吴先生讲课的种种印象不时涌上心头。在当时能让他这样一个讲师上中文系的讲台,可以说是某种历史的吊诡。

初进北大中文系,不要说讲师、副教授,就是不太知名的教授也只能到新闻专业去上课,一般讲师只能上上辅导课。当然,刚刚从保加利亚讲学归来的朱德熙副教授似乎是个例外。现代汉语本来是中文系大部分学生觉得最枯燥的,但是,朱德熙却以他的原创的概括、缜密的推理和雄辩的逻辑获得爆棚效应,二百人的课堂,去晚了就没有座位,只好靠在墙边暖气管上站着。何其芳先生那时是北大文学研究所的副所长(所长是郑振铎),与吴组缃先生先后开设《红楼梦》专题。吴先生得力于作家创作经验,对人生有深邃的洞察,对艺术有独到的分析,而何其芳先生颇有人道主义胸怀,不同意他把薛宝钗分析为“女曹操”,认为她不过是一种家族体制、礼教意识的牺牲品,两人同样受到欢迎。一次,我在北大医院排队挂号,护士问前面一人姓名,听到四川口音很重:“我叫何其芳。”我不免多看几眼。

然北大泰斗学富五车者众,善于讲授者寡,加之北大学生眼高,哪怕学术泰斗,讲授不得法,公然打瞌睡者有之,默默自习者有之,递纸条、画漫画者有之。古代汉语本来是魏建功先生开设,但他公务繁忙,往往从课堂上被叫出去开会,且到比较关键地方,有“茶壶煮饺子”——学生替他着急的时候。此课后来改由王力先生开设。先生取西欧人学拉丁文之长,构造了他的中国古代汉语课程体系,举国传承至今。一代宗师,治学严谨。我听过他的汉语史、汉语诗律学,他的语调往往由高到低,余音袅袅,杳不可辨,且第二堂课往往花几分钟订正前堂之误,上午第五、六节课要上到十二点,每每拖课,调皮如我,遂将随身携带的搪瓷饭碗从阶梯教室的台阶上滚下,先生愕然问“何事”,答曰“饭碗肚子饿了”,先生乃恍然而笑。王瑶先生自然是公认的博闻强记、才华横溢,然一口山西腔,不知为何给人以口中含有热豆腐、口头赶不上思想之感。系主任杨晦教授德高望重,讲中国文艺思想史,出入经史、小学、钟鼎艺术,其广度、深度非同小可,常有思想灵光,一语惊人,令人终生难忘。其批评郭绍虞新版《中国文学批评史》曰:“用现实主义的原则去修改,还不如解放前那本有实实在在的资料。”其批评巴金《家》《春》《秋》好在激情,然如“中学生作文”,如果把三部并成一部就好。但是,他讲了半学期,装着讲义的皮包还没有打开,学生也无法记笔记,两个多月过去了,还未讲到孔夫子,在学生的抗议下,不得不草草停课。宋元文学权威浦江清先生英年早逝，乃请中山大学王季思教授讲宋元戏曲，王先生舍长用短，以毛泽东《矛盾论》中之主要矛盾、次要矛盾分析《墙头马上》《陈州放粮》，心高气傲的北大学生，保持着对客人的礼貌，纷纷抢占最后数排以便自由阅读。

那是1958年“大跃进”“拔白旗”的年代，大字报贴满了文史楼，从学术泰斗到吴小如这样的青年教师，无不被肆意丑化。就在这种情况下，小如先生为我们讲宋代诗文。当时怀着姑妄听之的心情走进课堂。吴先生的姿态，我至今还记得，双手笼在袖子里，眼睛不看学生，给人一种硬着头皮往下讲的感觉。然，中气甚足，滔滔不绝，居然是听得下去，接下来几课，还颇感吸引力。我对朋友说，平心而论，这个讲师从学养到口才都相当不错。一些具体分析，显然和以艺术分析见长的林庚先生路数不同，然而明快、果断。至今仍然记得他对陆游晚年的诗的批评是，用写日记的方法写诗，以致出现了“洗脚上床真一快”这样的败笔。

“大跃进”运动很快把课堂教学冲垮，下乡劳动有时长达一个月，课上不下去，后来干脆就停课了。我对吴先生印象也就停留在当年粗浅的层次上。这次从《学者吴小如》上，读到彭庆生同学对他的评价：“先生口才不逊文才，三尺讲台，传道授业解惑，沁入学子心脾，20世纪50年代北大中文系学生中便有‘讲课最成功的吴小如’之说，故课堂常常人满为患。”庆生同学晚我一年毕业，可能系统听过吴先生的课，有权作全面评价，当然，不无偏爱，若论启人心智，和朱德熙先生那种俯视苏联汉学家、放眼世界语言学，深入浅出，在学术上开宗立派的大气魄相比，吴先生应该略逊一筹。不可忽略的是，庆生当年可归入全系攻读最为刻苦者之列，曾经以躲入冬日暂闭之洗澡间抄写刘大杰在新中国成立前出版的《中国文学发展史》而闻名。吴先生能得如此学生的如此评语，当有此生足矣之感。

近日吴先生答《中华读书报》记者问，虽然自谦为“教书匠”，但是，就是在当年，我还是感到了他的学养深厚，阅读北大中文系所编先秦、两汉《文学史参考资料》，感到极大的满足。毕业后不久才知道，这两本资料主要是吴先生执笔统稿的。然而意味深长的是，这竟然是“反右”以后留校的一位“左”派告诉我的，他语重心长地警示：这两本资料，尤其是两汉卷，资料过详，原因是执笔者意在“多挣稿费”。这在当时，就给我以小人之心度君子之腹的感觉。当然，仅凭此二册，对于先生的学养，所知毕竟有限。直到20 世纪 90 年代先生耄耋之年，居然以“学术警察”形象出现于文坛，对于学界之虚浮硬伤，笔阵横扫，语言凌厉，锋芒毕露，不由得使我增加了对先生的敬意。此番阅读《学者吴小如》才知先生的学术著作凡数十种，仅其中《读书丛札》在香港、北京两地出版，前辈学者周祖谟、吴组缃、林庚先生均给以高度评价。吴组缃先生认为“吴小如学识渊博，小学功夫与思辨能力兼优”，甚至有“无出其右者”之赞语，哥伦比亚大学权威教授夏志清曾言“凡治中文者当人手一册”。

到了20 世纪80 年代，在改革开放形势下，这位当了三十年讲师的“讲师精”，被历史耽误了，人所共知，又有吴组缃、林庚先生推荐其直接提升为教授，应该顺理成章一路绿灯。但是，皇皇北大中文系，居然不能通过，差一点被慧眼识珠的中华书局引进。不可思议的是，吴先生没有走成，居然不是中文系的幡然悔悟，而是比中文系当道者在学术上权威得多的历史系的周一良和邓广铭教授“三顾茅庐”，结果是小如先生成了历史系教授。

对于这样的荒诞，中文系的当道者至今没有感到荒诞，而作为中文系的校友，我突然想到鲁迅先生的一句话："呜呼，我说不出话。"

但是，痛定思痛之后，我仍然逼出了一句话：这是中文系的耻辱。

对这种耻辱的麻木，则是更大的耻辱。

在这种耻辱感麻木的背后，我看到一种令人沉重的潜规则。

回顾20世纪50年代以来的系史，这样的潜规则源远流长。50年代初，容不下沈从文，把他弄到历史博物馆去当讲解员，这还可以归咎于当时的历史环境和时代氛围。1957年驱逐了后来成为唐诗顶级权威的傅璇琮，也可以用他当了右派来辩解。但是，杨天石在55级当学生的时候，就以学养深厚著称，后来，独立开创了蒋介石研究，自成一家，享誉海内外。当年他并不是右派，然而中文系就是不要他，他被分配到一个培养拖拉机手的短训班，后来靠刻苦治学，辗转多方，调入社科院近代史所。在他获得盛名之后，中文系有没有表现出任何回收的愿望呢？没有。钱理群是学生公推的最受欢迎的教授，可是在他盛年之际，就"按规定"退休了。然而，成立语文教学研究所，又挂上了他的大名。可是，有名无实，连开个作文研讨会都没有他的份。

从这里，似乎可以归纳出一条定律：这些被驱逐的，本来是可以为北大中文系增光，为北大校徽增加含金量的，而留下的，能为北大争光的当然也许不在少数，但是，靠北大中文系这块牌子为自身增光，从而降低北大校徽含金量的也不在少数。更为不堪的是，还有一些为北大中文系丢丑的，如向某高官卖身投靠作学术投机的。至于一些在学术上长期不下蛋的母鸡，却顺利地评上了教授，对于这些人，中文系倒是相当宽容的。

从学术体制上说，这就叫作人才的逆向淘汰，打着神圣的旗号，遂使学术素质的整体退化不可避免。

当然，北大中文系毕竟是北大中文系，在逆向淘汰机制铁桶般围困的时候，选择学术良知的仍然不乏其人。最突出的就是系主任杨晦在1962年为吴小如讲话，盛赞他的贡献，其结果是1964年在党内遭到两星期的严厉批判。据知情人说，当时骨气奇高的杨先生一度产生跳楼的念头。1984年严家炎先生为系主任时，一度欲请吴先生回系。然吴先生出于对周一良先生、邓广铭先生的知遇之恩，婉言谢绝。这样反体制的学术良知，不成潮流，与打着

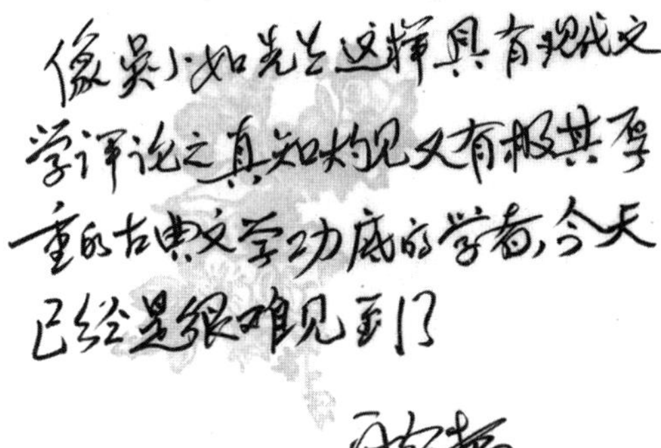


孙绍振题词

神圣旗号的逆向淘汰横流相比，显得多么微弱。这就使逆向淘汰持续了半个世纪，1949年以前幸存下来的学术泰斗先后谢世，北大中文系不但丧失了20世纪50年代学术上那种显赫的优势，而且在许多方面呈现衰微的危机，北大中文系这块招牌的含金量已经到了历史的最低点。

近年报刊上风传钱学森世纪之问:建国以来大学培养出来的自然科学人才所取得的成就为何还不如1949年以前?纷纭的讨论至今未能切中肯綮。其原因盖在于,从概念到概念的演绎,如果以吴小如先生为个案做细胞形态分析,则不难看出逆向淘汰的潜规则之所以不可阻挡,原因就在神圣不可侵犯的旗号下,具有学术良知者,在行政体制中显得非常孤立,因而脆弱,明于此,也许能够把“钱学森之问”的讨论切实地推进一步。

这几年北大中文系当道者不乏到处反复宣扬“大学精神”,为蔡元培先生的“兼容并包”自豪者。但是,把“兼容并包”讲上一万遍,如果不与痛苦的历史经验教训相结合,在危机中还以先觉先知自慰自得,甚至还流露出优越感,其所云无异于欺人之谈,北大中文系沿着“九斤老太”的逻辑滑行并非绝对不可能。

吴小如先生九十高寿,学生们想到了为之祝寿,北大中文系当道者居然毫无感觉,这只能说明那些动不动拿蔡元培来夸夸其谈的人,其大学精神已经酣睡如泥。我作这篇文章,除了有意于把“钱学森之问”的讨论加以深化之外,还有一种出于系友的奢望:把我的母系狠狠地摇醒。

(作者单位:福建师范大学)

# 人品文品俱臻佳妙

孙永庆

吴小如先生是古典文学研究家，北京大学中文系教授，中国俗文学学会会长，他藏书、读书和著书，一生与书结下了不解之缘。了解吴小如先生的读书和治学之道，对读书者是很有意义的事情。著名作家邵燕祥曾著文说：他入文学之门，多得力于吴小如先生。邵先生领悟到了吴先生读书和为文的真谛。

吴小如先生出身于书香世家，他的父亲是名震京津的书法大家吴玉如先生，被启功先生誉为中国“三百年来无此大手笔”，著名书画家范曾也说：“他（吴玉如）的书法，近可与比肩者数子耳，若胡小石、高二适，若于右任、林散之等是其俦，而天津唯龚望先生可与比权量力。”（《不信今时无古贤》）吴玉如先生也是著名学者，任教于南开大学，后任津沽大学中文系主任，其藏书主要是古籍和碑帖。吴小如先生刚读书时是用父亲的藏书，后自己开始藏书，受父亲的熏陶濡染，吴小如先生的藏书多是古籍，如《四部丛刊》续编和三编的零种、《四部备要》所收常用古籍而《丛刊》未收者、《二十四史》《四书翊注》《续资治通鉴长编》等，也收藏新文学作品，如鲁迅、朱自清、俞平伯、废名、沈从文、林庚等的初版书。吴小如先生为了教授古典文学之用，藏有大量的工具书，并在北京大学中文系开设了“工具书”学科，为了方便大学生、研究生和青年教师查找资料或解决疑难，吴小如先生编著了《中国文史工具资料书举要》，由中华书局出版，后天津古籍出版社重版，这是运用工具书的典型范例，值得我们很好地学习。由此可见，吴小如先生藏书主要是阅读、备用。

吴小如先生积七十余年之读书经验，谈了自己对读书的看法：一是读书要点、面、线结合。比如古典文学作品，他主张从“面”到“点”，先从读选本入手，有的选本是从古到今，如《古文观止》，那就连“线”也有了；再如读唐诗，读读《唐诗三百首》就可以了，如果想读某位作家的作品，读作家全集又觉得太多，就读读作家的选集，读完选本有了兴趣再啃全集就容易多了。这样就由“面”过渡到“点”上。光读这位作家的原著还不行，还要读研究这位作家的著作，如果你喜欢李白的诗，“他是继承了谁？后来又影响了谁？这样把一个个作家联系起来分析比较，就是‘点’中有‘线’了。如此循序渐进，各个击破，逐步由‘点’向‘线’和‘面’延续和扩展，然后通过自己的研究判断，就会有个人的心得体会”（《书廊信步》）。二是读书要多读、熟读和细读。多读就是要做到博览群书，如果是搞古典文学研究的，除了通读古代文学史所涉及的作品外，还要延伸到现当代文学作品，再到外国文学作品，“操千曲而后晓声”（《文心雕龙》）。读书所谓“熟”是相对的，指的是培养读书的习惯和能力，体现出“知”与“能”的结合。20 世纪 70 年代，中央文件引用唐诗“刘项原来不读书”，但北大中文系的学生们不知此句的出处，于是便找吴小如先生求教，吴先生顺口诵出全诗，同学们无不叹服，这是熟读的结果。说到“细”，就是读书要反复钻研，深入思考。多读、熟读和细读与《礼记·中庸篇》提出的“博学”“审问”“慎思”“明辨”“笃行”五步骤异曲同工。三是读书是求师的桥梁。通过读书了解著作家们的精神世界，汲取作品中的精华，使自己的心灵与作品产生“共鸣”，吴小如先生就是凭着对作品的独特理解，博得了朱自清、俞平伯、废名、沈从文、林庚的赞赏，并成为俞平伯的入室弟子。有句读书名言：“把厚书读薄，把薄书读厚”，这话说起来容易做起来难，只有那些厚积薄发的饱学之士才能做到，吴小如先生就有这样的才能。他读了《文人旧话》（文汇出版社）后，围绕书中人物，写了十篇《文人旧话的旧话》，把薄书读厚，成为文坛的一段佳话。因此，吴小如先生强调多读书，“欲著书，最好先略读书”，不要急功近利，对读者不负责任。

说到著述，吴小如先生抱定两条宗旨：一是没有自己的一得之见绝不下笔。哪怕这一看法只与前人相去一点，却毕竟是自己的点滴心得，而非人云亦云的炒冷饭。二是一定抱着老老实实的态度，不哗众取宠，不看风使舵，不稗贩前人旧说，不偷懒用第二手材料。纵观吴小如先生的著述，确信此言不虚。我们可以从他开始为文时说起。1946 年，吴小如先生就读于清华大学中文系，读了废名先生的作品，写成综合书评，对废名先生的每一本书做出评价，也谈了些批评意见。文章经沈从文先生推荐发表在天津《益世报》文学副刊上，废名先生虽然不同意他对作品的看法，但对他没有任何成见，照样关心和爱护他。作为学生敢对老师的作品“说三道四”，这需要很大的勇气。《读书丛札》《书廊信步》《今

《今昔文存》书影

昔文存》《读书拊掌录》《莎斋笔记》《心影萍踪》《常谈一束》《霞绮随笔》等著作，无不体现了吴小如先生的著述宗旨，由此还招惹了是非，甚至还要打官司，可见为文遵此宗旨之难，不过吴小如先生依然如故，让人敬佩，是我等为文者学习之楷模。

读吴小如先生的著作，感悟到的东西会更多，他在传统文化和古典文学方面的造诣，令人叹为观止。吴小如先生在当代学术界和文学界自有他的地位，他的作品就是最好的见证。

（作者单位：山东博兴县纯化乡教委）

# 吴小如先生教我读《诗经》

檀作文

1998年底，吴小如先生在北大中文系开了一门“经史举要”课，这课本是给本科生开的，听课的却多是研究生和访问学者。我当时读博士二年级，也跟着听课。张鸣老师还特意安排我给吴先生做“助教”，主要任务是负责接送先生。课程结束，我提交了一篇作业，题目是《汉宋诗经学的异同》。先生看过我的作业，写了一段评语，有这样几句话：

> 朱熹论《诗》，不避淫奔之作，是否与晋宋以来文论之发展有关，可加考虑。如《文赋》提出“缘情”，实本于《大序》之“情动于中”。宋儒讲心性，正缘有“情”在诗人心中，故拟以“心性”矫之。此则与汉儒之尚“礼”有无关系，请再考虑。

看到这几句话，我顿时汗出如浆，知为学须通古今之变。

1999年初，业师费振刚先生赴香港讲学，正式将我托付给吴先生代管。跟费先生商定的毕业论文题目是《朱熹诗经学研究》，基本思路正是要在汉学与宋学的大背景框架下，给朱子《诗集传》一个实事求是的评价。费先生说，做这个题目，由吴先生把关是再好不过的。

在我向吴先生就论文写作请益之初，先生即肯定了我前期所做的资料长编工作和总结义例的方法，并提醒我做这个题目，对整个中国文学史的传承，乃至于经学历史，都要心中有数；对近百年来古典文学研究和经学研究的重要流派、代表性著作，亦须涉猎。至于论文的具体做法，先生则指出工作应落实到三方面：一是通过对比《诗集传》与"诗序""毛传""郑笺""孔疏"的具体内容，看看朱子对《诗经》文本的阐释与汉儒究竟有何异同；二是综览宋代《诗经》学的概貌，尤其是欧阳修、苏辙、郑樵、吴棫、吕祖谦等人的相关著作，看看朱子《诗集传》究竟吸收了多少同时代人的学术成果；三是在全面而深入地对《诗集传》做出实事求是的判断的基础之上，看看朱子有多少看法超越了前人并影响了后世。

先生的话，我牢记在心，论文撰写过程中也尽可能地逐条落到实处。随着阅历的增长，近年来我更加懂得先生治学的旨趣原是既要"专"，又要"通"。"专"在发明义例，"通"在知其流变。其"专"，乃乾嘉考据功夫；其"通"，乃章实斋《文史通义》之所倡。

论文初稿，是逐章呈交先生评改的。先生素以严谨闻名，火眼金睛，连一个错别字都会专门圈出来，更不用说闪烁其词、强不知以为知之处了。论文定稿，先生又逐字逐句看了一遍。2000 年夏，论文提交答辩，先生专门给我题了一首诗："雒诵诗三百，潜心到考亭。世风争蔑古，经义独垂青。昼晦非关雨，山巍岂必灵？平生疾虚妄，愿子德长馨。"2003 年，论文正式出版，付梓之前，先生又帮着看了一遍。二十万字的书稿,先生前前后后看了整三遍。先生颇为感慨地说指导论文着实不易,为了指导我写好“朱熹诗经学研究”这个题目,他自己将《诗集传》及朱子相关著作又重读了一遍。现如今大学扩招,一位导师动辄同时指导数篇论文,恐不能如先生这般尽心。

先生指导我写博士论文,是十年前的事情了。限于学力,我的论文并未达到先生“既专又通”的要求,亦无多少精彩见解;但诸种判断,大抵是建立在坚实的材料基础上,庶几能实事求是,不作妄语。

忝列门墙十年,我虽有幸得先生亲炙,指导撰写诗经学方向的博士论文,但却不曾听先生逐篇讲过《诗经》。2003 年,先生给我讲过一学期杜诗,每周一次,或四五篇,或两三篇。2009 年,先生又为谷曙光兄讲过一学期杜诗。讲课录音稿由谷曙光兄整理,即将出版。先生讲杜诗,逸兴遄飞,妙不可言,有讲义稿及谷曙光兄《吴先生教我读杜诗》一文为证。除 2003 年听先生讲了一学期杜诗之外,平日陪侍先生,很少听到专题式讲论,先生多是随兴而谈,然咳唾皆成珠玉,知识掌故层出不穷;听先生言,如对宝山,奇光异彩,应接不暇,往往忘了还要提问。

先生不专门为我们讲《诗经》,大抵是因为有著作在,一是《先秦文学史参考资料》,一是《〈诗三百篇〉臆札》。

《先秦文学史参考资料》由游国恩先生编选,部分作品的注释初稿以及全部定稿工作,则由吴先生担任。《先秦文学史参考资料》驰名海内外,今日之大学中文系主干课程“中国古代文学”虽不采用该书做教材,但教师备课亦多参考此书,盖因此书注释精当可信,同类著作几无出其右者。《先秦文学史参考资料》共选

《诗经》作品七十二篇，规模几乎相当于小部头的《诗经选》。读《先秦文学史参考资料》中的《诗经》作品注译文字，可知先生读书之多，博采前贤时人之说而绝不见芜杂，可谓折中能断，下笔精悍。稍具文史功底的读者欲读《诗经》，可自《先秦文学史参考资料》始。然欲知先生学问之美，则不可不读《〈诗三百篇〉臆札》。《〈诗三百篇〉臆札》之前言颇耐读：

> 1938年秋，予在津门从朱经畬师受业，始知《诗三百篇》之学，于毛、郑、孔、朱外，有姚际恒、崔述与方玉润诸家。翌年秋，入京避津门水灾，日诣北京图书馆，手录明、清人说《诗》专著，如郝敬《原解》、姚舜牧《疑问》、姚际恒《通论》、方玉润《原始》诸书，皆于此时寓目。1950年秋，予为津沽大学诸生讲授《诗三百篇》，时仅一年，然涉猎多方，颇有所积。时贤如郭沫若、闻一多、郑振铎诸人之说，亦择善而从；而俞平伯、冯文炳两师所论著，采撷尤多。至于诂训章句之义，则深叹清人治诗如陈启源、王引之、陈奂、胡承珙、马瑞辰、俞曲园诸家，所发明者实远胜前哲。及1956年，注释《先秦文学史参考资料》，乃于《毛诗》之外，复比勘三家；于《清经解》之外，复追踪《通志堂经解》；于古今专籍之外，复泛求而杂览。斯则游泽承师启迪之效。然博涉旁搜，如堕烟海，终难返约。今日追思，所得几何！而屈指垂四十年矣。爰取旧日所积，稍事董理，以其有一得之愚、一孔之见者，汇成《臆札》。非敢以述为作也。聊以野老之曝，博通人之粲云尔。甲寅八月校讫识于都门中关村寓庐。

读此前言，知先生治《诗经》，如蜜蜂采百花而酿一蜜，乃真积力久之功。余每懈怠，则读先生此文以自励。

《〈诗三百篇〉臆札》不过短短九篇札记而已，所涉《诗经》作品亦不过十余篇，然先生治《诗经》家法，于此毕见。20 世纪以来，治《诗经》者，惯作定性之判断，侈谈文学性与阶级性，而少扎实之见解，于字词训释、文义疏通，则颇粗略。先生治《诗经》，则反其道而行之，于 20 世纪之热门话题如"民歌说"等，多不置一词，而独用心于文义疏通及字词训释。先生虽自云于"时贤如郭沫若、闻一多、郑振铎诸人之说，亦择善而从；而俞平伯、冯文炳两师所论著，采撷尤多"，然先生之所取，乃诸贤之字词训释，而不预其文学性、阶级性之潮流。

《〈诗三百篇〉臆札》之体例，似马瑞辰《毛诗传笺通释》，并不逐篇逐章解《诗经》，唯列个别单句为目，于句中关键字词做专门疏证。

先生训释字词，所重者三：一曰文例，二曰六书，三曰旁证，而首重者为文例。所谓重文例，即根据上下文之关系，在具体语境下确定字义。最典型的例子是对《伐檀》的"檀"字的训释。《魏风·伐檀》篇，朱子《诗集传》云："檀，木可为车者。"以"檀"为造车之木，古今几无异辞。先生则以为檀非木名，而为檀车之简称。理由是："此诗首章举所伐之木，次章及三章乃言伐辐、伐轮，'辐'与'轮'皆车之部件，文义与首章不相比类。因疑'檀车'乃周时之通称，而'檀'又为'檀车'之省称，举'檀'即指伐木为车或伐木为车之部件之意，犹下言伐辐、伐轮，亦谓伐木为车之轮辐耳，檀非木名也。"先生之所以认为檀非木名，实依文例比类而得。先生又不止一次跟我说过，《小雅·祈父》篇首章言"爪牙"，"牙"与"爪"乃并列关系，是两样东西；次章亦当如此，故次章之“爪士”当训作“爪齿”。

文例之外，先生亦复重六书及旁证。《召南·甘棠》卒章“勿剪勿拜”一句，前贤或以为拜即“如人之拜，小低屈也”。马瑞辰已言其非，云“拜”与“扒”双声通假。先生则云：“拜，即擘。《说文》：‘擘，扮也。’《广雅·释言》：‘擘，剖也。’《玉篇》：‘擘，裂也。’《汉书·申屠嘉传》注云：‘今之弩以手张者，曰擘张。’《说文》段注：‘今俗语谓裂之曰擘开。’后世以‘擘’为‘巨擘’字，遂别造‘掰’字，亦即‘扒’字也。北京方言，擘、掰皆读 bāi，正当作‘拜’字也。”将“擘”与“拜”二字形、音、义分合流变之关系，说得一清二楚。此即重六书之证。先生每说二字之分合关系，必广引历代字书为证。《说文》《广雅》《玉篇》《广韵》《集韵》《康熙字典》等书中证据，总是信手拈来。

先生于字书、韵书之证据外，亦重其他文献旁证。《小雅·小旻》篇“如彼泉流，无沦胥以败”二句，先生云：“王引之据旧说释‘无’为发声词，于义实未安。《庄子·养生主》：‘为善无近名，为恶无近刑。’张文虎《舒艺室随笔》释‘无’为‘无乃’，其说甚是。此诗及《抑》之‘无’，疑亦当作‘无乃’解乃通耳。”以《庄子·养生主》之“无”，例《小雅·小旻》及《大雅·抑》之“无”，即重旁证耳。

先生训释词义之方法，实与乾嘉汉学一脉相承，固不出重文例、重六书及旁证诸端。清儒解经重通假，先生亦复如是。先生每说一字，必广引字书、多引古注，此亦乾嘉之风。而先生对新材料及学术界新成果，亦极关注，如说《召南·甘棠》“勿剪勿拜”之“拜”字，便引及长沙马王堆帛书之材料；说《诗经》之“畔援”“伴奂”“判涣”三词，便引及近人葛毅卿《释判涣》一文。

先生秉承乾嘉训诂学之科学方法与谨严态度，故于《诗经》字义多有发明。先生释《邶风·静女》之“静”即“靓”字，尤令人拍案叫绝。《毛传》云“静，贞静也”，朱子《诗集传》云“静者，闲雅之意”。凡此训释，皆与诗本文所写幽会之事及女子俏皮机灵之性格扞格。先生则以为：“此诗‘静女’，犹言‘好女’，亦即‘靓女’或‘美女’，谓其人为妍丽之女。”如此训释，则与《静女》篇诗意相合。如此训释之理由，乃在于《说文》《广雅》皆云“安，静也”，故先生云：“安与静为转注，安训善、训好，则静亦当训安、训好。”先生引《诗经》内证，云“《女曰鸡鸣》：‘琴瑟在御，莫不静好。’静与好正同义复合，联列为词也”。先生另外还引《文选·上林赋》注、《文选·蜀都赋》《后汉书·南匈奴传》为例，专门指出：“然自汉

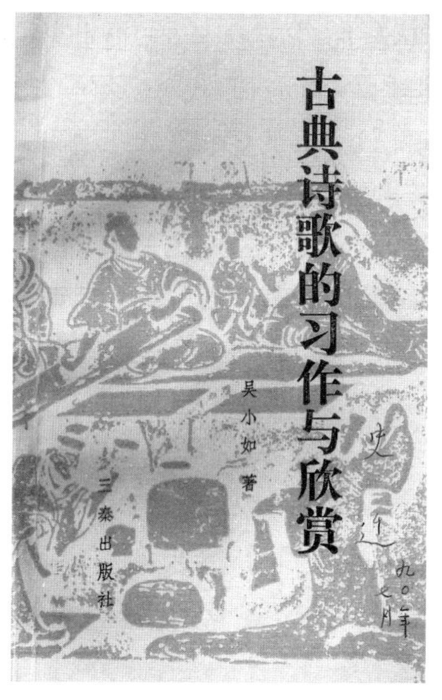


吴小如先生《古典诗歌的习作与欣赏》书影

魏以来，训‘好’之‘静’，多用‘靓’字。”还指出《集韵》中“静”“靓”二字同音，通假以字音为主，音既同，则义亦通。先生训《邶风·静女》之“静”为“靓”，是既明于音同义通之通假义例，又知古今字形之流变，故能发千古覆，为不刊之论。

先生于《诗经》词义训释，所反对者亦有三：一曰望文生训，二曰以今例古，三曰穿凿附会。

先生于《伐檀》之训释，云“是《集传》本于毛、孔，而不免望文生义”。释“畔援”“伴奂”“判涣”，于“毛传”“郑笺”、朱子“集传”，复有“望文生义”之讥。

先生于《伐檀》“彼君子兮，不素餐兮”，则力辩《古史辨》派以来之非，指出：以“君子”为讽刺对象之说而非议旧解，“是径以20世纪社会主义国家中人民水平取代两千余年前诗人之思想矣”。《〈诗三百篇〉臆札》篇末所附《关于〈诗经〉训释的几个问题》一文，则指出“处处用今人的想法去解释《诗经》，自然会把一些根据名物训诂立说的解释看成不足为训的东西”，是行不通的。

《〈诗三百篇〉臆札》篇首《驳〈葛覃〉为怨诗说》一文，指出李平心氏以“葛”隐指贵妇、以“中谷”隐指其夫、以“萋”谐妻、以“莫”谐母，皆为臆想，不免穿凿附会。

读《〈诗三百篇〉臆札》，知先生于词义训释，有三重，有三忌；知先生谨守乾嘉义法，于传统文献解读有订讹传信之功。不独治《诗》，先生《读书丛札》所涉经史子集文献之字义训释，一以贯之者，皆乾嘉朴学之精神。余虽不敏，然高山仰止，心向往之。

（作者单位：首都师范大学）

# 博而返约　披沙拣金

## ——读《当代学者自选集·吴小如卷》

唐元明

在当今信息云涌、理念碰撞、名词迭现、动辄“学术砖块”满天飞，以致应接不暇的时候，人们自会怀想思理清通、言之有物、入口虽小却别有洞天的知性文章。

因此，在我读到著名文史专家吴小如先生的自选集（即《当代学者自选文库·吴小如卷》，安徽教育出版社出版）时，更是感慨良多，深服老辈学者视学术为生命，厚积薄发，披沙拣金，“一字之立，旬月踌躇”，供献给世人的是篇篇见功力、见真醇、见风骨的学术佳什。

吴小如先生原籍宣纸故地、山清水秀的皖南泾县，乃父玉如公是近代书法大家，知名教授。书香世家的文化脉源和北大数十年从生到师的孜孜融冶，使其国学根深，新知叶茂，学术成果蔚然可观。

这部学术精选集中，第一部分为经史研究，包括《诗经》《左传》《论语》《史记》等传统典籍。他对自己的治学路径和宗旨有过客观的总结，即“平生治学，虽近于杂，然旨在订讹传信，则终身寝馈以之，所谓‘至死不变’者也”。其中开篇《〈诗三百篇〉臆札》写于20世纪50年代，在“泛求而杂览”的基础上，对古今诸家关于《三百篇》中疑难和歧解逐一比证，择出确善者，同时提出自己不乏新意的看法。对《左传》《论语》《礼记》诸书的研究，也非只停留在章句训诂及个别饾饤琐屑的问题上，而往往通过审视主旨、把握精神以发掘其丰富的内蕴。对《史记》除留意文字训诂外，更“求其成书之体例、时地之沿革与人事之考证”，并对“迁书文章之美，布局之奇，立论之精，遣辞之妙，人物栩栩如生，设想构思之千变万化”等别有所论。通过深味细察，他深感“唐宋人在学术上有很多见解原是通情入理的，而清代的汉学家却抬出更古的招牌来动辄加以非议，显然是门户之见在作梗”。当然，他认为“清人治诗如陈启源、王引之、陈奂、胡承珙、马瑞辰、俞曲园诸家，所发明者实远胜前哲”，而时贤如郭沫若、闻一多、郑振铎、俞平伯、冯文炳等的古典诗文论著，亦多有个人心得。

第二部分是词语字义辨析，“所释诸词语，大都以旧训为依据；间亦有所发明，然必求立论有据，非向壁虚构者所比”。“字义”之什，“多涉及一字一词古今之通义，以今证古，以古验今，求之口耳之间，征之文献所识，旁搜远绍，义取会通”。其中既有古奥难解的陈年旧词，也有熟视无睹、未尽确释的眼面字，两相比照，俱见匠心。如辑中最末一篇《〈文选〉枚乘〈七发〉李善注订补》，由“邪气袭逆，中若结轖”始，到“霍然病已”终，考辨条陈，力廓阙疑，甚见小学之功力。

第三部分是关于诗、赋、长短句方面的论文。其中，《读朱自清先生〈诗言志辨〉》写于1948年，悼念朱氏的痕迹犹在，但确是一篇情理饱满、纵横古今的"批评之批评"佳作，既切中朱文肯綮，指出其高妙处，又清晰地阐发自己清澈练达的文学史观，可谓水乳交融、浑然一体。《说"赋"》深入考察华夏数千年赋体源流，分析其有别于诗文的个性特征及艺术魅力，是文体研究的力作。《说张若虚〈春江花月夜〉》详细分析这首震古烁今的名作多姿多彩、咀嚼不尽之美，认为其于传统宫体艳诗之窠臼，升华为对爱情永恒意义的吟咏，"功不在禹下"。在《"西昆体"平议》中，作者对唐诗有一番极为精彩的鸟瞰，认为唐诗之所以能成为中国文学史上巍峨耸立、罕有其匹的丰碑，主要在于唐诗之能"变"："初唐诗人承六朝遗风，变得较少，故成就不甚明显；至盛唐而诗风丕变，乃云蒸霞蔚，不独李白、杜甫雄视千古，即王维、孟浩然、高适、岑参、李颀、王之涣、王昌龄、储光羲诸家，亦各有其独特风貌称胜于一时，百代之下，犹觉盛况空前。至大历十才子，于盛唐不免亦步亦趋，遂觉无甚特色。逮刘长卿、韦应物、韩愈、孟郊、张籍、王建、元稹、白居易、刘禹锡、柳宗元、卢仝、贾岛乃至独树一帜之李贺诸家辈出，中唐诗坛又复改观。盖皆各尽其能，以其变化多方而自出机杼，故于后世读者仍有极大之吸引力。晚唐则有杜牧之七绝、许浑之七律、温庭筠之七古各擅胜场。至李商隐，而其变达于极点。他除了学六朝诗，学杜甫，学韩愈，学刘（禹锡）、白（居易），学李贺之外，更创造了辞采绚丽、典故层出、境界朦胧、自成一家的近体诗。唐代诗人以李商隐列'大轴'，确是一个璀璨而光辉的结束。"在唐代的灵光圣焰普照之下，宋诗亦唯有变而化之，方能自成面目，于是有所谓"以文字为诗，以才学为诗，以议论为诗"这样甚为卓异的基本特征，遂致瑕瑜互见，仁智不谐，自此以后更是等而下之，盛景难再。

最后一部分是小说、戏曲方面的论文，涉及内容甚多，从明清之际几部古典长篇小说名著，到通俗公案、传奇、讽刺小说和平话，再到《牡丹亭》《汉宫秋》等经典戏剧，视野宏阔，评骘精辟，一字之立，未稍有懈。如关于《儒林外史》的两篇论文，虽不能说面面俱到，揭示出小说的全部旨意和特色，至少也是关于此作的极精微透辟的评论。作者不以红学名家，但《闹红一舸录》等三篇关于《红楼梦》的文字，亦属沉潜往复、从容含玩之作，显示了作者于斯作所投入的非常之心力。作者于戏曲学方面的造诣早已闻名遐迩，曾著有《吴小如戏曲文录》(此书1996年获北京大学优秀文化著作奖)、《京剧老生流派综述》《台下人语》等专书，颇受圈内外好评。本书中关于戏曲的文字虽只有两篇，但其妙解剧情、赏析人物、阐释原委等，举重若轻，谈言微中，令人叹服。

吴小如先生一生勤勉向学，造诣精深，教书育人更是孜孜不倦，贡献良多。他深感："学问之道，即前进跬步，亦大不易；矧著书立说，欲求参天地而不与草木同朽耶！不贤识小，固有自知自明；然果能立于不败之地乎，非所逆睹矣。"因之，先生做学问总是排除门户之见，融会各家之说，宁失之于保守，却不追赶时髦，每有著述，不求长篇大论，唯期融会贯通，洗练出之，予读者以真正"实惠"。所谓"板凳甘坐十年冷，文章不写一句空"，恰是其写照也。

（作者单位：安徽出版集团）

# 温厚儒雅　学人风范

## ——读吴小如书法、书论札记

汪运渠

吴小如集学者、训诂学家、诗词学家、教育家、戏剧理论家于一身,执教北京大学四十年,编、著《汉魏六朝诗鉴赏辞典》《古典小说漫稿》《古典诗文述略》《诗词札丛》《吴小如戏曲文录》等专著近二十种,在学术上的精湛造诣有口皆碑。书法乃其余事,虽精于翰墨,却从不以书家自居。但他认为:“书法虽小道,也不宜等闲视之。”

余初见吴小如楷书,是他为《人民政协报》学术专栏所题的“学术家园”,此四字温厚儒雅,一派学者风范。余于此之所谓的温,是温文平和;厚,是含蓄的筋骨内裹;儒雅,是散发出的“郁郁乎文哉”的书卷气息。楷书至唐已法度森严,出新极难,而吴小如的楷书竟然形成了不同于古人的自家面目。书至冲淡平和之境,非腹笥充盈、功力深厚、人淡如菊者不能为,故虽窥其书法之一斑,却难以忘怀。2010 年秋,刘君凤桥寄《吴小如手录宋词》《吴小如录书斋联语》至,稍后又寄《吴小如书法选》至,乃得见吴小如书法之全豹。拜读之后良有感慨，窃以为吴小如的存在，对当今浮躁的书坛有着无可替代的烛照意义。

书法是传统文化的一个分支，但有着其形式的独特性，具有笔法、字法、墨法、章法的独特性，即技法的独特性。要掌握书写技法、锤炼书法内功，临帖是不二法门。吴小如有家学渊源，自幼侍其父、书法大家吴玉如于笔砚之侧，摹写二王小楷，受过严格的训练，是有着童子功的，这一点是当今大多数书家所不具备的。吴小如临池七十年，在其漫长的书学生涯中所涉名帖逾三百种，前期主要浸淫于二王书系，若二王、褚遂良、李北海、赵孟頫、文徵明等；后期主要寝馈于北魏碑版墓志，若《元略墓志》《高湛墓志》《石门铭》《司马景和墓志》凡数十种，兼临《龙藏寺》《苏慈》《董美人》等隋碑墓志，于会心者通临数十遍。取法之广，功力之深，令人惊叹。既老，融会贯通，以帖化碑，形成了自己独特的笔墨语言。在古代以毛笔书写日常化的千余年间，文字指向的是语意系统，而书法指向的是审美系统。将字写得坚实规矩，是书法的基础，而书法是写字的升华，犹如水之成为蒸汽，这是一种质的飞跃，促使这种质的飞跃的关键就是学养，也就是书外功。所以说笔墨的锤炼赖之于持之以恒的临池，而高深的境界则自修养而来。扎实的书内功与深厚的书外功是成就一个书法家的先决条件，互为支撑，缺一不可。吴小如的书法以卓荦学养、纡徐氤氲的书卷气息弥漫于楮墨间。书法是“心画”，是书家性情的外化，此所谓“蕴于内而形于外”者也，亦即“书如其人”。吴小如一生过着书斋生活，静心治学，淡泊名利，习书是融入其日常生活、做学问之余的一种自娱，耄耋之年仍濡墨不辍。吴小如不以书家自居，不受市场左右，不为世风所囿，以是故，其书格调清雅脱俗。

吴小如的审美取向是传统文化的“中和之美”，作书从容淡定，运笔不疾不徐，笔下流露的是理胜于情的温厚平和、含蓄儒雅，而点画的绵里裹铁则既来自于习北碑以强其骨，亦来自于其学术品格和操守。吴小如的人、书是合一的，真如刘熙载在《艺概·书概》中所说：“笔墨性情，皆以其人之为本。”“书，如也。如其学，如其才，如其志。总之，如其人而已。”

吴小如的书论，尤其碑帖跋语，有助于研究者寻绎其追求“中和之美”与“守常生变”的心路历程。吴小如跋米元章《方圆庵记》云：“丙午冬日，复取此帖摹之，始卒一通。以为米癫此书虽病在矜持，独无狂躁之气，乃诸帖中佼佼者。”跋印本《拟山园帖》云：“遍览全编，所收以临摹古法帖字为多，行草远绍羲、献，近法颜、米，小楷且得钟、王法乳。于以知作字之所以得名，必师古而化之，乃可跻于古今书家之林。王氏晚年所书，多逞意之作，文野雅俗相杂糅，且时有险怪失法度者，故终不得为大家。”跋邓石如楷书复印件云：“五十余年前，仆尝朝夕临摹邓楷书者数年，迄今犹得其横平竖直、点画匀整之功，甚可念也。”如是等等。吴小如追求合于自已性情的“中和之美”，所以临北碑亦以二王法驭之，温之以润、厚之以朴，将险劲粗犷的《元叔亮》《张贵男》《敬使君》等等碑志写得不激不厉、温文尔雅。由于北魏碑志是石刻，就必须透过刀锋看笔锋。在“透”的过程中，临书者就有了一定的自由。吴小如这种按照自己审美取向对北碑有所取舍、以二王法驭之的临摹，是一种扬弃性的创临，亦即其所谓的“批判的继承”。吴小如云：“这种批判的能力不是人人都有的，也不是初学者所能掌握的，而是从继承的基础上多年积累起来的；继承的不够或不善于继承的人是不足与言批判的继承的。”吴小如跋《文徵明书〈赤壁赋〉》云:“临摹古人书有三不可。浑不似古人,一不可也;无临摹者己之风貌,二不可也;所临摹之书,不能去粗取精,并古人之病痛亦一一仿而肖之,三不可也。”吴小如临摹二王一系的法帖也是依自己性情有所取舍的,如临赵孟頫《汲黯传》,依然是增其温厚而损其劲利姿媚。临摹古人法帖是“守常”,入而能出就是“生变”。跋语中的这些真知灼见是从勤奋、持久的艺术实践中得来的,绝非朝学执笔暮已成家者所能梦见。

吴小如的另一些书论散见于他为书法集、书法理论集、篆刻集等所作的序言、题记,皆深入浅出,发人深省。且录几则。如在《吴玉如书法精品选》的《序言》中云:“所谓书法,指临池濡翰必有法度准绳,而非师心自用,任意胡来。”“倘不守法度而信笔涂鸦,或逞意妄为以哗众取宠,或招摇撞骗形同驵侩,或缺少文化无异匠人,皆属旁门左道,不过博名利于一时之野狐禅而已。”在《正本清源说书法——齐冲天〈书法论〉序言》中云:“尝谓今之所谓书法家,有一批人只是为写字而写字。甚或有的人专门为追名逐利而跻身于书法之林。他们一不读书,二不‘识’字,尤其近年来世风丕变,有人竟连前代碑帖都不屑临摹研读,一提笔便想自成流派,自我作古,且动辄自封为‘书法家’。”再如在《篆刻琐谈——〈天水堂印集〉序》中说到有人将唐诗“只在此山中,云深不知处”的“只”字写成一只两只的“隻”字时,吴小如愤曰:“适见其不学无术,实难免谬种流传。”书坛乱象如此,不怪吴小如老先生生气,只怪当今的书法家不争气,连“国字号”展览的入选作品,出现错别字、落款文辞不通者,也不是一个两个,而是宛如老鼠排队一般,一串一串的。在另一些场合,那简直就是堂而皇之、成群结队。不佞曾参与一次书法集的编选工作,滥竽充数为编委。面对众多的征稿,不佞提出一个入集条件:不能出现错别字。其他编委亦无异议。就是这个不是条件的条件,竟然淘汰了近一半的作品。吴小如屡屡提出学书要临帖、要遵守法度、要读书、不写错别字,好像是“老僧常谈”,是“老僧说家常话”,但吴小如的这些“家常话”确是“修辞立其诚”的真话。白居易曾向杭州西湖的鸟窠禅师请益佛法,鸟窠禅师曰:“诸恶莫作,众善奉行。”白居易曰:“如是平常话语,三岁孩童皆晓得!”禅师答曰:“三岁孩儿虽晓得,八十老翁行不得。”面对吴小如的这些“家常话”,要“行得”,是需要勇气和定力的,因为在现在的商业语境下,远功利而亲理想的艺术实质,正在遭遇着空前的挑战。

在现在的展厅效应中,书者只注重刺激眼球、浮烟涨墨的气势,而“于细微处见精神”的点画锤炼已被削弱得几近于无;做旧、拼贴等等哗众取宠的工艺化制作频频翻新,书法本体已被置于第二位;商业化的炒作,已使书法异化为急功近利的速成产品,如此种种,书界已成为人文精神失落的重灾区。不佞始终认为:速成的东西向来就不是什么好东西。现在一些在展厅效应中涌现出来的精英所标榜的各种名目的风格,那不是风格,那是“花样”,而吴小如的楷书经过七十年锤炼所形成的那种温厚儒雅、恬淡冲和的风格,才叫作风格。

(作者单位:西安市高陵区政协)

# “福寿绵长”

## ——记吴小如先生

王水照

小如师生于1922年9月,按我国旧俗,今年是九十大寿了,或称之为九十初度。最近我听一位百岁老人说:中国的虚岁不“虚”,十月怀胎,生命已经开始,虚岁就是实岁。细思也有道理。

我认识吴先生还在半个世纪以前。1955年夏,我考取北京大学中文系,负笈北上,来到这座梦寐以求的学术圣殿,满怀理想与憧憬。似乎在迎新联欢会上,听到吴先生的京剧清唱。他中等身材,当年还颇清癯,潇洒飘逸之中又有一股刚毅之气。最突出的印象是两点:双目炯炯有神,嗓音雄厚有力,几可震瓦。这两点也是当教师的好条件。我后来听过他一学年的授课,课堂秩序奇好,他目光扫处,学生们自然与之对接、交流,话音高亢,吐属清晰,要想偶尔走一下神,也不可能。

1955至1956两年是我们难得的苦读岁月,回忆起来,也是个人学术道路的真正起点。大环境是中央召开知识分子问题会议,宣布大多数知识分子“已经是工人阶级的一部分”,陆定一又做了

“双百”方针的报告，让许多知识分子心潮澎湃、豪情万丈；小环境是我们北大中文系55级近百人的优秀群体，形成了刻苦攻读的风气。在所有课程中，最重要的是“中国文学史”，每周四学时，要学习四年半（我们是第一届从四年制改为五年制的）。第一段先秦两汉文学，由游国恩先生主讲。游先生所讲的一般文学现象、作家作品分析，可能受制于当时学习苏联规范化乃至程式化的影响，大都在一般书籍中都能读到，连他擅长的《楚辞》研究也不多讲个人见解，至今印象不深。然而，随堂随发的辅助教材，即后来成书的《先秦文学史参考资料》却给我打开了学术的天地，一生难忘。这部书虽用了“中国文学史教研室选注”的名义，实际上是由游先生选目、吴小如先生注释定稿的。吴先生的注释与流行注本不同，凡注必引原始出处，有歧说必出原文，再适当断以己意，引证博而简要，繁而不芜，指示出无数进一步深读的门径。比如《诗经》部分，我在高中语文课本中只读过《硕鼠》等几篇，这部教材中选入七十二篇，不仅数量扩大了，而且从简单的文本训读与赏析，到进入学术之门，从对《诗经》的单篇阅读，进入对诗经学的了解，如《诗经附录》所辑关于“采诗”“删诗”“诗入乐”诸专题的原始文献资料，涉及赋比兴、诗言志以及“乐而不淫、哀而不伤”的中和诗美等问题。我还按此书引书所提供的线索，到图书馆借阅姚际恒《诗经通论》、方玉润《诗经原始》、马瑞辰《毛诗传笺通释》等一批诗经学原著，我阅读学术型线装书就是从此开始的。我原以为余冠英先生的《诗经选》是普及读物，见多为《先秦文学史参考》所引证，便专从北大岛亭书店觅购余先生此书，才知道著作形式不能决定学术水平，普及读物中也蕴藏精辟见解，这更要依靠发现者的眼力。

这部教材是我学术道路上遇到的第一本契合自己的书。我将之小心装订成册(由北大印刷厂单页印发),至今虽纸质脆黄,仍什袭珍藏,视作自己学术启蒙的证物。虽然比起前辈学者来,这个启蒙有些寒碜。

那时我还未上过吴先生的课,偶尔在文史楼走廊相遇,我会不由自主地侧身驻足,让他先行,他自然还不认识我。

1957 年后运动不断,反右、双反、批判资产阶级学术思想等等运动中,时不时会出现有关他的大字报,也无非个人主义、狂狷一类知识分子的"通病"。我总纳闷,这位饱学的老讲师招谁惹谁了?

与吴先生发生"零距离"个人接触要到 1959 年,则另有一番机缘。1959 年 9 月,我们 55 级同学集体编写的《中国文学史》出版,成为当时全国文教战线"拔白旗、树红旗"的标志性成果,一时声名大噪;但到次年 6 月,风向转变,上面决定把两卷本的"红皮"文学史,改写为四卷本的"黄皮"文学史,我们的老师也从被批判对象,转而成了编写的指导者。我当时是宋元文学段的负责人,被"结合"的老师就是吴小如先生,由此奔走于中关园吴门不辍。使我最难忘的是他的直言不讳,倾心指导。其时,学校的师生关系并不正常。记得有次全年级大会,一位语言学老教授发言说:同学们的批判精神和冲天干劲教育了我,以后要在同学们的帮助和"领导"下,努力工作。话说到这个分上,可看出师道尊严已被颠覆,老师们在挨批之后,犹有余悸。但有的同学还在私下议论说:老先生说得不对,是党的领导而不是年轻学生"领导"。正像另一位老师所说:现在教书,好比陈宝琛太傅教宣统皇帝,真难伺候。于是,老师们大都谨言慎行,唯独吴小如先生仍然保持他不吐不快的刚直性格。

本来，在编写这两部文学史时，我们在课堂上刚刚学到唐代，宋元还未开始，一穷二白就动手编写，错误之多，自属当然。吴先生对我们的原稿做了细致的批改，而且及时地把修改件骑自行车送到我们学生宿舍，流水作业，效率很高。可惜这些稿件现已荡然无存。但在我自己保存的两部文学史上，还记有吴先生的一些意见，对当年吴先生的倾心指教、师生间无拘无束的自由交谈，犹能仿佛一二。吴先生在2001年的一篇文章中写道："水照于1960年毕业于北大中文系，是当时知名度颇高的'55级'的高才生。在校时，因我们共同语言很多，他经常来寒斋闲话，彼此感情十分融洽。"指的就是这段时期。"闲话"不"闲"，我们没有什么小道消息、闲言碎语，所谈不越出治学一步，于我一生影响很深。当时我也刚刚被批判过"白专道路"，并非"左家庄"人物，因而"共同语言很多"，感情自然是"融洽"的。

北大毕业离校后，我到中国社会科学院文学研究所工作，虽同在京华，却疏于问候。有次因阅读浦江清、吴天五先生注释，冯至先生编选的《杜甫诗选》，产生一些疑问，就写信给他（我误以为吴天五是他的笔名之一）。他立即复信于我，详示天五先生的工作地址，并且说他一直关注我离校后的情况，凡报刊上有我的文章，必找来阅读，为我取得的成绩而高兴。我收读后，倍感温馨，觉得与母校的精神联系未断。及至"文革"，北大腥风血雨，我也一直惦念他的安危。一次读到他手书的一幅《枯树赋》原件，端正楷书，一股儒雅清新之风扑面而来，无一字错舛，无一笔松懈，不禁为之神旺。书法如其人，能写出这样的作品，必定心态淡定、气度高昂，私心不免窃喜，并祝愿先生一切顺遂。

噩梦终于过去,历史翻开新的一页,我和吴先生才又有了一些往来。主要是我求助于他,而他总是有求必应。我们宋代文学学会每两年举行一次年会,会后例出论文集,论文集的题签就是他的墨宝。十年来已出六集,统一用他的题签以显示这套书的连续性。记得第一集出版印刷时,不慎把他的私章侧倒印了,我实感惶悚,白头门生做错了"作业",写信致歉。他回信说:此事前人常见,谓之"卧印",不必介怀。我编的《历代文话》出版时,又去打扰他,因在自己的师友中,很难找出比他更合适的书家。他照例愉快地题写寄我,还写了一篇推介《历代文话》的文章。先生已是高年,真是难为他了。

说"难为他",一点也不夸张。师母长期患帕金森综合征,他自己也脑供血不足,几个子女多在外地,不能侍奉。他以老病之身亲自照顾师母,其苦非外人所能尽知。2002 年,他决定来沪住儿子家,可得晚辈照料,略纾困境。我获讯后十分高兴,翘首以盼,还计划请他来复旦大学为研究生们做系列讲座,在我校住上一个时期,他也愉快地俯允了。不料其时冒出一个"非典",此事终成泡影。在此以前,他应约要去南京东南大学讲演,为安全计,我请门人王祥君作陪"保驾",先在吴先生老友、《文汇报》资深记者谢蔚明先生寓所一起会面,这也是他在上海期间与我唯一的一次面叙。王祥君办事审慎,从南京回来后,带给我吴先生手书《再赠水照》一绝:

人如秋水涵空照,学拟春风育晚花。
头白重逢真一快,知音原不在天涯。

“秋水涵空照”原是俞平伯先生诗句，恰好镶入贱名，吴先生信手拈来，足见对平老诗作的熟稔；“春风育晚花”是喻指王祥君从学勤奋，堪为作育之英才；“重逢一快”也是我想说的话，但以“知音”相许，我又哪里担当得起呢？

吴先生晚年文章，其中一个主题是对目前人们的文史素质明显滑坡的担忧，对不良文风、学风的抨击，表现出一位文化守望者对传统文化的挚爱与关切。人们戏称他为“学术警察”，语兼褒贬，也引起不同的反响。在那次谢蔚明先生家的午宴上，他俩追忆往昔，谈兴正浓，不意话题又转到这方面来。吴先生立马收敛笑容，愤切地说，他儿子的一位好友欲得其书法作品，竟说请向您“家父”求字，那还是个有文史学养的人呢！将来怎么了得！不久，我在《文汇报》上读到一首吴先生的讽刺诗：

**丙戌上元戏成五律一首**

世事日跷蹊，太牢狴犴栖。
舟沉遭破斧，鹤立愧群鸡。
人我同家父，存亡共品题。
洛滨思白傅，芳草正凄凄。

诗中各句“今典”均是历历可记之事实：一位堂堂教授解释“享以太牢”，说成坐牢是一种享受；另一个大学中文系老师以“破斧凿舟使之沉没”来训释“破釜沉舟”成语；一位干部训话，自谦云：“本人鹤立鸡群，深感惭愧”；某作家健在，誉之者谓其身后留有作品若干，又云近日将有新作问世；洛阳白居易墓园有题字云“芳草凄凄”，把“萋萋”错成“凄凄”，居然宣示于大庭广众之中；

至于第五句的“人我同家父”,他在注解中特意说明:以“他人之父”称为“家父”,是近十多年来相当普遍的现象。透过“戏”笑表面,不难感受到一种忧世愤世的激切情怀,例举病句随笔而出,不假搜索,不是表现出时刻关怀现状的切肤之痛吗?

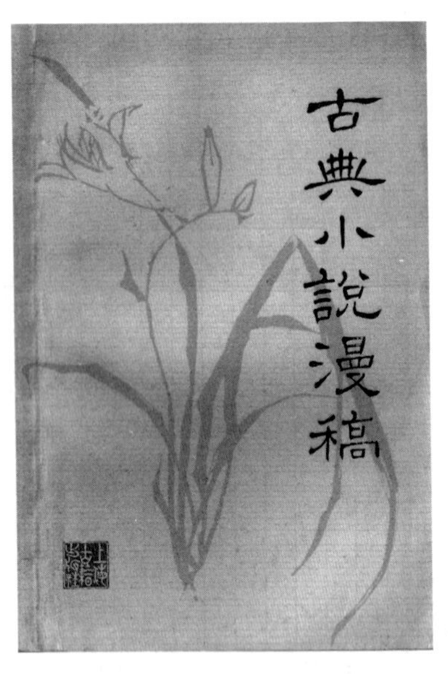


《古典小说漫稿》书影

我在2001年《文汇读书周报》上发表《宋代文学研究的思考》一文,过了几天,同刊发表吴小如先生《读王水照兄近作有感》。我一看标题,以为又对拙文有所商榷。因为不久前的一篇文章中,他提醒进行学术研究必须注意已有的学术成果,举的例子是我写的《论陈寅恪先生的宋代观》没有充分吸取王永兴先生的《陈寅恪先生史学述略稿》一书的见解。这就是我们的吴老师:批评学生不护短。这也更使我敬佩。但他这篇《近作有感》确实另有所指。开头两大段追忆我们师生俩的交往与情谊，对我奖饰有加，然后笔锋一转，讲到北大早年的宋元明清文学史教学小组，当时浦江清先生早已过世，吴组缃先生年事已高，他从发展学科的角度出发，提出“必须加紧培养接班的梯队”，并物色了具体人选赵齐平先生，主张积极上马《宋元文学史参考资料》的编注工作，以与已出版的《先秦文学史参考资料》配套，并在工作中培养、锻炼年轻教师。据闻，浦先生辞世后，北大党委书记江隆基曾对吴先生说：浦先生的课今后就偏劳你了。吴先生对发展学科是有使命感的，但他的这套想法与措施未能实现，“像我这样垂死的老人，也只能以说不尽的感慨与无可奈何的失落感，来怀念远在沪渎的王水照兄和逝世已逾八年的赵齐平兄了”。文章是在“中伏大病初愈”后奋笔写成的，读来更觉沉重。吴先生有过一段自白：“惟我平生情性褊急易怒，且每以直言嫉恶贾祸，不能认真做到动心忍性、以仁厚之心对待横逆之来侵”，在他这一面已说得够通达清明了。

我和先生渭北江东，关山阻隔，好在上海电视台有个《绝版赏析》栏目，时时得见他评赏京剧名家名段时的风采。记得在该栏目周年庆京剧演唱会上，还听到先生引吭高歌的《蟠桃会》唱段，最后以“福寿绵长”四字作结，今断章取义，谨以为祷。

（作者单位：复旦大学）

# 听吴小如先生为美国学员讲戏曲

王小宁

3 月 28 日，吴小如先生应邀为在北京学习考察的美国新墨西哥州大学的师生介绍中国戏曲史。当天下午，年届八十五岁但精神依然矍铄的吴先生在学生的陪同下来到课堂，和来自大洋彼岸的这些中国文化的爱好者们进行了两个小时的学术交流。

## 不同意把京剧译成“Beijingopera”

吴小如先生一开篇讲，自己退休多年，已经很久不上讲台，非常高兴今天能有这样一个机会和青年朋友交流自己的看法，他希望把个人的观点介绍给大家，这些观点有些可能是不被学术界接受的。

吴先生不同意翻译界或一些西方学者把中国的京剧翻译成“Beijingopera”。他说，中国的戏曲不是歌剧，中国的戏曲不仅仅是歌剧，京剧是一个更加综合性的艺术。在中国有很多不同的剧种都是以歌唱为主的，京剧也是以歌唱为主，但京剧除了歌唱以外，还有舞蹈、武打、念白、滑稽表演……与歌剧和任何一个西方剧种如芭蕾、话剧都不同。西方的剧种没有京剧这样丰富地包藏着众多的表演要素，从某种程度上说，京剧和西方戏剧不是一个类型。

吴先生认为，西方戏剧起源于古希腊，固然比中国戏剧起源要早，但因此说中国戏剧比较落后是不对的。戏曲的价值取决于其独有的特点和价值，而不是其他。中国舞台上表演的戏，其价值主要是“看”，坐在剧场里“看”，而不是去读它的剧本乃至做历史的溯源。作为中国戏曲的爱好者和研究者，“看”是非常重要的一个环节，如果不多听多看，就不会领悟中国戏曲的精华。

吴小如先生认为，弘扬戏曲文化要把真正的精华体现出来，偏重于武打和杂技表演的节目不能展现京剧的精华。他以美国学员刚刚看过的《古城会》中的一幕为例，指出演员的表演不仅是要让人看翻跟头等表演技巧，而且主要是让人看其表演所体现出的人物的身份、地位。比如《古城会》中，关羽是旧时中国人心中的一个神，而给关羽拉马的马童则身份、地位完全不同。那么在表演上，拉马的马童可以翻很多跟头，用杂技的方式体现身份，但关羽就不能在台上翻跟头。今天有的剧团、演员以为观众喜欢看“翻跟头”等技巧性的表演，于是在戏中加入很多动作，这实际上就把中国京剧传统中表演的程式弄乱了。

## 孙悟空应该更像人还是更像猴子？

有关孙悟空的戏是招待外宾比较热门的品种，吴小如先生特别提到京剧表演中“孙悟空”的形象。在中国传统的舞台上,孙悟空是什么形象呢?他说,众所周知孙悟空不是一只普通的猴子,他有特定的身份和地位——一只成了仙的猴子、超人。所以,一个扮演孙悟空的好的演员,他应该明白这样一个道理:要尽量改变孙悟空这个形象中动物的特点,使之成为人的特点,表演出一个靠近人类的“猴子”,更多地体现孙悟空身上的“人性”。

吴先生认为在中国京剧的历史上,1938 年即已去世的杨小楼塑造的孙悟空形象是一个经典。杨小楼的孙悟空出场的时候,让观众感到这是一个仙、一个超人,是一个具有无人能及的聪明和特异功能的“人”。他批评我们现在的年轻的“孙悟空”,常常让人感到他们的表演是在模仿动物园的猴子,甚至是在模仿作为动物的猴子的缺点。比如,模仿动物园里的猴子挠痒痒的动作等。这就错误地理解了中国戏曲的要求和追求,乃至错误地理解了中华戏曲文化的精华和精神风貌。

## 好的演员和好的观众

吴小如先生把京剧的表演要素分为三部分:音乐歌舞、武打杂技和幽默讽刺成分。他把中国戏剧的起源追溯到公元前 1000 年左右,把中国戏剧的产生和完善同中国历史上的宝卷和民间讲唱艺术联系起来。他指出,戏剧的形成同讲唱有关,还有一个例证:中国戏曲形成的同时,中国的长篇白话小说也形成了。传统京戏,很多戏的名字的最后一个字是“图”,如《庆阳图》《忠烈图》《八义图》,特别是有的戏,如《赵氏孤儿》(原名《八义图》)、《断臂说书》等,在剧中即出现以图说事的情节,这些都是早期讲唱文学的痕迹。

吴小如先生还向研究中国文化和中国戏曲的美国客人谈到“什么是好的演员”和“什么是好的观众”的问题。他说,以自己的观点,好的演员善于运用技巧但不会让观众认为他是在卖弄技巧。以梅兰芳和程砚秋用“水袖”为例,两位京剧表演大师在舞台上用“水袖”的技术都极其自然,不会让观众有这是在刻意表演的错觉。《武家坡》中的王宝钏住在寒窑里,戏中有王宝钏进窑洞的动作。程砚秋先生的表演是蹲下,转个圈儿,进洞,水袖自然带过来。而有的演员在演到这里的时候用了夸张的水袖动作,似乎在提醒观众:“我要进窑洞了!”前后两种表演的对比就说明什么是好的演员,什么是不大好的演员。梅兰芳先生在抗战以后的表演,从一出场即进入角色,直到演出结束,不给观众任何暗示,从开始到最后都是一个水平和状态的表演。直到演出结束,观众才从角色和剧情中醒悟过来,从而爆发出热烈的掌声。

什么是好的演员?什么是好的观众?在舞台上表演忘记了他是在演戏的演员是好演员,被舞台的表演吸引得忘记了他是观众的观众是好观众!

## 黄老师的感动

课程的最后部分是吴小如先生和美国新墨西哥州大学师生的互动交流。在同学们提问之后,负责为吴先生做翻译的、此次来华学术活动的领队、新墨西哥州大学华裔教师、文质彬彬的黄温良老师突然微笑地对大家说:“你们如果提不出别的问题,我倒有一个问题请教吴先生。我曾经看过一次梅兰芳先生的演出。

我是1945年看的梅先生的演出,在上海。那时我只有几岁。记得那一次人山人海,我的父母带了我去看戏。因为我没有座位,所以就一直站在父母座位中间看。那一天看戏从头到尾我一动不动,大家都很奇怪:这个小姑娘,这么安静,一点也不哭闹。

“可因为年龄太小、时间太久了,我一直不知道那次我看的是什么戏,这个戏到底演的是什么。长大后我问过父母和好多人,他们也都不记得了。所以,这成了我一生的一个疑问。

“这出戏我只记得一个片段。就是一个‘公主’——或者很高级的妇女,她和她的父亲失散了。有一个老犯人,对她下跪,她的袖子往后一扬就晕倒了,我当时明白他实际上就是她的父亲。”

讲到这里,吴小如先生打断她的话说:“你不用往下讲了,我知道了。你看的那出戏叫《奇双会》,又叫《贩马记》。那个女人不是公主,是一个夫人。你讲的这个场景是父女二人受尽磨难意外重逢的一场戏,叫《哭监》。”

黄温良老师是新墨西哥州大学的教师,同时也是该校国际文化交流项目的负责人,她1949年随父母离开大陆到台湾,然后赴美国读书,长期在美国生活,近年因为工作的关系才有机会回到大陆。吴小如先生话音刚落,她就非常激动地快速地用汉语和英语交替说道:“今天真是太激动了,吴先生回答了我一辈子心中的疑问。1945年,父母领我去看这出戏,戏里父女相逢的场面直到现在就像在我的眼前一样,那时我还是个小孩子,站在父母的膝前,现在我已经白发苍苍,父母早就离我而去。我的父母不在了,我也老了,但今天我竟然知道了这出戏的名字叫《奇双会》。”说着说着哽咽了,教室里响起掌声。

吴小如先生大致向学员们叙述了京剧《奇双会》的内容。他说，梅兰芳先生在抗战期间拒绝演出，抗战胜利后粉墨登台，一时轰动上海，《奇双会》正是当时演出的剧目之一。黄温良老师还关心1945年那场戏中扮演父亲一角的演员的名字，吴小如先生说："我没有看那场演出，但以梅先生的班子，应该是王少亭。"

最后在这场意外而来的感动中，吴小如先生结合《奇双会》批判了"中国没有悲剧"的学术观点。他说，不能因为中国戏很多都是大团圆结局，就说中国没有悲剧。中国的悲剧是蕴藏在喜剧中的悲剧，是深藏在背后的悲剧。中国戏不希望观众带着不愉快的、伤心的情感离开剧场，但它会让你在以后慢慢品味剧情的时候，领会出里面蕴藏的不幸因素。这是中国戏剧文化的一个特点。

（作者单位：人民政协报社）

# 北大教授吴小如<br>畅谈中国京剧的前途命运

王琬

“中国的戏曲该往哪条路上走？怎么走才是正路而不是弯路？”5 月 26 日上午九点半，北京大学教授吴小如在我校公共教学一楼 1602 教室举办了一场题为“中国京剧的前途命运”的讲座。

现已八十五岁高龄的吴教授是我国著名的文学史家、中央文史馆馆员，在京剧、书法、旧体诗研究等领域都有杰出的学术成就。在本场讲座中，他以京剧为切入点，向同学们讲述了中国戏曲的发展过程、特点以及现实危机。

对于中国戏曲的发展，吴教授承认中国戏曲的历史不如西方那样久远。西方社会在古希腊的时候就已经出现了戏剧和戏剧理论，而我国的戏曲在南宋时期才正式形成。但是，他指出，不同文化的发展轨迹是不同的，西方的戏剧是一项非综合的艺术，如舞剧、歌剧、话剧、哑剧互相独立，界限分明；而我国的戏曲是融歌舞音乐、插科打诨、武打杂技于一体的综合艺术，经历了挂图说书、皮影傀儡戏、真人表演等过程，当表演者与解说者合二为一时，中国的戏曲才正式形成，走向成熟。

吴教授认为，一方面，戏曲应因陋就简，真正的戏曲艺术是超越物质设备的，它不需要时尚的声、光、布景、美工等装饰；另一方面，戏曲的导演与演员应是统一的，这就要求导演会唱戏，编剧阅读过大量的剧本，有深厚的戏曲底蕴。这才是中国戏曲应该具备的特点，只有坚持这两方面的特点，中国戏曲的发展才能做到

《盛世观光记》书影

“移步而不换形”。吴教授同时也谈到，中国戏曲的发展形势相当严峻。在当今社会，有些人以“现代化”为理由，用非中国传

统文化的模式去改造中国的传统文化，在经典的传统文化中融入各种西方文化的因素，毁灭了历经考验和磨炼的文化遗产。“什么是‘现代化’？真正的现代化是让现代的青年人在舒适的环境下欣赏古典的、传统的、优秀的艺术作品，而非另起炉灶”。他指出，我们肩负着振兴民族的使命，民族的振兴离不开民族文化的振兴。发扬中国的京剧艺术，发扬中国的戏曲艺术，发扬中国的传统文化，“我们不能人云亦云，不能随波逐流，不能见风使舵”！对于我国戏曲的前途命运，吴教授表现了他强烈的忧患意识，正如他自己所说的“要为祖国传统文化艺术做微不足道的呼吁”。

吴教授说，有人指责他为“文化保守主义者”，但是他评价自己为“顽固的教书匠来到了时尚风气风起云涌的时代”，并笑称自己是“逆潮流而动”。

有同学就“当代大部分年轻人不喜欢、不接受京剧”的现状向吴教授提出了疑问，吴教授说：“观众有选择喜欢和不喜欢的权利，观众不接受京剧这一现状的出现不在于观众，而在于戏曲的演员、剧目和负责把京剧引向何处的人，关键在于坚持用什么理念看待这样的现象。我们能做的不是抱怨，而是想办法提高戏曲自身的艺术魅力。”

此次讲座在同学们久久不息的掌声中结束。

# 座上独推荀令少

温加

九十一岁高龄的吴小如先生平生第一次书法展是在吉林省博物院举办的。

据吴小如艺术馆馆长刘凤桥先生介绍,起初吴先生不同意办此展览,后来听说是由吉林省美术馆的韩戾军主持其事,才勉强应允。

吴先生向以严谨、较真闻名于学术界,对目下时贤少有嘉许,独对韩戾军及其书艺褒赞有加,在身体极劣的情况下,破例为其题署书名。原件我曾有幸亲睹:马克笔写在宣纸之上,使转稍欠灵活,虽少精严却也别具拙趣。由于读书、编书的缘故,我经常关注书籍装帧,尤其是一些名家的题字,堪称一道特殊的文化风景线:毛泽东的绝类离伦、鲁迅的古雅蕴藉、郭沫若的跌宕昭彰、茅盾的挺拔俊逸。吴小如先生所题"戾唐心画"则大类五四时期文人钢笔书,闲淡安雅如晴川秋日里的远水流烟。

其实,吴先生与吉林渊源还不止于此,从展览中的一幅小字

行书作品中尚可觅得另一则消息:(见《学者书家吴小如》作品集第20页)

边风不起砚无埃,春晚桃枝带雪开。
座上独推荀令少,樽前无过济阴才。
掩关疏懒逢迎约,读画招邀伴侣来。
敢薄后山揖平子,奇花如耳正出胎。

书后小如先生自题长跋:

右诗见近人钟广生《逊庵诗集》卷二,题为《和答吴玉如元韵兼呈寂叟、半园》诗集中别一首亦题有先君名字,乃和答他人群集于遁园者,不录。逊庵先生七八岁时曾于寒斋识面,盖应先君招饮也,钟逝于1936年,诗集中多爱国伤时之作。

丁亥小寒　莎翁漫识

吴小如先生所抄录文字作者为杭州人钟广生(1875~1936)。钟字逊庵,光绪举人。民国年间被聘为吉林省长公署顾问。笔者于去岁编纂乡邦翰墨文献《长白旧墨》时方始得知其人,并集中收录其行书自作诗一幅。

遁园,是民国时期哈尔滨市第一任市长马忠骏的私家园林,是当时北方文化人的雅集场所。三省名流、京华墨客每会于此,林纾、成多禄、张朝墉、张伯英、钟广生皆为座上诗酒常客。遁园的文友还相继成立了“花江九老会”和“松滨吟社”,以遁园中的各个景点为主要歌咏题材赋诗唱和，一时传为佳话。吴玉如先生时任遁园主人马忠骏的秘书，每每参与其事，诗思文才为宾主称道，“同来携手谁年少？唯有泾川吴玉如”，今日仍可从中品味当年时贤对其嘉许之情。年甫髫龄的小如先生与吉林省长公署顾问识面大约即在此期，如此说来先生与吉林人之交往由来已久！

吴先生学如泰岱，自《诗经》至梁启超、自先秦诸子至鲁迅皆可容与徘徊。数则短文的阅读让笔者饮一瓢于沧海，先生治学严谨，补苴罅漏张皇幽眇，对待当下社会的文化与学术缺失则勇于敢为，对人对己不稍苟且，时人有评吴小如先生：“得失都缘太认真！”钟逊庵之诗虽然是和其先人吴迂叟，今日读来“座上独推荀令少”的句子倒似写给莎斋老人的。此次展览中有一卷《兰亭集序》，原件为唐摹右军行书，小如先生以楷书临抚，笔意清雅大类虞永兴，仔细端详又处处不缪右军法。自题尾跋曰：“每写禊帖，便觉心境存浮躁气，盖名利杂念犹在身。时贤疑其伪，缘疑者皆伪君子也！”逐字诵读一遍，与凤桥兄不觉相视莞尔，“这就是吴老……”凤桥兄近年常随侍杖履于莎斋之侧，对小如先生内心多有领会。

《新唐书·魏徵传》载“……帝大笑曰：‘人言(魏)徵举动疏慢，我但见其妩媚耳’”，若启太宗于地下，小如先生亦当为其眼中妩媚之士耳！

自上古先人“初造书契”始，书法这一艺术形式一直与中国文字相始终，所谓“经艺之本，王政之始”是也，既是修身的手段又具有“载道”的教化功用。从小如先生书学自述看，未尝以余事视之，自少年伊始即以传统文人对文字的敬畏、以学人对待学问的端严态度而沉浸其中，直至暮年未尝间断。其楷书自唐人上溯北朝墓志，清雅安闲如宿雨初收，行书远承右军、虔礼、米南宫遗韵，近取吴玉如先生之衣钵，结体多得离合攲侧之法，于静穆冲和中蕴活脱生动。以书神观之似乎更类太宗之《温泉铭》，从从容容于纸素间写出一派和畅，甚有清风拂弱柳之妙！

吾邑学人罗继祖先生，别署谔士，每以史家法眼直书古今，亲疏贵贱未尝泛滥溢美之词，尝见其撰《吴小如谈"创新"》一文曰："北京大学吴小如教授，我和他不相识，他的文章，我曾读到，甚为钦企。其尊人玉如先生(家琭)是沽上有名的书法家。教授学承先绪，也以能书闻名，但他谦冲，从不肯厕身书坛以自炫。"

甘孺夫子在《新民晚报》上读到吴小如先生谈关于书法继承与创新的问题，于内心深感有戚，遂成文字以和莎斋嘤鸣之声。罗先生幼承雪堂庭训，复得贞松老人所庋藏金薤琳琅之涵咏，识见非凡夫所能梦见。史家为文不尚春秋笔法与孟浪之语，"能书""谦冲"应是对小如先生人品书艺的极高评价。

展厅中幸遇任宗厚先生，先生书工汉隶、小草，书风亦极安雅，自言接触吴小如(著作)始于中学时代……任先生的"三余斋"我曾拜访过，雅室中几案素洁，左图右史汗牛充栋，未审当日小如先生著作插架于何处?

午间三五好友与凤桥兄小聚欢宴，座中有长春师范大学陈延嘉教授，陈先生学治《文选》，儒雅谦和蔼然长者，与吴小如先生神交最久，对其推崇备至，虽未曾与莎斋谋面，然小如先生在诗词训诂领域之创见生发陈先生竟能随手拈出娓娓道来！

《五灯会元》记载：灵山会上，世尊拈花示众，众皆默然，唯迦叶尊者为之破颜。

佛陀的安详沉静、迦叶的破颜微笑、金婆罗花的纯净皎洁……令人联想无尽，心生向往。

附记：

壬辰初冬，“学者书家吴小如”在吉林省博物院展出，一时兰馨满室妙香盈庭，洵为吾邑文化界之盛事。徜徉于吴先生书作之前，心之所得目之所遇，随手记录并泛滥成篇。凤桥兄素有旧文人之癖多为好事之举，阅后见呈于小如夫子，不意竟得先生谬赞！

癸巳岁杪，凤桥兄有感于急景凋年冯唐易老之迫，尝约余共拟提纲对小如先生作专题访谈，不佞自知对夫子所知甚浅，私意读些先生著作再做打算。西元2014年5月11日，微信朋友圈中，见小孤桐轩主人凤桥兄发文字：“小如先生于今晚永远离开了我们……愿他老人家在天堂安息！”

《红楼梦影》尚摊敝斋案头，而夫子已然驾鹤西归，终成永久憾事，痛当奈何！

邵燕祥先生尝手书李易安诗贻莎斋：“江山留与后人愁”。如今哲人其萎大雅沦亡，青山依旧白云悠悠，于今之世尚能有几人愁欤？

（作者单位：长春九如堂画廊）

# 吴翰云、吴小如与《小朋友》

吴心海

先父吴奔星散文集《待漏轩文存》,作为上海辞书出版社推出的“开卷书坊第三辑”之一,前不久在上海书展上首发。此书收入《现代儿童文学的先驱及其末路——前〈小朋友〉主编吴翰云先生的后半生》一文,这是先父1986年应儿童文学专家圣野及蒋风之约所写的,因故一直没有发表。

吴翰云(1895~1973),湖南安化人,从1926年到1937年担任《小朋友》主编,他自称是“《小朋友》最忠实的保姆”,十分注重编辑和作者的培养,同时也重视读者在办刊中的重要作用,其编辑思想值得认真总结。他曾说过:“《小朋友》能做到这个成绩,到底是谁的功劳呢?我以为,这绝不是单单社内几个人的努力,应该说是社外大多数大小朋友们的力;因为社内人的力是有限的,社外人的力是无限的。”(见1936年《小朋友》700期《七百周的感想》)

《小朋友》编辑部编的纪念文集《长长的列车——〈小朋友〉

七十年 1922 ~ 1992》(少年儿童出版社,1992 年 4 月)卷首文章《〈小朋友〉七十年》,谈到吴翰云 1926 年接任主编后除基本保持了黎锦晖办刊时的特色外,另一大贡献就是“十分重视通过科学文艺来扩展儿童的知识视野,因此出现了像董纯才、严大椿、陈载耘这样一些重要的作家”。1932 年入职《小朋友》的鲍维湘在《从读者到编辑人》(1936 年 3 月 26 日《小朋友》700 期)中指出:“我替《小朋友》撰稿,是民国十四年(1925 年)我在中华书局中华英文周报社服务的时候起始写的,那时,也就是我出中学的第一个年头。记述到这里,我不能不特别地提出来,向本刊的编者翰云先生致极深的谢意,因为,我常这样觉得,要不是他给我机会,并且时常地来鼓励我、督促我,我不相信我对于写作儿童读物的兴味,有那样的浓厚!”

2014 年 5 月去世的北京大学教授吴小如,童年时代与吴翰云也有过一段文字渊源。他在《我与中华书局的深情厚谊》(《我与中华书局——中华书局成立九十周年纪念文集》,中华书局 2002 年版,第 7 ~ 8 页)一文中回忆说:

> 在我读小学时,我曾连续几年把中华书局编辑出版的《小朋友》当做“课外必读书”。现在只记得这套杂志主编者名吴翰云,撰稿人中有陈伯吹……这个杂志有一专栏名曰《儿童创作栏》。我当时在哈尔滨市第十七小学读书,曾写过一篇短文直接寄给吴翰云先生。承他回信,告以那篇习作将在《小朋友》某期《儿童创作栏》中发表。寄稿时“九·一八”事变尚未发生,到我的那篇处女作刊出时已在东北版图变色之后,因此哈尔滨彼时已看不到《小朋友》了。直到 1935 年,

我在北平育英小学(我是从那个学校毕业的)的图书室里,才翻到尘封已久的《小朋友》合订本,亲眼“欣赏”到我第一次公开发表的“大作”。

吴小如先生没有说明第一次公开发表的“大作”的名称及署名,似也未见其他人提及。承上海图书馆祝淳翔兄代为核查,确定小如先生是以原名吴同宝在1932年第503期《小朋友》杂志上发表的处女作,题目为《冬末春初(杂记)》。小如先生记忆力颇为惊人,刊出时间果然是“九·一八”事变之后,刊出栏目也确为《儿童创作栏》,署名前还有“哈尔滨河沟街北京街30号”字样,不知道是小如先生的住址,还是当时他所上的哈尔滨第十七小学的所在地。

小如先生的处女作不长,照录如下:

黄叶飘飘,冬季已完,春季快到,学校里快开学了。我正在写字,忽听得朔风呼呼的吹,又听得麻雀唧唧的叫。一会儿,太阳照上来了,朔风不吹,但麻雀更加用力的叫,我也不往下写了。我把皮帽戴上,大氅穿上,往外面去了。

1922年出生的小如先生,写此短文时仅有九岁。文字确实稚嫩,但场面感很强,让读者有如临其境之感。

2014年8月21日

(作者单位:新华日报社)

# 吴小如何以称“学术警察”

伍铱铱

古典文学专家、戏曲评论家、教育家吴小如先生去世的消息传来，我首先的反应是：梨园频道里经常播放的吴先生主讲的《绝版赏析》节目不幸名副其实了。

据说，吴先生最后一次票戏，唱的是《蟠桃会》西皮原板“天堂远在瑶池上”一段。而我初识“吴小如”三个字恰恰是从《西游记》（四川文艺出版社）开始的，他老人家担任了此书的审订工作。杨洁版的电视剧在不同电视台播了七八百遍，我看这套蓝色硬壳本《西游记》的某些章节也得有上百遍。川版之所以对我颇有意义，是因为它确立了读名著选版本的标准——得有名家点评，注释翔实，知识点多，文字校对精准。例如“南无阿弥陀佛”的头两个字要念成“那摩”，意为敬礼等等，都是从川版上第一次知道。成为京剧发烧友后，尤其是了解到做了一辈子教书匠的老先生有个雅号“学术警察”后，每次看书都心里暗暗得意：我手里有最好一版的《西游记》！

对于喜欢京剧、愿意了解它的人而言，吴先生是绝不可错过的大人物。他有两本书是从入门到入迷最好的陪伴——《京剧老生流派综说》(1986年)、《鸟瞰富连成》(1998年)。前者有助于欣赏流派剧目，后者有助于了解京剧发展的历史。有人说《京剧老生流派综说》是"绝学"，单瞧全书的文字，对此的理解可能还流于肤浅，但是如果认真看过电视节目《绝版赏析》，就能体会到"绝学"并非虚言。比如，在讲《洪羊洞》时，吴先生几乎把所有流派的唱法都讲了一遍，既宏观概论了不同流派的风格之异，也具体而微地细述了一句唱词的微妙差别，直达"无一字无来历"的境界。虽然老人家在写关于京剧的书时，总自居"台下人"的身份，可是如果不是真的学过戏，又在京剧鼎盛期看过大量名角儿的戏，别提"京剧老生流派综说"了，能讲明白一个流派已经非常难。就像老人家自己说的："我总的体会是，你对京戏的感觉和理解，学了跟没学就是不一样。"对待喜爱的京剧如此身体力行，可想而知，"学术警察"对待讲了一辈子的古典文学得多么严谨！

2014年是富连成科班成立一百一十周年，对科班历史及六科学生最有趣、最深入浅出的介绍当属吴先生的《鸟瞰富连成》。首先，他是多数富连成学生舞台实践的见证人；其次，他懂戏且与演员有交情、有交流；第三，他对演员的表演有态度，既赞扬也批评，话讲得非常直。对于只能从音频资料或是音配像节目中与逝去的名家们神交的戏迷来说，《鸟瞰富连成》是不可多得的入门指南和赏析"拐杖"；即使只从文字的角度阅读，吴先生的书也会让人上瘾，那些看不见、摸不到的"中国好声音"一经记录便立体直观，前辈艺人的飞扬神采借汉字而复活。《列子·汤问》说"余音绕梁，三日不绝"，而吴先生的一支生花妙笔将京剧艺术的魅力推向了无限。

# 吴小如和德彪西

肖复兴

读吴小如先生的学生编写的《学者吴小如》一书,最过目难忘的是小如先生的冰雪精神、赤子之心。书中特别提及其少作对名家以及他的老师的评点,直言不讳,率真而激扬,真是令人格外感喟。因为面对今日文坛红包派发、商业操作的见多不怪的吹捧文章,这样的文字,几成绝响。

看他批评钱锺书:“一向就好炫才。”说钱虽才气为多数人望尘莫及,但给读者“最深的印象却是‘虚矫’和‘狂傲’”。他批评萧乾的《人生采访》文字修饰功夫“总嫌他不够扎实”。他批评师陀的《果园城》“精神变了质”,“失败的症结不在于讽刺或谴责,而在于过分夸张——讽刺成了谩骂,谴责成了攻讦”。他批评巴金的《还魂草》拖泥带水,牵强生硬,“一百多页的文字终难免有铺陈敷衍之嫌”。

就是自己的老师,他的批评一样不留情面。比如对沈从文的《湘西》等篇,他说道:“格局狭隘一点,气象不够巍峨。”“作者的笔总还及不上柳子厚的山水记那样遒劲，更无论格古清新的《水经注》了。”对于废名，他直陈不喜欢《桃园》，因为“没有把道载好”，“即以‘道’的本身论，也单纯得那么脆弱，非‘浅’即‘俗’”。

这让我禁不住想起法国音乐家德彪西。2012 年，是小如先生九十岁寿，是德彪西诞生一百五十周年。两位年龄相差一个甲子的人，直率的性格以及对待艺术的态度，竟然如出一辙，遥相呼应，相似得互为镜像。

年轻时的德彪西，一样的“指点江山，激扬文字，粪土当年万户侯”。他说贝多芬的音乐只是“黑加白的配方”，莫扎特只是“可以偶尔一听的古董”；他说勃拉姆斯“太陈旧，毫无新意”，说柴可夫斯基的“伤感太幼稚浅薄”；而在他前面曾经辉煌一世的瓦格纳，他认为不过是“多色油灰的均匀涂抹”，嘲讽他的音乐“犹如披着沉重的铁甲迈着一摇一摆的鹅步”；而在他之后的理查德·施特劳斯，他则认为是“逼真自然主义的庸俗模仿”；比他年长几岁的格里格，他更是不屑一顾地讥讽其音乐纤弱，不过是“塞进雪花粉红色的甜品”……他口出狂言，雨打芭蕉，几乎横扫一大片，肆意地颠覆着以往的一切，他甚至这样口出狂言道：“贝多芬之后的交响曲，未免都是多此一举。”“过去的尘土不那么受人尊重的！”

有意思的是，无论是小如先生，还是德彪西，这样直率甚至尖刻的批评，当时并没有惹得那些已经逝去的大师们的拥趸者，和依然健的在被批评者火冒三丈，或是急不可耐地反批评，或者带着嘲笑的口吻用“愤青”一言以蔽之。这种对于年轻人的宽容，既体现了那些学人作家与艺术家的宅心宽厚，也说明那时的文化氛围，如当时的大气与河流少受污染。这是一种文化的生态环境，在这样的环境中，作家、艺术家与批评家，万类霜天竞自由，能够一起相得益彰地成长。

于是，小如先生以年轻时对前辈与老师直率的批评，和对艺术与学问的真诚态度，步入他以后长达半个多世纪的学问之门。德彪西也是这样，打着“印象派”大旗，以革新的精神，创造了欧洲以往从来没有的属于他自己的音乐语言。在他三十二岁创作出《牧神的午后》时，法国当代著名作曲家皮埃尔·布列兹，就曾经高度评价并预示：“正像现代诗歌无疑扎根于波特莱尔的一些诗歌那样，现代音乐是被德彪西的《牧神的午后》唤醒的。”

说起那些少作，小如先生说自己是“天真淳朴的锐气”，燕祥说他是“世故不多，历来如此”。天真和世故，是人生与学问坐标系中对应的两极。我想，这应该就是小如先生的老师朱自清所说的那种“没有层叠的历史所造成的单纯”吧。学者也好，文人也罢，如今这种单纯已经越发稀薄，而世故却随历史的层叠，尘埋网封，如老茧日渐被磨厚磨钝。自然，如小如先生和德彪西年轻时的那种“天真淳朴的锐气”，也就早已经刀枪入库，只成了可以迎风怀想的老照片。

但是，我一直以为，小如先生也好，德彪西也罢，他们年轻时的那种“天真淳朴的锐气”，其实更是一种如今文坛和学界所匮乏的精神。有了这种精神存在，文人之文、学者之学，才有筋骨，也才有世俗遮蔽下独出机杼的发现和富于活力的发展。

小如先生曾经说过这样的一段话：“再有些人，虽说一知半解，却抱了收藏名人字画的态度，对学问和艺术，总是欠郑重或忠实。”对于今天的学术、艺术，或作家与作品，这段话依然有警醒的意义。对待上述的一切，我们很多时候确实是“抱着收藏名人字画的态度”,有些谦卑,有些妄想,有些世故,有些揣在自己心里的小九九,便有些欲言又止,有些“王顾左右而言他”,有些违心的过年话,有些成心的奉承话,甚至有些膝盖发软,有些仰人鼻息,只是没有一点脸红。

# 读《吴小如讲杜诗》

肖复兴

在杜甫诞辰一千三百年的日子里，读吴小如先生的新著《吴小如讲杜诗》(天津古籍出版社 2012 年 9 月版)，快意、惬意，且会意。

关于杜甫的诗，我只读过仇兆鳌的《杜诗详注》和浦起龙的《读杜心解》。与之相比，吴小如先生的新著，比仇著要简约爽朗，比浦著要翔实厚重，更重要的，是带给我们解读杜甫的新见解和新路径。全书一共十五讲，每讲精心挑选几首，却拔出萝卜带出泥，勾勒出杜甫的一生以及杜甫所处的动荡年代，是以诗带史，以诗穿心。

小如先生讲杜甫时最讲究的方法之一，是“对读”。大概如小如先生所说，“现在我们讲诗歌缺乏比较”，便格外着重于这一点。“对读”，就是比较。在这本书中，“对读”的方法，不止一种，风姿绰约，我最感新鲜且收获颇丰。

以杜诗“对读”杜诗，是小如先生运用最多的方法，见其治学的精到和别出机杼。《登岳阳楼》对照《江汉》;《醉时歌》对照《饮中八仙歌》;《秋兴》中"同学少年多不贱,五陵衣马自轻肥",对照《狂夫》中的"厚禄故人书断绝";《房兵曹胡马》对照《画鹰》,真马如画写其神,画鹰鲜活写其真;《登高》对照《白帝》,"前半截写景,气势很壮,但后面写得很惨",在讲"万里悲秋常作客,百年多病独登台",离乡万里——又赶上秋天——多年在外漂泊,这样三层倒霉的意思时,又带出《宿府》,指出"永夜——角声——悲自语,中天——夜色——好谁看",也是三层意思层次递进……

最精彩的是将《丹青引》《观公孙大娘弟子舞剑器行》和《江南逢李龟年》三首一起对读。一位画家,一位舞蹈家,一位音乐家,都是昔年身怀绝技,如今和杜甫一样沦落天涯,三人的遭际命运和杜甫互为镜像,写不尽的沧桑之感,在这样的对读之中,诗与人一并立体感强烈,分外令人感喟。

以杜诗"对读"他者,也是小如先生爱用的方法,见其学问的广泛和触类旁通。"美人为黄土,况乃粉黛假"(《玉华宫》),对照辛弃疾"君不见,玉环飞燕皆尘土",指出辛词是化杜诗而来;"茂树行相引,连山望忽开"(《喜行达所在》),对照孟浩然"绿树村边合,青山郭外斜",指出孟是从城里到乡村,视野开阔,心情开朗,杜是从长安走小路跋涉之后快到目的地才眼界大开,走路艰难;"花重锦官城"(《春夜喜雨》)的"重",对照白居易"鸳鸯瓦冷霜华重"和陆游"雨余山翠重"的"重",指出此处的"花重"是花开得繁茂……

讲到陶诗闲适风格时,将杜甫与王、孟、韦、柳相比照,说王维是"阔人的闲适",孟浩然是"老有点儿浮躁的成分",韦应物和柳宗元与陶诗也有距离,“反而是杜甫入川以后、刚到成都写的几首诗,倒和陶渊明的感觉特别接近”:因为杜陶二人都是生活贫困,又豁达乐观;都有忧患意识,并不纯粹闲适;都有真感情。分析得丝丝入扣,令人信服,而且将一贯认为的杜诗沉郁的风格拓宽,进行多样化的展示。

以杜诗“对读”京戏,是书中涉笔成趣最有意思的部分。由于小如先生酷爱京戏,所以常常可以在讲解杜诗时手到擒来,顺便讲起京戏,挂角一将,做一番生动的比附和相互映照。比如,讲杜诗沉郁顿挫风格时,小如先生讲起四大名旦之一程砚秋,说“程腔是有顿挫,但无棱角,如果顿挫出现了棱角,说明演唱底气不足”。然后指出顿挫是“一层深似一层,但不要让人看出斧凿的痕迹,不要让人觉得你拐直弯儿”。接着进一步指出沉郁和顿挫的关系:沉郁是指内容,顿挫是指表现,只见棱角,没有发自内心的东西是不行的,“把灵魂深处的东西都表达出了,这就叫‘沉郁’”。再比如,讲《赠卫八处士》结尾两句“明日隔山岳,世事两茫茫”时,小如先生讲起程砚秋演出的京戏《红拂传》最后一句唱“此一去再相逢不知何年”,说:“剧情是一个饮酒的欢娱场面,舞剑助兴,舞完了,就是这一句,红拂内心的话说出来了。这不就是杜诗的‘世事两茫茫’吗?”“这两句的思想感情,与程砚秋的戏的最后一句一样,越琢磨越深。”如此别开生面的讲解,让纸上文字风生水起,和舞台表演一样赋予其形象和声音,是任何人讲杜诗都未曾展现的景观。

当然,这本书的内容很丰富,比如,细微之处的深入浅出和真知灼见,还有幽默,都是格外难得的。讲《月夜》“何日依虚幌,双照泪痕干”,小如先生讲:“什么时候,回到家,拉上窗帘,我们夫妻团聚，‘妻孥怪我在，惊定还拭泪’，难免要悲伤，在月下，我们都哭了，哭着哭着，又转悲为喜，所以是‘双照泪痕干’，这五个字里蕴涵了多少意思！”讲得真是平易又情感蕴藉。讲《蜀相》头两句“丞相祠堂何处寻，锦官城外柏森森”，仇注认为是自问自答，小如先生指出是诸葛亮在杜甫心目中位置崇高，杜甫一到成都就迫切去参谒武侯祠，“可绝不是普通的打听道儿怎么走，那就不是诗了”，讲得新鲜别致又切实熨帖。讲《赠卫八处士》“共此灯烛光”一句，小如先生说“我们在一盏灯烛光下见面了，很有味道，要是‘共此太阳光’就没意思了”，讲得令人忍俊不禁。

书中有一则逸事很有趣。小如先生讲他父亲吴玉如先生当年讲课时测试学生文学素养，试卷有这样一道填空题：一叶落（　）天下秋，填“而”字满分，填“知”字及格，填“地”字不及格。“而”是虚词，有想象空间；“知”是实词，太实了；“地”，叶子不落在地上还落在天上吗？太糟了，肯定不及格。这是这本书的赠品。在杜甫诞辰一千三百年的日子里，诗离我们是越来越近，还是越来越远？不必让所有人都做这个填空题，只让自称文化人的我们填一下空即可，一叶知秋，便可测试出如今我们共有的文学素养、文学欣赏与接受的水平。

# 朴学传统，魂归何处？

俞飞

吴小如，现当代中国文史界文武兼备的全才，被誉为“乾嘉学派最后一位朴学守望者”。他挥一挥衣袖，带起满天云彩。朴学，似曾相识燕归来，再一次映入国人的视野。

## 朴学的兴与衰

明清鼎革，天崩地裂。清初学者痛定思痛，总结明亡教训，无不痛心疾首明朝学术空疏，阳明心学空谈心理，浮华空疏的学术风气，连带败坏社会风气，由此上溯至宋代朱熹、二程（程颢和程颐），程朱理学亦被认为是造成后世学风空疏的重要原因。

有清一代，以复古、实证来改变学风，回归汉学的“实事求是”来矫宋明理学的空疏，此成为共识。学界有志一同，一改宋明以来“理学”“心学”的讨论方法，向着质实、博物、训诂、考证方向发展。

清初思想界三大巨人——顾炎武、黄宗羲、王夫之无不积极提倡复古征实之风，注重“实证主义”的研究方法。顾炎武强调材料、证据的重要性，“列本证、旁证二条。本证者，诗自相证也；旁证者，采之他书也；二者俱无，则宛转以审其音，参伍以谐其韵”。他推翻宋人的“叶韵”说，以《诗三百篇》所用之韵，互相考证，并征引他书，探究古今语音之不同。

黄宗羲注重将读经与学史相结合，其“经术所以经世”观点及对于史料与实证的重视影响深远。更值得一提的是王夫之，他认为“(训诂)皆确有依据，不为臆断”，以生活中现存的事物进行训诂。如《东山》“鹳鸣于垤”中的“鹳”，朱熹认为是老鹳，王氏通过实地考察，发现还有一种逢雨鸣叫的水鸟，根据诗义应取后者。为了证明“鼠有牙”，他不惜捕捉老鼠亲自勘验。

清代朴学，又称汉学、乾嘉学派，因其在乾隆、嘉庆两朝达于极盛，故名。惠栋、戴震、钱大昕、段玉裁、王念孙、王引之为其代表人物。其中有吴、皖二派之分：吴派创自惠周惕，成于惠栋；皖派创自江永，成于戴震。

乾嘉学者继承经学家考据、训诂的方法，加以条理发展，治学以经学为主，以汉儒经注为宗，学风平实、严谨，不尚空谈；重音韵、文字、训诂之学，扩及史籍、诸子的校勘、辑佚、辨伪，留意金石、地理、天文、历法、数学、典章制度的考究；在诸经的校订疏解中，成就超迈前代；对古籍和史料的整理，亦有重大贡献。长于考据，这是清代汉学家朴实力学的传统。

毋庸讳言，朴学极盛时代的乾、嘉两朝，文字狱盛行。文网罗织之下，学者噤若寒蝉。唯有埋头考据，才有立锥之地。“一般士大夫在威胁利诱之下，应考做官……他们继续发展清初的复古运动，却失去‘实用’的意义。”士大夫沉溺训诂不能自拔，连篇累牍，烦琐无比，每况愈下。五四以后，其“因封建残余势力的益趋没落以及资产阶级的软弱妥协不革命，而陷入末路”。上层建筑之一的朴学，不能无根而生存。20世纪30年代，时局丕变，国难日深，考据之学号召力大大降低，1937年抗日战争全面爆发，以远离现实为荣的考据学受到冷落。

## 朴学守望者

翩翩浊世佳公子吴小如，正是中国朴学的殿军。他秉持朴学精神，一生绝不妥协。“文革”初期，红卫兵贴出吴小如大字报，他居然实事求是，以大字报还击，结果以讲师的身份得到了教授的批斗“待遇”。

晚年的吴小如发狮子吼，痛斥中国学术界乱象丛生，言之心痛不已。诸如：校点古籍谬误百出，编辑师心自用地乱改文稿，知名学者缺乏常识信口胡说，学界抄袭成风……不假辞色的批评，自然不会讨喜。吴小如从不讳言自己和同行关系紧张。

他喜爱一位名叫沈玉成的弟子，甚至称他是最好的学生，但并不因此放松要求，还公开发表文章批评过他。沈玉成摇头叹息：“吴先生到处受挤对碰钉子，一生坎坷就是因为太得罪人，连我这老学生都受不了。”

对于当下书法界，吴小如讥刺：“尝谓今之所谓书法家，有一批人只是为写字而写字。甚或有的人专门为追名逐利而跻身于书法之林。他们一不读书，二不‘识’字，尤其近年来世风丕变，有人竟连前代碑帖都不屑临摹研读，一提笔便想自成流派，自我作古，且动辄自封为‘书法家’。”

他臧否人物、针砭时风的文章常见于报端，这也与治学风格一脉相承。哪怕是好友恩师或者名人泰斗，他亦不留情面：萧乾把“美国胜利唱片公司”写成“法国百代公司”，他去信更正；好友周汝昌论文中提及皇帝“登基”，他致电正告学者不应从俗，仍应作“登极”。大众传媒误登别字，他不厌其烦，写信纠正。

一位名角请教他：“先生您给我说说这戏？”吴小如毫不留情：“我看你得重头来。”看到某报的报道，里面张伯驹和丁至云《四郎探母》剧中《坐宫》一折的剧照，写成了《打渔杀家》。他打电话给该报，负责人反问：“怎么办？”吴先生说：“更正一下。”

对于外界“学术警察”的冷嘲热讽，吴小如毫不退缩：“现在不是‘学术警察’太多，而是太少。电视、电台、报纸都是反映文化的窗口，人家看你国家的文化好坏都看这些窗口，结果这些窗口漏洞百出、乱七八糟。”

都说吴小如尖锐无情，过洁世同嫌。他夫子自道：“我也不是所有的事都锋芒毕露，我对事的原则，就是我做人的原则。”

“我本人无论分析作品或写赏析文章，一直给自己立下几条规矩，一曰通训诂，二曰明典故，三曰察背景，四曰考身世，最后归结到揆情度理这一总的原则，由它来统摄以上四点。”在《古典诗词札丛》中，他掷地有声：“我一辈子做学问，归纳而言，无外两条：一是传信，一是订讹。”先生以自己的一生，证明中国朴学传统。

## 为朴学传统招魂

与前辈先贤相比，今天的学者忙于著书立说，忙于晋升职称，忙于获大奖，忙于拿课题项目，忙于成名成家，忙于四处讲学，又岂能不深感惭愧？

平心而论，朴学传统绵延久远，构成了中华传统文化的根基。博大精深的乾嘉汉学，以专精扬其帜。无论在经学、史学、音韵、文字、训诂，还是金石、地理、天文、历法、数学等方面，乾嘉学派诸学者都取得了当时最好的成就。其平实、严谨的学风以及精湛的业绩，是值得肯定的。

梁启超认为朴学治学“纯用归纳法，纯用科学精神”，甚至他们以科学精神做考证之学时的方法与步骤，也基本符合西方科学的方法：一、注意，二、虚己，三、立说，四、搜证，五、断案，六、推论。曹聚仁评价乾嘉学派代表人物戴震、钱大昕时说：“钱大昕推许戴东原‘实事求是，不主一家’，俨然是科学家的头脑了。假如他们研究的对象是自然科学的话，他们便是达尔文、法布尔那样的科学家了。”

1959年，美国学者在夏威夷第三次东西方哲学家会议上发问：“东方从前究竟有没有科学呢？东方为什么科学很不发达，或者完全没有科学呢？”胡适拍案而起，以《中国哲学里的科学精神与方法》为题，介绍中国传统文化里的科学精神和方法。

按照胡适的理解，孔子、老子、王充、程朱理学和朴学构成了中国学术发展中的“苏格拉底传统”，在这个发展脉络中，自由问答、独立思想、大胆怀疑、热心而冷静地求知、“即物而穷其理”、“以求至乎极”等符合科学理性的思想，形成了一个“伟大的科学精神与方法的传统”。同西方相比，只不过它的应用对象是历史文献而非自然现象而已。

“中国旧有的学术，只有清代的朴学确有科学精神。”留学期间胡适详细研究朴学大师的作品,拍案叫绝,“汉学家的长处就在他们有假设通则的能力。因为有假设的能力,又能处处求证据来证实假设的是非,所以汉学家的训诂学有科学的价值,与西洋的科学方法,是同样的了不起”。朴学家戴震“但宜推求,勿为株守”八个字是朴学的真精神。胡适的“大胆假设,小心求证”就是其白话文翻版。

胡适直言:“我是一向佩服清代考据学的,以为它一扫宋明哲学的空洞的主观主义而走入实证的道路,接近于唯物主义……是中国走上科学的基础,是民族文化的精华。”

当下,国学大热,鱼龙混杂但对大众的影响肤浅有限,对世道人心心有余而力不足。如何让经典中蕴含的优秀传统思想深入人心,中国学界责无旁贷。

# 吴小如先生谈教育

张一帆

一个寒冷但阳光明媚的冬日午后，九十二岁高龄的吴小如先生将我唤至家中，语速虽慢，却依然透出他性格中特有的急切："我还是想就两个小例子谈一谈教育的问题……"

吴老自2009年7月罹患脑梗，2011年又在家中摔伤导致股骨骨裂，之后影响吞咽，且不良于行，更不能再提笔作书，幸而目力仍如壮年，至今每日手不释卷。作为一位从教七十年的教师，教育问题始终是他素日常挂心头之事。

"您说，我记。"我随即掏出纸笔，做好记录准备。

"第一个例子，是关于《诗经·魏风·伐檀》中'君子'一词的理解。自胡适之先生开始，将其释作反面人物，顾颉刚、刘大白、魏建功等诸古史辨派学者以及余冠英先生都因袭此解。新中国成立后，适之先生的学说在大陆被批得体无完肤，耐人寻味的是，他对《伐檀》中'君子'的阐释非但没被批驳，反而被作为正解，写进了中学语文教材。"

“对，我十几年前在高中语文课本中学到这首诗，课文注释中，‘君子’仍然被引申为‘地主阶级’，不过我听说现在人民教育出版社出的中学语文教材中已经删去了这一首。”

“其他还有不少版本的语文教材，里面不但有这首诗，而且还是那么解释‘君子’的。”吴老补充道，“我自1938年起在天津师从朱经畬先生学习《诗经》，兼习各家说《诗经》专著，1950年又在津沽大学国文系讲授过一年《诗三百篇》，之后又涉猎多方，颇有积累，在50年代就写过《〈诗三百篇〉臆札》一文，我的观点是：《伐檀》中的‘君子’，不能做反面人物讲，理由有三条：1.《诗三百篇》中所言‘君子’，无一处意含讽刺，《伐檀》也不会因此例外；2. 真正为诗人所讽刺的人称代词是‘尔’，而在‘君子’之前的‘彼’，则往往用来形容心目中的理想人物；3. 最重要的，这首诗是两千多年前的奴隶制社会或由奴隶制向封建制逐步转化之社会中为劳动人民立言所作，诗人不可能超越时代局限，像经历五四时代洗礼的学者一样，能辨识‘君子’（即奴隶主或封建主）的反动阶级本质，否则，就过于拔高，不符合历史唯物主义了。”

“我很赞同您的观点，不过，我觉得您和适之先生等学者的不同解读可作为仁智山水，各家之言并存啊。”我暂停了手中的笔回道。

“你这话本不错，可是，自20世纪50年代始，中学语文教材中，对《伐檀》‘君子’的解释，就只有‘讽刺对象’这一种说法，假如说那时意识形态色彩过于浓厚，那么到了你上中学的90年代中后期，语文教材仍只提供这一种‘标准答案’，就不太说得过去了。其实，这还并不是我一个人的看法，周振甫先生也和我的观点相同。”吴老的思路仍然十分清晰。

“那倒是，假如高考出题考《伐檀》，若有人将‘君子’释为诗人‘心目中的理想人物’，那就会毫无疑问地被判错、扣分，甚至会有人因为少了这几分而影响到被理想的学校录取。”我很快意识到了“标准答案”的直观意义。

吴老进一步说：“我的文章发表后的几十年里，还被收录到各种文集中，而中学语文教材似乎视而不见，依然故我。作为教材，对文学作品的分析，理应可以介绍存在两种解释的，却只提供一种解释，而且不论学术界有什么新的成果看法，始终不做修改，这种唯我独尊且有填鸭灌输之嫌的态度，显然不利于培养学生的独立思考能力。不过，比起另一个例子来，这大概还算不得硬伤。”

这更引起了我的兴趣：“还有‘硬伤’？您大概是指王荆公诗《泊船瓜洲》吧？我看过您写的文章。据我所知，现在连人民教育出版社出的小学五年级（上）语文教材里还是‘春风又绿江南岸’，而且还被用来说明古人作诗炼字的严谨程度。”

“对。”吴老接着说，“世人熟悉这首诗，大多因为南宋洪迈《容斋续笔》卷八里的记载，说‘吴中人藏其草’，主要着眼点在于‘江南岸’之前的动词经过反复修改，最后定为‘绿’字。可是，古籍中‘春风又绿江南岸’的写法只见于《容斋续笔》这一处，在传世的王安石诗文集中，无论是最早的宋版《王文公文集》卷七十，还是流行最普遍的根据明嘉靖刻本影印的四部丛刊本《临川先生文集》卷二十九，以及距王安石时代较近的南宋人李壁辑撰的《王荆公诗笺注》卷四十三，所载此诗第三句，都作‘自绿’，没有一个本子是‘又绿’，而李壁笺注本卷四十三《与宝觉宿龙华院三绝句》第一首诗末的注文中还说，‘公自注云：某旧有诗“京口瓜洲一水间，钟山只隔数重山。春风自绿江南岸，明月何曾（四部丛刊本作‘时’）照我还”。这也就是说，王安石自己从没把‘自绿’记成过‘又绿’。照我个人的看法，这个‘自’是自然而然，甚至自管自的意思，作者本来认为春风明月都应是有情的，可它们偏偏无情，一到春天，和风自管自吹绿了江南的岸草，明月自管自照射出皎洁的光辉，就是不管诗人意欲重返政治舞台、盼归不得的愁思。从这个意义上来说，‘又绿’远不如‘自绿’耐人寻味。”

“我还可以给您提供一个旁证：我曾请学生查过宋诗的电子数据库，有‘自绿’的诗句极多，足见这也是宋人作诗的习用词语。”我补充道。

吴老继续严肃地说：“无论如何，王安石传世诗文集的版本一律为‘自绿’，而‘又绿’要么是洪迈误记，要么是《容斋续笔》误刊，这是个硬道理，后世因袭‘又绿’，就是硬伤。几十年来，小学语文教材中的‘春风又绿江南岸’影响了几代人，我写了文章发表后，教材也仍然没有做任何改动。《伐檀》的问题在于，对本可有两解的诗句，教材却只提供一解，而《泊船瓜洲》的问题在于本只有一个标准答案的，教材上却是另一个（错误的）标准答案，而对待这一个字的讹误，轻则涉及治学态度，重则涉及对待真理的态度，不可小觑。”

听到这里，我发现吴老略显激动，于是试图缓解一下他的情绪，宽慰地说：“现在文史教材的问题俯拾皆是，改不胜改，都是受了大环境的影响，您又何必如此在意这两个小问题呢？”

“这正是我所要强调的：教材准确与否事小，关涉树人育人事大。教书与育人、道德与文章，在古时都是一回事，绝对不可分割；所谓大环境的问题，也并不是自今日始。”说到这里，吴老取过自己的早年书评集《旧时月色》，翻到第159页，指出了《读朱光潜〈谈修养〉》一文中的一段话：

> 盖自民国建立以来，三十多年中，教育所以不上轨道，固然政治经济多所牵制；主要失败原因，乃在于把做人与读书分成截然两途。学校只是知识贩卖场所，操行一端，学校当局视若无睹，于是学自学，行自行，理论、实践始终摆在两条不同路上，各自为政，互不相谋。有些青年，在学校时热情沸腾，意气昂扬；及入社会，不是因寒心而堕落，便是同流合污，随俗浮沉。之所以有这些现象，大都在于个人品德方面的修养远远不足。况且个人是团体最小单位，有一个害群之马，便能波及整个机体。故青年人于读书之外，尤须力争上游，在做人方面，痛下功夫。此原是刻不容缓的事。

我翻看了一下此文的写作时间，是“1947 年 2 月”，不禁唏嘘不已。吴老接着说：“正如我六十多年前所言，关键在于没有把教书和育人统一起来，所以大到未来人才的培养质量不尽如人意影响国家进步发展，中到高校教师只顾争课题、报项目，不顾学术精神、教学质量，小到中小学语文教材有不准确的地方能够延续数十年不做修改，原因都与此有关。”

“您这真是一针见血”，我接着吴老的话说，“近些年来，教育行政部门三令五申，强调‘素质教育’，不提倡‘应试教育’，可是社会风气始终转变得不够彻底，学生仍然片面追求以考试分数为标准的学习成绩，到了进入社会以后，在业务上眼高手低，在人际关系上不善处理，甚至在生活上也缺少情趣和健康的习惯，因为据说有的地方的中小学为了给升学考试的正课让路，连美术、音乐课都取消了，甚至还有因为体育课容易出身体事故，取消了铅球投掷，把跑步训练变为散步的。其实，我认为教育的根本目的就是塑造出具有健全人格和健全体魄的人，有了这二者，学生毕业后从事什么工作都会是好样的。”

吴老听到这里，重重地拍了一下沙发的扶手：“这就是我今天找你来谈的目的。由此我想到了前些年有人说我是‘学术警察’，并不是我不愿意承认，而是事实上我根本不是‘警察’，因为我完全没有执法权：有人触犯了学术规范，我并不能因此罚人家的款，更不能吊销人家的学术‘执照’，最多只能发表我的意见。对其造成的负面影响，无论恶劣程度如何，我都不能予以任何的惩罚和制裁，因为并没有什么法律赋予我这方面的权力，我充其量不过是站在街头义务维护‘交通秩序’的志愿者而已。孟子曰：人之患在好为人师。这可能是我一生最大之患，不过，得天下英才而教育之也是我平生最大的乐趣。其实，我的本心非常简单，就是向往真理，学生出了错，就是老师的责任，不论学生多大年纪、地位多高，我都一定会争取向他们指出，目的不只是学问，关键在于育人；我之所以到现在仍会时常向很多不是我学生的人指谬，并不是为了炫耀我的学问，还是为了正规范、正风气。只要一息尚存，我仍然愿意一直当这个维护学术规范的志愿者，为后辈塑造健全人格而竭尽我之所能……”

辞别吴老归家途中，我不禁想起钱穆先生晚年提到过的“人才源于风俗，而风俗可起于一己之心向”。今天一提到社会风气的各种不正，人们无不痛心疾首，但思之解决办法时，又多以“社会大环境如此，个人无能为力”为托词；而吴小如先生年高体衰，仍有“学为人师，行为世范”的“一己之心向”，这不正是可以重塑“风俗”的坚实基础吗？教育不仅限于学校，应是个人终身以之的大事，但愿人人都能从我做起，从身边做起，从现在做起。

# 从心所欲而不逾矩

张晖

为纪念杜甫一千三百周年诞辰,国家话剧院最近上演了话剧《杜甫》。这部戏把杜甫处理成一个符号,杜甫既不是一个有血有肉的人,也与历史时空无涉。导演或许想告诉观众,他想要摆脱既有的历史、社会、政治的叙述,去直接与作为诗人的杜甫展开精神对话。可是,这样一种脱离现有知识体系和历史语境的对话是否可能呢?如若不然,今天的我们究竟应当如何接近杜甫、阅读杜甫呢?九十高龄的吴小如先生恰于近日出版《吴小如讲杜诗》(天津古籍出版社,2012年版)一书,向我们展示了一位一生浸淫古典文学的著名学者面对杜甫的态度和方法。

杜甫的主要成就在诗,了解杜甫就必须读懂他的诗。而对于如何阅读诗歌,吴先生有着自己的心得。早在二十多年前,他就指出分析作品有四条原则,一是通训诂,二是明典故,三是查背景,四是考身世,最后以揆情度理来统摄以上四条原则。这四加一的原则似乎脱胎于传统所谓的"知人论世"和"以意逆志",又加上了清儒治学的遗训,即强调文字训诂的重要性。吴先生的四加一原则对于如何赏析诗歌无疑具有很强的操作性和指导性,后学循此途径,应当可以入门。而吴先生本人的相关著作如《诗词札丛》(北京出版社,1988 年版)、《古典诗词札丛》(天津古籍出版社,2002 年版)等,也都是在这四条原则指导下展开的赏析。吴先生讲杜诗,依然遵循上述的四加一原则。

下面略举数例,以见吴先生用此原则诠释杜诗的成功。杜甫的《望岳》是中学生都熟悉的名篇。讲这种诗无疑是最难的,不但很难讲出新意,而且很容易为刻意出新而导致穿凿附会。吴先生这里特别指出几点:一是秉承俞平伯先生的说法,将"岱宗夫如何"的"夫"字与《鲁论语》中"夫何言哉"的"夫"字联系起来,说明杜甫创造性地将虚词放到句中,从而笼罩全篇,让整首诗都受到这个字的影响。而"夫如何"比"其如何""彼如何"等都更具有力量。二是指出原本不受人重视的诗歌第三句"造化钟神秀"的重要,因为从诗歌结构上来讲,没有第三句,就无法突出泰山的不平凡。因为诗的第一句、第二句"岱宗夫如何,齐鲁青未了"是虚写,后面从第四句"阴阳割昏晓"开始则是实际的感受,中间必须有第三句铺垫。过去注家都把第三句轻轻晃过,实际上便未能深刻理解诗歌的结构。另如名篇《丽人行》中有云"翻身向天仰射云,一笑正坠双飞翼",这里的"一笑",一般都写成"一箭",其典出自潘岳的《射雉赋》,仇兆鳌和其他注本都作如此解读。但吴先生依据俞平伯先生的意见,认为"一箭"应作"一笑",典故出自《左传》,而《射雉赋》实际上也出自《左传》。找到典故的出处固然很重要,但若解释得勉强,则说明或者典故的出处有误,或者揆情度理有所不足。

吴先生讲《望岳》《丽人行》诗，主要是从通训诂、明典故入手的。他讲《饮中八仙歌》，则用察背景、考身世的方法。杜甫在《饮中八仙歌》中描绘了贺知章等八个喜欢喝酒的朋友，过去认为，此诗虽然有趣，但在艺术上并不是杜诗的代表作。吴先生却发现此诗有它的创造性，即在“很大程度上体现了力求突破当时的所谓礼教、等级制（用现在的话讲）的想法”。杜甫在此诗中“故意要突破传统生活的规范法则”（第 17 页），如何得出这一结论呢，就需要详细考察《饮中八仙歌》中提到的贺知章、李白、郑虔等人的生平、性格特征、与杜甫的交游等情况，才能从诗歌的字句之间看出杜甫的态度、感情和突破当时礼教的思想。顺便提下，吴先生以察背景、考身世的方法来讲诗的时候，往往夹带讲些自己的身世之感或师友如俞平伯、周作人及众多北大学者在为人处世和治学上的轶事，可视为不可多得的口述史。

仔细阅读《吴小如讲杜诗》一书，可领略吴先生讲诗的方法，从中学到如何阅读杜诗以及其他古典诗歌的本领。同时，也能感受到老人在讲诗时那份从心所欲而不逾矩的本领。以吴先生的深厚学养，又经过精心准备，自然心得极多。大量心得在讲述时没有得到充分的发挥，仅留下只言片语，却十分值得留意。比如吴先生认为杜甫的诗如《兵车行》《自奉先县咏怀五百字》、“三吏”“三别”都是代表作，但最好的诗却是《送郑十八虔贬台州司户伤其临老陷贼之故阙为面别情见于诗》和《赠卫八处士》，理由是这两首诗人情味儿最重（第 23 页）。《送郑十八虔贬台州司户伤其临老陷贼之故阙为面别情见于诗》一诗相信很少有读者注意，即使注意到，也不会认为是杜诗中最精彩的篇章。吴先生却从人情味儿入手，大力表彰此诗。吴先生还会随口谈到一些杜诗学中的重要问题，并给出自己的理解。如谈到杜诗如何用写律诗的手法写古诗（第14页）、谈到著名的概念“沉郁顿挫”（第44、120页），均富有启发；他甚至用已经很少有人提及的“典型环境”“典型性格”来理解《佳人》诗（第126页），也让人觉得妥帖。

吴小如先生的古典文学研究从来都是朴实无华的，他以坚实的文字、音韵、训诂为基础，调动各种学科的知识积累，希望准确无误地将诗文的内涵解释清楚，一方面让大家感受到诗文的艺术和美感，另一方面，通过诠释诗文来达到知人论世的目的。这是一位著名学者毕生治学的心得和甘苦，他的所思所得，不敢说是我们今日面对古典的唯一方式，也当成为一面高悬的明镜，时时刻刻提醒我们要从最艰苦、最基本的文字阅读开始，不要迷恋于脱离文体、脱离历史语境的快餐式阅读。

（作者单位：中国社会科学院）

# 顾随和吴小如

赵林涛

吴小如(1922—2014),笔名少若,安徽泾县人,1949年毕业于北京大学中文系。1944至1945年间,吴小如曾到中国大学、辅仁大学顾随先生的课上旁听,并经友人刘叶秋介绍,经常到南官坊口顾随先生寓中请益。

## 一、"入室"弟子

稼轩词中有一首《念奴娇·书东流村壁》:

野棠花落,又匆匆过了,清明时节。刬地东风欺客梦,一夜云屏寒怯。曲岸持觞,垂杨系马,此地曾轻别。楼空人去,旧游飞燕能说。　闻道绮陌东头,行人长见,帘底纤纤月。旧恨春江流未断,新恨云山千叠。料得明朝,尊前重见,镜里花难折。也应惊问:近来多少华发?

多年以后,吴小如还能清晰地记得当年顾随先生为之讲授这首词的精髓:

我问:稼轩《念奴娇·书东流村壁》第一句"野棠花落",一本作"塘",到底用哪个字好?羡老答:关键不在"棠"而在"野",这个"野"字用得既险且精,外野内文,为东坡以下诸人所不及。……羡老说:此词盖是从小寄托入,大寄托出。"小寄托"者,自词意言之,显然稼轩在此地曾经情有所钟,恋慕过一个少女。及故地重游,则已"楼空人去",即使明朝重见,也如水月镜花,"相见争如不见"了。"大寄托"者,则词中作者所怀念的女子实际上正象征着作者自己所向往的政治理想。志既不酬,时不再来,故旧恨新愁层出不穷,自己也垂垂老矣。而第一句乃是全词起兴之笔,如取兴于少女,则是野草闲花,"野花发而幽香",于无人处自成馨逸;以喻小家碧玉,不为人知,而春残花谢,终于遭到不幸结局。如取兴于作者本人,则已为在野之身,野鹤闲云,不为世重,纵有经纶盖世,而人却等闲视之,时值离乱,愁恨自然如春水云山,抽绎不尽,令人徒添白发了。羡老说,不论寄托大小,第一句却经纬全篇,尤其是开头的"野"字,更是寄兴无端,寓意无穷。这正如谭鑫培唱《战太平》(小如按:此指谭在百代公司所录之《战太平》唱片),固然整个唱段十分精彩,但第一句"叹英雄失志入罗网"却是全段的灵魂和精髓,倘若第一句没有唱出英雄失志的感情,后面唱得再好,也显示不出大将内心的抑塞悲愤了。

这段文字写于作者虚龄六十之1981年,顾随先生见地之精当,小如先生追忆之条理,同样值得钦佩。顾随先生讲课,“每以京剧界谭鑫培、杨小楼的艺术与文学名作做比较,此即其一例也”。

1947年元月,顾随先生作诗四首,题为《一九四七年开岁五日得诗四章分别呈寄各地师友》,这师友之中,便有吴小如。吴小如亦步其韵和诗四章,并在天津《民国日报》副刊《名园》发表。

有一年暑假,吴小如曾受刘叶秋的委托,临时为其照料《民园》副刊。刘叶秋亦是顾随先生弟子,因此常向先生求稿。既然为刘叶秋代庖,联络的工作自然也就落到了吴小如身上。那一阶段,两人的联络最为频繁。

1948年,吴小如业余还曾为北平《华北日报》编辑文学副刊,期间为顾随先生发表过《不登堂看书札记》两篇。同年7月31日,此事在顾随先生致周汝昌的信中留有记录:“两篇命题一为《看〈小五义〉》,一为《看〈说岳全传〉》,似近于儿戏,顾其内容亦颇不空泛,若其纵横九万里,上下五千年,则固不佞之老作风,想不至为高人齿冷。”

## 二、迟来的感动

1949年后,师生二人见面的机会很少。20世纪50年代中期的一个暑假,吴小如回津探家时到天津师院顾随先生寓所看望过先生一次。

《中国书画》杂志2003年第4期为顾随先生制作了一个专

题，刊发顾随先生书法作品若干，并周汝昌、史树青、吴小如三位弟子及女儿顾之京的纪念、评赏文章。起初，吴小如正在上海养病，并未答应杂志社的稿约。恰在此时，之京老师在顾随先生致周汝昌的信中，发现几首写给吴小如的绝句，于是马上请编辑转给吴小如。吴小如见诗后百感交集："原来五十年前，尽管我没有趋谒羡老，而长者竟时时想着我这个后生小子。这种知遇的深恩厚谊，简直无法用言语来表达描述。"

顾随先生的诗见于1952年9、10月间所作之《竹庵新稿》，其中一组七绝题为《久未见少若、正刚二君，连日得小诗如下首，不复诠次，即写奉焉》。六首诗中有三首提及吴小如，为阅读的便利，兹将顾随先生三首绝句、原注，以及吴小如在为《中国书画》所撰《缅怀顾羡季（随）先生》一文中所加按语一并录之如下：

昆山玉复桂林枝，少若才华大类之。青眼高歌竟谁是，乌纱想见"进宫"时。

【原注】"青眼高歌"，袭杜（甫）语而稍变其意。江西社中人常用此法，不自山翁始也。少若尝与孙正刚合演京剧《二进宫》。

【吴按】1951年我到燕大教书，时孙正刚主持教职员工会工作，成立业余京剧社，为抗美援朝曾举行一次义演。由我承乏演出《大保国·探皇陵·二进宫》，我扮杨波一人到底，正刚只演《进宫》一折，扮徐彦昭。故羡老言及。

青莲醉写吓蛮表，顾曲当年见若人。少若何妨歌一遍，宫花颤上软唐巾。

【原注】卅余年前尚在北大读书，曾于第一舞台见高子君爨《金马门》，恨其无书卷气，焉得少若一演之？

【吴按】高子君，即著名老生“三大贤”之一高庆奎。高字子君。“爨”，宋元杂剧专用语，即“演出”之意。以笔画过繁，今用“串”字代之。

委地珠玑散不收，两君才调信无俦（难酬）。万言倚马等闲事，贫道更烦相打油。

【原注】乞二君和作。“相”者，《礼记》“相舂”义，“相”与“和”意近。又舂用杵，疑“相”字从“木”所由来也。

【吴按】“两君”指我和孙正刚。《礼记·曲礼》与《檀弓》两篇，皆有“邻有丧，舂不相”之语。“相”之义，即劳动者在舂米时彼此相应和之声，如扛大木者之邪许声。故羡老释为与“唱和”之“和”意近（“相”与“和”皆读去声）。“贫道”，羡老自谓，谐语兼谦辞。“打油”指打油诗，亦羡老自谦之词。末句盖谓拟烦正刚与我作诗以和羡老也。只缘昔年未读此诗，今更不敢追和矣。至于诗中对我种种溢美之词，当以提携后进之语视之。时至今日，读之犹惭汗不已。年逾八十，一事无成，深负长者之期望多矣。

吴小如是书法家，文章本为评赏顾随先生书法而作。末尾，吴小如说：

我所见者，只有老人赐我的函札和此纸所书的诗稿。窃以为羡老法书笔力遒浑苍劲，虽出之以行草，却兼有汉魏章草与敦煌写经之长，既融会贯通，又神而化之。诗稿字迹虽甚小，且多涂改，而落笔处犹锋棱多古趣，其精光四射于不经意处时时可见，令人百观不厌。

《顾随和吴小如》初稿草成之后，我与之京老师本拟进京拜望小如先生，但因先生身体原因未能一见。2013 年 9 月 20 日，小如先生专有信来，先为十卷本《顾随全集》即将出版表示祝贺，次有示曰："《旧时月色》中有《读顾随〈乡村传奇〉》一文……羡老总结辛词特点为'以健笔写柔情'一语甚为重要，但知者甚少；三十年前，叶嘉莹教授首次回国讲学时我曾询及此事，她说之前也未曾听羡老讲过。故拙文可附来件《顾随与吴小如》之后。"

# 吴小如和翻译

郑延国

老一辈学人，不仅中国学问做得出色，而且往往能涉足译事。吴小如便是如此。他与翻译的瓜葛有两个亮点。一是青年时期做翻译，二是耄耋之年说翻译。

吴小如在20世纪四五十年代，曾译过英美作家的散文、小说、文艺理论，虽然篇幅短小，但翻译成果却是沉甸甸的。其翻译目的十分明朗，首先是为了"学好英文"，其次是"旨在对原作有准确而较深入的理解"。此外，他也译过一部厚达近五百页的《巴尔扎克传》，是书系奥地利作家茨威格苦心经营十余年的一部力作，吴小如从英译本转译。翻译的原因"也只是为了纪念几位亡友"。他毫不讳言地称自己"遵奉的翻译原则就是当年严几道提出的'信达雅'三条标准"。

步入中年之后，吴小如潜心于中国文史研究，与翻译渐行渐远，竟至不复问津。孰料到了逾七望八之年，他居然又以古书今译为切入点，对翻译三原则即"信达雅"进行了一番通明透亮的解说。他认为，"信"是"对原作负责"，即"忠实于原作，准确无误地把原文内容翻译过来给基本上不懂原作的读者来读，使读者不打折扣地理解原意”，即“译文可靠”。而“达”则是“对读者负责”，即“译文须让读者无障碍、少吃力地读懂”，但不能为了求懂，而与原作内容有所出入，换言之，即不能为了“达”而牺牲“信”。至于“雅”的标准，吴小如以为可以从两个方面进行理解。一是译文能够尽其所能地体现“原作者的文章风格”，二是译文能够不遗余力地再现“原作者的精神面貌”。为了充分说明这两点，他使用了两个比方。比方译者如果以完全相同的笔墨翻译莎士比亚剧本和萧伯纳剧本，从而令读者分辨不出莎剧与萧剧的不同风格以及不同神貌，“那便是译者在‘雅’字上下的功夫远远不够”。又比方，读者读同一译者的译文，不看原作者的姓名，便能立马分辨出“此为罗曼·罗兰而彼为巴尔扎克，此为托尔斯泰而彼为屠格涅夫”，那便是译者“真功力之所在”，亦即译者“做到了对‘雅’字原则的要求”。显而易见，翻译中的这种“雅”要比“信”“达”难多了。

吴小如回忆自己年轻时做翻译，往往在译文前或译文后用“吴小如译意”替代“吴小如译”，理由是：“把西人原作从内容到风格都一丝不差地译成中文，是不可能的。只能译其大意而已。”毋庸置疑，无论是做翻译，还是说翻译，他都能赋人以榜样的力量、予人以深刻的启迪。

吴小如长期以教授的身份供职于北京大学，且以古典文学专家、历史学家、戏剧评论家、教育家、书法家、诗人而著称海内外。五月溘然谢世，寿高九十有三。作为吴小如的一名忠实粉丝，遽闻之下，不觉凄然，由是草成此文，寄托不尽的哀思。

（作者单位：长沙理工大学）

# 博古通今、学贯文史的大学者

周偶

甘坐冷板凳数十年，始终以认真读书、做学问、求真知为终生取向的学者显然比较少；而自幼苦读，学养深厚，能对文史类多门学科融会贯通，并以一系列学术著作与大量文章证明其独到见解的学者更如凤毛麟角。经过我这个不甚合格的老学生的数十年观察，结论是年逾米寿的吴小如老师就是当代比较少见的兼通国学诸多领域，在古代经典文献学、古代诗词、古代散文、古典小说、戏剧乃至书法、京戏与近现代文学等方面均有独到研究与学术建树的大学者。

## 一、相识半个多世纪，但较晚才认识其水平与价值

1956 年夏天我考入北京大学中文系文学专业，三十多岁的年轻讲师吴小如先生是授课教师之一。他讲授的必修课“工具书使用法”，本来是门比较枯燥的功课，他却讲得非常生动充实，大受

学生欢迎。在崇尚自由的北大，有个不成文的规则，就是如果哪个教师讲课不生动，有些不感兴趣的同学就坐在阶梯教室的后排看闲书，在场师生对这种现象皆心知肚明，但师生相安无事，谁都不去点破。我记得吴小如老师授课时大家皆专心听讲，没有人躲在后排看小说。五十多年前，我对吴先生的了解仅仅到此为止。因为在校期间，政治运动不断，师生关系淡薄，甚至于有学生批判老师，大多数学生与教师没有任何个人交往。大约是在三十年后，我在办报时偶然看到吴先生的精彩杂文，方才意识到原来自己昔日的老师竟是满腹学问的文章高手。

## 二、在改革开放、实施“新政”的80年代，佳作迭出，一鸣惊人

1986年，我在中国侨报《华声报》主持编务，自认为对办报比较放手，各版的组稿与编排统统让各业务部门的主任与编辑去做，自己与副总编主要负责一版的要闻与评论。在这一年下半年，我注意到吴小如先生的杂文连续在四版《黄河》副刊的头条位置发表，编排相当突出，内容切中时弊。如《是流派束缚了艺术的发展吗?》一文，尖锐批评北京晚报《百家言》专栏文章《流派的束缚》“把话说反了”，因为时下的真实情况是许多“中、青年演员还远远没有学到他应当掌握、理解的艺术遗产”；更尖锐指出：“挂羊头卖狗肉”，借口“创新”以文饰其浅陋谬误者却不乏其人，这难道是“发展”的正途吗？最后指出：“不是流派束缚了艺术的发展，而是今天的演员真正能做某一流派传人者并不多。不仅素质、素养逊于其前辈，就连技术的全面掌握、剧目的演出数量都不及他们的师辈。间或出现了好苗子或尖子，不是被捧杀就是被闲杀。”

《记晋祠〈华严经〉石刻》一文,有批评,有表扬,更有新发现、新感悟,皆深刻中肯,引人注目。吴先生批评旅游胜地的“脏和乱”,说“如果只顾招游客揽生意而忽略了妥善管理,只顾‘开放’而不考虑如何保护文物古迹,其后果则将与杀鸡取卵相同”。称赞的是在这个人烟稠密的古祠西面的塔院,居然陈列着唐代武则天时期的全部《华严经》石刻,虽然有人用粉笔在石碑上画小王八,但这个已逾千年、历尽沧桑的国宝石碑还是被完整地保存下来了。

对中国书法史颇有研究,而且父子两代都是书法家的吴先生,将偶然见到唐刻《华严经》视为此次赴太原开会的最大收获。他喜出望外,“逐字细看,耽赏久之”,显然看出了许多门道:“其一,经文极长,故书写者不止一二人,从而可以看出唐人书法的一时风尚。”断定“这全部石刻是研究唐碑的上好资料”。“其二,自敦煌发现唐人写经以来,人们每以为写经体与唐代碑板楷书是各有师承的两个不同体系。这次看到这一套《华严经》石刻,从字体上看,知二者本出一源,只有上石与手写的差异,用笔的路数基本上是一致的。”“其三,以唐初书法四大家欧、虞、褚、薛言之,欧阳询、虞世南上承隋碑,恪守古法,风格虽殊,精神不二。独褚遂良蹊径独辟,自出机杼,以妩媚取姿,而内含风骨。而稍晚于褚的薛稷(包括薛曜),实为褚书之传人。直至开元以后,李邕、颜真卿出,才使艺术风尚有所改变。从《华严经》石刻的全部字体看,完全可以证明当时书家几乎无一不受褚字影响,褚书乃是当时最时髦的书体。”然后又对古今书体与艺术流派发议论说:“一个艺术流派开创伊始,能使人耳目一新,久而久之,便人人争效,千人一面。……其实这还是多数人只想走捷径所致。窃以为这也是由长期封建社会养成的惰性造成的。”

1986年底，吴先生的精彩杂文《汤显祖与迪斯科》登上了《华声报》头版的《客座论坛》专栏。这显然是分管四版副刊的文艺部编辑向负责编排一版的总编室编辑推荐的。我是在付印之前审读报纸清样时才知道此事。当时连忙先睹为快，首先看老师的大作。坦率地说，当我一口气读完《汤显祖与迪斯科》时，顿觉灵光一闪，浑身舒坦，下意识地拍案叫绝，大呼“好文章”！我敢说，这是一篇思想性、艺术性都很强的绝妙佳作；你即使仔细审读半年的一版清样，也未必能“巧遇”这样一篇能提神醒脑、大快心灵的好文章。一看标题就吊人胃口：明代汤显祖与现代舞蹈迪斯科有什么关系?！原来是江西赣剧团在汤显祖诞生三百七十周年纪念会上，演出改编本《邯郸记》，竟将中外文化界人士惊吓出一身冷汗。吴先生尖锐批评“改编本最大的失败之处乃在于把一部杰出古典名剧改成了不中不西、不洋不古、完全丧失了民族和地方特色的所谓‘赣剧’”，“赣剧是保留了五百年来高腔系统的古老剧种之一，其最大特点便是在演员歌唱时无伴奏的帮腔，而这次演出，不仅唱段有电子琴及其他西洋乐器伴奏，而且无论男女声，一律用洋嗓子唱洋歌的方式帮腔，这就令人产生了是中国民族传统戏曲还是从西方引进的歌剧变种的怀疑。再加上满台激光飞舞，观众眼花缭乱……令人最难忍受的，一是全台演员振臂齐声高呼‘万寿无疆’，二是满台披着透明纱衣的少女与戴发绺、挂髯口的古装老生共同在‘嘣嚓嚓’的伴奏下跳着不伦不类的迪斯科。我认为，这近于出汤显祖的洋相而不是在纪念他……”

更妙的是，文章结尾说：“一、中国古典戏曲不要抛弃优秀传统而沿着这条自取灭亡的所谓‘创新’的道路走下去；二、如果说中华民族优秀的文化艺术传统就是这个样子，那他们以后就不再来中国留学了；三、要看迪斯科何必来中国，因为无论在欧美甚至日本，任何青年人都跳得比中国戏曲演员高明。”

## 三、花甲——古稀之年，竟文思泉涌，成为多产作家

从1986年起，我在浏览各地报纸时，注意到一个有趣的现象，即伴随着改革的进程与媒体的比较开放，吴先生文思泉涌，佳作迭出，竟在花甲至古稀之年，进入了创作高潮期。

北京、天津、上海等地至少有十家报纸副刊邀请吴小如教授为他们撰稿，并用头条或“报眼”位置、楷体或较大字体突出编排，发表吴先生的“微型学术论文”——我这样说是因为吴小如杂文通常都是言之有物、语言生动、有扎实内容、能给读者以某种启迪和教益的短文，而没有一篇是空洞无物的应景表态之作。

以我熟悉的《华声报》副刊为例，仅1990年就选用吴先生十五篇古诗词赏析，即使对读过文科大学的读者也能起到释疑解惑的作用。

在《说〈子夜夏歌〉第八首》等两篇文章中，吴先生对南朝乐府民歌“吴声歌曲”做了透彻的分析与破解。他旁征博引，从汉成帝迷上赵飞燕之妹合德，说她居住地是“温柔乡”，到龚自珍诗句“温柔不住住何乡”；再以闻一多先生诠释汉代民歌名句“鱼戏莲叶间”实乃男女调情之意做旁证，令人信服地解读《子夜夏歌》中的“朝登凉台上，夕宿兰池里。乘月采芙蓉，夜夜得莲子”就是痴情女主人公在抒情：她一到清早就登上高台去乘凉，远眺情人踪迹；一到晚上就在长满荷叶的池塘中去眠宿，与情郎幽会；“乘月

采芙蓉”就是趁着月光会情郎，赏夫容；而“夜夜得莲子”就是每个夜晚都能得到与情郎相爱的机会。

吴先生指出：使用谐音隐语是古代民歌的一大特色。“读这些民歌，首先要考虑它的时代背景，那是距今一千多年以前的封建时代，男女爱情并不那么自由；其次，歌词所以多用谐音隐语，正是为了避免把纯真圣洁的男女间的朴素爱情写成了庸俗下流的色情文字。明乎此，始可与言民间文学，始可正确理解传之千载的情歌、恋歌。”而今天在全国各地，特别是少数民族地区，为青年男女们传唱的各种民歌，都是南朝乐府、古代民歌的苗裔。

对唐代诗人李商隐的名篇《柳》，古今名家大多视为“自感身世之作”，吴先生在《说李商隐“柳”》一文中流露家学渊源，说“我在十周岁时，先父玉如公即授以此诗。他却认为此实作者讽刺世俗之作”。以柳喻小人，吴先生又考证出：“李商隐借柳讽世，并非仅此一首。”而宋代古文大师曾巩偶尔作诗《咏柳》七绝“乱条犹未变初黄，倚得东风势便狂”，从构思立意上看，显然受李商隐《柳》诗的启发与影响。

在《说宋祁“凉蟾”》一文中，吴先生不仅剖析了这位被出版、教育界冷落的宋代诗人的成就与特色，更指出：“我国传统的诗文都有一种共同倾向，即以复古为革新。李杜提倡复风雅屈宋之古，实为唐诗开拓了新领域并达到空前的高峰；宋诗在唐诗的基础上又有发展变化，其中有一个特点即是以复汉魏六朝之古来挽回并抵消唐末五代的轻浮绮靡之风。宋祁就是这方面的代表作家。”

副刊长文《说龚自珍七律〈夜坐〉二首》大约有五千言，可谓评介晚清诗人的重要论文，被四版编辑分为上下篇，用突出字体编排，放在两期副刊的头条发表。这种一篇文章变成两个头条的“吴文现象”在副刊史上是不多见的。

此文开篇即高屋建瓴，气势如虹，不同凡响：“在清代后期诗人中，龚自珍确是奇才。他的诗词才华横溢，豪气纵横，有李白、苏轼的才华而多霸气，具杜甫、王安石之沉郁而见锋棱；真挚若陶潜，诡奇如李贺；朦胧神秘处近于李义山，隐晦幻诞处又似王逢原。”

他分析龚诗名句“一山突起丘陵妒，万籁无言帝座灵”，说“此盖寓指官场上的嫉贤妒能。而在当时那个黑暗的封建末世，最高统治者所忌恨者就是庶人谤议，沸沸扬扬地讽评时政。故诗人以‘万籁无言’喻世人缄口，暗默无语。足见诗人是在有意点出：社会的沉寂是由于文网严酷，群士慑于帝王淫威而一言不发”。后文又指出：“其结果，或为‘万籁无言’，或如‘万马齐喑’，总之，谁都不敢讲话了，自然体现出皇帝是有尊严威灵的了。”

吴先生分析《夜坐》二首说，前一首写对清王朝失去信心，有绝望情绪；后一首则写自己主观上仍期待着出现奇迹，出现“美人如玉剑如虹”的新境界。结尾更深刻地指出：“作者已朦胧地预感到世道要变，要突破旧有的束缚而为一种新的异端力量所取代。可是作者又不能确指为何物，所以只用‘美人’和‘剑’作为比喻来表达。这正是龚自珍作为一个近代史上启蒙主义思想家所具有的特色，也体现了龚诗神秘朦胧的艺术特点。”

我认为，在20世纪八九十年代，吴小如先生在多家报纸副刊发表的数百篇杂文，其学术价值与社会影响并不亚于他治学数十年发表的学术专著。

某些编写过“大部头”学术著作的人看不起报刊“小文章”，

贬之为“豆腐块”，可是当过报刊编辑的人都知道：精彩的短文、千字文，实在是难写、难求的，即使是出版过“大部头”的教授也未必会写精彩短文，而吴小如先生却是不可多得的“全能写手”，他二者兼顾，既能对社会文化现象做出敏锐反应，及时发表干预生活的精彩杂文，又能将治学数十年的丰硕成果撰写成一系列专题学术著作，交由中华书局、北京大学出版社、上海古籍出版社等知名出版社公开出版。如果编辑《吴小如文集》的话，我相信出版十卷本、五百万字的规模未必容纳得下。

## 四、知识界两位精英互相仰慕、相见恨晚的一段佳话

20 世纪 90 年代以后调整研究方向，本人由热衷办报转向考古、收藏，因此与力主开放文物市场的全国政协委员孙轶青老师交往较多。2006 年的秋冬，有一天在聊天时，孙轶老说，我在《人民政协报》副刊上看过几篇北大教授吴小如的文章，我觉得吴小如这个人很有学问，又很会写文章……我想请他吃饭，与他交谈……你不是北大出身的吗，能帮个忙吗？

我说，无巧不成书，吴小如先生恰巧是我读中文系时的老师；你要请他吃饭，我可以代表你去邀请，争取开车把吴先生接来。

我知道，孙轶老曾在几家报社工作，当过二十年总编辑，他求贤若渴，善于从报纸文章中发现人才……可惜这次发现的人才已经年过八旬了。

我打电话向吴先生转达孙轶老的仰慕之情、邀请之意，吴先生看过孙轶老力主开放文物市场的文章，知道孙轶老也爱好诗词、书法，便欣然接受了邀请。于是在约定的某一天由我这个“老

司机”开车去中关园接吴先生，然后到王府井红霞公寓孙老住宅聚谈，再步行到附近一家餐馆吃饭。孙轶青、张勇夫妇自费宴请吴小如教授，笔者叨陪末座，听两位酷爱中华传统文化的老人谈古道今。他们对许多深层次的社会问题、文化现象见解一致，感情产生共鸣，令我这个“旁听生”感到惊喜。我知道，他们一个是“三八式”老干部，十八岁即组建“县大队”，趴在青纱帐里“打鬼子”，后来虽几经风雨，但大部分时间都是文化新闻界的领导干部；另一个则是教书、编报纸副刊出身，曾被视为需要改造的“旧知识分子”，但晚年殊途同归，对国家民族、社会文化等问题的见解高度一致，例如，他们都认为20世纪至少有半个世纪中华传统文化多次遭遇政治运动的诋毁破坏，应大力恢复、发扬，但当下提倡国学、赞扬儒家似有实用功利倾向……两位老师相见恨晚，谈话如此投入，使我想到，对于终生追求真知的爱国者来说，社会现实的教育与启迪可能比许多“主义”“理论”更有说服力。

## 五、对历届学生真诚相待，诲人不倦

中国有句老话：“一日为师，终身为父。”时下仍信奉这种“旧道德”的人显然已极为罕见。换一个角度来说，老师应当如何对待自己的学生呢？我的切身体会是，吴先生对待自己教过的学生，无论是三四十岁的，还是五六十岁的，都像对待自己的孩子一样，一律热情关怀，真诚相待，尽量开导，诲人不倦。

我的同班同学，有不少是教授。当教授在讲课或写作中遇到难题的时候，就去请教老一辈的教授，而吴小如总是不厌其烦地给予解答、开导。

20世纪80年代实施“政策新政”以后，饱经沧桑的老同学时兴聚会，每当校庆或入学、毕业纪念日，便有热心人组织返校聚会，并邀请当年的老师们参加。吴先生多次参加我们1956级中文系学生的聚会，并热情讲话或题词给予鼓励，让我们从内心深处觉得“他是我们永远的老师”。

至少有两次返校聚会，组织者让我当“志愿者”，开车去中关园、燕东园教授宿舍接送老师，这样一来二去就增加了与吴先生的近距离接触。2001年春，我首次出版考古与收藏类图书《古玩市场今昔考》，心想这是20世纪90年代以后调整专业方向的新收获，理应向老师报告，便通过返校聚会组织者诸天寅同学向吴先生赠送了一本新作。

不料诸天寅说，历届学生赠送的书已经堆满了吴先生书柜到天花板的有限空间，吴先生哪有工夫看呀！因此，我从来不敢奢望吴先生通读我的新书。

2002年4月的一天，卧病多年的同班同学沈昆朋忽然给我打电话说，他刚在上海《文汇读书周报》上看到吴小如先生写的新书评，题为《一本玩物而“尚志”的好书——读周偶著〈古玩市场今昔考〉》……因为此文提倡民间收藏、呼吁政府开放文物市场，后来被《收藏》杂志加“编者按”再次发表。

## 六、他不是“博导”，但是“博导”的导师

倘若你打开电脑上网搜索查询，在吴小如名下至少列有二十种著作，但我以为最重要的、影响最大的“吴小如著作”可能被遗忘了。20世纪50至70年代的教材著作多不署名，叫作“某某教

研室”集体写作，中华书局后来正式出版、全国文科大学的重要教材《先秦文学史参考资料》《两汉文学史参考资料》是全国文、史、哲、经、法等专业本科生、研究生乃至教授都需要阅读、参考的大学基础课教材，吴先生是主要编写者与定稿人。有个同学告诉我，如果这两本“大部头”教材有一百万字的话，那么至少有五六十万字出自吴先生笔下。因此，应当肯定吴先生对全国大学文科教材建设做出的重大贡献。

由于“历史的原因”，吴教授没有赶上评博导就退休了，但迄今仍需向他请教学术问题的历届学生中却不乏“博导”。我近距离地接触过两个文学史、艺术史的博导，觉得他们都是学有专长且笔下生辉的人，但是，能对大学生、研究生讲授文史类多种课程，能从先秦经典、两汉魏晋诗文、唐诗宋词元曲，一直讲到明清小说戏曲诗文，乃至梁启超、鲁迅的“博导”，迄今尚未发现。而吴先生却以自己二十部扎实的学术专著与数十年的讲课实践向学界与后人证明，他对古代经典著作、古代诗词、古代散文、古典小说、戏曲乃至书法艺术、京戏流派均有深入研究、独到见解，是一位能对文史类多种学问融会贯通、博古通今、颇有建树的大学者。

（作者单位：华声报社）

# “少若”就是吴小如

子张

20世纪40年代后期的沈从文，在保有他个人创作热情的同时，作为大学写作教师和文学副刊主编，一直对文学新秀的成长给予特别关注。1947年10月，他在致柯原的信中曾经为自己刊发不少青年佳作做过解释，以回答个别读者的某些“错误责备”：

> 这些善意读者可想不到在刊物上露面的作者，最年青的还只有十六七岁！
>
> 即对读者保留一崭新印象的两位作家，一个穆旦，年纪也还只二十五六岁；一个郑敏女士，还不到廿五。作新诗论特有见地的袁可嘉，年纪且更轻。写穆旦及郑敏诗评文章极好的李瑛，还在大二读书。写书评文笔精美、见解透辟的少若，现在大三读书。
>
> ——沈从文《新废邮存底29则之26》

穆旦、郑敏、袁可嘉、李瑛固然在当时名不见经传,“写书评文笔精美、见解透辟的少若”也同样叫人感觉陌生。而随着几年后的时代变迁,连沈从文本人也像变戏法似的从文坛上、讲坛上“被消失”,这个谜就再也无从说起。直到近半个世纪后的1996年,诗人邵燕祥才在《读吴小如》这篇文章中揭开了这个“少若”的谜底:

> 读《书廊信步》,近年的文章益凝重而稍嫌拘谨,记得40年代后期以少若笔名写的大量随笔,同具书卷气,但下笔更自由而神采飞扬,可惜都散佚了。
>
> ——邵燕祥《读吴小如》

原来“少若”就是吴小如!这“大量随笔,同具书卷气,但下笔更自由而神采飞扬”正与沈从文近五十年前“写书评文笔精美、见解透辟”一说遥相呼应。

不过,邵燕祥写此文,依据的还只有《书廊信步》(1995年辽宁教育出版社版)中收入的六篇吴小如旧作,故有“散佚”之慨,好在此后的《读书拊掌录》收入十二篇有关古典的书评,1998年,又有《今昔文存》(1998年1月湖南人民出版社版)、《心影萍踪》(1998年11月上海教育出版社版)两本读书随笔集先后面世,分别又收入吴小如旧时随笔二十篇和十二篇。这样前前后后也就有五十篇之多了。

需要说明一下的是,这五十篇20世纪40年代后期旧作,首先可以分为书评和一般随笔两类,其次书评部分又可以按所评之书的古今中外分为古典、现代、外国三小类。五十篇中,侧重记事写人的一般随笔只有《玉泉掇忆》《毕基初及其作品》《赋得三十五年早春》(以上《心影萍踪》)、《我的读诗》(《书廊信步》)少数几篇,有关古典的书评是《读书拊掌录》中的十二篇和《心影萍踪》中的《读〈笑林广记〉》,涉及外国书的只有《今昔文存》中的《读鹤见佑辅的〈拜伦传〉》,所余三十二篇书评所涉及的作品、杂志,则全部属于新文学范围。

这又是一个谜。凡近五十年在北大读中文系的人,按照所谓学科归属,都会把吴小如自然而然地归入“古代文学教研室”,查《今昔文存》所附“老铁”的《吴小如小传》,也有“长期从事中国文学史、古典文学的教学和研究工作。1955 年出版了《中国小说讲话及其它》,以后又有《古典小说漫稿》和《小说论稿合集》(合著)等书问世”这样的表述。吴小如先生何以在 20 世纪 40 年代后期短短的三四年中竟特别青睐于新文学呢?

这个问题,只好从吴小如先生自己的文章中找答案。吴先生在《今昔文存·自序》里说:“我出身于知识分子家庭,从小喜爱文学,尤好杂览。一度想走创作的路,不久即自知不是这块材料。抗战胜利后,我重新上大学读书,便决心对新旧文学作品从事介绍与批评。自 1945 至 1948 年,所写书评数十篇,现在能找到的约近半数。”至于对“新文学”另眼相看,则与一个朋友有关,吴先生在另外两个场合分别提到:“如果我不同亡友高庆琳兄有着密切无间的交往,我就不会啃完《鲁迅全集》(包括全部译文)和广泛涉猎五四以来的名家名作。”(《书廊信步·育我青春十五年》),“当《鲁迅三十年集》尚未读完之际,亡友高庆琳兄对周作人、沈从文两家的散文、小说至感兴趣,于是我也找来披览。这一下子把我吸引到另一条路上去了,不仅对周氏的娓娓清谈感到亲切,而且对沈先生的《八骏图》、《记丁玲》(正续),尤其是《湘行散记》和《边城》,更是入了迷。自周作人下而及于废名、俞平伯,一本又一本,愈读愈有味道。与此同时,许多散文名作如冰心、徐志摩、郁达夫、梁遇春、叶圣陶、朱自清、丰子恺乃至萧乾、钱锺书、林徽因、何其芳、陆蠡、丽尼等人的专集,也都尽量阅读,却总不及周、沈二家和废名、俞平伯的文章那样使人魂萦梦绕,爱不忍释。这就决定了我一生治学问和写文章的'家法'和路数。"(《书廊信步·读书是求师的桥梁》)后一段话不但交代了他与新文学的渊源关系,还透露了他对周作人、沈从文、废名、俞平伯的特殊兴趣,也即他所谓文章"家法"。

我也是在读了《书廊信步》和《心影萍踪》后才晓得这些缘故的,后来写了篇《吴小如评说穆旦》寄给吴先生看,却意外得到他一本赠书《今昔文存》,也才读到吴先生当年更多有关新文学的书评作品,一直想从这个角度再写篇文章,没想到迟迟动不了笔。

近日吴先生辞世的消息,让我想到一件事。大约两年前,忽得邵燕祥先生来示,告知吴小如先生托他向我索求那篇《吴小如评说穆旦》,说是想把它收入一本纪念性文集中去,我遵嘱照办。后来书由北大出版社出版,书名就叫《学者吴小如》,我得到编者寄来的样书两册。记得当时邵先生还说,吴小如身体欠安,住院了,他刚去看望过。我也就给吴先生写了一封信去,略示慰问。现在吴先生已逝,特将这篇后来补写的短文抄出,谨表哀悼之意。

(作者单位:浙江工业大学)

# 吴小如评说穆旦

子张

邵燕祥先生有篇《读吴小如》的短文，由吴小如先生的随笔集《书廊信步》忆及他们二人的交往史，盎然多趣。邵先生开头说："小如的《书廊信步》，是'书趣文丛'第二辑之一，比起他那些研述古典的著作，读来更觉亲切。其中所评尽现代之书，所述尽现代之人，多是知人论世的文章；他是既读其书，又读其人。"

从20世纪50年代初开始，吴小如先生就一直在北京大学中文系讲授古典文学，何以在20世纪90年代新出的《书廊信步》里"所评尽现代之书，所述尽现代之人"呢？仔细一看，才知道这些文章有一部分（如《为散文呼吁》《读〈王瑶先生纪念集〉》《夏志清及其〈鸡窗集〉》《张爱玲和於梨华》等）为八九十年代新写，另一部分则写于20世纪40年代中、后期的京津两地。当时小如先生在清华、北大读书之余，先后写过数十篇有关现代文学的书评。除《书廊信步》所收评废名、萧乾、刘西渭、常风的几篇外，1998年出版的《今昔文存》和《心影萍踪》又收入了评钱锺书、沈从文、冯至、张爱玲、老舍、卞之琳、穆旦、丰子恺等人的篇什。读了这些书评，不但理解了“所评尽现代之书，所述尽现代之人”之言之不谬，更对小如先生早年读书视野之开阔和批评眼光之敏锐感到惊讶。原来小如先生在成为古典文学学者之前，先是一位新文学作品的评论家哪！

这里且看小如先生当时对诗人穆旦的评说。

穆旦那些现代味极浓的诗作应视为抗战时期中国诗歌最丰硕的成果之一，穆旦本人也该是抗战这一特定历史背景下成长起来的新兴诗人。在抗战结束前，他最主要的作品都已问世。但他进入评论界的视野却迟至抗战胜利以后。而且，除了闻一多、沈从文等少数老一代诗人以外，大多数知名评论家的反应似乎并不怎么积极。真正给予穆旦以热情、真挚、正式评论的还是一些如穆旦一样尚且“无名”的青年诗人，如王佐良、周珏良、李瑛、唐湜诸人。这几位，在当时也正热衷于“现代诗”的探求，他们对于穆旦的“发现”与“挑剔”，实在还是以一种惺惺相惜的情怀做依托的。

相比之下，吴小如的身份就超脱一些。他虽然也出身北大，有过近距离接近穆旦的机会，而且对新文学还特别关注，不过看得出，在对传统文学的态度上，他的热情大大超过穆旦。有了这个背景，他就不至于为穆旦诗中浓烈的现代味以及现代味当中同样浓烈的“英美味”所迷惑。同时，吴小如虽然也做过“作家梦”（可参考其《漫谈我的所谓“做学问”和写文章》），对新诗的兴趣也不亚于小说和散文，但似乎并不特别热衷于做“诗人”。这样，他与评论对象就保持了距离，不至于以“认同”完全代替“批评”。

他是在读过王、周二位的评论之后写这篇《读〈穆旦诗集〉》

的。他没再重复对穆旦的赞美,而重点讨论了穆旦诗作中的"洋气"和"锤炼得不够"两个缺陷。他由周珏良之"西方影响"说入手,又进而指出"仍以受艾略特的影响为最多,痕迹也最显著"。接着提出了穆旦早期诗歌中英式感叹词"o"的用法问题:"受人影响而以模拟起步,本不算病;但形式如与诗的内容本身太欠和谐,使人感到一种枘凿的捍格,可就是病了(这主要还是因为中国字是单音方块字的关系)。举一最显著而浅近的例子来说,作者在诗里最爱用英文字母'o'(小如按:依今汉语拼音读作 ou 音,即与汉字的"欧"同音)的声音来做语助词、感叹词及语气加重词。用得太多时,窃以为就成了十足的'洋气'。"

在汉语中夹杂外语词句,曾经是初期白话诗的一大特征,郭沫若的《女神》和李金发的《微雨》在这方面尤为突出。倒是新月派诗人虽引入大量英美诗体,却没有这个习惯。此后的诗人也渐渐注意到这一问题,不再"汉英夹杂"了。穆旦受英诗影响,将英语诗歌中"o"的用法直接移植到汉语现代诗的写作当中,或以为是"创新",穆旦本人大概也自有一番苦心(追求"陌生化"修辞效果?),但站在方块汉字与拼音文字外形差异的角度看,读者的接受心理难免受到冲撞,也就容易产生"太欠和谐"的感觉。小如先生似乎正是从这个角度提出自己的意见的。

接下来,他又提出另一个问题:"这本诗集中所收的诗篇真不算少,却未必篇篇是精品,恐怕作者自己未加一番选择,至少是选择得不够。"这里的"选择"指的是穆旦创作过程中对篇幅和语言的"锤炼":"往小处说,一首长诗是否经过删汰与提炼,使篇幅更见紧缩一些;一个长句,是否曾把句中的赘词冗字勾掉抹掉。"以这个标准,他称赞了《甘地》《诗八章》而批评了一些"较长的诗"

甚至短诗中的《小镇一日》《控诉》《赞美》。小如先生恳切地指出:“作者的天才,老实说,真不比有新诗以来的老辈弱;加之他精力饱满,虽仅短短的几年中,已写下不算太少的篇什。他并非不懂锤炼,却未能篇篇锤炼,句句锤炼。有些不算太成熟的作品,便也不忍割舍了去。”

从小如先生对“锤炼”的重视,可以窥知深厚的古典文学素养给予他的批评动力。

小如先生却并不到此为止。他是太看重穆旦和穆旦的诗了。他“否定”他,实在还是出于发自内心的喜爱。这喜爱到文章最后还是情不自禁地流露出来。他接着友人梁诚瑞(另一位激赏穆旦的人)的话说:“作者的说理诗,真是远迈前人,是那么自然而警策,而且丝毫不带‘载道’气息和‘说教’声口。这是学问和功力再加上运用纯熟技巧的成绩,单靠天才,不会写得这么浑厚而扎实。”他甚至从这里看到了十年、二十年后这位年轻诗人以及新诗灿烂的未来,替他们看到了那一条宽阔辉煌的新路!

半年以后,吴小如在另一篇《〈文学杂志〉的去来今》里又一次提到穆旦,这是一个在作者斩钉截铁、在读者大吃一惊的判断:“说到诗歌,则丰满遒劲的穆旦已代替了神清骨秀倜傥不群的卞之琳……”

无怪乎五十年后,小如先生在朋友们的帮助下重新看到这些“少作”时,在有所“弃”的同时,似乎也欣然有所“留”。而在这有所“留”当中,就包括对穆旦的评论。他在《心影萍踪》的后记里提到:“值得沾沾自喜的,乃是在已收入本书的旧日书评中有些看法竟与时贤高见不谋而合,如穆旦的《诗八首》,至今仍列为大学教材,给以较高的评价。”

我要补充的一点是：二十年来学术界对穆旦已经发现了许多，包括对五十年前人们对穆旦的最初评价。但翻遍几种新出的穆旦纪念集或评论集，都看不到小如先生这篇《读〈穆旦诗集〉》。是人们不知道有这样一篇评论？还是虽然知道却没有重视？但无论是哪种原因，忽略这篇文章的结果必然会带来穆旦评论史研究的缺失，不管这缺失或大或小。况且，发现穆旦的价值固然需要眼光，而指陈穆旦的不足同样需要才力。毕竟“洋气”和“锤炼得不够”也还属于“毛病”，至少不能算是“亮点”。现在，这篇“失而复得”的文章终于让我们看到了，不说是填充了历史的“空白”，至少让我等孤陋寡闻的人说到五十年前的穆旦研究时不至于因为不知道它而发窘吧。

# 吴小如这样讲杜诗

朱航满

吴小如晚年出版过一册关于古典诗词鉴赏的专著《吴小如讲杜诗》，收入天津古籍出版社出版的“名家讲堂”丛书之中。小如先生系北京大学中文系和历史系的教授，在古典文学、文献学、俗文学、戏曲学等方面皆有建树，著述也甚丰。此著成书的缘起，他在自序中有明确交代：“2009 年，因我的学生谷曙光要开杜诗的专题课，向我求教，于是我给他讲了一个学期的杜诗。”我读这本书，乃是某次到中国人民大学文学院拜访孙郁院长，孙先生说他看了我写吴小如的一篇文章，认为写得不错。谈及吴小如，孙先生说 2014 年吴小如去世后，他曾专门在文学院举办过一场追思会，又说他刚刚看完一册《吴小如讲杜诗》，十分精彩。我虽仰慕吴小如的学问和文章，但这册讲杜诗的专著还未曾听闻。后来找见了这部著作，才知道原系吴小如晚年在家中为他的学生谷曙光等人所开设的私家讲坛，后经几位学生根据录音整理成为一部讲杜诗的书稿。由此我猜想，在人大文学院举办吴小如的追思会，或许恰是人大教师谷曙光的倡议,并得孙郁先生的支持。孙先生之所以提及这册《吴小如讲杜诗》,恐系谷曙光的介绍和推荐,而我又通过孙郁先生读了这本好书。如此看来,读书的缘分,其实也便是几位同好者的心香一瓣。

小如先生是极爱杜诗的。他从小喜读唐诗,抗战初期曾在家中系统地读过杜诗。抗战结束后,又在清华和北大两所院校读书,其间聆听了俞平伯和废名两位先生讲诗,对于杜甫诗歌的理解更有所加深,乃是"受益匪浅"也。1949 年后,他在任教中曾短暂开过杜诗的专题课。对于杜诗的喜爱和热衷,一直未减。为此,他曾这样谈自己研读杜诗的体会:"我自忖不是研治杜诗的专家,却对杜诗有感情,下过一定的功夫。"这是吴先生的谦虚之词,但也是客观的。我后来认真读了这册杜诗讲稿,不但感觉吴小如对于杜诗乃有了然于心的境界,而且也有一般研治杜诗的专家所不及之处。且先说了然于心,这在讲稿中就最体现明显。吴小如讲杜诗不是随意地摘取,而是将杜诗中最重要和最精华的部分,以合并同类的方式,分成十五讲,有的是专题来讲,诸如关于杜甫的《秋兴》;但更多的则是按题材和内容进行讲解,诸如此书中将《丹青引》《观公孙大娘弟子舞剑器行》和《江南逢李龟年》三首古诗一起"对读",乃是分别对一位画家、一位舞蹈家和一位音乐家进行描绘。这三位诗中之人,都是身怀绝技,却流落天涯,其命运遭际,令人喟叹,被吴先生放在一起来讲解,可谓涉笔成趣,且又更添了许多沧桑滋味。

读吴小如的这册关于杜诗的讲稿,可以强烈地感受到一种学术脉络的传承。因为这种毫无功利的私家授课,除了对于杜诗极深的感情之外,在我看来,也还有着一种晚岁传道的深深寄托的。

此年先生已八十七岁，乃是高龄之寿了。我读此书，还会有一种隐隐的感觉就是，他是多么急切地希望将自己的感受、阅历、心得、体会都讲出来，并尽可能地做到巧妙、鲜活和丰富。讲杜甫的《醉时歌》一首，我印象就很深。此诗中有一句“灯前细雨檐花落”，有人认为应该为“檐前细雨灯花落”。对此，吴先生评价说：“这是碰上缺乏文学细胞的人了。两者不能调，调过来没有味儿了。”为此，他又举了一个例子来说明。某次他的一位学生问他，欧阳修的《醉翁亭记》中的“酿泉为酒，泉香而酒洌”不妥，应该改为“酒香而泉洌”。对此，先生评价说：如此一改，“就把欧阳修糟蹋了”。因为泉水本不香，因用泉酿酒，所以泉香；酒本不洌，因用泉水酿造，所以喝到嘴里很清洌。接着，他又回到前面的内容，颇有诗意地总结道：“作诗要懂参差之美。饮酒之时，外面开始下雨，雨打花落，屋檐前飘落花瓣。这是描写一点动静、声音没有的环境。”

鼓角緣邊
郡川原欲
夜時秋聽
殷地發風
散入雲悲
抱葉寒蟬
靜歸山獨
鳥遲萬方
聲一概吾
道竟何之
己丑驚蟄
錄杜少陵
秦州雜詩
小如

吴小如录杜甫诗句

小如先生是俞平伯的入室弟子。俞平伯乃一代学术大家，其在古典文学、戏曲、书法、诗词以及散文创作等方面都有深厚的造诣。对于俞平伯的道德文章，吴小如终生服膺，亦可说是亦步亦趋，甚至还有一些发扬的意图。这册《吴小如讲杜诗》中就多有体现。诸如谈杜甫的《月夜》，其中有一句“香雾云鬟湿，清辉玉臂寒”，一般解诗的人都会认为是描写杜甫的妻子，写其望月之情景，因时间太久，妻子的头发都被露水打湿了。此种说法，固然美好，但吴小如不同意，而是赞同其师俞平伯在北大授课的观点。俞平伯认为这两句诗写的是嫦娥，指的是夜空中的月亮。后来俞又将这个观念整理成文在报纸上发表，但未收录到他的著作之中。吴小如曾向老师俞平伯询问此事，俞则说没有找见原文，还开玩笑说，收了怕杜太太不高兴。其实俞平伯对这种说法也是有所存疑的。然而，吴小如并不就此罢休，他后来找到一则材料，便是北宋李纲的《江南六咏》，其中有“故人千里共清光，玉臂云鬟香未歇”一句，这里的“玉臂云鬟”便是描写月亮的。后来他又找到了王嗣奭在《杜臆》中的一则论述来进行佐证。显然，他是试图从文学的角度来证明杜甫此处并非写实，乃是一种比兴的手法，以表达诗人的思念之情。

吴小如讲杜诗的又一佳处，乃是能够在各类艺术门类之间融会贯通，从而巧妙自如地展示出杜甫诗歌的奥妙与非凡之处。谈论中国的古典文学，其实根底应是文史不分家的，更扩大来说，戏曲、书法、绘画、音乐等专业门类，也是需要达到精熟才尚可深入的。吴小如便是具备这些门类知识的少有之人。吴小如的父亲是被启功赞为“三百年来无此大手笔”的著名书法家吴玉如，吴小如则是幼承家学，加之发奋修炼，书法造诣也是很高的。启功对于吴小如的书法也是十分赞赏的，他们两人皆为中央文史馆馆员，并多有交流。吴小如在旧诗词创作上也是颇有成就的，去世前他还因《吴小如诗词选》获得了《诗刊》杂志颁发的“子曰”诗人奖。最令我感到惊讶的是，他对于戏曲的研究，可谓极为精深。

先生自幼爱学戏，能唱戏，还收藏了大量的戏曲唱片，又广为结交梨园中人，可以说是熟悉戏曲这个行当的方方面面，因此，有人把他和朱家溍、刘曾复称为京剧评论界的“三贤”。更为关键的是，经过几十年的积累，能够在这些不同类别的学问中游刃有余，且已达到了贯通自如的境地。这一点，我在读这册杜诗讲稿时也体会最深。

如此再来看吴小如讲杜诗，就不难理解他在鉴赏和研究上的独到之处了。讲解杜甫的《自京赴奉先县咏怀五百字》，便是典型的一例。他认为此首作品是杜甫诗歌的代表作之一，故而给予了详细且十分形象和恰当的讲解。评价杜甫的诗歌艺术，古人早有定评，乃是“沉郁顿挫”，但又如何理解呢，历代注解层出不穷，令人眼花缭乱。他认为杜甫的这首《自京赴奉先县咏怀五百字》便是最具有代表性的。那么，吴先生又是如何理解“沉郁顿挫”呢？他认为“沉郁”偏重的是思想内涵，“顿挫”则是指语法和句法上，或是写作的层次上，也便是写作技巧和艺术方面的问题。而如何理解“顿挫”的具体含义，他以京剧四大名旦的程砚秋为例，说程腔有顿挫，有起伏，但无棱角，如果顿挫出现棱角，说明演唱底气不足，或者说不善于运气，联系到写诗写文章，希望有波折，一层深似一层，引人入胜，但不要看出斧凿的痕迹；接下来，为了更好地讲清“沉郁顿挫”，他又用宋词来进行阐述，真正讲清了这个概念，随后才进入谈诗的主题。

关于此一点，在谈及杜甫与李白这两个诗歌高峰时，吴小如又用自己擅长的戏曲来谈论，极为通俗、形象，也十分易于理解，不但讲清了两位高手的区别，也讲清了作诗的一般常识和规律，令人有耳目为之一新的感觉：“我常打一个比喻，李白的诗不好学。李白真正是一个千年不遇的天才，好比一个歌者，天赋的好嗓子，愿意怎么唱就怎么唱，怎么唱都对，即使不搭调，也是好。李白的‘牛渚西江夜’五律，一句对仗没有，可真是好诗，但不能照着学。学杜甫的人多，因为他讲规矩、法则。拿京戏来比附，老生里的杨宝森虽然嗓子差些，也能唱出好味道来。尽管天赋不够，守着规矩去唱，照样可以。许多学习谭（鑫培）派的，嗓子都不好，像余叔岩、杨宝森嗓子皆如此，孟小冬是女的，情况不一样，杨宝忠嗓子也不好。但不能因为嗓子不好就不走这条道儿。言菊朋后来弄成了‘扬州八怪’‘后现代’，那就不行了。不过言菊朋虽然怪，但还是从规矩中出来的。标新勿立异。杜甫给人看的一面是法度、规范、圆满的结构和作诗的路数，中才之人照着学也能像诗。学李白则让人无从措手，太难了。”欣赏到这样妙趣横生的解读，真是一种享受。

# 编后记

2012年4月，吴小如先生的学生们为了庆祝先生九十华诞，编辑了《学者吴小如》一书，由北京大学出版社公开出版。之后，又有很多关于吴先生的文章见诸报刊。特别是吴先生去世后，纪念和研究吴小如先生的文章更是层出不穷。涉及吴先生人品、学问、诗词、书法、戏曲等方方面面，体现了社会各界对吴先生这样一位学术大师的景仰，对弘扬纯正学风，塑造学术品格，赓续学术精神和文化血脉的热忱和期待！

受此鼓舞，我们从2019年开始，在《学者吴小如》一书的基础上，搜集整理，编辑了这部《吴小如纪念文集》，收录了一百多位作者的一百多篇文章，把近十年来有关吴小如先生的文章基本收全。但不无遗憾的是，由于我们的疏忽和其他原因，莫言先生的《马的眼镜》、赵珩先生的《小如先生与戏》等几篇重要的文章还是没能收录进来，遗珠之憾，只能期待再版时进行弥补。

在本书即将付梓之际，我们对提供帮助的吴门弟子以及各位作者表示由衷的感谢。安徽出版集团和安徽文艺出版社的领导对此书的出版一直高度关注,特别是责任编辑为本书的出版付出了非同寻常的辛苦,在此一并表示感谢!

由于水平有限,加之时间仓促,全书错误之处在所难免,在此恳请各位专家读者予以批评指正。

编者

2021 年 3 月